마음과
차크라로
여는
행복

마음과 차크라로 여는 행복

발행일	2018년 3월 30일		
지은이	김 윤 정		
펴낸이	손 형 국		
펴낸곳	(주)북랩		
편집인	선일영	편집	권혁신, 오경진, 최예은, 최승헌
디자인	이현수, 김민하, 한수희, 김윤주, 허지혜	제작	박기성, 황동현, 구성우, 정성배
마케팅	김회란, 박진관, 유한호		
출판등록	2004. 12. 1(제2012-000051호)		
주소	서울시 금천구 가산디지털 1로 168, 우림라이온스밸리 B동 B113, 114호		
홈페이지	www.book.co.kr		
전화번호	(02)2026-5777	팩스	(02)2026-5747

ISBN   979-11-6299-046-9 03150 (종이책)   979-11-6299-047-6 05150 (전자책)

이 도서의 국립중앙도서관 출판예정도서목록(CIP)은 서지정보유통지원시스템 홈페이지(http://seoji.
nl.go.kr)와 국가자료공동목록시스템(http://www.nl.go.kr/kolisnet)에서 이용하실 수 있습니다.
(CIP제어번호: CIP2018009476)

(주)북랩 성공출판의 파트너

북랩 홈페이지와 패밀리 사이트에서 다양한 출판 솔루션을 만나 보세요!

홈페이지 book.co.kr • **블로그** blog.naver.com/essaybook • **원고모집** book@book.co.kr

: 나와 내 영혼의 소통법 :

마음과 차크라로 여는 행복

김윤정 지음

북랩 book Lab

한의사가 들려주는
마음과 차크라를 통해
현재, 과거, 미래를 행복으로 채우는 방법

우선 이 책을 시작하기 전에 독자 여러분에게 생소할 나를 먼저 소개하고자 한다. 내가 어떤 성향의 사람인지를 아는 것은 이 책을 이해하고 이용하는 데 조금이나마 보탬이 될 수 있을 것이다.

이 책을 출간하는 지금의 나는 43세의 여성 한의사이다. 평범한 1차 의료기관인 동네 한의원에서 진료하고 있고, 어떤 특화 진료 없이, 가장 1차 의료기관답게 모든 증상을 관찰하고 치료하면서 하루하루를 보낸다. 나의 여러 성향 중 이 책과 연관된 가장 중요한 것은 먼 미래를 꿈꾸고 미리 계획하며 살아본 적이 별로 없다는 것이다. 어려서 "커서 뭐가 되고 싶으냐?"는 어른들의 질문은 너무 뜬금없고 어이없게 느껴졌다. 그렇다고 대답을 안 할 수도 없었기에, 친구들의 대답을 흉내 내며 "선생님이 되고 싶어요.", 또는 울며 겨자 먹기로 다닌 피아노 학원이면서도 "피아니스트가 되고 싶어요."라는 거짓 대답을 하곤 했다.

그렇다고 어린 시절에 아무런 꿈도 없었던 건 아니다. 나의 어린 시절 꿈은 미래에 있지 않았고, 그 당시에 있었다. 어린 시절 나의 꿈은 우리 동네에서 고무줄놀이를 제일 잘하는 아이가 되는 것이었고, 내가 좋아하는 동요에 고무줄 율동을 만드는 것이었다. 잠시 꿈이 바뀌어 아역 배우가 되고 싶었던 적이 있었는데, 커서 배우가 되는 것이 좋다는 어머니의 말씀에 미래를 생각하지 않는 아이답게 수긍하지 못하다가, 아역 배우가 되면 고무줄놀이를 실컷 하기 힘들다는 말씀에 바로 꿈을 접었던 기억이 있다. 또 당시 함께 살던 대학생 사촌오빠를 통해 대학생은 자신이 하고 싶은 전공을 골라 공부한다는 말을 듣고, 고무줄놀이를 전공할 수 있는 대학교가 있는지 물었던 기억도 있다. 내가 어린 시절 고무줄놀이를 우리 동네에서 제일 잘하는 아이는 아니었지만, 그래도 꽤 상위권으로 잘하는 편이었고, 내가 만든 고무줄놀이 율동을 동네 친구들과 함께하기도 했으니, 나의 어린 시절 꿈은 대체로 잘 이루어졌다고 생각한다.

고등학교 시절 대학진학을 결정할 때에도 그저 현재의 적성에 따라 이과를 선택하였을 뿐 무엇을 전공하고 싶다는 미래의 꿈은 없었다. 이렇게 단순한 나의 성향을 파악하신 아버지께서 『소설 동의보감』을 읽게 유혹하신 뒤 한의대를 권유하셨고, 언제나 현재의 즉흥적 판단으로 결정하는 나는 소설의 재미에 푹 빠진 상태여서 무조건 좋다고 수긍하였다. 그 소설의 재미 하나로 재수까지 하면서 한의대를 갔다. 하고 싶은 건 꼭 해야 직성이 풀리는 것도 나의 성향 중 하나이기에…. 대학에서도 공부는 당장 필요한 것들만 하면서 졸업했고, 한의사가 되어서도 진료에 당장 필요한 것들을 공부하기 위해 통증치료에 집중하는 한방재활의학을 석사까지 마쳤다. 나는 현재에 무언가가 필요하거나, 하고 싶으면 열심히 하지만, 당장 무엇이 필요하지 않으면 미래를 생각하지 않고 빈둥거리는 것을 선택하는 편이다.

이런 내 앞에 2013년 초 '선업쌓기'라는 인생 솔루션이 나타났다. 선업쌓기는 당시 같이 공부하던 한의사들이 공유하였던 일종의 인격수양이었다. 삶을 통해 나아가야 할 방향으로 자아성찰의 참회와 타인에 대한 사랑을 제시하였는데, 이 두 가지가 진심으로 실천되어 쌓일 때 자아가 변할 수 있고 삶이 변한다는 것이다. 이 점은 다른 인격수양과 큰 차이가 없지만, 선업쌓기의 핵심은 참회와 사랑이 내면에서 이루어진 결과를 즉시 수치로 확인할 수 있다는 것이었다. 내면의 변화를 수치로 확인한다는 것은 여러분에게 생소하고 황당한 이야기로 들릴 것이라고 생각한다. 왜냐하면, 처음 접했던 나도 '이건 뭐지?' 하는 황당함이 컸으니까. 앞으로 본문에서 수치확인에 대한 자세한 설명을 할 테니 서문에서는 우선 넘어가자. 어쨌든 함께 공부하는 한의사들이 대부분 참여하니 해봐서 손해 볼 것은 없다고 생각했고 호기심이 발동하였다. 돈이 드는 일도 아니었고, 내 내면의 점수가 몇 점인지 확인하고 물어볼 용기만 있으면 되었기에 뛰어들었다.

그런데 내 내면의 점수를 바로 확인한다는 것은 나를 크게 변화시켰다. 현재만 중요한 나에게 삶의 결과가 저 먼 미래에 나타나는 것이 아니라, 지금 현재 반영됨을 자각하게 하였고, 더 노력하게 하였다. 어떤 참회방법이 좋았는지, 타인을 위한 기도와 진료 시 환자들에 대한 태도 변화가 어떤 결과를 가져왔는지, 함께하는 한의사들과 공유하면서 실천하였다. 이것은 꽤 큰 시너지 효과를 일으켰다. 내면의 진화를 감지한 것이 수치로 확인되었고, 수치로 확인된 진화가 내 내면에서 일어나는 것을 느끼는 쌍방향 검증이 체험되었다. 나는 내 삶의 문제 앞에서 덜 겁먹을 수 있었고, 인내력이 생겼고, 감사함을 느낄 힘이 더 커졌다. 나의 현재가 변화한다는 것을 체험한 뒤로 이 성장이 즐거웠고, 누가 나에게 선업쌓기를 왜 하냐고 물을 때면 더 행복해지고 싶어서 한다고 대답하곤 했다. 이때 나는 나보다 많이 앞선 성장을 이룩한 분들에게는 별로 관심이 없었다. 그건 현재의 나와 상관없게 느껴졌고, 또 많은 성장으로 무엇을 하고 싶다는 미래의 꿈도 없었기 때문이다. 언제나 그렇듯 나는 나의 현재에만 관심이 있었고, 내가 지금 좀 더 행복해질 수 있으면 그만이었다.

1년 반 정도의 시간이 흐른 뒤, 이 선업쌓기의 단체적 연계는 와해의 길을 걷기 시작했다. 왜 와해될 수밖에 없었을까. 지금 생각해보면, 삶이 선과 악의 전쟁이라는 왜곡된 관념에서부터 와해가 시작되었다. 이 그릇된 관념은 사랑의 본질과 의미를 축소하면서 악을 처단하고 배척해야 한다는 망상을 크게 키웠다. 그로 인해 많은 이에게 상처를 주었고, 선업쌓기연대에서 가장 중요해야 할 사랑은 애석하게도 사라지게 되었다. 그러나 이 와중에도 성장한 미래에 별 관심이 없고 오직 현재의 나에게만 관심이 깊었던 나는 오랫동안 이 길을 지속할 수 있었다. 다른 분들과 연계의 밀착성이 떨어지는 편이었기에 주고받을 상처가 별로 없었던 덕분이며, 지속적으로 느리게 성장하며 삶의 문제 앞에서 점점 더 당당해지고, 사랑하는 길을 찾는 것이 수월해지는 변화를 체험하고 있었기 때문이다. 주위의 아픔 속에서도 나는 잠시 가슴 아파하는 것 이외에 해줄 수 있는 길을 찾지 못하고 나의 행복을 키워가고 있었다.

그리고 마지막까지 함께했던 동료들과 헤어지면서 나는 혼자서 이 길을 지속하고 있다. 마지막까지 함께 했던 동료들은 어느 정도 밀착성이 형성되어 가는 중에 헤어짐을 선택하게 되었다. 그리고 그 헤어짐을 끝이 아닌 기다림으로 만들어가고 있다. 이 동료들과 헤어진 이후 8개월 동안, 나의 진실을 함께 나누지 못한 것에 미안함으로 시작하여, 이들을 축복하는 사랑을 키워내는 과정에서 많은 진리를 얻을 수 있었다. 이 진리는 내가 3년 반 동안 이룬 성장을 설명하고 안내하는 길이다. 또한, 이는 누구에 대한 의존 없이 스스로의 힘으로 삶을 행복하게 일구어 나가는 길이다. 이 책은 내가 체험한 성장과 행복의 진리를 안내한다.

이 진리를 하나씩 깨닫는 과정에는 많은 아픔과 어려움을 직면해야 했었다. 그리고 그 아픔을 온전히 내 몫으로 인정할 때, 나는 진리를 하나씩 체험할 수 있었고, 아픔과 어려움에서 점점 더 자유로워졌다. 그러면서 나는 나보다 앞선 길을 갔던 분들은 얼마나 많은 아픔을 겪어야 했을까 생각했다. 이 책은 그분들에게 드리는 위로와 감사의 헌정서이다. 또한, 이 책은 선업쌓기가 와해되는 변화 속에서 수동적인 상처를 감내해야 했던 많은 분께 드리는 사죄의 반성문이다. 그리고 이 책은 아직도 선과 악의 전쟁이라는 왜곡된 관념에 갇힌 나의 옛 동료들에게 보내는 사랑의 인사이다.

마지막으로 내가 이 책을 바치고 싶은 가장 중요한 사람은 바로 여러분이다. 자신의 현재에 최선을 다하고 싶고, 지금 이 순간을 조금 더 행복하게 만들고 싶어 하는 여러분. 내가 체험한 행복의 진리는 도저히 혼자만 알고 있을 수 없는 모두의 것이다. 모든 영혼의 것이다. 이 책의 내용은 체험의 결과이기에 구체적인 방법론의 제시까지 나아간다. 내가 이 책에 서술한 핵심은 선업쌓기뿐 아니라 『신과 나눈 이야기 (Conversations with God)』, 『의식혁명(Power versus force)』, 칼 융(Carl Gustav Jung)의 심리학이 결정적인 역할을 하였다. 선업쌓기의 참된 의미를 『신과 나눈 이야기』를 통해 온전한 사랑으로 해석할 수 있었고, 구체적인 방법에 대해 『의식혁명』의 이론으로 확신하면서, 칼 융의 이론으로 빛과 어둠의 창조적 통합을 완성할 수 있었다. 『신과 나눈 이야기』의 저자인 닐 도널드 월시(Neale Donald Walsh), 『의식혁명』의 저자인 데이비드 호킨스(David Roman Hawkins) 박사, 그리고 심리학자 칼 융(Carl Gustav Jung)에게 깊은 감사의 인사를 드린다.

이 책은 크게 두 부분으로 나누어져 있다. 첫 번째는 〈마음 편〉으로 사람의 마음을 다섯으로 분석하는 체계를 소개한다. 한의학의 의식분류인 혼백신의지는 사람이라면 모두 공통된 마음의 구성이다. 마음의 공통된 체계를 알게 되면, '어떻게 살아야 하는가?'를 이해하고, 내 마음과 세상이 조화롭게 소통하며 살 수 있는 길이 열릴 것이다. 두 번째는 〈차크라 편〉으로 영혼의 의지와 선택을 소개한다. '우리는 도대체 무엇을 위해서 인간으로 사는 것일까?', '우리는 삶에서 무엇을 추구해야 하는가?'라는 질문에 대한 답은 우리의 차크라에 들어 있다. 차크라에 담겨있는 절대적인 가치들을 소개하여 인생의 목적을 기억해내도록 도울 것이다.

나는 여전히 나 자신의 현재에 몰두하며 살고 있다. 현재를 꿈꾸고 채워나가고자 하며, 그러면 족히 행복하다. 그러나 지금 현재에 몰두함은 예전처럼 미래에 관심이 없어서가 아니다. 이제는 현재의 행복이 나의 과거와 미래를 모두 감싸고 있음을 체험으로 알기 때문이다. 그렇기에 여러분에게 현재의 행복을 꿈꾸기를 권한다. 현재를 꿈꾸는 이에게 이 책의 진리는 현실로 실현될 것이기에…

2018년 3월

김윤정

※ 일러두기 : 본 책에서는 저자의 요청으로 공기의 움직임인 '바람'과 어떤 일이 이루어지기를 원하는 마음이라는 뜻의 '바람'을 구분하기 위해 후자의 용어를 '바램'으로 표기하였습니다.

사람이란

　나는 그동안 내가 그냥 '나'인 줄 알았다. 그냥 나, 하나의 존재. 그런데 내가 나를 유심히 들여다보게 되면서, 내가 그냥 단순한 '나'가 아니라는 사실을 발견할 수 있었다. 내 행동은 내 마음과는 꽤 많이 달랐다. 마음은 한껏 쫄고 있으면서도 행동은 거침없이 나오기도 하고, 너무 기분이 좋으면서도 티 내지 않고 담담한 척 행동하기도 하고, 맘이 아파 펑펑 울고 싶으면서도 애써 웃으며 일을 하기도 한다. 내 마음과 행동이 영 딴판인 것이다. 내 마음과 행동이 일치될 때가 더 많다고 장담할 수 없었다. 우리의 마음과 행동은 다를 수 있으니, 한 존재에서 마음과 행동은 분리될 수 있다. 즉, 내 마음과 내 행동이 더해져서 '내'가 된다.

　그런데 여기서 또 하나의 '내'가 더 있다. 내 마음과 행동은 생명이 다하는 죽음으로 사라지지만, 그렇다고 내가 죽으면 내 존재 자체가 소멸할 것이라고는 도저히 믿기지 않는다. 천당을 갈지 지옥을 갈지 혹은 다시 환생할지 정확히는 모르겠지만, 어쨌든 나는 죽고 나서도 계속 존재할 것 같은 확고한 확신이 든다. 사실 살면서 여러 사람을 만났지만, 자신이 죽고 나면 완전한 소멸할 거라고 생각하는 사람은 별로 보지 못했다. 다들 '그러다 지옥 간다', '전생에 나라를 구했나 보다', '다음 생에서는 꼭 내 하고 싶은 대로 살 거다', '죽어서 꼭 천당 가야지' 등 종교가 무엇이든, 어떤 삶을 살고 있든, 다들 이처럼 말하지 '나는 죽으면 완전히 소멸할 거야'라고 말하는 사람은 없었다. 아마도 다들 나처럼 죽어서도 계속 존재할 거라는 믿음이 무의식 깊숙이 깔린 것 같다.

　우리가 죽어서도 사라지지 않는다면, 마음과 몸이 없어져도 계속 존재하는 것은 우리의 영혼이다. 가사(假死)를 체험한 이들은 공통적으로 삶에서 느끼던 감정이 아닌, 자유로우며 경이로운 존재로서의 자신을 느꼈다고 이야기한다. 이걸 우리의 일상적 마음이라고 동일시하기에는 무리가 있으니, 이것은 영원성을 가진 영혼으로 보아야 한다. 그러면 결론은 죽어서도 사라지지 않는 존재로서의 나인 영혼, 일상의 감정과 생각으로 나타나는 존재로서의 나인 마음, 그 마음과 때로는 따로 놀면서 행동하고 말하는 몸, 이렇게 셋이 합쳐서 '내'가 된다. 우리 인간은 영혼-마음-몸의 삼중(三重)으로 이루어진 존재이다. 알고 보니 나는 셋이나 되는 존재였다. 어려서부터 성당을 다니며 무수히 '성부와 성자와 성령'의 이름으로 성호를 긋고 삼위일체(三位一體)를 들어왔는데, 아마도 그것이 인간은 삼중의 존재라는 걸 꾸준히 상기시켜주는 신호가 아니었을까 싶다.

영혼은 삼중의 존재 중 가장 거대한 골격에 해당한다. 우리의 몸보다 클 뿐만 아니라 마음보다도 크다. 가장 크고 위대한 존재이기에 죽어서도 사라지지 않고 존재하지 않겠는가. 또한, 영혼은 영원히 사라지지 않을 만큼 삼중의 존재 중 가장 완벽하고 신성한 부분이다. 불완전한 존재가 영원히 존재하는 것은 불가능할 테니 말이다. 두 번째, 마음은 삼중의 존재 중 가장 빠르고 강한 에너지이다. 우리의 마음은 손바닥 뒤집는 것보다 더 빨리 변하기도 하고, 절대로 꺾이지 않는 군건함을 보이기도 하니 정말 빠르고 강하다. 그래서 창조의 에너지는 마음에서 나온다. 마지막으로 몸은 삼중의 존재 중 가장 무거운 부분이다. 생각을 말로 표현하려고 하면 이게 참 녹록지 않고, 행동으로 실천하려고 해도 몸이 잘 따라주지 않는다. 몸은 가장 작으면서도 무거운 부분이라, 많은 노력으로 하나씩 천천히 이루어갈 수 있다.

인간이 그냥 하나가 아니라 세 겹으로 이루어진 존재라는 사실을 아는 것은 매우 중요하다. 이 진리를 알아야 내가 하고 싶은 것이 어렵고 버거울 때, 몸은 가장 무거운 부분이니 무언가 행동하는 것은 당연히 느릴 수 있다는 것을 알고 쓸데없이 재촉하지 않을 수 있다. 내 마음이 행동과 다를 수 있다는 것을 자각하고 있으면, 마음과 행동이 하나가 되기 위한 노력을 할 수 있다. 마음과 행동이 달라 생기는 그 찝찝하고 불편한 감정들로부터 하나씩 해방되는 것이다. 내 마음과 행동이 다르듯, 내 마음이 영혼과 다를 수 있다는 것을 인정하면, 지금의 마음이 내 전부가 아님을 알고, 내 마음을 돌릴 힘이 생기게 된다. 만약 지금의 감정과 생각이 최종 목적지이고 결과라고 생각하면, 벗어나고 싶은 감정과 생각에서 해방되기가 매우 힘들 것이다. 과연 지금의 감정과 생각이 정말 내 영혼이 바라는 것일까 다시 생각해보면서 진짜 내가 원하는 길과 방향을 찾을 수 있고, 진정한 바램을 향해 내 마음을 돌릴 수 있다.

우리는 우리의 삼위(三位)를 모두 잘 이해하고 돌보아야 한다. 인간으로서 셋 중 하나를 빼고 존재할 수 없는 노릇이고, 하나만 따로 놀아도 정말 불편하기 짝이 없다. 마음과 행동이 일치하지 않을 때 그 찝찝함은 모두가 잘 알 것이다. 영혼이 마음과 몸에서 멀어지게 되면 정말이지 내 마음을 도저히 스스로 감당할 수 없는 지경에 이르게 된다. 그러니 영혼이 마음과 몸을 잘 감싸게 돌보고, 마음이 영혼과 몸을 잘 이어주게 돌보고, 몸이 마음과 영혼에 일치되어 힘들이지 않고 제 할 일 할 수 있게 돌보아야 한다. 사실 셋 중 제일 돌보기 쉬운 것은 몸이다. 가장 느리고 무거우니 감당하기가 가장 쉽다. 그러나 마음은 너무 빠르고 강해서 제어하기가 쉽지 않다. 영혼은 한술 더 떠서 자각하기조차 쉽지 않으니 말해 무엇하랴. 그러니 가장 돌보기 쉬운 몸은 젖혀 두고, 마음과 영혼에 대해 이 책에서 안내하고자 한다.

지금까지 마음을 설명하는 이론은 많다. 그 내용은 매우 훌륭하여 우리에게 고마운 길잡이 역할을 해주고 있다. 무의식을 탐구하는 정신분석은 깊은 감정과 생각의 원인을 찾아서 스스로를 이해하고 감당할 기회를 주고, 심리연구 결과들은 우리가 서로에게 미치는 영향을 이해하게 하여 불신을 줄이고 더 나은 관계와 사회를 만드는 데 큰 역할을 하고 있다. 이 책에서는 여기에 더해서 한의학의 {혼·백·신·의·지(魂魄神意志)}(이하 {혼백신의지})라는 마음 구성을 소개한다. {혼백신의지}는 한의학에서 의식을 분류하는 체계로, 모든 인간에게 기본이 되는 마음의 주요 기둥이다. 인간에게 가장 필수적인 의식체계를 알게 되면 어떻게 살아야 하는가에 대한 답을 얻을 수 있으니, (혼백신의지로 삶을 살아가는 방법에 대해 안내한다.

영혼에 대한 것은 그동안 종교가 담당했다. 삶에서 무엇을 추구해야 할지, 무엇을 하지 말아야 하는지 일러주면서, 종교는 우리에게 삶의 방향, 길 그리고 지향점을 안내하고 있다. 그런데 요즘은 그 영혼의 가르침들이 자꾸 멀어지고 있다. 분명 진리로 믿을 수 있는 훌륭한 말씀들을 전하지만, 현실과 동떨어진 외침이 되고, 천국이나 극락왕생 같은 지향점은 그대로 믿기에는 자꾸 유치하게 느껴진다. 그래서 이 책에서는 기존 종교의 가르침과 우리의 거리를 좁힐 수 있도록 영혼을 이해시키고자 한다. 모든 인간에게 있는 차크라로 영혼을 이해하면서, 종교의 가르침이 차크라를 통해서 각 개인에게 어떤 영향을 주는가를 소개한다. 그리하여 그 가르침들이 얼마나 중요한지를 다시 일깨워 줄 것이다. 우리의 영혼을 만족시킬 때 일어나는 차크라의 변화를 체험하게 된다면, 종교적 가르침을 실천하는 것이 전혀 억울하지 않게 되며, 기꺼이 마땅히 해야 할 일이며 동시에 기쁨이 될 것이다.

영혼은 우리가 삶에서 무엇을 선택하고 무엇을 이룰까에 대한 청사진을 구성하고, 마음은 생각과 감정이라는 빠르고 강한 에너지로 모든 것을 창조해내며, 몸은 행위로 그 창조의 결과를 겉으로 드러낸다. 이걸 조금 다르게 표현하면, 영혼은 삶에서 '무엇'을 선택해야 하는가를 담당하고, 마음은 '어떻게' 살아야 하는가를 결정하며, 몸은 '결과'의 드러남을 담당한다. 우리가 영혼을 통해서 삶에서 '무엇'을 선택해야 하는지를 안다면, 혼란과 오류의 아픔을 줄여나가면서 삶과 존재의 궁극적인 목적을 성취하게 될 것이다. 또 우리가 마음을 통해 '어떻게' 해야 하는지 알게 된다면, 좀 더 쉽고 편안하게 자신의 의지와 바람대로 삶을 창조해나갈 수 있을 것이다.

우리의 마음과 행동이 일치했을 때를 돌이켜보면 참 편안하다. 행동 뒤에 오는 난감함, 후회, 아쉬움은 없다. 그래서 둘의 차이를 메우기 위한 불필요한 노력을 하지 않아도 된다. 숨긴 내 마음이 들킬까 조마조마하면서 눈치를 볼 필요도 없다. 그저 진심의 마음과 동일한 행동 뒤에는 깔끔한 다음 단계가 있을 뿐이다. 또 우리는 마음과 영혼이 일치할 때 행복감을 느낀다. 당신이 살면서 참 행복하다고 느꼈던 순간들은 당신의 마음과 영혼이 일치했던 순간들이다. 마음과 영혼이 같아졌다는 건, 영혼이 추구하는 삶의 목적에 딱 맞도록 마음을 먹게 된 것이니, 충만한 만족감으로 행복이 피어난다.

그리하여 우리의 몸과 마음이 일치하여 편안하고, 우리의 마음과 영혼이 일치하여 행복하며, 결국 우리의 몸과 마음과 영혼이 모두 같아지는 삼위일체(三位一體)의 순간에 우리는 기쁨과 환희를 경험하게 된다. 행복감이 주는 부처님 미소가 우리의 얼굴에 나타나고, 자신의 행위에 벅차오르는 만족이 가슴을 충만하게 채우며, 하늘과 함께 공명하는 신호로 찡한 쾌감까지 더해지면서 환희를 경험한다. {혼백신의지}를 소개하고 차크라를 설명하는 이 책의 목적은 결국 우리의 삼위(三位)를 일치시켜 삶의 환희를 체험하기 위함이다. 살면서 삼위일체를 체험하지 않는 것은 너무 안타깝고 불행한 일이다. 어차피 존재하고 살게 된 이상 삼위일체의 환희를 마음껏 누리고 떠나야 아쉬움도 후회도 없을 터이니, 아니 마음껏 누려야 할 운명이 우리 모두에게 주어진 것이니, 여러분이 삼중(三重)의 '내'가 아니고 그냥 '나'인 삼위일체를 이루길 간절히 기원하며 시작한다.

프롤로그   5

사람이란   10

I. 마음 편 {혼백신의지}: 어떻게 살 것인가

1. 지(志): 내 삶을 사랑한다   33

2. 혼(魂): 나는 창조주를 사랑한다   48

3. 백(魄): 세상은 사랑을 체험하기 위한 목적만으로 존재한다   67

4. 신(神): 나는 나를 귀하게 사랑한다   84

5. 의(意): 나는 다른 이들을 사랑한다   103

6. {혼백신의지(魂魄神意志)}   125

   1) {혼백신의지}와 우리의 일상 … 125

   2) {혼백신의지}에 의한 의식의 결계 … 127

   3) {혼백신의지}를 활용하는 인간관계 … 143

   4) {혼백신의지}가 만든 에너지장 = 명수(命數) … 160

   5) {혼백신의지}를 성장시키는 방법론(명수가 오르는 메커니즘) … 170

   6) 지적 장애인의 명수 … 194

II. 차크라 편 절대가치: 무엇을 위해 살 것인가

1. 차크라와 태양계   205

2. 차크라의 지배력   216

3. 1번 차크라: 탄생 - 생명 - 죽음   226

　　1) 1번 차크라의 결계 … 234

4. 2번 차크라: 개인 - 자기실현 - 연대   239

　　1) 2번 차크라의 결계 … 249

5. 3번 차크라: 분별 - 소통 - 전일성   254

　　1) 3번 차크라의 결계 … 266

6. 4번 차크라: 믿음 - 소망 - 사랑   271

　　1) 4번 차크라의 결계 … 279

7. 영적 건강   284

　　1) 빙의 … 284

　　2) 마음의 보호막 … 294

8. 5번 차크라: 자유 - 소명 - 책임   301

　　1) 5번 차크라의 결계 … 312

9. 마음과 물리학 법칙   317

　　1) 만유인력의 법칙 … 318

　　2) 에너지보존의 법칙 … 320

10. 6번 차크라: 미안함 - 우리 - 사과받음   324

　　1) 6번 차크라의 결계 … 332

　　2) 달의 영적인 역할 … 336

11. 7번 차크라: 고마움 - 우리 - 감사받음　　　　338

　1) 7번 차크라의 결계 … 345

12. 8번 차크라: 용서함 - 우리 - 용서받음　　　　349

　1) 8번 차크라의 결계 … 361

　2) 영화 <밀양> 속의 용서 … 365

13. 9번 차크라: 축복함 - 우리 - 축복받음　　　　368

　1) 9번 차크라의 결계 … 373

14. 미안함-고마움-용서-축복: 관계성 카르마　　　　378

　1) 친애하는 보수우파의 어르신들께 바칩니다 … 379

　2) 친애하는 진보좌파의 세대에게 바칩니다 … 380

　3) 이슬람교의 시아파에게서 수니파로, 또한 수니파에서 시아파에게로

　　전합니다 … 383

15. 아홉 차크라의 진단　　　　386

16. 차크라 복원　　　　398

　1) 카르마 나누기 … 413

17. 차크라 수련　　　　416

18. 쿤달리니: 겸손 - 위대함　　　　423

　1) 쿤달리니를 깨우는 길 … 430

　2) 쿤달리니를 넓히는 길 … 435

19. 무의식을 통한 진리탐구　　　　445

부록

1) 쿤달리니를 넓히는 길   462

2) 9번 차크라 결계: 축복함 - 우리 - 축복받음   473

3) 8번 차크라 결계: 용서함 - 우리 - 용서받음   477

4) 7번 차크라 결계: 고마움 - 우리 - 감사받음   481

5) 6번 차크라 결계: 미안함 - 우리 - 사과받음   484

6) 5번 차크라 결계: 자유 - 소명 - 책임   488

7) 4번 차크라 결계: 믿음 - 소망 - 사랑   492

8) 3번 차크라 결계: 분별 - 소통 - 전일성   496

9) 2번 차크라 결계: 개인 - 자기실현 - 연대   499

10) 1번 차크라 결계: 탄생 - 생명 - 죽음   503

11) 무의식의 진리탐구 결계 1   506

12) 무의식의 진리탐구 결계 2   508

에필로그   511

{혼백신의지}:
어떻게 살 것인가

여러분은 자신의 마음을 들여다보면서 사는지 궁금하다. 사실 나는 서른 살 이전까지는 나의 마음과 생각을 들여다보고, 관찰하고, 다시 곱씹어보는 자기성찰을 별로 해본 적이 없었다. 아주 간혹 나에게 일어났던 큰 사건들에 대해 시간이 많이 흐른 뒤 그 사건이 어떤 의미였는지 다시 생각해본 적은 있지만, 지금의 감정과 생각이 왜 그런지, 어떤 의미인지 알아내려 하지는 않았다. 그냥 느껴지는 그대로, 생각나는 그대로의 날것이 전부이고 당연하다고 여겼었다.

그러다 서른 살에 김형경 작가의 정신분석 에세이 『사람풍경』이라는 책을 읽고서, 내가 왜 이런지 궁금해지고 스스로를 관찰했다. 내가 내 마음인 의식과 무의식을 들여다본 결과, 나는 초등학교 시절까지도 엄마를 숨 막히게 했던 분리불안을 서른 살이 되어서도 여전히 끌어안고 살고 있었다. 집안의 막내로 온 친척들에게 귀여움과 사랑을 받으면서 마음에 굳게 배긴 막내기질로 인해, 나를 예뻐해 주고 양보해주는, 희생을 교육받은 첫째들하고만 친밀한 친구 관계를 유지하며, 첫째로 우대받고 존중받는 교육을 받은 이들과는 정말 친해지기 힘들어한다는 것을 발견했다. 성찰의 결과로 나의 분리불안과 막내기질을 모두 털어낸 것은 아니었지만, 혼자 감당하기 어렵다고 느낄 때마다 이 불안은 세 살 아이의 불안과 같다는 자각을 할 수 있었다. 또한, 친구들의 양보와 배려를 받는 것이 당연한 것이 아니라 매우 고마운 일이며, 나 또한 그들에게 사랑을 주도록 노력해야 한다는 생각을 가질 수 있게 되었다. 그렇게 내가 세 살 감정에서 벗어나 좀 더 당차고 용감하게 살아갈 힘, 내가 사람들과 더 많이 사랑을 주고받을 힘이 생겼다.

자신의 마음을 들여다보는 것은 자신이 원하는 삶을 창조하기 위해 참으로 중요하다. 우리의 생각과 감정인 마음은 어느 순간 확 타오를 수도 있고, 또한 어떠한 계기로 완전 반대로 급선회할 수도 있다. 마음은 매우 빠르고 강력한 에너지이기 때문이다. 오죽 빠르면 버럭버럭 화를 내고 난 뒤에도, TV의 예능 프로그램을 보며 깔깔 웃을 수 있겠는가. 또 마음은 매우 끈질기게 변하지 않고 오래 지속되며, 어느 순간 신기루처럼 사라지기도 한다. 마음은 매우 느리고 부드러운 에너지이기 때문이다. 오죽하면 세 살적 분리불안을 서른 살까지 끌어안고 있으며, 미워죽겠던 상대의 어려움을 알고난후에 그 미움이 완전히 사그라들기도 한다. 우리는 매우 빠르고 강력하며, 느리고 부드러운 이 변화무쌍한 마음의 에너지로 삶을 채워나간다.

이 에너지가 우리의 삶이 창조되는 근원적인 힘이다. 그러니 우리는 부단히도 열심히 자신의 마음을 잘 들여다봐야 한다. 그저 느껴지는 대로 느끼고, 떠오르는 대로 생각하는 단계에서 멈추지 말고, 왜 그렇게 느꼈을까, 왜 이런 생각이 자꾸 떠오를까를 들여다봐야 한다. '오늘 내가 그때 왜 짜증이 났을까?, 내가 그 짜증을 어떻게 추스르는 것이 가장 좋았을까?', '오늘 나는 왜 더 힘들었을까, 이 무기력을 어떻게 풀어나가야 할까?', 이 마음들을 내가 들여다봐 주지 않는다면, 아무도 알아주지 않은 채로 흘러가 버리게 된다. 그러기엔 내 마음이 너무 안쓰럽지 않은가. 그러니 스스로 애정어린 관심으로 알아봐 주고 돌봐주어야 한다. 지극한 애정으로 내가 지금 어떤 창조를 하고 있는지 발견해야, 다음에 어떻게 해야 할지 잘 결정할 수 있다.

자신의 마음을 관찰하는 방법은 무엇이 되었든 다 좋다. 스스로 깨어난 자로 삶의 주인이 될 것인지, 그저 느껴지는 대로 삶이 나를 통제하게 할 것인지의 선택이 중요할 뿐, 어떤 방법인지는 그 차후의 문제일 뿐이다. 내가 처음 입문했던 정신분석의 단순한 적용도 좋고, 심리학적인 관찰 기법도 좋고, 고요히 자신을 가라앉히는 명상도 좋고, 하루를 글로 정리하는 일기도 좋고, 종교적 회개와 참회도 좋다. 어느 방법이 더 우수하고 좋은 것은 아니다. 다 각각의 장점이 있으니, 모두 다 써먹고 살 수 있다면 가장 좋을 것이다. 자신을 관찰하는 기술을 다양하게 터득한다면, 더 쉽고 편하게 자신의 마음을 알아볼 수 있다. 그래서 마음을 관찰하는 기술은 다다익선(多多益善)이다. 이 방법이 좋으니 나머지는 별로라고 배척할 것이 아니라, 많은 길이 열릴수록 좋고, 많이 알아둘수록 좋다. 그래서 기존에 없던 마음을 관찰하는 기술을 하나 더 소개한다. 그것은 한의학의 의식분류체계인 {혼백신의지}이다.

그런데 생각해보면 어떻게 살아야겠다고 다짐하거나 마음먹은 것이 없어도 저절로 그냥저냥 잘 살아간다. 우리가 특별히 고민하지 않더라도 어느 정도 무난히 살아갈 수 있는 것은, 어떻게 살아야 하는가에 대한 기본적인 힘이 우리 안에 모두 있기 때문이다. 우리는 결코 아무것도 없이 이 지구에 내팽겨쳐진 존재가 아니다. 기본적으로 삶을 창조할 힘을 모두 부여받고 지금 여기에 존재한다. 그리고 마음의 주요기둥인 [혼백신의지]는, 인간으로 살아가는 데 필수불가결한 마음의 기본적인 힘이다.

우리가 인간으로 살려면 기본적으로 [삶(시공간)-신(창조주)-세상(우주)-나-타인]의 다섯 요소에 대한 창조력이 있어야 한다. 나에게 주어진 시간과 공간을 나의 에너지로 채워가야 하고, 나를 창조한 창조주와의 관계를 통해 삶의 목적을 이루어야 한다. 이 세상과 우주에 포함된 존재로 그 순리를 따라야 하고, 나의 존재가치를 알아야 하며, 타인과의 관계가 어떤 의미인지 알아야 한다. 적어도 이 다섯 요소에 대해 기본적인 힘이 있어야 삶을 살 수 있고, 창조자로 존재할 수 있다. [혼백신의지]는 이 다섯 요소를 각각 떠받치는 마음의 기둥이며, 존재를 지탱하는 데 필요한 마음의 다섯 분류이다.

그럼 [혼백신의지]는 어디에 존재하는가를 설명하기에 앞서, 여러분은 마음이 어디 있다고 생각하는가? 일반적으로 마음은 심장이나 뇌에 있다고 생각하기가 쉽다. 우리의 생각이 형성되는 곳이 뇌이고, 감정에 가장 예민하게 반응하는 장기가 심장이기 때문이다. 그러나 뇌는 마음을 전기신호로 전환해 생각을 발생시키는 장기이지, 마음의 본체는 아니다. 뇌가 작동을 멈추면 마음을 전기신호로 바꾸지 못할 뿐이며, 마음은 여전히 그대로 존재한다. 또한, 심장은 박동으로 우리의 감정을 외부로 표현할 뿐이지, 마음 전체를 포괄하는 것은 아니다.

그럼 우리의 마음은 어디에 있는가? 『신과 나눈 이야기(Conversations with God)』에서는 우리의 마음은 우리 온몸의 세포 하나하나에 깃들어 있다고 한다. 발가락에서부터 뇌와 심장까지 우리의 몸에 마음이 깃들지 않은 곳은 아무 데도 없다는 말이다.

더 정확하게는 모든 세포의 사이에 마음이 존재한다고 했으니, 우리의 마음은 모든 세포를 하나하나 감싸고 있는 에너지이다. 마음은 빠르고 강력하게 또는 느리고 부드럽게 창조력을 발휘하는 에너지이다. 우리 몸의 세포는 ATP(adenosine triphosphate)라는 기본 물질로 에너지를 만들어 낸다. 즉, 에너지를 만들어 내는 모든 세포에는 마음이 깃들어 있는 것이다. 세포들이 만들어낸 에너지는 그 세포를 감싸고, 생각과 감정이 되어 창조력을 발휘한다.

결국, 우리 몸의 모든 세포가 만들어낸 에너지 전부가 우리의 마음이다. 우리의 마음은 의식과 무의식으로 나뉘는데, 의식은 뇌의 피질에서 전기신호로 형성되어 인식할 수 있는 생각을 일컫고, 무의식은 우리의 마음이지만 우리가 인식하지 못하는 영역을 일컫는다. 그리고 정신분석을 통해 인간에게는 의식으로 인지하는 마음보다, 인지하지 못하는 무의식의 에너지가 훨씬 크고 결정적이라는 사실이 밝혀졌다. 우리의 마음 중에서 의식은 뇌의 피질에서 형성한 일부 에너지에 불과한 것이다. 다른 모든 세포에서 형성되는 에너지는 모두 무의식의 마음이며, 이 무의식이 우리 마음의 대부분을 차지하고 있다.

모든 세포에 깃들어 있는 마음을 떠받치는 다섯 기둥이 {혼백신의지}이다. {혼백신의지}는 우리의 발바닥에서부터 머리까지 중심이 되는 위치에 자리하여 모든 마음을 떠받치고 있다. 혼(魂)은 뇌 한가운데의 송과체에 있고, 백(魄)은 양쪽 귀 달팽이관에 있으며, 신(神)은 심장에, 의(意)는 양쪽 난소나 정소에 있고, 지(志)는 우리의 양 발바닥에 있다. 발바닥은 우리 몸을 지탱하는 원천이고, 난소와 정소는 우리의 유전정보가 집약되고 배출되어 다른 유전정보와 합쳐지게 하는 곳이며, 심장은 생명의 근본인 혈류가 시작되는 장기이다. 안구와 같은 구조로 제3의 눈이라 불리는 송과체는 우주와 소통하는 통로이며, 귀는 소리를 통해 세상의 정보를 받아들이는 기관이다. 이렇게 {혼백신의지}는 우리 몸의 맨 아래에서부터 맨 위에까지 위치상으로뿐만 아니라, 의미상으로도 균형 있게 자리 잡아 모든 세포에 깃들어 있는 마음의 주요 기둥이

자 대장으로 활동한다. 모든 세포에 깃든 마음들은 {혼백신의지}의 지휘를 따르니, 우리의 {혼백신의지}를 알면 마음을 제어할 힘을 키울 수 있다.

{혼백신의지}는 독립적으로 살아있는 듯이 활동하는 에너지체이다. 이걸 쉽게 이해하자면 픽사의 애니메이션 〈인사이드 아웃〉에서 주인공 아이의 무의식을 표현한 캐릭터들을 떠올리면 된다. 〈인사이드 아웃〉에서는 한 아이의 감정이 형성되는 모습을 {기쁨-슬픔-버럭-까칠-소심}이라는 다섯 캐릭터의 활동으로 표현한다. 기쁨이의 활동은 주인공 아이가 즐겁게 살아갈 동력이 되고, 슬픔이의 활동은 소중한 것을 깨우치게 하며, 버럭이의 활동은 부당함으로부터 자신의 영역을 지킨다. 까칠이의 활동은 아이의 정체성을 확립하며, 소심이의 활동은 위험으로부터 보호한다. 이 애니메이션을 처음 봤을 때, 제작진이 {혼백신의지}와 같은 마음의 에너지체를 잘 이해하고 있다는 생각이 들었다.

{혼백신의지}는 〈인사이드 아웃〉 캐릭터들과 같이, 각각 하나로 독립된 에너지체로 활동하며, 주위에 비해 강한 에너지를 형성하고 이끄는 역할을 한다. 영화와의 차이점은 그 에너지체가 뇌에 모여 있는 것이 아니라, 인체에 고루 흩어진 각자의 자리에서 전체 세포의 에너지를 이끈다는 것이다.

발바닥에 있는 지(志)는 삶 속에서 존재를 일으켜 세우며, 자신에게 주어진 시간과 공간인 삶을 어떻게 채워나갈 것인가를 결정하는 에너지체이다. 혼(魂)은 뇌의 송과체에서 우주와 소통하면서, 창조주인 하느님을 어떻게 생각하고, 우리가 창조된 목적을 어떻게 이루어나갈 것인가를 결정하는 에너지체이다. 백(魄)은 양쪽 귀 달팽이관에서 세상의 이치를 받아들이며, 세상과 우주의 순리에 어떻게 순응하고 개척할 것인지를 결정하는 에너지체이다. 신(神)은 심장에서 자신의 생명을 분출하면서, 자신을 어떻게 규정할 것인가를 결정하는 에너지체이다. 의(意)는 난소 혹은 정소에서 자신에 대한 정보와 타인의 정보를 융합시켜, 타인을 어떻게 대하고 어떤 관계를 형성할지 결정하는 에너지체이다. 이 다섯 에너지체는 각자의 자리가 외과적 수술로 제

거된다면 다른 적당한 곳에 다시 자리를 잡는다.

<표 1-1> {혼백신의지}의 정의

> **지(志)**: 주어진 시간과 공간인 삶을 어떻게 채워나갈지 결정하는 에너지체.
> **혼(魂)**: 창조주와의 관계를 규정하고, 삶의 목적을 어떻게 이루어갈지 결정하는 에너지체.
> **백(魄)**: 세상과 우주의 순리에 어떻게 순응하고, 개척할 것인가를 결정하는 에너지체.
> **신(神)**: 자신을 어떻게 규정하고 정의할 것인가를 결정하는 에너지체.
> **의(意)**: 타인을 어떻게 대하고, 어떤 관계를 형성할지를 결정하는 에너지체.

{혼백신의지}의 정의를 믿음과 사랑이라는 긍정의 힘으로 바꾸어 표현하면, 지(志)는 자신의 노력을 믿고 주어진 삶을 사랑하는 힘이고, 혼(魂)은 하느님의 사랑을 믿고 삶의 목적에 충실할 힘이며, 백(魄)은 세상을 사랑하고 세상 속에서 사랑을 체험하는 힘이고, 신(神)은 자신을 믿고 사랑하는 힘이며, 의(意)는 타인을 믿고 사랑하는 힘이다. 이것이 {혼백신의지}의 긍정적이고 생리적인 힘이다.

자신의 삶을 사랑하면, 삶에서 주어진 일을 잘 받아들이고 열심히 살게 된다. 그리고 자신의 꿈과 희망을 차근차근 이루어 나갈 수 있다. 창조주에게 자신이 사랑받고 있다는 사실과 그의 전지전능함을 믿는다면, 자신의 존재에 대해 존엄감을 가지고 삶의 목적을 이루어갈 수 있다. 세상을 사랑하고 믿는다면, 주어진 결과를 잘 받아들이면서 세상을 통해 사랑을 체험하고자 삶을 새롭게 개척해나갈 수 있다. 자신을 믿고 사랑한다면, 자신감과 자기 확신으로 자아실현을 이루는 기쁨을 누릴 수 있다. 다른 이들이 나와 같은 존재임을 믿고 사랑한다면, 타인과 하나가 되는 자아 확장을 이루어갈 수 있다. {혼백신의지}의 생리적인 힘을 키우게 되면, 각각의 에너지체가 확장된다. 즉, 사랑으로 창조할 마음의 힘이 커진다.

지(志): 자신의 삶을 사랑하는 힘.

삶을 수긍하여 책임을 다하고, 꿈과 희망을 이루어나가는 믿음.

혼(魂): 신(God)의 전지전능함을 믿으며, 삶의 궁극적 목표를 향하여 나아가는 힘.

자신이 신(God)에게 사랑받으며, 하나로 연결되어 있다는 믿음.

백(魄): 우주 법칙의 공평함과 합당함을 믿으며, 세상과 우주를 사랑하는 힘.

복잡한 세상사는 오로지 사랑을 체험하기 위한 목적만으로 이루어진다는 믿음.

신(神): 자기 자신을 믿고, 사랑하는 힘.

자신의 존재가치를 귀하고 훌륭히 여기며, 자신을 내어놓는 믿음.

의(意): 다른 사람을 믿고, 사랑하는 힘.

타인의 선함을 믿으며, 타인이 나와 하나의 존재라는 믿음.

또한 {혼백신의지}는 살아가는 데 필요한 기본적인 욕구를 충족시키는 건강한 창조력을 형성한다. 이 기본적인 욕구는 인간으로서 누구나 누려야 하는 것이며, 이 욕구들로 인해 개인의 삶과 세상이 발전하게 된다. 지(志)는 삶을 열심히 살기 위해 반드시 필요한 수면과 휴식의 욕구를 일으키며, 혼(魂)은 자신의 존엄성을 지키고 인정받는 건강한 욕구를 일으키고 채운다. 백(魄)은 삶에 필요한 재화(富)를 형성할 욕구를 일으키고 충족시키며, 신(神)은 종족 번식을 위한 성욕과 육체를 건강히 보살필 욕구를 일으키고, 의(意)는 음식에 대한 건강한 욕구와 생활의 풍요와 편리를 추구하는 욕구를 충족시킨다. 이 {혼백신의지}의 건강한 욕구들이 그동안 인간의 문명을 발달시킨 근본적인 창조력이다.

우리는 그동안 너무 쉽게 욕구가 욕망으로 변질되다 보니, 자신의 욕구에 대해 경계하고 부끄러워하는 데 익숙해져 있다. 그러나 우리에게 이런 욕구가 없었다면, 인류는 현재의 풍요를 이룰 수 없었을 것이고, 세상은 발전할 수 없었을 것이다. 그러니 우리의 욕구는 사랑하고 축복해야 할 대상이다. 자신의 욕구를 제대로 사랑하여 충족시킨다면, 삶과 세상은 풍요롭고 다채롭게 발전할 수 있다. 자신의 욕구를 진정으로 사랑하는 3단계의 완성은 자신의 욕구를 인정하고, 건강한 욕구에 감사하며 성실히 충족시키고, 함께 그 결과를 나누며 축복하는 것이다. 삶의 욕구를 제대로 사랑한다면, {혼백신의지}의 창조력으로 안정적이며 풍요로운 삶을 이루게 된다. 반대로 자신의 건강한 욕구를 부정하거나, 감사함을 잃은 욕망으로 변질시키면서 모든 것을 자신에게만 한정하려는 집착을 부리게 된다면, {혼백신의지}의 창조력은 고난과 상실을 창조하게 된다.

<표 1-3> {혼백신의지}의 건강한 욕구충족

지(志): 수면욕 - 삶을 성실히 살기 위해 필요한 수면과 휴식을 채운다.
혼(魂): 존엄 - 자신의 존엄성을 지키고 인정받는 힘을 채운다.
백(魄): 재화 - 안녕한 삶을 사는 데 필요한 돈을 버는 힘을 채운다.
신(神): 성욕 - 종족 번식과 자신의 육체를 건강히 가꾸는 힘을 채운다.
의(意): 식욕 - 음식 섭취와 생활의 풍요와 편리를 이루는 힘을 채운다.

{혼백신의지}에는 사랑이나 건강한 욕구와 상반되는 병리적인 힘도 자리 잡고 있다. 지(志)에는 삶을 방치하는 무관심이 있고, 혼(魂)에는 창조주에게서 부여받은 존엄성을 가리는 열등감이 있으며, 백(魄)에는 세상을 믿지 못하는 불안감이 있고, 신(神)에는 자기만족을 모르는 실망과 자괴감이 있으며, 의(意)에는 타인을 믿지 못하고 의심하는 걱정이 있다. 이것이 {혼백신의지}의 부정적이고 병리적인 힘이다.

자신의 삶에 무관심하다면, 희망과 보람을 느끼며 살기 힘들 것이고 우울하고 무책임해지면서 자극적 재미에 빠진 삶을 살기 쉽다. 전지전능한 창조주가 부여한 존엄성을 모른다면, 열등감에 빠지기 쉽고 질투와 명예에 눈이 멀어 쉽게 분노하고 미워할 수 있다. 세상을 믿지 못한다면, 불안으로 인해 남들의 눈치를 보면서 두려움으로 돈에 집착하고 쉽게 세상을 원망할 수 있다. 자기만족을 모른다면, 작은 일에도 실망으로 짜증내고 자괴감에 휩싸여 육체에 집착하면서 자신의 존재가치를 부정하기 쉽다. 타인을 믿지 못한다면, 괜한 의심으로 사서 걱정을 하고 상대에게 불평불만을 토해내면서 사람이 아닌 물질에 집착하고 쉽게 거짓말을 할 수 있다. {혼백신의지}의 병리적인 힘이 에너지체에 크게 자리 잡으면, 에너지 자체가 약해지며 사랑을 창조하는 것이 어려워진다.

<표 1-4> {혼백신의지}의 병리적인 힘

지(志): 열심히 사는 삶을 방해하는 무관심.
무관심은 무기력한 우울, 한탕주의, 쾌락 추구, 무책임을 낳는다.
혼(魂): 창조주가 주신 존엄성을 부정하는 열등감.
열등감은 질투, 분노, 명예에 대한 욕망, 미움을 낳는다.
백(魄): 세상에 대한 믿음을 방해하는 불안감.
불안감은 타인에 대한 눈치, 두려움, 돈에 대한 욕망, 원망을 낳는다.
신(神): 자기만족을 방해하는 실망과 자괴감.
실망(자괴감)은 짜증과 슬픔, 육체에 대한 욕망, 존재의 부정을 낳는다.
의(意): 타인에 대한 믿음을 방해하는 의심과 걱정.
의심(걱정)은 불평불만, 물질에 대한 집착, 거짓을 낳는다.

{혼백신의지}의 생리적인 힘을 키우고 병리적인 힘을 줄이면, {혼백신의지}의 에너지 자체가 커지게 된다. 그러니 생리적인 마음을 의도적으로 생각하고 또 곱씹으면 된다. 또 한편으로는 자신을 찬찬히 관찰하여 부정적인 의식을 발견하고, 그것을 다시 생각하면 된다. 이것을 습관화하는 것이 {혼백신의지}의 힘을 키우는 자기분석이다. 예를 들면 이러한 생각이 있다. '집안일이 너무 많다고 짜증 부린 건 나의 능력을 믿지 못한 불필요한 실망이었구나. 내가 나를 다시 믿어보자', '환자분이 나의 설명을 잘 안 받아들이는 것 같은데, 내가 이상한 말 한다고 집에 가서 흉보지 않을까 걱정하는 건 쓸데없는 의심일 뿐이구나. 그분의 최선을 믿고 기다리면서 아픔이 조금이라도 줄어들 수 있도록 응원하는 것이 내 역할이겠다', '아이가 내 말을 듣지 않는다

고 버럭 화를 낸 건 괜한 열등감의 분노였구나. 아이에게 나를 무시할 의사는 전혀 없고 그저 자기 맘대로 하고 싶은 욕구일 뿐이었을 텐데, 괜히 화냈다. 이제 자기 맘대로 하려는 걸 보니 참 많이 컸다' 등. 이렇게 내가 털어내고 싶은 마음과 생각이 {열등감-불안감-실망-의심-무관심} 중에서 어느 것에 해당하는지 판단해보고 다시 생각해본다. 다시 생각하는 것은 부정적 에너지를 긍정의 에너지로 바꾸는 작업이다. 그러니 바로 긍정으로 여기지 못했다고 포기하지 말고, 다시 생각하면 된다. 뒤늦게 다시 생각해도 마음의 에너지를 긍정으로 바꿀 수 있다.

'오늘 진료 참 열심히 잘했다. 이렇게 환자들을 계속 만나는 삶이 너무 좋다', '오늘 복잡하게 꼬인 일이 많았는데, 결국에는 하나씩 잘 풀어나갔고 남은 일은 또 하나씩 차분히 풀어나가자. 지금 이걸 감당하는 내가 참 기특하다', '오늘 환자분들께 받은 사랑이 너무 감사하다. 나를 믿어주시는 분들께 최선을 다하는 사랑을 해야지', '내가 오늘 화를 내지 않고 아이의 마음을 받아주고 아이가 어떤 마음인지 알 수 있었던 건, 그동안 좋은 엄마가 될 수 있기를 바란 기도의 힘이다. 나의 기도에 응답해준 하늘에 감사해야지' 등. 이렇게 의도적으로 {혼백신의지}의 생리적인 마음 또한 다시 곱씹어본다. 순리대로 잘 지나가는 일을 그냥 흘려보내지 않고, 다시 한 번 더 {혼백신의지}의 생리적 힘에 부합시켜서 생각한다면, 긍정의 힘을 증폭시킬 수 있다.

'나는 나에게 주어진 이 순간과 역할을 통해 나의 삶을 사랑한다.'
'나는 하늘의 축복과 사랑을 받는 존재이며, 나 역시 하늘을 사랑한다.'
'나는 공평하고 합당한 우주에 속한 존재로, 세상을 사랑하며 살고자 한다.'
'나는 귀하고 훌륭하며 아름다운 존재이다. 나는 나의 신성을 믿고 사랑한다.'
'다른 이들도 나와 같이 선한 존재라는 걸 믿으며, 나는 마땅히 그들을 사랑한다.'

우리는 각자의 {혼백신의지}에 생리적인 힘과 부정적인 힘이 모두 공존한 채로 태어난다. 그리고 살면서 무엇을 더 많이 발견하는가에 따라 그 힘이 결정된다. 즉, 자신의 {혼백신의지} 안에서 생리적인 힘을 발견하는 것과 발견하지 못하는 차이로 우리의 마음이 달라지는 것이다. 그러니 나에게 있는 생리적인 힘을 의도적으로 발견해야 한다. 그리고 생리적인 힘을 발견하기 위해서는 나에게 그 힘이 있다는 사실을 온전히 인정해야 한다.

일반적으로 우리는 발견을 해야 '그것이 있구나.'라고 인정한다. 누구에게는 있고 다른 누구에게는 없는 것이라면, 발견 이후에 인정하는 것이 맞다. 하지만 누구에게나 있는 보편성의 문제라면, 스스로 각성하고 인정할 때 발견의 기회가 생긴다. {혼백신의지}의 생리적인 힘은 누구에게나 똑같이 주어지는 보편성의 영역이기 때문에, 스스로 인정하여 발견할 수 있다. 그러니 지금까지 발견하지 못했더라도 당당히 인정하고 발견할 기회를 만들어야 한다. {혼백신의지} 자기분석은 스스로의 힘을 인정하는 것으로 시작하여, 이 인정을 확인하는 것으로 마무리된다.

평소 자신을 돌아보고 성찰하는 것이 익숙하지 않은 사람에게는 스스로를 분석하는 일이 피곤하고 생소하게 여겨질지도 모르겠다. 나도 『사람풍경』을 읽고 내 맘을 들여다보기 전에는 자신을 성찰하는 사람을 볼 때면 '뭐 저렇게 피곤하게 사나, 참 별나게 군다.' 싶었다. 그런데 막상 하고 보니 이건 눈뜨고 사는가, 눈감고 사는가의 차이였다. 그 이전의 나는 그냥 눈을 감고 살았던 것이며, 나를 들여다보는 것은 눈 뜬 사람이 되는 것이었다. 기왕 사는 거 눈감고 되는대로 살 수는 없다. 적어도 나 자신에게만큼은 깨어있는 의식으로 살아야 한다. 깨어있는 의식으로 자기분석을 해본다면, 이건 결코 피곤하고 별난 일이 아니라, 오히려 편하고 당연한 일이라는 걸 알게 될 것이다. 그리고 자기분석의 한 방편으로 {혼백신의지} 분석을 강력하게 추천한다.

{혼백신의지}의 에너지가 크게 확장되면, 내 맘을 내 맘대로 제어할 힘이 커지게 된다. 사실 우리는 대부분 내 마음이 내 뜻대로 되지 않아 너무 힘들게 살고 있다. 벗어나고 싶은 아픔에 오래 파묻히기도 하고 내 의지와 바램대로 희망을 이루지 못 하

는 일이 비일비재하다. {혼백신의지} 분석을 쌓으면 마음을 제어할 힘이 커지면서 내가 하고 싶지 않은 생각과 감정에서 점점 멀어지게 된다. 처음에는 어떤 부정적 감정이 지난 후에 좀 차분해지면 긍정의 생각으로 고칠 수 있었지만, 습관적 분석이 쌓여갈수록 부정적 마음과 긍정으로 전환하는 것의 시간차가 줄기 시작하고, 부정적인 감정과 생각 자체가 전반적으로 줄어든다.

또 한편으로, {혼백신의지}라는 세포들의 장군이 확장되면 다른 모든 세포의 대사 기능을 조화롭고 활발하게 이끌어 준다. 즉, 육체적으로 건강해진다. {혼백신의지}의 건강법은 효율적인 체력향상과 조화로운 균형을 동시에 이룰 수 있다는 것이 가장 큰 장점이다. 건강보조식품이나 운동만으로는 조화로운 향상을 이루기 어렵다. 자칫 잘못하면 돈 들이고 노력해서 한쪽으로 치우쳐진 불균형을 초래할 수도 있다. 실제 임상에서도 그런 환자들을 많이 만난다. 그러나 {혼백신의지}의 확장은 그 자체로 조화로운 향상을 유발하여, 모든 건강관리의 기본이 된다. 실제 진료에서 {혼백신의지}에 대한 경혈치료를 시행하고 있는데, 많은 만성질환과 고질병에서 좋은 효과를 보고 있다. 15년간 달고 살았던 나의 알레르기 비염도 {혼백신의지}의 분석을 생활화하고, 그 체계를 정비하는 치료를 시행하면서 좋아지기 시작하였다. 생명을 가진 인간으로서 {혼백신의지}를 확장하는 것은, 육체적 건강을 위해서도 꼭 필요하다.

우리가 삶을 어떻게 살아야 하는가는 {혼백신의지}에 모두 담겨있다. 우리는 내 삶을 믿고, 하늘을 믿고, 세상을 믿고, 나를 믿고, 타인을 믿고 살아야 한다. 그 믿음이 삶을 살아갈 힘을 주고 길을 열어준다. 또한, 우리가 세상을 어떻게 창조할 것인가에 대한 답 역시 {혼백신의지}에 모두 담겨있다. 우리는 내 삶을 사랑하고, 하늘을 사랑하며, 세상을 사랑하고, 나를 사랑하며, 타인을 사랑하여 세상을 창조해야 한다. 그 사랑들로 창조된 세상은 사랑으로 다시 되돌려 주기 때문이다. 그러니 우리는 믿어야 하고 사랑해야 한다. 믿지 않으면서, 사랑하지 않으면서 제대로 살아낼 방도는 없다. 물론 그 모든 것을 믿는 것이, 사랑하는 것이 쉽지 않다는 것은 잘 알고 있다. 나 역시 그 모든 것을 믿기까지 감당해야 할 고난들이 많으며, 사랑하기까지 견뎌야 할 아픔이 많다는 걸 체험해왔기에…

그러나 우리가 성장하기 위해서 꼭 힘들게 아파야만 하는 것은 아니다. 우리가 {혼백신의지}의 생리적인 힘을 발견하고자 한다면, 고난을 최소화하며 성장할 수 있다. 이제부터 내가 체험으로 발견한 {혼백신의지}의 생리적인 힘을 하나씩 소개한다. 부디 사랑으로 받아주어 여러분이 최소한의 고난으로 성장하기를 기원한다.[1]

---

1 저자 주: {혼백신의지}를 삶의 기본이 되는 다섯 요소로 보고 생리·병리를 연구한 결과가 처음 발표된 것은 한의사를 대상으로 실시한 <동의수세보원 성명론, 사단론, 확충론의 실생활 적용법 강의>(2015년, 대전 개최)에서다. 필자는 강의 내용을 기반으로 {혼백신의지}에 대해 심도있는 고찰을 하여, 정의, 생리적인 힘, 욕구, 병리적인 힘으로 체계화하고 임상적 치료체계를 구축하였다.

1. 지(志): 내 삶을 사랑한다

{혼백신의지} 중에서 지(志)는 우리에게 주어진 삶을 어떻게 채워나갈 것인가를 결정하는 에너지체이다. 삶을 채워나가기 위해서는 '내가 오늘 뭐 할까?'라는 생각을 해야 한다. 그다음에는 무슨 말이든 행동이든 해야 한다. 그렇게 우리의 하루하루가 채워지고 있다. 쉽게 표현하자면, 지(志)는 삶에서 무엇을 할지 선택하는 생각이며, 또한 직접 행동하는 의지력이다. 그리고 지(志)가 삶의 의지라는 뜻을 결과론적으로 돌려 말하면, 내 생각대로, 내가 행동한 대로 삶이 창조된다는 의미이기도 하다. 삶을 창조하는 힘이 지(志)의 정의이다. 그렇기에 지(志)는 우리의 양쪽 발바닥에서 우리의 마음과 행동을 일으켜 세우는 힘을 담당하고 있다. 지(志)는 우리가 두 발로 우뚝 서서 살아가게 하는 원동력이다. 그래서 지(志)는 {혼백신의지} 중에서도 모든 창조의 시작이 되는 힘이다. 우리는 생명이 있는 존재로 살아있기에 창조할 힘을 지니고 있고, 살아있기 때문에 무언가를 창조할 기회가 있다. 그래서 삶의 의지인 지(志)는 모든 창조의 시작이 되며, 그에 걸맞게 {혼백신의지} 중에서 가장 먼저 소개하는 것이다.

여러분은 지금의 이 삶을 내가 스스로 창조하였다는 진리를 믿고 있으신가? 그런 것 같기도 하고, 아닌 것 같기도 하다. 우연히 일어나는 일도 있으니 내가 다 만들었다고 할 수 없고, 내가 노력한 만큼 결과가 오는 것이니 맞는 말이기도 하다. 우리의 삶에는 어느 정도 정해진 운명과 같은 것이 존재한다. 그런데 그 운명이 어떻게 우리에게 실현되며, 어떤 의미를 갖는지를 결정하는 것은 언제나 지금 이 순간이다. 내가 이 순간에 한 생각, 내가 지금 갖는 감정, 내가 지금 내뱉은 말, 내가 지금 한 행동이 언젠가 펼쳐질 운명을 결정한다. 그러니까 지금 우리가 받아든 운명은 언젠가의 내가 만든 것이다. 그 언젠가는 1년 전일 수도 있고, 20년 전일 수도 있고, 100년 전일 수도 있고, 1,000년 전일 수도 있다. 언제인지 모르지만, 그 어느 순간의 내가 만든 것이다. 삶을 스스로 창조한다는 진리는 한 생에만 국한된 것이 아니라 여러 생에 적용되는 진리이기 때문에 모호해 보일 뿐이다.

그러나 우리가 삶을 직접 창조한다는 것에서 중요한 핵심은, 나의 운명이 언제 만든 것이든 간에 바로 지금 이 순간이 나에게 있는 운명을 매 순간 변화시킨다는 데 있다. 내가 지금 생각하는 방향에 맞추어서 나의 운명은 조금씩 변화한다. 내가 지금 행동한 대로 나의 운명이 조금씩 변화한다. 우리에게 닥칠 운명은 고정된 사건이 아니기 때문에 계속 변화하고 있다. 그런 변화의 과정을 거쳐서 그 일이 일어나야 할 가장 적당한 시기에 펼쳐지는 것이다. 그래서 우리는 언제나 지금 이 순간의 생각과 감정과 행동으로 우리의 삶을 창조하고 있다. 근원적으로는 빼도 박도 못하게 모두가 다 내 탓이다.

그런데 왜 내가 원하는 대로 삶이 변하지 않느냐고 물어볼 수도 있다. 우리는 애석하게도 자신이 원하는 것만을 생각하며 살지 않는다. 자신이 원하지 않는 것을 더 많이 생각한다. 정말 병에 걸려 고통스럽게 죽지는 않았으면 좋겠다고 생각하면서 여러 질병을 생각한다. 질병에 대한 걱정을 많이 할수록, 그걸 피하고 싶은 바램이 생기는 것이다. 부자면 좋겠다는 마음은 누구나 있지만, 돈이 부족하고 모자랄 걱정을 훨씬 더 많이 한다. 아마 돈이 아쉬운 생각을 한 10번 이상 한 뒤에야 그래도 나에게 돈이 있다는 생각을 한 번쯤 할 것이다. 우리의 생각과 감정은 에너지이다. 돈이 아쉬운 생각을 한 에너지 총량과 돈이 있어 다행이라는 생각을 한 에너지 총량에서, 어느 쪽 총량이 더 많은가에 따라 우리의 운명이 조금씩 변화한다. 여기에 더해서 질병에 걸

릴 수 있는 흡연을 계속하거나, 돈이 아쉬울 소비패턴을 유지하는 등 나의 바램과 반대의 행동까지 더해지면, 더 점입가경으로 내가 원하지 않는 삶을 창조하게 된다.

『신과 나눈 이야기(The complete conversations with God)』에서는 무언가를 원하지 말고, 그것이 나에게 충분하다는 인정을 표하라고 한다. 그 인정은 새로운 만족을 창조하기 때문이다. 『시크릿(The secret)』에서는 내가 생각한 것이 내 삶에 당겨져 온다는 법칙을 설명하며, 원하지 않는 바를 생각하는 걸 그만두어야 한다고 한다. 내가 원하는 바가 내 삶에 당겨져 오도록 당연히 이루어짐을 열심히 생각해야 한다고 친절히 알려준다. 『왓칭(Watching)』에서는 세상을 이루는 미립자들이 내 생각과 마음에 맞추어 진동하고, 그 진동에 의해 변화하는 과학적 진리를 설명한다. 그래서 삶을 나의 바램대로 이루기 위해서는, 그 미립자들의 진동을 나의 바램에 맞추어 진동시켜야 한다고 역설한다.

내가 오늘 한 생각과 감정의 에너지가 조금의 오차도 없이 나와 내 주위 미립자들을 진동시키고, 그 진동이 물질을 변화시켜 내일의 삶에 표출된다. 내가 오늘 만족과 풍요를 느낀다면 그 에너지가 그대로 미립자들을 진동시키고 내일의 만족과 풍요의 현실이 된다. 그런 하루하루의 변화가 쌓여서 우리의 운명적 사건에 변화를 일으킨다. 그 운명은 만족과 풍요에 더 가까워진 사건이 되거나 혹은 만족과 풍요에 덜 방해되는 사건이 되어 가장 적절한 시간에 나에게 일어난다. 자신의 삶을 스스로의 마음과 행동으로 창조한다는 진리는 이제 더 이상 신비하지 않을 정도로 보편화된 지혜가 되었다. 우리의 지(志)를 축복하는 수많은 서적과 강연이 있고, 우리는 그 책들이 보여준 지혜를 삶에 적용하는 일만 남은 것이다.

우리가 이 지혜를 삶에 실현하기 위해서는 우리의 바램과 현실 사이의 괴리를 줄여나가야 한다. 그러기 위해서는 우선 나의 삶을 사랑해야 한다. 우리가 있는 이 공간을 감사히 여기고 사랑하며, 우리가 있는 이 시간을 소중히 여기고 사랑한다. 우리에게 주어진 책임을 사랑하고 내가 하고 싶은 소망과 희망을 사랑한다. 나의 삶을 사랑하는 것이 지(志)의 생리적인 힘으로 내 삶의 주인이 되는 열쇠이다. 지금의 내 삶을 사랑하는 것에서부터 현실과 바램이 하나가 되는 길을 열 수 있다.

우리가 자신의 삶을 사랑하는 것은 삶이 주는 만족과 행복이 너무 좋아서가 아니다. 사람의 삶은 누구나 산 넘어 산의 연속이지만, 그 산을 넘을 힘이 내 안에 있다는 사실을 믿기 때문에 삶을 사랑한다. 이 고난이 내가 만들어냈다는 걸 인정하기에 사랑하고, 나를 위한 과정임을 이해하기에 사랑하고, 고난의 삶을 통해 내가 강해지고 성장한다는 것을 알기에 자신의 삶을 사랑하는 것이다. 그래서 지(志)의 에너지가 충만한 사람은 삶의 고난으로부터 도망가지 않는다. 자신에게 주어진 숙제를 열심히 해내고, 어떤 힘든 일을 겪고 나면 그 일로 내가 무엇을 얻고 깨달았는지를 생각하며, 다시 새로운 희망을 가지고 꿈을 위한 노력을 기꺼이 행한다. 설사 꿈이 좌절되더라도 다시 새로운 꿈을 꾸고 또 도전하면서 끊이지 않는 희망을 채워나간다. 이것이 자신의 삶을 사랑하는 이의 모습이다.

사랑은 언제나 실천해야 옳다. 자신의 삶을 사랑하는 마음으로 이제 행동을 개시해야 한다. 지(志)는 삶에 대한 사랑을 직접 실천하는 의지력이기도 하다. 사랑하는 내 삶을 위한 장대한 비전과 계획이 아무리 많다 해도 아무런 행동을 취하지 않는다면 아무 일도 일어나지 않는다. 그래서 시작이 반이라는 속담도 있다. 시작이 반이라고 할 만큼 시작만 하면 그 뒤는 훨씬 쉽다는 의미이다. 무언가를 시작하여 출발하는 데는 저항이 따르기 마련이다. 우리에게는 관성의 법칙이 적용되므로 있던 그 자리에 머무르려고 하는 경향이 있다. 그래서 시동을 걸고 출발을 하는 데 평소보다 많은 에너지가 필요할 수밖에 없다. 출발하기 위해서는 과감한 용기, 변화를 바라는 열정, 할 수 있다는 확신으로 시동을 걸어야 한다. 그래서 용기와 열정과 확신의 선택은 지(志)의 힘을 보여주는 것이면서, 동시에 강력하게 키워주는 방편이다.

지(志)는 모든 창조의 시작이고, 그런 지(志)에는 무언가를 시작하는 의지가 담겨있다. 우리가 살아가기 위해서는 무언가를 시작하는 출발이 정말 중요하다. 그 중요함을 역설한 영화가 〈마션〉이다. 이 영화에서 화성에 낙오되었다가 천신만고 끝에 살아서 지구로 귀환한 주인공이 하는 대사는, 모든 것을 시작하게 하는 지(志)의 힘이 얼마나 중요한지를 표현하고 있다.

"내가 지구로 돌아와서 가장 많이 받는 질문은 '화성에 홀로 남겨졌을 때 죽게 될 거란 생각을 했느냐'입니다. 당연히 그런 생각을 했지요. 우주에서는 뜻대로 되는 것이 하나도 없어요. 한순간에 모든 것이 틀어지면서 '아! 이제 끝이구나.' 하는 순간이 있습니다. 그 순간 모든 걸 포기하고 죽음을 받아들일 수도 있지만, 그게 아니라면 무슨 일이든 시작하면 됩니다. 그게 다예요. 우선 일을 시작하고 문제를 하나씩 풀어나가면 돼요. 눈앞에 닥친 어려움을 해결하고, 또 다른 문제가 생기면 그것을 풀어나가면 되지요. 그렇게 문제를 하나씩 풀어가다 보면, 언젠가 살아 돌아갈 수 있는 겁니다."

물론 이 내용은 허구의 영화이지만, 화성에서 홀로 생존하여 돌아오는 것같이 불가능해 보이는 대단한 일도 하나씩 직접 행동하는 것에서 이루어진다는 것을 보여준다. "무슨 일이든 시작하는 거야. 그게 전부야." 이 대사처럼 마음먹고 시작하여 행동하는 것이 지(志)의 힘이며, 무슨 일이든 도전하여 시작해보는 것이 지(志)의 힘을 키우는 방법이기도 하다.

시작한 일을 끈기 있게 지속하는 것 역시 삶의 의지이다. "눈앞에 닥친 어려움을 해결하고 또 다른 문제가 생기면 그것을 풀어나가면 되지. 그렇게 문제를 하나씩 풀어가다 보면 언젠가 살아 돌아갈 수 있는 거야." 내가 시작한 일에 저항과 고난이 오는 것을 하나씩 받아들여 해결해나가는 것, 지속적으로 앞으로 걸어가는 것, 이러한 노력과 끈기가 지(志)의 힘을 키운다. 이와 같은 끈기와 인내는 운동선수들이 잘 보여준다. 특히 기록경기나 채점을 받는 선수들은 자신의 한계와 싸우는 것이기 때문에 극한의 인내와 노력을 보여준다. 체조의 양학선 선수, 역도의 장미란 선수, 펜겨의 김연아 선수, 리듬체조의 손연재 선수, 수영의 박태환 선수, 이런 종목의 선수들은 자신의 한계를 계속 높여나가야 하기에 극기의 외로운 훈련을 꾸준히 소화한다.

　한의원이 한강 근처에 있는 관계로 간혹 조정선수인 학생들이 치료를 받으러 오는데, 그 어린 학생들이 고통을 참으며 훈련하는 모습은 존경스럽다. 꼭 운동이 아니더라도 우리가 무언가를 하고자 할 때, 한 번씩 자신의 한계를 시험하는 과정을 겪게 된다. 그 한계는 한 번에 넘어서는 일은 거의 없고, 포기하지 않는 끈기로 지속적으로 두드린 끝에 넘어설 수 있는 경우가 대부분이다. 그렇게 문제를 하나씩 풀어나가다 보면 영화에서는 살아서 지구로 돌아왔지만, 현실에서는 지(志)의 에너지체가 확장된다.

　나는 {혼백신의지} 다섯 마음 중에서 지의 힘이 상대적으로 약한 편이다. 시작에서 주저함이 길고, 지속적 성실함에서 아쉬움을 느낀다. 그래서인지 예전부터 나는 스스로의 한계에 도전하는 스포츠 스타의 경기를 좋아하고 그들을 동경했다. 이것은 나의 지(志)가 약한 것에 대한 무의식적인 반응이었다. 그들이 보여주는 극한의 노력과 성실함, 그들이 이루어낸 성취를 통해서 대리만족을 취한 것이다. 그런데 이 대리만족이 단순히 대리만족에 머물렀을 때 오히려 내 지(志)가 성장하는 것을 방해했다. 그저 동경하고 대리만족을 얻는 것은 나와 그들이 전혀 다른 존재라는 관념을 갖게 한다. 그들을 동경할수록, 그들은 특별하고 나는 그들처럼 될 수 없다는 무의식적 생각이 조금씩 커진다.

　나는 지금도 개인 스포츠 경기를 좋아하고 훌륭한 스포츠 스타들을 존경하지만, 이제는 그들을 통해 대리만족을 얻으려는 무의식적 욕구를 의식적으로 차단한다. 대신 그 선수들이 보여주는 성실한 훈련과정과 노력의 모습에 찬사를 보내고 그들의 성취를 축하하면서, 동시에 그 위대한 의지력이 나에게도 똑같이 있다고 다시 한번 곱씹어 생각한다. 나의 삶에 가장 적합한 모습으로, 가장 나다운 모습으로, 그 의지력이 나에게도 똑같이 존재하고 그 힘이 발휘되고자 기다리고 있다고 믿으며 나에게도 똑같은 찬사를 보낸다. 그렇게 키워낸 삶의 의지력으로 매일 새벽 조금씩 성실하게, 또 한편으로는 용감하게 이 책을 쓰는 도전을 실천하고 있다. 우리 모두에게는 김연아, 박태환 선수 같은 의지력이 가장 자신다운 모습으로 있다. 그것을 꺼내어서 하고 싶은 일을 시작해보길 바란다. 자신의 삶을 사랑하는 마음으로 시작하고 지속하기를 응원한다. 그 과정은 우리의 발바닥에 자리한 지(志)를 확장하여 씩씩한 발걸음으로 살아가게 해줄 것이다.

그런데 지금까지 언급한 용감한 시작과 끈기 있는 인내와 더불어, 지(志)의 에너지를 확장하는 데 필요한 요건이 더 있다. 바로 멈추어야 할 때 그만두는 힘, 이것이 지(志)의 힘을 키우는 데 반드시 갖추어야 할 요건이다. 열심히 하다 보면 다음을 위해서 멈추어야 할 때도 있고, 이 길이 내 길이 아닌 경우도 있다. 나의 길이 아니라면 과감한 용기로 지금까지의 모든 미련을 버리고 멈추어야 하고, 내가 꾸준히 계속해야 하는 일이라면 꾸준함을 위해 욕심을 버리고 멈출 줄 알아야 한다.

사실 지(志)의 힘이 굳건한 이들은 무언가를 시작하는 데 주저함이 없으면서 동시에 무언가를 멈추는 데도 망설임이 없다. 강인한 의지를 가진 사람은 작업을 하다가도 식사 때가 되면 손을 놓고 밥을 먹고, 산행을 하다가도 좀 무리가 된다 싶으면 정상을 코앞에 두고도 하행을 선택한다. 그런데 보통은 작업을 마치지 못하면 쉽게 손을 놓지 못해 끼니를 거르고, 무리가 되는데 아까워서 정상에 오른다. 이렇게 우리는 이 멈춤을 제대로 하지 못해서 스스로 곤경에 빠진다. 너무 과로하다 몸이 아프거나 신경쇠약에 걸려 더 이상 일을 못 하기도 하고, 한 가지에 몰두하다 주위를 소홀히 대하여 다른 역할을 망치는 우를 범한다. 이건 우리가 멈추어야 하는 지(志)의 힘을 제대로 발휘하지 못한 결과이다. 멈추어야 할 때를 알아보지 못하고 멈추어야 할 때 멈추지 못하면, 삶에서 곤경에 처하게 된다. 삶에서 곤경에 처했다는 건 나의 지(志) 에너지가 불균형적인 상태라는 의미이기도 하다.

멈춤의 미학을 제대로 보여주는 이는 소설가 베르나르 베르베르(Bernard Werber)이다. 베르나르는 새벽에 일어나 4시간의 글쓰기를 하고 오후에 다른 일들과 산책과 운동으로 일상을 만든다.

> "아침에 책상에 앉아 수도꼭지를 틀 듯 쏟아져 나오는 생각을 빨리 써내려 간다. 식사할 때 과식하면 안 좋지 않나. 마찬가지로 더 쓰고 싶어도 시간이 다 됐으니 멈춘다."

그가 인터뷰에서 한 말이다. 더 쓰고 싶은데, 쓸 내용이 계속 떠오르는데 멈추는 것은 꽤 강한 의지력이 필요한 일이다. 시간이 다 됐으니 멈출 수 있는 삶의 의지는 극한의 훈련을 견디는 운동선수들의 의지만큼이나 존경스러운 지(志)의 힘이다. 멈추어야 할 때 멈추려는 노력은 지의 힘을 확장하는 또 다른 방법이기도 하다. 그래서 더 쓰고 싶어도 멈추고, 더 놀고 싶어도 멈추는 휴식과 일의 아름다운 공존은 자신의 일을 해나가는 데 어려움이 없는 탄탄대로의 삶을 창조한다.

김연아 선수도 훈련과 휴식의 균형을 찾으면서 선수로의 생활이 안정적일 수 있었다. 시니어 선수 시절 초반에는 언제나 부상으로 고전했었다. 매 시즌 중후반이 되면 부상으로 인해 힘들게 고통을 견디며 경기를 치르곤 했다. 그 시절에는 가능한 한 많이 훈련하기 위해 잘 쉬지 않았고, 아파도 참고 훈련을 했다. 그러던 그녀가 온전히 휴식하는 날을 정하여 규칙적으로 훈련을 쉬고 경기를 바로 앞둔 경우에도 그 규칙을 지켰다. 그렇게 훈련과 휴식의 균형을 찾으면서 지긋지긋한 부상에서 벗어나 한 시즌의 모든 경기를 정상적인 컨디션으로 실력 발휘할 수 있었고, 그 결과 김연아 선수의 경기 성적은 피겨의 역사가 되었다. 열심히 일하며 일이 잘될 때라도 과욕이 되지 않게 멈추어 휴식을 취하고, 잘 쉰 후에 새로워진 나로 다시 일하는 것은 삶의 문제를 예방하고 해결하는 바른길이다.

삶을 창조하는 에너지체인 지(志)에는 용기나 끈기와 같은 의지력뿐 아니라, 여유와 포용력과 같은 부드러운 힘이 함께 포함되어 있다. 그래서 지(志)의 건강한 욕구에는 수면욕을 기본으로 하는 휴식에 대한 욕구와 즐거움을 추구하는 마음이 함께 하는 것이다. 열심히 최선을 다하면서도 과유불급으로 힘들지 않게 지(志)의 건강한 욕구인 휴식의 욕구를 채워야 한다. 그리고 쉴 때는 제대로 잘 쉬고 노는 것이 중요하다. 잘 노는 것 역시 건강한 지(志)의 발현이자 지(志)의 에너지를 확장시키는 방법이다. 놀이를 선택할 때에는 물론 내가 느끼는 재미도 중요하지만 일과 분리되어 놀 수 있는 방법을 선택해야 한다.

　만약 온종일 모니터를 보며 근무하는 사람이 휴식으로 TV를 시청하거나 온라인 게임을 한다면, 그건 휴식이 아닌 일의 연속이다. 일과 똑같이 화면을 보는 것은 일로 인한 긴장을 이완시키지 못하고 기분전환도 전혀 이루어지지 않는다. 반대로 육체적 근력 사용이 많은 직종의 사람이 휴식시간에 헬스 운동을 한다면, 이 또한 전혀 휴식이 되지 못한다. 실내에서 일하는 사람은 실외로 나가야 휴식이며, 실외에서 일하는 사람은 실내로 들어와야 휴식이 된다. 또한, 정적인 일에는 활기찬 운동이 휴식이며, 동적인 일에는 안정적인 명상이 휴식이다. 그래야 일과 휴식이 선순환으로 돌아가 탄탄대로의 삶을 창조한다. 그래서 휴식을 취하는 시간에 내가 무엇을 하며 놀아야할지 잘 선택해야 한다. 재미있으면서도 나한테 맞게 잘 놀아야 그 놀이가 나의 재충전이 되어 지(志)의 힘을 키우는 방편이 될 수 있다.

　또한, 휴식과 일의 비율을 삶의 성장에 맞게 합리적으로 조정해서 규칙적으로 일하고 쉬는 것이 매우 중요하다. 베르나르가 하루에 4시간 동안 글쓰기를 하는 것은 일반적인 우리와 비교하면 매우 적게 일한다고 생각할 수 있다. 그러나 베르나르가 소설가로 이룬 삶의 단계에서는 그 4시간의 작업이 가장 이상적으로 삶을 사랑하는 모습일 것이다. 내 삶의 성장단계에 맞추어 일과 휴식의 이상적인 비율을 찾아야 한다. 무언가를 이루며 성장하는 단계에서는 일의 비율이 높은 것이 당연하지만, 그럼에도 짧은 자신만의 휴식을 만들어 일과 분리되는 시간을 챙겨야 한다. 만약 하는 일에서 안정기에 접어든 사람이라면, 좀 더 여유를 가지고 규칙적인 휴식시간을 늘려 새로운 도전을 만들어 갈 수도 있다. 나에게 적합한 휴식을 내 삶에 합당한 비율로 규칙적으로 누리는 것이 우리가 자신의 삶을 제대로 사랑하는 방법이다.

그러니 지(志)의 힘을 건강하게 키우기 위해서라도, 너무 애쓰며 열심히 살지 말길 바란다. 그냥 당신이 자신의 삶을 사랑하는 만큼만 열심히 노력하고, 당신의 삶을 사랑하는 만큼만 즐겁게 놀며, 당신의 삶을 사랑하는 마음을 조금씩 더 크게 키워 가야 한다. 그렇게 커져가는 삶에 대한 사랑은 지를 충만한 에너지체로 키워 당신이 원하는 바를 이룰 만큼 점점 더 열심히 살 수 있게 하며, 더 즐겁고 평안한 재미를 만들게 할 것이다.

우리가 꿈을 위해 노력하며 내 삶을 사랑하기 위해서는 내가 할 수 있는 최선을 다하며 동시에 그 꿈이 이루어지지 않아도 상관없다는 쿨한 마음을 함께 지녀야 한다. 그래야 꿈의 성공도, 실패도 모두 사랑하여 내 삶의 모든 과정을 사랑하게 된다. 나의 삶을 모두 사랑하면 지(志)는 조화로운 성장을 이루고, 성공만 편애하면 지가 삐뚤어지며 반항한다. 지가 삐뚤어지면 성공 뒤에 행복보다 허탈감이 몰려오고, 혹여 실패하면 삶이 원망스러워진다. 우리의 지는 삶의 모든 과정을 사랑하고 싶어 한다. 그래서 나는 오늘도 이 책이 많은 이의 사랑을 받으며 그들을 행복하게 해줄 거라고 철썩같이 믿고 굳건히 모니터 앞에 앉아있다. 동시에, 뭐 꼭 기대대로 되지 않아도 난 또 다른 사랑의 길을 찾을 거라고 믿으며 이 작업을 즐긴다. 여러분의 꿈이 무엇이든 당연히 이루어질 거다. 그리고 혹시 이루어지지 않아도 상관없다. 원래 우리의 꿈은 대부분 안 이루어져도 괜찮은 것들이다. 그저 성공을 향해 또한 실패를 향해 당신의 오늘을, 그 꿈을 사랑하기만 하면 된다. 그럼 나머지는 당신의 지가 다 알아서 조화롭게 채워갈 것이다.

자신의 삶을 사랑하여 용감하게 도전하고, 꾸준하게 지속하며, 언제든 자신의 의지로 멈출 수 있고, 건강한 휴식과 놀이로 재충전하며, 성공과 실패의 모든 과정을 사랑하는 지(志)의 힘으로, 우리는 삶을 순탄하고 행복하게 창조할 수 있다. 삶을 사랑한다면 우리는 사는 게 재미있어진다. 새로운 도전 중 한 번씩 만나게 되는 한계는 심심하지 않게 해주는 활력이 되고, 그것을 넘어선 기쁨은 즐거운 재미가 되며, 평온한 휴식은 안녕을 주고, 즐거운 놀이는 유쾌한 활력을 준다. 지(志)의 힘이 커지면 사는 게 재미있고, 다시 사는 재미로 지(志)의 에너지를 채우는 선순환이 이루어진다. 그런데 요즘 사는 게 재미없다는 사람이 너무나 많다. 누릴 수 있는 편리가 많아지고 세상의 다양성이 풍부해지며 우리의 지를 축복하는 서적과 강연들이 넘쳐나는데도 불구하고, 재미를 잃은 사람들이 많다. 그 증거가 바로 게임 사업의 활성화이다.

스마트폰이 발달하면서 게임 사업 규모가 날로 성장하고 있다. 지하철을 타보면 다들 스마트폰으로 뭔가를 하고 있는데, 대다수가 게임을 하고 있다. 특히 단순한 규칙의 게임은 롱런(LongRun)의 인기를 누린다. 게임을 한다는 건 현재가 재미없다는 표현이기도 하면서 동시에 내 삶을 재미없게 만드는 원인이 되기도 한다. 조금 지루해서 시작했던 게임일 뿐인데, 게임을 하면 할수록 지루하고 재미없는 시간이 더 늘어난다. 이 게임의 법칙이 스마트폰을 통해서 게임 사업이 번창하는 이유이다.

지(志)의 힘이 약해질 때, 건강한 휴식과 놀이의 욕구가 중독으로 변질된다. 게임중독에서부터 도박중독, 쾌락의 유흥중독 등이 그 예다. 그리고 이런 중독에 점점 더 빠져들수록 지의 힘이 약해져서 멈출 수 있는 의지가 작아지게 된다. 그러니 내가 일상의 질서를 저해하고 인간관계에 부정적 영향이 조금이라도 미칠 만큼으로 뭔가에 중독되지 않았는지 스스로 면밀히 살필 필요가 있다. 놀이의 욕구가 집착적 욕망으로 변질되는 초기에 알아보고 바로 멈추어야 한다. 중독의 수준에 가서 멈추기는 너무 어렵기 때문이다. 유흥중독은 사람들과 나누는 교류의 기회를 박탈하여, 삶이 점점 더 공허해지도록 한다. 주위 사람들의 삶까지 공허하게 만들어 파괴한다.

지(志)의 힘을 약하게 하는 또 다른 욕망은 한탕주의이다. 그러니 공짜를 좋아하지 말아라. 당신의 지(志)를 약화시키는 지름길이다. 복권 1등에 당첨되고 삶이 망가진 사람들은 매스컴을 통해 많이 소개되었다. 그들이 벼락부자가 되면서 자신이 만드는 삶을 사랑하지 않게 되고 결국에는 삶 자체가 무너진 예는 심심치 않게 볼 수 있다. 벼락부자가 되고도, 혹은 벼락스타가 되고도 자신의 삶을 행복하게 사는 사람은 엄청나게 강인한 지(志)의 힘으로 자신의 삶을 사랑하고 보호한 이들이다. 정말 보통의 강인한 의지력으로 해낼 수 있는 일이 아니다. 만약 당신이 복권 1등에 당첨되거나 주식으로 대박을 터뜨려 벼락부자가 되기를 원한다면, 우선 당신의 지(志) 에너지를 어마무시할 만큼 강인하게 키워놓아야 한다. 그래야 당신의 바램이 실현되었을 때 당신의 삶을 지켜낼 수 있다.

욕망으로 지(志)의 에너지를 약화시키는 가장 근본적인 의식은 무관심이다. 삶에 대한 무관심에 휩쓸리게 되면 나의 삶을 사랑하는 첫 단추를 끼우기가 참으로 어려워진다. 자신의 삶을 사랑하지 않으면서 중독과 한탕주의 또는 무기력에 빠지게 된다. 그리고 자신의 삶에 무관심해지면서 삶의 무게에 짓눌리게 되는 가장 흔한 길은 바로 자신과 타인의 삶을 비교하는 것에서부터 시작된다.

사람에게 삶은 누구나 산 넘어 산이다. 그런데 내가 넘고 있는 산은 크고 험해 보이고, 남이 넘고 있는 산은 낮고 편해 보이면, 억울해지면서 자신의 삶을 사랑할 마음이 식어버린다. 일반적으로 타인의 삶과 나의 삶을 비교할 때 내 삶을 더 좋게 보는 사람은 사실 타인의 삶과 잘 비교하지도 않는다. 그러나 타인의 삶과 비교를 잘하는 사람들에게는 내 삶이 좋아 보이는 비율보다 타인의 삶이 더 좋아 보이는 비율이 훨씬 높다. 그래서 타인과 나의 삶을 비교하여 남는 결과는 허탈감과 우울한 무기력이고, 그런 허탈을 피하고자 자신의 삶에 무관심해진다.

간혹 삶에 무관심한 사람이 삶에 통달한 듯이 자신을 표현하기도 하는데, 이런 회피성 무관심은 삶에 대한 통달과는 완전히 다르다. 삶을 통달한 자유는 삶을 온전히 모두 사랑하여 삶의 모든 것이 중요하기에 중요하지 않은 것이 없고, 모두가 중요하기에 더 중요한 것이 없다는 진리를 체득하는 데서 온다. 단순하게 내가 이 책을 쓰는 시간과 밥을 먹는 시간이 모두 중요하고, 둘 중 무엇이 더 중요하지 않기에 무엇을 하여도 좋은 것이다. 반면 무관심은 이 책을 쓰는 것도 출판이 될지 말지 모르니 의욕이 없고, 밥이야 매일 먹는 것이니 무엇을 해도 별로 상관없는 것이다. 자신의 삶에 무관심한 사람은 대부분의 순간이 별로 의미가 없기에 하고 싶은 일이 적다. 하지만 삶에 통달한 사람은 삶의 모든 순간이 다 똑같이 소중하며 무엇이 더 소중하지 않다. 그렇기에 꼭 해야만 하는 일 없이 오로지 하고 싶은 일만 존재하여 모든 일이 다 하고 싶은 일이다. 행복을 추구하고 평화를 이룬 선각자들은 '우리가 꼭 해야만 하는 일은 없다.'라는 진리를 설파한다. 나는 이 명제를 '우리에게는 하고 싶은 일만 있다.'와 같은 뜻으로 이해한다.

나의 삶을 사랑하기 위해서는 타인과의 비교는 불필요하다. 사실 생각해보면 내 삶을 다른 사람의 삶과 객관적으로 비교하는 것은 애초부터 불가능한 일이다. 우리는 결코 타인의 삶이 어떤지를 온전히 알 수 없고 대충 짐작만 할 수 있는 반면에 나의 삶은 속속들이 다 알고 있다. 그러니 타인의 삶이 편해 보이고 내 삶은 더 고달프게 느껴지는 건 정보의 양적 차이에서 오는 오류에 지나지 않는다. 제삼자가 양측의 삶에 대해 동일한 정보양으로 판단한다면, 결코 누가 더 편하게 살고 있다고 판정할 수 없을 것이다. 우리는 모두 똑같이 고단하게 살고 있다는 것이 진리이므로…

특히 우리는 돈과 권력이 있는 삶은 편해 보인다고 쉽게 착각한다. 그러나 돈과 권력이 있는 이들이 한 번씩 보이는 추태의 모습은 저들의 삶이 얼마나 결핍과 압박에 시달리는지를 보여주는 증거이다. 또한, 한 번씩 보이는 그들의 훌륭한 선택과 업적은 그들이 얼마나 많은 고난을 견디어 지혜를 터득하였는지를 보여주는 증거이다. 돈과 권력의 무게를 감당하고 사는 것은 결코 녹록지 않으며 우리가 상상하는 것 이상으로 고달픈 삶일 것이다. 우리 삶의 형태는 만 가지이지만, 나의 산과 타인의 산은 모양과 코스가 다를 뿐 각자에게 버거운 산이라는 점에서 모두 똑같다. 내 산만 어려워 보이는 착각을 이겨야 무관심과 무기력을 녹이고 자신의 삶을 진정으로 사랑할 열정을 일으켜 나에게 주어진 소명을 행복으로 해나갈 수 있다.

지(志)를 성장시키는 것은 우리의 삶을 믿고 사랑하는 의지에 달렸다. 내가 사랑하는 삶이기에 정성스럽게 채워나가는 것이 당연하다. 삶에 대한 사랑으로 무엇이든 행하여 채우기 시작하고, 하나씩 헤쳐 나가며, 평안히 기다리며 휴식하고, 재미있게 놀고, 일상을 즐겁게 책임진다. 또한, 자신의 삶을 믿기에 꿈과 희망을 가지고 현실로 이루어내려는 노력이 당연할 수 있다. 지의 생리적인 힘, 욕구, 부정적인 힘에 대해 구체적으로 이해하지 않더라도, 그저 자신의 삶을 언제나 믿으며 무조건 사랑하는 것만으로도 지의 에너지를 확장할 수 있다. 자신의 모든 순간을 굳건한 용기로 열정을 다하며 부드러운 포용력으로 사랑하자. 자신의 모든 순간을 끈질긴 인내로, 온화한 여유로움으로 언제나 믿어 주자. 강인한 의지만으로는 삶에 탈이 날 수 있고, 여유로운 휴식만으로는 아무것도 이룰 수 없다. 그래서 열심히 최선을 다하며 제대로 잘 놀고 쉬어야 한다.

그러니 자신에게 강인한 의지가 더 많은지 여유의 의지가 더 많은지 애정 어린 관심으로 알아보도록 하자. 그리하여 열정을 다하여 살다 탈이 나게 되었을 때, 열심히 사는 것 다 필요 없다고 자신의 열정을 부정하며 탓하지 말고, 그 순간 여유가 아쉬웠던 것임을 알아봐 주길 바란다. 당신의 열정은 충분히 훌륭했다. 다만 부드럽고 여유로운 의지가 필요했던 것뿐이다. 반대로 여유롭게 삶을 포용하며 존중하다가 중요한 기회를 잃고 어려움에 처하게 된다면, 괜히 그 상황을 존중하고 기다렸다고 자신의 여유로움을 원망하지 말자. 그저 용기와 열정이 한발 늦었던 것임을 알아봐 주길 바란다. 당신의 여유로운 포용력은 충분히 아름다웠다. 다만 순발력의 용기가 아쉬웠던 것뿐이다.

사실 당신이 삶을 살아간 모든 순간의 노력은 아름답고 훌륭했다. 아쉬움이 있었다고 그 노력이 부정되는 것은 부당하다. 아쉬움은 아쉬움일 뿐으로 깨달으면 된다. 그 아쉬움을 통해 지(志)의 양극단을 하나로 통합하여 지(志)의 에너지를 더욱 충만하게 키워내고 삶이 즐거움으로 나아가게 할 수 있다. 그러니 내가 한 노력이 어떤 것이었든 나의 노력이 헛되지 않음을 믿고 사랑하며, 삶의 균형 잡힌 의지를 깨닫게 해주는 그 아쉬움을 믿고 사랑하라. 그렇게 삶을 온전히 믿고 사랑하면 모든 순간이 소중하고 소중하지 않은 순간이 없기에, 덜 소중한 순간도 없고 더 소중한 순간도 없기에, 자유로이 당신이 원하는 일만이 가득한 삶을 살아가게 될 것이다.

우리의 삶을 창조하는 힘인 지(志)에 최선과 여유라는 두 방향의 마음을 모두 채워야 한다는 건 삶의 과정은 결국 꼭 해야 할 책임이면서 동시에 재미있는 놀이라는 의미이기도 하다. 인생은 우리가 꼭 해야 하는 일처럼 보이지만 결국에는 영원한 영적 존재인 우리가 하고 싶어서 하는 일에 불과하다. 우리가 살고 싶어서 사는 이 삶을 재미나게 살아서 행복해야 할 책임을 다해내도록 하자.

2. 혼(魂): 나는 창조주를 사랑한다

혼(魂)은 창조주이며 이 세상 전체인 절대자 신과 연결된 마음이다. 여러분은 절대자인 신의 존재를 믿는가? 유신론자도 있고 무신론자도 있으니, 혼(魂)을 이해하기 위해서는 신에 대해 먼저 이야기하겠다.

나는 유신론자이다. 초등학교 1학년부터 성당을 다니기 시작해서 교리를 배웠고, 하느님이 세상을 창조하였다는 창조론은 어린 나이에 듣기 좋았다. 창조론이 듣기가 좋았던 것은 내가 하느님이 창조한 존재라는 사실이 나를 기분 좋게 만들고 안심하게 했기 때문이다. 내가 그저 우연히 생겨서 어쩌다 보니 여기에 있는 것이 아니라, 누군가 위대하고 훌륭한 존재에 의해 목적과 가치를 가지고 창조된 것이니 그걸 거부할 이유가 없었고 그저 좋았다. 그 덕에 걱정 없이 신나게 잘 놀면서 컸던 것 같다. 그렇게 교리를 배운 이후로는 단 한 번도 하느님이 정말 있을까를 고민해본 적이 없다. 내가 존재한다는 사실이 절대자인 신이 존재한다는 증거와 같았기 때문이다. 신은 우리가 볼 수도, 들을 수도, 만질 수도, 맛볼 수도, 향기를 맡을 수도 없기에 있다고 감각으로 확신하기는 어렵다. 또 살면서 상처받고, 세상에 존재하는 파괴력을 보면서 신이 있다면 우리한테 이럴 수는 없는 것 아닌가 하는 의구심에, 아니 더 정확히는 세상에 대한 투정에 존재를 부정할 수도 있다. 우리의 오감으로 느낄 수 없는 것이, 나에게 혹은 세상에 아픔이 있다는 것이 정말 신이 없다는 증거가 될 수 있을까?

  딸아이가 초등학교 저학년 때 학교에서 윌리엄 스타이그(William Steig)의 『노랑이와 분홍이』라는 책을 대출해와 읽어달라고 한 적이 있었다. 그 동화책에서 노랑이와 분홍이는 나무 인형이었는데, 어느 날 둘이서 '우리가 어떻게 생겨난 걸까?'에 대해 대화를 나누는 것이 주 내용이었다. 노랑이는 우연히 아래로 떨어져 나무가 갈라지며 다리가 두 개 생겼고, 우연히 우박, 딱따구리, 번개 등으로 인해 현재의 모양이 갖추어졌다고 주장했다. 반대로 분홍이는 우연일 리가 없다고, 우연이 이렇게 정교할 수 없으며 누군가가 고민과 노력을 다하여 정성스럽게 만들어 자신이 생겨났다고 주장하였다. 우리도 한번 같은 생각을 해보면 좋겠다.

  이 세상의 만물이 우연히 생겨날 수 있을까? 인류는 지적 능력이 높은 생명체인데, 그런 우리가 아무런 목적의식 없이 우연히 존재하는 게 가능할까? 공룡이 살던 시절에 인류는 없었으니 어떤 생명의 진화과정을 통해서 인간이 생겨난 것일 텐데, 그 진화의 과정을 이끄는 힘과 목적이 없다면 인류의 탄생이 우연으로 가능할 거라고는 도저히 생각되지 않는다. 만약 그게 우연으로도 충분히 가능한 일이라면 바로 그 우연을 만드는 힘이 신의 의지가 아닐까? 인류뿐만 아니라 모든 생명에는 살고자 하는 의지가 담겨있고, 그 의지로 진화를 지속하며 고통을 극복하고 있다. 살고자 고통을 극복하는 그 힘의 시작과 진화를 이끄는 힘은 같은 에너지라고 생각한다. 그 에너지는 창조주의 의지일 것이다.

  우리가 오감으로 신을 느끼지는 않지만, 오감이라는 위대한 발명이 신의 존재를 알려준다. 모든 생명 현상은 경이롭게 발명되었고 침팬지와 거의 유사한 유전자를 가진 인류의 진화는 기적과 같은 일이다. 우리 존재의 그 우연한 경이로움이 신의 마음과 의지의 표현이다. 무엇보다도 나는 많은 사람이 자신을 목적과 가치를 담고 창조된 존재라는 사실을 받아들여 저 깊숙한 무의식에서부터 안정되었으면 좋겠다. 나 자신을 절대자의 의지가 담긴 존재로, 절대자의 의지가 항상 닿아있는 존재로 믿어 그 어떤 고통 속에서도 안심하기를 바란다. 그렇게 우리를 창조한 신의 존재를 믿길 바란다.

신과 직접 연결된 혼(魂)에는 존재의 존엄함을 지켜내는 에너지가 자리하고 있다. 나에게 창조론은 내 존엄심의 뿌리가 되어 언제나 다시 일어서게 하고 속 편하게 하는 근원이었다. '나는 전지전능한 신의 창조물'이라는 존엄함으로 어린 시절 키가 작다고 놀림받아 펑펑 울다가도 금방 아무렇지 않게 신나게 노는 아이로 살 수 있었으며, 어떤 아픔 뒤에도 멀쩡한 본연의 모습을 그대로 회복하여 일어서는 오뚝이가 될 수 있었다. 존엄심은 이 세상에서 인간이 자신의 존재를 지키는 근원적인 힘이다. 존엄심을 지켜내는 건강한 욕구는 창조주와 직접 연결된 에너지체인 혼(魂)에 존재한다. 창조주와 내가 연결된 에너지를 이해하게 될 때, 스스로를 곤고히 세우는 존엄함으로 빛나는 명예를 펼칠 수 있다.

우리는 모두 신성한 존재이기에 자신의 존엄성을 침범받지 않고 살아야 한다. 사회적 지휘나 빈부 여하, 노소를 막론하고, 존중받고 귀하게 여겨질 존엄성은 모두가 똑같이 각자의 혼(魂)에 타고났다. 혼(魂)의 에너지가 건강하다면 누군가 나를 잘 알지도 못하면서 함부로 무시할 때, 그의 말과 행동에도 기죽지 않고 당당히 대하며 근엄한 화를 불러일으켜 상대의 무시가 더 이상 지속되지 못하게 하는 방패 역할을 수행한다. 누군가 나를 함부로 대할 때, 그를 멈추게 하는 마음과 행동은 결코 잘못이 아니다. 오히려 모두가 누려야 하는 삶의 기본 권리이며 건강하고 자연스러운 인간의 욕구일 뿐이다.

그런데 혼(魂)의 에너지가 점점 더 충만해질수록 나를 무시하는 상대에 대한 분노는 사라지고 오히려 상대에게 보내는 차분한 미소만이 남게 된다. 그 미소는 그 어떤 무시와 오해도 나의 존엄성을 조금도 해치지 못한다는 확고한 믿음의 발현이며 이는 강인한 혼(魂)의 에너지로부터 기인한다. 그러니 나의 존엄을 지키는 혼(魂)의 건강한 욕구를 사랑해야 한다. 나의 존엄함을 사랑한다면 어떠한 마음도 나의 존재가치를 폄하할 수 없음을 굳게 믿고 차분하고 아름다운 미소로 답할 수 있다. 상대의 오해가 갈 곳을 잃게 될 것이며, 상대는 나의 존엄함을 통해 결국 자신의 존엄함을 발견할 수 있을 것이다.

나의 존엄성이 빛나는 것은 옆의 다른 이들이 자신의 존엄함을 발견할 기회가 된다. 그러니 자신이 빛나기를 바라는 혼(魂)의 욕구 또한 마음을 다해 사랑하여야 한다. 하늘이 우리에게 부여한 빛을 발견하고 밝히는 욕구는 모두에게 동일하니 나의 존엄함으로 타인의 빛을 깨워야 한다. 만약 당신이 스스로 빛나기를 바라는 욕구를 진심으로 사랑한다면 우리 모두의 존엄함이 빛나는 시작점이 될 수 있다. 우리 모두 함께 아름다운 미소로 무장하고, 찬란히 빛나는 존재가 되기를 꿈꾸며, 명예를 향한 혼(魂)의 건강한 욕구를 채워가야 한다.

그런데 혼(魂)이 위약해지고 병들게 되면 나의 존엄성을 지키는 욕구가 열등감으로 변형되고, 자신이 빛나기를 바라는 욕구가 타인에게 추앙받기를 바라는 명예욕으로 변질된다. 자신이 빛나길 바라는 존엄의 욕구와 타인에 의해 드높여지기를 바라는 명예욕은 엄연히 다른 마음이다. 이 둘의 구분은 다른 사람의 판단을 신경 쓰는지 여부에 달려 있다. 내가 나의 신성을 표현하고자 할 때 나의 빛남을 남들이 어떻게 보고 생각할지 자꾸 떠오른다면, 욕심으로 들어서고 있다는 신호이다. 옷을 고를 때 나의 만족보다 다른 이들에게 잘 보일 욕구가 중요해지고, 일의 계획을 세우고 결과를 생각할 때 다른 이들의 평가를 걱정하는 모습은 존엄을 망각하게 하는 열등감이 힘을 얻으며 명예욕이 발동하는 모습이다. 보통 명예욕이라고 하면 높은 사회적 지위를 가진 이들에게 한정된 것처럼 생각하지만, 사회적 위치에 상관없이 타인의 칭찬과 인정을 바라는 마음이 나를 통제하는 것, 이것이 모두에게 일어나는 변질된 명예욕이다.

그러나 우리가 눈치를 봐야 할 대상은 나 자신과 하늘밖에 없으니 나의 존엄은 내 손으로 직접 세워야 한다. 누군가 나를 칭찬하여 준다면 기쁘고 감사하지만 칭찬받던 그 순간에만 유효한 것이며, 내가 세운 나의 존엄은 내가 존재하는 모든 순간 유효하다. 그렇기에 다른 이들이 칭찬하고 인정하며 드높여준 명예는 허상일 뿐 지속되는 존엄이 될 수 없다. 그렇다고 다른 이들의 칭찬과 칭송을 피할 필요도 없다. 누군가 당신을 칭찬하고 좋게 보아준다면 그 순간 충분히 기뻐하고 감사하면 된다. 그리고 그것이 순간의 기쁨임을 잊지 않아야 한다. 굳이 되새기고 다시 곱씹어볼 것 없는 순간의 감정으로 즐기고 떠나보내어, 그 칭찬이 세상에서 허상으로 사라지듯이 내 안에서도 사라지게 하면 그뿐이다.

다른 이들이 반복해서 확인해주는 존재가치가 없으면 불안해지고, 내가 타인에게 인정받지 못한다는 착각이 열등감이다. 열등감은 신으로부터 부여받은 가치와 목적을 상실할 때 힘을 얻으며 주로 분노로 표출된다. 정신분석에서 대부분의 분노는 결국 자신이 무시 혹은 거부당했다는 착각에서 일어나는 자기애적 분노라고 해석한다. 예를 들어, 운전 중 깜빡이 없이 끼어든 차에 화를 내는 것은 내가 무시당했다는 착각으로 생기는 감정일 뿐이다. 상대의 부주의나 의도 없는 행동에 화를 내는 것, 그것이 무의식적인 열등감의 표출이다. 그리고 열등감이 자라게 되면 내가 갖지 못한 것을 부러워하고, 타인을 질투하며, 종국에는 미워하는 아픔까지 생길 수 있다. 또는 깊이 상처받은 분노가 속에서 열등감으로 들끓으면 미움이 동반되기도 한다. 미움은 그 어떤 의식보다도 우리의 혼(魂)을 심히 병들게 한다.

그래서 주변에서 누군가 미움으로 힘들어할 때 그 미움을 거두어들이기가 너무 힘들다면, 그냥 싫어하기만 해보자고 권유한다. 우리는 무언가를 싫어할 자유가 있다. 싫어하는 감정은 우리를 해치지 않는다. 예를 들어 '난 노란색이 좋고 파란색은 싫어.' 라고 할 때, 파란색을 싫어하는 감정까지만 가져보자. 그저 파란색을 잘 보지 않고, 별로라고 여기며, 때에 따라 재수 없다고 생각하는 싫은 감정은 얼마든지 자유롭게 누려도 좋다. 그렇게 미움의 대상을 멀리 두고 싫어하기만 하면서 자신의 존엄을 다시 기억해야 한다.

열등감과 미움은 우리가 존엄함을 망각하면서 힘을 얻는다. 열등감이 커지면 존재의 가치를 자신의 내면과 신(God)에서 찾지 않고 바깥세상에서 구하게 된다. 세상은 무엇이든 순환하는 것이 원칙이다. 어느 것도 나에게 지속적으로 머물지 않고 떠나며, 다시 받아들임의 반복이다. 세상과 타인에서 존엄을 구하게 되면 떠나는 것이 너무 아깝고 다시 받아들일 것이 조바심난다. 떠남과 들어옴의 조바심나고 위태하게 느껴지는 간극에서 열등감은 힘을 얻는다.

그러나 우리는 누구에게도 조바심낼 필요가 없는 존재다. 우리는 영원히 존재할 가치를 태곳적부터 부여받았고 우리의 존재 목적은 전지전능한 창조주의 목적과 하나이니, 언제나 누구에게나 당당한 것이 당연함을 기억해야 한다. 그리하여 나의 존엄을 해치는 것은 세상이 아니라 내 안의 열등감이라는 것을 알아보아야 한다. 열등감을 다독이며 우리의 혼(魂)이 원하는 존엄의 욕구를 충만하게 채워준다면 우리 내면의 질투와 미움은 눈 녹듯 사라지질 것이다. 미움의 대상을 용서하고 이해할 포용을 열어갈 수 있다.

우리의 혼(魂)을 제대로 이해하기 위해서는 우리를 창조하고 세상 앞에 당당한 존재로 존엄하게 세우는 창조주는 어떤 존재인지 알아야 한다. 그동안 내가 접한 절대자 신에 대한 설명 중에서 명쾌하게 가슴에 와 닿았던 것은 『신과 나눈 이야기』의 설명이었다. 나는 『신과 나눈 이야기』에서 설명해준 신(God)과 우리의 관계에 대해서 이렇게 이해하고 있다.

"태초의 우주는 단 하나의 완벽한 존재였는데, 유일한 존재였기에 무엇으로부터도 자신을 확인하고 체험할 수 없었다. 그리하여 자신을 나누어 여러 존재를 만들고, 존재가 벌어진 공간으로 자신이 아닌 허상을 형성하여 자신의 여러 존재가 허상 속에서 서로에게 자신을 확인하고 체험할 수 있게 하였다. 그리고 그 체험이 단 하나의 완벽한 존재를 확장하고 있다."

태초의 유일한 완벽한 존재는 우리가 부르는 창조주인 하느님이다. 그는 완벽한 존재이기에 전지전능하고, 온전한 사랑이다. 온전한 사랑인 자신을 체험하기 위해서는 사랑이 아닌 것이 필요하기에 자신을 나누어 모두를 창조하였다. 자신이 분열하면서 생긴 공간으로 사랑이 아닌 허상이 생겨나게 하여 절대계에 대비되는 상대계를 이루었다. 사랑이 아닌 상대계의 허상 속에서 서로를 통해서 자신이 온전한 사랑임을 체험한다. 그리고 자신이 사랑임을 체험하고 확인하는 것은 신의 전지전능함을 확장시키는 힘이 된다. 우리는 절대자 신의 작은 부분이며 신은 우리 모두이다. 그렇기에 우리의 영혼은 온전한 사랑이고, 신(God)에게 언제나 연결되어 있다. 우리의 창조 목적은 창조주에게서 주어졌으며, 내 영혼의 의지와 신의 창조목적은 하나의 존재로서 같을 수밖에 없다.

내가 하느님과 나의 관계를 이해할 때 쉽게 생각하는 것이, 나와 나의 세포핵들의 관계이다. 나는 무수한 세포들로 이루어진 생명체이다. 그리고 나의 세포핵에는 나의 모든 유전정보가 들어있다. 피부세포든, 심장의 세포든, 어디의 세포이든 상관없이, 나의 모든 세포핵에는 나의 모든 유전정보가 동일하게 들어있다. 세포핵들은 그 정보로 각자의 영역에서 다른 활동을 한다. 세포질과 세포 사이의 공간은 각자의 위치와 역할에 따라 다른 모습을 하는 상대적 허상이다. 세포핵들의 생명활동은 나의 존재 목적에 따라 이끌어진다. 나의 존재 목적과 내 세포핵의 활동목적이 다를 수 없는 하나의 존재이기 때문이다.

우리의 영혼은 신의 세포핵으로, 신의 완벽한 사랑과 진리의 정보를 모두 담고 있다. 그렇기 때문에 내가 어디에서 무엇을 하며 살고 있든, 창조의 진리는 모두 내 안에 살아있으며, 내 존재의 목적과 신의 창조 목적이 다를 수 없다. 우리는 전체이자 부분으로 하나의 존재이기에…. 우리가 우리 세포핵을 다 합친 것 이상의 지적이고 신성한 존재이듯, 우리 모두를 다 합친 신의 신성함은 완벽하며, 완벽하기에 온전한 사랑이다.

혼(魂)은 부분인 나와 전체인 신이 소통하며 존재의 목적을 추구하는 마음의 에너지체이다. 신(God)과의 소통은 내가 무엇을 위해 살아가고 있는지 깨닫게 해주며 그 길을 지속할 수 있도록 이끌어준다. 그렇기에 혼(魂)이 강한 이들은 혼란이 적으며, 삶의 목적을 향할 때 느끼는 영광을 누리며 살아간다. 신과 소통하기 위해 혼(魂)은 제3의 눈이라고 불리는 송과체에 위치한다. 뇌 한가운데에 있는 송과체는 인체에서 무슨 역할을 하는지 의학적으로 모두 규명되지 않았지만, 인도의 요가 수행에서는 우리의 의식이 우주와 소통하는 통로로 이해된다.

송과체는 뇌의 한 가운데에서 안구와 비슷한 모양으로 자리하며, 낮과 밤의 생리적 반응을 유도하는 멜라토닌과 세로토닌이라는 호르몬을 분비한다. 혼(魂)은 우리가 깨어있는 시간에는 의식과 무의식을 통솔하는 군주로서 모든 마음이 존재의 목적을 향하도록 이끌고, 잠을 자는 수면 시간에는 우주로 나가 신(God)과 직접 소통하며 우리의 마음이 신과 하나로 나아가는 힘을 얻게 한다. 잠은 육체의 피로를 회복하는 것뿐 아니라 모든 마음의 통솔자인 혼(魂)이 정기적으로 신과 직접 접속하기 위해 일어나는 필수적인 현상이다. 그래서 우리가 잠을 자지 않게 되면 혼(魂)은 신과 직접 소통하지 못하게 되어 모든 마음에 대한 통솔력이 힘을 잃고 자신의 감정을 제어하기가 어려워진다.

혼(魂)의 에너지가 성장할수록, 광활한 우주에서 절대자인 신과 소통하는 능력은 상승한다. 그 결과는 뛰어난 직관과 영감, 창의적 생각과 현명한 혜안으로 나타난다. 우리가 삶에서 존재의 목적을 달성하기 위해서는 혼란과 거짓 속에서 자신이 가야할 길을 알아볼 직관과 거짓을 구분할 혜안이 필요하다. 평안한 일상에서는 합리적인 추론을 통해서 판단하고 선택할 수 있지만, 혼란이 중첩되고 거짓이 판을 치는 상황에서는 이성적 판단이 결코 쉽지 않다. 살면서 그런 상황은 수도 없이 맞닥뜨리게 된다. 이때 직관과 혜안이 있다면 시행착오를 최소화할 수 있으며, 작은 실수로도 큰 지혜를 얻게 되어 자신을 순조롭게 성장시킬 수 있다.

누구나 자신이 계속 운이 없거나 같은 문제가 반복되어 발목을 붙잡힌 느낌일 때가 있다. 그 불운 속에서 내가 깨달아야 할 지혜가 무엇인지 찾지 못한다면 계속 발목을 묶여 그 자리를 맴돌게 된다. 이때 직관이 있으면 불행과 불운 속에서 내가 찾아야 하는 지혜를 빨리 깨달아 그 고난을 조기에 종식할 수 있다. 그래서 상처받고 좌절하였을 때에 혼(魂)의 힘이 절실히 필요하다. 상처와 좌절이 결과가 아니며, 삶의 목적으로 나아가는 하나의 과정으로 인식하게 하는 힘이 있기 때문이다. 혼(魂)의 건강한 표현인 직관과 혜안은 좌절과 불운 속에서 빛을 발견하고 내면으로 채우도록 한다. 그렇게 발견한 빛으로 나의 상처를 치유하며 더 찬란한 존재가 되도록 성장시키는 것이다.

요즘에는 연예인에게서 강한 혼(魂)의 힘을 관찰할 때가 많다. 연예인들은 사생활이 공개되고 대중들의 감정에 무방비로 노출되어 부당한 오해와 공격을 받고 상처 입는다. 또 성공과 좌절의 굴곡진 생활이 어느 직종보다 뚜렷하다. 그럼에도 불구하고, 연예인이라는 직업으로 자신의 존재가치를 지속하는 이들은 뛰어난 혼(魂)의 힘을 보여준다. 그들이 토크쇼에서 자신의 상처를 치유하며 발견한 지혜를 풀어놓고, 다시 오뚝이처럼 일어나 본인의 길을 나아가는 것을 볼 때 하늘과 소통하며 아름답게 성장한 그의 혼(魂)을 보게 된다. 누구나 아픔을 통해 성장한다고 한다. 그러나 아픔을 겪는다고 무조건 성장하는 것은 아니다. 혼(魂)의 힘을 다하여 존재의 목적을 향해 나아갈 때, 아픔은 성장의 기회가 되며 존재의 자양분이 될 수 있다.

혼(魂)이 강해지면서 나타나는 또 다른 결과 중에는 뛰어난 창의력과 빛나는 영감이 있다. 우리의 삶은 반복적인 일상과 수많은 변수가 복합적으로 어우러져 있다. 넓은 세상에서 자신의 존재가치를 입증하여, 자신만의 영역을 형성해야 한다. 나만 하더라도 매일 같은 지식으로 치료를 시행하지만, 간혹 예상치 못한 치료반응에 당황하게 되는 경우가 있다. 그렇게 변수를 만나게 되면서 새로운 치료에 대한 창의적 도전이 이루어진다. 서비스업에는 다양한 사람으로 인한 변수가 생길 것이고, 기술직에서는 중복되는 계산에 따른 오류가 변수가 되며, 사무직에서는 복잡한 관계에 따른 문제가 발생할 것이다. 이런 수많은 변수에 대처하기 위해서는 창의적인 사고가 필수이다. 삶의 변수와 창의성이 만나 삶이 찬란하게 변화할 수 있다.

또한, 이 세상에서 나의 자리를 찾고 넓히기 위해서는 '나'라는 존재를 표현하는 영감이 있어야 한다. 한의사로서 환자를 치료할 때에도 교과서적인 병증으로 내원하는 환자는 거의 없다. 매번 환자의 병리를 추정하고 치료방식을 상상 속에서 구상하여야 한다. 그러니 매번 치료는 나의 의학적 지식을 조합하는 영감에 의해 결정된다. 요리사는 자신의 영감을 음식으로 완성하고, 예술가는 자신의 영감으로 작품을 표현한다. 영업하는 사람은 자신의 영감으로 판매에 성공하고, 사업가는 자신의 영감으로 사업을 구상하며, 선생님은 자신의 영감으로 아이들을 이끈다. 우리는 모두 이렇게 자신의 영감을 표현하여 자신만의 영역을 형성하고 존재가치를 입증한다.

모든 진리의 근원은 우주에 있으며, 우리는 그 진리를 '나'라는 존재로 걸러서 세상에 표출한다. 따라서 나의 존재가치를 나만의 방식으로 표현하며 새롭게 확대해가는 내면의 힘은 하늘과 소통하는 혼(魂)에서 나온다. 그렇기에 지(志)가 최선의 노력으로 인간의 영역에서 삶을 창조한다면, 혼(魂)은 하늘에서 부여받은 영감과 창의력으로 신의 영역에서 삶을 창조한다.

그러니 모두가 혼(魂)의 힘을 키우며 자신의 자리에서 자신의 영감과 창의성을 표현해야 한다. 그래야 자신의 삶이 신의 영역에서 창조되고, 세상이 진리로 창조될 수 있다. 뛰어난 혼(魂)의 힘으로 신의 영역까지 창조를 확장한 이들은 어떤 분야에서도 자신만의 독창적이고 독보적인 위치를 차지한다. 김연아 선수는 경기 전 성호를 그으며 자신과 신의 연결을 인식하게 되면서 아름다운 예술성을 경기에 녹여내는 선수로 거듭나 다른 선수와 비교되지 않는 감동을 주게 되었다. 베르나르의 풍부하고 멈추어지지 않는 상상력은 그의 작품에서 보이는 신성을 추구하고 탐닉하는 그의 경향에서 온다고 장담한다. 이외에 자신의 분야에서 개성과 향기로 독자적 영역을 구축한 이들은 혼(魂)의 힘이 강한 존재들이다.

혼(魂)에 의한 창의성과 영감이 극대화될 때, 새로운 진리가 세상에 펼쳐진다. 아인슈타인(Albert Einstein)의 상대성 이론, 이제마(李濟馬)의 사상의학, 칼 융(Carl Gustav Jung)의 분석심리학, 프로이트(Sigmund Freud)의 정신분석, 닐 도널드 월시((Neale Donald Walsh)의 『신과 나눈 이야기』, 데이비드 호킨스((David Roman Hawkins) 박사의 의식에너지 체계와 같은 진리는 기존의 이론에서 동떨어진 발견이었으며 새로운 세상을 여는 포문이 되었다. 이들은 모두 하늘과 자신의 관계에 대해 성찰하는 이들이었다. 이제마의 『동의수세보원(東醫壽世保元)』은 천기(天機), 즉 하늘의 기준을 첫 문장으로 시작하여 그가 하늘에서 진리를 구했음을 표현하며, 아인슈타인은 "나는 인간의 일상사에 개입하여 운명을 좌우하는 신을 믿지 않는다. 그보다는 모든 존재에 질서와 조화를 부여하는 스피노자(Baruch de Spinoza)의 신을 믿는다."고 자신이 추구하는 신성을 선언한 인물이다. 칼 융은 자신이 펼친 심리학 이론을 종교에 대한 새로운 발견으로 이끌어 인간의 신성을 추구하였고, 닐 도널드 월시는 매일 일기로 하느님과 대화를 시도하면서 혼(魂)을 키워 신성에 대한 획기적인 저서를 완성하였다.

이들이 새로운 세상을 여는 창시자가 된 것은, 강인한 혼(魂)의 에너지로 진리의 포문을 여는 매개체가 될 수 있었기 때문이다. 그러나 새로운 발견은 결코 한 개인의 힘만으로 이루어지지 않는다. 집단의 많은 혼(魂)이 끌어당긴 진리가, 도화선이 되는 자에 의해 펼쳐지는 것이다. 그러니 우리는 모두 각자의 자리에서 혼(魂)의 힘을 다하여 삶의 기틀을 짜는 것으로 세상의 변화를 이끌고 있다는 자부심을 가져야 마땅하다. 또한 많은 이가 새로운 세상을 열고자 하는 인류의 집단의식에서 도화선이 되는 축복을 누린다면, 세상은 더욱 찬란히 진화하게 된다.

그럼 언제나 존엄하고 당당하게 일어서며, 삶의 창조를 신(God)의 영역으로 끌어올리려면 어떻게 혼(魂)을 성장시켜야 할까? 우선 나처럼 절대자인 신을 믿는 것이 한편으로는 유리할 수 있다. 나는 {혼백신의지} 중 혼(魂)의 힘이 상대적으로 강한 편이다. 하느님이 나를 창조했다는 교리가 듣기 좋았다는 이유로 그 이후 단 한 번도 신의 존재를 의심해본 적이 없다. 과학적 지식을 습득하면서 성경의 요일별 창조와 짠하고 나타나는 아담과 이브의 이야기를 곧이곧대로 믿지 않고 오히려 진화에 대한 과학적 사실들에 경이로움을 느꼈지만, 나를 포함한 모든 생명과 물질이 신의 창조물이라는 명제를 철썩같이 믿었다. 오히려 진화에 대해 흥미롭게 알아갈 당시에는 '하느님이 정말 위대한 방법으로 생명을 창조해가고 있구나!'라고 감탄했었다.

그렇다고 내가 종교활동을 열심히 한 편은 아니다. 성당에서 붙어 다니던 친구가 이민을 가고, 본가와 다른 지방으로 대학을 진학하면서 미사는 가물에 콩 나듯 참여하였다. 그래서 대학 시절 지인들은 내가 천주교인이라는 걸 모르는 경우가 더 많다. 다만 성당에 다니지 않으면서도 하느님이 나와 함께하고 지켜보고 있다는 생각은 무의식중에도 늘 가지고 있었다. 또 전지전능한 분이시니 내가 성당에 가지 않는다고 화내며 벌할 거라고 의심하지도 않았다. 자신에 대한 성찰이 둔하던 시절에도, 간혹 인생의 큰 사건이 마음에서 정리되고 마무리될 때에는 늘 하느님을 떠올렸다. '나한테 이런 이치를 깨달으라고 그 일을 겪게 하셨구나.' 이 생각이 내가 모든 일의 마무리에 떠올리는 생각이었다. 성찰이 일상화된 후에는 마음이 조금이라도 흔들리면 '나는 결코 혼자가 아니며 하느님과 함께이니, 그의 손을 잡고 이 시기를 지날 것이다.'라고 되뇌곤 했다. 나는 나의 존재가치가 신에 의해 주어졌으며 나에게 일어나는 모든 일에 하늘의 뜻이 있다는 것을 어린 시절 반복된 미사를 통해서 내 마음에 안착시켰다.

나처럼 절대자인 신의 존재를 믿고 따르는 마음은 혼(魂)의 에너지를 확장시킨다. 신을 믿고 따른다는 것은 우선 그의 전지전능함을 믿는 것이다. 전지전능은 완벽함과 온전한 사랑을 의미한다. 신은 완벽한 사랑이기에 자신과 뜻이 다르다고 혹은 자신을 믿지 않는다고 자기애적 분노에 빠져 상대를 미워하고 벌하지 않는다. 우리가 죄인이고 신은 우리를 벌하는 존재라는 생각은 우리가 자신을 제어하기 위한 편의적 상상일 뿐이며, 신의 완벽함을 의심하는 신성모독이다. 생각해 보라! 인간 세상에서도 자신이랑 다르다고 상대를 곤란하게 만드는 사람은 존경받지 못하고 배척받는 것이 당연하게 여겨진다. 하물며 창조주인 신이다. 자기랑 다르다고 혹은 따르지 않는다고 화를 내는 존재가 이 거대하고 경이로운 세상을 창조하는 것이 가능하겠는가! 이 세상을 창조할만한 신성한 사랑은 어느 만큼일지 우리가 제대로 상상할 수 있겠는가!

『신과 나눈 이야기』에서 창조주로서 우리에게 답을 하는 형태는 기쁨, 진리, 사랑의 셋뿐이라고 했다. 그 이외에는 어떤 신호도 창조주로서 신이 보내는 것이 아니라고 단언한다. 이 말은 이 경이롭고 위대한 세상이 창조될 수 있었던 것은 완벽한 사랑과 기쁨과 진리만으로 가능했다는 뜻이다. 창조주이자 절대자인 신은 결코 우리에게 분노하고 벌하지 않는다. 신이 우리를 벌하는 것은 자신을 벌하고 부정하는 것과 같기에, 애초부터 불가능한 일이다. 즉, 신을 믿는다는 것은 완벽한 사랑임을 믿는 것이다. 우리와 언제나 함께하며 사랑과 축복을 주고, 존중하기에 함부로 간섭하지 않고 지켜본다는 믿음이 혼(魂)을 크고 건강하게 키운다. 창조주인 신은 자신의 창조물이며, 자신의 부분이며, 자신의 생명인 우리를 모든 순간 함께하며 사랑과 축복과 존중으로 보살핀다. 만약 당신이 하늘의 사랑을 온전히 믿고 받아들이며 당신과 하늘이 하나임을 믿기에 당신의 혼(魂)이 하늘과 자유로이 소통하게 된다면, 당신의 혼(魂)은 밝은 빛으로 성장할 것이다.

그럼 창조주인 신을 믿지 않는 무신론자는 혼(魂)을 성장시킬 수 없는 것인가라는 의문을 가질 수 있다. 이 세상에는 종교 없이도, 신(God)의 존재를 믿지 않고도 혹은 신을 별로 생각하지 않고 살아도 삶의 목적을 다하여 훌륭히 사는 사람들이 많지 않은가. 그들은 하느님을 별로 생각하지 않고 살아도 밝고 강한 혼(魂)을 보여주는 증거들이다. 그렇다. 혼(魂)은 신에 대한 믿음과 사랑으로만 성장하는 것이 아니다. 혼(魂)은 영적인 존재로서 영혼의 자유의지를 자각하는 것으로도 성장한다. 즉, 나의 주인은 '나'라는 주체성을 자각할 때에도 똑같이 성장한다. 주체성을 자각하는 것은 영혼의 자유의지를 펼쳐내는 시작이며, 혼(魂)의 힘으로 이루어지는 영역이다. 그리하여 자신의 주체적 가치와 목적을 탐닉하고 추구하는 철학적 성찰은 영혼의 자유의지를 자각하는 것이고, 철학적 성찰을 실천하는 노력은 영혼의 의지를 실현하는 길이다. 그렇게 존재의 목적을 향하는 어떤 방법으로도 모두 혼(魂)이 자유롭게 하늘과 소통하며 그 힘을 키운다.

사실 요즘에는 종교보다 자유의지로 혼(魂)의 에너지를 키우는 방법이 많은 사람의 공감을 얻으며 늘어나는 추세이다. 예를 들어, 정신분석은 자신의 감정과 생각의 근원이 되는 무의식적 특징을 이해하고 자신에게 한계를 지우는 무의식 상태를 하나씩 풀어가면서 온전한 자신으로 존재의 목적을 자각하게 한다. 자신의 감정과 행동의 무의식적 원인을 하나씩 파헤치는 정신분석작업은 강인한 목적의식으로 깨어있어야만 가능하다. 최근에 많은 관심을 받는 뇌과학은 인간의 신경학적 특성에 따라 발생하는 오류를 밝혀내어 우리의 생각과 감정이 오류에 의한 결과가 상당히 많다는 것을 인지시키고, 그 오류의 한계에서 벗어날 자각을 일깨워준다. 나의 감정과 생각이 신경학적 오류인지 참인지를 구분하는 뇌과학적 성찰 역시 명확히 깨어있는 목적의식이 있어야 한다. 상대성 이론, 양자역학, 평행이론 같은 최근의 물리학은 모든 존재에게 무한한 가치와 가능성이 있음을 과학적이고 합리적인 추론으로 설명한다. 그리하여 존재의 신성을 깨우치게 이끌어 준다.

이처럼 근대 이후로 존재에 대한 진리를 탐구하고 한계를 극복하여 영적인 자유의지를 발현하는 길이 다채롭고 풍요롭게 발전하고 있다. 이는 그동안 인류가 혼(魂)의 힘으로 키워낸 집단의식의 찬란한 결과이다. 그리고 이 결과들은 기존의 종교가 채워주지 못해 아쉬웠던 혼(魂)의 반대쪽 빛을 완성해주고 있다.

어떤 방법론이든 자신이 영원히 존재할 충분한 가치와 목적이 있다는 믿음을 바탕으로 자신이 주인이 되는 주체성이 있어야 한다. 그리고 그 영원 속에서 자신의 존재 목적을 이루고 싶다는 희망을 무의식에서 의식까지 깊숙이 안착시켜 영혼의 자유의지가 마음으로 행동으로 드러나게 하는 것이 혼(魂)의 에너지를 키운다. 신(God)이 자신을 나누어 허구의 상대계에서 사랑을 체험하고자 할 때 온전히 자신을 체험할 수 있도록, 우리의 영혼에 세포핵과 같이 모든 진리와 사랑과 기쁨을 담아주었다. 그리고 그것을 선택하고 체험할 온전한 자유의지를 함께 주었다. 강압이나 조건에 의한 강요로 체험하는 것은 온전한 자신을 드러내는 길이 아니다. 오직 자신의 자유로운 의지로 이룬 선택과 체험만이 온전히 자신을 확인하는 길이기 때문에 신은 자신의 부분인 우리를 완벽히 존중하여 자유의지를 주었다. 우리는 스스로의 자유의지로 체험을 선택하며, 삶의 목적을 찾아가는 중이다.

결국, 자신에 대한 주체성과 목적을 깨닫는 것은 신(God)의 의지를 깨닫는 것과 같다. 자신의 영적 자유의지를 깨닫고 그 목적을 위한 선택을 체험하는 것은 신이 우리에게 부여한 존재 목적을 달성하는 것과 같다. 비록 그 자유의지가 신에게서 온 것이라고 인식하지 않더라도 우리에게 담긴 진리와 사랑과 기쁨을 체험하여 존재의 목적을 달성하는 것은, 신에 대한 신성을 찬양하는 것과 다르지 않다. 절대자인 신은 완벽한 존재이니 자신을 알아보지 못한다고 섭섭해 하지 않으며 자유의지를 믿고 나아가는 존재에게도 신을 믿는 자와 똑같이 직접 접속하고 소통하며 힘을 심어준다. 자신의 영적 자유의지를 깨닫는 것은 혼의 에너지를 키우는 또 다른 길이다.

지금 당장 하느님의 존재를 믿을 수 없다면 우선 자신이 영원한 자신의 주인이라는 사실이라도 믿어주길 바란다. 당신은 한 생애로 사라지는 한정된 의미만을 가진 유한한 존재가 아니다. 이 생애를 넘어 지속되는 무한한 의미를 지닌 존재이고 주인이다. 당신이 무엇을 선택하고 체험할 때 가슴을 울리며 기쁜지를 기억해보라. 그 기억으로 당신이 존재하는 목적을 찾아내고 체험하라. 당신이 영혼의 자유의지로 존재의 목적을 향해 나아갈 때, 저 광활한 우주의 진리와 존재 목적을 체험할 기회가 당신 앞에 펼쳐질 것이고 당신의 혼(魂)은 신과 자유로이 소통하며 영광으로 빛나게 성장할 것이다.

신의 전지전능한 사랑을 믿고 따르는 것과 자신의 영적 자유의지에 충실한 삶을 살아가는 것 모두 혼(魂)을 성장시키는 길이다. 이 두 가지 길은 전혀 다른 양극단으로 보이지만, 창조주와 우리는 하나의 존재이기에 본질적으로 같은 신성의 발현이다. 그러니 무엇을 먼저 선택하든 상관없다. 자신이 가고 싶은 길로 혼(魂)을 찬란히 키워내면 그것이 축복이다.

그러나 어떤 길로 먼저 시작하여 혼(魂)을 성장시키든 두 길은 결국 만나야 한다. 나처럼 창조주 하느님을 믿고 따르는 마음으로 시작했다면, 이제 그 하느님이 우리에게 준 자유의지를 자각해야 한다. 그 자유의지를 무시하고 외면하거나 타인에게 의탁하는 것은 또 다른 신성모독이다. 신은 결코 우리가 자유의지 없이 자신만을 찬양하고 따르기를 원치 않는다. 그렇다면 애초부터 자신을 여럿으로 나누어 우리에게 자유의지를 주지도 않았을 것이다. 우리의 자유의지로 스스로 판단하고 선택하며 존재가치를 빛내는 체험을 우리의 전체인 하느님은 더할 나위 없이 기뻐하신다. 그 기쁨의 결과가 우리의 기쁨과 진리와 사랑에 대한 영광으로 펼쳐지니 우리의 자유의지를 다하는 것은 하느님에 대한 최고의 찬양이자 충성이다.

만일 나와 달리 지금까지 자신의 자유의지를 자각하여 빛나는 존재가치를 증명해 갔다면, 이제 그 위대한 자유의지가 어디서부터 시작된 것인지 생각해야 한다. 당신이 체험한 그 찬란한 영광이 정녕 당신에게서 시작하여 당신에게로 끝나는 것인지, 모든 가슴으로 느껴보아야 한다. 그것이 당신에게만 한정된 것이라면 그렇게 영광스럽고 위대할 수 없다는 것을 알아보아 당신에게 자유의지를 준 우리의 전체인 신(God)을 느껴야 한다. 그건 분명 당신을 더 기쁘고 행복하게 할 것이며 당신의 자유의지가 더 큰 힘으로 당신의 목적을 이루는 영광으로 이끌 것이다.

그래서 하느님에 대한 찬양이 자신의 자유의지를 꺾는 경우를 볼 때 참으로 가슴이 아프다. 절대자인 신은 그 무엇도 아쉽고 부족하지 않은 존재이기에 누군가의 찬양이 필요하지 않다. 그럼에도 종교활동이 자신의 주체적 판단과 행위를 저버리며 찬양만으로 채워지고, 죄를 씻을 유일한 길이 신에 대한 믿음과 찬양이라며 자유의지를 부정할 때 분명 하느님은 우리의 존재가치가 빛나지 못하는 것에 안타까움을 느낄 것이다. 우리가 빛나는 것은 곧 하느님이 빛나는 것이니까. 그 또는 그녀는 아무것도 필요하지 않으나, 우리 모두가 그러한 것처럼 사랑체험으로 확장되어가는 존재이다. 그러기에 하느님은 우리가 자유의지로 사랑을 체험하여 존재가치가 빛나기를 바란다. 그저 바라기만 할 뿐 기대하거나 실망하지 않으면서 오직 기뻐하거나 안타까워할 것이다.

한편으로는 열정적인 종교활동 후 신(God)을 부정하게 되는 이들을 볼 때에도 안타까움을 느낀다. 열심히 종교활동을 하면서 신을 믿고 찬양할 때 얼마간은 혼(魂)의 성장으로 영광을 체험하지만, 어느 이상에서는 더 이상 성장하지 않고 죄인이라는 고통과 자괴감이 더 강하게 옥죄어 오는 경우가 있다. 이때 자유의지의 신성을 깨닫는다면, 혼(魂)의 성장이 지속되어 영광이 확장된다는 사실을 발견하지 못하고 고통 속에서 신을 원망하는 이들을 볼 때 아려오는 속을 느낀다.

자신의 자유의지로 성장을 지속하던 이들도 그 길만으로는 한계를 만난다. 차크라 수련으로 우주의 진리를 탐구하고 자신의 신성을 체험하던 어떤 이는 맞닥뜨린 한계에서 지속된 고통으로 인간의 신성을 부정하고 죄인으로 신을 찬양하는 것만이 살길이라는 반대의 극단으로 돌아섰다. 자유의지에 의한 환희를 명확히 체험하고도 한계 앞에 모든 과거의 체험을 부정하는 것은 안타까운 일이다.

오랜 기간 정신분석을 통해 자유의지로 허상를 벗어낸『사람풍경』,『만 가지 행동』의 김형경 작가는, 정신분석 너머 만나는 진리의 세계는 종교의 영역이며, 아무런 보상심리가 없는 이타심이라고 하였다. 부디 많은 이들이 자신의 혼(魂)을 처음 성장시켰던 체험을 온전히 기억하고 한계의 고통을 맞닥뜨릴 때 과거를 부정하는 아픔이 생기지 않길 바란다. 여러분이 어디서부터 출발하였건 부디 김형경 작가처럼, 자신의 신성과 하늘의 신성을 하나로 만나게 하여 혼(魂)의 힘이 아픔과 고통 없이 지속적으로 성장하는 영광을 누리기를 간절히 기원한다.

내가 20대 초반일 때, 애주가이신 아버지께서 술에 취하시면 간혹 해주시던 말씀이 있다. "아무리 재능을 타고난 놈이라도 죽어라 열심히 노력하는 놈을 당해낼 수 없고, 아무리 죽어라 열심히 노력하는 놈이라도 재수 좋은 놈을 이길 수가 없다. 하늘이 돕는 자는 아무도 당해내지 못하는 거야." 아직 철없던 시절에는 이 말씀이 그렇게 거북하게 들렸다. 최선을 다해 노력하는 사람이 재수 좋은 사람을 당해낼 수 없다는 것이 부당하다고 생각했고, 세상이 그럴 리가 없다고 믿고 싶었다. 그런데 이제 아버지의 이 말씀은 진리이며 그 진리가 의미하는 바는 결코 부당하지 않은 합당함이라는 것을 이해할 수 있다.

우리가 최선의 노력으로 지(志)의 힘을 다하여 삶을 창조해 나가는 것은 인간의 영역 안에서만 유효하다. 그러나 우리는 육체와 한정된 시간을 넘어서는 영적인 신성한 존재이며 창조주 하느님과 하나의 존재이다. 자신의 신성을 기억해내고 인정하는 자는 그의 혼(魂)이 광활한 우주에서 신(God)과 자유로이 소통하며 신의 영역으로 창조작업을 끌어 올린다. 재수가 좋은 이들은, 자신의 기쁨과 진리와 사랑을 이해하며 신에게 존중받는 자유의지의 신성을 기억하고 실천한 이들이었다. 그들은 존재의 목적을 향해 나아가는 데 주저함이 없으니 하늘이 그들을 돕는 것은 지극히 당연한 결과이다. 그들의 창조는 하늘의 영역이기에 최선의 노력도 당해낼 수 없다는 걸 이제는 이해한다.

그리하여 나는 이제 하늘이 돕는 자가 되고 싶고, 되어가며, 될 것이다. 우리 모두가 하늘이 돕는 자가 되기를 간절히 바란다. 부디 당신의 신성함이 하늘과 하나임을 기억하고 당신의 혼(魂)을 활짝 열어 신(God)과 자유로이 소통하라. 당신의 창조가 인간의 영역을 넘어 빛나는 혜안과 위대한 영감으로 신(God)의 영역에서 펼쳐지도록 확장시켜나가라. 당신이 자신의 신성을 기억한다면 하늘은 분명 존재의 목적을 다할 수 있도록 당신을 도울 것이다. 당신의 영광을 막아설 수 있는 것은 이 세상에 아무것

도 없게 될 것이다. 부디 그렇게 작은 신으로 찬란하고 영광되게 살아주기를 간곡히
청한다.

3. 백(魄): 세상은 사랑을 체험하기 위한 목적만으로 존재한다

   백(魄)은 살면서 나에게 실현되는 세상과 우주의 순리를 어떻게 받아들이고 개척해 나갈지를 결정하는 에너지체이다. 우리는 우리에게 일어난 모든 일의 인과를 다 이해할 수 없다. 그 많은 불운과 행운이 우리의 삶에 어지럽게 널려 있고 그나마 행운은 알아채기 힘들고 불운은 티가 팍팍 나니, 이것들에 어떤 공평함이 있는지 그 하나하나의 인과를 알 도리는 도무지 찾기 힘들다. 그러나 한 가지 확실한 것은 이 세상이 무작위적인 힘에 의해 굴러간다면 그렇게 오랜 시간 우리가 함께 문명을 이루며 살아오지 못했을 거라는 점이다. 무언가 우리를 함께하도록 하는 공평한 세상의 힘이 있다. 우리가 그 힘을 조금이라도 이해한다면 세상을 덜 억울해할 수 있지 않을까? 삶을 더 행복하게 살아갈 수 있지 않을까?

   인류는 오랜 시간 우리가 왜 살아가며, 우리가 왜 삶의 고난을 겪어야 하는지 알고자 하였다. 종교는 인간의 그 원초적 의문에 답하고자, 각 종교의 특성에 맞는 교리를 갖추고 있다. 우선 천주교와 기독교는 원죄의식으로 그 물음에 답한다. 우리는 모두 아담과 이브의 후손으로, 아담과 이브가 하느님의 말씀을 어겨 선악과를 따먹은 죄가 인류 모두에게 있다고 여긴다. 우리는 모두 원죄를 지녔기에 에덴의 동산이 아닌 이 땅에 태어났으며 고난의 삶을 통해 죄를 씻어야 한다고 말한다. 불교에서는 우리가 삶에서 불현듯 겪게 되는 모든 고난과 아픔이 윤회로 여러 생을 살면서 지은 전생의 업보라고 설명한다. 비록 현생에서 전생을 기억하지 못해도 우리에게 일어나는 모든 것이 내가 만든 결과라는 것을 강조하여 받아들일 당위성을 준다. 다른 종교에서는 어떤 교리로 이 문제를 설명하는지 잘 모르지만 아마도 인류에게 많은 영향을 준 종교는 이 문제에 각자의 교리를 갖추고 있을 것이다. 기존의 종교는 어떤 방편으로든 삶의 불확실성과 억울함을 겸허히 받아들이도록 유도한다.

솔직히 말하자면, 나는 천주교 교리에서 원죄의식에 대해 별로 동의하지 못했다. 어린 마음에 아담과 이브가 잘못한 게 왜 내 죄인가 싶었다. 나는 내가 이해하지 못하는 것은 '맞다, 아니다'의 어떤 결론도 내지 않고 그냥 넘기는 편이었기 때문에 원죄의식에 대해 별로 고민하지 않았다. 다행스럽게도 어린 시절 교리교육과 신부님의 강론은 원죄의식보다 하느님과의 밀접한 관계에 대해 주로 이루어졌기에 더 고민할 필요도 없었다. 그러다 성인이 되어 삶이 복잡해지고 책임이 늘어나는 고단함을 체험하면서 원죄의식을 떠올리게 되었다. 정말 죄인이라서 이렇게 힘든 삶을 살아내야 하는가 싶었고 환자들을 치료하면서 세상에 힘들지 않게 살아가는 사람은 아무도 없다는 이치를 체감할 수 있었다. 돈과 지위를 막론하고 사는 게 힘들지 않을 수 없다는 원죄의식은 모두를 향한 연민의 정을 넓혀 주는 계기가 되기도 했다.

그러나 이때에도 아담과 이브 때문에 우리가 원죄를 타고 난 것이라고는 생각하지 않았다. 그건 너무 모호하고 두루뭉술한 상징적 이야기여서 나에게는 설득의 묘미가 희박한 설정이다. 오히려 윤회를 통해 내가 스스로 만들어낸 나의 업보라는 불교적 교리가 훨씬 합리적이고 납득하기 쉬운 교리였다. 그래서 나는 원죄를 인정할 당시에, 나의 고난은 내 전생의 업보이고 나에게 일어나는 모든 일은 내가 스스로 만들어낸 카르마(karma, 원인에 의한 결과)라고 나의 원죄를 이해하고 받아들였다.

우리가 여러 생을 사는 존재로서 기억하지 못하는 전생의 카르마를 받아들이며 살고 있다는 이치는 참으로 매력적이다. 나에게 일어나는 불운한 일들이 모두 나에게 기인한 것이며 반대로 내가 누린 모든 행운을 스스로 만들어냈다는 건 각자의 삶에서 자신이 가장 중요한 주체라는 사실을 확실히 드러내는 설정이기 때문이다. 이는 하늘이 부여한 우리의 자유의지를 부연하는 합리적인 설명이기도 하다. 그런데 이 카르마를 받아들이기 위해서는 우선 우리가 여러 생을 살고 있다는 사실을 믿을 수 있어야 한다.

사실 전생은 우리의 집단무의식에 너무나 깊숙이 박혀 있는 진리이다. "다 내 전생의 업보이지", "전생에 나라를 구했나 보다", "다음 생에는 꼭 이루고 말 거다", "다음 생에서도 꼭 함께하자" 등. 너무도 당연한 듯 우리는 전생과 다음 생을 이야기한다. 그만큼 윤회의 합리성은 많은 이의 무의식 깊숙이 박혀 있는 진리이다. 그런데 이 윤회를 종교의 교리가 아니라 과학으로 설명하는 시대가 열렸다. 바로 평행우주론이다. 평행우주론은 양자역학에서 출발하게 된 물리학 이론이다. 이에 대한 간략한 설명을 『천재학습백과』의 내용으로 소개한다.

"평행우주에 대한 이론적 배경은 양자 역학에서 시작된다. 전자와 같은 양자는 동시에 서로 다른 장소에 존재할 수 있고 상충하는 성질을 동시에 가질 수도 있다. 양자 역학에서의 가설 중 하나인 '다중 세계 해석'에 따르면 우주 공간 어디에 있든 양자에 대해서는 항상 두 가지 이상의 선택권이 주어지고 우주는 입자에 대해 부여된 선택권만큼 평행우주로 쪼개진다. 따라서 한 가지의 선택을 할 때마다 우주는 그 선택의 이쪽과 저쪽, 두 개의 우주로 갈라지는 것이다.

한편 이와 좀 다른 관점인 '다중 우주 해석'에 따르면 우주는 우리가 선택하는 순간에 여러 개로 갈라지는 것이 아니라 이미 무한개의 우주가 존재하고 있으며, 마치 기차가 수많은 교차점을 지나지만 결국에는 하나의 경로를 쫓아가듯이 하나의 우주를 선택한다. 우리의 우주를 무한 평면으로 가정한다면 다른 평행우주들은 우리 우주의 위 아래에 차곡차곡 쌓여 있다고 상상할 수 있다. 하지만 우리 우주는 3차원 공간(4차원

시공간)이므로 평행우주가 존재하려면 4차원 이상의 공간(5차원 이상의 시공간)을 가정해야 하며 그런 곳이라면 평행우주는 무수히 많이 존재할 수도 있다."

양자는 물질적 실체(물리량)가 더 이상 쪼갤 수 없는 가장 작은 단위를 일컫는 것이다. 우리는 모두 양자가 모여 지금의 실체를 형성하고 있다. 결국, 양자의 성질이 우리에게도 동일하게 적용되는 것이니 우리는 동시에 다른 장소에서 다른 성질로 존재할 수 있다. 우리가 시간의 흐름을 1차원적 선분으로 이해할 때 우리의 생은 시간의 선후에 따라 전생과 다음 생으로 인식하겠지만, 시공간에 대한 4차원을 생각해보면 결국 시간도 공간의 하나이며 무수히 많이 존재하는 평행우주에 수많은 '내'가 있다는 설정이 나온다. 나의 전생과 다음 생은 지금 이 순간 동시에 다른 공간에서 진행되는 것이며 나의 수많은 전생과 지금의 현생 그리고 수많은 다음 생은 비록 다른 공간에 있지만 하나의 경로로 관통되어 있다. 그리고 하나로 관통되는 그 경로가 바로 우리 각자의 카르마(원인에 의한 결과)이다.

모든 카르마는 지금이라는 시간에 모이니, 지금의 나는 수많은 전생과 다음 생의 카르마가 집결된 중심이다. 따라서 지금의 나를 이루는 모든 것과 나에게 일어나는 모든 것이 바로 나의 모든 시간과 공간에서 오는 카르마이다. 합리적 설득력 때문에 매력적이었던 윤회사상은 이제 과학적 이론으로 설명이 가능한 합당함을 갖추었다. 평행우주론과 만난 윤회는 우리가 업보를 짊어진 단순한 존재가 아니라 모든 평행우주에 공존하는 무한한 가능성의 존재이며 신성한 가치를 지녔다는 사실을 뒷받침한다.

그리고 무엇보다 가장 중요한 것은, 수많은 평행우주에 공존하는 내가 하나의 카르마로 관통되어 있다는 사실이다. 이것은 우리가 모두 같은 원리로 삶을 살고 있다는 합리적 가설이기에 비록 각자의 삶이 다른 모습을 하고 있더라도, 우리가 사는 세상이 또는 우리가 존재하는 우주의 법칙이 공평하고 합당하다는 진실을 뒷받침하고 있다. 비록 이해할 수 없고 억울한 우리의 삶은 평행우주에서 관통하는 하나의 카르마이며 이 사실은 누구에게나 똑같기에 공평하고 합당한 진실이 된다.

　그래서 세상과 나의 연결을 정의하는 백(魄)은 어지럽고 복잡한 세상사에서 비록 내가 그 인과를 다 이해하지 못하더라도 나에게 일어난 모든 일은 공평하고 합당하다는 믿음으로 성장한다. 지금의 나는 다른 시공간의 나를 인식할 수 없다. 그러니 내 삶의 인과를 이해하지 못하는 것은 당연하며 고난 앞에 억울함은 자연스러운 현상이다. 그 억울함을 극복하고 온전한 나의 몫으로 받아들이는 힘은 백(魄)에서 나온다. 이 우주의 공평함과 합당함을 믿으며 내가 속한 이 세상을 사랑하는 것이 백의 에너지를 확장시킨다. 사실 세상이 공평하다고 믿는 것은 모든 것을 주재하는 창조주 하느님의 공평무사한 완벽성을 믿는 것과 같다. 결국, 세상과 신(God)에 대한 두 믿음은 동전의 앞뒷면과 같은 형국이다. 즉, 혼과 백은 같은 듯 다른 쌍둥이 같은 마음이다.

　실제로 혼(魂)과 백(魄)은 함께 활동하는 에너지체이다. 백(魄)은 낮 동안에는 송과체에서 혼(魂)과 함께하며 삶의 목적을 향할 수 있게 우주를 믿고 세상을 사랑하도록 이끌고 밤에는 귀의 달팽이관으로 돌아온다. 청각은 세상을 받아들이는 통로이다. 시각과 청각을 모두 잃은 헬렌 켈러(Helen Keller)는 "시각을 잃는다는 건 사물과 분리됨을 의미하고, 청각을 잃는다는 건 사람들과 분리됨을 의미한다."고 하였다. 의식을 잃은 환자들이 무의식상태에서 주위의 소리를 기억하는 것은 세상과의 마지막 연결고리가 청각이라는 사실을 반영한다. 우리는 생을 마감하는 마지막 순간까지 세상을 받아들이는 청각을 끝까지 유지한다. 그래서 세상을 어떻게 대할 것인지 결정하는 백(魄)의 본래 자리는 귀의 달팽이관이다.

　혼(魂)과 백(魄)이 쌍둥이이듯, 천주교와 불교가 쌍둥이 같은 종교라는 생각을 간혹 한다. 천주교는 하느님과 우리의 관계에 집중하여 혼(魂)의 힘으로 존재의 목적을 향하도록 이끌고, 불교는 우주삼라만상이 공평하고 합당한 순환 속에 완벽함을 설파하여 백(魄)의 힘으로 삶의 목적을 달성하도록 이끈다. 두 종교는 결국 다른 듯 같은 이야기를 하고 있다. 우리의 혼(魂)과 백(魄)이 함께 활동하는 것이 순리이듯 두 종교의 교리가 하나로 만날 때 순리로 완벽에 더 가까워지는 것이 아닌가 생각된다.

그런데 세상을 믿고 사랑하는 백(魄)의 힘이 약하면 불안감과 두려움을 잘 느끼게 된다. 자신이 속한 세상을 믿지 못한다면 언제나 풍전등화 같은 느낌일 것이니, 무섭다. 삶의 불확실성에 불안해지는 것은 백(魄)이 약하다는 걸 증명한다. 사실 두려움은 모든 인간에게 삶의 큰 장벽과 같은 감정이다. 『인생수업』에서는 우리가 원하는 바를 이루지 못하게 하는 모든 감정에 대해 그 근원으로 타고 올라가 보면, 결국 죽음에 대한 두려움이 있다는 것을 설명한다. 우리의 감정 중 두려움만 극복하게 되더라도 큰 장벽이 사라져 삶의 많은 것을 변화시킬 수 있다. 우리가 일상에서 쉽게 외부로 표출되는 감정인 분노는 두려움의 앞면과 같은 감정이다. 정신분석과 심리학에서는 분노와 두려움을 같은 감정으로 인식하는데 우리가 화를 내는 내면의 저 깊숙한 무의식적 본심은 존재가 거부당할까 두려워하는 마음이기 때문이다.

두려움에 붙잡히고 삶에 대한 불안감에 갇히게 되면 그저 얼음처럼 꼼짝달싹할 수 없게 되어 아무것도 변화시킬 수 없다. 정지되어 버린 삶만큼 혹독한 감옥은 없을 것이다. 그러니 백(魄)의 생리적인 힘을 선택하여 두려움과 불안감을 극복해야 한다. 세상이 나에게만 안 좋을 수 없고 또 나에게만 좋을 수 없으며, 나의 카르마를 스스로 창조하는 그 원칙으로 하늘이 언제나 내 편임을 굳건히 믿기 바란다. 이 우주는 공평하기에 내 편이라는 믿음이 두려움과 불안감을 넘어설 용기를 일깨워 줄 수 있다.

백(魄)을 두려움보다도 더 병들게 하는 가장 큰 비극은 바로 원망이다. 나에게 일어난 일이 타인 혹은 다른 그 무엇 때문이라고 책임을 전가하는 마음은 자신의 카르마를 거부하고 부정하는 것이기에 백(魄)의 생리적 힘에 가장 반대되는 마음이다. 나에게 일어난 일이 나로 인한 것이 아니라면, 우리는 그 무엇도 바꾸어 나갈 수 없다. 우리는 타인에게 영향을 줄 수는 있지만, 타인에 대한 통제력과 결정권을 가질 수는 없다. 만약 나에게 일어난 일의 원인이 다른 사람 혹은 다른 그 무엇이라면 그것을 변화시킬 힘이 우리에게 없으므로 아무것도 바꾸지 못하고 수동적으로 감내하기만 해야 한다. 결국, 원망을 선택하는 것은 아무것도 바꾸지 않고 수동적인 삶을 살겠다는 선언이다. 그 선언은 나 자신과 하늘에 유효하니 그대로 실현된다.

지금 자신의 상황에 대해 무언가를 원망하고 있다면, 하루빨리 그 원망을 뒤집어야 한다. 무언가를 원망하는 것은 자신에게 일어난 일의 의미를 찾지 못한 것이다. 그 원망을 놓아버릴 때 그 일의 참된 의미를 찾을 수 있고, 지금의 그 원망스러운 상황을 변화시킬 수 있다. 우리가 두려움을 느끼고 불안한 생각에 휩싸이며 자꾸 원망스러운 마음이 일어나는 순간을 알아차려야 한다. 그리고 그것을 감지한 순간 하늘이 내 편임을 믿고 세상을 사랑하면서 두려움과 불안감과 원망을 뒤집어야 한다. 괜찮다고, 그럴 수 있다고, 내 삶에 의미 있는 과정이라고, 이것이 나에게 일어난 의미를 사랑하겠노라고…. 이 마음은 불안을 잠재우고 평화를 선사할 것이다. 이렇게 백(魄)의 힘을 건강하게 키워낸다면 두려움, 불안, 원망과 상대적으로 반대인 평화가 여러분과 함께할 것이다.

삶에 대한 불안감과 세상에 대한 원망에 갇힐 때 본능적으로 찾게 되는 것이 바로 돈이다. 세상에 대한 원망은 돈, 즉 경제적 재화에 대한 욕망을 부채질한다. 세상을 믿지 못하면 세상을 움직이는 것이 돈이라고 믿고 싶으며, 돈을 가지고 있으면 잠시나마 불안감을 잊을 수 있기 때문이다. 그러나 사실 돈을 버는 것은 백의 건강한 욕구이다. 돈을 버는 것은 기본적인 의식주를 해결하는 필수적인 조건충족이며 세상을 사랑하는 인류의 보편적인 방식이기 때문이다. 우리는 세상에 무언가를 내어놓음으로써 돈을 번다. 책으로 지혜를 세상에 내어주고 돈을 받으며, 진료하여 아픔을 치료하고 돈을 받는다. 맛있는 음식을 제공하고 돈을 벌며, 편리한 상품을 개발하고 돈을 받고, 육체적 노동을 제공하고 돈을 받는다. 우리가 각자의 자리에서 자신의 것을 세상에 내어줌으로써 돈을 벌고 있다. 그래서 돈을 버는 것은 보람차고 재미있는 일이며, 세상을 사랑하는 보편적인 방식이다.

지금도 기억난다. 첫 월급의 그 뿌듯함. 그것은 단순히 돈이 생겼다는 기쁨을 넘어 내가 이 세상에 내어놓은 행위를 인정받는 보람이었다. 우리는 세상에 꼭 필요한 것을 내어주어 세상이 원활히 돌아가도록 하고, 세상을 더 풍요롭게 할 무언가를 내어놓기도 하며, 세상이 좀 더 편리해지게 할 무언가를 펼치면서 세상을 사랑한다. 그 사랑에 대한 결과로 세상을 살아가는 데 기본적인 문제를 해결할 수 있는 재화가 우리에게 주어지는 것이다. 그러니 우리는 열심히 돈을 벌어야 하며 돈 버는 일을 자랑스럽게 여기고 진정으로 사랑해야 한다. 우리가 돈을 잘 벌수록 세상을 제대로 사랑한 것이기 때문이다.

그런데 여기서 주객이 전도되어 세상을 사랑하는 일에 초점을 맞추지 않고 돈이라는 결과에 초점이 맞추어지면 욕망으로 변질된다. 사실 꾸준히 돈을 잘 버는 사람들을 보면 얼마를 벌었는지보다 어떻게 무엇으로 벌었는가에 관심이 깊다. 음식 장사라면 어떤 음식을 만들지에 대해 더 몰두하고, 금융가라면 어떤 기업에 투자가 유익한지에 더 관심이 많으며, 예술가라면 어떤 아름다움과 감성을 표현할지를 고뇌한다. 얼마나 버는가인 결과가 아니라 돈을 버는 과정과 그것이 세상에 주는 가치가 더 중요할 때 지속적인 벌이의 성공이 보장된다. 반대로 결과에 관심이 깊어지기 시작하면 그 돈벌이의 지속적인 성공은 물 건너간 셈이다. 얼마를 벌었는지가 더 중요해지는 순간 건강한 욕구는 욕망으로 변질되며, 그 결과 벌이의 부침이 심해지거나 어느 한 순간에 폭삭 주저앉는 경우가 발생한다.

그러니 돈을 잘 벌려면, 내가 선택한 직업으로 세상을 어떻게 더 많이 사랑할 수 있을지 투철히 고민하고 기쁘게 실행하여 당신이 돈 버는 과정을 제대로 사랑해야 한다. 당신이 번 돈은 세상을 풍요롭고 편안하게 한 사랑의 보답이니 당당하게 누려야 하고 많이 누려야 한다. 그렇게 당신이 누리게 된 재화로 다시 세상을 사랑하는 순환을 완성한다면 안정적이고 평화로운 재화가 풍요롭게 당신과 함께할 것이다.

우리가 건강한 백(魄)의 힘으로 돈을 벌고 불안과 원망에 빠지지 않으며 이 우주가 공평하고 합당하다고 믿기 위해서는 나에게 일어나는 일들에서 감정에 휘둘리면 곤란하다. 한걸음 떨어져 나에게 일어난 일을 감상할 수 있는 마음의 여유가 백(魄)의 힘을 키운다. 그리고 그 여유의 백미를 보여주는 "산은 산이요, 물은 물이로다."라는 명언을 남긴 성철 스님은 충만한 백(魄)의 기운을 우리에게 설파하셨다. 성철 스님은 산은 그냥 산이고, 물은 그냥 물이듯 우리에게 일어나는 모든 일은 그저 그러해야 하는 카르마이기에 한걸음 물러서서 감상하고 인정하고 받아들이는 평화를 일러주셨다. 나에게 일어난 모든 일이 내 영혼의 카르마라는 사실을 인지한다면 그것을 받아들이는 것은 당연하며 당연한 사실에 화를 내고 원망하고 슬퍼하는 것은 그냥 거기 있는 산과 물에 화를 내는 것과 같은 것일 뿐이다.

그러나 아픔과 좌절 앞에, 또한 슬픔과 허탈 앞에 아무런 감정을 갖지 않는 것은 불가능하다. 우리는 살아있는 인간이니까. 그러니 모든 카르마는 멈추지 않고 움직이고 있으며 모든 존재는 순환한다는 사실을 잊지 않고 기억해야 한다. 지금 내 상황이 너무 어둡고 힘들더라도 혹은 기쁘고 환희에 차 있더라도 이는 결코 영원할 수 없으며 지나가는 순간에 불과하다. 지금 나에게 온 카르마는 내가 속한 시공간을 통과하는 중이며 나라는 존재 역시 멈추어 있지 않고 우주의 순환고리에서 끊임없이 이동하고 있다. 그 어떤 고통도 기쁨도 영원히 지속되지 않기에 우리는 언제나 이 글귀를 기억해야 한다. "이것 또한 지나가리라."

우리에게 다가올 운명적 카르마는 그저 당연한 하나의 과정이니 그 안에 매몰되지 않고 감정을 배제한 채 한걸음 물러서서 감상해보자. 다른 시공간의 또 다른 내가 나에게 보내는 신호를 어떤 느낌의 산이고 어떤 빛깔의 물인지 감상하는 마음으로 산과 물을 바라보듯 하며 이 카르마가 무엇을 의미하는 신호일지 상상해보길 바란다. 또한, 모든 카르마는 지금의 나를 통과하는 중이니 변하지 않고 머무르는 것은 아무것도 없음을 꼭 기억해주길 바란다. 그렇게 카르마가 몰아치는 감정의 요동 속에서도 백(魄)의 힘을 다하여 우뚝 솟아 있기를 응원한다.

그렇다면 우리는 우리의 운명으로 정해진 카르마를 수동적으로 받아들이기만 하는 존재이냐고 되물을 수 있다. 그에 대한 답은 당연히 '아니다.'이다. 우리는 분명 주체적으로 선택하고 창조할 자유의지를 하늘로부터 부여받지 않았던가. 우리는 그동안 자신의 카르마를 자신의 자유의지로 창조해 왔고, 지금 이 순간에도 우리는 자신의 카르마를 재창조하고 있다. 나에게 온 카르마를 어떤 방식으로 해석하고 받아들이며 어떤 행동으로 대처하는지에 따라, 기존의 카르마는 변형되고 새로운 카르마가 형성된다. 그리고 내가 지금 만든 그 신호는 평행우주의 수많은 나에게 카르마가 되어 현실이 된다.

그렇기 때문에 나에게 일어난 일에 대해 그대로의 합당함을 믿고 받아들이며, 한편으로는 그 카르마로 인해 내가 어떻게 변하고 싶은지 혹은 무엇을 이루고 싶은지를 결정하는 마음 또한 백(魄)에 의해 결정된다. 변화하지 않고 멈추어 있는 것은 없기에 우리는 매 순간 삶을 어떻게 변화시킬지 결정해야 한다. 그래서 백(魄)의 힘으로 새로운 카르마를 선택하는 것은 내 삶을 변화시키는 힘이며 동시에 세상을 변화시키는 힘이 되고 백(魄)을 확장하는 방법이다.

여러분은 어떤 삶으로 변화되고 싶은가? 지금, 수많은 평행우주의 당신에게 어떤 신호를 보내고 싶은가? 만약 당신이 새로이 창조하고 싶은 카르마가 평안함과 행복으로 가는 길이라면 당신에게 온 이 세상의 카르마를 사랑하여 수많은 당신에게 사랑의 신호를 보내야 한다. 지금의 여러분이 수많은 자신에게 보낸 사랑은 평행우주의 수많은 당신에게 행복과 평화의 카르마를 누리게 할 것이다. 그러니 지금 당신을 이루는 모든 조건과 당신 주위에서 일어난 모든 일에 대하여 당신의 감성을 다하여 받아들이고 해석해야 한다. 그리고 당신의 모든 인간미를 총동원하여, 세상을 사랑하는 길을 선택해야 한다.

우리가 우주의 합당함을 믿기 위해서는 감정에서 자유로워져야 하지만, 감성의 인간미를 절대 포기할 수 없다. 우리의 감성은 자신의 카르마를 사랑으로 알아보게 할 유일한 길이다. 우리의 감성은 카르마를 행복과 평화로 변화시켜줄 비밀의 열쇠이자 세상의 진화를 이끌어낼 필수적인 요체이다. 그러니 우리는 감성에서 나오는 인간미를 풍부히 해야 한다. 진심으로 공감하며, 함께 아파하고 분노하며, 마음 깊이 아쉬워하고, 간절히 소망하며, 깊은 울림으로 감동하고, 마음을 다해 울고 웃는 감성은 아무리 많이 가져도 넘침이 없다. 우리의 감성에서 나오는 인간미로 자신의 삶과 세상을 변화시키는 새로운 카르마를 창조하는 선택이 백(魄)에서 나온다. 백(魄)에서 나오는 감성은 삶의 비극을 찬란한 행복으로 승화시킬 수 있다.

그렇기에 우리의 백(魄)은 삶의 감정에서 자유로워지는 의연한 관찰자의 모습으로도 성장하고, 자신의 감성으로 삶을 변화시키는 새로운 카르마의 창조자로서도 성장한다. 이 두 방향의 힘은 하나의 원이 되어 순환한다. 삶의 감정에 매몰되지 않는 관찰자가 될 수 있어야 자신의 인간미를 일으켜 삶을 변화시킬 수 있다. 감정에 치우친 선택은 언제나 후회를 불러왔다는 걸 아마 우리 모두 경험해봤을 것이다. 또 자신의 카르마를 감성으로 대하고 해석하여야 감정으로부터 자유로워질 수 있다. 실연의 아픔 속에서 이별이 주는 의미를 감성으로 받아들이게 될 때 실연의 슬픔에서 벗어날 수 있게 되는 상황을 많이 경험해봤을 것이다. 나에게 일어난 일에 대해 감성적 의미를 알게 된다면 감정에 파묻히지 않을 수 있다. 감정에 매몰되지 않는 관찰일 때 감성의 선택이 힘을 얻을 수 있다.

한쪽 방향만으로는 백(魄)이 온전히 확장될 수 없으며, 한쪽만을 추구할 때에는 기형적인 세계관을 갖게 된다. 세상의 모든 것이 카르마로 그저 하나씩 해소하면 그뿐이라는 생각이 세상의 모든 일을 별 볼 일없게 만들어버리는 지점에서 인간미를 회복하지 못하게 되면, 세상에서 스스로를 유리시키며 잘못된 우월감으로 세상을 삐뚤게 바라보는 가치관을 탄생시킨다. 반대로 관찰자로서 자신에게 온 카르마를 자신의 몫으로 받아들이지 못하고 그 의미를 알아보지 못하면서 무조건 감성만으로 삶의 모든 것을 바꾸고 싶고 바꾸려 들기만 하는 지점에 이르게 된다면, 우리는 풍차를 향해 돌격하는 돈키호테와 같은 인간이 될 것이다.

그런데 관찰자의 모습이든, 감성으로 사는 모습이든, 그 어느 모습도 과한 것이 문제가 되는 것은 아니다. 인생을 산과 물을 바라보듯 하셨던 성철 스님은 감정에서 자유로운 관찰자로서 백(魄)의 백미를 보여주셨지만 참으로 아름다우셨다. 또 세상 속에서 함께하는 사랑을 설파하고, 우리 사회의 평화적 변화를 위해 자신의 인간미를 펼쳐 보였던 김수환 추기경님은 굳건한 훌륭함을 보여주셨다. 이 두 분의 경우에서도 알 수 있듯이 백(魄)의 힘이 어느 방향으로 과하다고 하여 문제 되지는 않는다. 잘못된 백(魄)의 힘으로 기형적 세계관을 갖게 되는 것은 과함의 문제가 아니라 어느 한쪽이 부재한 문제이다. 백(魄)을 온전히 성장시키기 위해서는 반드시 삶을 의연히 감상하는 자세와 풍부한 감성으로 삶을 변화시키는 두 방향을 모두 갖추어야 한다. 우리가 무언가를 진정으로 사랑한다면, 그 대상을 있는 그대로 자세히 관찰하고 우리의 마음을 다하여 감싸고 안아준다. 카르마의 의미를 세상 속에서 관망하고 인정하며 인간미로 감싸고 변화시키는 것은, 결국 내 카르마가 속한 세상을 사랑하는 것과 같다. 백(魄)의 에너지는 세상을 믿고 사랑하는 마음으로 찬란히 확장된다.

이 두 방향으로 세상을 사랑하며 백(魄)을 키운 이들은 지혜로운 모습을 표현한다는 공통점이 있다. 성철 스님도, 김수환 추기경님도 종교 지도자로서 사람들에게 자신의 지혜를 나누어 주셨고, 그 지혜로움은 종교에 상관없이 많은 사람의 존경을 받게 한 힘이 되었다. 그리하여 두 분이 이번 생을 마감하였을 때 애도하는 마음에는 종교의 구분이 크게 없을 수 있었다. 지혜는 건강한 백(魄)이 표현되는 대표적인 모습이다.

미국의 오바마 전(前) 대통령은 재임 동안 어느 정치지도자보다 소탈하고 인간적인 모습으로 많은 이의 마음을 열었다. 재치있고 유머러스한 장난기 가득한 모습에서부터 아이와 눈높이를 맞추는 따스함, 비극 앞에 흘린 진심 어린 눈물, 법안의 국회 통과를 앞두고 고뇌하는 모습까지, 그가 보여준 인간미는 모두의 마음에 매력적으로 다가오는 감성적인 백(魄)의 힘이었다. 그는 자신의 감성적 아름다움을 책으로부터 채워왔다고 말한다.

"독서는 복잡한 정보가 빠르게 흐르는 상황에서 속도를 늦추고, 관점을 갖고, 다른 입장에서 생각하게 하는 능력을 준다."

그는 대서사극을 읽으며 자신에게 무거웠던 현재를 가벼이 여기고 한걸음 떨어져 관찰할 수 있었다고 하며, 인간을 이해하는 독서를 통해 세상을 사랑하게 되었다. 그리고 강인한 백(魄)의 힘으로 오바마 전 대통령은 국민의 마음을 여는 감동적인 연설을 하는 지혜를 지니게 되었다.

또 다른 예로 여행 작가 오소희 씨를 들고 싶다. 그녀는 블로그로 독자들과 소통하는데, 간혹 블로그에서 독자들의 인생 상담을 해주기도 한다. 오소희 작가의 답변은 고민 당사자의 문제적 남편도 진심으로 이해하고 연민하며 사랑하게 해주고, 불필요한 자존심을 버리고 먼저 사랑할 힘을 불어넣어 준다. 그렇게 그녀의 답변에 담긴 지혜는 언제나 감탄을 자아낸다. 지지고 볶는 인간의 애증관계에 대해 그녀가 건네는 삶의 지혜는 가슴을 찡하게 하며 두뇌를 확장시키는 기분을 선사한다. 그녀의 답변에서 느껴지는 그 감동을 다른 독자들도 나와 같이 표현하면서 늘 답글로 묻는다. "작가님은 도대체 어떻게 그렇게 현명할 수가 있는가요? 어떻게 하면 그런 지혜를 터득할 수 있을까요?" 그녀는 여행 작가라는 직업답게 세상의 많은 곳을 여행하는데, 주로 제3세계를 다니며 자신의 여행담을 책으로 펼쳐낸다. 그녀의 여행수기를 보면, 제3세계에서 개발이 되지 않은 지구의 온전한 아름다움과 그 속에서 자연스러운 인간의 모습을 그대로 드러내며 사는 사람들을 감상할 수 있다. 오소희 작가는 여행에서 만난 아름답고 신비로운 지구와 자연적인 사람들의 모습을 통해 세상을 사랑하고 그 사랑을 책으로 옮긴다. 그것은 그녀의 백(魄)을 찬란하게 밝혀주는 원천이 되어 지혜로 표출된다.

마지막으로 백(魄)이 강한 인물로 소개하고 싶은 사람은 손석희 앵커이다. 그는 오랜 시간 세상의 소식을 전하고 분석하는 시사프로를 만들어 많은 사람을 인터뷰하여 드러내는 일을 해왔다. 그리고 박근혜-최순실 게이트를 폭로하는 뉴스를 만들 때 그 정권이 보이는 반응에 명확한 반론과 증거를 제시하는 방식으로 자신이 확보한 태블릿 PC의 자료를 하나씩 보도하였다. 감정적으로 일순간에 터뜨리는 방식보다 차분하고 단계적으로 펼친 보도는 많은 국민에게 정권의 비리에 대해 공분하고 변화를 열망하는 마음을 일으켰다. 여기에 박근혜-최순실 게이트 특종 후 국민적 칭송을 받던 시기에 직원들에게 보낸 그의 문자 메시지를 소개한다.

"어제 이후 JTBC는 또다시 가장 주목받는 방송사가 됐습니다. 채널에 대한 관심은 곧바로 구성원에 대한 관심으로 이어집니다. 겸손하고 자중하고 또 겸손하고 자중합시다. … 중략 … 사실 이건 가장 신뢰받는 뉴스로 꼽힐 때부터 하고 싶은 말이었습니다. 저 자신이 잘 실천을 하고 있는지 모르겠으나, JTBC 맨이라면 이젠 당연히 그렇게 해야 합니다. … 중략 … 게다가 금주 들어 내놓고 있는 단독보도들은 사람들을 속 시원하게 하는 면도 있지만, 동시에 깊이를 알 수 없는 자괴감에 빠지게도 하는 내용입니다. 우리는 본의 아니게 사람들에게 치유하기 어려운 상실감을 던져주고 있기도 한 것입니다. 그러니 우리의 태도는 너무나 중요합니다."

그는 직업적 성공 앞에서도 사람들의 상처를 볼 냉철함과 인간미를 지니고 있다. 그는 감정을 배제한 냉철한 뉴스 구성에 더하여 모든 뉴스는 세상을 진화시키는 감성적 인간미로 대해야 한다는 사실을 앵커 브리핑과 마감 음악으로 표현한다. 그가 뉴스에서 보여주는 지혜로움은 시청자가 뽑은 가장 신뢰받는 뉴스라는 평가로 나타난다.

그럼 이제 유명인이 아닌 평범한 일반인으로 사는 나의 백(魄)의 힘을 소개해본다. 나는 주로 독서로는 논픽션을 즐기고, 드라마나 영화로 픽션을 즐긴다. 그리고 그 속에서 세상과 인류에 대한 훌륭함과 신비로움과 감동을 채운다. 인터넷으로 뉴스를 꼭 챙겨보며 비극과 분노의 사건들에서도 감정에 끌리지 않고 세상의 진화를 진심으로 염원하고자 노력한다. 음악이 주는 어루만짐에 감사하면서, 간혹 예능프로를 통해 신나게 웃어젖힌다. 여행은 자주 못 가지만, 매일 쓰는 컴퓨터의 윈도우가 다양하게 보여주는 지구의 아름다움을 보며 이 세상에 감동하고, 내가 그 찬란함에 속한 존재라는 사실로 언제나 냉철해지고자 한다. 그리고 한의사라는 직업으로 환자들과 상담하며 나의 감성과 냉철한 의학지식을 함께 풀어내고자 한다. 결국, 세상을 만나고 대하는 어떤 방식이더라도 그 속에서 세상을 사랑하고자 노력하고 있다.

종교를 통해서도 좋고, 독서로도 좋고, 여행으로도 좋고, 예술 감상으로도 좋고, 세상의 뉴스를 탐하는 것으로도 좋고, 직업으로도 좋다. 아니, 모두 다 하여 백(魄)의 힘을 키운다면 더 좋다. 부디 종교, 독서, 감상, 여행, 뉴스, 직업을 통해서 세상을 사랑하라. 그렇다면 우리의 백(魄)은 성철 스님처럼, 김수환 추기경님처럼, 오바마 전 대통령처럼, 오소희 작가처럼, 손석희 앵커처럼 찬란히 빛을 발현하는 에너지가 될 수 있다. 그리하여 삶과 세상을 담담히 관망하면서도 인간미의 감성을 다하여 변화시킬 것이며, 우리를 더할 나위 없는 지혜로 평화에 임하게 할 것이다.

이제 백(魄)에 대한 설명을 마치기에 앞서 마지막으로 꼭 하고 싶은 이야기가 있다. 우리가 백(魄)의 에너지를 온전히 성장시키기 위해서는 기존의 종교에서 설파하였던 원죄의식과 업보 사상을 벗어나야 한다. 기존의 종교는 고난의 삶을 겸허히 받아들이기 위해 인생은 인류의 원죄와 전생의 죄를 씻는 과정이라고 설파하였다. 그러나 우리는 원죄든, 전생의 죄이든, 죄에 대한 벌로 지구에서 인간으로 사는 죄인이 결코 아니다. 이제 인류는 우리가 죄인이라는 망각에서 벗어나 존재에 대한 진실을 마주할 때가 왔다.

우리는 결코 죄인이 아니며 오로지 사랑을 체험하기 위해서 인간으로 살고 있다. 온전한 사랑인 우리 영혼이 자신을 체험으로 확인하기 위해 사랑이 아닌 것들 속에서 사랑을 체험하는 것이 인생이다. 이것은 분명한 영혼의 의지로 선택하고 동의하여 간절한 바램으로 성사된 것이다. 사랑이 아닌 것들 속에 있는 이 삶은 많은 카르마로 인해 고난과 아픔의 연속이지만, 우리의 영혼에게 이 카르마들은 그저 자연스러운 중력과 같은 것일 뿐이다. 우리가 지구에 살면서 중력 덕분에 안정적으로 땅에 발을 붙일 수 있고 또 이 중력이 너무 무겁고 거추장스럽다고 불평하지 않고 당연하게 받아들이는 것과 같이, 우리의 영혼에게 카르마는 사랑을 체험하기 위해 상대계에 발붙이게 하는 중력일 뿐이며 당연하고 자연스러운 사랑체험의 기회일 뿐이다.

사랑을 체험할 수 있는 상대계는 온전한 사랑인 신(God)이 분열되면서 생긴 공간이니 사랑이 아닌 것은 실체가 아닌 공간으로 허구이다. 우리가 사는 상대계의 세상은 영혼의 입장에서 보면 가상체험공간과 같다. 공간에 부는 바람은 있다가도 형체도 없이 사라진다. 이 우주에서 존재하는 영원한 실체는 모두 사랑이며 사랑의 반대는 모두 무의미하고 허무하게 사라지는 공간의 허상들이다. 우리의 삶에서 사랑이 아닌 허구는 허상임을 알아보고 의미를 부여하지 않을 때 공간 속에서 부는 바람으로 사라지지만, 우리가 한번 한 사랑의 선택은 우리의 영혼과 우주에 영원하게 존재한다. 사랑만이 실체이고 나머지는 모두 공간의 허상이라는 사실은, 이 우주와 세상은 오로지 사랑을 체험하기 위한 목적만으로 설계되고 구성되어있다는 것을 의미한다.

우리의 영혼은 평행우주의 모든 나를 아우르는 거대하고 광활한 존재이며, 무한하고 신성한 존재이다. 우리의 영혼은 모든 우주에서 수많은 자신이 만든 카르마를 완벽히 동의하여 그저 중력처럼 받아들이면서 그 카르마를 통하여 사랑을 체험하기를 간절히 원한다. 사랑이 아닌 허구를 허상으로 인식하여 자신의 삶에서 사라지게 하면서, 영원한 실체인 사랑을 알아보고 체험하여 자신을 확인하는 과정이 인생이다.

그러니 우리 영혼이 동의하지 않으며 원하지 않는 일은 결코 우리에게 일어나지 않는다. 우리에게 일어나는 모든 카르마는 우리의 영혼이 동의하고 바란 기회이다. 우리는 그저 영혼의 의지대로 그 안에서 허구를 제치고 사랑을 찾아 체험하면 된다. 그것이 우리가 이 고난의 삶을 사는 유일한 이유이기 때문에….

『신과 나눈 이야기』에서는 온전한 사랑의 실체인 우리가 굳이 왜 상대계에서 고난을 겪는 걸 선택하는지에 대해 이렇게 답한다. "우리가 할 일이 이것밖에 없으니까." 사랑을 체험하는 이 길을 선택하지 않으면 그저 가만히 있는 것밖에 할 것이 없다. 사랑을 체험하는 것은 우리의 영혼을 확장시키니 모든 존재의 순환과 확장의 본능으로 우리는 사랑을 체험하고자 한다. 이제 우리가 죄인이라는 굴레를 벗어던지자. 사랑을 체험하기 위한 목적만으로 이루어진 이 우주에서 우리의 유일한 목적인 사랑을 체험하는 카르마의 길을, 백(魄)의 힘을 다하여 평화롭게 완주하기를 진심으로 기원한다.

4. 신(神): 나는 나를 귀하게 사랑한다

　　요즘 심리학의 핵심은 자존감(자아존중감)이다. 자신을 소중한 존재로 여기고 사랑받기에 충분하며 무언가를 훌륭히 해낼 수 있는 사람이라고 믿어주는 마음이 자존감이다. 심리학에서는 자존감이 건강해야 정체성을 확립하고 안정적인 심리상태로 행복을 누리며 혹여 아픔이 발생했을 때 회복할 힘을 발휘하기 때문에 자존감을 강조한다. 사실 예전에는 자신에 대한 관념을 그리 중요하게 여기지 않았었다. 그보다 도덕적 종교적 관념으로 선택하고 판단하는 것을 교육받으며 인류문명이 발전하였다. 그러다 개인의 행복을 추구하는 심리학이 중요한 위치를 차지하면서 다른 사람보다 건강하고 행복하게 사는 사람들의 공통점을 찾아내었다. 그들은 스스로에 대한 관념이 긍정적이라는 공통점으로 있었고, 이로 인해 자존감의 중요성이 부각될 수 있었다. 심리학의 발전은 인류에게 꼭 필요한 새로운 길을 열어주는 축복이 되었다.

　　{혼백신의지} 중에서 자신을 믿고 사랑하는 에너지체는 신(神)이다. 즉, 심리학에서 건강한 행복을 위해 강조하는 자존감과 자신을 사랑하는 자기애를 결정하는 마음이 신(神)이다. 신(神)이 크고 건강한 에너지체로 성장하면 자신을 긍정으로 바라보고 스스로를 치유하고 성장시키는 힘이 높아지게 된다. 신(神)은 나 자신을 느끼는 장기인 심장에 자리하고 있다. 우리의 오장 중에서 그 활동을 온전히 느낌으로 체감할 수 있는 것은 심장밖에 없다. 폐의 가스교환이나 신장의 여과 기능을 체감으로 느끼는

사람은 아마도 없을 것이다. 그러나 혈액을 박출하는 박동과 그 혈류로 인한 맥박으로, 우리가 느끼고 만져서 확인할 수 있는 유일한 오장이 심장이다. 신(神)이 자리한 심장의 박동은 나의 감정과 느낌을 명확하게 표출한다.

심장의 신(神)은 자아를 다스리는 마음이니, 우리가 스스로의 한계를 극복하고 벗어던질 때마다 기쁨을 표출한다. 따라서 모든 {혼백신의지}에 있는 우리의 병리적인 힘들을 극복하는 데 신(神)의 에너지가 모두 관여한다. 그리고 극복할 때마다 자신에게 가슴을 채우는 기쁨의 선물을 보낸다. 만약 지금까지 이 책을 읽으면서 기쁨을 느끼는 순간이 있었다면 그 순간은 당신의 신(神)이 자신의 한계를 깨고 확장하는 길에 긍정의 신호를 보낸 것이다. 기쁨을 가슴으로 충만하게 느끼는 사람일수록 신(神)의 힘이 강하고 자존감과 자기애가 높은 사람이다.

{혼백신의지} 중에서 혼(魂)은 존재의 목적을 향하도록 이끄는 군주이며, 신(神)은 자아를 다스리는 충신이다. 그러기에 둘은 한 팀으로 팀워크를 발휘한다. 혼(魂)의 힘으로 자신의 존엄성을 자각하는 것은 심장의 신(神)이 자신을 믿고 사랑하는 힘의 근원이 되어준다. 또, 신(神)의 힘으로 자신을 사랑하는 마음은 혼(魂)의 존엄성을 일깨우는 역할을 한다. 따라서 두 에너지체는 어느 정도 보조를 맞추며 성장한다. 존엄성의 자각 없이 자신을 소중히 사랑할 수 없으며, 자신을 귀하게 여기지 않으면서 존엄성을 지킬 수는 없는 노릇이다. 만약 둘 사이의 격차가 어느 이상 커지게 되면 뒤처져 있는 마음이 따라와 성장할 때까지 앞선 마음의 성장이 보류된다.

그러니 자신을 충분히 훌륭하다고 느끼는 자존감 충만한 당신이라면 하늘도 함께 사랑하여 주길 바란다. 반대로 작은 실패에도 쉽게 자존감이 무너져 내리는 당신이라면 당신은 창조주의 사랑과 축복으로 창조되어 언제나 존중받고 있음을 기억해주길 바란다. 하늘의 신(God)에 대한 자각과 사랑은 당신의 신(神)을 더욱 환하게 밝혀줄 것이다.

우선 자신을 사랑하고 믿기 위해서는 '나'라는 존재를 귀하고 소중하게 여길 수 있어야 한다. 자신을 귀하게 여기는 자존감은 신(神)의 기본 골격이다. 심리학에서는 자존감의 기틀이 어린 시절 가족관계, 특히 부모와의 관계에서 큰 영향을 받는다고 강조한다. 부모가 아이에게 보내는 사랑의 표현들이 쌓이면 아이가 자신이 사랑받을 만한 존재라는 자각을 튼튼히 키워갈 수 있다. 유아적 자존감의 기틀은 무의식에서부터 형성되기 때문에 오직 부모 자신의 자존감에서 나온 온전한 애정과 신뢰여야만 한다. 의식적인 칭찬이나 행동은 무의식에 미치는 효과가 미비하기 때문이다. 그러니 부모가 진심에서 우러나오는 신뢰의 눈빛을 아이에게 보내고 애정이 넘쳐서 몸을 비비는 사랑을 나눌 때, 아이의 무의식에서 자존감이 뿌리를 내릴 수 있다.

부모라면 아이의 자존감을 위해 응당 최선의 사랑과 신뢰를 아이에게 온몸으로 표현해야 한다. 놀아줄 때도 진심으로 아이와 함께하는 시간을 즐거워하며, 혼을 낼 때도 내 아이는 왜 이런가라는 자괴감 없이 아이가 성장할 것을 온전히 믿는 마음으로 혼을 내야 한다. 이 부분을 쓰면서 가슴이 좀 아리다. 나의 딸을 온전히 믿어주며 혼내지 못하고, 즐겁게 눈 맞추며 놀아주지 못한 순간들이 미안하고 아쉬워서….

그렇다고 자존감이 낮은 걸 모두 부모 탓만 할 수는 없다. 타고난 성향에 따라 부모의 사랑을 얼마만큼 흡수하는가도 개별적 차이가 크다. 적은 사랑으로도 자존감을 세우는 경우가 있는가 하면, 많은 사랑으로도 자존감이 취약한 경우도 있다. 부모가 어릴 때 준 사랑이 부족하다고 해서 영원히 자존감의 기틀이 세워지지 않는 것도 아니다. 스스로를 귀하고 소중하게 여기는 의식적 자각으로도 어린 시절 부모의 사랑과 같은 자존감의 뿌리를 세울 수 있다. 그러니 만약 다 큰 성인이 스스로 자존감이 낮다고 생각한다면 스스로를 인정하지 못하는 자신의 마음을 들여다봐야 한다.

정신분석학이나 심리학에서, '너는 어려서 부모에게 이런 영향을 받았기 때문에 그런 마음을 갖는 거야.'라고 자기분석을 하는 것은, 지금의 자신을 이해하기 위한 한 방편일 뿐이다. '그러니 너는 변할 수 없어.'라고 단정 짓는 결론이 아니다. 유년시절을 통한 정신분석은 '지금 그 불편한 마음은 어린아이의 아픔에서 비롯된 착각이야.

이제 아픔을 위로하고 그 착각을 뛰어넘어, 지금 네 나이에 합당한 자각으로 살아가도록 해.'라며 심장에 있는 신에게 한계를 극복할 기회를 제공하는 치유법이다. 정신분석과 심리학으로 자신을 분석할 때 결코 결과론적 관점으로 부모에 대한 원망에 빠져서는 안 된다. 그것은 자신을 이해하고 사랑하는 길이 아니라 오히려 자신을 학대하는 한 방편이 된다. 이는 정신분석과 심리학이 추구하는 지향점에도 반대이다.

여러분이 부모님 덕분에 어려서부터 자신을 귀하게 여기는 자존감을 튼튼히 할 수 있었다면 부모님의 은혜에 진심으로 감사하라. 그 기틀을 인생 전체에서 굳건하게 지켜내어 당신의 부모가 애쓴 마음이 절대 헛되지 않길 바란다. 만약 여러분이 부모님으로부터 받은 자존감이 약하다면 마음을 다해 당신의 부모님을 연민하여 주기 바란다. 당신의 부모님도 그 부모로부터 받은 자존감의 애정이 많지 않았기에 적은 자존감으로 사랑을 주는 것이 어려워 엄하였던 것임을, 이제 성인이 된 당신이 이해하고 사랑하면서 부족한 사랑에도 이렇게 성장한 자신이 자랑스럽고 사랑스러움을 되새겨주기를 소망한다.

우리는 부모에게 사랑을 많이 받았건 적게 받았건 상관없이, 모두 사랑의 존재이고 귀하다. 전지전능한 신(God)의 일부가 아니던가. 그 어느 것도 우리의 고귀함을 부정할 수 없다. 다만 자신의 고귀함을 기억해내지 못하는 이들이 있는 것이니, 당신이 귀하지 않고 하늘의 축복을 받는 존재가 아니라면, 당신은 존재조차 하지 않았으리라는 것이라는 것을 기억해야 한다. 당신이 존재한다는 그 사실만으로 당신은 고귀한 존재라는 것을 증명한다.

예전에 가수 이효리 씨가 〈힐링캠프〉라는 토크쇼에서 상담치료를 받았던 이야기를 풀어놓은 적이 있다. 그녀는 상담을 통해 남들이 보는 것에는 신경 쓰고 투자하면서 정작 자신에게 필요한 것들을 챙기지 않는 모습을 알아차릴 수 있었고, 스스로를 사랑하고 아껴주지 않았다는 사실을 깨달았다고 했다. 자신에게 몸을 닦을 부드러운 수건과 좋은 음식을 사주지 않고, 해로운 술을 주면서 냉장고는 텅텅 비워 놓던 모습이 자신을 함부로 대했던 것임을 깨달았다고 했다. 그녀는 자신을 귀하게 여기지 않고 함부로 대해서 미안하다고 스스로 사과하면서, 자신과의 화해로 행복을 찾을 수 있었다고 고백했다. 화해 후에는 그동안 모은 부질없던 금들을 자신에게 필요한 쌀로 바꾸는 부단한 노력으로 자신을 사랑하는 길을 찾았다고도 했다. 그녀의 고백은 건강한 자존감을 회복한 이효리 본연의 아름다움을 펼쳐 보였다.

여러분도 한번 여러분의 주위를 점검하고 살펴보길 바란다. 여러분은 소중하고 사랑스러운 존재에게 주기 마땅한 것들을 자신에게 주고 있는가? 모름지기 자신을 사랑한다면 TV 시청에서도 막장드라마는 피하고, 자신에게 치유를 줄 수 있는 감동과 위로를 주는 드라마를 선택하며, 예능도 가학적인 것보다 긍정의 웃음을 선택해야 하지 않을까? 음식도 인스턴트보다는 몸에 좋은 자연식을 골고루 섭취하도록 노력하며, 내가 진짜 보람 있고 행복해하는 일에는 고난도 감내하고 참을 줄 알아야 하지 않을까? 최종적으로 자신에게 무엇이 좋고 무엇이 해로울지 성찰하는 시간을 즐길 줄 아는 것이 모름지기 자신을 아끼고 사랑하는 자의 모습이다. 그 성찰의 결과를 꾸준히 실행하는 노력은, 자신을 소중하게 여기는 마음이며 동시에 자신을 귀하게 만드는 과정이다.

자신을 귀하게 만들어가는 모습에 대해 이효리 씨의 표현을 빌리자면, 되는 대로 삶에 반응하며 살지 않고 자신이 생각하는 대로 사는 것이라고 했다. 자신의 생각대로 사는 것은 자존감이 우뚝 선 이들의 모습이다. 자신이 생각하는 대로 금을 쌀로 바꾸는 노력은 끊임없이 지난하지만, 기꺼이 노력하여 기쁨으로 만드는 것이 자존감을 완성한다. 이효리 씨는 그 상담을 통해 자신을 사랑하는 길을 제대로 찾았던 듯하다. 그녀의 SNS에 올라오던 직접 만든 음식들은 맛있고 건강해 보인다. 삶의 보람과 행복을 주는 동물 사랑을 끈기 있게 실천하면서 자신의 신념대로 사는 데 솔직한 당당함으로 활동하고 있다. 그녀는 이제 섹시미로 대표되는 여가수에서, 섹시미와 함께 인간적 아름다움까지 표현하는 가수로 확장되어 심장의 신(神)을 환하게 펼처 보인다. 우리도 자신에게 무엇이 좋은지 투철히 성찰하고 자신의 생각대로 살아가고자 기꺼이 노력하여 스스로를 귀한 존재로 만들어가자. 나를 귀한 존재로 만들 수 있는 유일한 존재는 오직 '나' 자신뿐이다.

자신을 귀하게 여겨 잘 보살피는 사람은 육체적으로도 건강하다. 자신을 소중히 여기니 좋은 음식을 골고루 잘 먹고, 적당한 운동도 챙기고, 자신에게 좋은 것을 채우기에 건강할 수밖에 없다. 또한, 자신의 육체적 생명이 훌륭하다고 믿기에 건강하다. 아프더라도 아픈 모습보다 회복해가는 모습에 집중하여 자신의 육체적 회복을 믿는다. 웬만한 병에 쉽게 실망하지 않고 아플 때마다 왜 자꾸 아프냐고 자괴감에 빠지지도 않으니 병의 회복은 잘 될 수밖에 없다. 우리는 육체라는 물질적 한계를 가진 존재이기에 당연히 우리의 건강을 잘 보살펴야 한다. 우리의 육체를 잘 돌보고 유지하는 욕구는 신(神)의 건강한 욕구이다.

또한, 신(神)의 건강한 욕구에는 성욕이 있다. 성욕이 있어야 자손을 낳고 인류가 지속될 수 있다. 이는 생명으로서 필수불가결한 욕구이다. 사랑의 교감으로써 이루어지는 성관계의 쾌감은 우리의 육체와 정신에 활력을 주는 작용도 함께한다. 따라서 성관계의 목적은 자손의 번식에만 있는 것이 아니고 서로의 육체와 정신을 사랑하는 하나의 방편이다. 나의 몸을 귀하게 여기고 상대의 몸을 귀하게 여기며, 서로의 감각을 축복하면서 사랑하는 파트너와 함께하는 성관계는 나 자신을 사랑하는 건강한 신(神)의 욕구충족이다. 자존감은 정신적 건강만이 아니라 육체적 건강과 쾌감까지 보장해주고 있다.

정신적·육체적으로 모두 즐거운 삶을 살기 위해서는, 나를 귀하게 여기며 스스로를 지킬 수 있어야 한다. 돌발적 상황에서 자신을 얼마나 잘 지켜내는가를 보면 자존감이 어느 정도인지 알아볼 수 있다. 며칠 전 공중목욕탕에 갔다가 등의 때를 밀어주시겠다는 호탕한 어르신을 만난 적이 있었다. 때를 별로 박박 밀지 않는 성향이지만 감사한 호의로 여기고 받아들였다. 근데 그 강도가 예상치를 훨씬 초과하는 강도였다. 너무 아프고 그만했으면 좋겠다고 여기면서도 적극적으로 어르신을 만류하지 못했다. 그저 소심히 "이제 힘드신데 그만해주셔도 돼요."라고 에둘러 표현했을 뿐이다. 적극적인 애정표현의 어르신은 괜찮다며 더욱 열심히 마지막 비누칠까지 때수건에 묻혀 박박 문질러 주셨다. 그 결과 등은 상처로 만신창이가 되었다. 목욕을 마치고 물기가 마르자 얇아진 피부는 가렵기 시작했고 로션을 바르자 등 여기저기의 상처가 쓰라리게 아파 와 폴짝폴짝 뛸 지경이었다. 그 상처 위에 입은 옷이 통증과 불쾌감을 주는 만 이틀 동안, 내가 스스로를 지키지 못했던 내 마음을 다시 되돌아 봐야 했다.

나는 정직하게 "너무 강하고 아파요. 그만해주세요."라고 나의 의사를 표시하고 나 자신을 보호해야 했다. 나의 부정직하고 소심한 표현은 그 어르신을 멈추지 못했고, 결국 나를 지키지 못했을 뿐 아니라 그 어르신께도 아무런 득이 되지 못했다. 나는 아플 때마다 그 호의에 대한 감사가 팍팍 줄어들었고 그 어르신도 자신의 호의가 타인에게 해가 될 수 있다는 걸 깨달을 기회를 얻지 못한 셈이니 말이다. 내가 나를 충분히 사랑하고 있다고 믿던 와중에 만난 이 어이없는 에피소드로, 소중한 나를 지키는 자존감에 부족함이 있음을 깨달을 수 있었다.

자신의 생각과 감정을 솔직하게 표현하는 힘은 자신에 대한 믿음과 귀한 자신을 보호하는 사랑에서 나온다. 솔직하지 못하여 자신을 보호하지 못했을 때, 우리는 상처받는다. 우리가 자신을 제대로 드러내지 못하고 오해받으며 입은 상처는 자괴감의 모습으로 나타난다. 지금 우리 사회에는 솔직하지 못하여 상처 입고 자괴감에 아파하는 사람들이 많다. 아마 그래서 『미움받을 용기』라는 책이 최장기 베스트셀러가 되는 기록을 세웠으리라.

자괴감이 쌓인 사람은 쉽게 짜증을 낸다. 짜증은 사소한 상황에 대해 실망을 표현하는 일반적인 반응이다. 병뚜껑이 잘 안 열려서 짜증 나고, 글자에 오타가 많아서 짜증 나고, 식당의 음식이 맘에 안 들어 짜증 나는 것처럼 일상에서 빈번히 올라

오는 짜증은 우리의 깊은 무의식에 쌓인 자괴감들이 실망의 얼굴로 표현되는 모습이다. 그 자괴감이 무의식뿐만 아니라 우리의 의식까지 광범위하게 침범할 때 우리는 실망을 넘어 절망하게 된다. 절망의 어둠 속에서 빛을 찾지 못할 때 우리는 자신이 존재가치가 없다 혹은 이 세상에 진정한 사랑은 없다고 부정하게 되며, 이 부정이 우리를 더 깊은 절망의 나락으로 끌어당긴다.

우리를 어둠의 나락으로 끌어당기는 자괴감을 치유할 가장 확실한 처방은 솔직함이다. 솔직해도 괜찮다는 믿음과 행동이 자괴감을 치유하고 예방한다. 설사 상대가 나의 솔직함을 거부하더라도 기분은 나쁠지언정 자괴감을 느끼지는 않을 것이나, 나의 생각과 감정을 펼쳐보지도 못한 상태에서의 거부는 자괴감을 선사한다. 귀한 자신을 보호하는 것은 오직 솔직함이다.

또한, 솔직한 나의 표현은 나를 방어하는 보호이면서 동시에 내가 잘못된 방향으로 나아갈 때 바로 잡을 기회를 준다. 내 모습 그대로 세상에 드러날 때, 아쉬운 면에 대해 부딪힘이 발생하여 자신을 다시 바라보고 생각할 수 있기 때문이다. 결국, 자존감에서 나온 솔직함은 자기방어이면서 동시에 자기 자신으로부터 해방되고 스스로를 재발견할 수 있는 기회이다. 솔직하게 드러내지 않으면 '나'를 발견할 기회조차 없다. 자괴감으로부터 자신을 보호하기 위하여, 자기해방과 새로운 자아발견을 위하여, 솔직하고 투명한 존재가 되어보자. 사랑받기에 충분히 귀하고 아름다운 존재인 우리가 솔직하지 못할 이유가 어디 있겠는가. 솔직함은 건강한 자존감의 시작이고 완성이다.

솔직하지 못하여 상처받는 자괴감 이외에도 우리는 자신이 믿었던 가치가 무너질 때 자괴감을 갖게 된다. 내가 믿던 사람이, 내가 믿던 일이, 내가 믿던 가치가 무너질 때, 그것을 견디지 못하면 자괴감에 빠지고, 이런 자괴감은 사람을 돌변하게 만들기도 한다. 박근혜-최순실 게이트가 처음 터졌을 때만 해도 박 전(前) 대통령에 대한 지지도는 4%까지 내려갔다. 과거 박 전(前) 대통령을 전적으로 지지하던 사람들조차 그녀의 잘못을 인정하고 받아들였다는 의미이다. 그러나 국정농단이 더 많이 밝혀지고 그 민낯이 드러날수록, 박 전(前) 대통령의 지지도는 오히려 다시 일부 상승했다. 김문수 전(前) 도지사와 같은 정치인은 탄핵 찬성에서 돌연 탄핵 반대를 열심히 주장하는 일이 벌어지기도 했다. 그들은 자신이 믿고 지지하던 인물의 잘못을 더 많이 접할수록, 처음 알았던 때보다 더한 자괴감을 감당해야 했을 것이다. 그건 지지하지 않았던 이들이 겪는 상실감과는 비교되지 않는 자괴감의 압박이다. 그 무게를 더 이상 견디지 못할 때, 더 이상 자신이 무너지지 않기 위해 처음 잘못을 인정하던 마음에서 완전히 반대로 돌변할 수 있다. 그게 무슨 큰 잘못이냐고, 너희들이 더 나쁘다고 말이다.

실망과 절망이 자괴감의 앞통수라면 적반하장은 자괴감의 뒤통수이다. 우리 일상에서도 자신이 잘못해 놓고, 그 잘못이 조금 알려질 땐 반성하는 듯하다가 모두 들통나게 생겼을 때 오히려 적반하장을 드러내는 모습을 쉽게 경험할 수 있다. 만약 내가 누군가에게 실수를 지적받을 때, 그게 뭐 큰 대수냐 싶은 마음이 든다면 내 안의 자괴감이 적반하장으로 드러남을 알고 스스로를 안심시켜야 한다. 내 잘못을 인정하더라도 결코 나의 존재가 무너지는 것은 아니니 괜찮다고 괜찮다고 스스로를 위로하며, 자괴감으로 무너진 자존감을 일으켜 세워 잘못을 인정해야 한다. 자신의 잘못을 솔직히 인정하는 용기는 우리의 신(神)을 확장시킨다. 그래서 자신의 잘못을 솔직히 인정하는 모습은 뛰어난 자존감의 표현이기도 하다.

스스로를 위로하고 서로를 위로하는 과정은 자괴감을 치유하여 자존감을 회복시켜준다. 탄핵 찬성에서 갑자기 반대로 돌변해버린 이웃에게는 자존감을 회복시켜줄 위로가 필요하다. 박 전(前) 대통령이 많은 잘못을 했다고 당신이 지키고자 했던 가치가 무너지는 것은 아니며, 당신이 열심히 노력한 시간이 헛되이 사라지는 것도 아니다. 그러니 괜찮다는 위로가 절실히 필요하다.

<표 1-5> 귀한 존재로 자존감을 세우는 3단계

1단계: 자신이 소중하고 사랑스러운 존재임을 인정한다.
2단계: 자신이 생각하는 바대로 살아가고자 노력한다.
3단계: 솔직함으로 자신을 보호하고 확장시킨다.

이제 '나'는 너무나 소중하고 사랑스럽기에, 그 무엇으로부터도 상처 입지 않도록 귀하게 보호하며, 하고자 하는 바를 할 수 있도록 '나'를 제대로 사랑해야 한다. 자존감이라는 골격을 세웠다면 이제는 그 골격 위에 자기애라는 살을 입혀야 한다.

우선 나를 제대로 사랑하기 위해서는 자신의 부정적인 마음을 사랑할 수 있어야 한다. 우리는 일상적으로 언제나 마음 한편에 부정적인 마음을 함께하고 있다. 불안감, 열등감, 실망, 무기력, 의심이 언제나 우리와 함께한다. 게다가 버겁고 지치는 상황에서는 당연히 어두운 감정과 생각을 마구 일으키게 된다. 그건 우리의 (혼백신의지)가 벌어진 틈으로 병리적인 힘이 활개 칠 수 있기 때문에 당연한 일이다. 이 마음들에 죄책감을 가질 필요는 없다.

내가 지금 힘들어하는 것은 당연하다. 내가 지금 떠올리는 생각이 어떤 나쁜 생각이든 그것은 합당하다. 그러니 나 자신조차 내 마음을 함부로 비난해서는 안 된다. 내가 얼마만큼의 유치한 감정에 휩싸여 있든지, 얼마나 말도 안되는 비열한 상상을 하든지 그것은 모두 당연하고 합당하다. 그리고 그 합당한 마음을 나는 사랑해야 한다. 그것은 내 마음이니까, 나의 일부이니까, 나만이 알고 있기에, 나만이 사랑해줄 수 있는 영역이니까.

나의 부정적인 마음들을 타인의 마음을 바라보듯 하며 당연하다고 공감해주고, 괜찮다고 위로해주어야 한다. 정말 괜찮아질 때까지 그렇게 사랑을 주어야 한다. 그래야 부정적 생각과 감정 너머의 또 다른 내 진심이 보이게 된다. 그 마음과 반대의 또 다른 내 마음이, 발견해주기를 기다리고 있던 내밀한 진심이 보인다. 상대가 내 맘을 몰라준다는 의심 너머에는 상대에게 진실된 사랑을 전하고픈 간절한 소망이 있다. 세상이 나를 알아주지 않아 느껴지는 분노 뒤에는 세상에 나를 온전히 내어주고 싶은 사랑이 있다. 그렇게 참자아를 만날 때 우리는 기쁨을 느낄 수 있다. 인간은 원래 복잡한 마음이 하나로 엉켜있는 존재이기 때문에 하나의 마음에 또 다른 마음이 언제나 함께하고 있다. 그리고 모순적이게도 서로 반대되는 마음이 대부분 함께한다. 예를 들어, 어르신들의 이제 죽고 싶다는 말씀 뒤에는 그래도 좀 더 살고 싶다는 마음이 함께하고 있다. 살고 싶은 마음이 있다고 죽고 싶다는 말씀이 거짓이 되는 것이 아니라, 두 마음이 모두 진심인 것이다. 또한, 누군가에게 너무 화가 나는 감정 반대편에는 그를 이해하고 싶은 마음이 늘 함께하고 있다. 화가 많이 나 있다고 상대를 이해하고 싶은 마음이 없는 것이 아니다. 오히려 화가 나 있는 만큼의 크기로 상대를 이해하고 싶은 마음이 존재한다. 다만, 그 화를 다 풀어내고 위로받아야 반대편의 마음이 드러날 수 있기 때문에 모르고 있는 것뿐이다.

그런데 우리는 내 감정을 나쁘게 여기며 회피하거나, 내가 그 마음을 바라보지 않고 그 마음이 나에게 계속 애걸하도록 방치해버린다. 위로와 사랑을 받지 못한 화는 결국 풀어지지 못하고 희미해져 무의식에 들어가게 되고, 끝까지 반대편 진심이 드러나지 못하게 가로막아 버린다. 그렇게 우리는 마음 깊이 박혀있는 참자아를 만날 기회를 잃게 된다.

참자아의 진심은 단 한 명의 예외도 없이 누구에게나 언제나 함께한다. 그것이 인간의 본질이기 때문이다. 우리는 그동안 자신의 마음을 사랑해주지 않았기 때문에 그 본질이 언제나 함께함을 몰랐던 것이다. 내 감정과 생각을 인정하고, 끌어안고, 온전히 사랑해줄 때에야 어두운 영역 너머의 또 다른 진짜 마음을 발견할 수 있다. 자신의 어둠을 사랑하고 또 다른 진심을 발견하는 자만이 자기만족 속에서 평안할 수 있다. 내면의 빛과 어둠이 합쳐지는 것은 우중충한 회색지대를 의미하는 것이 아니다. 사랑으로 통합된 빛과 어둠은 모든 색채를 펼치는 찬란한 무지개를 띄우며, 진정

한 자기애적 확장의 출발점이 된다.[2]

성선설과 성악설, 유교의 사단칠정 논쟁에서 가장 중요한 핵심은, 떠오르는 마음이 착하든 나쁘든 상관없이 자신의 모든 마음을 사랑해야 한다는 전제이다. 인간은 누구나 한 가지 일에 상반되는 마음을 동시에 품는다. 그리고 두 방향의 마음은 모두 진심이다. 한쪽이 진심이라고 반대쪽이 거짓이 되는 것이 아니라, 한쪽이 진심이라면 반드시 내가 발견하지 못한 반대쪽의 진심이 또 있다는 것을 알아야 한다. 자신의 악한 마음을 사랑하고 유치한 감정을 사랑할 때 빛이 드러난다. 반대로 자신의 빛이 먼저 드러날 때는 반대쪽의 어두운 마음이 있다는 것을 알고 그 마음을 위로해야 한다. 우리가 완벽한 삼위일체(三位一體)를 이룰 때까지는 이중적이라는 것을 잊지 말고 모든 마음을 사랑해야 한다. 사랑으로 모순되는 마음이 점점 좁아지는 통합을 겪으면 느낄 수 있다. 우리의 본질은 선한 사단이 칠정을 지배한다는 것을 말이다.

우리는 또한 자신의 모든 마음을 사랑할 때, 인생살이에서 자신의 장단점을 올바르게 바라볼 수 있다. 우리는 보통 실패로 낙담한 상황에서 자신의 장점을 잊고 자책하거나, 단점을 잊고 원망에 빠져들게 된다. 그런데 중요한 것은 열심히 자신의 빛을 드러내고자 했기 때문에 지금의 결과에 속상해한다는 사실이다. 열심히 자신의 빛을 드러내지 않으면 일이 잘못되어도 별로 속상하지 않다. 그냥 그런가 보다 할 수 있다. 자신의 빛을 드러낸 만큼 속상하게 되는 것이다.

나의 실망과 화가 크면 클수록, 나의 빛이 그만큼 많이 드러났다는 것을 의미한다. 그래서 우리가 실패로 인한 감정을 인정하고 사랑하고 위로하게 되면 내가 얼마나 훌륭하게 나의 빛을 드러냈는지를 떠올리게 된다. 비록 일은 잘 안 풀려서 남들은 모를 수 있지만, 나만이 느끼는 속상함으로 나의 훌륭했던 장점을 곱씹어 볼 수 있다. '내가 이만큼 잘 견디고 노력한 훌륭함으로 이렇게 속상한 거구나.' 실패로 인한 감정의

---

2 『당신의 그림자가 울고 있다』, 로버트 존슨(Robert A. Johnson) 지음.

당위성은 역설적이게도 우리의 훌륭한 장점에서 비롯된다. 실패가 주는 감정이 격할수록 우리는 자신이 얼마나 대견했고, 어떤 장점을 빛냈는지 기억해내며, 지금의 감정이 당연하다는 사실을 인정해야 한다. 그리고 그 과정에서 드러난 자신의 장점에 대해 스스로 칭찬해주어야 한다. 그 칭찬의 과정이 감정의 폭풍을 잠재울 수 있다.

실패 후에 자신의 장점을 발견하여 평안을 찾게 되면, 이제 이 평온함 속에서 자신의 아쉬움을 생각해볼 때가 된다. 감정적 평온함에서 단점을 생각해야 애정 어린 관점으로 들여다볼 수 있기 때문이다. 성급하게 아쉬움을 먼저 들여다보면 괜한 자책으로 더 큰 실망에 빠지기 십상이다. 평온한 마음으로 단점을 들여다봐야 그 단점을 사랑할 수 있다. 그런데 보통 평온해지면 굳이 더 생각하고 싶지 않다. 자신의 장점만 인지하고 실패를 넘기면 그 실패로 얻는 내면의 자산이 적을 수밖에 없다. 실패가 성공의 어머니가 되기 위해서는 자신의 단점을 애정 어린 관점으로 볼 수 있어야 한다. 애정 어린 관점으로 자신의 단점을 사랑하면 남들과 세상을 이해할 힘을 넓혀준다. '나의 이 아쉬운 점으로 그렇게 될 수밖에 없었구나.' 그러니 반드시 애정 어린 관점으로 자신의 단점을 바라보며, 자신의 단점에 위로를 건네길 바란다. 자신의 단점을 사랑하면, 세상을 이해할 수 있게 된다.

인생에서 자신의 장단점을 시기적절하게 떠올리지 못하면 자신을 객관적으로 이해하지 못하게 된다. 자신의 단점을 모르면, 지적받는 충고에 공격적이거나 칭찬에 붕 떠서 쉽게 내려오지 못하면서 감당하지 못할 위험과 고난에 자신을 몰아넣게 된다. 결국, 자신의 마음이 자신을 해치는 결과를 초래하는 것이다. 반대로 자신의 장점을 모르면, 단점을 마주할 때 의기소침해지거나 칭찬받을 때 극구 부인하고 마다하는 왜곡된 겸손을 표하면서 자신에게 어떤 기회도 허락하지 않는다. 결국, 자신이 자신에게 가장 인색하게 구는 것이다. 자신을 객관화한다는 건 나의 모든 마음을 사랑하여 나의 단점도 장점도 인정하며, 지금의 '나'에 대해 만족하는 것이다. 객관화된 자기만족으로 자신을 위험으로부터 예방하고, 또한 너그럽게 기회를 주는 자기애를 이룰 수 있다.

건강한 자기만족이 충만한 사람들을 실컷 구경할 수 있는 곳이 바로 김은숙 작가의 드라마이다. 그녀의 드라마 속 캐릭터들은 주·조연 가릴 것 없이 모두 자기만족으로 당당하다. 연애하려는 남녀 주인공은 자신의 모습과 상대에 대한 끌림을 주저 없이 내보이며 매력을 어필한다. 어느 정도인가 하면 자신의 마음을 받아주지 않는 상대가 보인 약간의 애정 표현에 키스하고는, 사과할지 고백할지를 예의 바르게 당당히 묻는 수준이다. 가난한 여주인공은 상대의 돈 앞에서도 기죽지 않으며, 어려서부터 친척에게 얹혀살아 구박받으며 성장한 주인공은 어린 시절 엄마의 사랑을 기억하며 자신의 사랑스러움을 당차게 표현한다. 또 주인공을 보좌하는 비서 역할의 조연들도 상사에 굽신거리기보다 할 말은 은근하게든 당당하게든 명확히 표현한다. 김은숙 작가의 드라마가 이렇게 자기만족으로 매력을 발산하는 캐릭터들의 향연인 이유는 작가 자신의 건강한 자기애적 만족이 반영되었기 때문일 것이다.

김은숙 작가의 인터뷰를 보면 자신의 강점과 단점을 명확히 파악하고 있다. 자신이 로맨스를 표현하는데 누구보다 재능이 있으며, 전문적인 이야기를 풀어내는 작품에서 대중적 호응을 얻지 못한 부분을 명확히 인지하고 받아들인다. 그래서 자신의 강점인 로맨스에 집중하는 작품을 집필하고, 전문적 이야기를 함께 풀어내는 〈태양의 후예〉 같은 경우에는 다른 작가와 협업으로 자신의 단점을 보완한다. 그리고 로맨스라는 분야로 인간의 모습을 극적으로 표현할 수 있는 판타지 장르로 영역을 확장하여, 〈도깨비〉라는 작품으로 새 분야에서도 성공을 거두었다. 김은숙 작가의 드라마 속 매력적인 캐릭터들은 환하게 밝혀져 있는 그녀의 신(神)에너지가 투영되었기에 가능했다고 본다.

그녀의 드라마가 대중적인 성공을 거두는 것은 우리 모두가 자기애가 충만한 사람에게 매력을 느끼기 때문이다. 자신의 빛과 어둠을 통합하여 스스로에게 부끄럽지 않다면 그 사람의 심장에서부터 퍼져 나오는 신(神)의 밝은 기운이 매력이 되어 온몸을 휘어 감는다. 반면, 신(神)이 약한 사람은 매력을 발산하지 못하기 때문에 육체적 욕망이 커지게 된다. 끊임없이 피부 시술을 받아야 자신이 예뻐 보여 안심이 되고, 몸매는 언제나 불만족이라 다이어트는 항상 하고 있으며, 몸이 표현하는 증상에 촉각을 곤두세우며 늘 건강을 염려한다. 육체적 감각을 지속적으로 확인해야 되는 운동과 섹스중독에 빠지기도 한다. 이는 심장의 신(神)이 약해지고 병들어 육체적인 욕구가 욕망이 되는 모습들이다. 그 모습들을 가만히 들여다보면 자신을 괴롭히고 학대하는 것과 다름없다. 피부 시술을 위해 레이저와 약품으로 피부를 깎고, 주삿바늘로 찌르고, 살에 실을 집어넣는 반복은 일종의 고문 행위와 유사하다. 게다가 그런 시술을 필요 이상 반복하면 결국 피부를 얇게 만들고 피부의 깊은 층을 망가뜨려 아름다움을 망치게 된다. 반복적인 다이어트도 자신을 굶기는 학대로 건강을 해친다. 학대받은 육체는 살기 위해 조금만 먹어도 살이 찌도록 변하여 점점 더 과체중으로 나아간다. 건강염려증으로 건강식품을 매일 달고 살게 되면, 몸이 약이나 약초에 찌들어 더욱 건강을 잃게 된다. 힘들고 아파도 운동하는 건, 자신의 육체를 끊임없이 채찍질하는 노동 학대와 유사하며, 섹스 없이 삶의 기쁨을 느끼지 못하는 것은 자괴감의 메타포이다.

이렇게 병든 육체적 욕망은 자신을 괴롭히고 학대하며 결국에는 망가뜨린다. 그래서 육체적 욕망은 건강한 욕구로 회복시켜야 하며, 신의 자기만족으로 자신의 매력을 인정해야만 건강한 욕구로 회복될 수 있다. 매력은 다른 사람과 다른 가장 '나'다운 모습으로 누구에게나 있다. 매력은 타인과 비교해서 빛나는 상대평가가 아니라, 존재 그 자체로 빛나는 절대적 개성이다. 예쁘고 잘생기고 몸매 좋다고 다 인기가 많지도 않고, 빼어난 외모가 없어도 사람들에게 많은 사랑을 받는 이들이 있다. 각자의 건강한 자기만족을 통해 자신의 매력을 인정하는 사람과 아닌 사람이 있을 뿐이고 자신의 매력을 제대로 알아보고 인정하는 것만으로도 그저 자연스럽게 매력이 퍼져 나오기 때문이다.

우리가 스스로에게 만족한다는 것은 지금의 모습을 결과로써 모두 만족한다는 의미는 아니다. 나의 빛과 어둠을 모두 알고 사랑하면서, 또한 내가 변화하는 존재임을 알기에 만족하는 것이다. 우리는 언제나 변화하는 중이며 언제나 확장을 향해 나아가고자 한다. 그러니 자신에 대한 아쉬움에도 스스로 성장할 수 있다고 믿기에 만족하는 것이다. 오늘의 나는 결과가 아니며 언제나 과정이다. 오늘의 훌륭함에 대해 스스로 대견해 하면서 그 훌륭함이 더욱 찬란해지기를 꿈꾸고, 오늘의 부족함에 대해 아쉬워하면서 그 부족함을 극복하기를 사랑으로 응원해야 한다.

우리는 보통 자신에 대한 불만족을 통해서 성장하는 것으로 생각하지만, 우리가 성장하는 것은 우리의 유일한 목적이 사랑체험이기 때문이지 스스로가 불만족스러워서 성장하는 것이 아니다. 사랑체험의 목적에는 멈춤이 없으며, 우리의 확장에도 멈춤은 없다. 우리는 처음과 같이 이제와 항상 영원히 성장하고 확장하는 존재이다. 우리의 마음이 이만하면 되었다고 멈추고 싶어도 영혼은 멈추지 않는다. 계속해서 확장되는 것이 우주의 법칙이고 순리이기 때문이다.

이러한 멈추어지지 않는 과정을 콤플렉스나 열등감의 극복 같은 불만족을 동기 삼아 지속하는 것은 불가능하다. 불만족이 성장의 출발점이 된다면, '도대체 언제까지 이 노릇을 해야 하는가?', '이 고난은 과연 끝이 있는가?'하는 자문 속에 절망으로 빠져들 수밖에 없다. 반드시 자기만족에서 출발하여야 별 탈 없이 기쁨과 보람으로 지속할 수 있다. 지금은 언제나 성장의 과정이니 아쉬움을 느끼더라도 스스로를 질책하거나 비난할 필요가 없다. 오로지 사랑의 응원만이 필요하다. 또한, 지금은 언제나 성장의 과정이니 자랑스러움을 느끼더라도 스스로에 대해 교만해질 이유가 전혀 없다. 새로운 자신을 꿈꿀 자연스러운 당위성이 우리에겐 항상 있다. 오늘도 나의 훌륭함을 축복하고 아쉬움을 위로하고 응원하며, 이 과정은 내일도 모레도 끊임없이 계속되어야 한다. 그리고 계속되는 확장이 영원함을 아는 것은 우리의 훌륭함에 한계가 없다는 진리를 깨닫는 것이다. 이렇게 한계가 없는 자신을 새롭게 재발견하는 과정을 즐기며 성장하는 것이 우리 심장의 신(神)이 자기애적 확장을 이루는 두 번째 단계이다.

자기만족으로 키워낸 매력과 한계가 없는 훌륭함은 세상을 비추는 빛이 된다. 아니, 세상을 비추는 빛이 되어야 한다. 우리는 우리의 매력을 사람들에게 어필할 때 행복을 느끼고, 자신의 훌륭함이 세상에 잘 쓰이게 될 때 기쁘다. 우리의 빛을 자신의 내면에 꽁꽁 감춰두고 아무도 못 보게 하는 건 자기 배반이다. 그래서 우리의 행복과 기쁨을 위해 우리가 키워낸 자아의 빛을 세상에 드러낼 기회를 찾고 만들어야 한다.

꼭 큰 기회여야 하는 것은 아니다. 그저 우리가 드러나 표현될 수 있는 그 어떤 상황이나 자리여도 충분하다. 아파하는 친구에게 상담과 위로로 우리의 따뜻함과 지혜가 표현되는 것도 좋다. 반대로 우리의 아픔을 어디든 표현하여 우리와 같은 아픔을 겪는 누군가가 외롭지 않게 되는 것도 좋다. 우리의 있는 그대로를 표현하는 SNS의 글과 사진도 좋은 방법이고, 세상과 소통하는 블로그 활동도 멋있다. 동호회 활동으로 우리의 재주가 드러나는 순간도 매력적이며, 우리의 취미 활동이 쌓여가는 것도 아름답다. 그 어떤 방법이든 객관적 자기만족으로 있는 그대로의 자신이 드러나는 모든 순간은 세상을 비추는 빛이 되며 우리의 기쁨이 된다.

나는 직업인 진료를 통해서 나를 세상에 드러내고 있다. 환자들과의 상담과 대화에서 나의 인간적인 매력을 어필하고 있으며, 진료와 치료행위에 나의 훌륭함을 담는다. 가끔 기사에 다는 답글로 나의 신념을 드러내고, 나의 치료 방식을 동료 한의사들과 공유하는 집필과 자료 공개를 원칙으로 세우고 있다. 이웃과 친구로서 나를 드러내고 쓰이도록 하는 데 아직 발을 크게 넓히지 못했지만, 앞으로 내가 필요한 곳을 더 많이 발견해서 나의 치명적인 매력과 엉뚱한 훌륭함이 세상을 더 많이 비추게 되기를 바란다. 그리고 그 바램으로 이 책을 쓰고 있다. 내가 책을 쓰는 것은 나에게 커다란 도전이며 동시에 나를 드러내는 기쁨이다. 그래서 한편으로는 나의 행복을 위해 이 책을 쓰고 있으며 이것은 나를 사랑하는 과정이기에 힘들지만 언제나 기쁘다. 이 책 덕분에 나의 기쁨과 행복이 다른 모든 이들의 것이 되기를 소망하며, 나를 확장시키는 그 꿈 또한 나를 기쁘고 행복하게 하는 자기애의 완성이다.

크든 작든 당신의 빛은 세상에 꼭 필요하다. 반드시 꼭 필요하기에 당신이 이 세상에 있다. 어떨 때는 당신의 작은 빛이 세상에 필요하고, 어떨 때는 당신의 큰 빛이 세상에 필요하다. 가족 구성원으로, 사회 구성원으로, 지구인으로, 우주의 구성원으로, 매 순간 세상은 당신을 필요로 한다. 그러니 객관적 자기만족의 힘으로 언제나 당신을 표현해주길 바란다. 좀 부족한 점이 있어도 괜찮다. 당신은 확장하는 중이니 지금 당신의 드러남은 확장의 또 다른 시작이 될 것이다. 당신이 있는 그대로 세상에 표현됨은 당신을 기쁘고 행복하게 하여, 당신의 심장을 활기차게 뛰게 하고 당신의 신(神)에너지가 밝게 빛나도록 완성할 것이다.

〈표 1-6〉 나를 사랑하여 확장하는 자기애의 3단계

1단계: 자신의 빛과 어둠을 모두 사랑하여 통합하기 2단계: 자신을 언제나 성장하는 과정의 존재로 바라보기 3단계: 나 자신을 세상에 내어놓기

우리 모두 자신을 귀하고 소중하게 여겨서 아낌없이 스스로에게 사랑을 베풀고, 보호하고, 해방시키면서 자존감을 당당히 세우자. 당신은 우리 모두에게 너무나 소중하고 사랑스러운 존재이다. 우리 이제, 자신의 모든 마음을 사랑하여 있는 그대로 인정하고 감사히 만족하면서, 확장하는 존재로 매 순간 새롭게 발견한 나 자신을 아낌없이 세상에 내어놓자. 당신은 우리 모두에게 꼭 필요한 훌륭한 존재이다. 당신의 환하게 빛나는 신(神)은 심장의 박동을 타고 혈관을 따라 당신의 온몸 구석구석까지 기쁨을 전달하며, 당신의 머리부터 발끝까지 고귀함과 사랑스러움을 발현시키고, 당

신의 모든 행위에 훌륭함이 될 것이다.

당신의 소중함과 훌륭함이 잘못된 길로 갈 걱정은 꽉 붙들어 매 두시라. 자신을 그 무엇보다 귀하게 여기는 마음이 이기심으로 가지 않도록, 자신을 언제나 세상에 내어놓을 수 있는 확신으로 실천하면 된다. 또 자신을 언제나 내어줄 수 있는 확신이 망종으로 가지 않도록 언제나 자신을 소중히 귀하게 여기는 마음을 품으면 된다. 당신의 자존감과 자기애는 하나로 어우러져 당신의 신(神)을 안전하게 기쁨으로 키워 갈 터이니, 그저 자신을 굳건히 믿어도 된다. 당신의 심장을 타고 뿜어져 나오는 존재의 아름다움과 훌륭함은 매 순간 세상의 빛이 되고 있다. 결국은 우리 모두의 심장을 타고 뿜어져 나오는 존재의 찬란함과 위대함이 이 세상을 지배하고 있다.

5. 의(意): 나는 다른 이들을 사랑한다

나의 삶도 사랑하고, 하늘도 사랑하고, 이 세상도 사랑하며, 나를 사랑하니 이제 우리가 사랑할 대상은 타인밖에 남지 않았다. 사실 무언가 사랑한다고 할 때 가장 먼저 떠오르는 대상은, 나도 하늘도 아닌 그 누군가 다른 사람이다. 타인과의 사랑은 사랑의 궁극적인 목적지이기에, 사실 앞의 [지·혼·백·신]은 결국 누군가를 제대로 잘 사랑하기 위한 초석이다. 그리고 마지막으로 소개하는 의(意)는 타인을 믿고 사랑하는 에너지체이다. 그래서 우리가 서로를 믿고 연민하며 사랑할 때 의(意)의 에너지는 확장되고, 서로를 의심하고 거짓으로 속일 때 의(意)는 쪼그라든다. 그리고 의(意)가 확장될수록 우리는 가족과 친구들을 더 깊이 사랑하며, 더 많은 이들을 사랑할 힘을 가지게 된다.

의(意)는 생식세포를 생산하는 난소와 정소에 자리하고 있다. 난소와 정소는 우리 몸의 세포 중 유일하게 유전정보의 반만을 담고 있는 불완전한 세포를 생성한다. 그리고 타인의 생식세포와 하나로 결합하여 완전한 생명을 탄생시키는 기적을 이룬다. 그렇기에 불완전한 내가 타인과의 관계를 통해 완성의 길로 이끄는 의(意)는 생식세포와 함께 존재하는 것이다. 그리고 우리가 가장 친밀하게 사랑하는 관계는 생식세포의 결합으로 이루어진 가족이다. 가족은 함께 식사하고, 한 공간에 살며, 삶의 모든 것을 공유한다. 의(意)는 가족과 함께 나누는 음식을 비롯한 생활 재화들, 즉 의식주와, 삶의 편리함을 추구하는 건강한 욕구를 일으킨다. 우리는 맛있는 음식을 먹을 때 사랑하는 사람을 떠올리며 그와 함께 먹고 싶어 하고, 편리하고 좋은 물건을 얻게 되었을 때 역시 사랑하는 이와 함께 나누고 선물하고 싶다. 그렇기에 우리는 서로를 사랑하면 할수록 의식주의 풍요로움과 편리함을 창조한다. 지금까지 인류문명이 이룩한 물질적 성장은, 우리가 가족과 이웃과 함께 생활을 나누고자 하는 의(意)의 건강한 욕구로 이룩한 것들이다.

그런데 사랑에 상처 입고 사람을 믿지 못할 때, 의(意)의 건강한 욕구가 병들어 음식과 물건에 대한 집착을 낳는다. 과도한 맛집 탐방, 명품집착, 자동차 집착, 집에 대한 집착 등은 사람에 대한 믿음을 잃어갈 때, 그 빈자리를 채우려는 우리의 몸부림이다. 현대 사회가 물질 만능이 되어 가는 것은, 타인과의 사랑에 문제가 많고 외롭다는 반증이기도 하다.

삶의 대부분의 문제는 타인과 원활히 사랑하지 못하여 찾아온다. 돈 문제 같은 물질적 영역도 함께하는 사람과 사랑이 원활할 때에는 지나가는 과정이 되지만, 사랑이 원만하지 못할 때 삶의 블랙홀이 된다. 우리가 누구든 타인과 온전히 사랑을 나눌 수 있다면 얼마나 좋을까? 도대체 어떻게 해야 제대로 다른 이들을 사랑할 수 있을까? 사랑이 이렇게 중요한데, 우리는 왜 이리 다른 사람들을 이해하고 받아들이며 용서하는 것이 어려운 걸까? 이 문제가 해결된다면 우리가 삶에서 겪는 갈등과 아픔 대부분을 해결할 수 있을 것이다. 아마도 누군가를 온전히 사랑하면서 산다면, 삶에 감사하며 행복을 누릴 것이라고 쉽게 짐작할 수 있다. 그런데도 사랑하기가 너무 어렵다. 분명 사랑하고자 했는데, 사랑으로 주기가 어렵고, 사랑으로 받아들이기가 어렵다. '도대체 사랑이 왜 이리 어려운가'부터 생각해봐야겠다.

우리가 사랑이 힘든 중요한 이유는 도저히 용납하고 받아들일 수 없는 타인의 문제점들 때문이다. 정말 봐주고 싶어도 용서할 수 없는 그 문제와 한계들은 우리가 더 많은 사랑을 체험할 기회를 가로막고 빼앗아 간다. 특히 이 문제가 가깝고 친밀한 관계에서는 사소한 것임에도 큰 갈등과 상처를 유발한다. 만약 우리가 그들의 문제와 한계를 용납하고 이해할 수 있다면 더 넓게 사랑할 수 있을 것이고, 더 많은 것들을 함께 나누며, 충만한 삶으로 만들어 나갈 수 있다.

그런데 사실 이 문제에 대해서는 정신분석을 통해서 오래전부터 근본적인 해결점이 밝혀져 있다. 참을 수 없고 도저히 받아들일 수 없는 상대의 문제는 곧, 나의 내면이 투사된 결과라고 말이다. 우리는 불의를 보면서 화를 낼 수 있고, 나의 선호와 다른 것을 거부할 수 있으며, 내가 생각하는 옳고 그름에 따라 무언가 혹은 누군가를 싫어할 수도 있다. 불의에 화가 나는 것은 자연스러운 이치이니, 분노 그 자체가 잘못된 감정은 아니다. 또 누군가를 혹은 무언가를 싫어할 자유와 권리가 누구에게나 있다. 노란색을 좋아하고 파란색을 싫어하듯 A라는 사람을 좋아하고 B라는 사람을 싫어할 수 있다. 우리가 사랑체험이 목적이라고 모든 사람을 다 좋아해야 하는 것은 아니다. 자연스러운 분노와 싫어하는 감정은 사랑을 방해하지 않는다. 자연스러운 화는 그 순간에 끓어오르고 시간의 이동과 함께 사라지며, 내가 싫어하는 대상은 그냥 선택하지 않고 쳐다보지 않는 것이 전부이기에, 내가 무언가를 사랑하는 데 방해가 되지 않는다. 그래서 '저 사람은 참 별로네, 재수없다.'라고 맘껏 싫어해도 된다. 이 정도로는 사랑이 방해받지 않는다.

우리가 사랑하는 데 방해가 될 정도의 문제들은, 상대의 단점이나 나와의 차이점이 그냥 싫은 것을 넘어서 용납하지 못하면서, 그 문제점을 접할 때마다 짚고 넘어가지 않으면 도저히 참을 수 없고, 겉으로 표현하지 못한다면 속으로 욕이라도 한 번씩 해주어야 살 것 같은 지점이다. 그런 감정은 그 대상과의 사랑만을 방해하는 것이 아니라, 다른 모든 대상과의 사랑을 가로막는다. 그리고 그 정도의 감정은 반드시 자신의 내면에서 상대와 같은 유형의 마음이 투사된 결과이다. 우리는 내 마음에 크게 자리 잡지 않은 문제점이 타인에게 나타날 때 그냥 싫어할 뿐이지만, 나의 무의식에 그 문제점이 크게 자리 잡고 있을 때 도저히 용납하지 못한다. 그래서 상대의 꼴 보기 싫은 단점은 곧 나의 문제이기도 하다. 우리는 참을 수 없는 문제가 상대에게 자꾸 보이고, 그 감정을 한 번씩 표출하지 않고는 도저히 참을 수 없다면, 상대방이 아닌 나의 내면을 돌아보고 보살펴야 한다.

보통 상대에게 자신의 내면을 투사하는 마음은, 본인의 무의식에 그림자로 자리 잡은 마음인 경우가 많다. 무의식의 그림자란, 스스로 거부하고 부정하면서 나는 그렇지 않다고 외면해버린 마음을 일컫는다. 그래서 그 마음이 자신의 마음인지도 모르는 경우가 많다. 인간의 마음은 원래 복잡하고 입체적이다. 사랑하면서 동시에 싫어할 수 있고, 무언가를 간절히 원하면서 동시에 격하게 거부할 수 있으며, 노는 것을 좋아하면서 일하는 것도 함께 좋아할 수 있다. 사랑한다고 싫어하는 마음이 거짓이 되는 것은 아니며, 격하게 거부한다고 간절히 원하는 욕망이 없어지는 것도 아니고, 노는 것 좋아한다고 일하는 걸 싫어하는 게 아니다. 그 상반되는 모든 마음이 다 진심이다. 인간은 원래 그런 존재다.

그런데 우리는 이 상반되는 마음을 둘 다 인정하기 힘들어한다. 의식적으로 빛만을 내 진심이라고 여기는 경향이 있다. 어떤 것을 옳지 못한 일이라고 격하게 거부하면서, 마음 한편으로 그것을 바라는 욕망은 내 본심이 아니라고 무시해버리고 밀어 넣는다. 그렇게 무시된 마음들이 무의식의 그림자로 쌓여가 힘을 형성한다. 그리고 더 이상 견디기 어려울 만큼 커졌을 때, 타인에게 투사되어 격렬한 비난과 용납할 수 없는 분노로 표출된다.

만약 당신이 배우자의 사소한 실수에 과민한 분노와 비난을 표현한다면, 당신도 편하게 실수하고 관용 받으며 살고 싶어 한다는 걸 알아보아야 한다. 그리고 당신의 욕망과 달리, 현실에서 실수하지 않기 위한 노력에 버거워하고 있다는 사실을 인정하고 위로로 보살펴야 한다. 나를 닮은 자녀의 단점에 부아가 치밀 때, 내가 나의 단점에 불만이 가득함을 알아보고, 스스로를 용서하고 보듬어야 아이를 사랑할 수 있다. 상대에게 참기 어려운 부아가 치밀어 오를 때마다 나의 내면에 같은 문제가 어떤 형태로 있는지 알아차리고, 그 마음이 내 진심의 일부라는 사실을 인정하며 사랑으로 치유해야 한다. 그래야 사랑을 방해하는 투사의 장애물이 사라질 수 있다. 우리가 그동안 사랑하기 힘들었던 건 상대방 때문이 아니라 내 안의 그림자가 문제였다.

타인에게 나의 아픔을 투사하여 사랑하지 못하는 모습을 가장 흔하게 관찰할 수 있는 영역이 악플이다. 악플은 도저히 용납하지 못하고, 짚고 넘어가지 않을 수 없으며, 끓어오르는 분노를 표출해야만 하는 이들이 남긴 명확한 흔적이다. 악플을 남기는 이들의 내면에는 사랑하는 마음을 방해하는 커다란 그림자가 자리하여, 그 상처와 공통적인 요소가 있는 상대를 발견할 때, 집요하게 분노와 미움을 악플로 표출한다. 상대에게 상처를 투사하는 이들은 상대에게 모든 집중을 다하기 때문에, 정작 자신의 반응이 이상하다는 것을 알아차리지 못한다. 그래서 같은 상황이 반복되고 만다.

우리가 박근혜-최순실 게이트의 기사를 접하면서, 그 부정한 행태들이 광범위하게 일어난 것을 확인할 때 분노하는 것은 당연하지만, 기사마다 당사자들을 저주하는 답글을 달지 않고는 참을 수 없는 마음에는, 나 역시 부정한 방법으로라도 부를 축적하고 싶은 욕망이 크게 자리하고 있다. 그리고 나는 그 욕망을 정말로 힘들게 억누르며 올바로 살아가려고 노력하는데, 내가 가진 욕망을 그대로 실천하는 사람을 보았을 때, 내 욕망의 크기만큼 상대에게 투사되어 참지 못할 비난과 저주를 내뱉게 되는 것이다. 그리고 자신이 그런 욕망을 크게 가질 만큼 사는 것에 힘들고 지쳐있음을 알아보아야 한다. 그리하여 나의 고단함과 삶의 노력을 위로하고, 그럼에도 불구하고 올바른 길을 가고자 노력하고 있음을 대견하게 여기면서, 그런 욕망을 갖게 된 건 자연스러운 일이고, 그래도 결국 내가 잘 해낼 수 있다고 응원해주어야 한다. 타인에게 투사되는 내 아픔을 스스로 돌보고 치유할 때, 그저 자연스러운 분노와 싫음만이 남게 되어 사랑의 의지가 식지 않게 된다.

악플을 접할 때마다 그들이 자신의 상처를 알아봐 주기를 간곡히 기도하게 된다. 그리고 내가 늘 가슴 아프게 읽는 악플은, 리듬체조 손연재 선수의 기사에 달린 악플들이다. 손연재 선수에게는 기사마다 빠른 속도로 열심히 악플을 다는 안티팬이 정말 많다. 손연재 선수는 한국 리듬체조 역사상 가장 뛰어난 성과를 거두었으며, 세계랭킹 5위를 기록한 정상급 기량의 훌륭한 선수였다. 선수로의 객관적인 성과는 칭찬받아 마땅함에도, 그녀가 갖게 된 많은 인기 때문에 공격을 받는다. 손연재 선수의 인기는 뛰어난 기량과 함께 미모를 겸비한 덕분이다. 그녀의 외모는 언론의 주목을 받는 한 요소가 되었으며, 자본주의의 속성상 인기에 따르는 혜택이 주어졌다. 그리고 그 인기라는 것은 손연재 선수를 응원하는 팬과 비난하는 안티팬이 함께 만들어낸 것이다. 안티팬들은 손연재 선수가 다른 종목 세계 1위의 최정상급 선수들보다 성과가 낮은데, 그들보다 많은 인기를 누리고, 광고를 찍고, 협회의 배려를 받는 것이 부당하다고 선수를 비난한다. 그러나 인기에 따라 여러 기회를 얻게 되는 것은 자본주의의 구조적 결과이지, 손연재 선수의 잘못이 아니다. 그럼에도 그 모든 비난의 화살은 인기를 지닌 선수에게로 향한다.

손연재 선수의 기사마다 넘쳐나는 비합리적인 비난들을 마주하고 있으면, 우리 사회의 성과 줄 세우기로 인해 열심히 노력하면서도 기회를 얻지 못하거나, 현재의 기회를 얻기 위한 피나는 노력에 상처받은 이들이 이렇게도 많은가 싶다. 자신들은 너무도 힘들게 현재의 성과로 살아가는데, 세계대회 금메달이 없는 선수가 금메달이 있는 다른 선수들보다 인기를 누리는 것이 너무나 억울한 이들의 아픔이 악플 속의 원색적인 비난에 고스란히 묻어난다. 누군가 그들이 치러야 했던 노고에 대신 사과라도 해줄 수 있으면 좋겠다. 성적과 성과만이 기회를 제공하는 기준이 되는 사회에서 빨리 탈피하게 되면 좋겠다. 그들이 손연재 선수가 아닌 자신의 그림자에 담긴 욕망과 상처를 바라보고 치유할 수 있다면 좋겠다. 손연재 선수는 그 많은 악플 속에서도 꿋꿋이 선수로서의 역할을 훌륭히 다했고, 최근에 은퇴를 발표하였다. 그 많은 안티팬의 공격에도 의연하게 자신의 길을 가는 이 젊은 아가씨가 너무나 대견하고 존경스럽다. 그녀가 은퇴 소감을 남긴 인스타그램의 글은 안티팬들이 자신에게 적용한다면 치유가 될 수 있는 내용이기에, 여기에 소개한다.

"17년 동안의 시간이 나에게 얼마나 의미 있었고, 내가 얼마나 많이 배우고 성장했는지 알기에 너무나 감사하고 행복하다. 나는 단순히 운동만 한 게 아니다. 더 단단해졌다. 지겹고 힘든 일상들을 견뎌내면서 노력과 비례하지 않는 결과도 받아들이는 법을 배우고, 당장이 아닐지라도 어떠한 형태로든 노력은 결국 돌아온다는 믿음이 생겼다. 끝까지 스스로를 몰아붙이기도 하고, 그 어떤 누구보다 나 자신을 믿는 방법을 배웠다. 지금부터 모든 것이 새로울 나에게 리듬체조를 통해 배운 것들은 그 어떤 무엇보다 나에게 가치 있고 큰 힘이 될 거라 믿는다. 은은하지만 단단한 사람이, 화려하지 않아도 꽉 찬 사람이. 이제는 나를 위해서 하고 싶은 것들, 해보고 싶었던 것들 전부 다 하면서 더 행복할 수 있다고 믿는다. 그리고 지금까지 나와 같이 걸어준 모든 사람에게 감사하고 또 감사합니다."

부디 그녀의 안티팬들이 손연재 선수와 같은 깨달음으로 행복해지기를 기원해 본다. 그동안 타인에게 투사하였던 자신의 그림자를 우리 스스로 따뜻하게 안아주길 바란다.

우리가 사랑하기 어려운 또 하나의 이유는 서로의 바램이 다르기 때문이다. 우리는 함께가 아닌 각자로는 살 수 없고, 모두가 아쉬움을 가진 존재이기 때문에, 인간은 사회적 동물일 수밖에 없다. 그리고 나와 똑같은 이는 같은 시간과 공간속에 존재하지 않기에, 다른 모습과 생각을 가지고 함께 살아간다. 그래서 각자가 하고 싶은 것이 다르다. 가족 간에도 먹고 싶은 것, 놀고 싶은 것, 사고 싶은 것, 가고 싶은 곳을 통일하는 게 쉽지 않다. 그보다 더한 것은 무엇을 해야만 하는지, 하면은 안되는지가 사람마다 너무 다르다. 그래서 무엇을 해야 한다는 권유나 압박이 상대에게 거부되면 분노가 일어나고, 무엇을 하면 안 된다는 제약이 충돌을 일으키며 서로 상처 입는다.

　사람은 자신이 좋다고 생각하는 것을 타인에게 권하기 때문에 그것이 거부당했을 때 상처 입는다. 또 사람은 언제나 자유로워지고 싶기 때문에 받는 제안이 늘 부담스럽고 부당하게 느껴진다. 예를 들어, 부모가 아이에게 공부를 시키는 것은 아이에게 많은 기회가 주어지길 바라는 사랑이다. 하지만 아이가 공부에 흥미나 필요성을 느끼지 못할 때, 그것을 사랑으로 보지 못하고 자신의 자유로운 선택을 막는 배신감을 느끼게 된다. 그래서 부모의 권유에 반발하거나 시큰둥하게 반응하고, 부모는 아이의 반응에 답답함과 분노로 받아치며 비난하고, 아이는 부모를 믿고 사랑했던 만큼 더 큰 반발이나 응어리로 답한다. 이렇게 우리는 하고 싶은 일, 특히나 해서는 안 되는 일과 해야만 하는 일에 대해서 서로 간의 생각과 감정을 탁구 하듯 핑퐁 거리고 있다. 그 공을 가만히 붙잡고 핑퐁의 생각과 감정 안에 사랑이 담겨있음을 보지 못하고, 사랑의 모습으로 상대에게 건네지 못 하는 일이 비일비재하다.

　이때 누군가가 양보하면 문제가 쉽게 해결되니, 우리는 양보와 희생을 미덕으로 삼아왔다. 그래서 우리는 그동안 쭉, 사랑하기 위해서는 내가 하고 싶은 것을 참고, 상대가 하고 싶은 것에 양보하며, 나 자신을 희생해야 한다고 생각했다. 그리고 어떻게든 희생 뒤에 필연적으로 따라오는 불만과 아쉬움을 참아내려고 노력했다. 그 노력은 비극적이게도 결국 보상을 바라는 마음이 되어 사랑으로 완성되지 못하지만 말이다. '내가 이렇게 노력했는데 너는 그것밖에 못 하는가.'라는 불만이 마음속의 응어리가 되어 똬리를 틀게 된다. 혹시 보상을 바라는 마음을 잘 참아 터뜨리지 않았더라도 마음속에 응어리진 불만은 나도 모르게 엉뚱한 일로 한 번씩 상대에게 불평을 쏟아내며 풀어지려는 시도를 하고 만다. 안그러려고 했는데 정말, 결국에는 불만의 응축된 에너지가 참을 수 없이 폭발하고 만다. 진정한 사랑은 끝까지 참고 희생하며 생색내지 않는 거라고 여기는 데 번번이 실패한다. 그래서 사랑은 어려운 것이라고 착각할 수밖에 없었다.

그런데 사랑이 양보와 희생으로 이루어진다는 생각은 단언컨대 착각이다. 사랑의 본질은 양보와 희생이 아니라, '내가 어떤 존재가 되고 싶은가'의 문제이다. 사랑은 내가 되고 싶은 존재가 되기 위한 선택과 과정의 결과이기에 희생일 수 없다. 내가 되고 싶은 존재가 되기 위한 일일 뿐인데, 나의 목적을 위한 선택일 뿐인데, 그것은 희생이 아니라 기회이다. 근데 우리는 내가 되고 싶은 존재를 생각하며 살기보다, 무엇을 해야 하는지에 몰두하는 오류를 행하고 있다. 우리가 충돌하는 것은 각자가 하고 싶은 일이 다르기 때문인데, 사실 무엇을 하는가는 하나도 중요하지 않다. 온전하고 완벽한 존재가 나누어져 발생된 공간이 우리가 사는 물질로 된 세상 상대계이다. 상대계에서 형성하는 상황들은 공간의 허구이기에 무엇을 할지는 잠시 지나가고 사라지는 허상에 불과하다. 그래서 꼭 해야만 하는 일도 없고, 절대로 해서는 안 되는 일도 없다. 우리가 하는 일은 상황에 따라 억지로 하는 것처럼 보이는, 그냥 하고 싶은 일에 지나지 않는다.

이 말이 어색하게 들릴 수 있겠지만 사실 상대계의 모든 것은 이와 같은 '신성한 이분법'으로 구성되어 있다. 꼭 해야 하는 일이지만 결국에는 그냥 하고 싶은 일이고, 창조주의 전지전능함을 믿고 따르지만 결국 나의 자유의지로 살아야 하며, 모든 일은 그저 정확히 계산된 카르마일 뿐이지만 나의 눈물과 아픔과 기쁨과 분노를 일으킬 감성의 문제이고, 나는 너무나 귀하기에 아낌없이 세상에 내어 놓아야 하며, 우리는 모두 다른 생각을 하고 있지만 사랑하고 싶고 사랑받고 싶은 마음에서는 똑같은, 양극단이 하나가 되는 '신성한 이분법'이 우리가 사는 상대계의 기본법칙이다. 우리가 사는 세상은 온전한 절대계에 비해 허상이지만, 우리는 영원하며 절대적인 존재이기에 모든 것은 이것이면서 동시에 저것일 수밖에 없다. 이 이분법을 이해하고 행할 때, 우리는 자유롭게 바라는 바를 이루며 무지갯빛의 다채로운 존재로 나아갈 수 있다.

그러니 허상을 붙잡고 무얼 하는지는 전혀 중요하지 않다. 오직 중요한 것은 존재 그 자체이니, '존재 그 자체인 우리가 무엇이 되는가, 어떤 존재가 되는가'만이 중요하다. 전혀 중요하지 않은 무엇을 해야 하는지를 붙잡고 있을 때, 허상이 충돌하며 갈등이 생기고, 양보하느라 억울하여 사랑이 어렵다. 그러나 우리 각자가 되고 싶은 존재를 꿈꾸고, 내가 되고 싶은 존재가 되기 위한 선택을 할 때, 존재는 충돌하면서도 하나가 된다. 생각해보라! 당신은 어떤 존재가 되고 싶은지를. 당신은 타인의 희망과 바램을 꺾는 존재가 되고 싶은가? 당신은 타인에게 상처를 주는 존재가 되고 싶은가? 당신은 사랑에 반하는 존재가 되고 싶은가? 아마도 이런 바램으로 사는 이는 없을 것이니, 설사 서로가 바라는 존재상이 다르더라도 존재의 충돌에 겁먹을 필요 없다. 행위의 충돌은 파괴를 불러오지만, 존재의 충돌은 새로운 세계를 창조하여, 새로운 형태의 사랑을 불러오기 때문이다.

우리가 충돌과 갈등 속에서 사랑하지 못하는 것은, 허상의 하고 싶은 일만을 꿈꾸고, 자신이 되고 싶은 존재를 꿈꾸지 않았기 때문이다. 부모로서 어떤 부모가 되고 싶은지 꿈꾸고, 부부로서 어떤 배우자가 되고 싶은지 꿈꾸며, 직장에서 어떤 존재이고자 희망하며, 어떤 이웃과 친구이기를 바라는지 결정해 보라. 자신이 되고 싶은 존재에 대한 꿈이 가슴에 항상 간직되어 있다면, 그 꿈을 이룰 기회는 희생이 아닌 기쁨이 된다. 진정한 사랑은 기쁨의 모습을 하고 있다. 오직 '내가 되고 싶은 존재' 그 자체에 집중할 때 타인에 대한 사랑이 기쁨으로 자연스럽게 피어난다. 우리가 하나의 존재에서 나누어져 서로 간의 관계를 형성하는 것은, 오직 자신을 체험하기 위해 내가 아닌 다른 이들이 있어야 했던 것임을 잊지 말도록 하자. 혼자서는 나를 온전히 체험할 수 없기에, 우리는 타인을 통해서 나를 체험하고 있고, 내가 되고자 하는 존재가 되어가고 있다.

사랑의 중요 화두가 '신성한 이분법'과 '오직 나라는 존재가 무엇이 되고자 하는가'라는 것은 『신과 나눈 이야기』를 통해서 접하였다. 이때에는 정말 심장이 벅차오르고, 뇌가 확장되며, 온몸의 세포가 전율하는 느낌이었다. 열심히 사랑하고자 노력했는데, 그래서 힘들고 지친 마음의 응어리들이 내 안에 가득 차 있었는데, 사랑의 실체를 본 순간 모두 눈 녹듯 사라질 수 있었다. 결국, 모두 나를 위함이었다. 나의 바람을 실현하고, 내가 이루고 싶은 것을 이루는 과정이었다. 내가 해낸 것들을 즐겁게 되새김질하며, 내가 어떤 존재가 되었는지 어떤 존재가 되어가는지 벅찬 행복으로 받아들이게 되었다. 결국, 타인을 사랑함은 나를 사랑하는 것과 다른 지점이 아니라, 같은 지점이 되어야 한다. 그래야 진짜 사랑이다.

우리는 지금까지 사랑이라는 이름으로 희생과 양보를 이야기하며, 서로에게 행한 심리적 선택적 폭력을 정당화해온 것이다. 내가 진심으로 기쁘게 여기지 않으며 행한 양보는 결코 사랑이 될 수 없다. 내가 되고 싶은 존재이기 위한 선택이 사랑이다. 우리가 누군가에게 사랑이라는 이름으로 양보와 희생을 바란다면, 그것은 상대에게 폭력을 행사한 것과 다름없다. 반대로 내가 누군가를 위해 희생하기를 선택했다면, 그것은 나 자신에게 폭력을 행사한 것과 다름없다. 더 이상 사랑이라는 고귀한 이름으로, 희생이라는 폭력을 정당화해서는 안 된다. 희생이라는 폭력은 결국 시간과 함께 쌓이고 쌓여 모두에게 비극을 가져다줄 뿐이다. 우리가 최고의 희생적 사랑으로 여기는 살신성인을 보여준 의인들도, 생명이 위급한 그 절체절명의 순간에, 나는 죽어도 상관없고 저 사람만 살렸으면 좋겠다고 생각한 것은 아닐 것이다. 아마도 그들은 모든 생명을 자신과 똑같이 여겼으며, 내가 살고 싶은 마음과 저 생명이 살았으면 좋겠다는 마음이 하나가 되어, 살신성인의 결과를 만든 것으로 생각한다. 그리하여 그들은 자신의 생명을 내어놓고 사랑하는 존재가 되기를 기꺼이 선택하였을 것이다.

우리에게서 사랑은 영원한 영적 본능이니, 아마 여러분도 나와 같이 온전히 사랑하고자 부단히 노력해왔을 것이다. 그 과정에서 많이 상처받고 아팠을 것이며, 지치고 힘들었을 것이다. 우리 이제 사랑의 본질로 지난 사랑의 노력과 과정을 다시 생각해보자. 당신이 힘들게 타인에게 양보를 선택했던 그 순간, 당신은 자신의 바람을 내려놓을 줄 아는 존재가 되었었다. 당신이 다른 이들에게 당신의 가치관을 나누고자 했던 순간, 비록 상대가 받아들이지 않았다 할지라도, 당신은 삶을 타인과 공유하는 존재가 되었었다. 다른 이의 억압에 반발하던 순간의 당신은, 그들에게 자신을 돌아볼 기회를 제공하는 존재가 되었었다. 당신이 힘들게 사랑하던 그 순간, 당신은 꿈꾸었던 존재가 되었다. 그걸 알아봐 주지 못해 더 힘들었던 것이니, 그 아쉬움은 이제 그 순간 당신이 어떤 존재였는지 지금 다시 생각하면서 풀어주면 된다. 그리고 앞으로 주어지는 상황에서 '무엇을 하고 싶은지 혹은 해야 하는지'보다 '어떤 존재가 되고 싶은가'를 항상 꿈꾸고 실천하길 기원한다.

우리의 목적은 오직 사랑체험이기 때문에, 우리가 되고 싶은 존재 속에서 언제나 사랑을 꿈꾸게 되어 있다. 아이가 공부를 그만두겠다고 고집부린다면, 아이를 사랑하는 엄마이길 꿈꾸며, 세상에 대한 이해로 공부를 유도하는 것도 좋고, 아이의 의사를 존중하여 공부를 쉬거나 관두도록 받아들이는 것도 좋다. 아이에게 공부를 시키든 말든 중요하지 않으며, 어떤 선택에서도 아이를 사랑하는 엄마가 되었는가가 중요할 뿐이다. 그러니 나는 어떤 행위로 사랑을 더 잘 전할지 판단하여 선택하면 된다. 엄마의 온전한 사랑 속에서 자란 아이는 공부를 많이 했든 적게 했든 상관없이, 자신의 삶을 행복으로 만들어갈 힘을 가지게 될 것이다. 당신이 되고 싶은 존재가 되기 위해서라면, 어떤 선택이든 자유롭게 하여도 좋다. 아니, 내가 되고 싶은 존재를 꿈꿀 때 우리의 선택은 자유로워지며, 자유로운 선택 속에서 사랑이 피어난다.

자, 이제 사랑은 힘든 것이라는 오해를 벗어 던지자. 사랑을 위해 억울한 희생을 할 필요가 없다. 절대로 희생하면서 사랑하지 마라. 당신의 희생을 바라는 존재는 이 우주상에 아무도 없다. 중요한 것은 당신이라는 존재 그 자체이니, 오로지 기쁨으로 사랑할 수 있는 만큼으로, 당신이 되고자 하는 그 무엇을 향하면 된다. 그리고 사랑하고 싶은 마음을 가로막는 당신의 상처를 알아봐 주길 부탁한다. 그 상처를 발견할 수 있고 치유할 수 있는 가장 최적의 사람은 당신 자신이다. 우리가 함께하는 이들을 사랑하지 않고서 행복해질 길은 없기 때문에 사랑을 포기할 수는 없다. 그러니 사랑은 나의 존재 실현임을 인정하고, 사랑을 막는 장벽은 나의 내면에 있음을 기억하여, 이제부터 진정한 사랑으로 출발이다.

타인을 사랑하는 시작은 우선 그를 믿어주는 것부터다. 나를 힘들게 하는 저 사람의 행동이 나에 대한 악의 때문이 아니라는 걸 믿는 것, 저 사람 나름대로 최선을 다하고 있다는 것을 믿는 것이 중요하다. 그러나 우리는 상대의 행동을 온전히 이해하지 못할 때, 그가 어떤 불순한 저의로 저러는 건 아닌지 의심한다. 시키는 대로 안 할까 걱정하고, 내 마음 몰라주고 흉을 볼까 의심한다. 그래서 걱정과 의심에 휘둘리면 내 맘을 알아주지 않는 것 같은 상대에게 불평불만이 많아지고, 다시 불평불만은 상대의 노력을 알아보지 못하게 만드는 악순환을 만든다. 그리고 의심과 불만 속에서 서로 간의 믿음을 깨는 거짓이 자리하게 된다.

타인에 대한 의심과 걱정에서 시작된 에너지는, 서로 간에 믿음으로 소통하는 길을 막기에, 사랑을 시작조차 할 수 없게 한다. 그래서 타인을 의심하는 걱정은 의(意)의 병리적 근원이 되니, 우리는 다른 이들이 악의 없이 최선을 다하는 중이라고 믿어야 한다. 사실 우리는 상대를 해치고 괴롭히고자 하는 악의적 목적으로 행동하지 않는다. 우리가 누군가와 싸울 때, 상대가 힘들고 괴롭길 바라는 마음으로 싸우는 사람은 없다. 우리가 싸우는 이유는 나를 상대에게 이해시키기 어렵고, 자신의 아픔이 도저히 주체가 되지 않기 때문이다. 한번 곰곰이 기억해보라. 당신은 누군가를 괴롭히고 힘들게 만들 목적만으로 행동한 적이 있는가? 누군가가 당신을 괴롭히려는 순수한 목적만으로 행동한 이가 있었는가? 흉악범조차 욕망을 충족하는 것이 주목적이다. 우리가 서로에게 상처를 입히는 것에는 그 어떤 악의적인 의도가 없다.

그럼에도 우리는 나의 최선을 기준으로 하여 나보다 덜 최선으로 보이는 이에게는, 저 정도가 최선일 리 없으니 무언가 다른 저의가 있다고 의심한다. 그러나 각자의 최선은 모두가 다를 수밖에 없다. 우리가 서로에게 상처를 주는 것은 최선이 아니어서가 아니라, 거기까지가 현재 우리의 한계이기 때문이다. 우리는 모두 자신의 한계 안에서 최선을 다하여 살아가고 있다. 이 믿음을 알려준 데이비드 호킨스(David

Hawkins) 박사의 인터뷰 글을 소개한다.

"마음의 평화는 당신이 세상을 바라보는 방식으로부터 비롯됩니다. 연민을 가지고 세상을 바라본다면, 당신은 인간 진화의 한계를 감안하게 됩니다. 사람들은 오직 자신들이 할 수 있는 최선을 다하고 있는 것입니다. 만일 그들이 더 뛰어나고 더 명석할 수 있다면 그렇게 할 것입니다. 연민은 누군가의 특정한 행동이, 당시의 상황 내에서, 그 사람이 지닌 한계라는 것을 받아들이는 것입니다."

정말 다시 생각해 보면 내가 살아온 길은 나의 최선이었다. 정말 힘들게 해낸 게 그 정도였다. 물론 더 잘했으면 좋았겠다는 아쉬운 순간들은 많지만, 그 당시에는 그게 최선이었다. 아쉬움이 있다고 최선이 아닌 것은 아니니까. 내가 그러하듯 최선을 다하여 살지 않는 사람은 아무도 없다. 우울증에 걸린 환자가 식사조차 겨우 하며 무기력하게 사는 것도 그 사람에게는 최선의 노력을 하는 중이며, 유흥에 빠져 가족을 등한시하는 이들도 나름 책임을 다하고자 최선을 다하고 있다. 다만 그 최선을 판단하는 우리의 기준에 미치지 못하지만, 그들 개인이 지난 아픔과 상처와 오해의 한계 안에서 최선이다. 그러니 누군가 지금 당신에게 상처를 준다 하더라도 그에게 악의적인 목적은 없으며, 그의 한계로 인한 최선임을 우리는 믿어주어야 한다. 비록 그 최선이 나의 최선에 비해 한참 뒤떨어지는 최선일지라도 말이다. 그리고 그가 가진 한계를 진심으로 연민하는 것이 사랑의 시작이다.

나는 데이비드 호킨스 박사의 연민의 정의를 처음 접했을 때 무척이나 행복했다. 나는 어른이 되어서도 상대가 이해되지 않거나 날 힘들게 하면, 마음의 불만들을 밖으로 풀어내지 않고는 답답해 견디지 못했다. 한마디로 내가 싫어하는 이들의 흉을 보지 않으면 속에 과부하가 걸리곤 했었다. 그래서 내 하소연을 들어줄 사람을 바로바로 찾았다. 그런데 날 힘들게 하는 이들이 나에게 아무런 악의가 없으며, 나와 같이 한계로 인해 고군분투 중이라는 사실을 받아들이면서, 조금씩 연민의 힘이 강해지기 시작했다. 다른 사람들 흉보지 않고도 살만해졌고, 이제는 많은 이들을 폭넓게 연민하면서, 평화로운 행복을 늘려가고 있다.

그러다가 내가 어디까지 타인의 최선을 받아들일 수 있는지 나의 한계를 만나게 되었다. 『신과 나눈 이야기』를 읽으면서 히틀러가 유대인들을 학살한 것은 그의 선의였고 최선이었다는 대목을 읽었을 때, 나는 충격과 고통 속에 책을 덮어야 했다. 나는 인간이면 누구나 최선으로 산다는 진리를 받아들였다고 생각했는데, 그게 히틀러까지 나아가지는 못했다. 그 대목이 심장을 조이는 고통으로 계속 읽는 것이 힘들었다. 그래도 읽고 싶었다. 심호흡을 거듭하고 가슴을 부여잡고 읽었던 것 같다. 우리는 모두가 선의로 최선을 다하며, 히틀러도 예외 없이 독일국민을 위하고자 하는 선의로, 그 학살이 최선이라고 믿으며 행한 것이라는 설명과 그 단원을 끝까지 읽었다. 그리고 다시 책을 덮고 생각하고 또 생각했다. 정말 히틀러가 독일국민을 위한다는 마음이었을까? 아니면 유대인들을 죽이고자 함이 목적이었을까? 그리고 나는 인정했다. 히틀러는 자국민을 위하는 선의의 최선으로 그 끔찍하고 잔인한 학살을 일으켰다는 것을 받아들였다. 그리고는 혼자 정신 못 차리고 멍하게 울었던 것 같다.

내가 이 원고를 쓰는 탄핵국면에서, 그 당시 나의 아픔을 느끼는 많은 이들을 본다. 반대당의 유력 정치인이 박근혜 전(前) 대통령이 선한 의도로 시작한 일일 것이라는 발언에 많은 사람이 아파하고 분노한다. 그는 선한 의지는 인정하지만, 방법이 잘못되어 이와 같은 일이 초래되었고, 적법한 절차와 방법이 중요함을 이야기하였지만, 분노 속에서 아파하는 이들에게는 선한 의지라는 인정이 너무나 힘든 일이기에, 뒤에 설명은 들리지조차 않는다. 내가 히틀러의 선한 의지를 받아들이기가 그렇게 아프고, 우리가 박근혜 전(前) 대통령의 선한 의지를 인정하기가 이렇게 힘든 것은, 우리는 그동안 선의와 최선이면 다 괜찮다고 착각했기 때문이다. 그리고 비극은 결코 선한 의지에서 시작될 수 없다는 오류가 인류 진화의 발목을 붙잡고 있다.

내가 히틀러의 선의를 읽고 눈물을 쏟은 것은, 인간의 선한 의지가 얼마나 끔찍한 비극을 만들어 낼 수 있는가를 목도하였기 때문이다. 차라리 악인이 비극을 만든다고 생각하는 편이 훨씬 더 쉽다. 그래서 우리는 지금까지 그렇게 생각해왔다. 그러나 선한 의지는 누구도 예외 없이 발휘한다. 다만 어떤 틀을 가지고 선한 의지를 이루어 가는가가 결과를 결정하는 것이다. 그래서 우리가 잘못된 틀에 갇힐 때, 우리는 분명히 선의와 최선이었음에도 상상하기 힘든 비극들을 만들어낸다. 그러나 결과가 비극이라고 해서 선의와 최선이 아니었다고 할 수 없다. 결과에도 불구하고 우리가 서로 상대의 선한 의지를 인정하는 것은 매우 중요하다. 우리가 서로의 선의와 최선을 믿을 때, 현재의 잘못된 결과를 수정하고, 우리가 가진 잘못된 틀을 순리로 치유해 나갈 수 있기 때문이다.

생각해보라. 나의 잘못이 누군가에게 드러나게 되었을 때, 우리의 반응은 우선 나의 입장과 의도를 변명하는 것이다. 그리고 상대가 나의 선의와 최선을 인정해준다면, 우리는 좀 더 쉽게 자신의 잘못에 대해 인정하고 사과하며, 그에 따른 책임을 받아들일 수 있다. 우리는 자신의 선의와 최선을 인정받지 못할 때, 자신을 가둔 틀을 깨지 못하고, 자신의 선의를 강조하는 오류에 빠지고 만다. 따라서 우리가 서로의 선의와 최선을 인정하고 받아들일 때, 좀 더 쉽고 빠르게 잘못을 인정할 수 있고, 비극을 일으킨 원인을 치유하며, 잘못된 틀을 순리로 극복해 나갈 수 있다. 그리고 순리로 이루어 가는 치유와 성장은 더 확실히 과거를 청산한다.

지금 당신을 힘들게 하는 이들에게 그의 선의와 최선을 알고 있다고 진심으로 표현하길 바란다. 당신의 그 믿음을 드러내고 또 드러낼 때, 결국 상대는 자신이 당신을 아프게 하고 있다는 사실을 발견할 것이다. 나는 박근혜 전(前) 대통령도 대국민 담화에서 말했듯 애국심으로 최선을 다한 것이라는 사실을 믿는다. 그리고 그녀가 너무나 큰 자신의 한계 안에 갇힌 존재라는 것을 연민한다. 그리고 많은 국민들이 그녀의 선의를 믿어주기를 바란다. 우리는 당신의 애국심과 최선을 믿는다고, 우리는 당신의 진심을 비난하는 것이 아니라고, 그저 당신이 당신의 최선으로 만들어낸 결과를 당신의 몫으로 바라봐주길 바란다고… 그래야 박근혜 전(前) 대통령이 자신의 선의와 최선을 역설하는 것을 멈추고, 자신이 만들어낸 국정농단의 결과로 얼마나 많은 이들이 피해를 입고, 기회를 박탈당하며, 공정한 사회적 기반이 무너졌는지 객관적으로 바라볼 수 있다. 그 믿음은 큰 한계에 갇힌 한 인간이 그 한계를 극복하고 용서의 길로 나아갈 기회가 될 수 있다. 그 용서의 길은 우리 사회를 빠르고 온전하게 치유할 수 있다.

우리가 악인이라고 생각한 이들이 선의와 최선으로 살았다는 사실을 받아들이는 데 인류는 아직 많은 저항을 가지고 있다. 그래서 이 이야기를 실생활에 적용하여 말하는 것은 매우 조심스러운 일이다. 그 본의를 제대로 전달하기도 힘들고, 자칫 오해를 불러일으키며 상대에게 상처를 주기 때문이다. 아직 우리는 선의를 인정하는 것을 모두 용납하는 것으로 오해한다. 그래서 우리는 개인의 문제든 사회의 문제든 각자의 선의를 인정하지 않은 채, 서로의 틀을 분해하고 비판하면서, 잘못을 개선한 후 통합을 이루고자 하지만, 이 방법으로는 인간관계와 사회의 발전이 너무나 느리다. 이제 순서를 바꾸어야 한다. 우선 먼저 각자의 선의와 최선을 인정하는 믿음의 통합을 이루고, 그 통합 속에서 서로의 한계를 연민하는 마음으로 상대의 틀을 분석하고 해부하는 것이다.

이렇게 순서를 바꾸면 우리의 시야가 넓어지며, 우리가 당면한 문제의 표면적인 현상에 집착하지 않고, 근본을 알아볼 수 있다. 아이가 버릇없이 행동하는 문제에 대해 분석을 먼저 하면 그 행동자체에 대한 비난과 수정이 중요해지지만, 아이의 선한 의지를 먼저 믿고 이후에 행동을 분석하고자 접근하면, 아이가 어떤 마음의 불편함으로 삐뚤어진 행동을 하는지가 보인다. 그리하여 그 아이가 마음의 불편함을 치유하여 어떤 존재가 될 수 있는지가 보이게 된다. 우리는 표면적으로 상대가 무엇을 했는지에 집착하지만, 중요한 것은 그가 어떤 존재가 되는가이다.

이렇게 선 믿음 후 분석의 순서가 만든 넓은 시야는, 또한 상대가 지금 변화하는 과정이라는 사실을 보이게 한다. 그가 어떻게 변할지는 아무도 모른다. 남 흉보지 않고는 속 터질 것 같았던 내가 이만큼 변할 거라고 그 당시에는 알지 못했다. 지금 이 책을 읽는 당신이 얼마나 확장될지 아무도 알 수 없으며, 당신의 속을 뒤집어 놓는 이들이 어떤 변화를 만들어갈지 우리는 모른다. 우리는 모두 무한한 가능성을 지닌 존재이다. 상대의 선의와 최선을 믿고 분석할 때, 존재 그 자체의 변화가 보이고, 그의 변화를 위해 내가 해줄 역할이 보인다. 그리고 그 역할을 통해서 내가 되고자 하는 존재가 될 기회를 우리는 얻게 되며, 나의 존재실현을 위해서 싫어하는 대상까지도 사랑할 수 있게 된다. 우리가 누군가를 좋아하고 싫어하는 건 지극히 자연스러운 일이고, 행위가 아닌 존재 그 자체를 바라볼 때, 우리는 싫어하는 대상도 사랑할 수 있다. 이제 더 이상 억지로 모든 것을 다 좋아하려고 애쓰지 않아도 된다.

싫어하는 대상까지 사랑한다는 말이 어색하게 들릴 수도 있지만, 사실 우리 대부분은 싫어하는 대상을 사랑하고 있다. 가장 가까운 가족에게 우리는 애증의 관계로 서로를 싫어하면서도, 또한 너무나 사랑한다. 자식이 말을 듣지 않으면 내 자식도 꼴 보기 싫어지고, 아무리 내 부모여도 내 마음을 몰라주면 원망스럽고 싫으며, 부부 사이에도 배우자의 단점은 꼴 보기 싫을 때가 참으로 많다. 그러나 우리는 싫어하면서도 진심으로 사랑한다. 우리가 선 믿음 후 분석의 순서로 상대가 변화하는 과정의 존재임을 알아본다면, 가족을 싫은 점에도 불구하고 사랑하듯, 다른 존재들도 싫어하면서 동시에 사랑할 수 있다.

지금의 우리가 결과가 아닌 과정의 존재이듯, 상대도 언제나 성장하고 확장하는 과정의 존재이고, 우리가 무엇을 하는지가 중요하지 않은 것처럼, 상대가 무얼 했는지 역시 중요하지 않으며, 우리가 어떤 존재가 되어 가는가가 중요한 것처럼, 상대가 어떤 존재가 될 수 있는가를 중요하게 여기는 것이, 선 믿음 후 분석에 의한 연민의 분석이다. 연민의 분석은 무조건적인 관용이 아니며, 존재 그 자체는 사랑이라는 믿음으로, 상대의 성장을 축복하는 해석이다. 우리가 서로의 선한 의지에 대한 믿음을 바탕으로 분석할 때, 부부관계, 부모자식관계, 연인관계, 친구관계, 동료관계, 정치관계, 경제관계, 국제관계에서 많은 점이 원활히 개선되고, 더 쉽게 사랑하며, 인류문명의 빠른 진화를 이룩할 수 있다. 순서를 바꾸는 이 변화는 당신이 사랑할 수 있는 폭을 기적처럼 넓혀줄 것이다. 그러니 순서를 바꾸는 이 작은 변화가 우리의 삶과 사회에 얼마나 큰 기적을 이루는지 꼭 함께 확인해보았으면 좋겠다.

우리는 본디 하나의 존재에서 자신을 체험하고자 여럿으로 나뉜 것이니, 타인은 결국 또 다른 '나'이다. 나보다 확장되지 못한 이들을 볼 때, 나는 그들에게서 나의 과거를 본다. 이번 생에서 삶의 본질로 향하지 못했던 철없던 나의 과거를 떠올리고, 나와 같음을 느끼며, 그들을 응원한다. 당신은 나와 같은 존재이니 당신들도 나처럼 삶의 본질을 보게 된다면 훨씬 더 자유롭고 행복해질 수 있을 거라고…. 이번 생의 철없던 시절보다 더 진화하지 못한 이들을 볼 때면, 내가 기억하지 못하는 전생의 내 모습일 수 있겠다고 생각한다. 지금까지 인류의 잔인했던 역사 속에서 내가 살았던 그 모습이 그들에게 아직 남아있구나 싶다. 그들이 부디 이생에서 잔인함을 극복하는 확장을 이루기를 간절히 기원한다. 또한, 나보다 훌륭하고 아름다운 이들을 보면서는 나의 미래를 본다. 나의 영원한 확장 속에 저 훌륭함과 아름다움이 있겠구나. 아마도 가장 나다운 모습으로 그 훌륭함과 아름다움을 이루겠구나 생각한다. 그리하여 그의 훌륭함이 더 찬란해지기를 기원한다. '나는 곧 그들이고, 그들이 곧 나'라는 진리 앞에 숙연함과 함께, 터질 듯한 행복을 느낀다. 그래서 우리는 똑같은 하나의 존재이고, 서로 사랑하고자 하며, 사랑할 때 행복해진다.

그러면서도 우리는 나누어진 각자이기에 다르다. 생김새도 다르고, 성격도 다르며, 생각과 감정도 다르고, 선호도 다르다. 나와 완전히 똑같은 존재는 같은 시공간에 존재하지 않으니, 우리의 개성은 모두 독보적이고 차별화되어 있다. 만약 이 세상에 나와 똑같은 존재들만 있다면 우리는 자신을 체험할 수 없다. 나와 차별화된 존재가 있기에, 그들이 나를 비추어 볼 수 있는 거울이 되어 나를 체험할 수 있다. 우리는 하나이지만 나누어진 존재이기에 서로 다른 것은 지극히 당연하고 자연스러운 결과이다. 내가 나와 다른 존재를 만나 서로의 차이를 인정하고 받아들일 때, 우리는 서로를 보완하며 하나가 된다. 퍼즐 조각이 한 조각은 튀어나와 있고 또 다른 한 조각은 움푹 들어가 있어 서로 맞물려 하나의 조각이 되는 것처럼, 우리의 차이점으로 서로를 맞물리기에 하나의 존재가 될 수 있다.

그러니 당신의 있는 그대로의 모습을 우리에게 내어주라. 당신의 단점을 보완하는 수많은 이들이 이 세상에 있다. 당신이 생각하지 못한 점과 가능성을 발견해줄 이가 있으며, 당신의 잘못을 바로잡아줄 이가 있고, 당신에게 용기와 희망이 되어줄 이가 있다. 또한, 당신의 장점을 필요로 하는 수많은 이가 이 세상에 있다. 당신의 위로와 격려가 필요한 이들이 있고, 당신이 본보기가 돼주어야 할 이가 있으며, 당신이 생각하고 추구하는 바가 꼭 필요한 이가 있다. 이렇게 우리가 각자의 차이를 인정하여 함께할 때, 우리는 퍼즐의 완성작품처럼 완벽한 존재가 된다. 그래서 우리는 아쉬움을 지닌 각자인 존재로서, 우리의 완성을 위하여 서로 사랑하고자 한다.

나와 다른 수많은 존재가 이 세상에 있기에 우리는 함께할 수 있다. 우리의 차이점들은 다양한 빛깔로 세상을 수놓아 아름답고 찬란하게 한다. 나와 다른 생각과 성격과 감성을 가진 이들이 있어 참 다행이고, 나와 다른 욕구와 바램과 계획을 가진 이들이 있어 좋다. 또한, 우리는 본래 하나의 존재이기에 사랑받고 싶고, 사랑하고 싶다는 점에서 모두가 똑같은 존재이다. 주어진 삶을 통해 확장하고자 하는 영적 본능에서 모두 같으며, 각자의 최선을 다하며 선의로 살아간다는 면에서 우리는 똑같다. 우리는 각자이기에 모두 다르며, 하나이기에 모두가 똑같은 신성한 이분법의 존재들이다. 그러기에 사랑의 방식 또한 신성한 이분법으로 이루어져야 한다.

그들이 나이고 내가 그들이기에, 우리는 서로 모든 것을 공감할 수 있으며, 내어주는데 아까울 것이 없고, 받아들이는데 두려울 것이 없다. 그렇기에 누군가에게 한 것이 곧 나에게 한 것이며, 나에게 한 것이 곧 그들에게 한 것이 되어, 아낌없이 내어주고 두려움 없이 받아들여 하나로 통합되는 사랑으로 나아간다. 만약 당신이 진실로 원하는 것이 있다면 그것을 타인에게 베풀면 된다. 베풀고 베풀수록 당신 안에 그것이 차고 넘치게 쌓여갈 것이다. 우리는 하나이기에, 상대의 진정한 행복을 바라는 마음과 그것을 위해 함께하는 노력은 결국 당신의 행복이 된다.

또한, 우리는 모두 같은 최선과 선의로 살아가기에, 우리가 용서하지 못하고 용서받지 못할 것은 아무것도 없으며, 우리가 축복하지 못하고 축복받지 못할 아무런 이유가 없다. 그저 타인의 최선이 자신의 한계를 넘어 확장되기를 바라며, 또한 나의 최선이 나의 한계를 뛰어넘어 사랑하길 바라며, 우리 모두가 미안함과 고마움과 용서와 축복으로 통합되는 사랑을 향해 나아간다. 서로에게 아낌없이 주고 두려움 없이 받으며 미안함과 고마움과 용서와 축복으로 하나 되는 것은 사랑이며, 배척은 사랑의 반대이다.

그러나 우리는 하나이면서도 각자 개별화된 존재로서 서로의 다름을 인정하고 존중하는 사랑을 해야 한다. 아직 준비되지 않은 이에게 존중 없이 개입하는 건, 그의 가치를 훼손하고 상처 주는 일에 불과하다. 또한, 사랑을 위하여 누구도 나에게 종속시켜서는 안 되며, 나 역시 누구에게도 종속되어서는 안 된다. 누군가에게 의존하는 삶을 만드는 종속은 사랑의 반대이며, 스스로의 길을 가도록 하는 존중은 사랑이다. 그래서 어미 새가 새끼들이 둥지를 떠나는 이소 때 보이는 냉정한 태도는, 새끼들을 자신에게 종속시키지 않는 위대한 사랑이다. 따라서 나와 다른 선택을 한 상대를 존중하여 온전히 내버려 두고 기다리는 것은, 진정한 사랑의 실천이 된다.

우리는 서로의 다름을 이해하고, 그가 받아들일 수 있는 소통을 시도하며, 소통이 어려운 상황에서는 그의 선택을 존중해야 한다. 그가 가는 길이 결국에는 사랑이 될 과정임을 믿고 기다리며 내버려두는 것 역시 사랑이다. 그를 보호한다고 나에게 종속시켜서도 안 되며, 그의 길이 잘못되었다고 배척하지도 말아야 한다. 그저 각자 선택의 결과를 서로에게 내보이면서 상대의 거울이 되어주는 것이다. 우리의 차이는 서로에게 자신을 비춰볼 수 있는 거울 그 자체가 되어준다. 그렇게 서로 다른 길을 가며 결국 사랑으로 하나가 되기를 기다려주는 것이 존중의 사랑이다.

그러니 온전한 사랑을 위하여 존중하여 내버려 두고, 또 한편으로는 통합하여 품으며, 하나로 또 각자로 사랑하자. 내버려 두면서도 사랑할 수 있고, 함께하면서도 사랑할 수 있다. 사랑은 신성한 이분법으로 이루어져 있으니, 어떤 경우에도 우리는 서로 사랑할 수 있다. 그래서 우리가 서로 사랑하는 것은 너무나 당연한 일일 뿐이다.

6. {혼백신의지(魂魄神意志)}

1) {혼백신의지}와 우리의 일상

우리는 창조자다. {혼백신의지}는 우리가 어떻게 살아야 하는지, 우리가 어떤 창조자가 되어야 하는가를 결정하는 힘이다. 지(志)의 힘으로 자신의 삶을 창조하고, 혼(魂)의 힘으로 신(God)의 확장을 창조하며, 백(魄)의 힘으로 세상과 우주를 창조하고, 신(神)의 힘으로 자신을 재창조해나가며, 의(意)의 힘으로 타인의 삶의 기회를 창조한다. 우리가 창조하는 것이 결국은 모든 것이며, 그리하여 우리는 위대한 창조자이고, 우리 모두를 다하여 창조주이다. 나는 이제 창조주 하느님을 부를 때 '우리 모두이신 하느님'이라고 부른다. {혼백신의지}를 이해하기 전에는 어둠 속의 막막함으로 창조과정이 이루어졌다면, {혼백신의지}를 이해하는 것은 우리의 창조력을 자유자재로 활용할 수 있는 길을 열어준다.

우리가 창조자로서 우리의 의지와 바람대로 {혼백신의지}를 펼쳐내기 위해서는 '각성-이해-실천'이라는 3단계가 완성되어야 한다. 책이라는 수단은 보통 각성과 이해까지만 인도한다. 생각해 보면, 책을 통해 나의 가슴을 뛰게 하고 충만하게 채워주었던 고마운 진리들을 많이 접하였지만, 그것을 내 삶에 녹여내는 것에는 언제나 일정한 괴리감을 느끼곤 했다. 그동안 우리에게 진리를 전해준 수많은 서적을 통해서 각성하고 이해하면서도 삶의 변화가 느렸던 괴리감은 실천이라는 세 번째 단계가 부족하였기 때문이다. 이 책을 읽는 독자 여러분에게도 그런 괴리감이 생길 수 있을 것이다.

그래서 여기서부터는 {혼백신의지}에 대한 이해를 일상에 적용하는 팁을 전하고자한다. 이 책이 전하는 팁은 우리가 속한 우주의 법칙 중 일부에 해당한다. 그리고 실제 적용해보면 {혼백신의지}에 대한 이해가 삶에서 어떤 변화를 일으키는지 체감하기 쉬운 것들이다. 이 팁을 통해서 독자 여러분이 직접 {혼백신의지}의 힘을 체감하길 바란다. 이 팁을 전하는 것은, 이 책이 일으킨 각성과 이해가 자연히 실천으로 나아가길 바라는 마음이다. 그리고 그 과정은 여러분에게 더 많은 우주의 법칙을 스스로 기억해내게 하여, 각성-이해-실천의 3단 완성을 공고히 해줄 것이다.

\<표 1-7\> 혼백신의지의 정리

	혼(魂)	백(魄)	신(神)	의(意)	지(志)
정의	창조주와 연결된 힘	세상과 연결된 힘	자신과 연결된 힘	타인과 연결된 힘	삶에 연결된 힘
위치	송과체	달팽이관	심장	난소·정소	발바닥
감정	영광	평화	기쁨	만족	즐거움
	분노	두려움	슬픔	불만족	우울
의식	존엄함	합당함	자존감·자기애	이타심·신뢰	열정·여유
	열등감	불안감	자괴감·실망	의심·걱정	무관심·집착
욕구	존중의 욕구	재화의 욕구	성욕·육체 욕구	식욕·생활 욕구	수면욕·오락과 휴식의 욕구
	명예 욕망	재화 욕망	성적·육체적 욕망	물질에 대한 욕망	쾌락·한탕주의 욕망
명수 (命數)	신에 대한 믿음과 사랑	세상에 대한 믿음과 사랑	나에 대한 믿음과 사랑	타인에 대한 믿음과 사랑	삶에 대한 믿음과 사랑
반명수 (反命數)	미움	원망	부정	거짓	무책임

2) {혼백신의지}에 의한 의식의 결계

첫 번째 실천의 팁은 {혼백신의지}의 힘으로 완성하는 자기실현적 예언이다. 자기실현적 예언은 자기 자신에 대해 생각하는 그대로 현실에서 이루어지는 현상을 일컫는 심리학 용어이다. 예를 들어, 자신이 이성에게 매력이 넘친다는 생각이 확고할수록 실제로 이성에게 매력 어필이 잘되는 사람이 되며, 반대로 자신은 이성에게 인기가 없는 타입이라고 스스로 단정할수록 실제로 이성에게 매력이 없는 사람이 되어가는 현상이 그것이다. 자신을 어떤 존재로 여기는가에 따라 자신의 모습이 만들어진다는 것이 자기실현적 예언이다. 심리학이 발달하기 이전에는 보이는 모습대로 우리가 생각하는 것이라고 여겼지만, 우리가 생각하는 바에 따라 우리가 결정된다는 사실이 심리학의 다양한 방법으로 밝혀졌다.

이제 우리는 자기실현적 예언을 쉽게 믿지만, 그럼에도 자기실현적 예언에 대한 이해로 나를 바꾸는 것은 어려워한다. 자신이 바라는 대로 스스로를 구체화하며 지속해서 믿는 것에는 저항이 느껴지기 때문이다. 그래서 자기실현적 예언으로 원하는 모습으로 나를 바꾸는 단계에 이르기는 쉽지 않다. 그 어려움을 토로하면 될 때까지 믿으라거나, 더 구체적으로 믿으라거나, 더 자주 그런 생각을 하라는 조언을 들을 것이다. 그 조언은 틀리지 않은 정답이지만 모호함으로 추진력을 주기에는 아쉬움이 있다. 그래서 우리는 자기실현적 예언이 실제 이루어지는 것을 믿으면서도 그 이론으로 나를 변화시키지는 못했다. 그러나 우리 의식의 주요 기둥이 {혼백신의지}임을 이해한다면 자신이 바라는 존재가 되기 위한 자기실현적 예언이 좀 더 쉬워진다. 자신이 바라는 존재상(存在狀)을 {혼백신의지} 각각의 의미로 모두 구성하면 자기실현적 예언이 쉽게 현실이 되는 것이다.

{혼백신의지}는 우리 마음의 주요 다섯 기둥이다. 긍정적이든 부정적이든 자기실현적 예언이 현실에서 이루어지는 것은 마음의 주요 기둥에 어떤 자기 존재상이 채워져 있는가에 따라 결정된다. 그것이 자기실현적 예언이 이루어지는 우주의 법칙이다.

실제로 우리가 자신에 대해 일부 비관적인 생각에 빠진 시기가 있더라도 쉽게 나의 비관이 현실이 되지 않으며, 자신에 대해 긍정하고자 노력하는데도 쉽게 변하지 않는 것은, 생각의 주요 기둥인 {혼백신의지}가 모두 출동할 때 현실화가 체감되기 때문이다.

내가 이성에게 매력적인 존재라는 생각이 현실이 되려면 다음의 것이 있어야 한다. 매력을 키우고 드러내기 위한 노력을 꾸준히 하겠다는 지(志)의 각오와 실천, 내가 매력을 가진 것은 운명적으로 당연하다는 혼(魂)의 존엄성, 누구에게나 각자의 매력이 있다는 공평함을 믿는 백(魄)의 힘. 이에 더하여 나 자신을 매력적으로 바라보고 인정하는 신(神)의 자존감과, 타인의 매력을 알아볼 줄 아는 따뜻한 의(意)의 연민이 모두 채워질 때 현실에서 나의 매력이 구체화된다. 비관적 예언 또한 마찬가지이다. 이것이 자기실현적 예언의 법칙이다. 이제 당신이 바라는 존재가 되기 위해서 '무턱대고 열심히, 꾸준히'라는 막막함을 벗어던지고 {혼백신의지}의 의미를 활용해보길 권한다.

(1) 자기실현적 예언의 {혼백신의지} 요소

① 지(志)=의지

자신의 의지로 창조한다는 의식이다. 나의 의지대로 나의 삶을 창조해나간다는 자각이며 이 자각을 통한 노력이다. 의지에는 '성실함, 끈기, 열정, 성의, 용기, 여유, 온화함, 포용력'과 같은 조화로운 노력을 포함한다. 또한, 그동안 내가 살아온 삶에 대한 노고를 인정하고 앞으로의 행복을 믿는 확신이다.

② 혼백(魂魄)=운명적 당위성과 완벽성

우주의 법칙에 의한 당위성 및 완벽성에 관한 의식이다. 삶에서 형성된 관계나 나에게 주어진 기회 등이 우연이 아닌 운명적이라는 의미이며, 하늘과 나는 하나라는 것에 근거한 완벽성을 인식하는 것이다. 또한, 삶의 목적을 향하는 신념과 가치관을 포함한다. 그리하여 모든 것을 순리로 받아들이고 그 과정을 통해 성장하고 진화하여, 영광과 평화 속에서 자유를 누리는 영적인 목적에 대한 인식이다. 혼과 백은 각자 따로인 에너지체이면서 동시에 함께 활동한다. 한꺼번에 묶어서 생각을 구성하여도 좋고 따로 구성하여도 좋다.

③ 신(神)=자존감과 자기애

자신에 대한 믿음과 확신을 의미한다. 자신에 대한 믿음은 스스로의 선함, 아름다움, 훌륭함을 믿는다는 의미로, '자신에 대한 긍정'과 '나는 할 수 있다'는 의식이다. 거기서 더 발전하여 자신의 성장에 한계가 없음을 알고 위대함과 신성함을 본질로 품고 있다는 인정이다. 또한, 나를 사랑하고 아껴주며 세상에 드러내고자 하는 의식이기도 하다.

④ 의(意)=사랑

타인이나 자연 등 자신 이외의 대상에 대한 연민, 사랑, 배려의 의미가 자신이 바라는 목적에 포함되어야 함을 의미한다. 나만을 생각하는 존재상이 아닌 타인과의 관계를 통해서 구성되는 존재상이 갖추어져야 한다. 그리고 그건 당연히 사랑이어야 한다.

⑤ 통합=감사 혹은 용서 혹은 축복

{혼백신의지}의 각 의미를 하나로 단단히 묶는 의식은 바로 감사, 용서, 축복이다. 자신에게 주어진 지금의 현실에 대한 용서나 감사, 앞으로 나의 바램이 현실이 될 것을 확신하는 감사나 축복은 {혼백신의지}의 힘을 하나로 통합시켜 준다.

{혼백신의지}의 의미를 모두 채울 때 현실이 되는 것은, 마음의 주요 기둥을 다하여 생각할 때 우주가 우리의 바램에 함께 공명하기 때문이다. {혼백신의지} 중 한두 개의 의미가 빠진 채 생각하여도 자기실현적 예언은 조금씩 이루어진다. 아주 서서히 우리가 알아차리지 못할 만큼의 속도로 조금씩만 이루어진다. 그러나 주요 다섯 기

둥이 모두 세워지게 되면 우주의 기운이 함께 공명하며 우리가 그 변화를 알아볼 수 있을 만큼 빠른 속도와 강도로 현실이 된다.

이 변화는 나의 힘만으로 이루는 것이 아니라 우주와 하나가 되어 이루어가는 변화이기에 [혼백신의지]에 의한 자기실현적 예언을 의식의 결계라고도 생각한다. 내가 되고자 하는 존재가 되는 길에 모든 방해요소로부터 스스로를 보호하며, 우주가 나를 보호하는 길이기에 결계이다. 또한, 나의 모든 마음을 다하며 우주와 이룬 소통이기에 필연적 예언이기도 하다. 이 결계와 예언을 선언하는 것은 나 자신에게 하여도 좋고, 하늘에 하여도 좋다. 어느 것을 향하여 선언하여도 상관없으며 둘 다를 향하여 두 번의 선언을 하는 것은 훨씬 더 좋다. 이것은 동전의 양면을 모두 새겨 하나의 동전을 온전히 완성하는 것과 같기 때문이다. 그리고 나와 하늘의 경계를 완벽히 허물고 단 한 번의 선언이 나와 하늘에 동시에 이루는 관념을 완성한다면 금상첨화이다.

[혼백신의지]의 필연적 예언과 결계를 설명할 때, 지-혼백-신-의-통합이라는 순서로 나열한 이유가 있다. 이 순서는 모든 인간에게 공통된 의식의 순서이기 때문이다. 사람은 누구나 어려운 일이 닥치면 우선은 자신의 의지로 견디고 이겨내려 노력하고 (지), 이것이 버거울 때는 하늘에 의지하고자 하며(혼), 세상에서 답을 찾고자 노력하고(백), 그래도 여의치 않고 힘들 땐 왜 이런지 자신에 대해 성찰하며(신), 비로소 옆의 사람이 보이며 타인에 대한 이타심(의)으로 극복하고자 한다. 우리는 무언가를 판단하고 생각할 때 모두 [지→혼→백→신→의→통합]이라는 과정을 거친다. 이 순서의 순리를 따를 때 즉각적인 효과를 나타낸다. 물론 순서가 틀려도 똑같은 효과를 나타내기에 얽매일 필요는 없지만, 지금 당장이라는 시간의 촉박함이 있다면 순서의 순리를 알아두는 것이 좋다.

[혼백신의지]의 결계로 내가 바라는 존재상으로 나아가는 데 힘을 얻고 그 과정을 반복하면서 그 힘을 더욱 공고히 강력하게 하는 길을 발견하였는데, 그것은 3단 구성이다. 3단 구성을 적용하게 된 것은 『신과 나눈 이야기』 덕분이었다. 『신과 나눈 이야

기』에서는 선/악, 좋고/나쁨과 같이 이분법적 분류는 진리의 과정이 아니며 모든 신성한 진리는 셋으로 나뉜다는 것을 설명한다. 우리 인간이 영혼-마음-몸이라는 삼중(三重)의 존재이고, 시간은 과거-현재-미래이며, 공간은 여기-사이-저기이고, 모든 것이 실현되는 과정은 시작-과정-결과 혹은 각성-이해-드러남이라는 3단계를 거친다. 이 셋이 하나가 되어 신성한 완성을 이룬다.

그래서 자기실현적 예언에 과거-현재-미래의 세 가지 시재를 채워서 구성하였다. 예를 들어, 지(志)의 의미에 과거에 대한 반성과 현재에 대한 각오와 미래에 대한 확신을 채워 구성하고 다른 것에도 같은 방식으로 채우는 것이다. 그러자 필연적 예언과 보호적 결계의 힘이 더욱 강력해지는 것을 체감하였다. 우리의 현재 의식은 과거의 결과와 미래에 대한 생각에 따라 결정된다. 지금이라는 시간은 과거와 미래가 결집되는 시간이기 때문에 {혼백신의지}에 대한 과거, 현재, 미래의 모든 시점을 채우는 생각이 지금의 의식을 완성한다.

거기에 더하여 각 시재에도 3단 구성을 더하였다. 모든 일은 각각의 순간에 시작-과정-결과 혹은 각성-이해-드러남의 3단이 합쳐서 일어나니 모든 시간에서도 3단 구성을 이루도록 생각하였다. 그러니까 각각의 {혼백신의지}에 삼중(三重)의 시간과 실현의 3단계가 겹쳐져 3×3=9인 9단계의 구성을 완성했다. 그 효과는 실로 놀라웠다. 당시 나는 고통받던 상황에 대해 {혼백신의지}를 이용한 자기실현적 결계를 해나가고 있었다. 그러면서 나의 고통이 줄어드는 것을 체감하고 감사히 여기고 있었는데 9단의 구성을 완성하자 오랫동안 나에게 붙어있던 고통이 일순간에 사라지는 경험을 했다.

9는 동양학에서는 완성수(完成數)를 의미한다. 서양의 숫자는 1부터 시작하여 10으로 완성되지만, 동양에서는 0부터 시작하여 9로 완성된다. 그렇게 모든 단계를 완성하는 수가 9이다. 그래서 동양 문화에서는 아홉수를 중요시한다. 모든 신성한 진리가 이루는 3이라는 숫자가 서로 겹쳐지면서 나타나는 수가 9(3×3)이다. 그 완성의 수가 만든 [혼백신의지]의 결계와 예언은 도저히 못 알아차릴 수 없는 강력한 현실화를 체감하게 한다.

생각해보면 그동안 자기실현적 예언을 실현한 인물들은 정말 자신이 되고자 하는 바에 대해 모든 방면과 시간을 채워서 그 의미를 깨달은 이들이었을 것이다. [혼백신의지]의 의미를 몰랐더라도, 시재와 단계의 삼위(三位)를 알지 못했어도, 그저 삶의 깨달음을 통해 그 의미들을 모두 채워오며 그 의미대로 자신을 꿈꾼 이들이 자기실현적 예언으로 꿈을 이룩한 자들이다. 우주는 [혼백신의지]의 의미로 자신을 꿈꾸는 이들에게 태곳적부터 지금까지 언제나 함께 공명해 왔다. 그 의미를 완벽히 채워갈 수록 더욱더 크게 공명하여 증폭시켜주었다. 이것은 언제나 그러하였고 앞으로도 지속될 우주의 법칙이다. 그리고 인류는 진화를 거듭하여 이 법칙을 지식으로 펼쳐내는 단계에 도달하였다.

이제 [혼백신의지]에 의한 필연적 예언은 깨달은 자들에게만 국한된 것이 아니다. 모두가 알 수 있는 지식이 되었으니 이 지식을 잘 활용할 수 있도록 여기에 나의 자기실현적 예언을 몇 가지 소개한다. 꿈의 실현을 위한 예로, 대중적 꿈인 금연(禁煙)과 딸아이가 리듬체조 훈련을 시작할 때 했던 [혼백신의지]의 의미 구성을 보여주고자 한다. 그리고 마음의 상처를 치유하는 [혼백신의지]의 결계와 삶에서 주어진 역할을 통해 자기실현을 꾀하는 예도 소개한다. 이것들은 일종에 개인 맞춤형 기도문이다. 나의 이 기도문을 보고 여러분이 자신만의 자기실현적 예언을 구성하는 데 하나의 예시로 보아주면 좋겠다.

(2) 부모 역할에 대한 예언

우리의 삶에는 각자에게 주어진 역할이 있다. 가족으로서, 사회 구성원으로서, 인간관계를 통해 자신의 역할을 순조롭게 해낼 때 자기실현을 해나간다. 그래서 첫 번째로는 우리에게 주어진 역할에 대한 자기실현적 예언을 소개한다. 부모라는 역할은 당사자에게는 삶의 반 이상을 차지하며, 스스로의 한계를 깨도록 성장시키는 과정이다. 또한, 자녀에게는 삶을 살아갈 원동력을 만들어 주는 자리이기에, 우리 인류에게 가장 고귀하면서 보편적인 역할이다. 우리가 부모 역할을 제대로 해낸다면 인류의 진화가 얼마나 눈부실지 상상만으로도 행복하다.

① 지(志): 의지와 삶의 창조

* 지난날 부모로서 필요한 적극적이면서 넓고 온화한 모습으로,
상황에 따라 나의 의지를 조화롭게 임하지 못하여,
스스로 지치고 힘들어한 것을 아쉬워하며 위로합니다.
* 이제 성의를 다해 아이와 함께하며, 천천히 기다리면서,
조화롭고 다채로운 의지로 부모의 역할을 해나갑니다.
그리하여 지치지 않고, 부모의 보람과 즐거움을 만들어 갑니다.
* 앞으로 조화롭고 다채로운 의지로 부모 역할의 행복을 이루고,
또한, 아이의 성장에 행복을 채우며,
우리 가족의 행복과 번영이 펼쳐지는 길을 축복합니다.

② 혼백(魂魄): 완벽과 당위

* 지난날 부모가 되는 과정을 기쁨과 순리로 받아들이지 못하고,
한편으로는 힘들다고 억울해하면서,
주어진 성장의 기회에 영광으로 나아가지 못해 아쉽습니다.
* 내 아이와 나의 운명적 결합은 순리이자 영혼의 바램이기에,
내 아이의 부모가 된 것을 진심으로 감사하면서,
아이를 사랑으로 채우는 역할의 영광과 평화를 이루고자 합니다.
* 부모의 역할로 내가 넘어야 할 한계를 자각할 수 있고,
그 한계를 하나씩 뛰어넘는 성장이라는 순리를 통하여,
운명의 한계를 극복한 자유로운 존재가 될 것입니다.

③ 신(神): 자기애와 확신

* 그동안 나의 훌륭하고 아름다운 부모의 자질을 발견하지 못하여,

좋은 부모가 아니라고 스스로를 책망하면서,

부모로서 나의 자질을 믿어주지 않은 것을 반성합니다.

* 내 안에 진심으로 아이를 사랑하는 아름다운 마음이 있으며,

그 마음으로 아이를 이끌어줄 훌륭한 지혜를 터득해 가고 있으니,

나는 지금 아이를 사랑하며 노력하는 좋은 부모입니다.

* 노력하는 나는 앞으로 더 큰 아름다움으로 아이를 사랑하며,

점점 더 커진 사랑은 나의 지혜를 더 훌륭하게 완성하니,

나의 신성하고 위대한 빛을 아이에게 모두 비출 것입니다.

④ 의(義): 사랑과 연민

* 그동안 아이를 하나의 인격체로 존중하지 못하여,

그 귀한 존재를 나에게 종속시키면서,

나의 욕심에 맞추어 아이를 대한 것을 반성합니다.

* 이제 이 아이 역시 나와 같은 고귀한 존재이기에,

아이의 노력과 선의가 나와 같음을 믿고 축복하면서,

나와 다름을 존중하고 포용하면서 사랑하고자 합니다.

* 앞으로는 아이의 아픔을 공감하고 위로하면서,

그 힘으로 아이가 온전히 자신의 꿈대로 성장하기를 기원하며,

아이의 진정한 행복이 나의 행복이 되는 부모가 될 것입니다.

⑤ 통합: 감사-용서-축복

* 내 아이를 만난 것에 감사하고,

부모가 된 것에 감사하고,

가족을 이룬 것에 감사합니다.

* 아이와 함께 하는 순간들에 진심으로 감사하며,

부모로서 부족함에 용서를 구하고,

새로운 부모로 태어날 이 순간을 축복합니다.

* 부모로서의 행복과 성장과 사랑이 내 아이에게 가고,

내 아이의 행복과 성장과 사랑이 손주들에게 가고,

끊임없이 나의 축복이 이어지기를 간절히 기원합니다.

(3) 리듬체조 훈련 예언

이 기도문은 우리 아이가 취미로 하던 리듬체조에서 선수 훈련으로 전환을 원하여 시작할 때 아이와 함께했던 기도문이다. 이것은 꿈을 향한 기도문이지만, 이 꿈은 불확실성을 가진 꿈이다. 실제 해봐야 잘 맞는지 확인할 수 있고 주위 환경과 사회적 여건이 결정적 영향을 미칠 수 있기 때문이다. 우리는 확실성을 가진 꿈만으로 살지는 않는다. 사실 우리의 꿈 대부분은 불확실성을 가진 꿈이다. 원하는 대학이나 직장에 합격하길 바라고, 언제까지 얼마의 성과를 내기를 바라는 것과 같이 불확실성을 가진 꿈에 대해서는, 행위에 따른 결과에 목표를 두지 않고 그 꿈을 향하는 과정과 나의 존재에 중심을 두어야 한다. 그래야 실제 그 꿈이 이루어져야 할 운명에서는 자연스러운 순리로 꿈이 실현되고, 그 꿈이 적합하지 않을 때 시행착오에 상처 입지 않으며, 자신의 길을 찾는 과정에 순리가 펼쳐진다.

① 지(志): 의지와 삶의 창조

* 하느님, 지금까지 리듬체조를 사랑한 저의 의지를 기억해주시고,

리듬체조를 하며 즐겁고 보람을 느꼈던 순간을 기억하게 해주세요.

지금 열심히 리듬체조의 길에 도전하는 저의 의지를 응원해주세요.

* 새로 시작한 무섭고 어려운 훈련을 버텨낼 의지에 힘을 주시고,

육체적 고통과 무서운 지적에서 리듬체조를 사랑하는 의지로 버텨,

저의 실력이 향상되는 보람이 있다는 것을 믿게 해주세요.

* 제가 리듬체조 선수를 지속하든 그만두든 상관없이,

이 힘든 훈련이 제 삶을 소중히 사랑할 기회가 되게 해주세요.

더 열심히 저의 힘으로 행복한 삶을 만들어가게 해주세요.

② 혼백(魂魄): 완벽과 당위

* 하느님, 리듬체조를 시작하게 되었던 운명이 참 좋았고,
리듬체조로 제 마음의 아픔을 치유하고 성장시킨 것이 좋았어요.
리듬체조를 만나게 된 건 하느님의 사랑이었어요.
* 새로 시작하는 훈련에서 언제나 하느님이 함께하는 걸 믿어요.
훈련은 힘들고 어렵지만 좋은 선수를 위한 운명이라는 걸 알아요.
하느님과 함께하기에 이 어려운 훈련이 의미가 있다고 믿어요.
* 리듬체조 선수가 된다면 언제나 하느님이 사랑하심을 믿어요.
내가 다른 꿈을 찾게 되어도 하느님은 언제나 나와 함께 하심을,
내가 무엇이 되든 언제나 함께하고 사랑해준다는 걸 알아요.

③ 신(神): 자기애와 확신

* 하느님, 제가 리듬체조를 하면서 저의 훌륭함을 발견했고,
덕분에 더 건강하고 행복해졌어요.
리듬체조로 만든 지금의 제 모습을 기특하게 여기고 칭찬해주세요.
* 지금 이 훈련은 처음이니까 저의 장점을 보기 힘든 걸 알아요.
하지만 앞으로 새로운 훈련에서도 저의 훌륭함을 찾을 수 있어요.
새로운 훈련으로 만들어낼 제 모습도 자랑스럽게 여겨주세요.
* 제가 리듬체조 선수가 되면 훌륭한 선수가 되게 해주세요.
제가 다른 일을 하더라도 아름답고 훌륭한 사람이 되게 해주세요.
제가 무엇이 되더라도 저를 자랑스럽게 표현하게 해주세요.

④ 의(意): 사랑과 연민

* 하느님, 리듬체조에서 만난 친구들과 선생님을 사랑했어요.
리듬체조 친구들과 선생님에게 사랑받을 수 있어서 감사해요.
리듬체조를 통해 사랑하는 사람들이 늘어나서 좋아요.
* 지금 무섭게 가르치는 코치님이 나쁜 맘이 아닌 걸 알아요.
함께하는 동생들이 나와 같은 마음인 걸 알고요.
그러니까 새 코치님과 동생들도 사랑하게 해주세요.

* 선수의 길에서 만나는 모든 사람과 사랑을 나누고 싶어요.

다른 길을 가더라도 만나는 사람들과 사랑을 나누게 해주세요.

제가 무엇이 되더라도 사랑을 주고받는 사람이 되게 해주세요.

⑤ 통합: 감사-용서-축복

* 하느님, 리듬체조로 누린 모든 것에 감사드리고,

리듬체조를 핑계로 잘못한 것을 용서해주세요.

그리고 제가 리듬체조를 했던 지난날을 축복해주세요.

* 지금 새 훈련의 기회도 감사드려요.

새 인연도 고맙고,

새 훈련이 줄 변화가 무엇이든 축하해주세요.

* 제가 꿈을 갖게 해주셔서 감사하고,

꿈을 향해 나가는 모든 과정도 감사드려요.

앞으로 저의 꿈이 무엇이든 그 모든 꿈을 축복해주세요.

(4) 금연(禁煙) 예언

금연은 불확실성이 없는 확실한 꿈에 해당한다. 우리가 직업과 대학 등을 꿈꿀 때는 그 실현 여부가 당사자만이 아닌 사회적 여건에 많은 결정권이 있지만, 금연과 같은 꿈은 당사자의 의지와 실천만의 문제이기 때문이다. 비록 힘든 일이지만 금연은 확실한 꿈이다. 확실한 꿈을 향할 때는 목표달성에 대한 확신 속에 그 과정에서 내가 되고자 하는 나의 모습을 담아내는 것이 핵심이다.

① 지(志): 의지와 삶의 창조

* 금연이 주는 삶의 편리함을 잊고서,

흡연하기 위해 삶을 피곤하고 힘들게 만든 걸 반성하니,

내 삶을 온전히 사랑하기 위해 금연합니다.

* 이제 흡연할 곳을 찾지 않습니다.

모든 곳이 내가 금연할 장소이니,

내 삶에 불필요한 낭비를 사라지게 합니다.

* 금연을 망설이는 주저함을 스스로 용서하고,

금연하는 용기를 축복하며,

금연에 성공한 삶을 축하합니다.

② 혼백(魂魄): 완벽과 당위

* 나는 원래 금연자였음을 잊고서,

금연을 일상으로 순리를 따랐던 날을 잊고서,

어느 순간 순리를 거스르는 흡연자가 된 것을 참회합니다.

* 나는 태생적으로 원래 금연자입니다.

이 지구에 올 때부터 금연의 길을 걸었습니다.

타고난 그 순리를 그대로 따릅니다.

* 금연의 순리를 따르는 삶에 평안함이 찾아옵니다.

순리를 따르는 삶에 영광이 함께하고요.

하늘이 준 모습 그대로 돌아온 나를, 신이시여 축복하소서.

③ 신(神): 자기애와 확신

* 금연을 못 해 고달팠을 나의 육체에 미안함을 전합니다.

흡연에 의존하며 마음의 공허함을 채워주지 않아 참 미안합니다.

금연하지 않아 나를 사랑할 기회를 잃었던 과거에 참회합니다.

* 나는 내 육체를 사랑하기에 금연합니다.

나는 내 마음을 사랑하기에 금연합니다.

귀하고 소중한 나를 위해 금연을 해냅니다.

* 금연으로 나의 육체가 온전한 생명력을 회복하며,

금연으로 나의 마음이 찬란히 빛을 발하며,

본연의 나로 돌아온 이 기쁨을 모두와 나누고 싶습니다.

④ 의(意): 사랑과 연민

* 금연을 못해 사랑하는 이들을 안타깝게 만들어 참 미안합니다.

그들의 걱정과 불안에 담겼던 사랑을 온전히 기억하니,

그 사랑에 감사하며 미안함을 전합니다.

* 금연하는 이 과정이 결코 혼자가 아님을 언제나 기억하면서,

나를 사랑해주는 이들에게 나 역시 사랑으로 보답하고자 하니,

그들의 사랑이 나를 지켜줄 것이라고 굳게 믿습니다.

* 사랑하는 이들 덕분에 금연에 성공한 것이 너무 고맙고,

이 금연은 그들의 성공임을 잊지 않으며,

나의 금연으로 그들이 행복해짐을 기뻐합니다.

⑤ 통합: 감사-용서-축복

* 금연을 시작한 것을 축복하면서,

금연할 수 있음에 감사하면서,

금연의 과정에 겪는 모든 어려움을 용서합니다.

* 금연하면서 새로이 발견한 지혜가 감사하고,

금연하면서 새롭게 발견한 나를 감사하고,

금연하면서 새롭게 발견한 세상과 사람들에 감사합니다.

* 금연으로 누리는 행복에 감사하고,

이 행복이 점점 더 커지는 미래를 축복하며,

금연자로 이생을 마감하는 행복을 축하합니다.

(5) 상처 치유

우리는 살다 보면 상처받을 일이 많다. 인간관계에서, 꿈의 좌절에서, 예기치 못한 사고에서 우리는 상처받는다. 사랑을 체험하기 위해서 사랑이 아닌 것을 맞닥뜨리는 것이 세상살이니, 상처를 받는 것은 당연한 순리일 수 있다. 그러나 우리는 상처를 치유하고 극복할 때 상처받기 전보다 더 자유롭고 큰 행복을 누릴 수 있다. 종국

에는 어떤 일에도 상처받지 않는 자유로운 존재로 나아갈 수 있다. 이 기도문은 어떤 상처라고 딱히 규정하여 만든 것은 아니다. 배우자의 바람이나 동업자의 배신, 경제적 손실의 좌절, 연인과의 이별, 꿈을 잃은 절망, 가족관계의 고통, 그 무엇이든 지금 우리가 힘들고 아픈 일에 대입하여 스스로를 보호하는 기도로 참고하길 바란다.

① 지(志): 의지와 삶의 창조

* 이 아픔과 고난에 삶의 의지가 상처받아,

삶의 창조에 무기력했고 혹은 무책임했던 시간을 아쉬워하며,

그럼에도 저항하고, 받아들였던 모든 노력이 소중합니다.

* 지금 닥친 이 상황에서 내가 일으킬 수 있는 의지가 무엇일지,

굳건한 의지라면 그것을, 부드러운 의지라면 그것을 내 안에서 일으켜,

강인하게 맞서며 혹은 조용히 포용하며 이 시간을 채워갑니다.

* 나는 아픔과 고난을 통해 다채롭고 균형 있는 의지를 채워가며,

모든 상황에서 조화로운 의지를 일으키는 존재가 되어가니,

삶의 어떤 과정에서도 상처 입지 않는 존재가 될 것입니다.

② 혼백(魂魄): 완벽과 당위

* 이 아픔을 겪는 이 인연과 상황이 원망스럽고 억울했으며,

그래서 외롭고 고통스러웠습니다.

나는 정말 하늘의 사랑과 위로가 절실히 필요합니다.

* 이 상황과 인연이 필연적 운명이라는 사실을 이제 인정하고,

힘든 지금 이 순간, 혼자가 아닌 창조주와 함께함을 믿으며,

모든 것이 그러하듯 이 아픔과 고통도 당연히 지나갈 것입니다.

* 이 아픔과 고통을 통과한 나는 하늘의 축복을 받으며,

그 축복으로 영광과 평화를 이루는 길을 열어가니,

나는 삶의 어떤 과정에서도 자유로운 존재가 될 것입니다.

③ 신(神): 자기애와 확신

* 도저히 감당할 수 없을 것 같은 고통 앞에 움츠러들며,

그래서 나를 돌보고 사랑하는 데 소홀했던 걸 아쉬워하니,

이 고통 속에서 무엇보다도 나를 귀하게 여겨 지켜내고자 합니다.

* 이 인연과 상황은 나의 한계를 시험하고 있습니다.

지금의 아픔과 고통은 나를 감싼 한계를 깨는 진통이니,

지금 나는 새로운 나를 발견하는 중입니다.

* 내가 몰랐던 나를 발견하는 건 고통 속에서 피워 낸 기쁨입니다.

그 기쁨이 나를 채우며 새로운 나를 완성해 가니,

나는 삶의 어떤 과정에서도 기쁨을 만드는 존재가 될 것입니다.

④ 의: 사랑과 연민

* 도저히 용서할 수 없는 그들에게 받은 상처가 너무 아파,

그들도 나처럼 아프기를 바라는 마음이 자꾸 올라오려 합니다.

이 미움과 원망의 고통에서 벗어나 평안해지는 길을 찾습니다.

* 그들의 잘못은 그들의 한계와 부족함이라는 것을 믿고,

그들의 최선이 지금 나의 최선과 다르지 않다는 것을 인정하며,

내가 고통에서 벗어나기를 바라듯이 부디 그들도 아프지 않기를….

* 내가 힘들고 아플 때 상대의 한계를 볼 수 있기를,

상대의 한계를 진심으로 이해하고 용서하기를,

나를 힘들게 하는 이들에게도 사랑만 주는 존재가 되고 싶습니다.

⑤ 통합: 감사-용서-축복

* 이 아픔의 모든 과정을 용서하고,

이 아픔의 모든 과정에 대해서 용서받고.

아무런 상처가 남지 않기를 간절히 기원합니다.

* 아픔을 견디는 나의 모든 것에 감사하고,

나에게 힘을 주는 주위 분들께 감사하고,

이 과정을 언제나 함께하는 하늘에 감사합니다.

* 결국, 나는 모든 과정을 축복할 것이고,

모든 과정에서 축복받을 것입니다.

축복 속에 사랑만이 남기를 기원합니다.

{혼백신의지}의 필연적 예언과 결계는 내가 되고자 하는 모든 것에 적용할 수 있다. 내가 지금 이 책을 쓰는 것 역시 {혼백신의지}의 자기실현적 예언과 보호 속에 이루어지고 있다. 지금까지 그 예언은 잘 진행되고 있다. 이처럼 자신의 꿈을 이루는 일에서부터 흡연이나 음주와 같은 중독, 공부나 일 또는 생활에서 고치고 싶은 습관뿐만 아니라 자신의 책임이나 역할에 대한 것까지 광범위하게 적용해보길 권한다.

처음부터 완벽한 9단계를 다 채우지 않아도 된다. 그냥 {혼백신의지} 다섯 기둥을 인식하는 것에서부터 시작하여, 그것을 반복하여 익숙해지면 과거-현재-미래를 세우고, 그것을 반복하다 익숙해지면 당신만의 9단계 기도문을 작성해 보는 것도 좋다. 그건 아마 일상을 당신의 바램대로 변화시켜줄 묘수가 될 것이고, 당신의 역할에 대해서는 책임을 다할 수 있도록 군건한 보호막이 되어줄 것이며, 당신의 꿈을 위한 예언에서는 의지와 영감과 행운이 열리는 축복을 만들어 낼 것이다. 당신이 되고자 하는 모습이 담긴 당신만의 결계와 필연적 예언에 축복을 보낸다.

3) {혼백신의지}를 활용하는 인간관계

두 번째 실생활 활용의 팁은 바로 인간관계이다. 우리는 서로의 무의식을 통해 각자의 마음에서 형성된 에너지를 언제나 주고받고 있다. 내가 굳이 말이나 행동으로 표현하지 않아도 내가 그를 좋아하거나 싫어하는 마음은 하나의 에너지가 되어 언제나 그의 무의식에 전해지며, 나의 무의식 역시 나를 생각하는 다른 이들의 마음에 언제나 영향을 받고 있다. 우리의 의식은 닫힌 문이어서 두드려야 열릴 수 있지만, 우리의 무의식은 언제나 열린 문이어서 모든 마음이 서로 통한다. 우리의 속마음은 상대의 무의식에 언제나 그대로 전달된다. 그리고 서로에게 갖는 감정과 생각들은 무의식에 의해 결정되어 의식으로 표출된다.

우리가 서로에게 갖는 감정의 근원은 무의식이다. 이 무의식이 아무런 제약 없이 소통한다는 사실은 심리학자 칼 융(Carl Gustav Jung)에 의해 심리학의 정설로 자리 잡았다. 칼 융은 무의식적 에너지가 전해지는 데는 어떤 제약도 없기 때문에 내가 일으킨 무의식의 에너지가 지구 반대편 사람에게 도달하는 것은 거의 동시라고 하였다. 또한, 함께 소통하며 주고받는 무의식은 하나의 큰 힘이 되어 집단무의식(集團無意識)을 형성한다는 것을 발견하였다. 우리의 무의식이 우리의 관계를 만드는 근간인 것처럼, 우리의 집단무의식은 이 세상을 만드는 근원적인 힘이다.

우리의 의식과 무의식의 주요 기둥이 {혼백신의지}이다. 우리가 무의식적으로 주고받는 에너지 상태는 {혼백신의지}가 결정하고 있다. 따라서 우리가 서로에게 갖는 감정의 근원에 대해 {혼백신의지}로 분석하여 이해하고 주고받는 에너지를 의식적으로 조절할 수 있게 된다면, 우리의 인간관계에 개혁적인 변화를 일으킬 수 있다. 그리고 우리가 주고받는 에너지를 의식적으로 조절하여 집단 무의식을 원하는 방향으로 키워가게 된다면, 세상의 개혁을 일으킬 수 있다.

(1) 로젠탈 효과(Rosenthal Effect)

우리가 서로에게 무의식적 에너지를 주고받는 현상으로 로젠탈 효과가 있다. 로젠탈 효과는 외부에서 전해진 기대와 사랑에 부응하여 당사자가 변하게 된다는 심리기전을 일컫는다. 예를 들어, A가 B에 대해 열정적이고 따뜻한 사람이라는 생각으로 관계를 지속할 경우, 실제 B가 그 믿음과 사랑에 부응하여 더 열정적이고 따뜻한 사람이 된다는 심리기전이다. 1968년 심리학 박사인 로버트 로젠탈(Robert Rosenthal)에 의해 밝혀져 그의 이름을 땄다. 로젠탈 효과를 확인한 실험내용을 보면, 한 학교에서 지능검사를 실시한 후 교사들에게 무작위로 선출한 일부 학생들이 우월한 지적능력과 학습능력 향상 가능성이 있다는 사실을 인지시켰다. 교사들이 그 학생들을 뛰어난 가능성을 지닌 아이로 생각한지 8개월 후, 다시 실시한 지능검사에서 그 학생들은 실제로 평균치를 웃도는 지능향상을 나타내었고 학교성적에서도 높은 향상을 확인할 수 있었다.

로젠탈 효과의 핵심은 교사들의 의식에 암시를 주었을 뿐, 교사의 행동과 말을 통제하여 학생들에게 영향을 주도록 유도하지 않았다는 점이다. 실제 교사의 행동에 어느 정도 변화가 있기는 했겠지만 학생들을 공평하게 대해야 하는 교사의 직책상 그 변화의 폭이 크지는 않았을 것이다. 이는 로젠탈 효과가 나타나기 위해서는 말이나 행동보다 속마음이 더 중요하다는 것을 의미한다. 겉으로는 칭찬하면서 속으로는 못마땅해하면 로젠탈 효과는 나타나지 않는다. 이는 로젠탈 효과가 무의식으로 소통한 결과라는 사실을 의미한다. 로젠탈 효과는 간절한 바램은 이루어진다는 자기실현적 예언과 일맥상통하나, 그 암시가 자신이 아닌 타인에게서 일어난다는 데 그 의의가 있다. 대신 타인으로부터 변화의 기폭이 이루어지기 때문에 스스로 일으킨 마음보다 그 힘의 크기가 작다. 따라서 로젠탈 효과는 자기실현적 예언보다 긴 시간과 반복이 필요하다.

로젠탈 효과는 널리 알려져 있기 때문에 많은 이가 이 효과를 보려는 노력을 한다. 그 상대는 대체로 자녀인 경우가 많다. 로젠탈 효과는 육아에서 아이를 믿고 응원해주는 것이 중요함을 역설하는 데 귀한 역할을 했다. 그러나 아쉬운 점은 로젠탈 효과를 설명할 때 우리의 내면에서 올라오는 마음보다 행위의 결과라는 해석을 많이 했다는 점이다. 그래서 로젠탈 효과를 믿는 많은 엄마는 속으로는 부글부글 아이에 대한 실망을 누르면서, 겉으로 칭찬하고 응원하기 위해 부단히도 노력했다.

그런 대표적인 엄마가 바로 나였다. 정말 열심히 노력했는데도 내 아이에게서 로젠탈 효과를 느끼는 일이 솔직히 요원했다. 칭찬과 응원의 많은 부분이 진심이 아니었고 부글부글 참지 못하는 불만이 간혹 튀어나오기도 했으니 당연한 결과였다. 내가 로젠탈 효과를 내 아이에게서 체험할 수 있었던 것은, 행위가 중요하지 않으며 내가 진심인지 아닌지가 중요하다는 사실을 깨달은 후였다. 진심이 아닌 칭찬은 멈추고, 진심이고자 노력하여 진심에 닿을 때만 칭찬을 했다. 그리고 내 아이의 {혼백신의지}에 생리적인 힘을 기도로 전하면서, 로젠탈 효과를 체감할 수 있었다.

로젠탈 효과는 상대의 마음에 힘을 주는 현상이다. 실제로 로젠탈 효과로 인해 상대의 {혼백신의지} 에너지가 커지게 된다. 로젠탈 효과는 사랑과 믿음의 응원을 받은 존재의 {혼백신의지}가 좀 더 큰 에너지체로 성장하여 나타나는 현상이다. 우리의 {혼백신의지}는 스스로 사랑에 대해 각성하고 실천하면서 성장하는데, 동시에 타인의 사랑과 믿음을 받으면서도 에너지를 키우며 성장할 수 있다. 무의식은 모두 열린 공간이기 때문이다. 그 증거가 로젠탈 효과이다. 그러니 로젠탈 효과로 내가 사랑하는 이들에게 힘을 주기 위해서는 진심이어야 한다는 당연한 전제 아래 막연한 마음의 응원보다 {혼백신의지}라는 무의식의 주요 기둥에 힘을 주는 것이 효과적이다. 우리의 아이들에게 빨랫감을 바구니에 넣으라는 잔소리를 할 때, 빨랫감을 챙기는 노력이 삶의 의지가 되어 더 행복할 수 있는 힘이 될 거라고 믿으면서 지(志)의 에너지를 불어넣는 잔소리를 하는 것이다. 씻으라는 잔소리에는 너의 귀한 육체를 사랑하고 더 아름다워지라는 맘을 담으며 신(神)을 축복한다. 그러니 그냥 훌륭한 사람이 되기를 바라는 막연한 마음보다 이렇게 전하면 좋겠다.

"너는 언제나 조화로운 의지로 행복을 만들어 갈 거야. 하느님의 축복이 항상 너와 함께하니 다 괜찮아. 세상은 공평하게 모두의 편이라서 결국 너의 편이라는 걸 믿으렴. 너는 위대하고 신성한 존재라는 걸 언제나 기억해내도록 해. 지금까지 너에게 받은 사랑이 너무 고마워. 너에게 사랑받은 모두가 덕분에 행복했다는 걸 알아주렴."

[혼백신의지]에 전하는 사랑은 꼭 말로 할 필요가 없다. 잠든 아이의 얼굴을 보면서, 직장에서 휴식시간에, 언제 어디든 내가 할 수 있고 하고 싶을 때, 하나씩 생각해주기만 하는 것으로 로젠탈 효과는 형성된다. 그리고 당연히 자녀에게만이 아니라 당신이 원하는 누구에게든 해줄 수 있다.

로젠탈 효과는 상대를 성장하게 할 뿐 아니라 상대가 나를 오해할 때 그 오해를 푸는 힘도 발휘한다. 그래서 로젠탈 효과는 특히 상하가 구분된 관계에서 유용하다. 부모-자식, 선생-학생, 상사-부하처럼 상하가 구분되는 관계에서는 윗사람이 아랫사람에게 무언가를 가르치거나, 지시를 하는 일이 일상이다. 지시하는 입장에서는 당연히 할 말이라고 여겼을지라도, 상대의 노력과 상태를 모르는 상황에서 지시하며 오해를 만들 수 있다. 그 결과 오해로 인한 불만과 거부감이 지시를 받는 입장에서는 쉽게 생긴다. 그래서 직장에서 진급할수록 외롭고 고달파질 수밖에 없다. 지시하는 사람과 친밀하기는 힘들고, 그렇다고 지시를 안 할 수도 없고, 서로가 자신의 상황을 늘 말해줄 수도 없으니, 자연스럽게 불만이 쌓인다. 이런 오해로 인한 적대감을 푸는 효과가 바로 로젠탈 효과에 있다. 비록 상대가 나를 오해하고 적대감을 느끼더라도, 나는 상대의 [혼백신의지]에 담긴 사랑을 믿고 응원하는 마음을 일으킬 때 이것이 상대의 무의식에 전해지며 적대감이 힘을 잃도록 만든다. 반대로 내가 상대를 오해하였을 때에도 로젠탈 효과는 나를 다시 올바른 이해로 이끌어주는 작용을 한다.

그런데 우리는 주로 그와 반대로 해왔다. 나의 의도와 진심을 오해하고 삐딱하게 구는 상대에 대해, 그동안 내가 준 배려를 몰라보는 야속함과 상대의 이해 부족을 원망하는 생각을 했다. 잘 알지도 못하면서 상대의 의도를 악의적으로 상상하곤 했다. 그렇게 상대의 (혼백신의지)에 담긴 병리적 힘과 연계된 상상을 하여 서로 간의 무의식에 거부감을 함께 증폭시킨 것이다. 이제 상대가 나를 오해할 때는 그의 존엄함과 개성, 노력과 사랑을 믿고 응원하길 바란다. 이런 생각의 반복은 상대의 적대감을 녹이는 힘을 발휘한다. 잔소리에 삐진 아이에게, 지시에 지친 부하직원에게, 상대를 오해하는 나에게 로젠탈 효과는 원활한 감정과 생각의 소통을 열어주는 마법의 열쇠다.

게다가 로젠탈 효과를 위해 누군가에게 (혼백신의지)의 사랑을 전하는 것은, 결국 나의 (혼백신의지)에 사랑을 채우는 효과를 이루게 된다. 그래서 타인에게 한 것이 곧 나에게 한 것과 마찬가지이다. 내가 사랑을 베풀면 나의 (혼백신의지)에 사랑이 채워진다. 내가 미움을 보내면 나의 (혼백신의지)에 미움이 채워진다.

다만 로젠탈 효과로 타인의 (혼백신의지)에 사랑을 일으키고자 할 때는 자신이 스스로 일으키는 것에 비해 그 효과가 작을 수밖에 없다. 그와 나의 마음에 거리가 있기 때문이다. 보통 타인에게 전한 사랑은 스스로가 일으킨 마음에 1/29 수준의 에너지를 형성한다. 그러니까 내가 스스로 한 번 일으킨 마음의 크기만큼 상대에게 실현되려면 최소 29번의 전달이 필요하다는 뜻이다. 사랑으로 타인을 변화시키기 위해서는 반복하는 끈기가 필수다.

그런데 우리가 서로의 (혼백신의지)를 성장시켜줄 수 있다고 해도 무한정 키워줄 수 있는 것은 아니다. 우리가 사랑으로 상대를 변화시키는 정도는 그 사람의 인생에 결정권을 가지지 않을 정도까지이다. 아무리 열심히 기도를 전하고 노력을 지속해도, 저쪽을 보고 있는 사람을 이쪽을 보게 만들 수는 없다. 저쪽을 보고자 하는 그의 선택에 결정적 영향을 주지 않을 만큼 (혼백신의지)에 힘을 보탤 수 있다. 공부하지 않겠다는 아이를 공부하게 만들 수 없고, 나를 사랑하지 않는 사람이 나를 사랑하도록 만들 수는 없다. 우리는 무의식을 통해 끊임없이 에너지를 주고받는 하나의 존재이지만, 서로의 자유의지를 결코 침범할 수 없도록 하는 것이 우주의 법칙이다. 개인간의 무의식적 소통만으로는 상대에게 통제력을 발휘하지 못한다. 우리에게 통제력을 발휘하는 무의식은 여럿이 함께 만든 집단무의식뿐이다.

로젠탈 효과가 통제력을 가진 힘은 아닐지라도, 상대의 오해를 풀어줄 정도의 힘은 줄 수는 있다. 또 상대와 내가 같은 방향을 향한다면 그 변화의 힘은 결코 무시할 수 없는 삶의 긍정적 변화를 이끌어 낸다. 앞의 실험에서처럼, 실제로 아이들의 지능과 성적이 향상될 만큼으로 말이다. 그리고 우선은 그 사랑을 전했던 나의 변화가 대단하며 내가 변한만큼의 1/29 정도로 상대를 변화시킬 수 있다. 그리고 많은 이가 [혼백신의지]에 사랑을 전하며 형성하게 되는 집단무의식은 모두에게 통제력을 발휘하는 힘을 갖는다. 그래서 타인의 [혼백신의지]에 사랑과 믿음을 전하는 마음의 울림은 언제나 옳다.

(2) 개별적 관계의 죄의식과 적대감

우리 인간관계를 들여다보면 논리적으로 설명할 수 없는 많은 현상을 관찰할 수 있다. 그 현상의 근간에는 우리의 무의식이 작용하고 있다. 정신분석에서는 우리가 인간관계에서 굳이 그럴 이유가 없는데도 하게 되는 행동과 생각을 영유아기에 받은 관계성 트라우마로 설명한다. 그 설명은 꽤 일리가 있는 이치이다. 그런데 인간관계에서 보이는 이해할 수 없는 행동과 마음을 정신분석 방식으로 모두 설명하기에는 한계가 있다. 예를 들어, 내가 A라는 사람에게는 이상하게도 자존감에 상처를 잘 입는데 그와 비슷한 관계인 B, C, D에게는 그렇지 않은 것을 정신분석에서는 충분히 설명하지 못한다. 이것은 나와 A라는 사람 사이에서만 형성되는 개별적 관계의 무의식 반응이기 때문이다.

많은 인간관계에서 유독 그 관계에서만 그러한 개별적인 특성이 있다. 그래서 그 불편함을 일으키지 않으려고 애를 쓰는데도 자꾸 그 사람하고만 같은 문제를 반복하게 된다. 그러한 원인은 이생에서만 생긴 것이 아니라, 수많은 우주의 삶(전생)에서 형성된 것이 쌓인 결과이다. 예를 들어, 어느 삶에서든 내가 상대의 {혼백신의지}에 상처를 주게 되면 현생에서 상대는 나에게 무의식적인 적대감을 갖게 되고, 나는 상대에 대한 무의식적 죄의식을 지니게 된다. 이럴 때 상대는 상처받은 무의식적인 감정으로 나에게 아픔을 주며, 나는 무의식적인 죄책감으로 상대에게 당당히 맞서지 못하는 상황을 반복한다. 물론 적대감과 죄의식은 상대에 따라 다른 입장이 될 수 있다. 서로의 무의식에 연결된 에너지를 개별적 관계성 카르마라고 하며, 무의식적 죄의식과 적대감은 부정적인 카르마에 해당한다.

우리는 전생의 삶을 전혀 기억하지 못하기 때문에, 이 무의식적 적대감과 죄의식을 이해하지 못한다. 그래서 현생에서 서로에게 갖는 불편함을 해소하는 데 어려움을 겪는다. 이제 우리가 이해할 수 없는 관계의 문제는 이렇게 한번 생각해보자. '내가 도대체 전생에 무슨 잘못을 했길래 저 사람은 나에게 이리도 어렵고 상처를 쉽게 주는가', '내가 전생에 어떤 상처를 받았길래 이리도 저 사람이 싫은 것인가.' 이 물음에 답을 찾는다면 우리가 인간관계에서 겪는 많은 어려움을 극복하고 더 쉽게 진심을 나누는 소통을 할 수 있을 것이다.

그런데 그 알 수 없는 관계성 무의식의 문제를 해석할 방법이 바로 {혼백신의지}에 있다. 비록 우리가 다른 삶에서 주고받은 상처를 기억하지 못하더라도 우리의 {혼백신의지}에는 그 상처의 의미가 남아 현재의 감정으로 드러난다. 그리하여 상대가 혹은 내가 갖는 현재의 감정을 관찰하여 {혼백신의지} 중 어느 부분의 상처인지 판단할 수 있다. 그 상처가 갖는 의미에 맞도록 상대의 무의식에 마음을 전하면 서로 간의 부정적인 카르마가 해소되어 사라진다. 적대감-죄의식의 카르마가 얽힌 관계를 {혼백신의지}로 분류하여 그 모습을 설명하면 다음과 같다.

① 혼백(魂魄)

상대의 삶의 목적과 올바른 방향을 방해하는 잘못이나, 상대의 정체성에 주는 상처는 서로의 혼백에 부정적 에너지를 연결한다.

지난 생에서 혼백에 상처를 받은 사람은 상처 준 이에게 걸핏하면 트집을 잡으며, 내가 맞다고 바득바득 우기고, 이랬다저랬다 변덕을 부리기도 하면서 혼란을 준다. 또는 상대를 곤란하게 혹은 당혹스럽게 하는 어려움을 주기도 한다. 설사 자신의 트집과 변덕을 알아차려 '그러지 말아야지' 다짐하다가도, 나도 모르게 자꾸 같은 행동을 한다. 지난 생에서 혼백에 상처를 입힌 사람은 상처받은 사람의 말에 이리저리 휘둘리고, 큰 변덕이 아니어도 유독 더 헷갈려하면서, 사소한 일에도 당혹감에 힘들어한다. 설사 두 방향의 마음을 겉으로 드러내지 못하더라도 각자 속으로 반복되는 것을 주체하기 힘들다.

내가 자꾸 상대에 의해 혼란과 당혹감을 느끼고 힘들다면 내가 상대의 혼백에 준 상처를 알아보고, 상대의 영광과 평화를 방해하여 아픔을 준 것에 미안함을 전하면 된다. 무의식에 전하는 미안함만으로도 혼백에 연결된 부정적 에너지는 사라진다. 반대로 내가 자꾸 안 그러려고 해도 상대에게 변덕 부리고, 트집을 잡고, 우기기를 한다면 내가 상대에게 받은 혼백의 아픔이 있음을 알아보아야 한다. 그리고 나는 이제 내 삶의 목적으로 나아가는 데 당신이 방해되지 않으니 용서함을 전하는 것으로 혼백의 카르마를 사라지게 할 수 있다.

혼백에 연결된 적대감은 상대의 존엄을 비하하는 모습으로 나타나기도 한다. 상대를 깎아내리는 것은 일반적으로는 신(神)의 상처를 표현하지만, 부모나 조상을 들먹이는 것은 주체성에 대한 상처로 혼백의 카르마이다. 이것 역시 각자의 입장에 따라 상대의 존엄함을 인정하면서 사과하거나, 자신의 존엄함을 스스로 인정하면서 용서하는 것으로 혼백에 연결된 부정적 에너지를 사라지게 할 수 있다.

② 신(神)

상대의 자존감에 상처를 입히는 잘못은 서로의 신에 부정적 에너지를 연결한다.

지난 생에서 신에 상처받은 사람은 상처 준 이에게 놀리는 듯한 비하의 표현으로 자존심에 상처를 주고, 인격적 모욕을 하기도 한다. 외모로 놀리고, 행동에 대해 비유로 비하하는 모습이 대표적이다. 자신이 그러는 것을 알아보지 못하는 것이 대부분이지만, 혹시 알아보더라도 나도 모르게 상대의 자존심을 긁는 행동을 하게 된다. 지난 생에서 신에 상처를 입힌 사람은, 상처받은 사람이 하는 가벼운 놀림에도 쉽게 자존심이 상하는 아픔을 느낀다. 설사 두 방향의 마음을 겉으로 드러내지 못하더라도 각자 속으로 계속 비하하고 자존심 상하는 자괴감이 반복된다.

내가 자꾸 상대의 말에 자존심 상하고 모욕감을 느낀다면, 내가 상대의 신에 준 상처를 알아보고 상대의 훌륭함, 귀함, 아름다움을 깎아내린 것에 대한 미안함을 무의식에 전하면 된다. 반대로 내가 쓸데없이 상대를 놀리고 싶고, 깎아내리고 싶고, 핀잔을 준다면 내가 상대에게 받은 신의 아픔을 알아보아야 한다. 그리고 나는 이제 당신 앞에서 나의 훌륭함을 드러낼 수 있으니 용서함을 전하면 된다. 미안함이든 용서함이든 어느 방향에서 전해지는 마음의 울림도 모두 두 사람의 신에 연결된 부정적 에너지를 사라지게 할 수 있다.

간혹 혼백의 주체성에 받은 상처와 신의 자존심에 받는 상처를 구분하기 어렵기도 하다. 우리가 보통 자신을 욕하는 것은 참아도 부모를 욕하는 것은 못 참는데, 이는 혼백에 연결된 상처가 분노와 직접 연계되고 신에 연결된 상처는 자괴감에 연계되기 때문이다. 따라서 뚜껑 열리는 분노와, 눈물과 짜증으로 스며 나오는 자괴감은 감정적 차이로 구분할 수 있다.

③ 의(意)

상대의 사랑과 믿음을 배신하는 잘못이나, 불평, 불만과 외로움으로 상처 준 잘못은 서로의 의에 부정적 에너지를 연결한다.

지난 생에서 의에 상처받은 사람은 상처 준 이에게 불신을 드러내고, 진심을 쉽게 왜곡한다. 상대의 사소한 실수에도 배신감을 표현하며 토라지고, 심하면 말도 섞지 않으면서 남들에게 상대의 흉을 보는 것을 즐기게 된다. 의의 상처는 속에 응어리진 감정을 형성하기 때문이다. 그리고 의에 상처를 입힌 사람은 상처받은 사람에게 괜히 의심받는 기분으로 불쾌하거나, 불만을 들을 것 같은 초조함을 느끼게 된다. 설사 두 방향의 마음을 겉으로 드러내지 못하더라도 속으로 의심하고 불안한 마음이 반복되는 것을 스스로 느낄 수 있다.

내가 자꾸 상대의 불평불만을 듣는 게 원망스럽고, 신뢰받지 못하는 것에 초조함을 느낀다면 내가 상대의 의에 준 상처를 알아보고, 상대의 사랑과 믿음을 무시하며 배신과 외로움으로 돌려준 것에 대한 사과를 기도로 전하면 된다. 반대로 내가 걸핏하면 상대를 의심하고 불평불만을 쏟아내며 흉을 보고 다닌다면 내가 상대에게 받은 의의 아픔을 알아보고, 나의 사랑을 당신이 받지 않았더라도 내가 사랑했다는 사실에 만족하니 용서함을 전하면 된다. 미안함이든 용서함이든 어느 방향에서 전해지는 마음의 울림도 모두 두 사람의 의에 연결된 카르마를 사라지게 할 수 있다.

④ 지(志)

상대의 꿈과 희망을 좌절시키고 방해한 잘못이나, 일상의 보람과 노력을 꺾는 잘못은 서로의 지에 부정적인 에너지를 연결한다.

지난 생에서 지에 상처받은 사람은 상처 준 상대가 무언가를 할 때, 그 노력과 가능성을 폄하하고, 꿈의 실현이나 삶의 재미와 안락함을 자꾸 방해한다. 그러지 않으려는 다짐에도 계속 '네가 하는 거 별로야', '너는 못 할 걸', '재미없어 관둬', '너 때문에 불편하고 힘들어'라는 생각을 떨칠 수 없다. 지에 상처를 준 사람은 자신의 노력을 무시하는 상대에게 예민하게 괴로워하거나, 쉽게 포기하고 의기소침해지게 된다. 지의 상처는 아래로 깔리는 우울의 감정에 연계되기 때문이다. 설사 두 방향의 마음을 겉으로 드러내지 못하더라도 각자 속으로 반복되는 마음이 버겁게 느껴진다.

내가 상대의 평가절하에 계속 의기소침해지며 주눅 든다면, 내가 그의 지에 준 상처를 알아보고, 당신의 꿈과 노력을 좌절시켜 미안하다는 마음을 전하면 된다. 반대로 내가 자꾸 상대의 노력을 무시하고 삶의 의지를 깎아내리려 한다면, 내가 상대에게 받은 지의 아픔을 알아보고, 나는 이제 꿈과 보람을 향해 나아갈 수 있으니 용서함을 전하면 된다. 어느 방향으로 전하든 두 사람의 지에 연결된 카르마는 사라질 것이다.

부정적인 관계성 카르마가 형성되어있는 관계는 불편하면서도 오히려 집착하는 악순환을 만든다. 서로의 {혼백신의지}에 연결된 부정적인 에너지가 서로를 구속하기 때문이다. 따라서 관계성 죄의식과 적대감이 해소되면, 서로의 감정이 현재에 맞는 새로운 출발점에 서게 되어 서로에 대한 구속력 없는 자유로움을 느낀다. 만약 자녀에 대한 카르마가 해소된다면, 아이의 행동에 애달아 하는 맘이 줄고 지켜볼 여유가 늘어난다. 어렵고 불편한 친구였다면, 이제 그 친구를 멀리하는 데 거리낌이 줄어든다. 어려운 상사였다면, 나의 의견과 생각을 말할 용기가 생기기 시작한다. 새로운 출발점에서는 내가 원하는 방향대로 관계를 만들어 나가기가 훨씬 수월하다.

서로 친밀감이 높은 관계에서는 앞서 설명한 카르마의 모습이 겉으로 잘 드러난다. 하지만 손님과 종업원, 상사와 부하처럼 본심을 드러내고 표현하지 못하는 관계에서는 그저 속으로 품는 생각으로 그 카르마를 알아볼 수 있다. 관찰해보면 가족, 절친, 연인과 같이 친밀한 관계일수록 개별적 카르마가 많이 얽혀 있다. 관계성 카르마를 해소하는 무의식의 사과를 직접 해보면 어떤 관계는 한 가지 감정의 문제가 짧은 기도로 개선되기도 하고, 어떤 관계는 한 가지 감정의 문제가 좀 더 긴 기도나 반복으로 개선되기도 한다. 간혹 어떤 관계는 두세 가지 감정이 복합되어 있기도 하다. 이건 내가 얼마나 상처를 준 것인지 혹은 얼마나 상처받은 것인지, 둘 사이에 형성된 카르마의 양이 다양하기 때문이다. 게다가 한 인연에서 서로 주고받은 카르마가 얽혀서 내가 상처를 받으면서 동시에 상처를 주는 행동이 관찰되기도 한다. 그러니 내 마음이 얼마나 불편한지, 상대가 얼마나 불편해하는지, 기도의 노력으로 나와 상대의 변화가 어떻게 일어나는가 감안하면서 무의식의 대화를 시도하길 바란다.

아이들은 자신의 감정을 그대로 드러내기 때문에 아이들 간의 적대감과 죄의식은 옆에서 확연하게 관찰할 수 있다. 대놓고 비하하며 놀리고(신), 상대의 놀이를 방해하고(지), 자기랑 안 놀아 준다고 삐지고(의), 우기며 싸우고, 상대를 혼란에 빠트리는(혼백) 아이들의 행동만으로도 그 카르마를 판단하기가 참 쉽다. 그리고 그 카르마가 해소되었을 때, 급격하게 변화된 행동들이 관찰된다. 그 변화를 바라볼 때 참으로 신기하고 뿌듯하다. 그러나 어른들은 상대에 대한 불편한 감정도 제어하며 행동하기에, 행동만으로 판단하기가 쉽지 않다. 당사자가 내면의 감정을 털어놓을 때 어떤 카르마인지 확인할 수 있다. 그렇지만 카르마가 해소되었을 때, 어른들 역시 감정이 편해지는 결과는 아이들과 매한가지다. 서로에 대한 적대감과 죄의식의 카르마를 해소하는 사과와 용서를 체험해보면 누구든 쉽게 상대에게 편해지는 마음의 변화를 체감할 수 있다.

이런 관계성 카르마는 전생뿐 아니라 현생에서도 얼마든지 새로 생겨날 수 있다. 현생에서 받은 마음의 상처는 의식에 명확한 기억이 있기 때문에 그 상황에 대해 직접 전하는 사과가 필요할 때가 많다. 작은 아픔이거나 상처받은 이가 스스로 극복하기 위해 노력할 때에는 무의식의 전달만으로 치유되기도 한다. 하지만, 큰 아픔이거나 당사자의 의식적 노력이 함께하지 않을 때는 직접 사과를 전해야 한다. 우리의 의식은 닫힌 문이기 때문에 사과로 두드려 상대가 허락하여 열릴 때, 의식의 기억도 치료받을 수 있기 때문이다.

그렇더라도 직접 사과하기 전에 무의식에 연결된 부정적 에너지를 해소한다면 의식에 전하는 사과가 받아들여질 가능성이 더 커진다. 우리의 의식은 무의식의 지배를 받고 있기 때문이다. 그리고 상대가 마음의 상처로 감정적인 요동이 클 경우에는 상처와 직접연관된 것만이 아닌 {혼백신의지} 모든 의미에 대해 사과를 전해야 할 필요도 있다. 의식의 주요 기둥 모두에 사과를 전해야 크게 요동치는 감정의 에너지가 누그러질 힘이 생길 수 있기 때문이다.

반대로 내가 현생에서 상처받은 입장이라면 그 관계에 얽매이지 않도록 상대를 놓아주는 용서가 나를 자유롭게 한다. 이 역시 작은 아픔에서는 직접 연관된 상처만 용서하여도 마음이 풀리지만, 큰 아픔에서는 [혼백신의지] 모든 의미에서 용서하여야 의식에 명료한 상처가 누그러지고 안정될 힘이 생길 수 있다.

적대감과 죄의식의 관계성 카르마를 해소한 새로운 출발점은 불편한 감정을 일으키던 에너지가 무의식에서 해소된 상태를 일컫는다. 그리고 이것은 실제 생각, 감정, 행동의 변화를 일으킨다. 우리는 무의식에 의해 생각하고 행동하고 감정을 느끼기 때문이다. 그런데 카르마를 해소한 이후에도 예전의 생각과 감정이 남아 있는 경우가 있다. 예를 들어, 어떤 아이가 상대의 꿈을 비하하고 놀이를 방해하는데, 지의 부정적 카르마를 해소하니 그 강도가 확연히 줄었지만 완전히 멈춰지지 않는 것이다. 상대가 자신에 대해 자각력이 낮은 경우에는 관성적으로 지난 생각과 행동을 지속하기도 한다.

만약 이런 경우라면 두 가지 방안이 있다. 상대에게 자신의 행동을 자각하도록 솔직히 알려주는 것과 상대의 무의식에 빛을 향하는 힘을 주는 것이다. 물론 두 가지 방안을 모두 행하면 더 좋다. 그러니 카르마 해소 후에도 지난 감정이 관성적으로 남은 상대에게는 그 상대의 무의식에 고마움과 축복을 전하여 새로이 연결된 긍정의 카르마로 부정적 관성이 힘을 잃게 할 수 있다. 고마움과 축복은 우리의 사이를 긍정으로 연결하는 사랑의 카르마를 형성한다. 사랑의 카르마가 두터운 사이일수록 우리는 서로에게 긍정적 영향을 주며 함께 성장할 수 있다.

우리에게 서로 얽혀 있는 부정적인 카르마는, 지난 삶에서 내가 사랑으로 체험해내지 못한 것에 대해 다시 기회를 부여받는 시스템이다. 그렇게 부여받은 기회로 사랑의 의미를 다시 생각하고 체험할 수 있다. 나와 부정적 카르마로 연결되어 아픔과 불편을 주는 상대는 나에게 다시 기회를 주는 존재이다. 상대는 자신의 빛을 가리고 나에게 기회를 주고 있다. 나는 그 기회를 알아보고 미안함과 용서를 전하며 사랑을 체험하고, 그 기회에 감사하는 마음으로 축복하며 사랑을 시작하는 길을 열게 된다. 처음부터 나를 힘들게 하는 상대에게 고마워하기는 어렵지만, 그와 나를 연결하던 부정적 카르마가 해소된 이후에는 좀 더 가벼운 마음으로 고마워할 수 있다. 내가 사랑을 체험한 것에 대해 기쁘게 여기며 나에게 다시 기회를 준 것을 고마워하고 축복할 수 있다.

나는 관계성 카르마를 해소할 때 진심의 마음을 전하기 위해 가능한 내가 상처받았을 때의 느낌을 떠올리고, 인간이 만들어낸 과거의 아픔들을 상상하면서, 사과와 용서를 생각한다. 특히 상대가 나에게 모욕과 비난을 쏟아낼 때 '지금 내가 아픈 것처럼 나의 모욕과 비난으로 네가 아팠겠구나.' 생각하며 미안함을 전한다. {혼백신의지}에 담긴 관계성 카르마의 의미와 그것이 나타내는 감정을 읽어보면 내가 준 상처 그대로 상대가 나에게 똑같이 돌려주고 있다는 걸 알 수 있다. 그래서 {혼백신의지}의 카르마를 군이 구분하지 않아도 된다. 내가 갈등상황에서 상대에 대해 예측하고 떠올리는 상상이 그 반대 입장으로 내가 전생에서 상대에게 한 행위라고 생각하여도 좋다. 우리의 무의식은 전생의 기억에 연결되어 있어 그것이 의식으로 표출될 때, 반대의 입장으로 드러나기 때문이다.

관계성 카르마뿐 아니라 우리에게 실현되는 삶의 모든 카르마는 응보적 의미를 담고, 응보적 정의가 실현되는 형태로 우리에게 이루어진다. "생명에는 생명, 눈에는 눈, 코에는 코, 귀에는 귀, 이에는 이"와 같은 응보적 정의를 보여준 『코란(Koran)』의 이 구절은 카르마의 응보적 법칙을 표현한 구절이다. 즉, 나에게 일어나는 아픔과 고난은 내가 기억하지 못하는 삶에서 내가 행한 카르마라는 것을 알아보아야 한다는 의미이다. 그러나 애석하게도 우리가 이생에서 서로 보복하여도 된다는 의미로 잘못 해석되고 있다. 이 구절은 보복을 허락하는 알라신의 명령이 아니다. 자신의 모든 삶을 기억하지 못하는 우리에게 친절히 길 안내를 해주는 알라신의 배려이다. 너희에게 온 카르마가 무슨 의미인지 알아보면 쉽게 그 카르마에서 헤어날 수 있으니, 부디 내가 보여준 진리를 따라 용서받고 자유로운 존재가 되라는 지침이다. 이제 우리가 서로에게 얽혀있는 카르마를 알아보고 진심으로 미안함과 용서를 전하여 서로에게 자유로운 존재로 축복하며 나아가자.

　그러나 모든 관계성 카르마가 사과와 용서로 해소되는 것은 아니다. 적대감과 죄의식은 마음의 문제이기 때문에 무의식에 전하는 울림으로 해소되지만, 만약 내가 누군가의 건강을 해치고, 돈을 빼앗은 것처럼 현실적인 삶의 문제들로 카르마가 쌓여있을 때에는 마음의 문제가 아니기에 사과가 소용없다. 이런 물리적 카르마가 전생에 생겼다면 그 일에 대한 기억이 없고 또한 마음의 문제가 아니므로 감정적 상처를 쉽게 주고받지 않는다. 대신 이는 삶을 어렵고 힘들게 만든 카르마이므로 상대의 삶이 좋아지도록 돕는 것으로 해소한다. 그래서 주위를 관찰해보면 마음의 불편함 없이 내가 유독 더 베풀고 싶은 친구가 있다. 혹은 반대로 나에게 선물이나 일상의 씀씀이를 잘 베푸는 이가 있기도 하다. 이런 경우는 주로 서로에게 물질적인 것을 베풀고 받으면서 물리적 카르마를 해소해나가는 모습이다.

　이런 물리적 카르마를 해소하는 데 반드시 물질적인 것만이 유용한 것은 아니다. 상대의 삶에 힘과 기회가 되어주는 무엇이든 다 된다. 힘들어할 때 따뜻한 위로로 아픔을 치유하는 것이나, 관계성 카르마로 어려움을 겪고 있을 때 그 카르마를 해소하는 것도 좋다. 상대가 무언가를 잘못하고 있을 때 그 잘못을 알아볼 수 있게 도와주는 것도 삶의 문제를 해결하는 길이기에 유효하다. 그래서 물리적 카르마를 갚을 대상에게 무슨 일이 생기면 가까운 사이가 아니어도 괜히 마음이 요동치며 걱정되고 뭔가 해줘야 할 것 같은 압박감을 느끼게 된다. 특히 상대가 뭔가 잘못된 길로 간다고 느껴지면 어떤 쓴소리를 해서라도 상대를 구하고 싶어진다. 그렇게 상대의 삶에 힘이 되는 길을 찾아 도움을 베풀어 물리적 카르마를 해소하는 것이 순리의 반응이다.

　따라서 어떤 상대에게 애 닳는 마음이 쓰이면서도 현실적으로 도움을 주기 어렵거나 상대가 도움을 받아들일 상황이 아니라면, {혼백신의지}에 힘을 주는 기도로 상대에게 삶을 잘 헤쳐나갈 힘을 보태는 방법이 있다. 끈기로 형성한 로젠탈 효과로 인해 상대의 {혼백신의지}가 확장하여 그의 삶에 힘을 주기 때문이다. 그렇다고 돈을 떼어먹고 로젠탈 효과로 해결할 수 있다는 의미는 아니다. 상대의 삶이 좋아지도록 하는 진심의 어떠한 행동이나 마음이라도 현실적 문제의 카르마로부터 나를 자유롭게 할 수 있다.

　반대로 내가 현실적 카르마를 받아야 하는 입장이라면 상대가 나에게 베푸는 물질과 노력을 매우 감사하게 받을수록 물리적 카르마가 빨리 해소될 수 있다. 당연한 듯 받는 것보다 감사하며 받는 것은 나의 내면에 사랑을 채우는 과정이 된다. 그리하여 상대의 노력이 내 삶에 주는 긍정적 영향을 증폭시킨다. 또한, 나에게 갚아야 하는 사람이 제대로 갚지 못하면서 주위를 맴도는 경우도 있다. 이때에는 상대가 나에게 해줄 일이 뭔가 자꾸 반복되는데 별로 만족스럽지 못하게 된다. 이렇게 상대가 나에게 잘 갚지 못할 때에는 그의 부족함이나 한계를 이해하고 연민하면서 응원하는 사랑으로 물리적 카르마를 해소할 수 있다. 결국, 그의 존재를 통해 내가 사랑을 체득함으로써 나의 삶이 더 행복해지는 긍정의 효과를 이루기 때문이다. 그렇게 상대의 노력과 존재감으로 나의 삶에 긍정적 영향을 만들고 증폭시킬 때, 내가 받아야할 물리적 카르마가 해소되며 평화로움이 펼쳐진다.

　물리적 카르마는 서로의 삶에 연결된 에너지이고, 관계의 적대감-죄의식은 서로의 {혼백신의지}에 연결된 에너지이다. 그러니까 관계성 카르마가 존재하는 공간은 너도 아니고, 나도 아니며, 너와 나 사이이다. 이 카르마는 어느 한 명에게 속한 것이 아니라 너와 나 사이라는 공간에 있다. 여기에 우리가 기적을 일으킬 수 있는 여지가 있다.

　모든 신성한 진리는 셋으로 분리되어 있다. 시간은 과거-현재-미래이고, 우리는 영혼-마음-몸이며, 공간은 이쪽-사이-저쪽으로 되어있다. 그리고 현재, 마음, 사이처럼 셋 중의 중간은 한계가 없는 영역이다. 현재는 언제나 모든 일이 이루어지는 시간이고, 우리의 마음은 언제나 새롭게 바뀔 수 있다. 우리가 서로의 {혼백신의지}에 영향력을 행사할 때는 상대의 자유의지를 침범하지 못하는 한계가 있는데, 관계성 카르마가 존재하는 사이라는 공간은 이쪽도 저쪽도 아니므로 아무런 한계 없이 누구나 개입할 수 있다. 너와 나 사이라는 공간은 너의 것도 아니고 나의 것도 아닌 모두의 것이다. 그래서 둘 사이의 카르마를 알아보는 누구나 그 카르마를 해소할 수 있다. 내가 해소해도 되고, 네가 해소해도 되고, 그걸 알아보는 제삼자가 해소해도 된다.

내가 겪는 관계의 어려움으로 나와 연결된 카르마를 해소해 나가고, 내 가족이 겪는 관계의 어려움을 보며 대신 미안함과 용서와 고마움을 전해 해소해주고, 내 친구의 하소연을 들으며 또 그 관계의 카르마를 해소해준다. 관계성 카르마를 알아볼 수 있게 되면 해소할 수 있는 카르마의 양에 제한이 없다. 내가 한순간에 일으킬 수 있는 마음의 크기만큼 여러 사람의 카르마를 동시에 해소할 수도 있다. 오로지 아픔에 공감하는 미안함과 용서의 버거움을 공감하는 마음으로 해소할 수 있다. 공감이 담긴 사과와 용서만이 유일한 필요충분조건일 뿐이다. 사이라는 공간은 우리 모두의 것이라는 축복 덕분에 우리는 하나의 존재라는 것을 체험할 수 있다. 우리가 속한 이 공간에 얽히고설켜 있는 부정적 카르마들을 해소해 나가며 고마움과 축복이라는 빛으로 서로를 연결한다면, 세계평화가 결코 불가능하지 않다.

4) {혼백신의지}가 만든 에너지장 = 명수(命數)

{혼백신의지}는 각각 하나의 에너지체이다. 우리의 의식이 확장됨에 따라 에너지를 담는 {혼·백·신·의·지}라는 각각의 그릇이 커져 더 큰 에너지체로 성장한다. 예를 들어, 하늘의 전능함을 믿고 나의 자유의지에 따라 살고자 마음먹으면 혼의 에너지가 커지고, 타인을 진심으로 연민하며 배려하고자 마음먹으면 의의 에너지가 커진다. 또한, {혼백신의지}는 각각 분리된 에너지체이면서 동시에 함께 유기적으로 활동한다. 그래서 {혼백신의지}의 에너지 전체가 형성하는 한 개인의 에너지장이 존재한다. 여기서 가장 중요한 핵심은 우리가 형성하는 마음의 에너지장을 수치로 측정할수 있다는 점이다. 그렇게 0~100까지의 수치로 측정된 마음의 크기를 명수(命數)라고한다. 명수는 명맥실수(命脈實數)에서 따온 말로, 명맥실수란 사상의학의 창시자인 동무 이제마 선생이 24단계로 나눈 건강분류이다. 마음의 에너지장은 건강의 또 다른표현이기도 하여, 마음의 수치를 명수라고 명칭 한다.[3]

인간의 마음과 관련하여 수치측정을 처음 표현한 분은 아마도 데이비드 호킨스(David Roman Hawkins) 박사이지 않을까 싶다. 호킨스 박사의 『의식혁명(Power versus force)』에 익숙한 분들은 마음의 크기를 수치로 측정한다는 말이 어색하지 않겠지만, 일반적으로는 마음의 크기를 수치로 측정한다는 말이 황당하게 들릴 수 있을 것이다. 나도 처음에는 그랬으니까. 그런데 우리의 마음이 에너지라는 사실을 인정한다면 수치로 측정하는 것은 현대 과학에서 너무나 당연한 이치이기도 하다. 이 책의 '사람이란' 장에서 설명하였듯 우리의 마음은 모든 세포가 만들어낸 에너지이다. {혼백신의지}는 그 모든 마음을 떠받치는 기둥이다. 모든 마음은 {혼백신의지}에 의해 일으켜 세워지고 추동된다.

---

3 마음의 수치를 표현하는 용어는 처음에는 '선업'(선하게 쌓은 업)이라는 명칭을 사용하였고, 좀 더 정확한 표현을 하기 위해 이후 명맥실수에서 따온 '명수'라고 수정하여 사용하였다.

{혼백신의지}가 거처하는 장소는 모두 공간을 형성하고 있다. 혼이 있는 송과체는 안구와 같은 구조로 중앙에 공간이 있고, 백이 있는 달팽이관은 관이기 때문에 공간이 있으며, 신이 있는 심장은 두 개의 심방과 두 개의 심실이라는 공간으로 된 장기이고, 의가 있는 난소와 정소는 주머니 모양의 기관이며, 지가 있는 발바닥의 용천혈 부위는 발의 아치로 인해 공간이 형성되는 곳이다. {혼백신의지}는 모두 그 공간을 채우는 에너지체이다. 그 공간을 빠르게 회전하며 자기력을 일으킨다.

높은 에너지체의 빠른 운동력은 자기력을 만든다. 지구 깊숙한 외핵의 뜨거운 물질(철)이 빠르게 회전하면 지구를 하나의 큰 자석으로 만드는 자기장을 형성한다. 지구의 자기장은, 방사능 입자를 품은 태양풍이 지구에 들어오지 못하도록 방향을 바꾸게 하여 보호막으로 작용한다. 지구의 자기장 덕분에 태양풍으로 지구의 공기가 깎이지 않고 생명체들이 방사능으로부터 보호되어 유전적 변형에 노출되지 않을 수 있다.

지구의 외핵에서 높은 에너지가 회전하여 자기장을 만들듯이, {혼백신의지}의 에너지도 각자의 공간에서 회전하며 자기장을 만든다. 지구가 자기장으로 지구의 공기와 생명을 보호하듯이, {혼백신의지}에 의해 형성된 자기장은 우리의 세포와 마음을 보호한다. 그래서 {혼백신의지}가 크고 강한 에너지체로 성장할수록 우리의 자기장은 더 강력해지고, 세포는 더 건강해지며, 마음은 진리에 더 가까워질 수 있다.

{혼백신의지}의 자기장은 세포가 형성하는 전력의 효율을 높여준다. 우리의 세포는 유전체로 전하를 저장하는 축전기와 같다. 또 한편으로는 저항으로 전류를 저장하는 코일과 같아 전력을 생산할 수 있다. 학창시절 코일에 자석을 통과시켜 전류를 일으키는 실험을 했던 기억이 있을 것이다. 자기력은 전자기 유도를 형성하기 때문에, {혼백신의지}의 자기력은 우리의 세포가 유효전력을 생산하도록 조절하며, 자기력이 클수록 세포의 전력생산 효율이 높아진다. 따라서 {혼백신의지}의 에너지장인 명수가 커질수록 우리 세포의 전력효율이 향상된다.

{혼백신의지}는 세포 전력을 이용해 자신에게 보내는 전기적 신호를 형성한다. 우리가 일으킨 생각이 무의식에 합당한 긍정일 때, {혼백신의지}는 세포가 유효전력을 생산하도록 전자기유도를 일으키며 전류를 촉진한다. 우리가 한 생각이 무의식에 합당하지 않은 부정일 때, {혼백신의지}의 자기장은 유효전력을 일으키지 않는다. 이는 근육테스트나 오링테스트(O-ring Test)의 이치이기도 하다. 데이비드 호킨스 박사는 세상의 진리를 탐구하는 데 근육테스트 기법을 사용하였다. 궁금한 이치를 스스로에게 묻고 자신의 근육에 저항을 주어 근육이 버티면 긍정이고, 근육이 저항에 버티지 못하면 부정으로 판단한다. 이 기법은 응용근신경학이라는 의학의 한 분야로 자리매김하고 있다. 오링테스트 역시 같은 원리의 기법이다. 이 방법들은 인체의 전기에너지가 무의식의 긍정에서는 유효전력을 형성하여 근육이 일하고, 부정에서는 유효전력을 형성하지 않는 현상으로 개발된 기법들이다.

우리의 마음으로 세포는 전력을 형성하며 자신의 무의식에 합당한 긍정에서 유효전력으로 인체가 강해지는 반응을 한다. 이 생명의 이치로 우리는 하고자 하는 일에서 직감적으로 힘이 나는 선택을 하는 것이다. 이때 형성된 전력이 효과적일수록 직감적 선택은 더 쉬워진다. 우리 마음의 크기인 명수는 무의식이 긍정하는 생각에서 생체전력이 얼마나 효과적인지를 측정함으로써 확인될 수 있다. 그리하여 명수는 생체전력의 역률을 측정하여 확인한다.

역률이란 실제로 걸리는 전압과 전류가 얼마나 유효하게 일을 하는가를 나타내는 비율이다. 즉, 공급된 전기가 의도한 목적에 얼마나 효율적으로 쓰이는가를 나타내는 수치이다. 역률의 공식은 {역률=유효전력/피상전력}이다. 공급된 전기의 100%를 해당 목적에 소모하는 경우를 1로 보아 1에 가까우면 효율이 높고, 1에 미치지 못할수록 공급된 전기 중 많은 부분이 낭비되는 비효율적인 상태로 본다.

인체의 전기 흐름은 세포들이 탈분극하는 과정으로 전류가 형성되기에 주기적으로 전류의 방향과 양이 변화하는 교류회로이다. 교류회로에서는 전류와 전압의 변화에서 위상차(θ)가 클수록 무효전력이 많이 발생한다. 즉, 전류와 전압의 위상차가 있으며 역률이 1보다 낮다. 그런데 전압과 전류의 변환에 위상차가 없어지게 되면, 교류회로는 순수한 저항 성분만 남게 되므로 모든 전력이 일을 하는 유효전력만 존재하게 된다. 다시 말해 위상차가 0이 되면, 공급된 피상전력이 모두 유효전력이 되는 역률 1을 이루게 된다(역률은 위상차 θ를 삼각함수로 계산하여 cosθ로 산출한다.).

{혼백신의지}는 자기력의 크기를 결정할 뿐 아니라 각 세포에서 형성되는 자기력을 통제한다. 그리하여 무의식에 합당한 생각으로 발생한 전력이 전달되는 과정을 자기력으로 통제하는데, 명수가 향상될수록 전류와 전압의 위상차가 0에 가깝도록 조절하게 된다. 결국 {혼백신의지}의 성장으로 명수가 향상될수록 무의식이 긍정하는 생각에서 1에 가까운 역률로 전력이 형성된다. 역률이 1이 된다는 것은 {혼백신의지}가 모든 세포에 완벽한 통제력을 행사한다는 의미이기도 하다.

그런데 가장 중요한 점은 명수와 연관된 인체의 역률은 무의식에 합당한 생각이 일으키는 교류전력에 해당된다는 것이다. 아무 주파수에서나 측정된 역률이 아니다. 무의식이 긍정하는 생각의 주파수에서 측정된 역률이어야 한다.

우리가 말과 동시에 이루어지는 생각은 중간대의 주파수(가청영역: 250~2,000Hz)로 표출되지만, 우리가 속으로만 하는 생각은 매우 높은 고주파와 매우 낮은 저주파로 이루어져 있다. 무의식과 일치하지 않는 속생각은 매우 높은 고주파로 좁은 범위에 직선적인 영향을 미치고, 자신의 무의식에 합당한 속생각은 매우 낮은 저주파로 넓은 범위를 회절하며 영향을 미친다. 인체의 역률을 측정해보면 고주파 신호로 갈수록 역률이 낮아지고, 저주파 신호로 갈수록 역률이 높아진다. 인간의 속생각이 이루는 주파수는 매우 높거나 낮아 중간이 없이 극명하게 갈린다. 그래서 속생각이 형성하는 유효전력 역시 무의식에 합당한가 아닌가에 따라 극명하게 차이가 생긴다. 즉, 무의식에 합당한 생각에서만 유효전력이 형성되어 직감적으로 힘이 나는 것이다. 결국, 명수를 확인하는 역률은 무의식에 합당한 주파수에서 확인된 역률이어야 한다.

사람의 속생각이 형성하는 주파수는 고주파는 857EHz(=857×10¹⁸Hz)이고, 저주파는 0.857aHz(=0.857×10⁻¹⁸Hz)영역으로 추정된다. 인간의 속생각만큼 높고 낮은 주파수를 발생시키고 수신할 기술은 아직 존재하지 않으므로, 해당 주파수에서 역률을 직접 측정하는 것은 불가능하다. 그럼에도 명수 측정이 가능한 것은 주파수의 변화에 따라 역률이 일정한 함수를 형성하기 때문이다. 이에 무의식에 합당한 0.857aHz에서의 역률을 계산할 수 있다.

현재 시중에서 판매하는 휴대용 LCR 미터 중에는 3~5개의 주파수로 측정이 가능하며, 전압 전위의 위상차인 θ값이 산출되는 것이 있다. 이 θ값으로 cosθ를 구하면 교류전류의 역률이 된다. LCR 미터로 직접 인체의 역률을 측정해보면 측정 범위가 계속 요동치면서 산출값이 변하는 것을 관찰할 수 있다. 그 이유는 접촉 단자가 피부를 누르는 압력이 계속 변하면서 측정값이 변하는 것이다.

피부가 눌리면 붉게 변하고 자국이 생기는 것을 모두 경험했을 것이다. 이 자국이 생기는 현상 이면에는 피부와 진피 세포의 탈분극 과정이 있다. 압력은 이 탈분극의 강도를 결정하기 때문에 측정값이 계속 변하며 오류가 형성된다. 따라서 인체의 역률을 타당하게 측정하기 위해서는 단자가 피부와 밀착되면서도 압력으로 인한 탈분극이 형성되지 않을 약한 압력(대략 1.7~1.8Pa)이 일정하게 유지되어야 한다. 좀 더 엄밀하게는 단자가 압력 없이 피부밑에 삽입되는 것이 더 확실하다. 피부는 우리 눈에 보이지 않는 주름이 있어서 단순한 접촉으로는 완벽한 밀착이 불가능하기 때문이다. 따라서 이 접촉면의 불일치로 인한 오차가 발생하는데, 단순 접촉 측정에서는 실제 역률보다 대략 0.02 정도 낮게 나올 것으로 추정된다. 이 오차 문제는 단자와 피부 사이를 물로 적셔 채우는 것으로 확인할 수 있다.

애석하게도 현재 단자의 접촉 압력을 조정할 수 있는 LCR 미터는 시중에 나와 있지 않다. 나 또한 이런 기계를 개발 제조할 인프라를 갖추지 못해 실제 실험으로 확인하지 못하였다. 다만 휴대용 LCR 미터로 투박하게 실험한 결과, 저주파에서 역률이 높고 고주파에서 역률이 낮아지는 일정한 함수의 가능성을 확인할 수 있었다. 언젠가 명수를 측정할 수 있는 기계적 설비가 개발되기를 바라며 명수와 역률의 이치를 공개한다.

자신의 한계를 극복하는 사랑체험을 한번 할 때마다 {혼백신의지}가 확장하며 명수가 1씩 향상된다. 명수가 1씩 향상되면, 0.0025의 역률이 증가한다. 즉, 한계를 극복하는 사랑체험이 4번 이루어져 명수가 4씩 향상될 때 인체 역률이 0.01씩 증가하며, 명수가 100이 될 때 인체의 역률은 0.25에 도달한다. 그리고 명수 100은 한 단계의 완성으로, 새로운 존재로의 재탄생을 이루게 된다.

인간의 재탄생은 다섯 번까지 이루어질 수 있다. 즉, 명수가 100으로 완성되는 과정은 최대 다섯 번까지 반복된다. 그리고 네 번째 재탄생은 인간의 완성을 의미한다. 인간 완성에서는 무의식의 긍정이 발생시킨 전력이 역률 1의 완벽한 효율을 이루게 된다(0.25×4=1). 인체의 역률이 1이 된다는 것은 {혼백신의지}가 모든 세포를 완벽하게 통제한다는 의미이다. 마음과 육체가 완벽한 일체를 이루는 것이다. 마지막 다섯 번째의 명수 100 완성은 역률 1이 변화하지 않는 확장이다.

그러나 역률이 0인 사람은 없다. 인류의 대부분은 태어났을 때 첫 단계의 명수 확장 0부터 출발하는데, 역률은 0부터 시작하지 않는다. 인간은 누구나 1차 명수 20까지는 역률이 0.05로 동일하다. 1차 명수가 21이 되면서부터 역률이 0.0525로 상승하기 시작하여 설명한 법칙대로 변화하게 된다. 우리는 누구나 무의식의 긍정을 직감적으로 알아차릴 수 있는 최소한의 역률을 부여받고 태어난다.

내가 명수를 확인받은 과정에서는 언제나 나의 성장과 변화를 납득할 수 있는 결과로 수치가 나타났다. 아마 역률을 측정할 기계가 개발되어 직접 측정해보면, 내가 나의 한계를 극복하면서 {혼백신의지}를 확장해 나갈 때 그에 상응하는 역률의 향상을 관찰할 수 있을 것이다. 또한, 역률이 향상되었을 때, 성장하여 변화된 나를 발견할 수 있을 것이다. 우리 마음의 크기인 명수를 수치로 확인하는 것은 우리 삶에 친절한 지표가 된다. 여러분의 명수가 조금씩 쌓여가고 있다면 여러분은 지금 삶의 목적에 부합되는 방향으로 나아가는 중이다. 여러분의 명수 향상이 오랜 기간 정체되어 있다면 삶의 목적을 향하는 길이 아니거나 한계극복을 위해 멈춰선 중일 것이다.

한번 쌓인 명수는 지금의 생명이 다할 때까지 사라지지 않는다. 즉, 명수는 마음의 크기를 나타내는 수치로, 상승하기만 할 뿐 줄어들지 않으며 역률 역시 줄어들지 않는다. 다만 내가 쌓은 명수만큼의 그릇에 얼마만큼의 사랑을 채우고 있는가는 언제나 변하는 변수이다. 순간의 선택과 감정과 생각으로 내 명수 안에 담긴 빛의 양은 언제나 변화한다. 나의 명수가 50이어도 사랑의 의지가 식으면, 30의 빛만 담고 살 수도 있다. 그러나 다시 사랑의 의지를 회복한다면 그릇의 크기는 언제나 50 그대로였으므로 쉽게 다시 50까지 빛을 채울 수 있다. 우리가 명수인 마음 그릇에 사랑을 가득 채우고도 더 많은 사랑의 빛을 담는 선택을 할 때, 우리의 명수가 향상되어 마음의 그릇이 커지고 역률이 올라간다.

이것이 호킨스 박사의 의식 에너지와 명수의 차이이다. 호킨스 박사는 『의식혁명』에서 인간의 의식이 고차원으로 갈수록 높은 수치로 측정되는 에너지체계를 설명하였다. 호킨스 박사의 의식에너지는 0에서 1,000으로 나누어진 수치로 명수라는 그릇 안에 담겨있는 빛의 양을 일컬으며, 이는 언제나 변하는 변수이다. 이것은 우리의 선택과 상황에 따라 늘어날 수도 있고 또 줄어들 수도 있다. 그러나 명수는 한 개인이 존재를 확장하며 갖는 결정론적인 결과다. 한번 커지면 다시는 작아지지 않고, 확장에 의해 커지는 가능성만 있다.

명수는 100까지 커지는 성장이 다섯 번 반복하는 마음의 크기이며, 한 단계의 명수 100 완성마다 호킨스 박사의 의식에너지를 200씩 채우는 그릇이 완성된다. 그리하여 1차 명수 100 완성에서 의식에너지가 최대 200이 될 수 있고, 2차 명수 완성에서 의식에너지가 최대 400, 3차 명수 완성에서 의식에너지가 최대 600, 4차 명수 완성에서 의식에너지가 최대 800, 마지막인 5차 명수 완성에서 의식에너지가 최대

1,000을 이룰 수 있다. 우리는 자기 마음의 그릇 크기만큼 사랑의 빛을 담을 수 있다. 그렇기에 호킨스 박사의 의식에너지를 추구하여 깨달음에 도달하기 위해서는 결국 명수를 확장하여야 한다.

명수가 향상되어 인체의 유효전력이 높아지게 되면 시중에서 판매되는 작은 금속추(펜듈럼-역삼각형 원추)와 같은 물체의 움직임을 우리의 유효전력으로 조정할 수 있다. 추를 손가락으로 잡고 어떤 생각에 대해 집중할 때 그 답이 무의식에서 긍정이라면 유효전력으로 전자가 이동하게 되고, 추로 옮겨간 전자가 역삼각형의 원추를 따라 흐르며 운동에너지를 일으켜 회전하게 된다. 반대로 생각에 대한 답변이 무의식에서 부정이라면 전자는 이동하지 않으면서 추는 원래대로 고정된다.

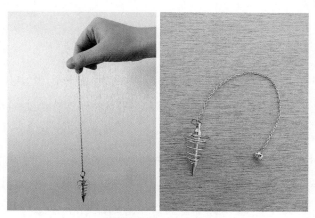

[그림 1-1] 추(펜듈럼) 사진

추의 활용과 호킨스 박사의 근육테스트는 무의식적 긍정에서 형성된 인체의 유효전력을 확인하는 같은 원리의 다른 방법이다. 추가 회전하거나 근육이 강한 반응을 일으키는 생각은 검사 당사자의 무의식에서 합당하다는 같은 표현이다. 개인적 경험으로 보면 근육테스트에서 근육의 저항에 의식을 배제하기가 쉽지 않았지만, 추의 움직임을 관찰하는 것은 훨씬 명료하게 의식을 배제할 수 있었다. 개인적으로 추의 활용이 근육테스트보다 더 편리하게 인체의 유효전력을 확인하는 방법이라고 생각한다.

추의 활용에서는 재질이 금속일수록 전자가 이동하는 데 유리하고, 끈의 길이가 짧을수록 회전을 표현하는 데 좋다. 반대로 끈이 길수록 고정에 유리하고, 추의 윗면 지름이 클수록 전자가 회전하는 운동력이 커진다. 따라서 유효전력을 확인하는 데에는 짧지 않은 길이로 쉽게 회전하지 않으면서도, 원추의 윗면이 적당히 넓어 회전을 명확히 만드는 것이 유리하다. 보통 1단계 명수가 75 이상, 즉, 역률 0.20 이상이 되면, 시중에서 판매하는 가벼운 금속 추(펜듈럼)의 움직임을 고정과 회전으로 명확히 구분할 만큼의 유효전력을 형성할 수 있다. 그 이하에서는 추의 움직임을 형성할 유효전력이 약할 뿐 아니라, 자신의 무의식에 비해 의식의 힘이 너무 약하다. 근육테스트에서도 인체의 역률이 향상될수록 근육의 강약을 확인하는 것이 훨씬 수월해져서 검사의 정확성이 높아지게 된다.

질문에 대한 추의 고정과 회전은 당사자의 무의식이 온전히 반영된 결과이다. 우리는 점을 치고, 주역을 풀고, 명리를 해석하고, 근육테스트를 하고, 추와 같은 물체의 움직임을 관찰하며 진리에 닿고 싶어 한다. 그러나 우리의 무의식에는 [혼백신의지]의 생리적인 힘과 병리적인 힘이 공존하기 때문에, 병리적인 힘에 막힐 때는 우주의 진리에 닿지 못한다. 다만 추의 답을 통해 알 수 있는 것은 나의 무의식 상태이다. 우리의 일반적인 자아성찰은 의식의 수준에서 이루어지지만, 추를 통해 나의 무의식을 들여다보면 내가 발견하지 못했던 병리적인 힘들이 어떻게 숨어있는지 깨달을 수 있다. 그래서 추를 잡고 나의 무의식에 물어 긍정과 부정의 답을 얻었다면, 내 무의식이 만든 답의 의미에 대해 투철히 성찰하여 나의 무의식을 점검해야 한다. 근육테스트도 마찬가지이다. 만약 투철한 성찰 없이 무작위로 나의 무의식을 들여다보면 나의 무의식이 스스로에게 무책임한 내 의식을 공격하는 현상이 발생하기도 한다. 추를 잡고 나의 무의식에 답을 구하는 길은 내가 모르는 나를 들여다볼 수 있는 축복의 기회이면서, 동시에 거대한 나의 무의식이 나를 공격할 수 있는 위험을 감수해야 하는 일이기도 하다.

하지만 우리의 무의식은 광활한 우주의 진리에 닿아있기 때문에 추나 근육테스트를 통해서 우주의 진리에 닿을 수도 있다. 다만 우리의 무의식이 우주의 진리에 닿기 위해서는 (혼백신의지)의 생리적인 힘과 더불어 차크라에 대한 이해가 필요하다. 이후 〈차크라 편〉 말미에 우리의 무의식이 어떻게 우주의 진리에 닿을 수 있는지 설명하겠다.

5) {혼백신의지}를 성장시키는 방법론(명수가 오르는 메커니즘)

이 책에서 {혼백신의지}를 소개하는 것은 궁극적으로 우리의 {혼백신의지}를 강인하게 확장하기 위함이다. 그래서 마지막으로 전하는 실생활의 팁은 {혼백신의지}를 성장시키는 방법론이다. 즉, {혼백신의지}의 에너지장인 명수(命數)가 1씩 확장되는 메커니즘을 소개한다.

우리가 자유로운 영혼의 존재이면서 동시에 제약이 있는 인간으로 사는 이유는, 스스로를 체험하고 모든 것을 창조하기 위해서이다. 그 체험과 창조는 자신을 스스로 규정하면서 동시에 타인과의 관계를 통해 스스로를 확인하는 과정으로 이루어진다. 이런 의미에서 명수를 향상하는 방법은 크게 두 가지로 나눌 수 있다. 하나는 스스로를 성찰하면서 확장하는 것이고, 다른 하나는 타인과의 관계를 통한 확장이다.

(1) 스스로의 성찰을 통한 확장

스스로에 대한 성찰을 생활화하는 것은 {혼백신의지}를 신장시키는 첫걸음이다. {혼백신의지}의 생리적 힘을 강화하고 병리적 힘을 축소하는 성찰을 통해 명수가 향상된다. 우리는 스스로에 대한 관념을 통해 자신을 끊임없이 재창조하며, 그런 의미에서 자신에 대한 성찰은 긍정의 창조작업이 된다.

① {혼백신의지}의 생리적인 힘을 키우는 기도

각 {혼백신의지}의 생리적 기능을 강화시키는 기도와 다짐으로 명수를 향상시킬 수 있다. 내 삶을 창조하는 조화로운 의지를 마음에 되새기고(지), 하늘의 전지전능함과 나의 자유의지를 되새기며(혼), 하늘의 공평함과 완벽함을 굳게 믿는 마음을 일으키고(백), 나를 사랑하는 관념을 채우면서(신), 타인을 사랑하는 이타심을 다짐하는 기도와 성찰의 시간(의)은 {혼백신의지}의 에너지를 확장시킨다. {혼백신의지}의 다섯 마음의 에너지를 확장하면 명수 1이 향상된다. 물론 한 번의 성찰에서 자신을 확장하는 의미가 차고 넘친다면 1 이상 확장될 것이고, 한 번의 성찰을 했더라도 자신을 확장시키는 의미를 이루지 못한다면 오르지 않을 수 있다.

기도의 순서는 [지→혼→백→신→의]로 하는 것이 효과적이다. 이 순서는 우리 인간의 공통된 의식 흐름이기 때문에 스스로를 성찰하는 에너지가 순리로 흘러가게 하는 데 유리하다. 물론 순서가 달라도 {혼백신의지}는 성장하지만, 순환순서와 같을 때 더 효과적이라는 의미이다.

{혼백신의지}의 생리적인 힘을 키우는 기도는 우리의 마음에 방어력을 형성한다. 실연이나 사기 등으로 마음의 외벽이 무너지는 아픔에서는 {혼백신의지}의 결계가 아픔을 치유한다. 즉, 앞서 설명한 결계와 예언이 바로 명수를 확장시키는 하나의 방법이기도 하며, 동시에 치유와 보호의 방법이다. 따라서 외부적 상황으로 인해 내가 흔들리고 아파하는 와중에는 {혼백신의지}의 사랑을 다짐하며 스스로를 보호하고 명수를 확장시킬 수 있다.

명수가 올라갈수록 다음 확장을 위한 [지→혼→백→신→의]의 회전 조건은 더 커진다. 다시 말해 전체 기도가 그리는 원이 점점 커져야 지속적인 성장을 할 수 있다. 오늘의 삶으로 깨달음을 추가하면서 기도가 그리는 원을 크게 만들 수 있다. 만약 기도의 원을 키우기가 어렵다면 이 책을 비롯해 마음의 울림을 주는 자료들을 적극적으로 활용하는 것도 좋은 방법이다. 이 세상에는 우리에게 사랑을 전하는 많은 자료와 예술들이 존재한다. 그것들을 자신의 가슴에 굳건히 새기는 과정도 효과적이다.

② 자신의 한계(병리적인 힘)를 극복하는 참회

{혼백신의지}에는 부정적인 에너지(병리적 의식, 욕망, 죄의식)가 존재한다. 그중에서도 병리적인 의식은 다른 모든 것들의 출발점이 되는 편이다. 따라서 {혼백신의지}의 병리적 의식을 극복하는 성찰로 그 힘을 줄여 생리적 힘을 강화시킬 수 있다. 오늘 내 삶에 무관심했던 것을 다시 생각하고(지), 나의 존엄성을 잊고 눈치 보던 열등감을 다시 생각하며(혼), 공평함을 잊었던 불안감을 다시 생각하고(백), 자신에 대해 부질없

이 실망한 순간을 다시 생각하며(신), 타인을 믿지 못했던 걱정들을 다시 생각해 본다
(의). 이렇게 {혼백신의지}에 있는 병리적 의식을 우리의 일상에서 발견해내서 다시 생
각해 뒤집는 과정 역시 명수를 확장시킨다. 물론 생리적인 힘을 북돋는 방식과 마찬
가지로 자신의 한계를 극복해 갈 때 명수가 확장된다.

병리적 의식을 참회하는 기도 역시 [지: 무관심→혼: 열등감→백: 불안감→신: 자
괴감(실망)→의: 의심(걱정)]의 생리적 순서를 지키는 것이 더 효과적이다. 또한, {혼백
신의지}가 성장할수록 전체 기도가 그리는 원이 커져야 함도 생리적 기능 강화와 동
일하다. 그래서 처음에는 확연히 티가 나던 병리적 의식들을 발견하면서 성장하지만,
명수가 오를수록 일상의 작은 무관심, 열등감, 불안감, 실망, 걱정까지 세밀히 발견하
면서 확장한다.

한계를 극복하는 참회는 생리적 기능 강화와 달리 보호의 힘을 갖지 못한다. 하지
만 여러 노력에도 명수가 정체되었을 때, 나의 확장을 막고 있는 한계를 거두게 함으
로써 확장이 지속될 수 있는 길을 열어준다. 또한, 나 자신(신-神)과 창조주(혼-魂)에게
갖는 미안함의 참회는 내면의 아픔을 치유하는 효과를 가진다. 외부상황에 상관없
이 언제나 마음속에 품어진 아픔에 대해서는 나와 하늘에 아쉬움과 미안함을 전하
는 참회로 마음의 건강을 회복할 수 있다.

(2) 타인과의 관계를 통한 성장

사람은 혼자서 살 수 없는 존재이며 함께 소통하는 과정으로 세상을 끊임없이 창
조하고 있다. 타인과의 관계에서 이루는 사랑은 세상에 빛을 비추는 창조작업이 되
어 당사자의 {혼백신의지}를 확장한다.

① 타인에 대한 진정한 연민과 사랑의 실천

보상심리를 넘어 아무런 사심 없이 진심의 연민과 사랑을 베푼 결과는 {혼백신의
지} 다섯을 한꺼번에 확장시켜 명수가 1씩 오른다. 사랑의 실천은 삶의 목적이니 이

것이 명수를 확장시키는 것은 당연한 이치이다. 내가 사랑하는 한계점을 극복해나갈 때마다 명수가 오르며, 이 메커니즘에는 나이와 명수에 따라 차이점이 있다.

갱년기를 중심으로 인생의 전반기는 삶의 불확실성을 극복하는 시기로, 어떻게 닥칠지 모르는 삶에 대한 두려움을 극복하는 시기이다. 이때에는 신(神)의 자신에 대한 믿음으로 타인에게 사랑을 베풀 때 {혼백신의지}가 확장한다. 즉, 젊어서는 자신을 믿고 사랑한 만큼 타인에 대한 진정한 사랑을 베풀 힘이 된다는 의미이다. 자기 확신이 없는 배려는 눈치, 보상 등에 의한 방어기전을 포함하기 때문이다. 갱년기 이후부터는 삶에 대한 결과를 받아들이는 인생의 후반기로 삶에 대한 분노를 극복하는 시기이다. 이 시기에는 의(意)의 타인에 대한 믿음으로 사랑을 베풀 때 {혼백신의지}가 성장한다. 즉, 어리숙한 잘못과 실패가 뻔히 보이는 대상에게도 믿음과 사랑을 줄 때 확장이 이루어질 수 있다.

나이의 기준은 개인차가 있는 편이다. 중요한 것은 나이에 상관없이 명수에 따라서도 두 메커니즘의 차이가 형성된다는 점이다. 전체 명수 100중 초반의 3/4인 75까지는 신(神)의 주도로 사랑을 실천하면서 명수를 확장하고, 75 이상인 후반의 1/4은 의(意)의 주도로 사랑을 실천하여 명수를 확장한다.

② 타인에게 인정과 사랑을 받고자 하는 욕심을 버린 결과

내가 타인에게 사랑과 인정을 받고자 하는 욕구를 버린 결과 또한 사랑을 베푼 결과와 마찬가지로 명수를 확장시킨다. 누군가와 함께 어떤 일을 하거나 심리적 공격을 받을 때, 내 마음과 노력을 인정받고자 하는 욕구를 버리며 상대를 감싸는 대응은 {혼백신의지} 다섯을 한꺼번에 강화시킨다. 인간관계에서는 서로 간의 욕구와 바램이 충돌하고, 개별적 차이로 인한 오해가 발생하는데 이때 발생하는 부정적 에너지를 수용하고 감싸는 것은 세상의 긍정적 창조에 보탬이 되기 때문이다. 이런 수용적 사랑의 실천 역시 사랑할 수 있는 한계점을 갱신해가면서 명수가 1씩 향상된다.

이 방법 역시 인생의 전반기와 후반기의 추동력이 다르게 나뉜다. 삶의 두려움을 극복하는 전반기에는 백(魄)의 우주 법칙의 공정함을 믿는 힘으로 사랑과 인정에 대한 욕구를 이겨낼 때 성장할 수 있다. 즉, 젊어서는 하늘이 내 편임을 믿고 나의 노력을 알아줄 것이라 믿으며 타인을 감쌀 때 성장하게 된다. 삶에 대한 분노를 극복하는 인생의 후반기에는 삶의 무게를 감당하는 지(志)의 힘으로 사랑과 인정에 대한 욕구를 이겨낼 때 {혼백신의지}를 강화시킨다. 즉, 연륜이 쌓이면서는 인간관계의 모든 과정과 결과를 자신의 탓으로 감쌀 때 성장이 이루어질 수 있다.

이 역시 명수의 확장 정도에 따라서도 두 메커니즘의 차이가 형성된다. 전체 명수 100중 75까지는 백(魄)이 주도하여 사랑으로 포용하면서 명수가 확장되고, 75 이상인 후반에는 지(志)가 주도하여 사랑으로 포용하면서 명수가 확장된다.

명수는 {혼백신의지}의 각 에너지를 합친 평균치이다. {혼백신의지}는 각각의 에너지체로 따로 성장할 수 있다. 즉, 각각 {혼백신의지}가 성장한 에너지 합이 5를 이룰 때마다 명수가 1씩 확장된다. 따라서 혼의 에너지만 5 증가해도 명수는 1이 확장된다. 성찰에 의한 명수 확장은 사람에 따라 {혼백신의지}가 균등하게 발달하지 않기 때문에, 누군가는 혼이 크면서 지는 약할 수 있다. 반면에 타인과의 관계에서 사랑을 베풀거나 사랑으로 수용하는 결과에서는 {혼백신의지}가 한꺼번에 성장을 이루어 명수가 1씩 확장된다.

명수를 확장한다는 건 지식으로 하는 것이 아니다. 그저 사랑하고 싶은 마음으로 하는 것이다. 이래도 사랑하고 저래도 사랑하며, 이래서 사랑하고 저래서 사랑하는, 사랑하려는 마음 하나로 쌓아가는 것, 그것이 명수이다. 단지 사랑하고 싶어서 사랑하는 것, 사랑의 목적 또한 사랑인 것이 우리의 존재이기에 자기 창조력의 모든 것을 사랑으로 규정하고 사랑이 아닌 것을 버리며, 사랑을 주고 사랑으로 포용할 때, 우리의 에너지는 확장하며 행복을 향하게 된다. 그래도 사랑의 결과로 쌓이는 우리의 명수를 지식으로 아는 것은 꽤 유용하다. '그래! 사랑을 위한 사랑을 하자.'하고 마음먹는 것에 머물지 않고, 명수를 향상시키는 오늘의 {지-혼-백-신-의} 성찰을 하루한 번씩 실천하는 것을 시작할 수 있기 때문이다. 비록 지식으로 명수를 확장시키는 것은 아니지만, 각성과 이해를 바로 실천으로 만들 수 있게 하는 것이 지식이다.

모든 사람의 명수는 태어나면서부터 0으로 시작하며, 명수가 100이 되는 것은 한 단계의 완성을 의미한다. 명수가 100이 되는 완성은 {혼백신의지} 다섯 모두가 100이 되는 것을 의미한다. 명수가 100으로 완성되었을 때 우리는 {혼백신의지}의 대대적인 변화를 겪으며, 같은 생 안에서도 새로운 인간으로 재탄생하게 된다. 명수가 100으로 완성되는 과정은 단 한 번만 일어나는 것이 아니라 총 5번의 단계, 즉 명수가 0에서부터 100으로 확장되는 과정이 5번 반복하여 마무리된다. 이것이 명수의 1차, 2차, 3차, 4차, 5차 확장이며, 1차에서 5차로 이어지는 명수의 확장은 정해진 순서에 따라 이루어지는 자연의 법칙이다.

명수의 1차 확장은 우리가 살아가는 유일한 목적이 사랑이라는 것을 체험하는 과정이다. 결국, 1차 명수 확장을 통해서 실체하는 존재는 모두 사랑이며 사랑이 아닌 것은 진짜 같은 허구일 뿐이고, 사랑만이 영원하다는 진리를 점차 깨달아간다. 인류의 대부분은 이 첫 단계를 체험하고 있다. 그래서 우리는 아이들에게 사랑으로 모든 아픔을 치유하는 기적의 이야기를 들려준다. 〈미녀와 야수〉는 사랑으로 저주를 풀고, 〈겨울왕국〉은 사랑으로 마법이 축복이 되게 한다. 이렇게 세계적인 성공을 거둔 만화영화는 대부분 사랑으로 모든 것을 극복하는 위대함을 말한다. 그리고 이 주제가 세계적 성공을 거두는 이유는 우리 인류가 사랑체험이 가장 중요한 목적임을 깨닫는 1차 확장 중이기 때문이다.

아직 많은 이가 삶이 보여주는 허구에 매몰되어 사랑이 우선임을 체감하지 못한다. 사랑하려면 돈이 필요할 것 같고, 사랑하려면 외모가 받쳐주어야 할 것 같고, 사랑하기 전에 먼저 하고 싶은 것이 많다. 그런데 우주의 법칙은 열심히 세상을 사랑하면 돈이 생기고, 나를 진심으로 사랑하면 예뻐지며, 그 무엇보다 사랑을 체험할 때 가장 기쁘기에 그보다 우선인 것은 없다. 우리가 다른 그 무엇보다 사랑을 우선으로 선택하고 생각하며 채워갈 때 명수가 1씩 오르고, 그렇게 100을 모두 채우면 1차의 명수 확장이 완성된다.

이때 혼(魂)이 백(魄)을 통합하여 온전한 하나의 에너지체가 되며 다시는 분리되지 않는다. 백이 혼에 통합되면 백에서 형성되던 일상적인 불안감과 두려움이 사라진다. 영적인 새로운 도전 앞에 발생하는 두려움은 남지만, 그 역시 혼에 의해 통제되어 우리를 막아서지 못하게 된다. 명수의 1차 완성으로 모든 것의 실체가 사랑이라는 체험을 완성한다는 건 사랑이 아닌 것은 허구라는 진리를 생각할 때 저항이 없어지고, 내가 되고자 하는 존재실현에서 두려움에 구속되지 않는 자유로움으로 나아갈 수 있음을 의미한다. 그리하여 호킨스 박사의 의식에너지 200을 채울 수 있게 되어 두려움을 극복한 용기와 긍정이 의식의 중심으로 자리한다.

호킨스 박사는 의식에너지가 200을 넘기는 것을 매우 중요한 분기점이라고 강조한다. 여기서부터 삶을 긍정으로 채우는 자발적인 힘이 본격적으로 생기기 때문이라고 하였다. 이는 우리의 목적이 사랑체험에 있다는 사실을 온전히 깨닫고 실천하였을 때, 더 이상 두려움에 발목 잡히지 않기 때문이다. 명수의 1차 완성 이후에는 더 이상 사랑에 주저하지 않을 수 있으며, 본격적으로 사랑 그 자체를 크고 찬란하게 키워나갈 수 있다.

명수의 1차 완성은, 즉 명수가 100이 된 것은 다시 명수가 0이 된 것과 같다. 혼이 백을 통합한 인간으로 새롭게 태어나 새로운 조건으로 새로운 길을 가는 새 삶의 시작이기 때문이다. 이때부터 다시 새롭게 명수가 쌓이게 되고 이것을 명수의 2차 확장이라 한다. 명수의 2차 확장은 나와 타인이 하나의 존재이며, 내가 그들이고 그들이 곧 나라는 진리를 체험하는 과정이다. 우리는 비록 다른 생각으로 살아가지만, 모두가 사랑하고 싶고 사랑받고 싶은 존재다. 나와 타인을 분별하지 않는 사랑을 이루고, 모두가 하나라는 사랑의 진리를 내면에 채워갈 때 명수는 또다시 1씩 오른다. 그리하여 다시 명수가 100이 될 때 명수의 2차 확장이 완성된다.

이때 심장의 신(神)이 의(意)를 통합하여 온전한 하나의 에너지체가 되며, 다시는 분리되지 않는다. 신이 의를 통합하면 의에서 일상적으로 형성되던 불만과 의심이 사라진다. 새로운 영적인 도전 앞에 일부 남아있긴 하지만, 그 역시 신에 의해 통제되어 우리를 막아서지 못한다. 즉, 호킨스 박사의 의식에너지 400을 채워 진정한 이성으로 이해할 수 있기에 타인에 대한 불만과 의심을 극복하는 것이다.

명수의 2차 완성으로 우리 모두가 하나라는 체험을 완성한다는 건 타인을 사랑함이 곧 나를 사랑함과 같고, 나를 사랑함이 곧 타인을 사랑함과 같아지는 것을 의미한다. 이제 주고받는 소통에서 아깝고 두려운 저항이 사라질 수 있다. 그리하여 이타심과 자기애라는 두 방향의 사랑이 하나의 원을 이루어 진정한 사랑으로 완성하는 것이 자연스러운 일이 될 수 있다.

2차 완성 후 다시 시작되는 명수의 3차 확장에서도 명수는 다시 0이 되어 새롭게 쌓여간다. 신이 의를 통합한 새로운 인간으로서 새로운 삶을 사는 것이다. 명수의 3차 확장은 우리가 신(God)과 하나이며 내 안에 신(God)의 모든 진리가 있음을 깨닫고 그것을 꺼내어 체험하는 과정이다. 이 체험이 하나씩 쌓여 완성되는 것이 명수의 3차 100 완료이며, 이때 통합된 혼(魂)이 통합된 심장의 신(神)을 흡수하여 하나의 에너지체가 되고 영원히 분리되지 않는다.

혼이 신을 통합한다는 것은 언제나 내 안에서 신(God)의 진리를 꺼내고, 내가 바라보는 모든 것에서 신(God)의 진리를 찾을 수 있기에, 일상에서 느껴오던 실망이 사라지는 것을 의미한다. 이제 더 이상 외부에서 신을 찾지 않아도 된다. 물론 새로운 영적인 도전에서 실망이 느껴질 수는 있다. 그러나 혼에 의해 온전히 통제되기 때문에 우리를 막아서지 못한다. 즉, 호킨스 박사의 의식에너지 600을 채울 수 있으며 자신과 우주의 하나됨으로 평화에 임할 수 있다.

명수의 3차 완성으로 우리 모두가 창조주라는 진리를 체험으로 완료하게 되면, 나 자신을 모든 진리를 담은 존재로 여길 뿐 아니라 다른 모두를 신적 존재로 여기고자 하는 데 저항이 사라질 수 있다. 모두를 신적 존재로 본다는 것은 우리 모두를 무한한 가능성의 존재로 여기는 것이다. 그리하여 내가 좋아하는 것과 싫어하는 것 모두를 사랑할 수 있고, 존재 그 자체를 바라보고자 하는 노력이 저항 없이 펼쳐질 수 있다. 어떤 존재든 그가 되어가는 과정을 자유로이 알아볼 수 있다. 그 결과 그저 마음먹는 것만으로 '우리가 무엇을 해야 하는가'로부터 해방되고 무한한 가능성 속에서 존재의 되어감을 바라볼 수 있다.

명수의 3차 완성 후 다시 시작되는 명수의 4차 확장에서는 모든 것을 통합해 가는 송과체의 혼(魂)과 가장 멀리 발바닥에 있는 삶의 의지인 지(志)만이 남게 된다. 혼과 지의 통합으로 향하는 4차 확장은 우리가 행하는 모든 것이 신의 뜻과 하나가 되는 체험을 의미한다. 즉, 주어진 모든 것이 하고 싶은 일이며 자신이 하고자 하는 일에 절대자의 바람을 담는다. 이 체험이 하나씩 쌓여 완성되는 것이 명수의 4차 100 완료이다. 이때 마지막으로 남은 지가 혼으로 통합되면서 {혼백신의지}는 완벽한 하나의 에너지체가 되어 영원히 분리되지 않는다. 이것이 육체와 마음이 일치되는 인간완성이다.

지가 혼에 통합된다는 것은 삶에서 더 이상 무관심하고 무의미한 것이 없어진다는 것을 의미한다. 그리하여 내게 주어진 일에 담긴 신의 의도를 알아볼 수 있으며, 망설임 없이 시작하고 멈추는 것에도 어려움을 느끼지 않는다. 다만 새로운 영적인 도전에서 주저할 수 있으나, 혼에 의해 온전히 통제되기에 우리를 막아서지 못한다. {혼백신의지}가 하나의 에너지체로 통합되어 인간완성을 이룬 것은 삶의 지배자가 됨을 의미한다. 그렇기에 의식에너지 800을 채울 수 있어 깨달음에 머문다. 삶의 어느 것에서도 무의미한 것이 없고, 모든 것에 애정 어린 관점으로 대할 수 있으며, 모든 일은 자신이 하고 싶은 일이라는 생각에 저항이 사라지면서 모든 일에 감사하며 마땅히 행할 수 있다.

각 차원의 확장은 앞서 명수의 메커니즘에서 설명한 대로 성장의 초반 3/4(75까지)은 백(魄)과 신(神)이 주도적으로 이끌고, 후반 1/4(75 이상)에는 지(志)와 의(意)가 주도적으로 이끈다. 사랑을 최우선으로 선택하는 1차 확장에서는 초반에 하늘이 내 편임을 믿고 나를 사랑하는 힘으로 성장하다가, 후반에는 모든 것을 내 탓으로 인정하면서 타인을 믿고 포용하며 확장한다. 나와 타인의 구분이 사라지는 2차 확장에서는 나를 사랑하는 자기애가 타인에 대한 이타심과 같다는 하늘의 순리를 믿으며 성장하다가, 후반에는 타인을 사랑하여 나를 내어주는 것이 결국 자기애라는 확신으로 확장한다. 우리 모두가 신적 존재임을 체험하는 3차 확장에서는 내 안의 진리가 하늘의 순리와 같음을 믿고 나의 존재실현을 이루며 성장하다가, 후반에는 타인이 신적 존재임을 알아보고 상대의 존재실현에 합당한 나의 역할을 다하면서 확장한다. 인간 완성으로 가는 4차 확장에서는 하늘의 진리로 내가 지금 행하는 것에 온전함을 이해하는 것으로 성장하다가, 후반에는 주위 모든 것을 사랑하여 온전하게 하고자 함으로 완성된다.

마지막으로 명수의 5차 확장은 하나의 에너지체로 통합된 {혼백신의지}가 영혼과 일치를 이루는 단계이다. 이 과정은 지난 네 단계를 다시 되새기고 복습하며 이루어진다. 복습의 과정에 순서는 없다. 그저 그동안 체험한 모든 사랑을 되새기면 된다. 1단계의 모든 존재는 사랑이며, 사랑이 아닌 것은 허구이고, 사랑만이 영원하다는 진리를 다시 체험하는 것으로 명수의 25가 향상된다. 2단계의 우리는 하나라는 진리로 자기애와 이타심에 경계 없이 하나의 사랑이 완성되는 과정을 되새기면서 명수의 25가 향상된다. 3단계의 모든 것의 신성을 발견하는 과정으로 존재의 되어감을 축복하는 것을 되새기면서 다시 명수의 25가 향상된다. 4단계의 복습으로는 하고자 하는 일에 절대자의 의지를 담으며 모든 것을 감사와 기꺼운 마음으로 행하는 과정을 되새겨 25의 명수를 채운다.

모든 사랑의 과정을 복습하는 5차 확장에서는, 각 단계의 확장 후반 1/4의 추동 방식을 복습한다. 즉, 지(志)와 의(意)가 중심이 되는 마음으로 사랑을 체험하는 방식이다. 따라서 좀 더 정확히 그 복습을 표현하면 다음과 같다. 1차 복습에서는 모든 것을 내 탓으로 받아들이고 타인을 감싸며 사랑을 체험하고, 2차 복습에서는 타인을 사랑하는 것이 곧 나 자신을 사랑하는 것과 같음을 믿고 실천한다. 3차 복습은 다른 이들에게서 신성을 발견하고 그 신성이 드러나도록 나의 역할을 다하며, 4차 복습은 주위 모든 것들을 온전하게 이루는 나의 행위로 사랑을 채운다. 이것이 우리가 마지막까지 유지해야 할 삶의 방식이기 때문에 한 번 더 확인하는 것이다.

이렇게 모든 네 과정을 되새겨 5차 확장을 완성하면 우리는 마지막으로 미묘하게 남은 혼의 열등감을 온전히 극복할 수 있다. 그리하여 일어나는 우리의 변화에 대해서는 『신과 나눈 이야기』 속 신(God)의 표현을 여기에 옮겨본다.

"너희는 소위 근심거리 속에 놓인 자신을 체험하는 일이 결코 없을 것이다. 너희는 삶의 어떤 상황이 문젯거리가 된다는 걸 이해하지 못할 것이다. 너희는 공포스러운 어떤 상황도 맞닥뜨리지 않을 것이며, 모든 근심과 의심과 두려움에 종지부를 찍을 것이다. 너희는 육체에서 벗어난 절대계의 영혼들로서가 아니라, 육체를 가진 상대계의 영혼들로서 아담과 이브가 살았다고 너희가 상상하는 식대로 살게 될 것이다.

그럼에도 너희는 온갖 자유와 온갖 기쁨과 온갖 평온과, 너희 영혼의 온갖 지혜와 오성과 권능을 갖게 될 것이다. 너희는 완전히 실현되는 존재가 될 것이다. 이것이 너희 영혼의 목표다. 육체 속에 머무는 동안 자신을 완전히 실현하는 것, 참된 모든 것의 화신(化身)이 되는 것, 바로 이것이 너희 영혼의 목적이다. 또한, 이것이 너희를 위한 내 계획이다. 내가 너희를 통해 실현해야 하며, 그렇게 해서 개념을 체험으로 바꾸고, 나 자신을 체험으로 알게 되는 것, 이것이 내 이상이다."[4]

<<·>◇×××◇·>◇×××◇·>◇×××◇·>◇×××◇·>◇×××◇·>◇>>
4 『신과 나눈 이야기(Conversations with God)』, 닐 도널드 월시(Neale Donald Walsh) 지음.

4차 완성까지 [혼백신의지]가 하나씩 합쳐질 때마다 불안감, 불만, 실망, 무기력이 만들어 내는 감정들이 많이 사라지지만 완전히 없어지진 않는다. 다만, 온전히 통제할 힘을 갖게 되어 느껴지면서도 내 주위를 겉도는 느낌이 남아있다. 모든 것을 통합한 혼의 부정적 영역인 열등감이 [혼백신의지] 외부에 영향을 미치기 때문이다. 열등감은 모든 부정적 의식과 연계된 의식이다. 따라서 혼이 나머지 에너지체들을 하나씩 통합할 때마다 열등감은 순차적으로 줄어들고, 인간완성 이후에는 미묘하게 남아 하나로 통합된 [혼백신의지] 외부를 건드린다.

이 미묘한 열등감마저 모두 극복하게 되었을 때 드디어 우리는 모든 것이 옳다는 진리를 받아들일 수 있다. 나도 옳고, 타인도 언제나 항상 옳고, 모두가 자신의 체험 과정 안에서 옳다. 모든 것은 그러하여야 했으며, 그렇기에 모두가 옳은 것이다. 영적 본능으로 좋고 싫음은 있을지언정 그른 것은 없다. 그리하여 좋고 싫음이 충돌하는 모든 과정에 용서와 축복만을 품을 수 있게 된다.

그리고 5차 완성을 이루었을 때도, 인간의 모든 감정은 사라지지 않고 그대로 남는다. 그러나 그 모든 감정은 더 이상 열등감, 불안감, 불만, 실망, 무기력에서부터 나온 것이 아니다. 용서와 축복에서부터 나온다. 그리하여 더 이상 통제의 대상이 되는 감정은 없으며, 모든 감정이 일어나는 순간, 동시에 자연스러운 의지로 감성과 하나가 되는 선택을 할 수 있다. 재미있는 유머에는 배꼽 빠지게 웃을 수 있고, 달콤한 로맨스에는 완전히 녹아들 수 있으며, 일의 어려움과 실패에서는 간절함을 키워낸다. 성공에는 진정한 감사로 기뻐하며, 새로운 도전 앞에 느껴지는 긴장은 스스로를 응원하고, 후회되는 일에는 가슴 먹먹한 아쉬움으로 나를 성장시킨다. 인간의 비극 앞에 마음을 다해 분노하고 슬퍼하며, 인간의 고귀함 앞에서는 가슴 벅찬 감동으로 눈물 흘린다. 이제 모든 감정은 감성과 하나가 되어 절대자의 항상심(恒常心)인 용서와 축복에서부터 출발하는 선택이 당연해지기에, 더욱 찬란하게 펼쳐진다.

인간의 감정은 결코 평면이 아니다. 언제나 입체적으로 형성된다. 마음의 모양을 3

차원으로 설명한다면 1차 확장의 출발에서는 아마 자그마한 정사면체일 것이다. 그래서 어떤 한 생각에 대해 네 면으로 마음이 공존한다. 그 네 면 중에서 우리는 하나를 선택하여 의식의 빛을 비추고, 의식이 선택한 마음과 완전히 반대되는 마음에 대해서는 무의식으로 밀어버린다. 예를 들어, 내가 타인에게 꼭 양보하려는 진심의 노력에는 언제나 그와 반대로 내 맘대로 하고 싶은 욕구가 함께하고 또 그 옆으로는 군이 양보할 필요가 없다는 생각도 들고, 양보하면 좋을 거라는 마음도 있다. 그럴 때 우리는 의도한 생각과 반대의 마음에 대해 나는 이기적인 사람이 아니라고 강한 의식으로 눌러 무의식에 가두어버린다. 물론 정반대로 욕구를 채우고 양보하고픈 마음을 밀어내는 사람도 있다. 어쨌든 누구나 이 네 가지 마음을 모두 진심으로 품고 있지만 정사면체의 예리한 각으로 인해 다른 면의 마음을 알아보기도 어렵고, 또 인정하기도 힘들다. 그렇게 정사면체에서 의식이 비추지 않는 면을 지우려는 시행착오를 지속한다.

그러나 우리가 사랑을 체험하여 명수를 확장시킬수록, 마음은 그 크기를 확장할 뿐 아니라 좀 더 다채로운 면을 가진 정다면체로 변환된다. 처음에는 작은 정사면체에서 출발하지만 좀 더 큰 주사위의 정육면체가 되어 안정감이 생긴다. 그리고 제법 늠름한 정팔면체가 되어 좀 더 다양한 마음을 품게 되다가, 꽤 큰 정십이면체로 부드러운 둔각이 생겨 좀 더 쉽게 다양한 마음을 알아볼 수 있고, 거대한 정이십면체가 되어 다채로운 마음이 부드럽게 연결되는 자유를 느끼며, 마지막으로 웅장한 구의 형태가 된다. 우리의 마음이 우주의 별들과 같이 구가 되면 모든 감정은 사랑으로 두루 통하여 감성과 하나가 될 수 있다. 비록 한쪽 마음에 여전히 반대의 마음이 공존하지만, 모든 면의 마음은 자연히 사랑으로 통한다. 내가 기꺼이 양보하며 사랑을 전할 수 있고 또 상대를 위하여 그가 사랑으로 성장하도록 나의 바램을 드러낼 수도 있다. 내가 제대로 잘하고 있나 하는 걱정은 온전히 사랑을 전하고픈 강력한 사랑의 또 다른 모습일 뿐이다. 타인에 대한 의심은 혹시 모를 상황에 용서할 수 있도록 미리 준비하는 과정이 될 것이기에 모든 의심과 걱정은 사랑을 증폭시키는 역할을 하게 될 뿐이다. 이제 모든 면에서 다채로운 마음을 품을 수 있고, 그 어떤 마음도 모두 사랑으로 행할 수 있으며, 둥글기에 모든 마음에 대해 가장 행복한 선택으로 사랑할 수 있게 된다. 이것이 마음의 그림자를 통합하여 행복에 이르도록 설파한 칼 융의 만다라(mandala)이며, 명수의 완성이다.

| 정사면체 | 정육면체 | 정팔면체 | 정십이면체 | 정이십면체 | 구 |
| 1차 확장 중 | 2차 확장 중 | 3차 확장 중 | 4차 확장 중 | 5차 확장 중 | 삼위일체 |

[그림 1-2] 마음의 입체적 구조 - 정다면체

거대한 구의 형태로 영혼과 일치를 이룬 {혼백신의지}는 창조주의 빛으로 온전히 감싸인다. 별이 되는 것이다. 창조주 하느님은 우리가 웃을 때 함께 웃으며, 우리가 기뻐할 때 진정으로 기뻐하고, 우리가 욕하며 분노할 때 함께 욕하며, 우리가 슬픔의 눈물을 흘릴 때 마음을 다해 함께 울어주는 다채로운 존재이다. 하느님이 우리와 함께하는 모든 감정은 그의 용서와 축복에서부터 나온다. 5차 완성으로 우리의 {혼백신의지}가 창조주의 빛으로 감싸지는 것은 신(God)과 일체가 됨을 의미한다. 『신과 나눈 이야기』에서는 우리는 신의 일부며, 신의 영혼-마음-몸에서 그의 생명인 몸이라고 한다. 신의 이상을 실현하는 존재가 된다는 것은 생명의 일부분으로써 절대자와 삼위일체(三位一體)를 이룬다는 의미이다. 그리하여 언제나 그의 항상심과 같을 수 있기에 우주의 절대가치만을 삶에 자유로이 적용하여, 언제나 지금 이곳을 온전하게 사는 존재가 된다. 이것이 우리가 존재하며 살아가는 유일한 이유이며, 명수 확장의 마지막 결론이다.

여기서 부수적으로 알아둘 것이 있다. 첫째, 우선 명수 확장이 5차 완성을 향하는 동안 자신의 카르마를 해소할 기회가 계속 찾아온다는 점이다. 각 단계의 완성으로 극복한 부정적 감정이 간혹 뚜렷이 일어날 때가 있다. 이 경우는 대부분 개별적 카르마에 의한 것이 많다. 내가 갚아야 할 카르마와 받아야 할 카르마 모두가 5차 완성 이전까지 찾아온다. 이 카르마들을 순리로 해소해 나가야 명수 확장이 지속될 수 있다. 그리하여 5차 완성에 이르렀을 때에는 더 이상 해소해야 할 카르마가 아무것도 남아 있지 않게 된다.

또 하나는 각 단계의 난이도는 모두 똑같다는 점이다. 확장의 순서는 자연의 법칙으로 누구에게나 동일하다. 1차 확장 중에 4차 확장을 생각하면 너무 어렵게 여겨지지만, 각 단계마다 새로운 존재로 재탄생되어 시작하니 0에서 시작하여 1차 확장을 완성한 난이도나, 1차 완성 후 2차 확장을 완성하는 난이도는 결국 같다. 모든 단계의 완성 난이도는 똑같기 때문에 '과연 내가 삼위일체를 이룰 수 있을까?' 지레 겁먹을 필요가 없다는 걸 기억하길 바란다. 게다가 마지막은 가장 쉬운 복습 아닌가! 누구나 갈 수 있는 열린 길이다.

그리고 각 차원의 확장에서 인체의 역률은 계속 향상된다. 즉, 1차 확장의 완성은 역률 0.25를 이루고, 2차 확장의 완성은 역률 0.5로 향상되며, 3차 확장의 완성은 역률이 0.75에 도달하고, 4차 확장의 인간완성에서는 역률이 1로 인체의 유효전력이 완벽을 이루게 된다. 즉, 마음과 육체가 일체를 이루게 되는 것이다. 마지막 5차 확장에서는 역률의 변화가 없다. 역률은 확장에 따라 지속적으로 향상되지만, 명수는 100 이후 101로 인식하지 않는다. [혼백신의지]가 통합되는 것은 새로운 존재로의 재탄생이기 때문에, 명수가 100인 것은 다시 시작하는 0과 같다.

[혼백신의지]가 모두 통합되어 창조주와 일체를 이룬 이후에 우리는 무엇을 향할지 아직 모른다. 그 부분은 내가 상상할 수 있는 영역을 넘어선다. 그러나 확신하는 한 가지는 신(God)과 일체를 이루었다고 끝이 아닐 거라는 점이다. 우리는 영원한 존재

이고, 끊임없이 진화하며, 우주의 모든 것은 순환하기 때문에…. 참된 모든 것의 화신(化身)이 된 이후의 시간이 참으로 궁금하다. 아마도 그 이후의 시간은 하늘과 삼위일체를 이룬 존재가 새로운 진화를 향해 나아가는 길일 것이다.

<표 1-8> 명수의 완성과 데이비드 호킨스(David Roman Hawkins) 박사의 의식에너지[5]

명수		존재의 상태		의식 에너지
1차 명수 완성	혼백+신+의+지 =정육면체	두려움의 극복	용기·긍정	200
2차 명수 완성	혼백+신의+지 =정팔면체	불만의 극복	이성·이해	400
3차 명수 완성	혼백신의+지 =정십이면체	실망의 극복	평화·하나	600
4차 명수 완성	혼백신의지 =정이십면체	무관심의 극복	깨달음·언어이전	800
5차 명수 완성	영혼과 합일 =웅장한 구	열등감의 극복	깨달음·언어이전	1,000

일반적으로 {혼백신의지}가 통합되는 각 단계의 완성을 이루면 자연스럽게 그 의미를 삶에 녹여내게 된다. 1차 확장에서 사랑이 가장 중요하다는 체험이 쌓일수록 당연히 사랑이 아닌 것은 중요하지 않은 무의미한 일로 여기게 된다. 그리하여 1차 확장이 완성에 접어들었을 때 모든 것에서 사랑을 찾고 보는 것이 쉬워진 자신을 발견할 수 있고, 사랑이 아닌 것이 허구임을 자각하는 데 저항이 없어지게 된다.

그러나 각 단계의 완성을 이룬 모두가 저절로 현실에서 그 의미를 펼치는 것은 아

---

5 『의식혁명』에는 의식에너지가 0에서부터 1,000에 이르기까지 의식과 감정의 특징을 간략히 요약한 표가 실려 있다. 그 표의 내용과 {혼백신의지}가 통합하는 과정을 비교해보면 일맥상통하는 것을 알 수 있다.

니다. 만약 1차 확장과정에서 선과 악의 전쟁이라는 개념으로 사랑을 쌓아 완성했다면, 전쟁의 대상인 악을 알아보는 관점을 중요하게 여겨 모든 것의 실체가 사랑임을 받아들이려 하지 않을 수도 있다. 즉, 1차 완성으로 모든 것의 실체가 사랑이며 나머지는 허구라는 진리를 알아볼 수 있는 조건을 창조하고도, 스스로가 그 진리를 보고자 하지 않으면 삶에서 그 의미가 실현되지 않는다. 우리는 온전한 자유의지를 부여받은 존재이기에 스스로의 선택 없이 저절로 이루어지는 것은 아무것도 없다. 그렇게 잘못된 틀 안에 머무르게 되면 더 이상의 확장이 불가능해진다.

그래서 우리가 확장되는 각 단계의 의미를 아는 것은 매우 유리하다. 잘못된 틀로 자신을 가두지 않을 수 있고, 내가 나아가는 길의 방향을 알기에 길을 잃고 헤매지 않을 수 있다. 삶의 내비게이션을 갖추고 사는 것이니 삼위일체라는 목적지에 도착하는 것은 실천과 시간만이 필요한 일이 된다. 만약 당신이 지금 1차 확장을 이루고 있다면, 모든 것에서 사랑을 가장 우선으로 선택하고자 마음먹으면 된다. 2차 확장 중이라면, 나와 타인의 생각은 달라도 마음은 하나임을 믿고 내가 원하는 것을 타인에게 베풀고 받아들이고자 노력하면 된다. 3차 확장이라면, 자신과 모든 것을 절대적 존재인 신으로 여기고자 노력하고, 4차 확장 중이라면, 절대적 가치만을 삶에서 실행하여 모든 순간을 온전히 살고자 하면 된다. 우리가 나아가야 할 단계의 의미를 아니 그것을 선택하지 않는 오류를 피할 수 있다.

오류를 피할 수 있다는 점은 매우 중요하다. 왜냐하면 우리가 나아가야 할 방향을 잃게 될 때, 우리는 고난을 겪으며 그로 인한 아픔 속에서 내가 가야 할 길을 다시 깨닫게 된다. 우주가 우리에게 길 안내를 해주는 방법이기 때문이다. 그래서 우리가 겪는 고난의 모두는 아니지만, 고난의 상당 부분은 길을 잃었다는 징표이다. 그런데 지금 우리가 가야 하는 길의 의미를 정확히 알고 삶에서 실천하고자 노력한다면, 고난을 겪을 많은 이유가 사라지게 된다. 아픔을 최소한으로 줄이며 삶의 목적을 이루어 나갈 수 있다.

그런데 굳이 한 단계씩만 생각하지 않고 이 모든 단계를 한꺼번에 생각한다면, 더 좋다. [혼백신의지]가 통합되는 순서가 자연의 법칙으로 정해져 있다고 해서 꼭 각 단계의 성장에 맞추어 하나씩만 생각해야 하는 것은 아니다. 바로 지금 모든 통합의 단계를 이해하고 인정하고 받아들인다면 그 모든 과정에 가속도가 붙어 진행된다. 만약 지금 1차 확장의 단계에 있더라도 2, 3, 4차의 의미를 모두 마음에 품고 그 길의 진리를 실천하고자 노력한다면, 명수 확장이 점점 더 빨라지는 것을 체험할 것이다.

모든 상황 속에서 어느 것이 사랑인지에 최대한 관심을 기울이고 찾으며, 결국 영원한 존재와 실체는 모두 사랑임을 기억해내도록 하자. 내 안에 다른 이들과 같은 마음이 있고, 다른 이들에게 모두 나와 같은 마음이 있음을 알아라. 그리하여 모든 이가 나 자신이며 내가 그들이라는 사실을 인정하라. 나에게 신의 모든 진리가 담겨있음을 굳건히 믿고, 스스로가 빛이요 진리요 생명임을 받아들여야 한다. 그리하여 언제나 자신에게서 신의 진리를 구하고 바라보는 모든 것에서 신의 진리를 찾고 발견하라. 언제나 영혼의 바램인 절대적 가치만을 선택하도록 하라. 그 이외에 우리에게 필요한 것은 아무것도 없으니 차크라에 담긴 절대적 가치들을 자유롭게 넘나들며 삶을 온전히 채워나가자. 그리하여 모든 마음을 축복과 용서에서 꺼내는 존재가 되어감을 인정하라. 이 모든 것을 한꺼번에 인정하고 내보일 때, 우리가 가는 길은 점점 더 크고 넓게 열린다. 최소한의 혼돈만을 겪으며 빨라지는 가속도로 나아간다.

인류의 역사 속에서 인간완성을 향해가던 이들을 간혹 발견할 수 있다. 외교담판으로 나라를 지킨 서희(徐熙)와 확연한 열세에도 명량대첩을 승리로 이끈 이순신(李舜臣) 장군은 두려움을 통제할 수 있는 1차 확장이 완성된 모습이다. 세종대왕(世宗大王)은 계급사회임에도 불구하고 자신과 궁궐 노비의 인간성에 차이를 두지 않았다. 백성과 자신을 일치시키는 애민정신으로 백성을 위한 진리를 추구하여 한글 창제를 비롯한 수많은 업적을 이루었다. 적어도 2차 확장의 완성을 지나 3차 확장으로 나아가며, 자신의 신성을 밖으로 펼쳐낸 분이 아니었을까 싶다.

예수 그리스도(Jesus Christ)는 "너희가 여기 내 형제 중에 지극히 작은 자 하나에게 한 것이 곧 내게 한 것이니라."라고 우리에게 일러주면서, 모두가 하나라는 2차 확장의 완성을 보여주었다. 또한, "내가 곧 길이요, 진리요, 생명이니, 나로 말미암지 않고는 아버지께로 올 자가 없느니라."라고 선포하여 자신이 신적 존재이며 우리 모두가 똑같이 신적 존재가 될 수 있음을 천명하여, 3차 확장이 완성된 이의 모습을 보여주었다. 그리고 부활의 기적으로 지금의 인류에게까지 영혼의 안내자가 되어, 인간완성 이상을 보여주었다고 생각한다.

인간완성 이상 혹은 창조주와의 합일을 이룩한 이들로는 데이비드 호킨스 박사와 찰리 채플린(Charles Chaplin)을 떠올린다. 찰리 채플린의 <내가 진정 나 자신을 사랑하기 시작했을 때>라는 시를 보면, 그가 넓고도 명료한 진리를 표현하는 자기애는 이타심과 경계가 없음을 알 수 있다. 또한, 자신과 세상의 모든 것을 완벽함으로 바라보고 받아들인다는 걸 표현한다. 그리고 그것이 나 자신을 사랑하는 완성이 아니라 시작이라고 한다. 그는 신과 합일되는 재탄생을 느낀 게 아닐까 추측해본다. 호킨스 박사의 저서를 읽어보면 모든 존재가 사랑이며, 존재 그 자체에 집중하여 모든 존재가 되어가는 진리를 표현한다. 이는 3차 확장이 완성된 모습이다. 그가 늘 바라보고 있던 모든 순간의 완벽함은, 적극성을 내포하면서 동시에 모든 것을 받아들이는 음적 자세로 이룬 평화에 기인하며, 이 평화의 수준에서는 마음의 생각이 강력하고 신속하게 현실이 된다고 하였다. 이는 그가 열등감이 완전히 사라져 모든 것을 받아들일 수 있는 삼위일체의 존재라는 것을 표현한다.

나의 이런 추측에 '그럼 예수님보다 찰리 채플린이 더 훌륭하다는 말인가?'하고 의문을 제기할 수 있을 것이다. 나의 대답은 물론 '아니다.'이다. 명수는 누가 더 훌륭한지를 판별하는 기준이 결코 아니다. 예수님께서 십자가에 못 박히시며 실천한 사랑으로 지구의 수많은 인류에게 2천 년의 시간 동안 안내자가 되어준 것을 생각할 때, 그 훌륭함을 감히 누구와 비교할 수 있겠는가. 다만 '나로 말미암지 않고는 아버지께로 올 자가 없느니라.'에서 인류에 대한 그의 안타까운 사랑이 느껴지며, 그 생각으로 인해 당시의 집단의식 속에서 창조된 십자가의 고난이 가슴 아프고, 그 고통에도 인간에 대한 사랑을 끝까지 지켜낸 부활의 기적에 무한한 경외를 표현할 수밖에 없다.

간혹 기독교에서 전도할 때 예수님을 믿는 자만이 구원을 얻을 수 있다고 말하는 것을 듣게 된다. 그럴 때마다 나는 이 말에 가장 가슴 아프고 안타까울 분이 예수님일 거라는 생각이 든다. 예수님은 부활의 기적을 이룰 만큼 훌륭한 사랑으로 우리 인류에게 2천 년이 넘는 시간 동안 안내자가 되어주셨다. 이제 인류는 그에 대한 보답으로 그의 말씀을 따르고 또한 실천하면서, 이제 그를 자유롭게 놓아주어야 하지 않을까 싶다. 이제는 정말 우리가 예수 그리스도를 진정으로 사랑하여 놓아줄 수 있는 지점에 다다랐다고 생각한다. 그가 없이는 안 된다는 분리불안을 내려놓고 그를 계속 기리고 생각하고 따르기를 바란다. 예수 그리스도가 인류로부터 자유로워지기를 간절히 기도한다.

명수는 훌륭함의 척도가 아니라, 얼마나 행복을 잘 만들어내는가의 척도이다. 행복은 우리 영혼의 목표다. 영혼의 목적을 향하는 길에 누군가는 인류가 기억할 훌륭함을 남기며 나아가지만, 또 다른 누군가는 고요한 흔적만을 남기며 나아간다. 각자가 자신다운 모습으로 나아가는 것이다. 우리의 목적은 훌륭해지는 데 있지 않다. 참자아를 실현하여 행복해지는 데 있다.

인류의 대부분은 1차 확장 중이지만, 간혹 나의 이웃에게서 1차 확장을 넘어선 이들을 만날 수 있다. 어떤 개구쟁이 4살 꼬마는 낯선 누구에게도 두려움 없이 다가서서 자신을 보여주고 받아들인다. 너무도 뛰어난 영특함으로 주어지는 대부분의 정보를 사랑으로 받아들인다. 게다가 타인에 대한 공감능력은 감탄을 자아낸다. 그 아이를 볼 때마다 '이 녀석은 지난 생에서 1, 2차 확장은 확실히 완성했구나, 저 영특함을 3차까지 완성된 걸 나타내는 것일까?' 궁금해진다. 우리 한의원에 단골로 오시는 한 어르신은 언제나 빛나는 아름다움을 보여주시며, '배우자의 오랜 병수발을 이렇게 우아하게 해낼 수도 있구나.'라는 감탄을 자아내게 한다. 그녀의 가족과 친지들과 많은 이웃이 그녀의 사랑으로 힘을 얻는다. 그리고 그녀는 누구에게든 사랑을 주는데 두려움이 없다. 그녀를 뵐 때마다 분명 1차는 확실히 넘어섰고, 이타심과 자기애에 구분이 없는 그 선택들은 2차 완성을 의미하며, 현재 가족 사랑으로 3, 4차 확장을 이루어가는 중이 아닐까 생각된다. 또 내가 좋아하는 칼럼 작가와 라디오작가의 글을 접할 때마다, '이들의 확장이 펼쳐지는 차원은 최소 2, 3차이지 않을까'라고 혼자 행복한 상상을 한다.

이외에도 나의 이웃에서 한 단계의 완성을 보여주는 이들을 심심치 않게 만날 수 있다. 인류의 대부분은 1차 확장 중이지만, 근대(近代)부터는 1차 확장을 넘어선 이들이 빠른 속도로 증가하는 중이다. 여러분 주위에도 잘 살펴보면 한 단계씩 완성한 이들이 있을 것이다. 그들은 한결같이 아름답고, 따뜻한 성품을 지녔으며, 상황에 상관없이 행복하게 살고 있다는 공통점이 있다.

지금까지 인류에서 얼마나 많은 이들이 창조주와의 일체를 이루었는지는 모르지만, 삼위일체(三位一體)는 결코 훌륭한 분들만 가는 길이 아니다. 인류에 각성을 남길 위대한 업적을 통해야만 이룰 수 있는 길도 아니다. 이 길은 모두에게 열려있는 보편적인 행복의 과정이다. 행복하기를 원하는 그 누구라도 가게 되는 길일뿐이고, 우리 모두가 가고자 하는 피할 수 없는 유일한 길이다. 이 길 이외에 우리가 가려고 하는 길은 없다. 오직 한 길만 있을 뿐이니 그저 얼마나 걸려 갈 것인지, 어떤 방법으로 갈 것인지의 차이만 있을 뿐이다. 『신과 나눈 이야기』에서는 "우리는 구원받지 않을 도리가 없다. 그 길을 모를 경우만 빼고는…."이라고 했다. 이제 이 책을 읽은 여러분은 창조주와의 일체가 무엇을 의미하며, 어떠한 과정으로 갈 수 있는지 그 자연의 법칙을 알게 되었다. 이 길을 갈지 말지는 오로지 각자가 선택할 몫이다. 그 어떤 선택을 하더라도 여러분은 결국 행복의 길로 갈 수밖에 없으니 무엇이든 다 괜찮고 좋다. 나는 그저 여러분의 그 어떤 선택도 진심으로 축복하며, 지금 여러분의 행복과 언젠가 펼처질 여러분의 삼위일체를 진심으로 축하한다.

　　내가 진정 나 자신을 사랑하기 시작했을 때

　　　　　　　　　　　　　　　　　- 찰리 채플린

　　내가 정말로 나 자신을 사랑하기 시작했을 때,

　　고통이나 괴로움은 단지 나에게 진실에 반해서 살지 말라는

　　경고를 하려는 것임을 알 수 있었다.

　　오늘 나는 그것을 삶의 진정성이라 부른다.

　　내가 정말로 나 자신을 사랑하기 시작했을 때,

　　아직 때가 무르익지 않았을 때

　　누군가에게 나의 바램을 강요하는 것이

　　얼마나 그 사람에게 상처가 되는지를 알았다.

　　오늘 나는 그것을 존중이라고 부른다.

　　내가 정말로 나 자신을 사랑하기 시작했을 때,

　　나는 다른 삶을 동경하는 것을 중단했다.

　　그리고 주위의 모든 것이 성장을 위한 격려라는 것을 알 수 있었다.

　　오늘 나는 그것을 성숙함이라고 부른다.

　　내가 정말로 나 자신을 사랑하기 시작했을 때,

　　나는 항상 적절한 시간에 적절한 장소에 있었다는 것과

　　그 모든 것이 완벽했다는 것을 알게 되었다.

그때부터 나는 마음의 평안을 얻을 수 있었다.
오늘 나는 그것을 자존이라고 부른다.

내가 정말로 나 자신을 사랑하기 시작했을 때,
나는 건강을 위해 해로운 음식과 인간관계와 사물
그리고 상황을 가만히 내려놓았다.
그리고 나를 위축시키고 나의 영혼을 소외시키는
모든 것들로부터 자유로워졌다.
오늘 나는 그것을 자기애라고 부른다.

내가 정말로 나 자신을 사랑하기 시작했을 때,
나는 바로 지금 이 순간을 느끼며 살기 시작했고,
미래를 위해 거창한 계획을 세우는 일을 멈췄다.
나는 오직 자신이 선택해서 나에게 기쁨과 행복을 주는 것들
내가 사랑하는 일들과 가슴을 뛰게 만드는 일을 하며
지금 이 순간을 산다.
오늘 나는 그것을 단순성이라고 부른다.

내가 정말로 나 자신을 사랑하기 시작했을 때,
나는 내가 항상 현명하고 옳다는 주장을 멈췄다.
오늘 나는 그것이 겸손이라는 것을 안다.

내가 나 자신을 사랑하기 시작했을 때,
나는 과거에 붙들린 삶과

미래에 저당 잡힌 삶에서 벗어날 수 있었다.

나는 바로 지금 이 순간에 발을 딛고 오늘을 산다.

오늘 나는 이것을 충만함이라고 부른다.

내가 나 자신을 사랑하기 시작했을 때,

내 마음이 나를 상처받게 할 수도 있고

마음 아프게 할 수 있다는 것을 알았다.

내 마음과 연결되었을 때

나와 내 마음은 서로 가치 있는 동반자가 될 수 있었다.

오늘 나는 이 연결을 마음의 지혜라고 부른다.

내가 나 자신을 사랑하게 되었을 때,

나는 더 이상 사람들 사이에 일어나는

논쟁과 대립 여러 문제에 대해서 두려워하지 않게 되었다.

왜냐하면, 별들도 항상 충돌하며 새로운 세계를 만들고

그것은 그 순간 가장 적절하게 일어나는 일이라는 것을 알고 있다.

지금 나는 알고 있다. 그것이 온전한 나의 삶이라는 것을…:

6) 지적 장애인의 명수

인간이라면 누구나 자신의 삶을 통해서 명수(命數)를 확장시켜 삼위일체(三位一體)로 나아가는 목적으로 지구에 왔다. 그리하여 자신의 생각과 마음을 일으켜 사랑을 체험하면서 산다. 그런데 사랑을 향한 마음을 스스로 일으키기 어려운 이들이 있다. 바로 지적 장애인들이다. 그들이 사랑할 마음이 없다는 의미로 오해하지 말길 바란다. 그들은 누구보다도 더 큰 사랑을 이루고자 하는 목적으로 이 땅에 온 영혼들이다. 그들의 지적능력은 일반인이 사랑을 깨닫는 것에 비해 훨씬 큰 어려움을 가지고 있다. 특히 일상적인 의사소통을 구체적으로 할 수 없는 중증의 자폐증에서는 더욱 그러하다. 그러나 이들도 명수를 확장시켜 행복을 향하고자 하는 목적으로 이 지구에 왔다. 그들의 명수 확장은 일반적인 우리와는 조금 다른 방식으로 이루어지고, 다른 의미를 지닌다.

우선 지적 장애에도 다양한 원인이 있지만, 여기서 의미하는 지적 장애는 뇌의 기질적 이상 없이 선천적으로 타고난 지적 장애를 의미한다. 또한, 선천적 지적 장애에도 정도의 차이가 있는데 여기서는 주위의 상황을 인지하지 못하여 그에 따라 반응하지 못하는 중증 장애를 기준으로 설명하겠다. 그들의 {혼백신의지}는 그 에너지가 완전히 꺼져 잠든 상태이다. 그리고 그들의 명수가 하나씩 올라 25씩 향상될 때마다 [혼→신→의→백]의 순서로 하나씩 4단계를 거쳐 에너지가 커지게 된다.

그들의 명수가 25에 도달할 때, 그들의 혼(魂)이 잠에서 깨어나 에너지가 커지게 된다. 그리하여 존재의 존엄성과 신성을 알고 존재의 목적을 자각할 수 있게 된다. 그들의 명수가 50을 이룰 때, 심장의 신(神)이 깨어나 켜진다. 그리하여 삶의 기쁨을 알고 자신을 소중히 여기며 사랑할 수 있게 된다. 그들의 명수가 75가 될 때, 의(意)가 깨어나 켜진다. 그리하여 타인을 바라보고 소통하며 믿음을 키우고 서로를 사랑하고자 할 수 있다. 마지막으로 그들의 명수가 100이 될 때, 귀에 있는 백(魄)이 깨어나 켜진다. 그리하여 그들은 세상을 이해하고 받아들이며 세상의 한 구성원으로 자신의 존재실현을 추구할 수 있다.

{혼백신의지}가 모두 꺼진 경우가 가장 중증의 지적 장애이다. 혼만 켜진 경우에는 자각력을 어느 정도 갖춘 장애이고, 혼과 신이 켜진 경우는 자신에 대한 관찰 능력을 어느 정도 갖춘 장애이며, 혼신의까지 켜진 경우에는 타인과 소통할 능력을 갖춘 장애이다. 또한 혼신의백이 켜져 있고 지만 꺼져 있는 경우에는 지각력과 소통력이 통합되어 세상을 이해하나 삶을 자신의 의지로 꾸려나갈 힘이 없는 정도의 장애이다.

지적 장애인들의 명수가 확장되는 방식은 그들 자신이 직접 일으킨 마음이 아니라, 그들을 바라보는 우리의 마음에 의해 이루어진다. 그들의 {혼백신의지}는 잠자고 있기에, 삶을 자신의 의지로 만들어 나갈 수 없어 많은 제약 속에서 살아갈 수밖에 없다. 그들이 감수하는 제약으로 인간의 창조력이 얼마나 기적 같은 힘인지를 깨달을 수 있다. 즉, 창조력이 꺼진 지적 장애의 삶을 사는 영혼들은 다른 이들에게 인간에게 주어진 창조력의 위대함을 알아보게 하고, 또한 감사하게 하는 역할을 선택한 이들이다. 비록 이 선택은 그들의 카르마로 인한 것이겠지만, 그래도 그 선택은 매우 과감한 용기의 영적 선택이다. 그건 자신을 온전히 세상에 내맡기는 선택이기 때문이다.

그리하여 우리가 지적 장애인을 보면서 자신의 창조력을 자각하고, 감사하고, 그들의 창조력을 축복할 때 지적 장애인들의 명수가 확장된다. 단순히 '내가 아니어서 다행이다.'라고 여기는 마음이 아니다. 내가 창조자로서 위대함을 자각하고 감사하는 마음이어야 한다. 인간은 자신에게 좋은 것을 알아볼 때 감사하게 되고 또 사랑하는 이와 나누고 싶어진다. 맛있는 음식을 사랑하는 사람과 함께 먹고 싶어 하는 것과 같다. 그렇게 나에게 너무 고마운 내 창조력을 그들과 나누고 싶은 마음이 지적 장애인들의 명수를 향상시킨다. 그래서 그들은 누구보다도 열심히 세상 밖으로 나와야 한다. 우리는 누구보다도 더 정성껏 그들에게 감사함의 축복을 보내야 한다.

* 내가 주체적인 존엄으로 존재의 목적을 자각할 수 있음에 감사하며,
그들도 나와 같이 존엄하게 존재의 목적을 향해 나아가기를 축복합니다.
* 내가 나 자신의 귀함을 알아보고 사랑할 수 있음에 감사하며,
그들도 나와 같이 스스로를 사랑하고 귀하게 여기며 보호할 수 있기를 기원합니다.
* 내가 다른 이들과 함께 소통하며 사랑함에 감사하면서,
그들도 우리처럼 소통하고 사랑하며, 나처럼 외롭지 않기를 기원합니다.
* 내가 속한 세상을 이해하고, 세상 속에서 소명을 찾는 것에 감사하면서,
그들도 나와 같이 세상을 이해하고 받아들이는 존재실현을 간절히 기원합니다.
* 내가 나의 의지대로 삶을 결정하고 살아가는 것에 감사하면서,
그들도 나와 같이 삶의 주체가 되어 원하는 것을 하며 살기를 기원합니다.

{혼백신의지} 중 어느 하나에 대한 감사와 축복 한 번이 명수를 1씩 확장시킬 수 있다. 이것이 지적 장애인들의 명수가 확장되는 이치이다. 우리의 {혼백신의지} 중 어느 것에든 감사하면서 그들의 {혼백신의지} 창조력이 커지기를 기원할 때, 우리의 명수와 그들의 명수가 함께 확장된다. 그들과 우리가 하나로 명수를 확장하며 영광과 평화와 기쁨과 사랑과 행복을 증폭시키는 것이 이 우주의 순리이다.

{혼-신-의-백}이 모두 커진 후 마지막으로 남은 지(志)는 당사자가 직접 그 에너지를 켜게 된다. 지적 장애인 당사자가 그동안 받은 사랑에 감사함을 쌓을 때, 자신의 의지로 직접 삶을 창조할 수 있는 지의 에너지가 커지게 된다. 즉, 그의 {혼신의백}을 켜 주었던 모든 생의 사랑에 대해 감사하는 마음을 쌓아 그 감사의 마음이 {혼신의백}을 켰던 마음들과 같은 100이 될 때, 지가 켜지는 것이다.

* 나의 모든 생에 걸쳐서 나의 존엄을 알아봐 준 사랑에 감사합니다.
* 나의 모든 생에 걸쳐서 나의 훌륭함을 알아봐 준 사랑에 감사합니다.
* 나의 모든 생에 걸쳐서 나를 아끼고 사랑해준 사랑에 감사합니다.
* 나의 모든 생에 걸쳐서 세상으로 이끌어준 사랑에 감사합니다.
* 나의 모든 생에 걸쳐서 나의 삶을 함께하며 지탱해준 사랑에 감사합니다.

어떤 감사의 내용이든 상관없다. 꼭 위의 내용이어야 하는 것도 아니다. 오직 자신이 사랑받아 깨어났으며 그 사랑이 감사한 것이라는 어떠한 생각이어도 된다. 그들이 받은 사랑의 크기만큼 감사를 모두 채우기만 하면 된다. 그렇게 감사의 크기를 모두 채우게 될 때, 마지막으로 지의 에너지체가 켜지며 그들은 우리와 같이 자신의 의지대로 삶을 창조하는 본래의 모습으로 완성된다. 아마도 이 완성 이후에는 우리 일반인의 명수 확장과 같은 길을 가게 될 것이다.

절대가치:
무엇을 위해 살 것인가

{혼백신의지}는 우리의 영혼-마음-몸의 삼위(三位) 중, 마음에 대한 진리이다. {혼백신의지}를 이해하면 우리가 어떻게 살아야 하는지, 우리가 어떻게 창조력을 발휘해야 하는지 지혜로운 생각으로 진리에 닿을 수 있다. 이제부터 소개하는 차크라(chakra)는 영혼에 대한 진리이다. 영혼은 지금 이 우주의 나와 다른 평행우주의 모든 나를 아우르는 존재이기에, 우리의 삼위(三位) 중에서 가장 거대하다. 영혼은 영원히 존재하여 사라지지 않는 우리의 무한한 영역이다. 거대하고 무한한 영혼은 우리의 몸과 마음에 막강한 영향력을 행사하는 실질적 지배자라고 할 수 있다. 영혼은 신의 일부이며, 모든 진리를 담고 있으며, 모든 사랑이며, 실질적 지배자다. 그러한 우리의 영혼은 차크라를 통해 이해할 수 있다.

차크라는 힌두교 문화의 산물로 우리 문화에서는 생소한 편이지만, 요가 수행 덕분에 많이 알려져 있다. 산스크리트어로 '바퀴' 또는 '원반'이라는 뜻의 차크라는 인간의 영적인 힘, 마음의 힘, 육체적인 힘이 합쳐져 원반 모양으로 소용돌이치는 에너지 중심부이다. 우리의 인체에는 7개의 차크라가 있는데 회음부에서부터 정수리까지 몸의 중심부를 관통하고 있다. 그리고 아래 회음부의 차크라를 1번으로 하여 정수리의 차크라가 7번 차크라가 된다. 각 위치는 [그림 2-1]과 같다.

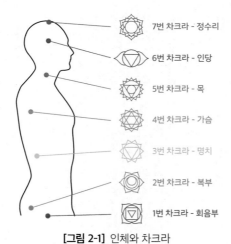

7번 차크라 - 정수리
6번 차크라 - 인당
5번 차크라 - 목
4번 차크라 - 가슴
3번 차크라 - 명치
2번 차크라 - 복부
1번 차크라 - 회음부

[그림 2-1] 인체와 차크라

이 7개가 요가 수행으로 인해 정설로 밝혀진 차크라다. 차크라는 인간에게 가장 영적인 영역이고 모든 것을 지배하는 영역이다. 때문에 요가 수행에서는 이 차크라를 열고 에너지를 관통시켜 우리의 정신과 육체를 다스리는 것을 목표로 한다. 이 책에서 차크라를 소개하는 것은 이런 수련으로 영적인 힘을 향상시키는 데 초점이 맞추어진 것은 아니다. 여기서는 우리의 영혼이 추구하는 삶의 가치가 차크라에 담겨 있다는 이야기를 하려고 한다.

차크라는 우리 영혼이 삶에서 추구하는 가치를 담고 있다. 더 정확히는 이 우주를 이루는 절대적인 가치를 담고 있다. 그리고 절대가치의 에너지가 이 우주와 소통하는 우리의 채널이 바로 차크라이다. 이 우주는 차크라를 통해 절대가치를 소통하면서 우리에게 끊임없이 에너지를 불어 넣어주고 있다. 그렇게 우리가 절대가치를 추구하면서 받은 우주의 에너지가 각자의 차크라에 소용돌이를 일으켜 우리의 마음과 육체를 지배한다.

이 우주는 오직 사랑을 체험하기 위한 목적만으로 설계되었고, 오직 사랑을 체험하기 위한 목적만으로 작동하고 있다. 그리고 창조주는 사랑을 체험할 상대계를 창조할 때, 자신의 일부인 우리가 무엇을 통해서 사랑을 체험할 것인가를 완벽히 구상해 놓았다. '무엇을 통해서 사랑을 체험할 것인가'에서 그 '무엇'이 우리가 사랑을 체험하기 위해서 언제나 선택해야 하고 추구해야 하는 절대가치이다. 창조주는 그 절대가치를 기준으로 우리 모두와 이 우주를 창조하였다. 그리하여 우리의 몸통 중앙을 우주의 절대가치가 관통하고 있다. 절대가치가 소용돌이치는 차크라를 이해하는 것은 우리의 창조목적과 본질을 이해하는 것이다.

이 우주는 절대가치로 구성되어 있기에 세상은 사랑을 체험하기 위한 목적만으로 창조되었고, 우리는 절대가치를 차크라로 품고 있기에 우리의 유일한 목적은 사랑체험이다. 우주의 창조는 절대가치를 통해 우리가 사랑을 체험할 수 있게 하였다. 절대가치는 사랑체험을 위한 목적에서 언제나 옳은 가치를 의미한다. 절대가치는 시간의 흐름에도, 어떠한 상황에서도 우리가 삶에서 언제나 선택하고 추구해야 하는 것들이다.

우리가 차크라에 담긴 의미로 삶을 설계하고 어떤 상황에서도 차크라에 담긴 의미를 선택한다면 아픔과 고통을 최소화하며 사랑체험을 지속할 수 있다. 그래서 '무엇을 위해 사는가'는 '어떻게 살아야 하는가'와 함께 우리가 꼭 알아야 할 명제이며, 더 상위의 개념이다. '무엇을 위해 살 것인가'에 대한 지배력이 삶의 결과를 결정짓기 때문이다. 그러나 우리는 살면서 무엇을 위해 살아야 하는가를 이해하지 못하였다. 인류는 누구나 선의와 최선을 다하여 살아왔지만, 절대가치가 아닌 잘못된 틀로 삶을 설계하여 그 안에 갇히면서 선의와 최선에도 불구하고 많은 비극을 초래했다.

인류의 역사는 그러한 비극을 겪으면서 잘못된 틀을 극복하며 진화하여왔다. 민족주의(民族主義)라는 잘못된 틀 속에서 유대인학살을 겪었고 이것을 극복하면서 생명의 가치를 되찾았다. 게다가 민족주의는 아시아에서 여성의 인권을 짓밟는 성노예(위안부)의 비극을 겪게 하였고 아직까지도 이를 온전히 극복하지 못하여 자기실현의 가치를 세우지 못하고 있다. 또한, 인류는 체제이념이라는 한시적인 가치로 불필요한 경쟁과 논쟁을 하면서 국제사회의 분열을 겪었다. 아직도 우리 사회는 체제이념에서 벗어나는 과정 중에 있다.

지금 우리나라의 젊은 세대는 과거 체제이념을 강조하는 기성세대의 주장을 받아들이지 못하고 비난한다. 그러나 지금의 젊은 세대가 나이 들었을 때, 현재의 유효한 어떤 관념이 우리를 가두는 틀이 되어 미래에서는 비난의 대상이 될 수 있다. 인류의 역사에서 절대가치가 아닌 가치들은 시간이 지남에 따라 변해 더 이상 추구해야 할 가치가 되지 못했다. 우리가 더 이상 추구할 가치가 아니라는 것을 알 수 있는 징표는 '내가 추구하는 것이 새로운 설계에 유효한가? 아니면 무언가를 반대하는 데 유효한가?'를 따져보는 데 있다. 만약 새로운 삶과 사회설계를 위한 가치라면 추구해볼 만하다. 그러나 새로운 구상보다 무언가를 지켜내기 위한 반대에 유효한 가치라면 이제 우리가 놓아야 할 가치로 변했음을 알아야 한다.

체제이념은 이제 더 이상 새로운 사회를 설계하는 데 쓰이지 않는다. 효용 가치가 사라진 것이다. 현재 국제사회에서도 북한의 문제를 체제이념으로 접근하는 나라는 없다. 인권과 평화라는 보편적 가치의 문제로 인식한다. 이제 국제사회 어디에서도 양극화 문제와 경제성장을 체제 이념으로 해결하는 나라는 찾아볼 수 없다. 체제이념은 이 지구상에서 유일한 분단국가인 대한민국에서만 공산주의를 반대하는 가치로 남아있다.

그러나 내가 추구하던 가치를 놓아야 한다는 건 참으로 고통스럽고 어려운 일이다. 체제이념의 가치는 전쟁을 경험한 세대들에게는 사회를 재건하고 성장시킨 매우 유용한 가치였다. 그 가치의 효용을 온몸으로 체감하였는데 이를 놓아야 한다는 건 자신의 과거를 부정하는 두려운 일이고, 고통을 이겨내야 하는 일이다. 그래서 인류는 같은 비극의 역사를 반복해 왔다. 한 사회가 효용 가치가 없어진 기존의 틀을 벗어나지 못하면 더 이상 발전할 수 없고, 그보다 더한 비극은 새로운 가치와 기존의 가치가 충돌하며 더 이상 평화를 유지할 수 없다. 우리 사회에는 아직 놓지 못한 체제 이념의 가치가 사회갈등의 한 원인이 되어 발전과 평화를 방해한다.

개인의 삶에서도 마찬가지이다. 우주의 절대가치 이외에 우리가 선택하고 추구한 것들은 시간이 지남에 따라 그 효용이 변화된다. 그래서 비록 나에게 유용했던 선택이었더라도 상황에 따라 이것이 새로운 설계에 쓰이는지 잘 살펴야 한다. 그 변화를 바로 알아보고 놓게 되면 별문제가 없지만, 변화 때문에 내가 추구하던 것을 놓는 것은 고통스럽다. 우리는 모두 관성의 법칙에 지배를 받기 때문에 그 고통을 감수할 수 있는 이는 그렇게 많지 않다. 그리하여 관성의 법칙 속에서 과거의 효용을 놓지 못하게 되면 잘못된 틀에 갇힌 존재가 되어버린다. 아무리 열심히 선의와 최선의 노력을 해도 사랑을 체험하며 확장해 나가는 존재가 될 수 없다.

우리가 우주의 절대가치로 개인의 삶을 설계하고, 사회를 설계하여 그 틀로 삶과 세상을 채워나가게 된다면 이 비극의 반복을 종식시킬 수 있다. 절대가치를 선택하는 것은 시간의 흐름에서도 변하지 않는 언제나 옳은 일이기 때문에 내가 추구하던 가치를 놓아야 하는 고통을 감수할 필요가 없다. 절대가치를 추구하고 선택하는 것은 어떤 상황에서도 성장을 불러오기 때문에 혼돈을 최소화로 겪는 진화를 이룰 수 있다. 그러니 우리는 차크라에 담긴 절대가치가 무엇인지 알아야 한다. 각자의 존재를 찬란히 확장시키고 우리 사회를 평화로이 진화시킬 길이 무엇인지 알아야 한다.

이제 인류는 비극을 동반한 진화를 멈추고 차크라의 절대가치로 기쁨의 진화를 열어갈 수 있는 단계에 도달하였다. 무언가 새로운 진리가 세상에 펼쳐질 때, 그것은 한 개인의 힘만으로는 해낼 수 없는 일이다. 우리 모두가 함께 만들어낸 집단의식(의식+무의식)의 진화가 그 진리를 펼쳐낼 만큼 이루어졌을 때, 그 진리를 펼쳐내는 데 가장 적합한 한 매개체를 통해서 세상에 펼쳐진다. 아인슈타인(Albert Einstein)의 상대성이론(相對性理論)이 그러했고, 이제마(李濟馬)의 사상의학(四象醫學)도 그러했으며, 칼 융(Carl Gustav Jung)의 분석심리학(分析心理學) 역시 마찬가지이다. 이 모두는 인류가 키워낸 집단의식의 힘으로 열 수 있었던 진리였다. 아인슈타인과 이제마와 칼 융은 매개체였다. 그러니 그 어떤 진리도 한 개인의 것이 될 수 없다. 차크라의 진리 역시 필자인 나를 매개체로 우리 모두가 열어낸 진리이다. 지금 이 책을 읽는 여러분들이 만든 집단의식으로 펼쳐낸 것이다. 절대가치를 밝힐 차크라의 진리는 여러분의 것이다.

1. 차크라와 태양계

그럼 도대체 무엇이 언제나 추구하여도 옳은 절대가치란 말인가? 그것을 이해하기 위해서는 우선 태양계를 살펴봐야 한다. 창조주가 이 광활한 우주와 우리를 창조할 때, 사랑을 체험하기 위한 목적만으로 설계하였다고 했다. 우리가 무엇을 통해서 사랑을 체험할 것인가에 대해 완벽한 구상으로, 우리와 이 우주를 설계하였다. 그리하여 우주를 들여다보면 절대가치에 대한 힌트를 얻을 수 있다.

한의학에서는 인간을 소우주(小宇宙)라고 정의한다. 생명을 담은 인체 구성의 이치는 우주의 원리를 축소해놓은 것이기에 인간 그 자체가 하나의 작은 우주라는 의미이다. 그리고 우리는 지구가 속한 태양계에 사는 소우주들이니, 우리는 이 은하계에서 우리가 속한 태양계의 축소판이다. 그리하여 소우주인 우리 안에 태양-수성-금성-지구(달)-화성-목성-토성-천왕성-해왕성이 모두 포함되어 있다. 우리의 차크라는 우리가 품고 있는 태양계의 별들이다.

우주의 일부인 우리의 태양계는 태양과 8개의 행성으로 총 9개의 별이 있다. 그리고 그 태양계의 한 행성인 지구에 진화를 추구하는 영혼들이 모여 생명으로 살고 있다. 진화하는 영혼들이 모인 태양계는 우주의 절대가치로 설계되어 있다. 태양과 8개의 행성은 절대가치를 담은 별이다. 우주는 우리 태양계의 별(항성+행성)의 개수와 같이 9개의 절대가치로 구성되어져 있다. 사랑을 체험하기 위해 설계된 절대가치의 구성은 완성수(完成數)인 아홉이다.

[그림 2-2] 인간의 아홉 차크라

　우리가 하늘에서 육안으로 볼 수 있는 태양-수성-금성-달-화성-목성-토성은 우리의 몸통을 관통하는 7개의 차크라이며, 우리가 하늘에서 직접 관찰할 수 없고 천체 망원경으로 확인 가능한 천왕성과 해왕성은 우리의 머리 위에 있는 2개의 차크라이다. 우리의 영혼이 태양계 행성과 절대가치를 소통하며 형성한 힘이 우리의 차크라에 소용돌이치고 있다. 그 영적인 힘이 마음과 몸의 에너지를 통합하여 우리를 지배한다. 우리는 태초의 완전한 우주가 쪼개지며 형성된 소우주이며, 우리의 차크라는 태양계의 아홉 별이다.

　그럼 이 아홉 개의 차크라에 어떤 절대가치가 소용돌이치며, 절대가치가 완전한 가치라는 기준은 무엇인가? 우리가 언제나 추구해야 하고 언제나 선택해야 하는 절대가치, 상반되는 방향의 의미를 추구할 때 둥근 원(圓)으로 회전하여 하나로 만나게 되는 가치이다. 예를 들어, 개인주의 가치를 선택하여 쭉 나아갔다고 가정해보자. 개인의 의사를 중요시하며 자신의 존재가치를 빛내는 길은 결국 자기실현을 향해 나아 간다. 그리고 자기실현을 위해서는 사회 속에서 자신의 존재가치를 발휘하는 어떠한 일을 찾게 된다. 혼자 고립된 상태에서 개인의 가치가 빛나는 자기실현은 없다. 그 빛을 아무도 보지 못할 테니 말이다. 그러니 개인적 자기실현을 위해서는 혼자가 아닌 모두와 함께하는 길을 선택하게 된다. 그리하여 개인주의는 자기실현을 구심점 삼아, 함께하는 이들을 찾고 뜻을 모으는 연대의 가치와 하나가 된다. 반대로 모두가 함께 하는 단체적 연대를 추구하게 되면 함께하는 이들이 모두 소중하다. 그러하기에 함께하는 이 각각의 의사를 존중하고, 그들의 바램을 이루며, 그들의 가치가 하나하나 빛나는 길을 열어간다. 모두가 함께하는 단체적 연대는 그렇게 구성원 하나하나를 소중하게 여기는 개인주의와 하나가 된다. 개인주의와 연대주의는 상반된 가치이지만, 결국 존재가치를 빛내는 자기실현을 구심점으로 하여 하나의 원으로 순환하는 절대가치가 된다. 이렇게 상반되는 두 개의 방향이 하나의 구심점으로 원을 이루는 가치들이 우주의 절대가치이다. 절대가치의 영적인 에너지가 소통하는 채널에, 바퀴라는 뜻의 차크라(chakra)로 이름 붙인 것은 신의 친절한 힌트였다.

그러니까 우리가 추구하던 것 중에서 상반되는 가치가 원으로 순환하지 않는 가치가 있다면 그것은 절대가치가 아니다. 그러한 예가 바로 진실과 거짓, 평화와 혼돈이다. 우리는 진실을 추구해야 한다고 생각한다. 그것은 많은 순간에 유효하다. 그러나 진실을 지속적으로 추구하더라도, 거짓의 가치에는 닿지 않는다. 진실과 거짓을 하나로 묶어줄 구심점이 없기에 끝까지 반대 방향을 향한다. 그렇기에 진실은 언제나 옳은 선택이 아니다. 어떤 때에는 진실을 덮고 넘어가야 할 때도 있고, 거짓이 필요한 순간도 있다. 우리는 아이들에게 산타할아버지를 믿게 하고, 그 거짓으로 아이들에게 크리스마스의 기쁨을 선사한다. 진실함의 가치는 때에 따라, 상황에 따라, 변화되는 가치이다. 평화도 마찬가지이다. 평화를 열심히 추구하더라도 혼돈에 닿지는 않는다. 그러니까 평화도 언제나 옳은 가치는 아니다. 우리는 평화를 원하지만 혼돈이 필요한 시기가 있다. 찰리 채플린(Charles Chaplin)의 말처럼 별들도 항상 충돌하며 새로운 세계를 만들기 때문이다. 우리가 새로운 세계를 만들기 위해 혼돈으로 나아가야 하는 때가 있다. 평화와 혼돈 역시 언제나 추구하는 가치가 아니라 상황에 따라 그 선택이 달라져야 하는 가치이다.

절대가치는 어떤 상황에서도 언제나 추구하는 것이 옳은 가치이다. 절대가치는 하나의 관념이 아닌, 서로 반대의 관념이 구심점을 두고 하나의 원으로 완성되는 가치이다. 즉, 상반되는 두 관념과 구심점의 관념이 더해져 셋이 뭉쳐 이루는 관념이 우리가 언제나 추구해야 하는 절대가치이다. 셋 중 하나만을 추구하는 것은 절대가치가 되지 못한다. 반드시 셋이 함께 원을 이루게 하는 관념이 절대가치가 될 수 있다. 우리가 언제나 추구해야 하는 원의 관념으로 삶을 설계해 나갈 때 사랑체험의 길이 열린다. 아홉 개의 차크라 중 우리의 몸통에 있는 1번부터 5번의 차크라에는 하나의 원으로 순환하는 절대가치들이 우주와 소통한다.

맨 아래의 1번 차크라에는 탄생과 죽음이 생명의 가치를 구심점으로 순환하며 우주와 소통한다. 탄생으로 생명이 주어져 삶을 살 수 있다는 것은, 사랑을 체험할 축복받은 기회이다. 그러니 태어난 생명을 지키고, 가꾸고, 번영시키는 것은 언제나 옳다. 그러나 한편으로 생명은 육체적 한계에 갇히는 일이기에 생명이 끝나는 죽음은 유한한 삶의 무게를 벗어나 무한한 자유로움으로 나아가게 한다. 또한, 죽음이 있기에 생명의 가치는 우리에게 소중한 것이 될 수 있다. 그리하여 탄생을 축하하고 생명을 지키는 것과 마찬가지로 죽음 역시 우리에게 축복이다. 탄생과 죽음의 순환은 생명으로 주어진 유한한 삶을 더욱 찬란하게 하는 절대가치이다.

2번 차크라에는 앞에서 예를 든 개인주의와 연대주의가 자기실현을 중심으로 순환하며 우주와 소통한다. 우리는 각각의 개인으로서 소중하고, 자기실현으로 사랑을 추구하며, 함께하는 연대로 사랑을 체험한다. 개인적 자기실현과 단체적 연대의 순환은 모든 존재의 가치를 빛나게 하는 온전한 절대가치이다.

3번 차크라에는 분별과 전일성의 가치가 소통을 매개로 순환하며 우주와 소통한다. 서로를 분별하여 차이를 확인하고 개성을 찾다 보면, 나와 똑같은 사람은 아무도 없으며 우리는 모두 똑같이 특별하다는 진리에 도달한다. 그리하여 똑같이 특별한 우리가 서로의 아쉬움을 소통으로 채우며 완벽한 하나의 존재로 나아가게 된다. 반대로 우리가 결국에는 같은 인간으로 동일한 존재라는 가치를 추구하면, 결국 모두가 '나'이기에 아낌없이 주고 두려움 없이 받아들이는 소통을 할 수 있다. 그렇게 주고받는 소통 속에서 우리는 모두 분리된 존재라는 것을 발견한다. 그래서 다시 모두가 분리된 특별한 존재로 서로의 부족함을 채우며 하나로 합쳐진다. 분별과 전일성은 상반되는 가치이지만, 주고받는 소통을 매개로 순환하는 절대가치이다.

4번 차크라에는 사랑과 믿음의 가치가 소망을 구심점으로 순환하며 우주와 소통한다. 사랑과 믿음은 얼핏 상반되는 가치로 보이지 않는다. 워낙 오래전부터 하나의 쌍이 되어 하나의 가치처럼 느껴진다. 그러나 믿음은 사랑이 아닌 것을 향한 가치라는 점에서 사랑과 상반된다. 불공평해 보이지만 공평한 세상일 것이라 믿고, 나쁜 놈처럼 보이지만 의도적 악의는 아닐 것이라고 믿고, 보이지 않지만 하느님은 있을 거라고 믿는 것이 믿음의 가치이다. 그런 소망을 담은 믿음으로 결국 불공형해 보이는 세상을 사랑하고, 나쁜 놈처럼 보이는 이들을 사랑하고, 보이지도 않는 하느님을 사랑한다. 반대로 절대적 존재로서 모든 것을 사랑하고자 소망하기에 사랑하면 할수록, 사랑이 아닌 것은 허구라는 믿음을 확고히 하게 된다. 이렇게 사랑이 아닌 것들을 향해 소망의 믿음을 보내어 실체적 존재를 사랑하고, 그 사랑이 다시 사랑이 아닌 것은 허구로 믿게 하는 것이다. 그리하여 사랑과 믿음은 반대 방향을 바라보고 있지만, 소망을 구심점으로 순환하는 온전한 절대가치가 된다.

5번 차크라에는 자유와 책임의 가치가 소명을 중심으로 순환하며 우주와 소통한다. 우리는 모든 것으로부터 자유로워지는 길을 추구해야 한다. 그러한 자유를 향하기 위해서는 나에게 주어진 책임을 완수해야 한다. 책임을 다하지 못한 상태에서는 자유로운 존재가 될 수 없다. 그러니 자유로운 존재이기 위해 언제나 책임을 다한 존재여야 한다. 또한, 매 순간 자신의 책임을 다하는 존재는 결국 매 순간 자유로운 존재가 된다. 무거운 책임을 가볍게 만들어주고, 깃털같이 가벼운 자유가 날아가지 않게 잡아주는 것이 바로 하늘로부터 받은 소명이다. 무거운 책임은 나를 구원할 소명이니 결국 자유의 길이 되며, 나는 본래 자유로운 존재이기에 하늘의 소명을 기쁘게 받아들여 책임을 다한다. 우리를 구속하는 책임과 깃털처럼 가벼운 자유는 소명을 구심점으로 하나로 순환하는 절대가치이다.

우리는 이 1번부터 5번의 절대가치를 추구하는 삶을 구상해야 한다. 이 절대가치들을 기본 틀로 세워야 사랑이 체험되는 삶으로 설계할 수 있기 때문이다.

머리에서부터 그 위로 있는 6번부터 9번 차크라는 우리가 사랑을 체험하기 위해 서로 주고받아야 할 가치를 담고 있다. 우리가 사랑을 위하여 주고받을 것은 미안함, 고마움, 용서, 축복 이외에 아무것도 더 필요한 것이 없다. 우리가 주고받는 이 절대가치들은 내가 준 것이 돌고 돌아 나에게 돌아오고, 내가 받은 것이 돌고 돌아 그에게 돌아간다. 이 상위의 절대가치들은 우리 모두를 하나의 원으로 이어주며 하위의 절대가치들이 확장되는 길을 열어가기에 언제나 옳은 선택이다.

6번 차크라는 서로에게 사과하고 사과받는 미안함이 우주와 소통한다. 7번 차크라는 서로에게 고마워하고 감사받는 마음이 우주와 소통한다. 8번 차크라는 서로를 용서하고 용서받는 마음이 우주와 소통한다. 9번 차크라는 서로를 축복하고 축복받는 마음이 우주와 소통한다. 그리고 사랑을 위해 주고받는 이 관념들은 너와 나인 '우리'가 구심점이 되어 원으로 순환한다.

상반되는 의미가 하나의 원으로 순환하는 가치는 언제나 추구하는 것이 옳다. 또한, 사랑을 위해 우리가 주고받는 관념은 어떤 상황에서도 선택하는 것이 옳다. 우리가 사랑을 체험하기 위해 언제나 추구하고 선택하기에 옳은 가치가 절대가치이다. 우리는 1번에서 5번까지 하위 차크라의 가치로 설계된 삶에서, 6번부터 9번까지 상위 차크라의 가치들을 주고받으며, 모든 것을 통합으로 완성할 수 있다. 따라서 우리의 차크라는 맨 아래의 1번에서부터 위로 향할수록 형이상학적인 가치로 구성되어 있다.

맨 아래에서부터 삶을 설계하자면, 삶의 시작과 마지막을 이루는 탄생과 죽음의 가치를 통해 생명을 귀하게 여긴다. 귀한 생명으로 삶의 근간을 튼튼히 설계하여 함께 사회를 이루며 자기실현을 추구해나간다. 이렇게 사회의 구성원으로 살면서 우리가 개별적인 존재이지만 본질은 하나임을 깨닫고, 결국, 모두 '나'이기에 믿고 사랑하는 길을 개척해나간다. 온전한 사랑을 믿는 그 길을 통해 주어진 소명과 책임을 다하며 존재의 자유로움을 이루는 것이다. 이제 깃털같이 자유로운 존재로서 미안함을 전하는 것으로 서로의 아픔을 치유하고 고난을 해소한다. 고마움을 주고받으며 서로에게 힘을 주고 길을 잃지 않게 서로를 안내한다. 용서를 주고받으며 우리의 빛을 가리고 있던 어둠을 모두 치우고, 축복을 주고받으며 존재의 빛을 온전히 드러내도록 하는 것이다. 이것이 차크라의 절대가치로 사랑을 체험하여 자신의 빛을 모두 체험으로 알 수 있도록 설계된 인간과 우주의 구성이다.

이 구성은 아래에서 위로의 방향뿐만 아니라 위에서부터 아래로의 설계도 유효하다. 우리는 존재의 빛을 온전히 드러낼 수 있도록 서로를 축복하기에 우리를 가리는 어둠을 모두 용서할 수 있다. 그리고 용서의 힘으로 서로에게 고마워하며 힘을 내고, 미안함을 전하여 아픔을 치유한다. 미안함으로 아픔과 고난을 치유하니 책임과 소명을 다하는 데 자유로워진다. 자유로운 맘으로 소명을 다하는 존재이기에 모든 것을 사랑으로 믿고 더 많이 사랑할 수 있다. 모든 것이 사랑임을 믿으니 비록 우리가 각자이더라도 본질은 하나임을 깨달으며, 우리가 이루는 사회에서 함께하는 것이 완벽을 향하는 길임을 알기에 그 안에서 자기실현을 추구하여 존재를 빛낸다. 그렇게 모두와 함께 빛나는 존재로 살아간 우리는 주어진 생명에 감사하면서, 언제나 죽음 앞에 당당한 존재로 살아갈 것이다.

아래에서 위를 향하여도, 또 위에서 아래를 향하여도 우리에게 사랑을 체험할 완벽한 길이 열린다. 우리는 이러한 절대가치를 기틀로 창조된 존재들이다. 이것이 우리의 본질이다. 그러니 우리는 절대가치로 설계된 삶에서 [혼백신의지]의 생리적인 힘을 다하여 사랑을 채워나가면 된다. 그 결과는 우리에게 주어진 모든 고난을 극복하게 할 것이며, 우리 영혼의 본질적 빛을 체험으로 모두 알게 할 것이다.

<표 2-1> 차크라와 절대가치 그리고 태양계

차크라	위치	절대가치	태양계
9번 차크라	8번 차크라 위	축복의 주고받음	해왕성
8번 차크라	머리 위	용서의 주고받음	천왕성
7번 차크라	정수리	고마움의 주고받음	태양
6번 차크라	인당(印堂)	미안함의 주고받음	달
5번 차크라	목	자유-소명-책임	금성
4번 차크라	가슴	믿음-소망-사랑	수성
3번 차크라	명치	분별-소통-전일성	목성
2번 차크라	복부	개인-자기실현-연대	화성
1번 차크라	회음부	탄생-생명-죽음	토성

그런데 우리가 추구하고 선택해야 하는 아홉 개의 절대가치 이외에 마지막 남은 절대가치가 하나 더 있다. 바로 위대함과 겸손의 가치이다. 위대함과 겸손 역시 상반된 의미이면서 하나로 순환하는 절대가치이다. 우리 모두는 창조주의 의지와 목적이 담긴 존엄한 창조물이고 존엄하지 않은 존재는 아무도 없다. 그렇기에 어느 누가 더 위대하다 할 수 없고 모두가 무한한 가능성으로 위대하다. 모두가 무한한 가능성의 위대한 존재라는 자각은 지금 내가 더 뛰어나거나 부족하다는 결과에 연연하지 않으며, 타인의 위대한 가능성을 알기에 타인에게 언제나 겸손한 마음을 가지게 한다. 다른 이들 앞에 겸손해지려는 마음은 다른 이들이 나와 다른 모습으로 훌륭하다는 사

실을 발견하게 하여, 결국 우리 모두가 위대한 존재라는 자각으로 이끌어 준다. 그렇기에 위대함과 겸손함은 하나로 순환하는 절대가치가 된다.

그러나 위대함과 겸손함은 하나의 차크라로 우리에게 존재하지 않는다. 우리에게 하나의 차크라가 되어 존재하는 절대가치들은 그 가치를 통해서 우리가 사랑체험을 할 수 있게 하는 것들이다. 생명을 소중히 여기고 죽음을 신성하게 받아들여 사랑하게 하고, 함께하는 연대 속에서 자기실현으로 사랑하게 하는 것처럼 말이다. 위대함과 겸손함은 우리가 이것을 통해서 사랑을 체험하는 것이 아니라, 우리가 사랑을 체험한 결과로 갖게 되는 절대가치이다. 우리가 열심히 사랑하고자 노력하다 보면, 나의 위대함을 발견하고 다른 이들의 위대함을 발견할 수 있다. 우리가 열심히 사랑하고자 노력하다 보면, 다른 이들이 빛날 수 있게 겸손한 자리를 찾게 되고 내가 특출한 것이 아니라 모두가 특별하다는 진리에 도달하게 된다. 즉, 사랑에 대한 결과의 절대가치가 위대함과 겸손이다.

그렇기에 우리가 사랑체험을 제대로 해나간다면 스스로의 위대함을 알아보는 당당함과 타인 앞에 자신을 낮출 수 있는 겸손이 표출된다. 만약 내가 최선을 다해 열심히 살고 있는데 자신의 존재감이 작게 느껴지거나, 반대로 내가 남들보다 특별한 존재로 여겨진다면, 잘못된 길을 가고 있다는 신호이다. 위대함과 겸손은 우리가 존재의 목적을 제대로 향하고 있는지 스스로를 확인하고 점검할 수 있게 마련된 절대가치이다.

그래서 위대함과 겸손을 하나의 원으로 순환하게 하는 구심점은 바로 모든 차크라의 구심점 가치들이다. 우리는 생명에서 위대함을 발견하고 위대한 생명 앞에 겸손하며, 위대한 자기실현을 위하여 함께하는 구성원들에게 자신을 낮출 수 있다. 우리는 함께 소통하고, 원대한 소망을 품고, 하늘로부터 소명을 받았기에 위대하다. 또한, 우리는 소통하기 위해, 소망을 이루기 위해, 소명을 다하기 위해 자신을 낮출 수 있다. 우리는 사랑의 관념을 주고받는 존재로 자신을 나누어 주기에 위대하고 타인을 받아들이기에 겸손한 존재이다. 그래서 위대함과 겸손은 사랑의 결과로 모든 차크라를 연결하는 힘이다. 차크라를 아래에서 위로 또는 위에서 아래로 관통하는 힘을 요가 수행에서 쿤달리니(kundalini)라고 하는데, 쿤달리니의 절대가치가 바로 위대함과 겸손이다.

그리하여 위대함과 겸손은 태양계의 행성으로도 존재하지 않는다. 대신 모든 차크라를 연결하는 힘이기 때문에 모든 행성의 중간인 소행성대의 에너지와 소통한다. 소행성대는 태양계 행성들이 태양 주위를 공전하는 딱 중간에 위치한다. 행성들의 순서를 나열하면, 수성-금성-지구-화성-소행성-목성-토성-천왕성-해왕성으로, 딱 가운데 소행성대가 있다.

태양 주위로 공전하는 행성들의 간격에는 일정한 규칙이 있다. 그 규칙을 티티우스-보데의 법칙(Titius-Bode's rule)이라고 한다. 이 법칙을 통해서 우리가 육안으로 관찰하지 못했던 천왕성과 해왕성의 위치를 추정할 수 있었고 두 행성을 발견할 수 있었다. 이 법칙으로 화성과 목성의 간격이 너무 벌어져 있다는 걸 발견했고 화성과 목성 사이에 하나의 행성이 들어갈 위치가 규칙상 존재한다는 사실을 알게 되었다. 그리고 그 위치를 추적 관찰한 결과, 수백만 개의 소행성이 공전하고 있다는 사실을 발견하였다. 우리의 아홉 차크라를 모두 이어주는 결과의 절대가치는, 태양계의 중간지점에 있는 수백만 개의 소행성들과 교류하고 있다. 소행성들은 해당 공전궤도에 모두 뿔뿔이 흩어져 있어, 모든 태양계의 별에게 길 안내를 해주고 있다. 아홉 차크라를 통한 사랑체험이 어디서든 위대함과 겸손을 발견할 수 있도록 말이다.

우리 인간은 소우주이다. 좀 더 구체적으로 표현하면, 우리는 모든 절대가치를 품고 있는 작은 태양계이다. 우리 안에서 태양과 달이 뜨고 지며, 수성, 금성, 화성, 소행성, 목성, 토성, 천왕성, 해왕성이 뜨고 진다. 우리의 차크라는 거대한 우주의 태양계 행성과 교류하며 우리가 우주와 하나로 순환하도록 이끈다. 우리의 거대하고 완벽한 영혼은 차크라를 통해서 우리의 모든 것을 지배하며, 우리의 본질이 절대가치임을 기억해내도록 한다. 우리는 창조주의 확실한 의지와 목적에 의해 창조되었다. 그리고 그 목적을 완수할 완벽한 지도인 차크라를 품고 있으며, 그 목적을 완주해낼 모든 힘인 {혼백신의지} 에너지체를 부여받았다. 우리에게 존재의 목적을 완수하는 데 더 이상 필요한 것은 없다. 그러니 우리가 존재의 목적을 완수하지 않을 도리도 없다. 우리 모두는 완벽한 우주이기에….

[그림 2-3] 태양계

2. 차크라의 지배력

우리의 차크라에는 절대가치의 영적에너지를 주축으로 {혼백신의지}의 마음에너지, 그리고 육체를 통합하는 유기적 에너지가 함께 소용돌이치며 순환하고 있다. 이 차크라의 에너지 순환은 우리의 마음과 육체에 막강한 지배력을 행사한다. 그 결과 각 차크라에 우주와 소통하는 영적에너지가 부족하게 되면 우리의 마음과 육체가 약해질 수밖에 없다.

이것은 우리가 살면서 절대가치를 추구하지 않을 때, 그 길이 아니라고 우리에게 알려주는 신호체계이다. 그 신호로 인해 우리는 육체적·정신적 곤란을 겪게 된다. 그리고 그 고난을 통해서 본연의 길을 찾아가도록 하는 것이 우주의 법칙이다. 그러니 내가 갖는 고질적인 건강문제나 정신적 어려움을 통해서 어떤 차크라의 힘이 약한지 알 수 있다. 그리고 그 육체적·정신적 문제는 해당 차크라의 힘을 키우면서 근본적인 치유를 할 수 있다.

1번 차크라가 생명의 가치로 우주와 원활히 소통하지 못할 때, 육체적으로는 면역계의 불균형이 생긴다. 면역계는 생명을 위협하는 외부로부터 스스로를 보호하는 역할을 한다. 따라서 면역계는 생명을 지키는 인체의 유기적 시스템이다. 감기 같은 감염의 잔병치레와 면역과민반응, 알레르기 질환 같은 면역계 질환은 1번 차크라의 지배를 받는다. 생명의 가치를 귀하게 여기며 탄생과 죽음을 축복할 때 1번 차크라는 그 기운을 회복하며 면역계를 활성화시킨다. 그 결과 감염에 강인한 저항력이 생기고, 면역 균형이 유지되어 과민반응 없는 안정을 이룬다.

또한, 1번 차크라는 생명을 탄생시키는 차크라이기에 정신적 영역에서는 성적 의식과 연계되어 있다. 따라서 섹스중독, 성불감증 같은 성적인 감정의 문제는 1번 차크라의 지배를 받는다. 이성적 영역에서는 몸으로 움직이는 행동력과 직접 연관된다. 생명을 지키고 유지하기 위해서는 직접 움직이는 활동이 필요하다. 따라서 1번 차크라가 건강한 사람은 행동력이 뛰어나다. 반대로 1번 차크라가 약한 이들은 행동력이 느리고, 위급한 상황에서 몸이 굳어버리는 '긴장성 부동화(Tonic Immobility: TI)'를 쉽게 일으킬 수 있다.

2번 차크라가 자기실현의 힘을 얻지 못하면 자율신경계의 불균형이 생긴다. 자율신경계는 뇌의 직접적인 영향을 받지 않고 자율적으로 인체의 기능을 조절하는 역할을 한다. 흥분을 유도하는 교감신경과 안정을 유도하는 부교감신경이 한 기관에 같이 영향을 주면서 상황에 따라 대사기능이 다르게 발현되도록 한다. 각자 또는 함께 발현되는 자율신경계 현상은 자기실현에 가장 부합하는 인체의 유기적 시스템이다. 따라서 자율신경의 불균형으로 발생하는 자율신경실조증은 2번 차크라의 지배를 받는다. 자율신경실조증은 과흥분, 과안정의 증상으로 대사기능의 기복이 크게 나타난다.

감정적인 면에서는 감정 기복을 지배하는 차크라이기도 하다. 따라서 2번 차크라에 문제가 생길 때는 감정 기복이 심해지면서 조울증 성향이 나타난다. 이성적인 면에서는 기억력에 직접 관여한다. 함께하는 연대에서 자기실현을 이루기 위해서는 해야 할 일, 변화상황, 상대의 특징 등에 대해 기억하는 것이 유리하다. 그런데 2번 차크라가 약한 경우에는 쉽게 깜빡깜빡 잊는 건망증의 문제를 자주 일으킨다.

그러나 각자 또는 함께 자기실현을 통해 존재가치를 빛내며 2번 차크라를 회복시키면 자율신경이 안정되어 대사기능이 균형을 이루고, 감정 기복이 평안을 되찾으며, 기억력이 향상된다. 그리하여 대사기능의 균형과 감정의 안정감 그리고 정확한 기억력이 합쳐져 자기실현을 위한 과정을 더 쉽고 환하게 열어갈 수 있다.

3번 차크라가 소통의 가치로 우주로부터 힘을 얻지 못하면, 육체적으로는 림프순환계의 문제가 발생한다. 림프순환계는 인체의 유기적 배수 시스템으로 각 조직에 공급된 혈액에서 남은 체액이 다시 심장으로 돌아가도록 배수하는 역할을 한다. 이 배수 시스템이 원활하지 않을 때, 조직의 압력이 증가 또는 감소하면서 부종이나 붓기, 만성염증, 통증이 발생한다. 따라서 만성적인 염증과 근육통, 붓기의 병증은 3번 차크라의 지배를 받는다.

한편 감정적으로는 순리적 순환을 담당한다. 2번 차크라가 감정의 위아래 변화폭을 조절하였다면 3번 차크라는 전반적인 흐름과 표출을 담당한다. 어떤 감정이든 응집되지 않고 자연히 흐르며 외부로 표출되어 응어리를 만들지 않게 한다. 따라서 3번 차크라가 약해지면 감정의 응어리로 우울증 발병률이 높아진다. 이성적인 면으로는 집중력을 지배한다. 소통을 통해 진리에 닿기 위해서는 집중력이 필수이다. 건강한 3번 차크라는 끈기 있게 지속하는 집중력을 부여한다. 반대로 건강하지 못할 때는 집중력에 문제가 생겨 '주의력 결핍장애'를 유발할 수 있다.

3번 차크라의 힘으로 상황에 매몰되지 않고 분별하며 소통으로 하나가 될 때, 인체의 배수 시스템이 원활히 작동되어 몸이 가벼운 상쾌함을 느낄 수 있다. 이 순환의 상쾌함은 육체적 쾌감과 즐거움을 쉽게 느끼도록 하여 주고받는 소통의 삶에 힘을 보탠다. 감정의 순리적 표출도 강화하여 삶의 과정이 마음에 응어리진 상처가 되지 않게 한다. 그리하여 삶의 아픔에서도 심리적 장애를 남기지 않고, 모두를 성장의 과정으로 지나칠 수 있다. 또한, 집중력을 향상시켜 자신의 일에서 진리를 구현하는 데 힘을 보탠다. 소통으로 3번 차크라를 회복한다면 육체적·정신적으로 모두 순리적인 순환을 이루어 상쾌한 삶에서 진리를 구현할 수 있다.

4번 차크라가 믿음-소망-사랑의 가치로 우주와 소통하지 못하면 심혈관계의 균형이 깨진다. 최근 증가하는 부정맥, 고혈압, 저혈압, 뇌혈관성 중풍과 치매는 4번 차크라의 영향이다. 감정적인 면에서는 불안장애를 일으킨다. 우리가 불안할 때 가장 일반적으로 나타나는 증상이 두근두근하는 심계항진이다. 4번 차크라가 약하면 이유 없는 불안감에 시달리며 일상 생활에 어려움을 겪는다. 이성적인 면에서는 순발력을 담당한다. 혼란스럽고 난감한 상황에서 사랑을 알아볼 수 있게 하는 순간적 판단은 4번 차크라의 힘이다. 따라서 4번 차크라가 약하면 과거에 하지 못한 생각과 말을 후회하는 경향이 짙어진다.

사랑과 믿음의 힘으로 4번 차크라를 회복하면 우리의 심장은 기쁘게 박동할 수 있고, 모든 혈관은 그 박동을 기쁨으로 이어간다. 심혈관계의 건강은 인체 구석구석의 혈류 순환을 개선하여 모든 세포의 기능을 활성화하는 기본이 된다. 따라서 심혈관계의 회복은 결국 모든 세포의 기능을 향상시킨다. 또한, 정신적인 면에서도 불안을 떨칠 믿음이 솟아나며 기쁨의 감정이 강화된다. 기쁨의 감정은 삶의 활력이 되기에 열심히 사랑하려는 행복추구에 힘을 불어넣어 준다. 또한, 순발력이 강화되어 어떤 상황에서도 사랑을 체험하는 선택에 유리해지는 장점이 있다.

5번 차크라가 소명의 가치로 힘을 얻지 못할 때는 호르몬계의 이상으로 인한 대사 기능 장애가 발생한다. 호르몬은 장기의 기능을 유기적으로 조절하는 물질이다. 갑상선 기능저하 혹은 기능항진증, 인슐린 이상의 당뇨병, 부신의 스트레스 호르몬 이상, 월경 불순 등의 성호르몬 이상 및 조기 폐경 등은 5번 차크라의 힘이 약해져 발생하는 질환이다.

또한, 호르몬은 감정을 유기적으로 통합하는 물질이기도 하다. 그래서 호르몬을 감정의 분자라고 표현하기도 한다. 따라서 5번 차크라가 힘을 잃을 때, 감정적으로는 양가감정이 통합되지 못하여 강박적 성향이 나타날 수 있다. 양가감정은 사물이나 상황에 대해 상충하는 한 가지 이상의 감정이 동시에 일어나 혼란스러운 상태가 되는 것을 의미한다. 예를 들어, 어떤 물건을 산다고 가정할 때 그것을 사고 싶은 마음과 사면 안 될 것 같은 마음이 상충하면서, 사지도 안 사지도 못하는 상황이 연출되는 것이다. 그 어떤 선택에서도 자유롭지 못해 책임을 다할 수 없으며, 사소한 일에 집착하면서 안 하면 큰일 날듯한 착각과 하면 큰일 날 것 같은 착각으로 스스로를 제약하는 두려움에 갇힌다.

5번 차크라는 이성적으로는 창의력과 상상력에 직접 관여한다. 우리가 소명을 이루며 새로운 세상을 창조하도록 창의력을 담당하는 것이다. 따라서 5번 차크라가 약해지면 빈약한 상상력으로 창의적 생각이 적고 유행에만 몰두하며, 새로운 상황에 대한 적응력이 떨어진다.

그러나 자유와 책임을 소명으로 추구한다면, 5번 차크라가 우주와 소통하며 회복하기 시작한다. 이는 호르몬의 유기적 작용을 회복할 뿐 아니라 호르몬의 효율성을 높여 대사기능을 향상시키는 결과를 불러온다. 즉, 효율적 육체가 되어 더 적은 에너지로 더 많은 소명을 다하며 자유로운 존재가 되는 것이다. 감정적인 면에서도 양가감정에 붙잡히지 않으며 두려움에서 벗어날 용기로 어떤 선택도 자유롭게 할 힘을 얻게 된다. 이성적으로는 창의력이 풍부해지면서 새로운 도전을 재미있게 추구할 수 있다. 결국, 자유로운 선택으로 자신의 소명을 찾고 창의적으로 책임을 다할 수 있다.

미안함의 가치를 담은 6번 차크라가 힘을 잃게 되면 송과체와 뇌하수체의 기능 부조화가 발생한다. 뇌하수체는 모든 호르몬을 지배하는 중추로 전반적인 육체 건강에 직접 영향을 준다. 따라서 어떤 육체적 문제더라도 통합적인 회복을 위해서는 반드시 6번 차크라의 회복이 필요하다. 또한, 송과체는 혼(魂)이 머무는 공간으로, 송과체의 기능 저하는 마음을 이끄는 군주의 무기력을 초래한다. 즉, 송과체와 뇌하수체의 이상은 모든 육체적 정신적 영역을 총괄하는 기능 이상을 의미한다. 따라서 많은 육체적·정신적 문제는 기본적으로 6번 차크라의 문제를 동반할 확률이 높다.

송과체의 이상은 모든 감정적 문제에 연계되며, 특히 수면장애와 분노조절에 직접적으로 연관된다. 6번 차크라가 힘들어진 초기에는 수면 요구량이 늘어나고, 만성화되면 오히려 불면으로 간다. 게다가 분노는 파괴력을 가진 감정이기에 자신과 주위에 직접적인 해악을 끼친다. 그만큼 6번 차크라의 파급력은 중요하다. 또한, 인과관계의 이성적인 판단을 담당하여 앞뒤 문맥을 파악하고 결과를 이해하는 능력을 지배한다. 따라서 6번 차크라가 약해지면 앞뒤 따지지도 않고 화부터 내는 성향이 나타나는 것이다.

미안함을 전하고 받는 마음은 6번 차크라를 건강하게 하며 정신적, 육체적 문제를 통합적으로 회복하게 한다. 단순한 회복에 그치는 것이 아니라, 마음의 군주인 혼이 머무는 송과체를 발달시킨다. 그 결과 감정적 통솔력이 강해지고, 이성적 판단으로 실수를 적게 하며, 뇌하수체의 호르몬 체계가 효율적으로 발달하면서 육체적 기능이 종합적으로 향상된다.

고마움을 담은 7번 차크라가 약해지면 신경계가 제 능력을 모두 발휘하지 못한다. 근긴장이상증, 파킨슨, 알츠하이머, 헌팅턴병, 정신분열증(조현병)과 같은 신경계 질환은 7번 차크라의 지배를 받는다. 또한, 신경계의 유기적 연계는 종합적인 판단력을 결정한다. 7번 차크라가 활성화되지 못하면 상황 판단력, 이해력, 학습력 등이 약해져 눈치 없는 사람이 되기 쉽다. 무엇보다 타인의 감정을 나의 것으로 느끼는 거울 신경 체계가 활성화되지 못해 공감능력이 떨어진다.

7번 차크라의 발달은 뇌의 활성화를 촉진시킨다. 즉, 뇌 신경회로의 유기적인 연계를 높여 사용면적을 늘린다. 그 결과, 눈치가 발달하고 종합적으로 사고하는 능력이 향상되어 빠릿빠릿한 이해력으로 일할 수 있다. 무엇보다 거울 신경체계가 발달하면서 타인과 세상에 대한 공감력이 월등해진다. 사용할 수 있는 뇌의 기능적 용량을 늘리고 모두와 소통할 수 있는 공감력과 이해력이 확대되면, 자신이 이루고자 하는 바를 실현하는 데 유리해진다. 이는 고마움의 힘으로 이룰 수 있다.

8번 차크라가 용서의 가치로 우주와 원활히 소통하지 못하면 (혼백신의지)가 영혼과 소통하는 데 어려움을 겪는다. 특히 (혼백신의지)에 있는 병리적 의식 중 확장을 일시정지 시키는 반명수(反命數)가 있는데, 반명수를 결정하는 것은 8번 차크라이다.

반명수가 생기면 우리의 마음과 영혼이 서로 멀어져 감정과 이성 모두에 어려움을 일으킨다. 반명수에 대해서는 뒤에 더 자세히 설명할 것이다.

용서의 힘은 반명수를 극복하는 길을 열어준다. 반명수의 극복은 영혼과 마음의 거리를 회복시키고 {혼백신의지}의 성장을 지속하게 만든다. 무엇보다 진리를 꿰뚫어 보는 통찰력을 키워주기 때문에 영혼의 의지로 우리의 마음이 길을 잃지 않게 한다.

9번 차크라가 축복의 가치로 우주와 원활히 소통하지 못하면 {혼백신의지}가 확장하는 힘이 줄어든다. 그리하여 명수(命數)의 향상이 어렵다. 우리가 축복의 힘으로 살아간다면 우리의 {혼백신의지}는 영혼과 발맞추어 춤을 추며, 명수 확장은 당연한 결과로 따라오게 된다. 또한, 8번과 마찬가지로 진리에 대한 통찰력을 키워 영혼의 의지가 찬란하게 펼쳐질 길을 열 수 있다.

<표 2-2> 각 차크라의 영역

차크라	절대가치	담당 영역		
9번 차크라	축복의 주고받음	{혼백신의지}	명수	진리에 대한 통찰
8번 차크라	용서의 주고받음	{혼백신의지}	반명수	진리에 대한 통찰
7번 차크라	감사의 주고받음	신경계	공감력	통합 판단력
6번 차크라	사과의 주고받음	송과체·뇌하수체	수면·분노장애	인과 판단력
5번 차크라	자유-소명-책임	호르몬계	양가감정	창의력
4번 차크라	믿음-소망-사랑	심혈관계	불안장애	순발력
3번 차크라	분별-소통-전일성	림프순환계	우울증	집중력
2번 차크라	개인-자기실현-연대	자율신경계	조울증	기억력
1번 차크라	탄생-생명-죽음	면역계	성욕 장애	행동력

우리의 차크라는 이렇게 인체의 모든 유기적 체계를 통해 육체를 지배하고, 모든 감정적·이성적 문제에 결정권을 가지고 있다. 따라서 현재 자신의 문제점을 통해 어

떤 차크라가 우주와 소통하는 힘이 부족한지 알 수 있고, 내가 삶에서 무엇을 더 열심히 추구해야 하는지 깨달을 수 있다. 차크라에 대한 이해는 현재 내 삶을 설계하는 데 완벽한 도안이 된다.

그런데 우리의 문제점들은 간혹 하나의 차크라 영향이 아니라 복합적으로 작용한 결과인 경우가 있다. 예를 들어, 최근 증가하는 공황장애를 차크라로 분석해보면 다음과 같다. 공황장애는 죽음의 문턱 앞에 갔다오는 공포의 정신적 문제이다. 이는 생명의 가치인 1번 차크라의 영향을 받는다. 또한, 공황장애는 실제 생명의 위협이 아닌 신경계의 반응이 만드는 죽음의 공포이다. 그러니 7번 차크라의 영향이다. 그리고 공황장애는 언제 죽을지 모를 공포로 불안감을 조성하는 4번 차크라 영향을 받기도 하다. 즉, 공황장애는 1번, 4번, 7번 차크라의 이상으로 해석할 수 있다. 또 성욕이상의 문제라면 역시 생명의 가치인 1번 차크라로 인한 직접적인 결과일 것이고, 또한 성호르몬의 문제를 동반할 때에는 5번 차크라인 소명의 가치를 추구해야 하는 문제이기도 하다. 따라서 우리의 문제를 근본적으로 해결하기 위해서는 각자의 문제에서 적용 가능한 모든 차크라의 지배력을 고려해볼 필요가 있다.

우리가 현재 가지고 있는 각 차크라의 문제는 이번 생의 결과만 반영된 것이 아니다. 우리가 살아온 모든 생의 결과가 담겨 현재 나의 차크라를 이루고 있다. 그러니 내가 지금 면역계 질환으로 고생한다고 해서 이번 생에서 생명의 가치를 함부로 여겼다고 단정할 수 없다. 다만 이번 생을 포함하여 많은 생에서 내가 생명의 가치를 알아보지 못한 많은 시간이 있었다고 인식해야 할 것이다. 그리고 지금 나는 생명의 가치를 알아보기 위해 이번 생을 살고 있다는 사실을 인정해야 한다. 그 인정으로 우리의 차크라를 확장하는 선택을 할 수 있다.

차크라를 확장한다는 것은 3차원으로 이루어져야 한다. 차크라의 확장은 우선 크기인 외연의 확장, 부피인 깊이의 확장, 마지막으로 밝기인 색채의 확장으로 이루어진다. 차크라의 외연 확장은 육체적 반응으로 이루어지는 영역이다. 우리가 소리를 낼 때 배 아래를 울려 소리를 낼 수도 있고, 가슴을 울리는 흉성으로 낼 수도 있고, 목을 직접 울리는 진성을 내기도 하고, 머리를 울리는 두성으로 낼 수도 있다. 이렇게 소리를 내는 것처럼 호흡을 해당 차크라에 머무르게 하는 것은 차크라의 외연을 확장시킨다.

사실 이것은 자연스러운 현상이다. 우리가 감동적인 사랑을 볼 때 가슴이 뜨거워지는 반응은 호흡이 가슴의 4번 차크라에 몰리기 때문이다. 소명을 다하고자 할 때 목에 힘이 들어가 5번 차크라에 호흡이 몰리고, 생명의 위대함과 성욕에서는 호흡이 회음부에 머무른다. 요가 수행은 이런 원리로 호흡의 육체적 반응을 의도적으로 행하여 차크라의 외연을 확장시키도록 개발된 수련법이다. 차크라의 외연이 확장되는 것을 요가 수행에서는 '차크라가 열린다'고 표현한다. 차크라의 외연이 확장되면 감각적으로 차크라를 느끼며 차크라 에너지에 의한 황홀감을 맛볼 수 있다. 요가 수행으로 느낄 수 있는 이 황홀감 덕분에 차크라가 밝혀지고 지속되는 관념으로 자리할 수 있었다.

깊이의 확장은 우리의 마음으로 이루는 확장이다. 우리가 차크라의 절대가치를 추구하고자 노력하는 마음과 생각과 관념들이 모여 차크라의 깊이를 확장한다. 우리가 삶에서 절대가치를 이해하는 과정이, 차크라를 지키는 힘이 되고 깊이가 된다. 그리고 그 이해의 과정에서 {혼백신의지}의 힘을 다하게 될수록 차크라를 지키는 힘은 더 강해지고 깊이의 확장은 더 깊어진다. 그러니 우리는 {혼백신의지}의 관념을 다해서 차크라의 가치를 이해할 필요가 있다. 이는 깊이의 확장을 최대치로 이끌고 우리의 차크라를 보호하고 치유하는 결계를 형성한다. 앞으로 각 차크라에 대해 구체적으로 서술하면서 {혼백신의지} 결계로 우리의 차크라를 보호하며 치유하는 길을 열고자 한다.

마지막으로 차크라의 색채 확장은 실제 삶에서 행한 선택의 결과로 확장되는 영역이다. 삶에서 절대가치를 선택했던 순간들이 그 차크라의 색채를 확장시켜 그 고유의 빛이 진하고 환하게 밝혀지도록 한다. 어떤 상황에서 용서와 축복의 가치를 선택했다면, 우리의 8, 9번 차크라의 색채가 천왕성과 해왕성의 빛깔로 더 짙어지면서 환하게 빛날 것이다. 우리가 생명을 귀하게 여겨 사랑을 베풀었다면 1번 차크라의 색채가 토성과 같이 짙어지며 더 환하게 빛날 것이다. 절대가치를 선택하고 추구한 삶의 결과는 우리의 차크라가 밤하늘의 별만큼 환하게 빛을 발현하도록 한다.

차크라의 확장은 이 삼박자가 균형을 이루도록 해야 한다. 외연-깊이-색채의 균형에서 외연이 작아서 생기는 문제는 주로 육체적 증상으로 나타난다. 깊이의 부족이 뚜렷할 때에는 정신적 증상 위주로 나타난다. 색채가 약한 것이 단점일 때에는 영적인 문제로 드러난다. 차크라 요가 수행으로 황홀감이 강해지면서 오히려 삶의 균형이 깨져 어려움을 직면하는 경우가 종종 발생하는데, 이는 외연의 확장에 깊이와 색채가 따라오지 못해 발생한 결과이다. 그리고 깊이와 색채가 확장되면, 그것을 담을 외연을 확장하는 과정이 필요하게 된다. 이 책은 차크라의 절대가치를 이해하도록 이끌어 의식의 변화로 깊이를 확장시키고, 삶의 변화로 색채를 확장시킬 것이다. 차크라의 외연을 확장시키는 수련은 뒤에 간략하게 소개된다.

차크라는 우리의 영혼이 우리의 삶과 존재를 지배하는 체계이다. 그 지배력으로 우리가 존재의 목적을 다하도록 이끈다. 우리가 가진 문제 해결은 근본적으로 차크라의 차원에서 이루어져야 한다. 그래야 같은 문제가 반복되지 않고 뿌리부터 치유되며 성장할 수 있다. 차크라의 온전한 확장으로 나를 비롯한 이 지구의 수많은 태양계가, 크고 깊고 진한 빛으로 빛나는 날을 꿈꾼다.

3. 1번 차크라: 탄생 - 생명 - 죽음

생명을 귀하게 여기는 마음은 새삼 강조하지 않아도 지금의 우리에게는 당연하다. 하지만 인류가 생명의 가치를 귀하게 여긴지는 그리 오래되지 않았다. 질병을 효과적으로 치료하지 못하던 시절에는 쉽게 가족을 잃었고, 그 비극을 반복하면서 생명을 대하는 마음이 무뎌지기도 했다. 또한, 전쟁, 신분제도, 형벌로 생명에 꽤 잔혹하였던 것은 불과 100여 년 전밖에 되지 않는다. 지금도 지구촌 곳곳에서는 생명의 가치가 제대로 대접받지 못해서 테러와 전쟁의 학살이 진행 중이다.

생명의 가치를 담은 1번 차크라는 인체의 면역계를 결정한다. 그러니 우리가 흔하게 면역계 질환을 앓고 있는 것은 어쩌면 당연한 결과이다. 그나마 예전에는 돌림병으로 한꺼번에 몰살하는 역사가 반복되었지만, 지금은 그런 과정은 잘 일어나지 않는다. 그저 각 개인이 불편함을 안고 살아야 할 자가면역성 질환이나 알레르기가 퍼져있을 뿐이다. 이런 진화도 인류가 생명의 가치를 귀하게 여기기 시작하면서 이루어낸 결과이다.

지금의 우리가 생명의 가치에서 생각해야 할 점은 인간의 생명만이 아닌 다른 종들의 생명이다. 우리의 제도, 기술, 의학이 발달하면서 사람의 생명이 귀한 것은 꽤 당연한 것이 되었지만, 우리와 함께하는 지구의 다른 종에 대해서는 아직 무시되고 있다. 우리가 먹는 가축들은 좁은 공간에서 활동에 처절한 제약을 받으며 비위생적

환경에서 독한 항생제라는 약물에 의존하여 겨우 목숨을 유지한 채 살아가기도 한다. A4 용지 한 장보다 작은 공간에서 평생을 사는 닭의 생명은 도대체 어떤 가치를 인정받는 것인가! 항생제를 맞지 않으면 다같이 병들어 죽을 환경에서 자라는 돼지의 생명은 또 어떠한가! 농약과 화학비료로 증량(增量)에 집중된 곡식과 과일들의 생명은 제대로 대접받고 있는가! 인간의 편리에 의해 훼손되는 자연환경으로 많은 동·식물이 멸종 위기를 맞고 있다. 그들은 살아갈 공간과 먹이가 줄어들고 동료를 잃어 지구에서 사라질 위기이다.

우리는 인간의 생명이 귀하다는 사실을 깨달으면서 많은 진화를 이루었다. 그러나 아직도 우리가 먹는 생명체에 대한 귀함을 실천하지는 못했다. 또한, 우리와 함께 지구에서 살아가는 동·식물의 귀함을 삶에 펼쳐내지 못했다. 우리의 먹거리가 되어주는 생명들이 지금 우리에게 고통을 간절하게 호소하고 있다. 조류독감(Avian Influenza), 구제역, 살충제 계란은 그들이 얼마나 고통스러운지를 보여주는 결과이다. 우리가 그 고통에 응답하여 제대로 대접할 때까지 이와 유사한 문제는 계속될 수밖에 없다. 그래도 다행히 이제 조금씩 그 귀함을 알아가고 실천하려는 노력이 시작되고 있다. 인류는 이제 모두가 풍족히 먹고 남을 만큼의 식량을 생산하고 있다. 그러니 더 많이 생산하기 위해 노력해야 할 시기는 끝났다. 이제는 그 식량을 어떻게 골고루 나누며, 그 식량에 담긴 생명의 가치를 어떻게 제대로 대접할 것인가에 골몰해야 할 때이다.

인간은 이 지구의 최상위 포식자이자 점령자이다. 인간의 선택이 이 지구의 생태계를 결정한다. 그리고 우리 인간은 우리가 먹고 마시는 생명체들과, 점령하여 밀려난 모든 생명체의 가치를 빛나게 해야 할 책임이 있다. 생명은 순환하는 것이기에 먹이사슬은 자연스러운 순리이다. 나는 이 순리를 받아들여 동물을 먹고 식물을 먹는 것에 어떠한 죄책감도 갖지 않는다. 그렇다고 해서 이 생명의 귀함을 잊어서는 안 된다. 우리에게는 우리가 먹은 생명의 가치가 결코 헛되지 않은 존재가 될 책임이 있다. 우리에게는 우리가 차지한 이 공간에서 자랄 수 있는 다른 생명들의 가치가 아깝지 않게 살아야 할 책임이 있다. 이것이 먹이사슬에서 최상위 포식자이자 점령자인 인간이 받아들여야 하는 운명이다. 그리고 최상위 포식자이자 점령자로서 책임을 다할 때 진정으로 생명의 가치를 지키는 존재가 되며 1번 차크라가 빛으로 채워질 수 있다.

그러니 우리의 1번 차크라를 빛으로 채우는 선택은 우리의 식탁에서부터 이루어진다. 내가 먹은 쌀알들과 채소와 고기의 그 수많은 생명에 감사하며 나는 이 모든 생명을 품은 존재라는 자각을 일깨우고, 그 생명의 가치가 빛나는 존재로 살아가는 선택을 하는 것이다. 나는 육식을 섭취하는 것도 자연의 섭리라고 믿기 때문에 육식에 반대하지 않는다. 다만 현재 인류의 육식 섭취량은 줄여야 할 필요가 있다고 생각한다. 인류는 건강에 불필요할 만큼 많은 육식을 섭취하여 성인병의 대중화라는 빨간 불이 켜져 있다. 인간이 과도하게 먹는 육식의 양을 감당하기 위해 가축들이 고통받는 환경에서 살고 있으며, 그 생명이 겪은 고통은 결국 그것을 섭취한 우리 인간에게로 돌아오는 악순환을 이룬다.

이 딜레마를 해결하기 위해서는 동물복지를 실현하여 가축들이 건강한 환경에서 자라도록 해야 한다. 가축의 복지를 실현하는 농장은 생산량이 줄어들 수밖에 없다. 그런데 그렇게 줄어든 만큼의 양이 현재 우리 인간에게 필요한 양이다. 아마 우리가 육식을 줄이는 식량정책으로 나아간다면 현재 인류가 겪는 많은 고질병을 해결할 수 있을 것이고 동시에 가축들의 고통을 줄이고 행복을 지키게 될 것이다. 이것이 먹이사슬의 순리이기 때문이다.

한편으로, 인류는 산업발달에서 생명의 가치를 우선으로 두는 방향으로 나아가야 한다. 하지만 애석하게도 인류는 아직 경제 논리 앞에 생명을 우선하는 단계까지는 진화하지 못했다. 우리나라만 하더라도 경제적 논리로 주요 강의 자연적 흐름을 막는 보를 수십 개나 설치했다. 그 결과 녹조라떼가 된 강에서 우리가 잃은 생명은 얼마인지 추산하지도 못한다. 게다가 우리가 잃은 생명의 가치로 인해 얼마나 많은 경제적 손실을 오래도록 입을지 모를 일이다. 아마도 우리는 우리가 바란 경제적 이득이 손실로 돌아와 그 손실을 메우는 오랜 노력으로 생명의 귀중함을 뼈저리게 새길 것이다.

경제 이득 앞에 생명의 가치를 중시하지 못하는 것은 비단 우리나라만의 문제가 아니다. 인류는 2015년에 파리기후협약을 가까스로 체결할 수 있었다. 산업화 이전 대비 지구 평균기온 상승을 2°보다 낮은 수준으로 유지하는 것이 목표인 이 협약에 195개국이 가담한 것은 고무적인 성과였다. 그러나 기온 상승폭을 2°보다 낮은 수치로 유지한다는 목표치는, 아직도 우리 인류가 생명의 가치 앞에 경제 논리를 우선시하고 있다는 엄연한 사실을 보여준다. 게다가 불행하게도 지구 온난화에 가장 큰 책임을 지닌 미국은 이 협약에서 탈퇴하기까지 했다.

경제는 우리가 추구해야 하는 가치가 아니다. 어느 차크라도 경제의 가치를 담고 있지 않다. 경제는 모든 차크라의 가치를 추구하면서 결과로 얻게 되는 것일 뿐이다. 우리는 경제 대통령이 아닌 생명 대통령을 뽑아야 한다. 산업화를 먼저 이룩한 강대국들은 지금까지 지구에 준 아픔에 대해 책임지는 자세로 그 회복을 위한 투자에 아낌이 없어야 한다. 생명을 위하는 제도적 성과는 인류의 면역계에 변화를 불러올 것이다. 지긋지긋한 알레르기와 자가면역증상에서 벗어나는 중요한 선택이 바로 생명의 가치를 우선하는 제도발현에 시민의 권리를 행사하는 것이다. 생명의 가치를 우선하는 정치인에 투표하고, 생명을 위한 제도발현에 시민의 권리를 행사하면 된다. 이는 1번 차크라를 통해 당사자의 면역계와 직접 연관되어 있다.

그러기 위해서 우리는 모든 탄생을 축복하여야 하며, 모든 죽음을 귀하게 여겨야 한다. 생명을 번영시키는 것과 죽음의 진실을 가리는 것에 대한 투자는 아낌이 없어야 하며 언제나 옳은 선택이다. 절대가치에 행하는 투자이기 때문이다. 세월호 인양으로 얼마의 돈이 들더라도 우리가 잃어야 했던 수많은 생명의 진실을 규명하는 데들인 돈은, 결국 우리가 돌려받을 것이 더 많다. 그 죽음의 진실은 앞으로 더 많은 생명을 안전하게 지키는 데 큰 힘이 될 것이다. 우리 사회는 생명을 번영케 하는 육아휴직과 급여를 아까워할 필요가 없다. 이는 절대가치인 생명과 자기실현을 구현하는 것이기에 이중으로 돌려받게 된다. 더 이상 생명을 지키는 투자와 제도의 확대에 아까워하며 머뭇거리지 말자.

우리는 생명의 탄생을 기쁨으로 맞이하고 어린 생명들에게 한없이 너그럽다. 우리 인류에게 탄생의 축복은 깊숙이 자리 잡은 가치가 되었다. 아마 조만간 탄생을 축복하는 제도적 변화나 투자들도 순리대로 이루어질 것으로 기대된다. 그러나 아직 죽음의 가치에 대해서는 안정적인 자리매김을 하지 못하고 있다. 탄생 못지않게 죽음도 축복해야 할 가치이다. 우리는 죽음의 진실을 밝히고, 평화로운 죽음을 추구하며, 한 생을 마감한 이들을 축복하고, 언제나 죽음 앞에 당당한 존재로 살아갈 길을 열어야 한다. 인구가 감소하는 현재 추세는 그 어느 때보다 탄생과 죽음의 축복이 강조되어야 하는 시점이다. 줄어드는 인구 속에서 단 한 생명의 탄생도 아낌없이 축복해야 하며 증가하는 노년층의 죽음이 평화로운 길을 찾는 것 역시 아낌없이 축복해야 한다.

우리가 자신의 죽음을 축복하는 가장 일반적인 길은 바로 세포의 노화로 변해가는 육체를 아름답게 바라보는 것이다. 우리의 세포가 노화되지 않고 계속 젊고 탱탱하다면 우리는 자연스럽게 죽을 수가 없다. 죽지 않고 한 사람으로 영생을 사는 것은 끔찍한 비극이 된다는 많은 영화와 소설들이 있는 것으로 보아, 생은 죽음으로 유한하기에 더 찬란하며 결국 죽음은 축복이라는 사실이 우리 인류에게 어느 정도는 자명한 사실로 인식된다. 그러니 우리가 자연스럽고 평화롭게 죽기 위해서는 세포가 늙어가야만 한다. 세포가 늙지 않으면서도 죽을 수 있는 방법은 사고로 인한 비명횡사밖에 없다. 하지만 나는 사고로 갑작스럽게 죽고 싶지는 않다. 가능하다면 내가 얼마 안 있어 죽을 거라는 사실을 직감하고, 삶을 정리하고 남은 인연들에게 감사와 사랑의 인사를 전하며, 이생이 참 좋았다고 생각하면서 기쁘게 죽을 수 있다면 좋겠다. 아마도 누구나 나와 같은 바램을 갖고 있을 것이다.

그런데 모두가 그런 평화로운 죽음을 원하면서도 세포의 노화는 거부한다. 나잇살을 부정하고, 주름을 거부하며, 운동력의 저하를 비난하면서, 평화로운 죽음을 향한 축복의 변화를 원망의 대상으로 여기고 있다. 삶은 한편으로는 서서히 죽어가는 과정이다. 죽음을 향한 자연스러운 변화를 부정하고 원망하면서 평화로운 죽음을 맞이할 길은 없다. 중년의 나이에서 나잇살이 찌는 것은 세포의 활력이 줄기 시작하면서 오는 변화이다. 또한, 줄어든 세포의 활력에도 기운이 떨어지지 않도록 몸을 지키는 한 방편이다. 그래서 통통한 몸매의 사람들이 마른 사람보다 건강히 장수한다는 통계는 당연한 결과이다. 나잇살이 고민인 중년이라면, 이제 내가 많이 먹고 에너지를 팔팔 끓여낼 나이가 아닌 것을 받아들여 식생활을 겸허히 조절하고 통통한 나잇살을 유지하며 그 변화를 축복해야 한다. 중년의 나이에 마른 몸매를 유지하려 노력하면 젊을 때와 달리 매끈한 선이 아닌 각진 각선미가 형성되고, 기력이 쇠약한 사람이 된다. 오히려 자연스러운 나잇살의 동글동글한 선으로 아름다움을 드러내고 생기 있게 사는 것이 더 행복하다.

또한, 노년기에 자리 잡은 주름과 운동력의 저하는 삶을 치열하게 살아온 존재의 위대함을 드러낸다. 진료 시 맥을 짚기 위해 어르신들의 손을 잡을 때, 노년기에 살이 빠지면서 늘어진 피부와 주름진 그 손에서 무언가 모를 경외심과 애잔함이 느껴진다. 어린 아기의 통통한 젖살을 접할 때의 애잔함과는 같은 듯 다른 느낌이다. 그리고 90대 어르신이 너무도 정정한 모습으로 혼자 한의원에 내원하실 때에는 그저 그 모습을 뵙는 것만으로도 반갑고 기쁜 마음이 든다. 생명의 에너지가 점점 안으로 침착하여 가는 노년기의 변화는 영혼이 생명의 불씨를 끄고 떠나기 위한 자연스러운 변화이다. 동시에 존재의 무한한 가능성을 드러내는 방편이다. 어르신들께서 삶의 주도권을 내어주고 육체적 한계를 감내하는 모습은 인간은 모두가 어느 연령에서는 결국 삶에 통달하는 것을 보여준다. 그 통달에 맞추어 자연스럽고 평화로운 죽음이 완성된다.

우리는 생명을 부여받아 이 땅에 태어났으니, 그 생명의 에너지를 찬란히 꽃피우는 삶을 살고 잘 늙어서 평화롭게 죽기를 모두가 원한다. 그러기 위해서는 나의 탄생을 감사하고, 나의 생명에 기뻐하며, 나의 노화를 축복해야 한다. 우리가 자신의 죽음을 축복하는 길은 자신의 노화를 축복하는 것이다. 그 축복은 평화로운 죽음으로 답한다. 그러니 꼭 당부한다. 세포가 늙어가는 과정으로 언젠가 죽을 수 있음에 감사하며, 나잇살이 주는 활력에 고마워하자. 당신의 활력에 맞도록 겸허히 일상생활을 정비하면서, 늘어가는 주름과 검버섯으로 당당하게 당신의 아름다움을 내세우길 바란다. 그렇게 탄생과 마찬가지로 죽음까지 축복하는 삶을 완성하길 기원한다.

탄생과 죽음이 모두 축복해야 할 가치라는 관념에서 꼭 짚고 넘어가야 할 것이 있다. 바로 자살이다. 스스로 죽음을 선택하는 자살은 절대가치인 죽음을 추구한 것일까? 나는 주어진 생명대로 사는 것이 순리라고 믿지만, 그렇다고 자살이 죄악이라고는 생각하지 않는다. 죽음은 절대가치의 일부이기에 하늘은 모든 죽음을 축복하고 자살도 축복한다. 다만 삶이 힘들어 포기한 자살은 아직 넘어서지 못한 카르마에 대한 기회를 다시 주어 그 죽음을 축복한다. 최면심리요법자인 마이클 뉴턴(Michael Newton)의 『영혼들의 여행』에는 전생에서 자살한 영혼의 최면 이야기가 실려 있다. 자살로 죽음을 맞이한 영혼이 육체에서 벗어나 처음 가진 관념은 '이번에도 못 해냈네. 다시 또 해야겠구나.'였다고 한다. 이번 생에서 힘들어 포기했다고 해서 그 카르마가 사라지지 않는다. 그 카르마를 사랑체험으로 완성할 때까지 같은 기회가 다시 주어진다. 그렇게 하늘은 자살에 대해 재도전의 기회로 축복한다.

그러나 드물게는 사는 게 힘들어 포기하는 마음이 아닌 자살도 있을 것이다. 지난 자신의 삶에 충분히 감사하면서 다른 이들에게 기회를 주기 위한 선택의 자살도 있을 수 있다. 이런 자살의 선택을 기꺼이 기쁨으로 행하고 그 죽음이 주위 사람들에 의해 오래도록 가슴에 고마움으로 남는다면 이것은 자신의 카르마를 완수하는 선택이라고 볼 수 있다. 자신의 카르마를 사랑체험으로 완성한 죽음에 하늘은 명예와 영광으로 축복한다. 그리고 타인의 생명을 자신의 생명과 같게 여긴 의인들의 죽음 역시 하늘은 명예와 영광으로 축복한다.

우리 인류에게 자신의 생명을 바쳐 사랑을 남긴 가장 위대한 인물은 예수 그리스도일 것이다. 그를 죽이고자 했던 세력을 피해 분명히 도망칠 수도 있었지만 제자들과 마지막 만찬으로 작별인사까지 고하고 그 죽음의 길을 묵묵히 걸어갔다. 십자가에 못 박혀 서서히 죽음을 맞아야 하는 고통이 얼마나 클지 짐작하지는 못한다. 그러나 그 고통스러운 죽음에서도 예수 그리스도는 자신의 죽음을 기쁨과 사랑으로 받아들였음이 분명하다. 그러하기에 그의 죽음은 이 우주가 줄 수 있는 최고의 축복을 받았다. 부활의 기적은 이 우주가 한 죽음에 줄 수 있는 가장 큰 축복일 것이다. 예수 그리스도께서 죽음으로 보여준 사랑은 부활의 기적으로 인해 2천 년이 지난 지금의 인류에게도 남은 영광이 되었다.

나는 부활의 기적이 한 개인에게만 허락된 것이라고 생각하지 않는다. 인간은 모두 같은 자연의 법칙에 지배받고 있으며 한 개체에만 그 예외가 허락되지 않는다. 만약 누군가 또 예수 그리스도와 같이 이 우주의 가장 큰 축복을 받는 죽음을 선택한다면 그 역시 부활의 기적을 이룰 것이라고 믿는다. 하늘은 모든 죽음을 축복한다. 삶을 포기한 이들에게는 다시 기회를 주는 축복을 주고, 순리로 생명을 다한 이들에게는 운명을 마친 명예로 축복하며, 자신의 생명으로 다른 이들에게 기회를 준 의인들에게는 사람들의 가슴에 새겨질 영광으로 축복한다. 그리고 그 축복의 최고치는 부활의 기적을 보여준다. 이것이 우리 모두에게 적용되는 죽음을 축복하는 우주의 법칙이다.

그래서 나는 잘 죽고 싶다. 죽음 앞에 비추어 그 어떤 아쉬움도 남지 않도록, 지금 이 순간을 감사히 살며 내 생명의 순리를 다한 명예로운 죽음을 맞이하고 싶다. 나는 나의 명예로운 죽음을 소망하며 내 생명을 보살핀다. 나 역시 알레르기 비염 환자로 1번 차크라가 든든하다고 할 수 없다. 그래서 나의 생명을 귀하게 여기며, 우리 환자들 생명의 위대함을 알아보고 치유하는 노력을 다한다. 키우는 화초에게 사랑을 베풀고, 오늘 먹은 음식의 생명을 한 번씩 떠올려, 내가 먹은 오렌지의 상큼함과 쌀의 열량과 갈치의 활력이 결코 헛되지 않은 존재가 되기를 다짐한다. 운전할 때는 나와 다른 운전자들의 생명을 귀하게 여기고, 모두가 평화로운 죽음에 이를 수 있도록 질주본능을 극복한다. 환경을 위해 전기를 아끼고자 플러그를 뽑고, 내가 사용할 세제의 양을 줄이는 노력을 하며, 분리수거를 지키는 노력을 귀찮아하지 않는다. 이 노력은 감기에 그렇게 자주 골골거리던 내가 이제 감기 정도는 쉽게 이기고, 비염은 살만하게 좋아지는 결과를 나에게 주었다.

여러분도 자신의 면역력과 행동력을 위해 모든 생명을 귀하게 여겨주길 바란다. 모든 탄생과 죽음을 축복하는 제도에 아낌없이 동의하여 주고, 지구의 많은 생명을 살리는 길에 하나의 작은 실천을 시작하면 된다. 그렇게 생명을 위한 실천을 하나씩 늘려나가면 여러분의 1번 차크라가 빛으로 채워진다. 그 결과는 여러분의 면역력으로 나타날 뿐 아니라 덤으로 즐거운 성생활을 할 수 있는 활력으로 표출되며 행동하는 자로 살아가게 할 것이다. 절대가치의 투자에서는 결코 손해 보는 일은 없다. 정해진 법칙에 따라 풍요로운 번영이 돌아온다. 모든 생명을 귀하게 여기며, 생명의 탄생을 축복하고, 평화로운 죽음을 위한 모든 선택은 언제나 옳다.

1) 1번 차크라의 결계

이것은 탄생-생명-죽음의 가치로 (혼백신의지)의 힘을 이용하여 1번 차크라를 보호하는 결계이다. 이 생각들을 여러분의 마음에 담아준다면 1번 차크라가 우주와 소통하는 데 어려움을 없애고 회복과 확장을 촉진하여 줄 것이다. 언제든 1번 차크라의 힘이 필요한 순간 읽어주길 바란다. 그리고 여러분 자신이 아닌 생명력이 약한 타인의 마음에 전하여 주기를 부탁한다. 누구를 향하여 생명의 가치를 전하든, 전하는 이에게는 언제나 그대로 이루어지는 법이다.

(1) 생명

* 우리에게 주어진 생명의 소중함과 완벽함을 몰라보고,
생명에 해로운 마음과 행위로 스스로를 해치며,
안녕과 생기와 활력을 잃어갔던 것을 안타깝게 여기도록 해요.

삶의 창조력은 생명에게서 나오니 생명은 창조의 근원입니다.
생명을 키우고 넓히고 가꾸는 것이 그래서 중요하지요.
그러니 정성을 다해 생명을 소중히 보살피고 가꾸도록 해요.

우리가 생명을 보살피는 노력은 균형과 조화를 이루어야 해요.
열심이지만 욕심부리지 않고, 간절하면서도 담담하게,
그렇게 우리의 생명이 온전한 안녕함으로 펼쳐지기를 기원합니다.

* 우리는 지구의 최상위 포식자이자 점령자입니다.
우리가 먹고 누리는 생명이 우리 안에 들어오는 것을 감사하며,
그 생명의 가치가 우리로 인해 빛날 존재가 될 책임이 있어요.

지구의 생명은 하나로 순환하며,
그 생명의 순환은 완벽합니다.
생명의 순환에 순응할 때 우리의 생명은 완벽해집니다.

그렇게 하늘이 준 완벽한 생명을 누리는 것은 운명이고,
하늘이 준 완벽한 생명을 모두와 끝까지 함께하는 것은 명예이며,
하늘이 준 완벽한 생명을 모두에게 바치는 것은 영광입니다.

* 우리의 생명현상은 아픔과 고통으로 나타날 때가 있어요.
그 아픔은 우리를 지키기 위한 생명의 기특한 노력입니다.
그동안 원망했던 고통의 수고에 미안함을 담아 사죄해요.

우리의 생명은 기적 같은 힘을 발휘합니다.

웬만한 질병은 거의 다 이겨내고, 어떤 상황에서도 생기를 되찾고,

그러니 당신의 세포 하나하나의 생명력에 찬사를 보내주세요.

우리의 세포들은 우리의 마음과 행동에 따라 활동하지요.

우리의 세포들에게 우리는 하늘이고 신입니다.

그러니 신성과 위대함으로 우리의 세포들을 보살핍시다.

* 우리는 다른 종의 생명에 무관심하였고,

그들의 고통과 몰락을 방치하여,

지금 우리의 생명이 위협받는 상황을 맞이하고 있어요.

지구의 모든 생명은 하나로 연결되어 있기에,

어느 한 종의 번영만 지속될 수는 없으니,

지금 위협받는 환경과 생명을 우리는 구해야 합니다.

풀 한 포기와 꽃과 나무를, 개와 고양이와 가축들을 사랑하고,

아파하는 지구를 위한 당신의 노력을 기꺼이 실천하며,

우리의 사랑으로 많은 생명들이 함께하는 번영을 이뤄 냅시다.

(2) 생사

* 탄생으로 창조력을 부여받고, 죽음으로 그 창조를 마무리하지요.

우리 생명의 창조작업을 언제나 죽음에 비추어 보도록 해요.

그렇게 죽음 앞에 후회 없는 삶을 창조하길 기원합니다.

그러니 탄생과 생일을 축하할 때 창조의 시작을 응원해주세요.

그 생명의 시작이 이루어낼 기적을 꿈꾸며,

그 생명이 찬란히 꽃피울 것을 확신해주세요.

또한, 죽음을 맞이하고 기념할 때,

한 생의 노력에 고마워하고 마무리하게 됨을 축하해주세요.

그 생이 이룬 의미를 되새겨주고, 다음 창조를 축복하면서…

* 우리는 하늘의 도리를 담아 창조되고 태어납니다.

하늘의 도리를 땅에서 실현하고 체험하여,

온전히 자신의 것으로 느낄 기회가 주어진 거지요.

하늘의 도리는 단순하면서도 넓고 넓습니다.

이를 모두 체험하기 위해서 탄생과 죽음의 반복은 필연이니,

우리는 윤회의 축복 속에 있다는 걸 알아주세요.

우리의 탄생이 우리의 온전한 선택이자 바램이며,

죽음은 생의 거울이자 순환을 위한 필연의 축복임을 알아주세요.

반복되는 생사의 순환은 우리의 체험을 완벽하게 만들어 줍니다.

* 탄생의 순간은 극심한 고통을 동반하지만,

우리는 모두 그 고통을 당연히 수긍하고 받아들이며,

고통 속에서 이룬 탄생을 진심으로 기뻐하는 훌륭한 존재입니다.

죽음에 대한 상상은 극심한 공포를 몰고 오지만,

우리는 마무리할 순간 앞에서는 담담히 수긍하고 받아들이며,

떠남을 진심으로 안도하는 아름다운 존재입니다.

우리는 탄생과 죽음이 순환되는 축복을 받은 존재이고,

우리에게는 탄생의 기쁨과 죽음의 평화가 함께하기에,

탄생의 고통도 죽음의 공포도 당연히 우리를 막아서지 못합니다.

* 모든 생명의 탄생을 축복하고 지켜주세요.

그 탄생의 고통을 덜어주고 도와주며,

그 탄생의 기쁨을 당신의 기쁨으로 함께하세요.

모든 생명의 죽음을 애도하여 지켜주세요.

그 죽음이 공포가 되지 않게 함께하고,

그 떠남의 평화를 당신의 평화로 함께하세요.

다른 생명의 탄생과 죽음을 당신의 것으로 함께 할수록,
당신 안에 탄생의 기쁨과 죽음의 평화가 두텁게 쌓여가니,
우리는 생사를 초월한 사랑을 깨닫고 실천하게 될 거예요.

(3) 탄생-생명-죽음의 통합

* 지난 나의 모든 탄생을 축복합니다.
내가 누렸던 생명에 감사하며,
지난 죽음 앞에 남겼던 아쉬움들에 용서를 구합니다.

이번 탄생에서 부여받은 의미들을 용서하며,
지금 누리는 생명에 감사할 따름이니,
현생의 죽음 앞에 아쉬움이 없도록 축복합니다.

모든 탄생의 의미를 용서합니다.
모든 생명의 창조력에 기쁨으로 감사하며,
모든 죽음의 자유를 축하합니다.

4. 2번 차크라: 개인 - 자기실현 - 연대

우리는 각자의 의식(의식+무의식)으로 자신의 삶을 창조한다. 세상은 우리 모두의 의식이 모인 집단의식의 힘으로 창조된다. 2번 차크라의 절대가치인 개인주의는 개인적 삶의 창조에 꼭 필요한 절대가치이고, 연대주의는 집단의식을 통한 세상의 창조에 꼭 필요한 절대가치이다. 즉, 2번 차크라의 개인-자기실현-연대는 우리의 삶과 세상을 창조하고 진화시키는 절대가치이다.

우리는 각자의 삶을 창조하는 주체로 삶을 대하는 나의 태도가 중요하고 내가 무슨 생각과 감정으로 살아가는가가 중요하다. '나'라는 한 개인의 선택이 너무나 소중하며 의미 있는 것이다. 그러니 내가 갖는 감정과 생각이 별거 아니라고 무시해서는 안 된다. 그것들로 내 삶을 창조하며 세상이 창조된다. 우리는 내가 어떤 존재가 되어 어떤 삶을 창조하고 있는지 면밀히 살피며 소중히 다뤄야 한다. 자신을 돌아보는 순간들을 통해서 시류나 유행에 편승하지 않는 나만의 개성을 찾고 지켜내야 한다. 가장 나다운 모습으로 살아가기를 추구하는 것이 진정한 절대가치로써의 개인주의이다.

우리의 생각은 모두 다른 것이 정상이다. 다 똑같은 것을 생각한다면 오히려 그게 이상하다. 생각은 모두가 다르고 다양하게 만 가지여야 한다. 만 가지 생각이 다른 빛깔로 빛나는 다양성의 추구는 반드시 지켜야 하는 절대가치이다. 그러니 나의 빛깔을 찾고 지키는 길을 가야 한다. 내가 무엇을 하고 싶은지, 어떤 방식을 선호하는

지 알아야 한다. 무작정 유행을 따라가지 않는 나만의 패션을 추구하고, 나만의 방식으로 공부하고, 배운 기술을 나에게 가장 적합한 방식으로 변형해야 한다. 타인의 방식을 그대로 흉내 내는 것은 애초에 불가능할 뿐 아니라 그대로 흉내 낸다고 나에게 같은 효과를 낼 수 없다. 그 방식은 그 사람에게 가장 유효하며 나에게는 덜 유효할수밖에 없기 때문이다.

그러니 내가 하는 일에서 다른 사람과 비교하는 것처럼 나의 실력을 방해하는 일이 없다. 체질 임상을 하는 나는 늘 저명한 분들이 말씀하신 체질의 인구비율과 나의 진단결과가 일치하지 않는 것이 불안했다. 태양인은 적다고 했는데 오늘만 벌써 5명째 태양인이라는 진단을 하고, 또 유명한 다른 원장님은 소음인이 더 드물다고 했는데 몇 일째 소음인 진단이 가장 많으면 내가 제대로 진단하는 게 맞는지 불안했다. 그 불안감은 진단에 영향을 미쳐서 오진율을 더 높이곤 했다. 그러다 다른 분들이 말하는 진단비율은 그에게 유효할 뿐 나에게 의미가 없음을 깨달았다. 내가 배운진단기술을 나만의 방식으로 재해석하면서 진단의 정확성은 몰라보게 성장할 수 있었다. 결국, 내가 행하는 모든 것은 나의 개성에 맞추어야 한다. 그래야 진리에 더 가까이 다가가는 삶을 창조할 수 있다. 하늘로부터 나에게 주어진 개성은 바로 내 영혼이 원하는 자기실현을 이룰 최적의 조건이기 때문이다.

게다가 내가 배운 것을 나만의 방식으로 변형하는 과정은 너무 재미있다. 공부할 때에도 나의 방법을 찾으면 정말 재미있다. 내가 배운 기술을 나만의 방식으로 변형할 때에는 순간적으로 대단한 존재가 된 듯한 기분을 느낄 수 있다. 놀이를 할 때에도 남들 따라 노는 것보다 내가 즐거운 것을 찾아서 놀 때 훨씬 더 많은 유쾌함을 얻는다. 남을 따라하는 것은 처음에는 쉽지만, 지속할 재미가 없다. 처음에는 따라 하더라도 내가 어떻게 할 수 있을까, 무엇을 잘하며 좋아하는가 고민하면서 나에게 들어온 모든 것을 나의 빛깔로 물들여야 모든 것이 재미있어진다. 여러분 안에 들어온 모든 것을 여러분 고유한 빛깔로 물들이길 바란다. 이 재미있는 과정은 절대로 포기할 수 없는 절대가치에 부합하는 일이다.

나의 개성에 맞추는 과정은 절대가치에 부합하는 옳은 일이다. 또한, 다른 이들이 자신의 개성에 맞추어가는 과정도 언제나 옳은 일이다. 만약 당신이 누군가에게 무언가를 가르치고 인도하는 역할을 한다면 자신이 배운 것을 자신만의 방식으로 변형하여 행하는 사람일 것이다. 그냥 남을 따라 하는 것으로는 절대 남을 가르칠만한 경지에 도달하지 못한다. 그런데 자기는 자기 맘대로 변형해 놓고, 그걸 다른 사람에게 알려주면서는 똑같이 하라고 요구해서는 안 된다. 나에게 배우는 사람도 자기 맘대로 할 수 있어야 나처럼 뭔가를 터득하고 가르치는 사람이 될 수 있다. 내가 시키는 대로 혹은 가르쳐준 대로 안 한다고 불만을 가질 것도 실망할 것도 없는 당연한 순리이다. 그 사람이 가르쳐 준 대로 하지 않고 자신만의 방법으로 재미를 알아간다면 오히려 응원하고 격려해야 할 당위성이 있다.

그럼에도 내가 터득한 것을 타인에게 알려주는 일은 중요하다. '어차피 가르쳐줘도 제 맘대로 할 텐데…'가 아니라 '내가 터득한 것이 다른 무언가로 나아가기를…'의 마음으로 알려주어야 한다. 그렇게 내가 터득한 것을 알려주고, 내가 생각하는 바를 표현하면서 같은 마음인 사람들과 함께하는 길을 찾는 것이 2번 차크라의 개인-자기실현-연대의 가치를 온전히 추구하게 한다. 예를 들어, 내가 진료를 보면서 터득한 맥진 방법을 다른 이들이 똑같이 따라야 하는 것은 아니지만, 맥진이라는 방법으로 체질진단을 하는 사람들과 교류하며 연대를 형성하는 것은 결국 맥진의 체질진단이 더 효과적이면서 보편적 방법으로 발전하게 되는 결과를 가져온다. 즉, 더 쉽게 진단하는 길이 열리게 된다. 맥진으로 체질을 진단하겠다는 하나의 마음이 모여 집단의식이 되고, 큰 에너지가 되며, 그 집단의식 안에 다양한 생각과 방법들이 서로를 격려하면서 자기만의 방식으로 발전하는 것이다.

우리가 자신의 개성을 표현하며 동시에 연대해야 하는 가장 중요한 이유는 우리는 모두 스스로의 삶을 주체적으로 창조하고 있지만, 모두가 집단의식(의식+무의식)의 힘에 통제받기 때문이다. 내가 원하는 삶으로 완성하기 위해서는 나의 개성이 펼쳐질 수 있는 집단의식의 힘이 받쳐주어야 한다. 대한민국의 엄마들이 과도한 경쟁적 교육열에 염증을 느끼면서도 벗어나지 못하는 것은 바로 집단의식의 힘이 받쳐주지 못한 결과이다. 내 자식이 과도한 경쟁에 희생되는 것이 너무나 안쓰러운데도 뒤처지지 않을까 하는 불안감에 선행학원으로 밀어 넣고 공부를 강요한다. 나만 해도 아이에게 초등학교부터 선행학습을 시키지 않을 것이며, 공부로 스트레스 주지 않겠다는 각오를 가지고 있었다. 그런데 이 각오를 지키기가 너무 힘들었다. 주위의 걱정도 한몫했지만, 그것보다 근본적인 것은 나의 신념과 다르게 계속 불안해진다는 것이었다. '정말 이렇게 공부 안 시켜도 괜찮을까?' 이 마음이 내내 마음 한켠에 남아 있었다. 그래서 가끔 이 불안을 못 이기고 아이에게 공부 스트레스를 주곤 했다.

나의 불안을 증폭시키는 힘이 바로 우리 모두가 만든 집단의식의 통제력이다. 물론 나에게 아이 학습에 대한 불안이 1%도 없었다면 집단의식에 휘둘리지 않았을 것이다. 나에게 없는 것으로 집단의식의 통제를 받지는 않는다. 그러나 나에게 공명할 불안감이 조금이라도 있다면 집단의식에 의해 그 불안감이 증폭하게 된다. 10 정도로 작은 나의 불안감을 100으로 뻥튀기는 것이 바로 집단의식의 통제력이다. 한 개인이 이 불안감을 혼자 극복하기란 너무나 어렵다. 끊임없이 무의식을 통해 전해지는 집단의식의 통제력이 나의 의지를 넘어선 불안의 증폭을 만들어낸다. 이런 집단의식에서 벗어나기 위해서는 개인이 자신의 불안감을 줄여나가는 노력과 함께, 같은 마음을 가진 사람들이 모이는 연대의 힘이 필요하다. 즉, 새로운 집단의식이 필요한 것이다.

아이에게 학습을 스스로 선택할 기회를 주기 위해서는 같은 마음을 가진 부모들의 연대가 절실히 필요했다. 나는 나의 신념이 흔들릴 때마다 오소희 작가의 블로그에서 위안을 얻곤 했다. 그녀의 블로그에서는 나와 같은 마음의 엄마들이 쓴 답글들을 볼 수 있었고 나만 고군분투 중이 아니라는 안도를 할 수 있었다. 아직 우리 사회에서 아이들에게 자율적 선택권을 주고자 하는 집단의식의 힘은 약하다. 그때문에 의식적으로 안위를 찾을 곳이 필요하지만, 이 연대가 더 커지게 되면 굳이 의식적인 위로가 필요하지 않게 될 것이다.

경쟁적 교육의 폐해에 휘둘리지 않는 부모가 되기 위해서는 아이를 존중하는 마음을 공통분모로 연대해야 한다. 아이에게 공부를 주입하는 부모나, 공부로 스트레스 주지 않기 위해 노력하는 부모나 아이를 사랑하는 마음은 모두가 똑같다. 누가 더 사랑하고 덜 사랑하는가의 차이는 아니다. 경쟁적 교육에 대한 집단의식을 허물기 위해서는 포괄적 사랑이라는 공통분모가 아니라, 아이가 원하지 않는 것을 하지 않게 해줄 존중의 마음이 공통분모가 되는 집단의식이 필요하다. 기성세대는 젊은 세대의 인내심 부족이나 감정 조절 문제에 대해 한둘씩 오냐오냐 귀하게 커서 약하다고 지적한다. 그러나 그들이 약해진 것은 귀하게 커서가 아니다. 하기 싫은 일을 명분도 이해하지 못하고 억지로 하며 자란 억압의 문제가 근본적인 원인이다.

자신의 선택과 개성을 존중받고 그 존중의 명분을 이해한 아이들은 존중받지 못한 아이들보다 반드시 더 행복하게 살 것이다. 이것은 개인-자기실현-연대의 가치를 지켜내는 절대가치의 길이기 때문이다. 현재 우리 사회는 아이들이 학습에 대한 선택을 존중받지 못하고, 억지로 과도한 선행으로 내몰리며, 배웠던 것을 다시 배우는 지루한 학습 속에서 자라난다. 그리고 선행학습은 삶을 지겹고 고단한 것으로 여기게 하여 아이들의 자기실현을 방해한다. 어려서부터 지겹고 고단한 학습을 반복하면 보람을 만드는 방법을 배우지 못한다. 이제 부모들이 마음을 연대하여 아이들의 개성과 선택을 존중하고 자율적으로 학습하도록 키워, 삶을 지루하고 고달프게 만드는 선행으로부터 아이들을 해방시켜야 한다. 자율적 선택으로 보람의 방법을 터득한 아이들이 성인이 되면 나약함의 반대인 강인함으로 자기실현을 이루어내며, 사회 구성원으로서 자기실현의 결과를 사회에 나누면서 보람과 만족을 느끼는 삶을 살아가게 될 것이다.

우리나라의 2번 차크라 힘은 참으로 대단하다. 최근에도 타고난 2번 차크라의 힘으로 평화로운 촛불집회를 지속하여 민주적 정권교체를 이룩했다. 태안 기름 유출 사고 때는 어마어마한 수의 자원봉사가 모여 바닷가를 구해내는 기적을 이루기도 했다. 이제는 그 타고난 힘으로 부모들이 마음을 모아야 할 때이다. 대한민국 부모들에게는 내 아이의 개성을 존중하는 마음을 하나로 모을 2번 차크라의 힘이 있다. 학업의 억압으로 가슴 아프게 자라는 세대가 더 많아지기 전에 아이들의 학습에 대한 선택과 개성을 존중하는 집단의식을 키워야 한다. 공동육아, 자기주도학습, 창의성, 좋은 부모에 대한 강연과 모임에서 아이의 주체성을 인정하도록 설파한다. 이런 노력에 부모들이 힘을 보태고 참여하는 것이 연대를 형성하는 첫걸음이다. 그 결과 존중받으며 자란 아이들이 어른이 되어 행복하게 살면서, 경쟁적 교육이 만든 집단의식이 과거로 사라지게 될 것이다.

대한민국은 2번 차크라가 잘 발달한 사회이다. 심리학자인 허태균 박사의 『어쩌다 한국인』이라는 책을 보면 한국인의 6가지 심리적 특성을 설명하는데, 이 중에서 주체성, 관계주의, 가족확장성이라는 특성이 있다. 이 세 가지 특징은 개인-자기실현-연대의 가치가 잘 드러나는 항목이다. 우리는 주위와의 관계를 중시하고 함께하는 것을 매우 좋아한다. 음식 메뉴를 고를 때도 함께하는 이들과 조율하고, 여럿이 함께 계획하며 노는 것을 선호한다. 그리고 인간관계에서 오는 현상을 언제나 염두에 두는 편이다. 그렇게 관계를 중시하기에 타인을 가족같이 여기고, 사회에 가족과 같은 책임감을 행하려 하고, 바라기도 한다. 특히 우리 역사의 3.1 독립운동, 월드컵 때 함께하는 거리응원, 정부의 비리를 규탄하는 촛불집회는 우리 국민성에 연대의 힘이 얼마나 강력한가를 보여준다.

그렇다고 우리가 개인을 무시하지 않는다. 우리 국민성에는 자신을 자랑하는 문화가 잘 발달되어 있다. 허태균 박사는 우리에게 만연한 '한턱 쏘기' 문화가 자신이 주인공이 되는 걸 과감하게 드러내는 것이라고 설명한다. 내가 이 관계에서 얼마나 영향력이 있는지 중요하게 여기고, 자신의 존재감을 확인하고 표출하며, 자신의 존재감이 없는 모임에 지속적으로 참여하는 일은 잘 없다. 게다가 우리 국민들은 언제나 주체적으로 상황을 판단한다. 교통법규도 상황에 따라 유연하게 자기 맘대로 지키고 또 어기며, 대규모 촛불집회나 응원에서도 자발적으로 거리를 청소하는 시민 정신이 풍족하게 있다.

우리는 가족이라는 개념을 매우 넓게 확장할 정도의 연대감을 지녔다. 또한, 관계 속에서 나를 대놓고 또는 은근하게, 그러나 어떻게든 드러내는 주체성을 가지고 있다. 즉, 2번 차크라의 가치가 원으로 순환하는 이상적인 성향이 대한민국에서는 보편적 국민성으로 형성되어 있다. 우리는 이 힘으로 정말 빠른 성장을 이룩하였다. 광복 이후 짧은 역사에서 군사독재를 거쳐 지금의 민주화를 이룬 나라는 우리가 유일하다. 경제적 원조를 받던 나라에서 경제원조를 하는 나라로 변모한 지구상 유일한 국가가 대한민국이다. 우리는 이 모든 기적을 함께하자는 마음으로, 나를 드러내겠다는 바램으로 이루어냈다. 2번 차크라의 개인-자기실현-연대의 가치는 우리가 세상을 변화시키는 데 필요한 절대가치이다. 지금까지 인류는 2번 차크라의 힘으로 세상을 변화시키며 진화했다.

나를 드러내는 바램을 실현해야 성장을 할 수 있으며, 함께하는 힘이 있어야 세상을 바꿀 수 있다. 지금 무언가가 바뀌는 성장을 해야 한다고 생각한다면, 자신을 드러내면서 누군가와 함께 뜻을 모아야 한다. 우리는 한 개개인으로 서로의 자유의지를 침범할 수 없지만, 함께 만들어낸 집단의식은 모두에게 통제력을 가진다. 그리고 집단의식의 힘은 더하기로 불어나는 것이 아니라, 2제곱으로 불어난다. 예를 들어, 무언가에 대한 공통된 마음으로 두 명이 모이면 $2 \times 2 = 4$로 힘이 증폭하고, 네 명이 모이면 $4 \times 4 = 16$의 힘으로 증폭된다. 이 제곱의 원리로 우리는 집단의식의 통제를 받는다. 미국의 에리카 체노웨스 교수가 발표한 통계연구를 보면 1900년부터 2006년까지 모든 형태의 반정부 시위를 통계학적으로 분석한 결과, 전체 인구의 3.5%가 꾸준히 비폭력 집회를 이어가면 어떤 정권도 버틸 수 없다고 한다. 단 3.5%의 인구가 나라를 바꾸는 힘은 바로 제곱의 법칙에 있다.

그런데 여기서 중요한 점이 있다. 바로 비폭력이어야 세상을 바꾸는 힘이 형성된다는 것이다. 비폭력이라고 하는 전제가 중요한 것은 함께하는 연대 속에서도 한 개인을 소중히 여기는 가치가 지켜지는 길이기 때문이다. 폭력을 도구로 사용한다는 것은 한 개인을 소중히 여기지 않는 마음에서나 가능하다. 한 개인을 소중히 여기지 않으며 세상을 바꾸는 것은 불가능하다. 테러라는 방법으로는 원하는 대로 세상을 변화시킬 수 없다. 게다가 테러는 생명의 절대가치를 훼손하는 일이기에 우주의 큰 흐름에 역행하여 그 목적은 무의미한 일로 사라지고 만다.

테러 뒤에는 언제나 고귀한 생명이 무참히 희생된 것에 대한 전 세계적인 애도의 마음이 하나가 되어, 더 큰 집단의식을 형성한다. 어떤 테러 집단도 애도의 마음이 모여 형성된 집단의식보다 더 큰 집단의식을 가지고 있지 않다. 폭력을 추구하는 이들은 폭력이라는 방법에 대한 생각은 하나일지 몰라도, 그 폭력을 행하는 마음은 다 다르다. 개인적 억울함에서 폭력에 가담하기도 하고, 종교적 이유로 가담하기도 하며, 정신적 문제나 재미로 가담하기도 한다. 이렇게 다른 마음들은 많이 모여도 큰 힘의 집단의식이 되지 못한다. 게다가 애도의 마음을 갖는 인류의 수적 우위를 절대로 능가할 수 없다. 프랑스 트럭 테러 기사를 읽으며 애도의 마음을 갖는, 전 세계에 퍼진 본능적으로 같은 마음들을 어떻게 막을 수 있겠는가! 하나로 통합된 마음은 아무리 작은 마음들이더라도 여럿이 모이면 제곱의 법칙으로 어마어마한 힘의 집단의식이 된다.

변화에 대한 욕구가 폭력으로 나타나는 이유는 저마다 다른 생각이 하나의 마음으로 뭉치지 못하고 다른 마음으로 남아 있기 때문이다. 여러 다른 마음이 충돌하면서 폭력사태로 번지고 세상을 바꾸는 열망이 실패한다. 어떤 일에 대해 세상을 바꾸는 집단의식이 형성되려면 각자의 생각은 만 가지로 다르더라도 마음은 하나가 되어야 한다. 생각은 달라도 상관없다. 오직 하나의 마음이면 된다. 더 성장하고 싶은 마음, 정의가 실현되길 바라는 마음, 잃어버린 생명을 안타깝게 여기는 마음, 그렇게 하나의 마음으로 모인 열망이 제곱의 법칙으로 힘을 형성하여 세상을 변화시킨다. 하나의 마음으로 뭉친다면 생각이 다르더라도 충돌하지 않는다. 촛불집회에서 돌출적 폭력을 보이는 참가자를 수많은 다른 참가자가 하나의 마음으로 진정시킨다. 그렇게 지켜낸 비폭력은 개개인을 해치는 길을 막아냈고 세상을 변화시켰다. 2번 차크라의 힘은 마음이 하나가 되어 형성되는 집단의식이며, 개인과 연대를 모두 추구하는 2번 차크라의 힘으로 세상을 바꾸는 힘을 형성할 수 있다.

그래서 한 나라의 풍요와 성장을 위해서는 지방자치분권형 국가로 나아가는 것이 유리하다. 각 지방의 자치를 존중하고 각 지방의 힘을 하나로 모으는 통합은 절대가치를 실현하는 기틀이 된다. 미국은 각 주(州)의 자치를 존중하며 하나로 통합한 연합국가이다. 각 주를 존중하면서도 한 대륙의 절반이라는 거대한 연합을 성공한 미국은 지구에서 가장 부강한 국가라는 우주의 응답을 받았다. 같은 거대 국가인 중국은 통합은 이루었지만, 드넓은 땅의 다양한 민족과 지역 역사를 존중하는 가치에는 아쉬움이 있다. 만약 중국이 한족 중심의 통합이 아니라 모든 민족을 존중하는 통합을 이룬다면 지구의 새로운 중심이 되는 성장을 이룩할 것이다. 개헌의 바람이 부는 대한민국 역시 지방자치분권형 국가로 나아가길 바란다. 다행히 많은 이가 이 절대가치를 향해 나아갈 것을 주장한다. 우리가 개인과 연대의 가치를 모두 실현하는 국가를 이룩한다면 우주는 풍요와 안녕으로 응답할 것이다.

지금은 인류 연대감의 최대치가 한 국가 차원에 머물러 있지만, 이제는 국가의 차원에서 넘어설 때가 되었다. 인류는 이제 우리가 한 행성에서 함께 사는 공동의 운명체라는 연대로 나아가야 한다. 그 시작의 포문은 열었다. 미약하지만 국제연합(UN)이 존재하고, 유럽연합(EU)도 자리를 잡아가고 있다. 그런데 이 관문 앞에서 우리는 휘청거리고 있다. 영국이 브렉시트(brexit)를 선택하고, 미국은 보호무역주의를 선택하며, 한 국가에서 부유한 일부 지역들은 분리독립을 선언하고, 세계 각국에서 배타적 성향의 정치인들이 스타로 등극하고 있다. 자치권 주장도 아닌 배타주의는 절대가치에 반하는 선택이다. 그 선택으로는 풍요와 번영이 이루어질 수 없다. 아마도 우리는 한동안 배타주의를 선택한 결과로 인해 여러 어려움에 직면할 것이다. 그 어려움이 배타주의를 선택한 결과라는 사실을 알아보고 다시 변화하기를 선택할 때까지는 그럴 수밖에 없다. 절대가치에 반한 선택에 우주의 응답은 언제나 한결같다. 그 방향이 아니라는 것을 알려주는 고난으로 인도한다.

그러나 절대가치에 부합하는 선택에서 우주의 응답은 언제나 한결같이 번영으로 인도하기에 이제 우리 인류는 국가의 차원을 넘어서 전 인류, 지구인이라는 연대를 향해 나아가야 한다. 인류는 남아도는 지구의 물적 자원을 어떻게 모두에게 나눌 수 있을지 고민하는 지점에 도달해 있다. 전 지구의 식량은 남아도는데, 너무 많은 인구가 굶어 죽고 있다. 앞으로도 인류의 물질적 성장은 지속될 것이지만, 그 물질을 나누는 제도와 기술을 발전시켜야 한다. 인류는 지난 역사 속에서 단체 속에 개인의 자기실현을 억압하는 사회주의의 실패도 경험해봤고, 개인의 자기실현과 자유만을 강조하는 자유시장의 아쉬움도 느껴봤으니 이제는 전 지구로 확대하는 자기실현과 연대의 실험이 필요하다. 그 확대된 실험에서는 각 나라의 자치와 문화를 존중하여 개인주의적 자기실현을 지켜내고, 동시에 인류가 하나로 뭉치는 체계를 개발해야 한다. 우리가 이 지구에 개인-자기실현-연대의 절대가치를 온전히 구현해낸다면 반드시 전 인류의 번영으로 우주가 응답할 것이다.

우리가 이 관문 앞에서 오래 휘청거리지 않았으면 좋겠다. 각 나라와 지역의 개성과 자치가 존중되는 개별적 자기실현을 지켜내면서 모든 인류가 하나로 운영되는 체계를 열어가길 기원한다. 우리는 결국 절대가치를 추구한 응답으로 세상의 진화를 이룩할 것이다. 그렇게 변화된 우리의 세상은 풍요로움을 바탕으로 우리의 연대감이 지구를 뛰어넘어 이 은하계를 생각해야 하는 단계로 나아갈 수 있다. 우리가 진화할수록 개개인은 더 귀해지며 연대감의 크기는 계속해서 커진다.

『신과 나눈 이야기』에서는 우주의 다른 개체 중 '고도로 진화된 존재(고진재)'에 대해 설명한다. 고진재들은 아직 진화의 낮은 단계에 있는 우리 지구인을 보면서 사랑에 대한 간접체험으로 충분히 자신을 알아간다고 한다. 고진재들이 갖는 연대감은 한 행성을 넘어선 우주적 차원이다. 그러니 외계인의 침공 같은 것은 없다. 한 행성을 벗어날 만큼 발전을 이룬 개체들의 개인존중과 연대감은 우리가 상상할 수 있는 것 이상이어야 가능하니까 말이다. 우리가 2번 차크라의 힘을 다하여 세상의 진화를 이끌어낸다면 우리의 연대를 우주로 넓혀야 할 지구의 진화를 이룰 수 있다. 우리가 은하계를 연대감으로 생각해야 할 세상은 어떤 곳일지 상상만으로도 짜릿하다.

1) 2번 차크라의 결계

이것은 개인-자기실현-연대의 가치로 {혼백신의재}의 힘을 이용하여 2번 차크라를 보호하고 치료하는 결계이다. 이 생각들을 여러분의 마음에 담아준다면 2번 차크라가 우주와 소통하는 데 어려움을 없애고 회복과 확장을 촉진하여 줄 것이다. 언제든 삶과 세상의 변화를 열망하여 2번 차크라의 힘이 필요한 순간 읽어주면 좋겠다. 이 역시 여러분 자신이 아닌 타인의 마음에 전하여 준다면 더 없이 감사드린다. 누구를 향하여 자기실현의 가치를 전하든, 전하는 주체에게는 언제나 그대로 이루어지니까.

(1) 개인-자기실현
* 삶의 주체가 나 자신이라는 사실을 인지하지 못하고,
　내 생각과 감정과 행위가 만들어낸 삶을 인정하지 않으면서,
　삶에 담긴 나의 빛깔을 몰라본 안타까움을 위로하세요.

지금까지 삶을 창조해온 것은 나 자신이었어요.

내가 실현된 기쁨이었고, 아픔이었습니다.

그 기쁨과 아픔들에 담긴 나의 빛을 살펴보도록 해요.

이제 내가 삶에서 어떤 존재가 되고자 하는지 꿈을 꿉니다.

내가 되고자 하는 존재이기에 제일 좋은 것을 하려고 해요.

그렇게 내가 원하는 빛으로 삶을 만들어 갑니다.

* 나의 모습과 개성이 하늘로부터 온 것임을 알아보지 못하고,

나의 빛깔을 통해 신께서 무엇을 계획하시는지 성찰하지 않으며,

그에 맞게 성장하지 못했던 지난날의 혼란을 아쉬워해요.

이제는 나의 빛과 개성이 무엇을 의미하는지 성찰하면서,

나의 자기실현에서 언제나 신이 함께함을 믿으니,

그 무엇도 두렵지 않으며 나의 존재실현을 확신해요.

앞으로 나는 사랑체험의 목적을 다하는 존재실현으로,

언제나 나만의 영광과 평화를 이룰 것이니,

나의 영광과 평화가 모두와 함께하기를 기원합니다.

* 함께하는 관계 속에서 나의 존재가치를 믿지 않으면서,

나의 개성과 빛깔을 자랑스럽게 여기지 않고,

자신이 바라는 존재가 되지 못했던 아픔을 보듬도록 해요.

이제 바보스러울 만큼 자신을 믿고 사랑하는 마음으로,

무엇을 통하여 어떤 존재가 되고 싶은지 꿈꾸고 행하여,

가장 '나'다운 모습으로 자기실현을 이루어내도록 해요.

앞으로 가장 '당신'다운 모습으로 존재가치를 확고히 하여,

당신의 아홉 차크라의 빛을 모두 활짝 피워 내세요.

하늘이 준 모든 위대함과 신성함을 드러내는 자기실현을 기원합니다.

* 우리가 함께하는 이들의 빛과 바램을 바라보지 않아,

그들의 자기실현을 위한 나의 역할을 알아보지 못하고,

최선의 기회를 제공하지 못했던 아쉬움을 다시 생각해봐요.

이제 가장 '그'다운 자기실현을 궁금해 하고,

그에 따른 우리의 역할에 사랑과 믿음으로 임하여,

그들의 자기실현이 빛나게 완성되도록 축복하는 거예요.

앞으로 나와 상대의 자기실현은 비록 다른 빛깔이지만,

각자의 빛으로 우리는 모두 하나임을 언제나 기억하면서,

다채로운 빛이 함께 공명하며 세상을 비추는 기적을 이뤄 냅시다.

(2) 연대-자기실현

* 우리의 인연에서 주어진 역할에 아쉬웠던 점을 생각해봐요.

회피하는 나약함, 무관심 또는 완강한 고집, 집착으로,

지금의 관계를 엉성하고 뒤틀리게 만들어 버린 아픔을 위로합니다.

이제 함께하는 하나의 마음으로 조화로운 최선을 다짐합니다.

각자의 역할을 당당하고 끈기 있게, 여유롭고 우아하게 임하여,

우리 연대의 번영과 안녕을 이루어 내도록 해요.

앞으로 나의 삶과 함께하는 이들의 삶을 모두 사랑하고,

우리가 함께 공유하는 조화로운 삶의 의지가 당연한 일상이 되어,

나와 가족, 친구들, 이웃들이 함께 만들어가는 세상을 축복합니다.

* 우리가 함께하는 운명적 의미를 몰라본 걸 다시 생각해봐요.

우리가 함께하는 본질이 아닌 허구의 의미에 함몰되어,

우리 인연을 불명예스럽게 만든 안타까움을 깨닫도록 해요.

이제 우리가 함께하는 것은 신의 뜻이며 우리의 바램임을 알고,

신의 축복인 자유의지를 다하여 이 인연에 합당한 명예를 이루며,

세상의 진보와 평화에 한걸음이 되도록 해요.

앞으로 우리가 함께하는 모든 인연이 영광과 축복임을 알고,

그 운명에 진심으로 감사하고, 용서하고, 축복하면서,

함께하는 모두의 영광으로 하늘의 진리를 퍼뜨리도록 합시다.

* 내가 속한 관계에 온전히 자신을 내어놓지 못하고,

그리하여 이 연대에 나의 빛이 투영되고 확산되지 못하여,

이 연대가 힘과 빛을 잃게 된 안타까움을 포용하세요.

함께하는 연대는 자신을 발견할 기회라는 걸 알아주세요.

오직 타인을 통해 자신을 체험하여 자기실현을 이룰 수 있다는 걸,

자기실현을 위해 함께하는 이들이 소중함을 온몸으로 느껴 보세요.

이제 당신이 속한 관계에 자신을 온전히 내어주고,

당신의 빛을 그 연대에 투영하고 확산시키며,

당신의 신성과 위대함이 연대의 빛과 힘이 되게 하는 겁니다.

* 우리가 함께하는 이들의 진심을 알아보지 못했고,

그리하여 오해와 불신을 만들어 내면서,

서로 간의 불평과 원망의 관계를 만들어 온 아픔을 반성합시다.

이제 함께하는 이들의 선함과 최선을 믿으며,

오직 그들을 기다리고, 응원하고, 도우면서,

우리의 연대가 서로 간의 믿음으로 하나가 되도록 만들어요.

앞으로 우리가 함께하는 이들을 믿고 사랑할 때,

이 연대 안에서 서로의 빛이 공명하고 증폭되어,

세상을 진화시키는 위대한 힘이 되는 것을 꼭 체험하도록 해요.

(3) 개인-자기실현-연대의 통합

* 내가 '나'답지 못했던 지난날의 아픔을 용서하고,

나를 드러내고 나누지 못했던 아쉬움에 용서를 구하며,

다른 이들과 한마음이 되지 않았던 선택에 용서를 구합니다.

내가 '나'다운 모든 순간을 축하하며,

나의 빛을 드러내고 나눌 기회에 감사하고,

나의 빛으로 다른 이들과 한마음이 되는 선택을 축복합니다.

가장 '나'다운 모습으로 살아감을 축복하고,

나와 타인의 빛이 오색찬란하게 빛나는 실현을 축복하며,

모두가 한마음으로 이루어가는 세상의 진화를 축하합니다.

5. 3번 차크라: 분별 – 소통 – 전일성

생명이 주어져 삶을 창조하고 세상을 변화시키는 우리가 진리를 마주하는 곳이 3번 차크라이다. 우리 몸통의 한 가운데인 명치에는 진리를 열어주는 3번 차크라가 자리한다. 진리는 모든 것을 나로부터 분리하여 분별하는 마음과, 나를 포함한 모든 것이 하나임을 발견하는 전일성에서 출발한다

인간인 우리가 사는 곳은 존재가 분리된 상대계이다. 모든 것이 존재 그 자체로 머무는 곳은 절대계이다. 우리는 상대계의 시간과 공간의 허구 속에 사는 절대적 존재이니 절대적 존재로서 우리의 진리를 알기 위해서는, 모든 상대적인 것으로부터 나를 분리시켜 바라보아야 한다. 그리하여 내 삶을 나와 분리된 대상으로 볼 때 내 삶의 진리가 보인다. 신을 나와 분리된 대상으로 보아야 진정한 신의 모습이 보인다. 나를 나에게 분리하여야 진짜 내 모습을 볼 수 있고, 타인을 나와 분리된 존재로 보아야 그의 빛이 어떤 색인지 알 수 있다. 이렇게 분리하는 마음은, 절대적 존재로서 내가 모든 것을 관찰할 수 있도록 하여, 합당한 분별력을 갖추도록 해준다.

우리가 진리를 알아보지 못하는 것은 스스로를 분리시키지 못하고 상대계에 매몰되어 버리기 때문이다. 내가 삶에서 분리되어 삶을 관찰하지 못하고 그 상황에 파묻혀 버리면 이 삶이 내가 스스로 창조한 것이라는 진실을 알아볼 수 없다. 나의 무엇이 삶을 이렇게 만든 것인지 알아보지 못하면 삶의 주체성을 잃어버리고, 결국 삶의

무게에 짓눌리게 된다.

신에 대해서도 마찬가지이다. 창조주 신을 나와 분별된 대상으로 보아야 한다. 그리고 어떤 존재면 이와 같은 광대하고 완벽한 창조를 하는지 관찰해봐야 한다. 내가 나의 삶을 창조하는 창조자이고, 나와 달리 신은 나를 비롯한 세상의 모든 존재를 창조하는 창조주이니, 그의 전지전능함이 어느 정도일지를 냉철한 분별력으로 추론해야 한다. 이렇게 냉철히 신을 분별하지 않으면 신을 나와 비슷한 존재로 여기며, 나처럼 화내고 상대를 벌하며 추앙받기를 바라는 불완전한 존재로 여기는 오해를 하게 된다. 우리는 그동안 창조주 하느님을 우리 수준으로 깎아내리는 오류를 범하여, 우리를 벌할 것이며 우리의 찬양을 바란다고 오해했다. 그리고 이 오해의 이유는 신을 우리와 분리하여 분별하지 못했기 때문이다.

또한, 진짜 내 모습을 보기 위해서도 나를 멀리 떨어트려 놓아야 한다. 지금의 감정과 행동에 매몰되어 버리면 내가 왜 이런 감정과 행동을 갖는지를 알 수가 없다. 지금의 내 마음을 멀리 두고 관찰하고, 지금의 내 행동을 멀리 두고 관찰해 보면, 내가 왜 이러는지 알 수 있다. 진짜 내 모습이 보인다. 그리고 나는 장소와 상황에 따라 다른 존재이기도 하다. 딸 아이가 유아기에 나를 관찰하고는, "엄마는 나한테 말할 때랑 할아버지 할머니한테 말할 때랑 한의원에서 말할 때랑 목소리가 다 달라. 다 다른 사람 같아."라고 얘기해 준 적이 있다. 상황과 역할에 따라 다른 목소리로 말한다는 것은 그 상황에 따라 나는 다른 존재가 된다는 의미이기도 하다. 엄마로서의 나와, 딸로서의 나 그리고 한의사로서의 나는 전혀 다르다. 각 역할과 상황에 따른 나를 분리해서 볼 수 있어야 나를 온전히 분별하여 이해할 수 있다. 역할에 따라 다를 뿐이겠는가? 시간에 따라서도 다르다. 10년 전의 나와 불과 몇 시간 전의 나, 지금의 나와 미래의 나는 또 다른 존재이다. 이렇게 나 자신을 시간, 상황, 마음, 행동에 따라 분리하여 볼 수 있을 때 온전히 자신을 이해할 수 있다.

타인을 이해하기 위해서도 마찬가지로 나와 분별하여야 한다. 나와 무엇이 다르고,

그 차이가 어떤 오해를 불러일으키는지 알아야 한다. 나와 타인을 분별하지 못하면 나를 기준으로 타인을 판단하는 오류를 일으킨다. 나보다 느리면 게으르다고 판단하고, 나보다 빠르면 성급하다고 판단한다. 나와 다른 선택을 하면 옳지 않다고 판단하고, 내가 할 수 있는 것보다 적게 하면 최선을 다하지 않았다고 오해하고, 나보다 더 많이 해내면 대단하다고 치켜세운다. 그런데 나와 타인을 분리하여 관찰할 때에는 나보다 느리면서 꼼꼼하게 새로운 것을 추가하는 상대의 스타일이 보인다. 나보다 빠른 순발력이 보이고, 상대가 한계 안에 최선을 다하는 것이 보인다. 저 정도는 저 사람의 개성에 당연한 순리임이 보여 괜히 나와 비교하지 않는다. 나와 상대를 온전히 분별하고 그의 빛이 어떤 색인지 알아보고 이해하여 상대를 오해하는 갈등을 피할 수 있다.

세상을 이해하기 위해서도 역시 내가 세상에서 분리될 수 있어야 한다. 그런데 그게 참 쉽지 않다. 우리는 세상의 풍파에 휩쓸리면서 상대계의 삶에 매몰되어 버리기 일쑤다. 그래서 가끔 세상에서 멀어지는 템플스테이(templestay)가 사람들에게 필요하기도 하다. 그렇게 멀리 떨어져 있을 때 세상에서 중요한 것이 무엇이고, 부질없는 것이 무엇인지 판단할 분별력이 생긴다. 그러나 애석하게도 우리 대부분에게는 일상의 책임이 있다. 무슨 일이 있을 때마다 삶이나 세상에서 물리적으로 멀어질 수는 없다. 그러니 우리는 일상의 풍파에서 분별력을 만들어 낼 방법을 터득해야 한다.

세상에서 분리의 힘을 일으키기 위해서는 가속도의 법칙을 이해하면 좋다. 가속도의 법칙은 어떤 물체에 힘이 주어졌을 때 힘의 방향으로 물체의 가속도가 생기면서 이동한다는 설명이다. 힘이 셀수록 가속도가 강해지고, 물체 질량이 무거울수록 가속도가 약해진다. 우리도 마찬가지이다. 세상의 풍파가 우리를 밀면 그 힘에 의해 밀리고, 그 힘이 강할수록 더 큰 가속도로 요동치게 된다. 그렇게 세상에 휩쓸려 매몰되기 쉽다. 그런데 내 마음의 질량이 무거울수록 쉽게 휩쓸리지 않을 수 있다. 나를 미는 세상의 풍파에 반대의 힘을 내가 만들면 세상의 풍파를 약화시킬 수 있다. 우리는 그렇게 마음을 요동치게 만드는 가속도를 줄여 세상에 대한 분별력을 만들어 나갈 수 있다.

영어권에서 "I'm OK(난 괜찮아)."와 "It's going to be OK(괜찮아질 거야)."는 혼돈의 상황에서 흔하게 쓰이는 표현이다. 이 두 표현에 우리의 질량을 높이고 세상의 풍파를 약화시키는 핵심이 담겨있다. 세상의 풍파가 나를 흔들 때, 나는 괜찮다는 믿음은 내 마음에 묵직한 중량을 만들어낸다. 나는 괜찮다는 믿음은 아무렇지 않다는 의미가 아니다. 지금 이 풍파에 흔들리는 것이 지극히 당연하고 정상이라는 생각이다. 지금 주어진 상황에 내가 느끼는 감정과 떠오르는 생각은 자연스럽다는 인정이다. 지금 이 감정과 생각이 비록 나를 힘들게 하고 있지만, 힘들다고 나쁜 것이 아니며 이 흔들림이 내 몫이라는 믿음이다. 그러니 어떤 압박이 와도 우리는 괜찮다. 무엇을 느끼고 생각하며 흔들리더라도 이상한 것이 아니라 자연스러운 것이며, 합당한 내 몫이기에 괜찮다. "I'm OK."로 우리는 이 세상에서 묵직한 거대 바위가 될 수 있다.

거기에 더하여 우리를 흔드는 풍파와 반대의 힘을 만들어내면 더 좋다. 모든 것은 다 지나가는 과정이라 이것 또한 지나가리니, 당연히 다 괜찮아질 것이다. 괜찮아질 것이라는 믿음, 지나가는 과정이라는 믿음은 우리를 흔드는 힘을 약화시킨다. 사실 인생은 어차피 사건의 연속이기 때문에 계속해서 어떤 일이 생기고, 어찌어찌 해결하고, 또 다른 일이 생긴다. 죽을 때까지 모든 것은 과정일 뿐 결론은 없다. "It's going to be OK."라고 말할 수 있는 건 지금이 결론이 아니라는 전제에서만 가능한 일이다. 서양사람들이 쉽게 "It's going to be OK."라고 서로를 위로하는 건, 그들에게는 어떤 일도 결론이라고 생각하지 않는 당연한 인식이 함께하기 때문이다. 사실 따지고 보면 살면서 어떤 일을 겪어왔든 다 괜찮아졌기에 지금 그럭저럭 사는 것 아니겠는가. 다 괜찮아졌기에 인류가 지금까지 존속하며 진화할 수 있지 않았겠는가 말이다. 세상일은 시간과 함께 괜찮아질 기회를 끊임없이 준다. 정말 괜찮아질 때까지 계속 기회를 준다. 이번 생에서 안되면 다음 생에서라도 계속 기회를 준다. 그렇게 결국 다 괜찮아져 왔고, 앞으로도 쭉 그럴 것이다. 이것이 인류의 문명과 모든 생명이 지금까지 진화할 수 있었던 이유이다. "It's going to be OK."는 우리를 흔드는 풍파에 강력한 반대 역풍을 만들어 그 힘을 약화시킨다.

지금의 나는 괜찮고, 앞으로 괜찮아질 것이라는 생각을 할 때 지금 이 일에서 무엇이 중요하고 중요하지 않으며, 무엇을 해야 할지 올바른 분별력으로 판단할 수 있다. 묵직한 내면으로 또한 반대 역풍으로, 우리는 세상에 매몰되지 않는 분리의 힘을 낼 수 있다. 온전한 분별력을 갖추게 된다. 그렇게 풍파가 지속되는 세상사에서 내가 되고 싶은 존재가 되기 위한 가장 좋은 방향을 분별하여 선택할 수 있다.

모든 것에서 분리되는 마음은 온전한 이해를 넓혀 상대적인 차이를 보게 하고, 진리에 닿도록 분별의 길을 열어준다. 그래서 나를 분리·분별하는 마음과 노력은 언제나 옳은 절대가치이다. 그리고 우리는 자신을 분리하면서 동시에 나와 분리된 모든 것과 소통해야 한다. 자신을 분리해 내고 소통하지 않는 것은 단순한 분리가 아니라 배척이다. 우리가 진실을 보고 진리에 이르기 위해 스스로를 분리하고 떠남은 옳으나, 떠나 있는 분리에서 소통해야 한다. 사실 소통이 전제된 분리여야 명확한 관찰과 분별이 가능하다. 사람들과 분별된 마음으로 소통하여야 그들을 볼 수 있다. 소통하지 않으면 그냥 멀어질 뿐 그들이 보이지 않는다. 나를 여럿으로 분별하여 그 모든 내가 소통하여야 진정한 나의 모든 모습을 볼 수 있다. 세상과 소통하고, 창조주와 소통하면서, 나의 삶과 소통하여야 내가 알고자 하는 진리에 닿을 수 있다. 그러니 모든 것에서 멀어짐은 소통을 전제로 한다.

상대계의 모든 것에서는 서로 물리적 거리가 있다. 너와 나 사이의 거리가 있고, 나와 하느님에게 거리가 있으며, 나의 영혼-마음-몸의 삼위(三位)에 거리가 존재한다. 게다가 나의 삶과도 거리가 존재하여 내가 행한 결과는 언젠가 나중에 나타난다. 우리가 인간으로 상대계의 삶을 사는 이유는 이 물리적 거리로 인해 사랑을 체험할 기회가 생기니, 이 거리를 극복하는 사랑을 이루고자 함이다. 이 거리감을 극복하는 수단이 바로 소통이다. 멀리 있어도 마음을 주고받는 소통을 한다면 우리는 이 거리감을 극복할 수 있다. 나의 삼위(三位)가 서로 소통한다면, 본래 하나의 모습으로 나아갈 수 있다. 끊임없이 신에게 묻고 구한다면, 우리는 답을 얻을 수 있다.

우리는 우리와 떨어진 그 무엇과도 소통하여야 한다. 나를 충분히 보여주며, 상대가 열리기를 기다린다. 상대가 열렸을 때 나의 것을 내어준다. 상대가 나에게 무언가를 내밀 때에는 상대를 충분히 바라보고 이해하여 상대의 것을 받아들인다. 내 삶에게도, 하늘에게도, 이 세상에게도, 나에게도, 타인에게도 주고받는 3단계를 언제나 추구해야 한다. 우리가 소통하면서 문제가 생기는 것은 이 3단계가 온전하지 못하여서다. 나를 상대에게 충분히 보여주지 않고, 상대가 나를 관찰하고 받아들일 여유도 주지 않고 나의 것을 내밀어 문제가 된다. 잘 보여주고 잘 내밀어 놓고는, 기다리지 못하고 답을 재촉하여 문제가 된다. 상대를 온전히 바라보고 이해하지 않은 채 나의 것을 주고, 상대의 것을 덥석 받아서 갈등이 생기는 것이다. 충분히 바라보고 이해하며, 잘 기다리고, 서로 간에 잘 주고받는 온전한 소통은 언제나 옳은 절대가치이다. 제대로 잘 소통하기 위해 어느 단계에 오래 머물러도 좋다. 소통의 끈을 놓지 않기만 한다면 말이다.

우리가 무엇이든 주고받는 소통의 끈을 놓지 않고 지속한다면 우리는 결국 모든 것은 하나라는 진리를 알아차리게 된다. 내가 아닌 것이 없다. 진리에 닿을 때의 느낌은 내가 몰랐던 것을 새롭게 아는 기쁨이 아니다. '역시나 당연히 그러하지!'라는 기쁨이다. 하늘에 구한 답은 결국 모두 내 안에 있었다. 다만 한동안 잊고 있었던 것일 뿐, 모든 진리는 내 안에 온전히 담겨 있다. 그리고 아직도 발견하지 못한 진리들이 내가 기억해내기를 바라며 내 안에서 꿈틀거리고 있다. 우리는 하늘을 모두 담고 있는 소우주(小宇宙)이다. 우리가 작은 존재라고 우주가 아닌 것은 아니다. 우리가 작은 존재라고 신이 아닌 것은 아니다. 우리는 소우주이고 작은 신이다. 하늘이 답한 진리와 우리의 본질은 언제나 동일하기 때문에, 하늘의 진리는 우리에게 기쁨과 사랑을 일으킨다. 기쁨과 사랑을 일으키지 않는다면 그것은 진리가 아니다. 그것은 허공에 부는 바람일 뿐이다. 하늘에 끈질기게 나를 보내고 구한 답이 일으키는 기쁨과 사랑으로, 우리는 신과 하나의 존재라는 사실을 느낄 수 있다. 우리 모두를 다하여 창조주 하느님이다.

우리가 신과 하나의 존재라는 진리는 나 자신을 신으로부터 분별하여 생각하고 나라는 존재를 신에게 온전히 보내어 돌려받은 답이다. 많은 선각자가 이 답에 도달하였다. 그것이 한의학에서 '인간은 소우주'라는 명제로 남았고, 예수의 '나는 길이요, 진리요, 생명이다.'는 명언으로 남았으며, 닐 도널드의 『신과 나눈 대화』로 남아있다. 창조주와 우리의 소통에서는 언제나 같은 진리에 도달한다. 나와 당신은, 우리 모두는 신이다.

창조주는 자신을 쪼개어 우리를 창조하였기에 우리는 본래 하나의 존재이다. 그 결과 내가 타인에게 한 것은 언제나 나 자신에게 한 것과 같다. 상대를 미워하면 내 맘이 미움으로 괴롭고, 상대를 사랑하면 내 안의 사랑으로 행복해진다. 이것은 우리가 하나의 존재로서 모두 사랑하고 싶고 사랑받고 싶은 똑같은 존재이기 때문에, 서로에게 한 것이 곧 자신에게 한 것과 같아지는 우주의 법칙이다. 우리는 서로의 것을 주고받는 소통을 통해서 그도 결국 나와 같은 마음이라는 진리에 도달한다. 그가 무슨 생각을 하고 무슨 행동을 하든, 그는 언제나 나와 같이 또한 당신과 같이 사랑받고 싶고 사랑하고 싶을 뿐이다. 어떤 이들은 이 사랑의 요구를 과격하게 표현하기도 하지만, 과격하다고 사랑하고 싶은 마음이 아닌 것은 아니다. 어떤 이들은 또한 이 사랑의 욕구를 비열하게 표현하기도 하지만, 사랑받고 싶은 마음이 아닌 것은 아니다. 사랑의 본질을 까먹어 버린 이들조차도 모두와 같이 사랑받고 싶어 하며, 사랑하고 싶어 한다. 그 유일한 목적으로 우리가 여기에 존재하기 때문에, 단 한 명의 예외도 없이 모두가 같은 목적으로 살아가고 있다.

그리하여 우리는 본질적으로 한 목적으로 살아가는 하나의 존재이다. 하나의 존재이지만 서로 떨어져 있는 우리가 끊임없이 소통하여 서로의 조각을 맞추고 이어진다면 우리는 본연의 완벽함으로 나아간다. 우리는 하나의 존재이기에 나의 아쉬움을 채워줄 이가 반드시 있다. 또한, 내가 아쉬움을 채워줘야 할 이가 반드시 있다. 나의 모남을 감싸줄 이가 반드시 있으며, 내가 감싸주어야 할 이가 분명히 존재할 수밖에 없다. 우리가 서로를 채우고 감싸며 함께할 때 우리는 더욱더 완벽해짐을 체험한다. 각자의 개체가 불완전한 것은 우리가 서로 소통하기 위한 장치에 불과하다. 우리가 하나의 존재라는 진리에 도달하기 위한 배려이고, 사랑을 체험하기 위한 조건이다. 우리가 서로에게 매몰되지 않고 멀리하여 보면 무엇으로 하나가 될 수 있는지가 보인다. 그렇게 발견한 기회로, 온전한 소통을 이루어가 본연의 완벽함으로 우리는 나아간다.

게다가 영혼에게는 절대계 뿐 아니라 상대계에서조차 경계가 없다. 나의 영혼에 응집된 영적에너지가 있고, 너의 영혼에 응집된 영적에너지가 있으며, 그사이에 조금 희미해진 영적에너지가 그대로 이어져 있다. 여기서부터 나이고 저기서부터 너라고 단정할 수 있는 경계가 없는 것이다. 그리하여 저 영혼의 행복과 아픔이 나의 영혼에 흘러들어온다. 나의 기쁨과 아픔이 흘러 내 주위의 모든 영혼에게 전해진다. 우리는 서로 떨어진 거리가 있으면서도, 동시에 하나의 존재이다.

영혼에는 경계가 없으며 마음의 가장 넓은 부분을 차지하는 무의식에는 소통에 한계가 없다. 우리의 무의식은 언제나 열린 문으로 다른 모든 이의 마음이 아무런 제약 없이 들어올 수 있다. 지구 반대편에 있는 이에게도 바로 옆에 있는 이와 마찬가지로 무의식이 소통한다. 비록 의식은 닫힌 문이지만, 이 역시 우리의 행동으로 두드려 열 수 있다. 영혼은 경계가 없는 하나이고, 무의식은 언제나 열린 소통을 하며, 의식은 행동으로 열 수 있다. 우리가 하나의 존재를 회복하는 데 갖추어야 할 모든 조건이, 이 상대계에도 펼쳐져 있다. 그리하여 우리는 각자의 빛으로 함께하는 하나가 될 수 있다.

건강한 3번 차크라의 힘은 공간이라는 허구에서 원활한 소통을 추구한다. 원활한 소통을 위해서는 한발 떨어진 상태에서 상황을 분별하며, 모든 것은 하나라는 진리를 깨닫고, 전일성을 바탕으로 주고받는 과정에 아낌이 없어야 한다. 그렇게 3번 차크라의 힘은 허구에 둘러싸인 상대계에서 우리가 진리를 볼 수 있도록 해준다. 학문적, 기술적, 문화적, 예술적 진리는 3번 차크라의 힘으로 펼쳐진다. 어떤 분야이든 허상에 현혹되지 않도록 분별하여 분석하고, 거리를 극복하는 소통을 이루며, 모든 것이 하나라는 전일성을 발견할 때 그 분야의 진리가 펼쳐진다.

"I'm OK."와 "It's going to be OK."를 일상으로 쓰는 서구권은 동양권보다 3번 차크라의 힘이 잘 발달되어 있다. 존댓말을 쓰는 어려움이 없어 나이와 계층 간에 소통이 원활하고, 분별력 있는 사고로 인간은 계층에 상관없이 모두 비슷비슷하다는 관념이 사회 전반에 깔려 있다. 그 덕분에 소통하는 토론문화가 발달하였고, 유럽의 부자나라에서는 집착하지 않는 검소한 생활이 일반적이며, 노블리스 오블리주가 자리잡혀 있다. 우리나라 국민의 2번 차크라는 이 지구에서 탑을 달리고 있지만, 3번 차크라에서는 살짝 아쉬움을 가지고 있다. 우선 존댓말로 인해 세대 간, 계층 간의 소통에 어려움이 크다. 그 결과 모두가 같은 사람이라는 인식이 부족하여 갑과 을의 분쟁이 끊이지 않는다. 다행히 을들이 열심히 소통을 위해 노력하면서 사회 분위기가 변하기 시작했지만, 아직 갑의 변화는 매우 느리게 진행되고 있다.

이 밖에 우리 사회 전반에서 분별력이 아쉬운 모습은 쉽게 관찰할 수 있다. 축제나 행사에 대목을 노리는 바가지요금, 내 인맥만 중요한 파벌 문화, 악플 테러 등이 흔한 예이다. 부모들이 자녀가 중학생이 되면 모든 활동을 중단하고 공부에만 매진하게 모는 것도 무엇이 아이에게 필요하고 중요한지 한발 물러선 분별력으로 판단하지 못하기 때문이다. 또 몸에 이상이 발생하였을 때도 그 원인을 과거의 사고와 연관시키는 오류를 쉽게 일으킨다. 진료하다 보면 현재의 상태를 명확히 설명하기보다 자신이 과거에 어떤 사건을 겪었는지를 더 열심히 설명하는 환자들을 자주 접한다. 그런데 몇 년 전 혹은 십여 년 전의 사건이 현재의 통증과 직접 연관되는 경우는 드물다. 교통사고 진료에서도 사고 후 몇 주 뒤 나타나는 증상 심지어는 몇 개월 뒤 나타나는 증상까지 사고 때문이라고 원망하는 경우가 흔하다. 어쩐지 안 아프고 지나갈 리가 없다고 생각하고, 사고의 후유증은 소리도 없이 몇 년 뒤에 나타난다는 어이없는 상식이 일반화되어 있을 정도이다. 인간은 원래 피로하고 약해지면 언제든 통증이 생길 수 있다는 당연한 이치가 오히려 힘을 발휘하지 못한다. 그 때문에 자동차 사고 진료 기간이 다른 나라에 비해 길다.

우리 사회의 3번 차크라가 약한 중요한 요인은, 오랜 문화인 존댓말과 함께 현재 우리 사회를 지배하는 상대평가에 기인한다. 우리나라에 만연해 있는 상대평가 문화는 분별-소통-전일성에 완전히 반하여, 우리 사회에 진리가 펼쳐지는 길을 정면으로 가로막는다. 상대평가는 주위와 비교하여 등수를 매기니 각 존재를 분별하지 않고 연결한다. 동시에 모든 존재의 전일성을 부인하는 것이고, 각각의 등수는 결정론이기에 소통의 여지가 사라진다. 상대평가의 폐해는 1989년에 〈행복은 성적순이 아니잖아요〉라는 영화가 큰 반향을 일으켰던 것을 보면 알 수 있듯이 꽤 오래전부터 인식하고 있었지만, 2017년인 현재에는 학교성적, 대학서열뿐만이 아니라, 대중문화의 데뷔마저 등수로 정하는 지경에 이르러 더 확대되고 있다. 이렇게 상대평가가 그 영역을 넓혀갈수록 우리 사회에서 정의의 진리는 사라지고 점점 더 불공정해지는 사회로 나아간다.

상대평가는 겉으로 보기에는 공정한 것 같은 착각을 불러일으킨다. 그러나 상대평가는 만연한 사회일수록 소통의 여지가 사라지면서 불공정한 편법과 특혜가 만연한다. 그 결과 불공정에 대한 불만으로 상대에 대한 무차별적인 비난과 왜곡이 판을 친다. 이에 반해 분별력 있는 문화일수록 절대평가가 당연한 체계로 자리 잡고 있다. 절대평가는 각각의 존재를 분별하여 평가하고 각 존재의 개성이 소통될 여지를 주어, 결국 모두가 하나로 어우러지도록 하는 방식이다. 따라서 절대평가는 절대가치에 순응하여 사회가 공정해질 수 있는 진리가 펼쳐지도록 만든다. 더 공정한 사회가 되는 것이다. 우리 사회는 상대평가가 공정하다는 착각을 깨우쳐야 한다. 상대평가가 공정하다는 것은 완벽한 착각이다. 공정한 사회는 절대평가를 통해 펼쳐진다.

내가 어린 시절에는 그래도 성적과 학교에 대한 줄세우기가 있을 뿐이었지만, 지금은 직장과 지역에도 줄세우기를 하고, 문화계에도 줄세우기가 만연해 있다. 도대체 왜 함께 가요계에 데뷔한 아이돌 그룹 내 멤버에게 누구 사진이 붙은 제품이 더 많이 팔리는지 등수를 매기는 마케팅을 시도하는가! 그리하여 해당 아이돌 그룹을 응원하는 어린 팬들이 같은 그룹을 좋아하면서도 서로 싸우게 만드는가. 상대평가로 교육받고, 상대평가에 물든 대중문화를 온몸으로 받아들이며, 등수 매기기의 불통 속에 성장한 아이들이 얼마나 소통에 야박한 마음으로 불공정한 사회를 이루어갈지를 상상하면 슬프지 않을 수 없다. 우리는 더 큰 비극이 오기 전에 상대평가에서 벗어나야 한다. 이제 우리 아이들을 상대평가가 만연한 문화에서 보호해야 한다. 이것은 기성세대인 우리가 반드시 이루어 사회를 물려줘야 할 책임이다.

나는 우리가 상대평가가 만연한 사회를 결국 극복할 것이라고 믿는다. 우선 첫 번째 이유는 우리나라가 치안과 질서 유지에서 매우 안전한 국가라는 점이다. 외국 여행을 해보면 많이들 느꼈을 것이다. 우리의 대도시가 매우 안전하고 편한 사회라는 것을 말이다. 우리는 알아서 질서를 지키고, 소매치기 같은 범죄률은 평생 한 번 경험할까 말까 한 정도로 낮다. 이는 우리 사회에 질서에 대한 분별력과 전일성이 발달된 결과이다. 또 다른 이유는 우리나라에 3번 차크라의 절대가치를 너무도 잘 실현한 사회 제도가 크게 자리하고 있기 때문이다. 우리나라의 건강보험제도는 분별의 존중과 아름다운 전일성의 힘으로 소통을 이루는 제도이다. 소득에 따라 보험료를 책정하는데 국민들이 동의할 수 있었던 것은, 국민 개개인이 자신의 건강과 소득에 매몰되지 않고 스스로를 분리하여 제도 전체를 바라보았기에 가능하였다. 스스로를 분별하지 못하였다면 '나는 건강한 편인데 돈 잘 번다고 왜 많이 내야 하는가?'라고 따지며 이제도에 동의하지 못했을 것이다. 그러나 우리 국민의 대다수는 소득에 따른 보험료를 당연한 듯 동의하였고 그 원칙을 더 철저히 지키는 보험료를 책정하라고 정부에 요구한다. 그 결과 우리의 건강보험제도는 사회의 부를 순환시키고 재분배하는 소통을 이루어 국민을 하나로 만드는 제도가 되었다. 아픈 이들을 치료하는 과정으로 부를 소통하는 이 정의로운 하나됨은, 의료인의 한사람으로서 감사하고 자랑스럽다.

3번 차크라의 힘을 잘 보여주는 개인으로는 강형욱 애견훈련사를 들 수 있다. 그가 '세상에 나쁜 개는 없다'며 개들과 주인의 관계를 개선하는 모습은 분별과 전일성에 근거한다. 우선 개와 사람을 분별하여 인식하고 존중하여 개들만의 표현방식과 특성을 파악한다. 그리고 개들의 생각과 마음을 해석하는 데 있어, 개들 역시 인간과 똑같이 사랑이 가장 중요하다는 전일성을 이해한다. 그 마음을 바탕으로 개들과 소통하며 개들의 문제 행동들을 고쳐나간다. 어떤 분야든 자기 일에 건강한 3번 차크라의 힘을 구현하는 것은 그 일에서 진리를 구현하는 것과 같다.

일반적으로는 과학과 사회 이론에서 분리분석이 밝혀낸 다양한 진실과 이 진리들이 소통하며 밝혀지는 전일성을 관찰할 수 있다. 심리학에서는 사람마다 다른 개인사와 개성을 분별하여 분석하면서, 그 내용을 인간이기에 갖는 공통적인 이치에 비추어 사람들의 마음을 이해한다. 의학에서는 인체의 기관을 분별하여 연구하고 또 세포를 나누어 분석한다. 그리하여 모두가 다른 모습이지만 결국 같은 세포구조로 이루어진 존재이며 공통된 자연의 법칙에 지배받는다는 사실을 확인한다. 물리학에서는 에너지의 이동을 분석하고, 에너지의 종류를 나누어 연구하고, 각 에너지 입자의 특징을 분류한다. 그렇게 점점 쪼개어 가장 작은 단위의 양자역학을 연구하고 보니 우리가 하나임을 증명하는 물리적 이론에 도달하게 되었다. 어떠한 학문이든 그 연구에서 분리분석과 함께 전일성을 염두에 둔다면, 그 분야의 진리를 밝혀내는 길을 열게 된다.

한편으로, 인종차별주의자들을 볼 때는 3번의 절대가치가 완전히 거부되는 안타까움을 관찰한다. 그것은 각 인종의 특징을 분별하여 인식하지 못하고, 인종 간의 다양한 소통을 거부하면서, 모든 인간의 전일성을 보지 못하는 안타까움이다. 일상에서는 운전하면서 도로를 멀리 두고 바라보는 상상을 통해 완벽히 아름다운 하나의 흐름을 본다. 각기 다른 속도와 습관으로 운전하면서도, 자리를 내어주고 받으며 하나의 흐름을 만드는 것은 참으로 신기한 전일성이라는 생각을 한다. 베트남 도시에서 수많은 오토바이와 인파가 뒤섞인 가운데에도 신호도 없이 모두 잘 피하고 내어주는 하나됨을 보면서는, 저곳에는 나의 길만 보지 않는 분별과 경이로운 전일성이 감탄스럽다는 생각까지 하게 된다. 또한, 나의 생명을 멀리 두고 보면 종의 특성으로 모든 생명의 순환에 한 자리를 차지하며, 모든 생명의 의지는 어떤 종이든 상관없이 모두 같음이 보인다.

모든 것에서 나를 멀리 분리하여 분별하고, 아름다운 하나의 흐름을 감상하며, 그 아름다운 흐름에 내미는 손은 언제나 옳다. 이 절대가치의 옳은 선택은 당신 앞에 진리를 펼쳐 보이고, 당신의 림프순환과 감정의 에너지를 막힘없이 흐르게 하여, 가볍고 상쾌한 몸과 마음으로 살아갈 힘을 줄 것이다.

1) 3번 차크라의 결계

이것은 분별-소통-전일성의 가치로 (혼백신의지)의 힘을 이용하여 3번 차크라를 보호하고 치료하는 결계이다. 이 생각들을 여러분의 마음에 담아준다면 3번 차크라가 우주와 소통하는데 어려움을 없애고 회복과 확장을 촉진하여 줄 것이다. 몸과 마음이 무겁고 삶이 버거운 순간에 삶에 진리를 구현하기 위하여 읽어주면 좋겠다. 그리고 여러분의 몸과 마음이 가벼울 때는 사랑하는 이들이 되어 읽어주길 바란다. 누구를 향하여 절대가치를 전하든, 전하는 주체에게는 언제나 그대로 이루어짐을 기억하면서…

(1) 분별-소통

* 우리가 삶에 매몰되어 버린 순간에는,

삶에게 푸념과 회한을, 자만과 욕심을 내어주기도 했어요.

삶은 그 답변으로 고난과 재도전의 기회를 주었던 것이지요.

이제 삶에 매몰되지 않고 스스로를 분리해 보세요.

상황과 느낌으로 삶이 무엇을 말하는지 들을 수 있으니,

지금 우리의 삶을 어떻게 사랑할 수 있는지 깨달을 수 있어요.

삶을 하나의 대상으로 분리하여 사랑만을 내어주고,

삶이 우리에게 속삭이는 소리를 애정으로 들으며,

삶과 행복하고 아름다운 춤을 추도록 해요.

* 우주는 멀지만, 우리의 모든 것을 품고 영원히 기억해줍니다.

그리고 언제나 아무런 판결이나 심판도 없이 순수함만으로,

우리가 보낸 것을 복사하여 돌려주지요.

신은 보이지 않지만 단 한 순간도 빠짐없이 우리와 함께하며,

우리의 영혼과 마음과 행동의 모든 것에 귀 기울이시고,

사랑, 진리, 기쁨의 가장 강렬한 느낌으로 답을 주시지요.

나의 모든 것을 품는 이 거대한 우주에서,

나를 활짝 열어서 신과 완벽한 교류를 해보세요.

창조주의 지혜와 진리들이 당신 앞에 펼쳐질 거예요.

* 우리가 자신을 믿지 않았을 때 아무것도 할 수 없었고,

자신을 사랑하지 않았을 때 아무도 진실로 사랑할 수 없었어요.

우리는 자신에게 준 것만큼 해낼 수 있는 거예요.

이제 자신을 분리해 그 내면을 가만히 들여다보고,

지금 나의 아픔과 바램을 인정하고 받아들이며,

지금 그대로 무한한 믿음과 사랑을 자신에게 주세요.

그런 무한한 믿음과 사랑에 대해 우리는 스스로 답할 거예요.

더욱 아름답고 찬란하고 훌륭하게 모두를 사랑하는 모습으로,

그렇게 우리가 신이라는 사실을 알려줄 거예요.

* 우리의 것을 줄 때 아까워하면 주지 않은 것과 같았고,

타인의 것을 받아들일 때 두려워하면 받지 않은 것과 같았어요.

서로의 차이가 아닌 마음의 장벽 때문에 소통하기 힘들었던 거예요.

우리의 아까움과 두려움을 훌훌 털어버릴 분별의 힘을 내봐요.

그들의 행동이 아닌 진심과 바램을 한발 물러서 지켜봐 주세요.

그들의 진심과 바램은 당신과 다르지 않다는 걸 발견할 거예요.

우리는 모두 사랑하고 싶고 사랑받고 싶은 존재들이에요.

그러니 서로에게 사랑을 주고 사랑으로 받으세요.

우리에게 영원히 남는 것은 사랑밖에 없으니까요.

(2) 전일성-소통

* 우리는 자신의 삶을 스스로 창조하기에,

우리가 어떤 존재인지는 우리의 삶에 담겨있어요.

우리와 우리의 삶은 한 쌍이지요.

나는 타인의 삶에, 또 나의 삶은 타인에게 영향을 받지요.

물론 최종적인 선택은 스스로 결정하지만요.

그러니까 우리는 서로의 삶의 창조를 보조하고 있어요.

우리는 이렇게 서로의 삶에 들어와 있어요.

서로 연결된 집단의식으로 하나가 되어 거대한 힘을 이루니,

우리는 그렇게 함께 세상을 창조합니다.

* 신은 자신을 나누어 우리를 창조하였고,

작은 세포핵과 같은 우리에게 당신의 모든 진리를 담아주셨지요.

우리는 신을 꼭 닮은 작은 부분이며, 신은 우리 모두입니다.

우리의 삶은 우주에 보낸 신호의 응답으로 창조되니,

우리 삶의 이유와 의미는 우주에 모두 담겨있어요.

우리 모두의 삶과 우주는 한 쌍을 이루고 있어요.

그러니 우리가 자신에게 한 것은 신에게 한 것과 같고,

우리가 삶에 한 것은 우주에 한 것과 같으니,

우리는 신과 하나로 우주를 창조하고 있다는 걸 잊지 마세요.

* 과거의 당신은 지금의 당신에게 깨달음과 지혜로 밀어주고,

미래의 당신은 지금의 당신에게 느낌과 영감으로 당겨주지요.

과거, 현재, 미래의 당신이 하나가 되어 온전한 당신이 됩니다.

나는 이곳에도, 또 저곳에도 있으며, 그 사이에 있기도 하지요.

이곳, 저곳, 그 사이에서의 우리 모습은 모두 다르지만,

그 모든 곳의 모습이 다 합쳐져 온전한 나입니다.

우리의 말과 행동이 마음과 하나가 될 때 편안함을 느끼고,

우리의 마음이 영혼과 하나가 될 때 행복감을 느끼며,

우리의 삼위(三位)가 일체(一體)를 이룰 때 참된 기쁨으로 완성됩니다.

* 누군가에게 미움을 주면 우리 안에 미움이 생겼음을,

그 미움이 상대뿐만 아니라 자신을 아프게 하고 있다는 걸,

미움으로 하나 되어 함께 아프고 고통스러움을 깨닫도록 해요.

누군가에게 사랑을 주면 우리 안에 사랑이 생겼고,

그 사랑이 상대뿐만 아니라 자신을 행복하게 만든다는 걸,

사랑으로 하나 되어 함께 기쁘고 행복함을 깨닫도록 해요.

당신이 원하는 무언가를 누군가에게 진심으로 전해주세요.

그들에게 한 것은 곧 자신에게 한 것과 같음을 계속 체험하며,

그렇게 우리 모두가 하나의 존재임을 매 순간 느끼며 사랑합시다.

(3) 분별-소통-전일성의 통합

* 모두가 본래 하나의 존재라는 사실을 망각하여,

주고받는 소통을 회피하면서,

주어진 상황에 매몰되어 버린 것에 용서를 구합니다.

이제 나만의 고독한 분별을 축복하면서,

고독 속에서 발견한 하나됨을 감사하면서,

하나됨으로 주고받는 소통을 축하합니다.

앞으로 모든 것을 주고받는 소통을 기쁨으로 감사하니,

언제나 모두가 하나라는 진리를 발견하여,

분별의 고독이 두렵지 않으며 감사할 뿐입니다.

6. 4번 차크라: 믿음 - 소망 - 사랑

'믿음-소망-사랑' 이것은 너무나 유명한 절대가치이다. 『성경(Bible)』 덕분에 이것이 절대가치라는데 이의를 달 사람은 별로 없다. 다만 믿음과 사랑이 상반되는 가치라는 것이 좀 생소할 뿐이다. 워낙에 오래도록 한 쌍이어서 같은 것으로 느껴진다. 그러나 믿음은 사랑이 아닌 것을 향한 가치이고 사랑은 존재 그 자체를 향한 가치라는 점에서 상반되며, 믿음과 사랑은 소망이라는 구심점으로 순환한다는 점을 앞에서 설명하였다.

『성경』에서는 믿음-소망-사랑 중에서 사랑이 으뜸이라고 한다. 믿음과 소망은 존재 그 자체를 보게 하는 힘이고 그리하여 결국 사랑이라는 결론에 도달하게 하니, 역시 으뜸은 사랑이다. 그래서 심장을 관통하는 4번 차크라의 절대가치에서는 사랑만이 영원하며, 영원히 존재하는 모든 실체는 사랑이라는 이야기를 하려고 한다. 여러분은 모든 것이 사랑이며, 사랑이 아닌 것은 허상일 뿐이고, 사랑만이 영원하다는 사실을 믿으시는가? 사랑이 아닌 많은 것에 둘러싸여 믿기가 쉽지는 않지만, 3번 차크라의 힘으로 진리를 구하여 보면 결국 존재의 실체는 사랑이고 사랑이 아닌 것들은 허망히 사라지는 현실이 보인다. 그럼 좀 더 구체적으로 우리에게 일어나는 현상에서 사랑만이 영원하고, 사랑이 아닌 것은 허상이며, 그리하여 실체하는 모든 것이 사랑임을 풀어 보겠다.

우선 영혼 간의 카르마를 이야기해보겠다. 우리들 사이에는 관계성 적대감과 죄의식 같은 어두운 카르마와, 서로에 대한 고마움과 축복 같은 밝은 카르마가 복잡하게 얽혀서 이어져 있다. 서로에게 이어져 있는 적대감과 죄의식은 우리가 그 현상을 이해하고 받아들여, 진심의 사과를 전하거나 용서함으로써 사라지게 할 수 있다. 진심의 사과를 무의식에 전하고 용서함을 무의식에 전하여 보면 그 카르마로 인한 감정의 소용돌이가 더 이상 불지 않는다는 사실을 체험하게 된다. 진심이라는 하나의 조건만으로 이렇게 쉽게 사라지게 할 수 있는 것이었나 놀라게 된다.

그러나 우리가 서로에게 고마움을 느끼고 또한 상대를 축복하면서 연결된 사랑의 카르마는 영원히 존재하며 사라지지 않는다. 물론 내가 고마워하던 이에게도 새로운 상처로 인해 마음이 닫히고 적개심이 생길 수는 있다. 그렇게 되면 과거의 고마움은 가려져 보이지 않게 된다. 꼭 사라진 것처럼 말이다. 그러나 이 새로 생긴 적개심을 진심의 미안함과 용서로 치워버리고 나면 이전의 고마움이 건재하게 다시 그 자리에 있다는 것을 느낄 수 있다. 그래서 고마웠던 이와는 다시 관계를 회복하기가 쉽다. 고마움은 가려져 있었을 뿐 사라지지 않았기 때문이다.

원래 인간관계에는 부침이 있다. 부부관계의 위기는 누구나 한 번씩 겪고 부모·자식관계에서도, 동료 사이에서도 좋았다 안 좋았다 하는 부침이 반복된다. 관계의 부침과 위기에서도 다시 본래의 사이를 회복하게 하는 것이 바로 관계성 고마움과 축복의 카르마이다. 서로에 대해 고마움을 느꼈던 사이에서는 관계의 위기가 발생했을 때 잠시 적개심으로 멀어졌다가도 다시 건강한 관계를 회복할 수 있다. 고마움의 카르마는 상황이 변해도 사라지지 않고 그대로 존재하기 때문이다.

그러나 빛의 카르마로 연결되지 못한 사이에서는 관계의 위기는 곧 관계의 끝을 의미한다. 지속되는 관계를 위해서는 적개심과 죄의식을 소멸한 후에 고마움과 축복의 끈을 연결해야 한다. 그와 나 사이에 영원히 사라지지 않는 사랑의 끈을 이어 놓아야, 무의식의 지배를 받는 의식이 온전히 변할 수 있다. 그렇게 변화된 빛의 연결은 사라지지 않고 항상 그 자리를 지키고 있다. 언제나 서로를 이해하고 응원할 힘이 되어 위기에서도 관계를 지속할 원동력이 되어준다.

반면에 적개심은 언제든 우리의 마음 먹기에 따라 허무하게 사라진다. 이 덕분에 지금까지 인류가 멸망하지 않고 함께 발전할 수 있었다. 우리는 우리들 사이의 어두운 카르마를 완전히 소멸시키면서 한 번이라도 연결한 사랑의 카르마는 영원히 남는 우주의 법칙 덕분에, 수많은 전쟁과 폭정과 무자비함에도 불구하고 지금까지 자멸하지 않고 살아남았다. 살아남았을 뿐 아니라 사랑의 카르마가 영원히 남은 덕분에 우리가 함께하는 힘이 지속되어 찬란한 진화를 이루어가고 있다.

사랑의 결과로 쌓이는 명수(命數)도 마찬가지이다. 명수는 우리가 자신의 모든 것을 사랑으로 규정하고 실제로 사랑을 실천하면서 향상되는 인체와 마음의 변화이다. 이 명수는 한번 향상된 뒤에는 한 생 안에서 다시는 깎이지 않는다. 그래서 명수가 향상되면 사랑하기가 더 쉬워지는 능력도 삶의 끝까지 지속될 수 있다. 만약 내가 스스로의 모든 것을 사랑이라고 규정하면서 명수를 향상시켰다가 무언가로 심적 변화를 일으켜 사랑이 아니라고 뒤집어 생각하여도, 향상된 인체의 역률은 그대로 유지된다. 그래서 내가 다시 나 자신을 사랑으로 규정하기로 마음먹었을 때에는 이전의 능력 그대로 스스로를 사랑으로 인정할 수 있다. 또 타인에게 아무런 보상을 바라지 않는 사랑을 실천하고, 또는 아픔을 사랑으로 수용하면서 명수가 향상되다가 후에 다시 타인에게 공격적인 성향으로 변질되었다 하더라도 명수는 그대로 유지된다. 그리하여 다시 사랑하기로 마음먹었을 때 이전의 능력 그대로 사랑할 수 있다. 우리가 잠시 휘청거리더라도 한번 깨달은 사랑의 결과는 사라지지 않는다. 한번 생각하고 실천한 사랑의 결과는 우리의 존재에 그리고 우주에 영원히 남는다.

다만 명수가 다음 생까지 이생(移生)되지는 않는다. 그러나 다음 생까지 넘어가지 않는다고 그것이 허무하게 사라진 것은 아니다. 명수가 50인 상태에서 생을 마감했더라도 다음 생에서는 0부터 다시 시작한다. 그 대신 다시 50까지 오르기는 그 이전생보다 훨씬 수월하다. 명수 향상을 마음먹은 이들을 보면 유독 빠른 속도로 수월하게 향상되는 이들이 있다. 이들은 지난 생에서 그 수준까지는 체험해본 이들이다. 이들의 영혼에, 더 엄밀하게는 9번 차크라에 그 사랑의 체험이 남아있고 우주에 그들의 사랑이 영원히 남아있기에, 쉽게 명수를 향상시킬 수 있다. 비록 명수가 이생되지는 않더라도 그 사랑체험이 사라지는 것은 아니다.

게다가 명수가 확장하는 각각의 단계적 완성은 모든 생에 적용되는 영원한 {혼백신의지}의 변화를 일으킨다. 만약 누군가 이번 생에서 명수 2차 확장을 완료하고 3차 확장과정에서 30 정도의 명수를 쌓은 후에 생을 마감했다면 다음 생에서는 혼과 백이 합쳐지고, 신과 의가 합쳐진 존재로 태어나 3차 확장의 시작인 0부터 출발하게 된다. 우리가 사랑으로 완성한 {혼백신의지}의 통합은 영원한 결과로 다시는 분리되지 않는다. 각 단계의 사랑체험을 완성한다는 것은 완벽히 새로운 존재가 되어 새로운 사랑을 체험한다는 의미이다. 결국, 모든 생으로 이어지는 결과를 이루게 된다. 이렇게 우리가 이룬 사랑의 결과는 영원히 남아있다.

명수가 향상되다가도 다시 마음이 사랑에 반대를 향하며 휘청거리기도 한다. 이 것은 명수가 깎인 결과가 아니라 명수에 반대되는 반명수(反命數)가 생겨났기 때문이다. 반명수는 {혼백신의지}에서 명수에 가장 반대되는 병리적 의식을 일컫는다. 혼(魂)의 반명수는 미움이다. 백(魄)의 반명수는 원망이다. 신(神)의 반명수는 부정이며, 의(意)의 반명수는 거짓이고, 지(志)의 반명수는 무책임이다. 자신의 현재 깨달음과 성장의 수준으로 극복할 수 있는 상황에서 아픔을 이기지 못하고 미움과 원망과 거짓과 부정과 무책임을 행하게 되었을 때, 우리의 무의식에는 반명수가 형성된다. 반명수는 마음과 영혼의 거리를 멀게 만드는 결과를 초래하여, 우리의 마음이 영혼의 지배력에서 벗어나 주체하기 버거운 감정적 혼란과 어려움을 겪게 한다.

그런데 반명수는 내가 다시 생각을 뒤집기만 하면 흔적도 없이 사라진다. 만약 누군가를 '내가 아픈 것과 같이 아픔을 겪으면 좋겠다.'고 미워하다가도 다시 생각을 고처먹고 '미워하지 말자, 다 사정이 있었겠지.'하고 미움을 뒤집기만 하면 반명수는 속절없이 사라지며 영혼과 마음의 거리는 본래의 자리로 회복된다. 심리적 어려움 역시 함께 사라진다. 반명수는 그 어떤 지속적인 흔적을 남기지 않고 완전히 사라진다.

사랑을 생각하고 실천한 것은 지속되는 결과를 남기지만, 사랑의 반대는 언제든 흔적도 없이 사라지는 것이 우주의 법칙이다. 사랑의 결과로 쌓인 명수는 한 생에서 깎이지 않고 지속된다. 비록 다음 생에서 다시 시작하더라도 그 사랑은 우주에 영원히 기록되어 다시 명수를 쌓는 탄력적인 힘이 되어준다. 게다가 한 단계의 사랑체험을 완성한 결과는 새로운 존재로 재탄생하는 영원한 변화를 우리에게 선사한다. 반면에 사랑의 반대인 반명수는 언제든 우리가 마음먹고 생각을 뒤집기만 한다면 허무하게 사라지는 허상일 뿐이다. 서로 간의 적개심과 죄의식 역시 허무하게 사라지는 허상이며, 서로 간의 고마움과 축복은 모든 생에 걸쳐 지속되는 영원함으로 우리가 함께 진화하는 힘이 되어준다.

우리를 둘러싼 모든 것에서 사랑은 영원하지만, 사랑이 아닌 것은 허무하게 사라진다는 사실은 우리의 존재가 그 자체로 사랑이라는 것을 증명한다. 우리의 {혼백신의지}에는 생리적인 의식과 병리적인 의식이 공존한다. 이 중에서 사랑에 부합하는 생리적인 의식은 우리의 존재 그 자체, 즉 영혼-마음-몸을 근간으로 힘을 발휘하지만, 사랑의 반대인 병리적인 의식은 우리의 영혼-마음-몸의 삼위(三位)가 벌어진 공간에 근거하여 힘을 발휘한다. 그렇기에 사랑은 우리에게 영원히 머무를 수 있으나 사랑이 아닌 것은 영원히 머무를 수가 없고 공간의 변화에 의해 부질없이 사라지는 것이다.

우리는 본래 절대계에서 일체의 존재이지만, 상대계에서 영혼과 마음 사이에 공간이 있고 마음과 몸 사이에 공간이 형성되어 삼위가 일치하지 못한 불완전한 형태를 지니고 있다. 내 행동이 내 마음과 같지 않고, 내 마음이 영혼과 같지 않아, 그 괴리감으로 우리는 힘들고 불편하다. 그러나 이 괴리감(공간)은 우리의 노력으로 줄어들며 사라진다. 우리가 명수를 확장할수록 삼위의 간격은 점점 더 좁아진다. 좁아진 간격으로 인해 사랑이 아닌 것들은 부질없이 사라지고 이 간격을 좁게 만든 존재 그 자체의 변화는 영원한 지속성을 가진다. 우리의 실체에 의한 사랑의 결과들, 즉 생리적 의식, 명수, 고마움, 축복은 영원히 존재하는 것이며 실체 사이 공간에 의한 병리적 의식, 적대감, 죄책감, 반명수는 공간의 변화에 의해 완전하게 소멸될 수 있는 것이다. 우리에게 병리적인 의식이 존재한다 하더라도 우리의 존재 그 자체는 온전한 사랑이다. 우리는 자신을 바라볼 때 공간이 아닌 존재 그 자체를 바라보아야 한다.

뿔뿔이 흩어져 있던 {혼백신의지}가 모두 통합되는 인간완성은 우리 마음과 육체에 공간이 사라짐을 의미한다. 우선 {혼백신의지}가 하나가 됨으로 마음의 공간이 사라져 병리적 의식이 자리할 곳이 없어진다. 모든 불안, 실망, 의심, 무관심이 내면에서 사라지고 열등감이 미묘하게 남아 주위를 겉돌기만 할 뿐이다. 게다가 {혼백신의지}가 통합되는 6번 차크라는 인체의 모든 것을 종합하여 통괄하는 차크라이다. 즉, 통합된 마음의 힘이 그대로 육체에 실현되어 마음과 육체의 거리도 사라지며, 무의식의 긍정에서 역률이 온전한 1을 이룬다.

마지막 5차 완성은 {혼백신의지}가 영적인 빛으로 온전히 감싸지면서 우리의 마음과 육체가 영혼에 일치됨을 의미한다. {혼백신의지}가 통합되는 송과체는 제3의 눈으로 영적인 소통창구이다. 즉, 영적인 소통창구에서 영혼의 빛이 {혼백신의지}를 모두 감싸면서 마음과 영혼의 공간이 사라지고 일체를 이루게 된다. 이제 {혼백신의지} 외부로도 병리적 의식이 존재하지 못하여 사랑만이 남는다. 외부로 연결되었던 마지막 남은 어두운 카르마 역시 연결될 곳이 없어 사라지고 밝은 빛의 카르마만이 남아 있게 된다. 그리하여 영혼의 자유의지가 그대로 실현되어 영혼-마음-몸의 삼위(三位)가 항시 일체를 이루고 있다. 이제 상대적 공간이 사라지며 그 어떤 허상도 파고들 수 없다. 자신을 본연의 모습으로 모두 실현한 존재가 된다.

모든 실체는 사랑으로 영원하며 사랑이 아닌 것은 언제든 사라지는 허상인 것과 같이, 선과 악 역시 그렇게 존재한다. 실체로써 사랑이며 영원히 존재하는 선과, 실체가 벌어진 틈으로 생긴 공간에 부는 바람인 악으로 말이다. 영원히 존재하는 실체가 공간의 구성을 결정하고 그 공간에 부는 바람을 만든다. 그래서 언제나 선이 악을 조절하며 선의 의지에 따라 악이 생기기도 혹은 잠재워지기도 한다. 그러니 공간의 상황을 결정하는 선이 악을 조정하는 주체이며, 악은 주체적인 의지 없이 선에 의해 조정받는 수동적 영역일 뿐이다. 우리는 주체적 영역인 선을 이해하고 그 이해로 힘을 발휘하여, 수동적 영역인 악을 하나의 현상으로 관찰하면 된다.

우리가 악이라고 느끼는 것은 우리의 의식과 영적인 공간에 부는 비바람과 같은 것이다. 개인적 공간에 부는 바람은 스스로가 만들어낸 것이며, 함께하는 공간에 부는 바람은 우리가 집단의식(의식+무의식)으로 만들어낸 것이다. 우리가 이 비바람에 춥고 힘들 수는 있어도 비바람에 녹아서 사라질 일은 없다. 바람은 불었다가 사라지고 비는 내렸다 개는 것이 순리이다. 우리가 악이라는 비바람에 젖고 헝클어졌다면 다시 말리고 정비하면 된다. 스스로가 만들어낸 비바람은 다시 뒤집어 생각하여 잠재우고 집단의식의 비바람은 잠시 피하며 스스로를 다시 사랑으로 정비하여 회복시킬 수 있다.

그런데 이 비바람은 공간이 크게 벌어질수록 더 세차게 불어온다. 넓은 공간에서 부는 강한 바람은 회오리 같은 소용돌이로 변할 수 있고, 간혹 태풍도 일어날 수 있다. 만약 내가 반명수나 오랜 마음고생으로 마음과 영혼의 거리가 멀어졌다면 그 공간에 회오리가 형성되어 심적으로 스스로를 주체하기가 아주 버거워진다. 이때에는 반명수를 가진 생각을 뒤집거나 내 마음을 사랑으로 감싸면서 영혼과 마음의 거리를 다시 원래의 자리로 돌리면 온전히 회복된다. 엑소시즘(exorcism) 영화에서처럼 악령이 씌운 경우도 악을 쫓아내는 것이 아니라 그 사람에게 전해지는 집단의 사랑으로 태풍을 잠재우며, 영혼과 마음의 거리를 회복시켜야 한다. 어떤 물리적 장소의 악령 현상 역시, 그저 많은 이들의 부정적 의식이 만들어낸 회오리에 불과하다. 다시 많은 사람이 그 장소에 애정의 마음으로 순풍을 만들어 가야 할 일이다.

최근 흉악범죄에서 보이는 반사회적 인격장애는 양심의 가책을 전혀 느끼지 못하니 완벽한 악으로 보인다. 만약 누군가 개인적으로 그들에게 열심히 사랑을 주더라도 전혀 받아들여지지 않는 장벽을 느낄 것이다. 그건 그들의 모든 차크라가 순리와 반대 방향인 역으로 회전하면서 빈 공간이 되어버렸기 때문이다. 그들의 기본 골격은 모든 인간과 같이 사랑이지만, 차크라가 역으로 순환하여 내부의 사랑과 주어지는 사랑을 모두 밖으로 날리고 있다. 그래서 언제나 빈공간이다. 완전히 빈 내면에는 언제나 태풍이 불고 있다. 그래서 그들은 악의 존재로 보인다. 그들이 사랑을 담을 수 있기 위해서는 차크라가 순리의 방향으로 순환을 회복해야 한다. 이는 뒤의 차크라 복원에서 구체적인 방법을 언급할 것이다. 차크라의 순환이 본래의 방향을 회복할 때, 주어진 사랑이 존재 안에 담길 수 있게 된다. 그렇게 순환을 회복하여 집단의 사랑을 전하면 본연의 모습으로 회복되는 과정을 시작할 수 있다. 완벽한 악으로 보이는 존재도 빈 공간을 채워 바람을 잠재우게 되면 선한 기본틀이 드러나게 된다.

선과 악의 전쟁 같은 삶이라는 것은 바람이 부는 허공의 공간에 가상의 적을 상상하며 장난감 칼을 휘두르는 어린아이와 같은 관념이다. 극히 일부이지만 아직도 인류에는 그 허공의 바람에다 악마라는 이름을 붙이고 실체 하는 존재처럼 대하는 이들이 있다. 이제 공간은 공간으로 보고, 그 공간에서 느껴지는 힘은 우리가 만들어낸 비바람으로 보아야 한다. 우리는 함께 만들어낸 집단의식이라는 바람이 부는 공간 속에 존재하는 실체이다. 자신의 영혼과 마음의 사이를 멀게도 가깝게도 만들며 자신 안의 공간과 세상의 공간에 부는 바람을 주관하는 주체이다. 자신의 내면에 사랑을 쌓아가면 비바람이 불 공간이 사라지고 그저 가벼운 산들바람이 불어온다. 우리의 집단의식이 순풍을 만들어 내면 우리 주위의 비바람은 잠재워지고 태풍은 사라진다. 악은 선을 절대로 이길 수가 없다. 처음부터 끝까지 선이 악을 지배하는 것이다.

그러니 도저히 안 믿을 수가 없다. 이 세상은 사랑을 체험하기 위한 목적만으로 창조되었다는 사실을⋯. 사랑만이 영원한 흔적과 결과를 남기는데, 어떻게 그 유일한 목적이 사랑이 아니라고 할 수 있겠는가. 그러니 믿어도 된다. 창조주 하느님은 언제나 당신을, 우리를 사랑하기만 한다는 사실을 말이다. 당신을 벌하고, 지옥에 빠트리며, 흔적도 없이 사라지게 할 이유가 전혀 없다. 우리가 잘못된 길을 선택하여 고난을 겪을 때, 그 방향에 내가 없으니 뒤돌아 나를 보라고 신은 끊임없이 두드린다. 우리가 잘못된 길을 가더라도 절대로 벌하지 않으며 우리가 돌아보기를 바라는 그의 간절한 바램과 무한한 사랑으로 두드리고 기다린다. 그리고 우리가 마음을 다하여 뒤돌았을 때, 그저 환한 빛으로 포근히 안아줄 뿐이다. 우리는 그의 일부이며 생명이기에…. 또한 당신이 자신의 한계를 극복하기 위한 고난을 겪을 때, 하느님은 든든하게 당신 뒤를 받치고 계신다. 당신이 그 길을 끝까지 완주하기를 간절히 바라는 사랑으로…. 우리는 그저 신의 사랑을 믿고 쉬엄쉬엄 그 길을 나아가기만 하면 된다. 그 어떤 것도 우리의 존재 그 자체를 무너뜨릴 수 있는 것은 없다. 그러니 당신은, 우리는 온전한 사랑의 존재이다. 영원을 약속받고, 영원히 기회를 받으며, 영원히 확장될 수 있는 완벽한 사랑이다. 우리는 굳건한 믿음으로 모두를 사랑하여도 된다. 당신의 영원함은 사랑만을 원하고 있으며, 당신의 유일한 목적인 사랑으로 가장 행복해질 수 있을 테니까….

1) 4번 차크라의 결계

이것은 믿음-소망-사랑의 가치로 {혼백신의지}의 힘을 이용하여 4번 차크라를 보호하고 치료하는 결계이다. 사랑을 위한 사랑으로 4번 차크라가 우주와 원활히 소통하며 치유와 확장을 촉진하여 줄 것이다. 길이 보이지 않는 순간, 아니 어느 때라도 4번 차크라의 힘을 키워나가기 위해 읽어주면 좋겠다. 그리고 여러분이 사랑하는 모두에게 전해주기를 기원한다. 그 사랑은 분명히 여러분을 행복하게 만들 것이니까.

(1) 믿음-소망

* 삶이 우리를 속인다는 생각은 우리의 오해임을 알고,

우리의 노력은 우주라는 복사기를 통해 그대로 돌려받음을 믿으며,

나의 마음과 노력으로 삶이 창조된다는 축복을 믿어요.

우리가 삶을 사랑한 노력은 우주에 영원히 기록되고,

우리의 삶에 보람과 즐거움과 안녕이 되어 돌아옴을 믿으며,

믿음으로 축복받은 창조자의 소임을 다하도록 해요.

우리의 안녕과 즐거움과 보람이 우리의 창조물임을 믿으며,

우리의 안녕과 즐거움과 보람이 우주의 빛이 됨을 믿으며,

우리가 삶을 넘어 우주의 창조자임을 믿음으로 기억해내세요.

* 이 세상이 불공평하고 무작위적이라는 오해를 깨치고,

우주의 완벽한 순환 속에서 모든 것의 공정함과 합당함을 믿으며,

이 우주는 사랑체험의 목적만으로 설계되고 존재함을 믿어요.

신께서 우리를 심판하고 벌한다는 것은 우리의 오해였으니,

그의 전지전능한 사랑을 믿으며,

신은 전체이고 우리는 부분이기에 온전히 사랑함을 믿어요.

이 우주에서 우리는 공정한 기회를 부여받는 순환 속에 있으며,

신에게 언제나 무한한 사랑과 자유의지의 축복만을 받고,

그리하여 존재의 영원과 온전함을 약속받았다는 걸 굳게 믿습니다.

* 우리가 원죄로 벌 받는 죄인이라는 것은 우리의 오해였으니,

우리는 신의 사랑과 축복으로 창조된 존재임을 기억해내며,

온전한 사랑의 존재임을 믿고 늘 기억하도록 해요.

내 마음에 어두운 부분이 부끄럽다는 오해에서 벗어나,

진정한 자기애로 자신의 모든 진심을 사랑으로 인정하며,

아직 부족하지만, 사랑의 존재로서 아름답고 훌륭함을 믿어요.

당신의 아름다움과 훌륭함이 세상에 필요함을 알아보고,

자신을 내어 주는 것이 곧 나 자신을 사랑하는 것임을 믿으며,

그리하여 내가 더욱 위대하고 신성해짐을 굳게 믿습니다.

* 다른 이들도 우리와 같이 사랑과 축복의 존재임을 자각하고,

그들의 노력과 최선을 믿으며,

그들은 우리에게 선의를 주었던 것임을, 악의가 없었음을 믿어요.

지금 우리를 채워주는 많은 이들이 함께하고 있음을 알아보고,

그들에게 받는 순수한 사랑을 믿으며,

우리 또한 누군가를 채워주는 순수한 사랑이 되고자 함을 믿어요.

우리는 모두가 하나로 내가 그들이고 그들이 나이니,

서로에게 아낌없이 내어주고 두려움 없이 받아들일 때,

우리의 존재가 완벽해지는 것을 믿습니다.

(2) 사랑-소망

* 우리가 원하지 않은 삶이라고 오해하고,

소중히 아끼고 감사하지 않으며,

사랑으로 삶을 빚어내지 않은 아픔을 아쉬워해요.

우리가 간절하게 원하였기에 주어진 삶이라는 걸 알아보고,

소중히 아끼고 감사하며,

사랑으로 삶을 창조하도록 해요.

주어진 삶의 모든 순간을 담담히 사랑하여,

이 삶에 사랑의 소망을 가득 채워가,

안녕과 보람과 즐거움의 행복을 창조하는 겁니다.

* 우리의 창조자인 신을 사랑해요.

그의 창조로 우리가 존재하니,

그의 창조를 응원하고 영광을 소망합니다.

우리가 함께하는 이 우주의 순환을 사랑하도록 해요.

억겁의 세월을 통해 모두에게 공평한 기회와 사랑을 주고,

우리의 모든 것을 품고 간직하는 이 순환에 소망을 담습니다.

우리 모두이신 신을 사랑합니다.

우리는 신의 부분이며, 신은 우리의 전체이니,

부분으로써 전체를 마땅히 사랑합니다.

* 지난 나의 모습을 사랑하세요.

아쉬움과 안타까움이 많지만,

수고했고 기특한 나를 사랑하세요.

지금 당신의 모습을 사랑하도록 해요.

오늘의 훌륭함을 칭찬하고 아쉬움을 위로하며,

있는 그대로의 나로 충분하게 사랑해주세요.

앞으로 애정어린 소망으로 스스로의 빛과 어둠을 통합해가면서,

본연의 아름다움과 훌륭함을 모두 꺼내주며,

스스로 위대하고 신성한 존재임을 믿는 사랑을 펼칩시다.

* 지난날 다른 이들이 나와 같은 최선의 노력으로,

그저 자신의 길을 가고 있음을 이해하고,

나에게 무엇을 주었더라도 온전히 받아들여 사랑합시다.

지금 다른 이들이 자신의 한계에 갇혀서,

힘들어하고 어려워함을 알아보고,

기다리고, 손을 내밀며, 소망을 담은 사랑을 하도록 해요.

우리 모두는 사랑의 존재이기에,

주고받을 것은 사랑밖에 없으니,

모두를 온전히 사랑만 하는 겁니다.

(3) 믿음-소망-사랑의 통합

* 믿지 못하여 소망을 품지 못했고,

소망을 품지 않았기에 사랑하지 않았던,

과거의 모든 아픔을 용서합니다.

굳건히 믿기에 간절히 소망하고,

간절히 소망하기에 진심으로 사랑하는,

지금의 모든 사랑에 감사할 따름입니다.

믿지 않은 순간이 없기에 언제나 소망이 가득하고,

충만한 소망으로 사랑하지 않은 순간이 없기에,

온전한 사랑의 완성을 축하합니다.

7. 영적 건강

영적인 에너지는 사랑을 자각하게 하는 가장 근본적인 에너지이다. 영적인 건강은 정신적 건강과는 차원이 다른 문제이기 때문에 정신적 치료방식으로는 근본적인 치유에 닿지 못하는 한계가 있다. 영적인 건강을 제대로 이해하기 위해서는 선과 악의 관계를 명확히 이해하는 것과 더불어 빙의와 마음의 외벽이 허무는 현상을 이해해야 한다.

1) 빙의

인간은 영혼-마음-몸의 삼중(三重)에서 마음의 문제를 정신과적 치료로 다루고 있다. 정신분석, 심리학은 인간의 정신에 대해 많은 부분을 밝혀놓았다. 덕분에 마음이 아플 때 나타나는 현상과 병리적 기전 그리고 치료까지 누릴 수 있게 되었다. 그러나 정신과적 이치만으로는 무언가 미흡한 영적인 문제들이 실제로 존재한다. 우리가 흔히 영적인 문제로 상상하는 것은 생명이 없는 다른 영혼이 살아있는 인간에게 영향을 주는 모습이다. 실제로 그런 일이 일상적으로 이루어지고 있다. 그중에서도 타 영혼이 강한 영향력을 발휘할 때 이를 빙의라고 표현한다. 인간에게 영향을 끼치는 영혼들과 빙의를 제대로 이해하기 위해서는 어떤 자연의 이치로 그런 현상이 이루어지는가를 알아야 한다.

　우선 생명을 다하고 인간이 죽게 되면, 죽은 순간의 의식에너지와 영혼의 영적에너지가 함께 몸을 빠져나가게 된다. 가사(假死)를 체험한 이들이 몸에서 떠올라 자신의 육체를 바라보는 경험은 이러한 현상을 의미한다. 그리고 의식에너지와 영적에너지가 융합되면서 자연스럽게 지구의 중력장을 떠나 각자 우주의 고향으로 돌아가게 된다. 이 과정에 대해서는 마이클 뉴턴의 저서 『영혼들의 여행(Journey of souls)』에 상세히 기술되어 있다. 그런데 이 과정에서 지구의 중력장을 떠나지 못하는 영가(영적+의식에너지)가 존재한다. 생명을 다한 죽음 뒤에도 지구의 중력장을 벗어나지 못하는 것은 어떤 조건에 의한 것이며, 이는 네 가지로 분류된다.

　첫째, 생을 마감할 때 갚아야 할 카르마가 한 생에서 갚을 수 있는 최대치를 넘어서면 지구의 중력장을 벗어나지 못한다.

　둘째, 생을 마감할 때 받아야 할 카르마가 한 생에서 받을 수 있는 최대치를 넘어서면 지구의 중력장을 벗어나지 못한다.

　셋째, 자기 자신에 대한 강한 부정, 자신의 영속성에 대한 부정, 자신의 잘못에 대한 강한 부정, 지난 삶에 대한 강한 부정은 지구의 중력장을 벗어나지 못하게 한다.

　넷째, 창조주에 대한 강한 부정은 지구의 중력장을 벗어나지 못하게 한다.

　이 네 가지 조건 중 단 하나의 조건만 해당하여도 영혼은 지구를 떠날 수 없다. 이것은 모두에게 동일하게 적용되는 자연의 법칙이다.

　갚아야 할 또는 받아야 할 카르마가 가중되어 지구를 떠나지 못하는 것은, 최소한 한 생에서 모든 카르마를 해소할 수 있는 조건으로 인간이 태어난다는 의미이다. 지금 이 지구에서 인간으로 사는 모두는 이번 생을 통해서 모든 카르마를 해소하고 자유로워질 수 있는 조건으로 왔다. 그렇지 못했다면 다시 인간으로 태어나지 못하고 지구를 떠도는 영가로 존재하고 있을 것이다. 그렇게 떠돌면서 생명을 가진 인간이 일으킨 의식에너지에 의존하여 자신의 카르마를 해소하고 한생에서 해소할 수 있을 만큼으로 카르마가 줄어들었을 때, 다른 죽음과 같은 과정으로 지구를 떠나 우주의 고향으로 돌아간다.

생명이 없는 영가는 창조력을 상실하였기 때문에 직접 카르마를 갚거나 받지 못하는 한계를 지니고 있다. 그래서 생명의 창조력을 가진 인간의 의식에너지를 빌려 자신의 카르마를 갚고 받는 과정에 의존한다. 지구를 떠나지 못하는 영혼은 우리와 마찬가지로 똑같은 영적 존재이고, 영원하며, 사랑의 실체이다. 다만 그가 우주의 순환에 돌아가기 위해서는 좀 더 가벼운 카르마가 되어야 지구의 중력장을 벗어날 수 있게 되며, 우리 인간에게 도움을 청하는 중이다.

갚아야 할 카르마가 많은 영가는 자신이 사과해야 할 상황과 비슷한 과정을 겪는 인간의 곁에서 감정을 증폭시킨다. 그가 반성과 미안함을 품을 때 그 에너지를 조금씩 얻어 자신의 카르마를 줄여나간다. 예를 들어, 자꾸 자녀에게 화를 쉽게 내면서 금방 후회하는 과정을 과민하게 반복한다는 생각이 든다면, 옆에 어떤 영가가 책임을 사랑으로 해내지 못하고 후회하며 미안함을 전하고 싶어 하는 마음이 함께 증폭된 결과일 수 있다. 자신이 한 잘못과 같은 유형의 감정을 일으킬 수 있는 사람에게 그 감정을 증폭시키고, 그가 후회하고 반성하기를 기다리는 것이다. 다행히 사람이 후회와 반성을 한다면 그 마음의 일부를 조금씩 영가가 얻어갈 수 있다. 그런데 이때 영향을 받은 사람이 그 영가의 존재가능성을 인식하고 그가 품은 후회와 미안함을 이해한다면, 그 영가는 의식에너지를 조금씩 얻는 게 아니라 그 의식에너지를 모두 자신의 것으로 흡수시켜 영가의 카르마를 큰 폭으로 줄일 수 있게 된다.

반대로 받아야 할 카르마가 많은 영가의 경우에는 자신이 위로와 사과를 받아야 할 상황과 같은 감정을 일으킬 수 있는 사람에게 그 감정을 증폭시키고, 자기 위로가 일어나기를 기다린다. 예를 들어, 자꾸 별일 아닌 것에 상황과 속내를 변명하고 싶고 상대가 곡해할 걱정이 반복되는 시기에는, 내 주위에 억울함으로 누명을 쓰고 상처받은 영가가 괜찮다는 위로와 그 억울함에 사과받기를 바라는 마음이 함께하는 것일 수 있다. 이때 영향을 받은 사람이 자기 자신을 위로하며 괜찮다고 합리화하는 생각을 일으킨다면 영가는 그 마음을 조금씩 얻어서 자신이 받아야 할 카르마를 천천히 줄여나갈 수 있다. 그런데 만약 그가 영가의 가능성을 인식하고, 그 영가에게 직접 억울함을 위로하고 그 아픔에 미안하다고 전하게 되면 영가의 카르마는 큰 폭으로 줄어들 수 있다.

세 번째와 네 번째 기전으로 지구에 남은 영가 역시 생명이 없기 때문에 스스로 자신에 대한 부정과 신에 대한 부정을 참회할 수 없다. 자신에 대한 부정으로 지구에 남은 영가들은 살아있는 인간에게 우울과 무기력한 감정을 증폭시킨다. 그리고 그가 우울함에도 힘을 내려는 노력, 스스로를 사랑하려는 마음을 곁에서 조금씩 얻으며 회복되는 과정을 거친다. 예를 들어, 뜬금없이 무엇을 해도 재미없고 무기력해지는 시기에는 아무것도 할 수 없어 무기력했던 인생에서 존재감을 상실한 영가가 옆에서 감정을 증폭시키고 있을 수도 있다. 이때에도 사람이 영가의 존재를 인식하고 '당신은 귀하며 영원한 사랑의 존재입니다.'라는 위로로 존재의 소중함과 영원함을 직접 전하게 되면 그냥 노력하는 것보다 쉽게 우울감에서 해방될 수 있다.

신에 대한 부정으로 지구에 남은 영가들은 생각과 감정을 부정적으로 증폭시키는 경향이 있다. 인간은 무언가 잘 안 되고 있다는 생각에서 신을 찾기 때문이다. 이유 없이 전반적인 생각과 감정이 부정적으로 흐를 때는, 신을 부정한 영가가 옆에서 부정적 성향을 증폭시키는 것일 수 있다. 이때에도 신을 찾는 마음과 신께 기도하는 마음을 일으키면 영가가 그 마음을 조금씩 얻을 수 있게 된다. 물론 내가 신과 하나이듯 당신도 신과 하나라는 위로를 직접 전하게 되면 좀 더 쉽게 부정적 성향에서 벗어날 수 있다.

우리는 병적이지는 않지만 가끔 어떤 상황에 대해 이상한 생각과 감정이 반복되는 일시적 문제를 경험하게 된다. 괜히 아이에게 짜증을 더 내게 되거나, 괜히 과거의 실수가 자꾸 떠오르며 미안한 마음이 반복되거나, 괜한 피해의식이 자꾸 솟아난다든가, 이유 없이 무기력해지기도 혹은 부정적 성향으로 흐르기도 한다. 이렇게 평소와 다르게 어떤 한 감정과 생각이 일시적으로 반복되는 것은 지구에 남아 도움을 바라는 영가가 옆에서 감정을 증폭시킨 결과일 수 있다. 나는 이런 영가의 영향을 이해한 후로 나의 감정이 평소보다 더 요동칠 때에는 '어떤 아픔이니?' 묻고 집중하곤 했다. 그러다 가슴을 울리는 생각에서 '아! 이런 아픔이구나'라고 느낄 수 있었다. 그렇게 위로와 사과받을 영가에게는 직접 위로와 미안함을 전하고, 빚을 갚아야 할 영가에게는 대신 참회해주면 이후 그 해당 감정에서 쉽게 벗어나는 것을 꽤 많이 체험했다. 여기서 예로 든 것은 그런 나의 경험 중 일부이다.

나는 이런 영가들의 영향으로 삶의 지혜를 깨달을 수 있었다. 이제는 나 자신을 들여다보고 참회하고 난 후에는, 혹시 나의 이 생각과 마음이 필요한 이가 있다면 모두 가져가라고 마지막에 덧붙이곤 한다. 영가들의 아픔이 조금이라도 줄어들 수 있기를 바라면서…. 그래서 나는 최근에 변한 일시적인 문제로 고민하는 이들에게 그 성향이 내 것이 아닌 남의 것을 대하듯 해보라고 권유한다. '어떤 삶을 살았길래 너는 그렇게 힘든 거니?' 묻고 상상하며, 어떤 상상에서 마음의 울림이 있거든 남을 위로하듯 위로하고, 남을 타이르듯 타일러 보라고 한다. 이 과정은 간혹 일반적인 노력보다 빠른 회복을 선사할 수 있다.

옆에서 영향을 주는 영가는 병적인 현상을 일으키지는 않는다. 정확히는 빙의라고 부를 수도 없지만, 영가에게 영향을 받는 일상적인 현상이다. 이렇게 옆에서 감정을 증폭시키는 경우에는 그 사람에게 없는 감정이나 생각을 증폭시킬 수 없기 때문에, 기존의 어떤 성향이 일시적으로 더 강해지는 정도로만 나타난다. 이때 스스로를 다잡는 노력만 할 경우에는 변화가 더디지만, 영가의 존재를 인정하고 직접 전하게 되면 한 번에 끝나는 차이가 있다. 또한, 내게 없는 문제로 영향을 받지 않는다는 것은, 영가에 의해 증폭된 감정은 나의 감정이기도 하다는 것이다. 이것은 내가 온전히 터득한 삶의 지혜와 극복한 감정의 문제로는 영가의 영향을 받지 않는다는 뜻이기도 하다. 즉, 영가의 아픔을 치유하는 과정은 내가 성장하는 과정이기도 하다.

그런데 우리가 일반적으로 빙의라고 부르는 현상은 사람이 돌변하는 문제로 지속적인 고통을 받는 경우이다. 성격적으로 돌변하고 생활이 뒤틀리며 망가지기도 한다. 이런 영가는 옆에서 영향을 주는 정도를 넘어서 그 사람의 무의식이나 의식에 직접 자리 잡고 있다. 영가가 사람의 마음에 직접 침투할 수 있는 것은 빙의를 겪는 사람이 영가에게 갚을 카르마가 얽혀있을 때에만 가능하다. 즉, 빙의가 해당 카르마를 해소하는 과정이 된다. 따라서 빙의는 옆에서 영향을 주는 영가의 현상과 달리 카르마에 의해 긴 시간 지속적인 증상을 나타내는 차이점이 있다. 영혼 간에 해소해야 할 관계성 카르마는, 서로의 {혼백시의지}에 연결된 마음의 상처와, 서로의 삶에 연결된 물리적 고통으로 구분될 수 있다. 그리고 모든 카르마는 응보적 정의로 실현되니, 빙의로 겪는 증상은 내가 영가에게 준 아픔과 일맥상통한다.

우선 {혼백신의지}에 연결된 마음의 카르마는 영가가 그 사람의 무의식에 자리 잡아 감정적 변형을 일으키게 된다. 내가 과거에 그 영가에게 준 아픔을 감정적으로 느끼면서 성격이 변화되는 양상을 보인다. 예를 들어, 분노조절장애나 공포감에 휩싸이는 불안장애는 혼백의 카르마이고, 하염없이 울거나 정처없이 떠도는 슬픔장애 혹은 자괴감의 짜증은 신의 카르마이며, 응어리진 원망으로 안으로 침착하는 은둔형 성격 변화는 의의 카르마이고, 아무런 재미를 느끼지 못하는 무기력은 지의 카르마를 표현한다. 즉, {혼백신의지} 각각에 연관된 감정이 무의식에서 일어나, 이해할 수 없는 감정 상태에 지속적으로 놓이게 된다. 그리고 이런 상처는 대부분 한 가지가 집중되어 있지만, 간혹 여러 종류의 상처가 중첩되어 있기도 하다. 이렇게 무의식이 침범당한 감정변화형 빙의는 그 해당 아픔에 대해 사과하여 해소할 수 있다. 물론 당사자가 아닌 누구라도 해소해줄 수 있다.

여기까지는 일반적인 마음의 카르마 해소와 다를 바가 없다. 우리 인간들 사이에서도 {혼백신의지}에 연결된 아픔은 사과와 용서로 해소되는 것이니까. 그런데 빙의는 좀 다르다. 일반적으로 빙의는 영가가 객체의 무의식이나 의식에 직접 침투해 있는 상태를 의미한다. 즉, 영가와 객체가 하나의 존재가 되어있다는 의미이다. 따라서 굳이 사과하지 않아도 카르마를 직접 해소할 수 있다. 이해되지 않는 자신의 감정에 대해 스스로 인정하고 공감하여줄 때, 그것은 사과와 같은 효과로 카르마를 해소한다. 본래 사과의 가장 중요한 필요충분조건이 공감이다. '상대가 정말 힘들었겠구나.' 하는 공감, 이것이 진정한 사과의 밑바탕이 된다. 그래서 빙의된 객체가 영가의 감정에 그저 공감하는 것만으로도 충분하다. 굳이 빙의를 인식하지 못해서 사과하지 못하더라도 자신의 이상한 감정에 공감하는 것만으로 감정형 빙의는 치유된다. 둘은 하나의 존재이기에 가능한 것이다.

두 번째로 서로의 삶에 연결된 카르마는 무의식이 아닌 의식에 침범하여 생각에 영향을 미치고 행동의 변화를 만들어 뒤틀리게 한다. 의식을 조절해야 생활을 변화시킬 수 있기 때문이다. 그리고 영가의 지난 삶에 입힌 고통과 같은 어려움을 만들 생각과 행동 변화를 만들어 낸다. 따라서 생각의 이상 습관이나 망상장애로 발생하는 지속적인 상태는 무의식이 아닌 의식이 침범당한 경우가 많다. 예를 들어, 성적인 죄책감에 옥죄는 망상의 불안장애는 전생에 성적 학대로 괴롭힌 카르마일 수 있다. 몸의 어떤 현상에 집착하는 건강염려증도 육체를 속박한 카르마의 빙의인 경우가 있다. 망상보다 행동 변화를 유발하는 유형도 있는데, 갑자기 알코올중독 성향으로 나아가는 것은 빙의된 영가에게 전생에 삶에 해로운 중독을 강요한 카르마인 경우가 있다. 또한, 스스로를 가학적 고통과 위험으로 몰아넣는 이상행동은 폭력으로 괴롭힌 카르마일 수 있다.

이렇게 망상과 행동 변화로 삶에 해를 입히는 빙의는 물리적 카르마를 갚는 방식으로 치유될 수 있다. 무의식에 긍정적 힘을 전하는 로젠탈 효과는, 실제 삶을 살지 않는 영가에게 삶에 연결된 카르마를 갚을 수 있는 길 중 하나이다. 영가의 {혼백신의지}에 전달된 긍정의 에너지는 영가가 우주로 떠날 때 영혼에 흡수되어 다음 생에 반영될 힘이 된다. 이 치유방식은 반드시 영가의 존재를 알아야만 가능하다. 하지만 빙의는 영가의 존재를 인지하지 못하더라도 자연스럽게 치유될 수 있다. 빙의는 자연스러운 현상이기 때문이다.

의식에 침범하여 빙의된 영가 역시 객체와 하나가 된 상태이다. 따라서 생각의 이상 습관이나 망상, 행동에 대해 스스로 아쉬워하고, 또한 자신을 용서하며 그것을 극복하는 노력을 스스로 고마워하고 또한 축복할 때, 삶에 연결된 물리적 카르마가 해소될 수 있다. 즉, 자신의 아쉬움에 대해 상위 차크라의 가치를 부여할 때 카르마가 적극적으로 해소되기 시작한다. 성적 죄책감에 대해 성의 따뜻함이 아닌 죄책감을 가진 것을 미안해하고 스스로를 용서하며, 육체에 집착하고 스스로를 육체적 한계에 가둔 것을 아쉬워하며 또 용서하고, 중독으로 삶을 망가뜨리는 것을 스스로 사과하고, 자신을 고통스럽게 만든 행위를 반성하며 그러한 자신의 한계를 용서하는 것이다. 거기에 더하여 자신의 생각과 행동을 극복하려는 작은 노력도 스스로 대견하게 여기며 고마워하고 한계의 극복을 축복하면, 더 빠르게 카르마를 해소할 수 있다. 자신의 성향에 미안함, 고마움, 용서, 축복의 가치를 모두 부여할 때, 빙의된 영가와의 카르마는 빠르게 해소된다. 이 역시 빙의는 하나가 된 상태이기에 가능하다. 참고로 상위 차크라의 가치에 대해 {혼백신의지}의 의미를 모두 담는다면, 우주의 기운이 함께 공명하여 카르마 해소는 더 짧고 순조로워지게 된다.

나의 빙의 증상을 예로 들어보자면, 나는 10대 후반부터 집중력과 조급증에서 약간의 문제를 가지고 있었다. 혼자 집중하는 일을 할 때 길게 집중하지 못했고, 쉽게 다른 생각으로 한참을 헤매다 돌아오곤 했다. 특히 중요한 순간에 불필요한 생각이 가득 차 작업은 꽤 비효율적이었다. 그러다 조급해지고, 또 집중하지 못해 미루다 조급하게 마무리하는 일이 허다했다. 명수(命數)가 향상되고 나의 단점들을 극복하는 과정에서도 이 두 문제는 요지부동이었다. 집중력과 연관된 3번 차크라를 회복하고 키우는 노력에도 집중력만큼은 변하지 않고 쉽게 조급해지곤 했다. 그러다 이것이 내가 전생에 누군가의 삶에서 소중한 것을 빼앗고, 책임을 가중시키며, 위태롭게 만든 빙의일 수 있다는 생각이 들어 미안함과 고마움을 스스로에게 전하기 시작했다. 거기에 더하여 용서와 축복까지 함께 하면서 이 두 문제는 단기간에 뚜렷한 회복을 보이기 시작하였다.

'내게 소중한 기회와 순간을 욕구만큼 채우지 못하고 여유롭게 마무리하지 못한 게 참 아쉽다. 그래도 최선을 다한 거니 괜찮아. 용서해줄게. 그리고 힘들게 돌아와 지속하는 나의 노력과 되찾은 여유에 언제나 고마워. 나의 강인하고 여유로운 의지로 충만한 시간을 진심으로 기원해.

운명적인 작업에 이 생각 저 생각으로 흔들리며 또한 조급하게 서두르며 평화로이 풀어가지 못한 게 안타깝지만, 이 운명적 과정에 원칙을 지키려는 노력은 고마워. 그리고 그것들이 조금씩 모여 지금까지 쌓은 영광과 대체로 순탄했던 평화가 자랑스러워. 축하해. 비록 아쉽지만, 당연히 펼쳐질 온전한 영광과 평화를 위해 용서하며 기다릴게.

날 위한 기회 앞에 내가 원하는 대로, 내가 생각하는 대로 비우고 또 이루며 행복해하지 못해서 미안해. 그래도 잠시라도 결국 내가 원하는 대로 해내고 비워낸 그 기쁨들이 정말 고마워. 그러니 괜찮아. 나한테 화낼 필요 없어. 모든 순간을 나의 뜻대로 펼치고 비우며 행복에 거워할 당연한 날들을 축하해.

작업이 느리고 또 조급해지면서 함께하는 이들을 걱정스럽게 하고 힘들게 해서 참 미안하다. 그래도 사랑을 담아서 노력하는 거 아니까 다 봐줄게. 그저 사랑을 놓지 않고 온전히 해나가기를 응원하고 축복해. 사랑하기 위한 이 노력이 정말 고마워.'

이것이 내가 스스로에게 전하며 집중력의 문제를 해결한 빙의 치료방법이었다. 꼭 이렇게 가득 채워야 할 필요는 없다. 내 경우에는 카르마의 양이 많았고, 짧은 시간에 해소하려 한 것이었다. 이외에 가벼운 카르마들은 편하게 미안함, 고마움, 용서를 생각하고 그 모든 것을 축복하는 마음만으로 충분했다.

빙의는 같은 어려움을 겪게 하면서 해당 카르마를 천천히 해소하는 과정이다. 그런데 자신의 이상 감정에 대해 스스로 공감해주고 또는 자신의 이상 생각이나 습관에 대해 그저 사랑을 베풀면, 빠른 속도로 카르마를 해소하여 치유된다. 그러니 빙의에 대해 인지하지 못하더라도 그저 평소 자신의 감정에 대해 인정하고 받아들여야 한다. 왜 일도 없이 마음이 이런가 자책하거나 이상한 감정이라고 밀어내려 하지 말고, 내 감정이 이렇구나, 괜찮다 여기며 그 감정을 공감하고 안아주어야 한다. 이상한 습관, 행동, 생각이 지속되는 것도 보통은 이러지 말아야지 밀어버리기 일쑤이지만, 진한 아쉬움으로 자신에게 미안함을 담아 위로하면서, 괜찮다고 용서하면서, 스스로의 노력에 대해 고마워하고, 그 모든 과정을 축복하여야 한다. 그렇게 하나의 존재가 되어 자신을 사랑하는 마음 하나로 빙의의 카르마를 해소할 수 있다.

치유에 필요한 노력은 카르마의 양에 따라 결정된다. 공감, 참회, 고마움, 용서, 축복을 잘 일으키면 많은 양의 카르마도 짧은 시간에 해소할 수 있다. 무의식이든 의식이든 빙의 현상은 카르마의 양에 따라, 객체의 정신건강에 따라, 삶의 행복과 안정에 따라 그 강도가 천차만별로 나타난다. 카르마의 양이 많더라도 객체의 정신이 강하고 삶이 안정적이라면 약한 감정 문제나 습관 정도로 본인만 알 수 있게 가볍게 나타난다. 하지만 카르마의 양이 적더라도 객체의 마음이 위약하고 삶이 안정되지 못하였을 때는 망상장애나 심한 성격 변화가 나타날 수 있다. 따라서 빙의로 인한 증상을 치료하기 위해서는 마음의 건강과 삶의 안정이 매우 중요하다. 마음이 건강하고 삶이 안정되어 있으면 자신에 대해 공감하고 위로하기가 훨씬 수월해진다. 만약 누군가 마음과 삶의 문제로 혹독한 빙의 증상을 겪고 있다면 그의 빙의를 이해할 수 있는 누구라도 빙의의 카르마를 해소해 줄 수 있다. 객체와 빙의된 영가는 하나의 존재이면서 동시에 둘이기에, 사이의 카르마로도 치유될 수 있기 때문이다. 그렇게 빙의를 해소해 주면서 마음을 치유하게 될 때 원활한 치료과정을 밟아나갈 수 있게 된다.

사실 지금 지구에는 죽음 후에도 떠나지 못한 많은 영가가 존재한다. 생각해보라. 인류가 인권을 중요하게 여긴지 채 100년도 되지 못하였다. 그동안 얼마나 많은 아픔과 고통의 카르마가 대량으로 생겨났는지 우리의 역사를 돌아보면 충분히 납득할 수 있다. 지금의 인류는 인권을 보편적으로 인정하기 시작하면서 지난 역사에서 만든 대량의 카르마를 해소하는 단계를 지나고 있다. 그리고 그 치유의 과정에 자신의 마음과 생각을 들여다보게 하는 심리학과 정신분석이 큰 역할을 하고 있다. 빙의는 현재의 지구에서 매우 보편적인 현상이다. 살면서 한두 번 이상은 대부분 겪는 문제다. 빙의는 많은 카르마가 얽힌 관계에서, 하나의 존재가 되어 빠르게 카르마를 해소할 수 있게 하는 일종의 특혜와 같다.

빙의의 영적 이치를 이해하고 실천할 때 치유에 어려움을 겪는 많은 정신적 문제를 순조롭게 해결할 수 있다. 우리의 영혼과 마음은 별개의 개체가 아닌 함께하는 조력자이다. 영혼의 문제가 해결될 때 마음의 병이 치유될 길이 열리고, 마음이 사랑으로 힘을 얻을 때 영혼의 문제를 발견할 지혜를 발휘할 수 있기 때문이다. 이제 영가의 존재를 인정하고, 영가들이 영향을 주는 자연의 이치를 이해하여 많은 이가 자신의 영적 건강을 돌보고 건강해지기를 희망해 본다.

2) 마음의 보호막

인간의 마음을 통합하는 혼의 송과체에는 영적에너지로 보호막이 형성되어 있다. 덕분에 상대계의 영적 공간에 부는 비바람에도 버틸 수 있는 기본적인 힘이 있다. 대부분의 사람은 태어나면서부터 이 보호막이 빈틈없이 송과체를 감싸고 있다. 살면서 상처받고 흔들릴 때 이 보호막이 손상되기도 하지만 다시 회복시킬 수 있다. 우리가 아픔 속에서도 사랑과 믿음을 기억해낼 때, 보호막은 다시 회복된다. 이는 우리의 《혼백신의지》 중에서 사랑과 믿음이 영혼과 연결되는 힘이기 때문이다. 즉, 송과체를 감싸는 마음의 보호막은 우리의 마음이 영혼에 닿는 통로이면서, 동시에 우리의 영혼이 마음을 보호하는 수단이기도 하다.

그런데 주위를 살펴보면, 아픔을 겪고 상처 입으며 점점 부정적인 성향으로 변질되는 사람들이 있다. 이들은 아픔으로 손상된 마음의 보호막을 재건(再建)하지 못한 사람들이다. 마음의 보호막이 손상되어 약해질수록 점점 더 부정적인 성향으로 변해간다. 우리의 마음이 사랑과 믿음을 잃어갈 때, 비관적으로 생각하는 마음이 더 넓게 자리 잡을 수 있기 때문이다.

간혹 이 보호막이 전혀 없이 태어나는 사람들도 있다. 또 살다가 이 보호막을 모두 무너뜨리는 사람들도 있다. 보호막 없이 태어난 사람들은 전생의 언젠가 보호막을 모두 무너뜨린 영혼들이다. 마음을 감싸는 영적에너지가 사라진다는 건, 거친 비바람이 부는 상대계에서 내면이 발가벗고 살아가는 것과 같다. 그래서 사랑을 향하는 데 보통사람보다 훨씬 더 큰 노력이 필요해진다. 마음의 보호막이 남아 있지 않은 이들의 공통된 특징은 늘 한결같이 부정적이고 비관적이라는 점이다. 성격은 천차만별로 강할 수도 있고 순할 수도 있지만, 어떤 성격이든 비관적인 성향이 전체를 지배한다. 또한, 긍정적으로 사랑과 믿음을 바라보지 못하기 때문에 어떤 일에서도 진한 기쁨을 느끼지 못한다. 흥미를 갖고 재미를 느끼는 정도까지는 할 수 있지만, 무엇을 해도 마음 깊은 곳에서 올라오는 기쁨을 잘 느끼지 못한다. 인간에게 내면 깊은 곳에서 올라오는 기쁨이란 영적에너지가 마음으로 드러나는 현상이기 때문에 영혼과 마음의 통로를 잃은 이들은 기쁨을 느끼기가 매우 어렵다.

그러니까 우리는 본래 존재의 기쁨을 보장받고 태어난 것이다. 마음의 보호막은 내면의 기쁨을 보장하는 신의 가호이다. 또한, 아픔 속에서도 긍정의 힘을 일으키는 원동력이다. 그러나 애석하게도 우리는 이 보호막을 허물어버리는 선택을 하기도 한다. 보호막이 손상되는 일반적인 기전은 이렇다. 우리는 보통 이별, 배신, 실패와 같은 혼란과 아픔에서, 그에 담긴 의미를 이해하고 감정을 추스르는 노력을 하게 된다. 이 과정으로 자신에게 있는 사랑을 기억해내고 지혜를 확장하며 살아간다. 그런데 아픔이 감당하기 버거울 때, 오랫동안 그 상황에서 어떤 의미를 찾아야 할지 모르고 스스로를 괴롭히는 감정과 생각에 파묻힌다. 이렇게 회복되지 못한 기간이 18일이 될 때마다, 마음의 보호막은 1%씩 손상된다. 그러다 결국 우리는 합당한 의미를 찾아내고, 그 의미로 {혼백신의재}의 사랑과 믿음을 기억해내면서 다시 그 손상을 회복한다.

18일을 주기로 마음의 보호막이 1%씩 손상되는 것은, 우리의 의식이 6일을 주기로 순환하기 때문이다. 우리에게 새로운 자극이 주어졌을 때 그 자극에 대한 마음이 매일 하루씩 {지→혼→백→신→의→종합}의 순서로 중심이 이동한다. 나의 경우에는 지가 약하고 혼이 강한 편이었기 때문에, 가벼운 혼란이 있을 때 첫날에는 잘 털어내지 못하고 꼭 둘째 날 잘 털어내는 경향이 있었다. 가벼운 상황을 첫날 금방 털어내는 타입이라면 지가 강한 사람일 것이고, 4일째 잘 털어내는 사람이라면 신이 강한 사람일 것이다. 이 의식의 주기는 모두에게 동일하게 적용되는 법칙이다.

이 6일의 주기를 기본수인 3번 반복한 18일이 지나도 여전히 그 일에서 헤어나지 못하고 사랑의 반대 생각과 감정에 휩싸여 있으면, 보호막이 1%씩 손상된다. 1,800일 동안 하루도 빼지 않고 그 일에서 벗어나지 못한 채 사랑을 방해하는 감정을 일으키게 되면, 마음의 보호막은 모두 사라진다. 중간중간 그 일에서 벗어난 날이 있기만 해도, 또는 다른 일로 사랑과 믿음을 생각하기만 해도 손상은 늦춰진다. 또 비록 사랑과 믿음을 기억해내지 못했지만, 그 일에서 벗어나기만 해도 손상은 멈춰진다. 상처받지 않기 위해서 18일 만에 멀쩡하게 회복해야 한다는 의미가 아니다. 18일 이내에 어떻게 마음먹어야 할지 깨닫기 시작하고 부정적인 감정을 위로하기 시작하면 된다. 설사 손상이 발생했다 하더라도 우리는 결국 사랑을 기억해내고 지혜를 깨달으며 다시 회복시키곤 한다. 그렇게 회복되는 과정은 또한 명수가 확장되는 길이기도 하다. 즉, 우리는 아픔을 겪고 마음의 외벽이 허무는 상처를 입다가 다시 그것을 사랑으로 극복하면서 명수를 확장하기도 한다.

그러니 설사 보호막이 모두 사라졌다 하더라도, 악착같이 사랑과 믿음을 기억해내는 과정에 매달릴 때 우리는 다시 보호막을 채워나갈 수 있다. 그런데 중요한 것은 보호막을 회복하기 위해서는 반드시 (혼백신의지)의 사랑과 믿음에 대해 의식적으로 생각하고 마음에 품어야 한다는 점이다. '그냥 그럴 수 있지 뭐'하는 마음으로 털어내거나, 명수 확장의 다른 과정으로는 보호막을 회복시킬 수 없다. 오로지 (혼백신의지)의 사랑과 믿음을 다시 기억해내어 의식적으로 생각하는 것만으로 보호막을 회복시킬 수 있다. 이것은 어떤 아픔 속에서도 결코 사랑을 잊지 말라는 신의 뜻이고, 우리 영혼의 의지이다. 영혼의 자유의지에 새겨져 있는 단 하나의 의미는 사랑이며, 삶의 모든 과정에서 결코 잊지 말아야 한다.

보호막이 일정 부분 손상되었을 경우에는 (혼백신의지)의 사랑을 기억해내는 한 번의 의식순환으로 1%씩 회복하게 된다. 만약 과거의 고통을 생각할 때 그 당시의 감정이 그대로 재연된다면 아직 마음의 외벽에 난 상처가 온전히 회복되지 못한 것일 수 있다. 이때에는 (혼백신의지)의 생리적인 힘으로 의식을 순환시켜 하나씩 치유하면 된다. 꼭 해당일과 관련된 생각일 필요는 없다. 어느 무엇에 관하여든 사랑과 믿음을 의식적으로 생각하기만 하면 보호막은 재건된다. 물론 직접 연관된 일에서 사랑과 믿음을 일으킨다면 보호막의 복원과 명수 확장이 함께 이루어지는 장점이 있지만, 다른 일에 관한 사랑과 믿음이라도 보호막을 회복시킬 수 있다. 그러나 보호막이 완전히 사라진 이후에 다시 보호막을 세워나갈 때에는 첫 시작이 많이 어렵다. 영혼과 마음의 연결이 사라진 상태이기에 달의 주기인 29번의 순환이 이루어져야 첫 1%의 벽돌을 올릴 수 있다. 달은 송과체가 있는 6번 차크라를 주관하는 별이기 때문이다. 첫 벽돌 이후는 영혼과 마음이 연결되었기에 한 번의 순환으로 1%씩 회복하게 된다. 그렇게 보호막을 100% 회복하였을 때, 한 단계의 명수 확장이 함께 완성된다.

드물지만 타고 나기를 부정적인 아이들이 있다. 또 드물지만, 이생을 살면서 보호막을 모두 잃는 이들도 있다. 이들은 전생이든 현생이든 오랜 기간 아픔을 전혀 회복하지 못한 것일 수도 있고, 또 한 번에 보호막 모두를 내동댕이치는 선택을 한 이들일 수도 있다. 일반적인 기전과 다르게 보호막을 한 번에 다 잃는 선택도 있다.

우선 1차 명수 과정에서는, 자신과 신에 대한 믿음과 사랑을 모두 잃었을 때 보호막이 모두 사라진다. 자신과 신을 의심하고 무시하는 정도가 아니다. 자신에 대한 사랑이 조금도 없으면 아무것도 사랑할 수 없기 때문에, 사랑을 기억해내는 과정이 필요하여 보호막이 사라진다. 또 창조주에 대한 믿음이 조금도 남아 있지 않으면, 창조주와의 합일을 향해 한 걸음도 옮길 수 없기 때문에 그 믿음을 기억해내기 위해 보호막이 사라진다. 자신에 대한 사랑과 신에 대한 믿음은 모든 존재의 근간이기 때문이다.

2차 확장 중에는, 자신과 신에 대한 사랑을 모두 잃거나, 물질과 허상에만 집착하는 경우에 보호막이 모두 허물어진다. 물질과 허상에 휩쓸리는 정도가 아니다. 1차 완성으로 사랑만이 실체임을 체험으로 모두 알면서도 허상에만 집착할 때, 사랑이 유일한 목적임을 기억해내기 위해서 보호막이 모두 사라진다. 여기서 허상은 사랑에 반대되는 모든 것이 포함된다. 직업적 성공이나 욕구충족에만 집착하는 것뿐 아니라 허상인 악에 집착하는 것도 포함된다.

3차 확장 중에는, 자신과 신에 대한 믿음을 모두 잃거나, 사랑이 아닌 허상에만 집착하거나, 사람의 가치를 차별하여 결론지을 때 보호막이 모두 사라진다. 서로의 차이를 힘들어하는 정도가 아니다. 2차 완성으로 우리는 모두 하나임을 체험으로 아는데도 불구하고, 타인을 다른 가치의 존재로 결론지을 때는, 우리는 모두 하나이며 각자 다른 차이에도 불구하고 동일한 가치를 지녔다는 것을 기억해내기 위해서 보호막이 모두 사라진다.

4차 확장 중에는, 자신과 신에 대한 사랑을 모두 잃거나, 사랑이 아닌 허상에만 집착하거나, 사람의 가치를 차별하여 결론 내거나, 존재의 신성함을 완전히 부정할 때 보호막이 모두 사라진다. 존재의 신성함을 의심하는 정도가 아니다. 3차 완성으로 모든 존재가 창조주와 하나이며 무한한 가능성의 존재임을 체험으로 아는데도 불구하고, 존재의 신성을 완전히 부정할 때에는 우리 모두가 창조주라는 진리를 기억해내기 위해서 보호막이 사라지는 것이다.

5차 확장 중에는, 자신과 신에 대한 믿음을 모두 잃거나, 사랑이 아닌 허상에만 집착하거나, 사람의 가치를 차별하여 결론짓거나, 존재의 신성함을 완전히 부정하거나, 하늘의 순리가 부당하다고 원망할 때 보호막이 모두 사라진다. 고통에 가슴 아파하고 힘들다 하소연하는 정도가 아니다. 4차 완성으로 모든 것에 합당한 신의 뜻이 깃들어 있음을 체험으로 알면서도 부당하다고 온전히 원망할 때에는, 모든 것은 신의 뜻과 우리의 의지로 함께 이루어가는 것임을 기억해내기 위해서 보호막이 사라진다.

5차 확장 이후 신과 합일된 존재가 보호막을 모두 내동댕이치는 선택도 있다. 그것은 앞에 언급된 이유와 함께, 자신이 이 지구에 사는 한 명의 인간임을 망각할 때 보호막이 모두 사라진다. 이 지구에서 창조주와 합일을 이룬 자는 인간으로 살아가는 인생을 통해 자신을 모두 실현한 것이기에, 자신이 모두와 같은 인간임을 잊어서는 안 된다.

결론적으로 우리가 체험으로 알고 완성한 것에 완전히 반대로 돌아설 때, 지난 체험의 결과를 다시 의식적으로 기억해내는 과정을 거치기 위해 보호막이 일시에 사라진다. 그리고 우리는 [혼백신의지]의 생리적인 힘으로 지난 체험을 기억해내면서 마음의 보호막을 재건하고, 영혼과 마음의 연결을 회복하며, 동시에 새롭게 명수를 확장하는 과정을 밟게 된다.

마음의 보호막은 영혼이 마음을 이끄는 힘이며 방편이다. 그리하여 우리가 영혼의 의지에서 멀어지는 선택으로 나아갈 때, 마음의 보호막은 힘을 잃어가고, 우리가 영혼의 의지를 각성하고 인지할 때, 마음의 보호막은 다시 회복된다. 우리에게 진정한 기쁨을 선사하고 사랑을 체험하게 하는 근원적 힘은 영혼에게 있다. 영혼의 힘이 우리의 마음을 이끄는 보호막을 이해한다면 자신의 영적 건강을 안녕하게 지켜나갈 수 있다.

8. 5번 차크라: 자유 - 소명 - 책임

사랑을 체험하는 유일한 목적을 이루기 위해서는 우리가 사는 이 세상이 필요하다. 사랑이 아닌 것으로 둘러싸여 있는 이 세상이 꼭 필요하다. 그래서 우리에게는 이 세상이 소중하며, 우리 모두는 이 세상을 유지하고 지켜야 할 의무가 있다. 지구에서 인간으로 살 기회를 제공받은 모든 영혼은 이곳을 사람 사는 곳으로 유지하고, 더 많은 사람과 생명이 번영할 수 있는 곳으로 발전시켜야 하는 기본적인 의무가 있다. 우리가 지니고 있는 기본적인 책임을 다하는 선택은 언제나 옳은 절대가치이다. 부모로서 아이를 양육하고 보호할 책임이 있고, 어른으로서 사회적 역할을 행할 책임이 있으며, 아이는 아이로서 세상을 배우며 성장할 책임이 있다.

우리가 대체로 이 책임들을 다하기 때문에 세상이 온전히 돌아가고 있다. 많은 영혼이 여기에서 기회를 제공받을 수 있다. 그래서 각자의 책임을 무의미한 것으로 여기는 관념과 행동들은 절대가치에 반하는 일이다. 종교인들이 산속에서 수행하는 삶은 나쁘지 않으나, 어린 자녀를 두고 출가하는 것은 책임을 저버리는 일이라 전 우주가 반기지 않는 선택이다.

또한, 우리는 이 세상에서 사랑을 체험할 자유를 누려야 한다. 사랑체험을 할 수 없도록 자신을 구속하는 선택 역시 절대가치에 반한다. 우리가 삶의 목적을 달성하는 것은 책임을 다하는 현실 속에서 이루어져야 하며, 자신의 책임을 행하는 데 자유로운 선택을 추구하여 사랑을 체험해야 한다.

그래서 우리에게 주어진 모든 책임은 우주적 소명이다. 다만 이것을 소명으로 알아보는 사람과 무거운 책임으로만 여기는 사람의 차이가 있을 뿐이다. 당연히 소명으로 알아보아야 더 행복할 수 있다. 레이 힐버트(Ray Hilbert), 토드 홉킨스(Todd Hopkins)의 『청소부 밥』이라는 책에서는 환경미화원의 행복한 소명이 잘 표현되어 있다. 언제나 행복한 표정으로 자신의 일을 하는 미화원에게, 한 젊은이가 "일이 힘들지 않으신지? 뭐가 그렇게 행복하신지?"를 물었다. 그러자 행복한 미화원은 "나는 지금 지구의 한 모퉁이를 쓸고 있다네."라고 대답했다. 이 미화원은 지구를 정화하고 보살피는 자신의 소명을 알아보았고, 그 소명이 행복한 사람이다. 심리학자 최인철 박사는 이 일화를 책과 강연으로 소개하면서 우리의 일과 책임을 근거리에서 보지 말고, 우주의 차원에서 바라보라고 권한다.

우주의 차원에서 바라볼 때 책임이 아닌 소명이 보인다. 근거리에서는 하기 싫고, 지겹고, 때론 버거운 일인데, 우주에서 바라보면 모두에게 꼭 필요한 일이고, 중요하며, 보람 있는 일이 된다. 자신의 일이 갖는 우주적 소명을 알아보게 되면 자신의 존재가 소중함을 느낄 수 있으며, 소명을 행할 때 기쁨을 느끼게 된다. 청소부는 이 아름다운 지구를 정화하는 소명을 지녔으며, 농부와 어부는 생명의 완벽한 순환에 중요한 역할을 담당하고, 영업직과 배달직은 물류로 세상을 하나로 이어주는 전도사이며, 기업의 경영자는 지구의 재화증식에 기여하고 있고, 아이를 키우는 엄마는 인류의 존속과 번영의 파수꾼이다. 어느 하나 필요하지 않고 중요하지 않은 일이 없다. 그러니 자신의 소명을 알아보는 자라면 행복한 미화원처럼 기쁘게 하지 않을 일도 없다.

또한, 우리의 인연을 우주적 차원에서 바라보면, 서로에게 갖는 관계적 책임은 수많은 영혼 중에 딱 그 영혼이어야 하는 우주적 운명이고, 가장 합당하고 가치 있는 인연임이 보인다. 나는 다른 영혼이 아닌 정확히 내 딸아이의 영혼에게 엄마이어야 할 운명이었다. 수많은 영혼 중에 결코 우연이 아니며, 그것은 엄마로서의 나의 가치가 가장 빛날 수 있는 우주적인 인연이고 소명이다. 내가 우리 부모님의 딸 역할을 하고, 내 친구들의 친구이며, 우리 환자들의 치료자인 모든 것이, 소명으로 나를 가장 빛나게 하는 우주적 인연이다. 일이든 관계든 어떤 책임이라도 우주적인 차원에서 본다면 빛나는 소명이 된다. 우리가 자신의 소명을 다할 때, 소명은 자유로 전환된다. 소명을 행하는 사람은 자유롭다. 자유롭기에 행복하다. 그리하여 청소부 밥은 언제나 자유를 만끽하며 행복한 마음과 표정으로 자신의 일을 할 수 있다.

우리에게 책임은 무겁고 딱딱한 고체와 같은 형태이다. 그런데 자신의 책임을 우주적으로 바라보면 딱딱한 책임이 살살 녹아 출렁이는 액체 상태의 소명이 된다. 게다가 자각하게 된 소명을 기쁘게 행한다면, 그 소명은 팔팔 끓어 자유로운 기체가 되어 날아갈 수 있다. 책임-소명-자유의 관계는 꼭, 고체-액체-기체의 관계와 유사하다. 얼음이 녹아 물인 액체가 되고, 물이 끓어 수증기인 기체가 되더라도, 그 분자구조는 모두 동일하다. 얼음과 물과 수증기는 형태만 다를 뿐 그 본질이 같다. 이처럼 우리의 책임과 소명의 본질은 동일하며 우리의 자유와 책임의 본질 역시 동일하다. 즉, 우리가 책임에서 벗어나 자유로워지는 것이 아니다. 책임의 형태를 변화시켜 자유로워지는 것이다. 책임과 자유는 결국 같은 본질이며, 형태 변화는 자신의 선택과 삶의 과정에 달린 문제이다.

책임-소명-자유는 모두 절대가치다. 책임이든 소명이든 자유든 결국 그 본질은 같으니, 책임의 형태로 추구하여도 좋고, 소명의 형태로 다하여도 좋으며, 자유의 형태로 추구하여도 좋다. 먼 우주에서 바라보는 소명을 선택하지 않고 무거운 책임으로 행한다고 문제되지 않는다. 책임 역시 절대가치를 추구하는 선택이다. 또한, 상황에 따라 책임으로 행할 수밖에 없을 때도 있다. 그렇더라도 책임을 다하다 보면 소명이 보이고, 결국 자유로 나아간다. 반대로 책임을 다하지 못하고 자유를 선택해야 할 상황도 존재한다. 현재 상황에서 도저히 아무런 사랑을 체험할 수 없다면, 비록 책임을 다하지 못하였더라도 우리는 그 상황에서 벗어나는 자유를 추구해야 한다. 이때에도 자유롭게 추구하는 소명을 통해, 결국에는 지난 책임을 다할 길을 찾아가게 된다. 책임-소명-자유의 셋 중에서 지금 나의 상황과 바람에 맞는 어떤 선택을 하더라도 결국 순환시켜 하나의 원을 형성하는 길을 열어간다면, 언제나 옳은 절대가치가 될 수 있다.

지난 정치판의 큰 변화에서 책임을 선택한 정치인과 자유를 선택한 정치인의 예를 들어보겠다. 탄핵과정에서 새누리당의 변화를 촉구하던 나경원 의원은 당의 분열과정에서 새누리당에 남아 당의 변화를 책임지는 선택을 하였고, 유승민 의원은 변화의 의지가 없는 당에서 나와 자신의 뜻을 펼치는 자유를 선택하였다. 같은 맥락에서 안철수 의원은 민주당의 변화가 어렵다고 보고 자신의 뜻을 자유로이 펼치는 새로운 당을 만들고, 민주당의 변화를 촉구하던 박영선 의원은 끝까지 민주당에 남아 당의 주류가 변하도록 책임을 다하고 있다.

책임을 선택한 나경원, 박영선 의원이나, 자유를 선택한 안철수, 유승민 의원 모두 절대가치를 추구하였기에 어느 누가 더 옳다고 할 수 없다. 각자 자신의 바람에 맞는 선택을 한 것이고, 모두가 옳은 선택을 한 것이다. 이제 각자의 선택에서 자신의 소명을 찾고 이루어가는 것만이 남아있다. 박영선, 나경원 의원이 자신들이 속한 당의 문제를 해결하고 개혁시켜 갈 책임을 소명으로 이루어간다면, 결국 기존의 정당에서도 자신의 뜻을 펼칠 자유를 누리게 될 것이다. 자신의 뜻을 펼치는 자유를 선택한 유승민, 안철수 의원은 허허벌판의 자유에서 찬바람의 고난을 겪겠지만, 그 고난을 극복하며 자신들의 소명을 발견하고 이루어간다면 결국 정치인으로서 자신의 책임을 다한 결과를 맞이할 것이다.

그런데 책임-소명-자유의 순환에서 알아두어야 할 것이 바로, 질량보존의 법칙이다. 얼음과 물과 수증기는 형태의 변화로 인해 부피는 확연히 달라지지만, 질량은 그대로 유지된다. 이 질량보존의 법칙은 책임-소명-자유에도 그대로 적용된다. 책임이 소명으로 변하고, 소명이 자유로 변하며, 또한 자유가 책임으로 마무리되는 그 어떤 형태의 변화에서도 그 총량은 그대로 유지된다. 우리는 삶에서 많은 기회를 받고 있으며 그 기회를 누린 만큼 책임을 져야 한다. 내가 책임을 다한 만큼 자유로워질 수 있다. 자유와 책임에서 질량보존의 법칙을 잘 실현해야 삶이 소명으로 발전할 수 있다. 이 법칙을 잘 실현하는 곳이 바로 '구글'이라는 회사이다. 구글의 근무형태는 꿈의 직장으로 표현될 만큼 자유를 보장한다. 일할 장소, 시간, 형태를 자유로이 선택하고, 함께 일하는 사람과 자유롭게 조율할 수 있다. 또한, 근무환경에 다양한 기타 활동의 자유를 보장하는 휴식과 놀이 시설을 갖추고 있다. 그런데 이와 같은 자유로운 이면에는 철저한 성과 책임제도가 뒷받침되고 있다. 직원들은 자유를 누린 만큼 주어진 책임을 다하는 것을 철저히 지킨다. 그렇게 자유와 책임의 질량이 보존되면서 직원들이 이루는 성과는 회사 전체의 소명이 되고, 구글은 새로운 세상을 열어가는 소명을 이루는 회사로 성장한다.

사회제도에서도 질량보존의 법칙이 지켜져야 성장할 수 있다. 우리가 제도를 만들 때 자유와 규제 사이에서 갈등하는데, 최대한의 자유를 보장하면서 반드시 그에 합당한 질량만큼 책임을 지는 제도가 동반되어야 한다. 책임을 묻는 제도가 동반되지 않은 규제철폐는 자유가 책임의 무게로 전환되지 못하여 혼란이 발생하게 된다. 우리나라는 지난 두 정권 동안 규제를 철폐하며 자유를 추구했다. 자유를 극대화하는 것은 절대가치에 부합하니 잘못된 선택은 아니었다. 그러나 우리나라에는 책임을 철저하게 묻는 제도가 너무나 허술하기 짝이 없었다. 자유는 주어졌으나 그만큼의 책임을 다하게 하는 제도는 없었고 고삐 풀린 기업의 자유는 세월호와 가습기 살균제 사건같이 귀한 생명들을 어처구니없이 잃는 결과를 초래하였다. 그 비극적 사건을 일으킨 자유의 질량만큼 합당한 책임을 물을 수 있는 제도는 대한민국에 아직 존재하지 않는다.

게다가 책임지는 제도가 부족하였던 우리 사회의 제도적 허점은, 지난 십 년 동안 열심히 규제를 철폐하며 절대가치의 자유를 추구하면서도 사회가 발전하지 못한 결정적 이유이기도 하다. 자유를 준 만큼 책임을 지게 하는 제도는 자유가 소명으로 전환되어 성장하는 원동력이 된다. 책임을 묻지 않는 자유는 소명으로 전환되지 못하며, 혼자서는 성장의 힘을 발휘하지 못한다. 그래서 미국과 같은 나라는 강력하게 책임을 물을 수 있는 징벌적 손해배상제도와 거액의 기업 비리에 몇백 년의 징역을 내리는 법규를 갖추고 있다. 우리 눈에는 이 제도가 어처구니없는 배상과 징역형을 판결하는 것처럼 보이지만, 이 강력한 손해배상제도와 기업범죄의 중형은 미국 기업의 자유가 소명이 되어 성장하게 하는 원동력이다.

지금 우리나라에 필요한 것은 규제철폐만이 아니다. 현재의 자유에 걸맞은 책임을 묻는 제도가 시급히 필요하다. 우리나라의 피해보상제도는 실제 피해액의 절반도 받지 못하는 수준이고, 기업범죄와 불공정거래에는 언제나 솜방망이 처벌이 내려진다. 아직 우리 사회가 보장하는 자유에 비해 책임을 묻는 제도는 허술하기 짝이 없다. 이는 사회제도에서 질량보존의 법칙이 실현되지 못하는 것이며, 그 결과 남아도는 자유는 계속 피해를 일으키며 소명을 가로막고 성장을 방해한다. 자유와 책임, 이 둘의 질량이 동등해지도록 제도를 맞추어간다면 자유는 책임을 바탕으로 소명이 되어 성장을 이루게 할 것이다. 현재 우리 사회의 저성장을 해결할 방안은 자유로운 규제철폐와 함께 철저하게 책임을 묻는 제도를 완비하는 데 있다.

우리나라의 쓰레기 종량제는 생활 속에서 쓰레기를 만들어내는 자유를 제한하지 않으면서 동시에 자신이 만들어낸 쓰레기에 대해 최소한의 책임을 지게 하는 절대가치를 구현한다. 그 결과 종량제로 인해 분리수거가 활성화되는 성장을 이룩하였다. 현재 인류가 만들어낸 플라스틱과 비닐 쓰레기는 지구가 감당하지 못할 수준으로 치닫고 있다. 이 문제를 해결하기 위해서는 플라스틱과 비닐을 유통하는 주체에 일차적 책임을 묻는 제도가 반드시 필요하다. 예를 들어, 생수와 음료수를 플라스틱 병에 담아 유통시키는 업체에게는 일차적으로 플라스틱 회수와 처리를 위한 책임을 지도록 해야 하며, 이차적으로 소비자가 책임을 거드는 제도를 만들어 나가야 한다. 그래야 비닐과 플라스틱을 안전하게 처리하는 방안이 적극적으로 개발되고 사용될 수 있다. 그러나 애석하게도 아직 이 지구상에 플라스틱과 비닐을 사용할 자유는 넘쳐나는데 이를 책임질 제도를 완비한 나라는 없다. 이렇게 고삐 풀린 자유는 절대가치가 되지 못하여 지구를 병들게 하고 있다. 플라스틱과 비닐 쓰레기를 해결할 근본적인 방안은 그것을 유통하는 주체에 그에 합당한 질량만큼 책임을 묻는 제도가 유일한 답이다. 인류가 직면한 산업화의 문제들에 대해 해결할 유일한 방법은 그동안의 자유에 걸맞은 책임지는 제도를 갖추어 질량보존의 법칙을 실현하는 데 있다.

기업의 제품개발에 준 자유가 사람에 이롭기 위해서는 강력한 책임을 지게 하는 법적 제도를 갖추어야 한다. 그리하여 제품개발의 자유로 다양한 가능성을 열면서 동시에 강력히 책임지게 하는 제도로 더 훌륭한 제품이 더 품격있는 방법으로 세상에 출시되게 하는 원동력을 만들 수 있다. 결국, 더 안락하면서도 풍요로운 세상으로 나아갈 수 있다. 또한, 기업의 비리에는 강력한 책임을 물을 수 있는 법적 형량이 자리 잡혀야 한다. 국가 경제에 기여했다는 이유로 자유에 방임까지 허락하는 것은 결국 기업의 성장을 방해한다. 기업 비리의 금액만큼 합당한 책임을 묻는 형량은 기업의 투명한 경영을 보장하게 하고, 부의 선순환으로 경제를 더욱 성장시키며, 다시 기업이 더 크게 성장할 조건을 열어준다. 그렇게 점점 더 자유롭고 점점 더 강력하게 책임을 물으며 절대가치를 실현하는 것은 소명을 펼치는 제도가 되어 사회의 양적 질적 성장의 토대가 된다.

개인의 삶에서도 질량보존의 법칙은 마찬가지이다. 자유-소명-책임 중 어떤 것을 선택하여도 좋지만, 그 질량이 동등하게 변환되도록 해야 한다. 삶의 책임이 많은 나이에서는 책임을 우주적 차원에서 소명으로 보도록 하여, 그 질량만큼 자신의 자유를 만드는 것이 유리하다. 반면 삶의 책임이 크지 않은 어린 나이일수록 자유롭게 풀어주면서, 그 자유에 대한 책임을 가르치는 것으로 성장시킬 수 있다. 그리고 책임을 습득하기 위해서는 반드시 가르칠 책임의 무게만큼 먼저 자유롭게 해주어야 한다. 구글이 자유를 주고 책임을 다하게 한 것처럼 말이다. 그래야 자유에 대한 책임에 재미가 느껴지고, 그 재미로 책임은 소명이 될 수 있어 성장한다.

만약 누린 것 없이 짊어져야 하는 책임을 먼저 시작한다면, 이후에 자유가 주어지더라도 기존의 억울함이 보태어져 더 큰 자유의 질량이 필요해지고, 또 이후 책임의 질량도 더 커지면서 결국 삶이 고단하다는 포기로 소명에 닿기 힘들어진다. 그래서 학습의 자유보다 책임부터 배우는 우리 아이들이 삶을 고단하게 느끼고 일찍 포기하는 현상이 나오는 것이다. 우리 아이들이 소명을 다하는 훌륭한 인재가 되기를 바란다면 아이들에게 학습의 자유를 먼저 허락해야 한다. 자유를 누린 만큼 책임을 가르쳐 삶을 재미있는 소명의 놀이터로 만들어 주어야 한다. 자유로움 속에서 스스로 선택하고 인정한 책임은 보람과 재미가 있는 소명이 된다. 그렇기에 사람은 자유로울수록 자유를 쓰지 않고 더 열심히 책임을 다하며 살아간다.

이렇듯 자유와 책임에서 자유를 먼저 주고 그에 합당한 책임을 지는 것이 성장하는 결과를 이루기 때문에, 삶과 세상의 규칙을 정할 때는 자유를 먼저 생각하는 것이 좋다. 인류가 이룩한 현재의 경제적 성장도 자유시장체제로 자유가 먼저 주어졌기에 가능했다. 그런데 예외적으로 반드시 자유보다 책임을 먼저 선택해야 하는 상황이 있다. 바로 1번부터 4번 차크라의 절대가치와 자유가 상충되는 상황에서는, 언제나 책임을 먼저 다하고 그 책임만큼으로 자유로워야 한다. 아이가 생명에 위험이 되는 불장난을 할 때에는 자유를 막고 제지해야 하며, 식사시간에 가족 간의 소통을 방해하도록 핸드폰과 TV를 시청하는 것은 마땅히 제지하고 원활한 소통으로 가족 식사를 마친 후 자유를 주어, 선(先)규제 후(後)자유로 규칙을 정하는 것이 바람직하다.

자유-소명-책임의 5번 차크라가 삶을 설계하는 가치 중에서 가장 높은 상위 차크라인 이유는 소명이 1번부터 4번까지의 절대가치가 세상에 표출될 수 있도록 하기 때문이다. 따라서 자유와 책임의 순환에서 우리는 더 즐겁고 기쁜 성장을 위해 대부분 자유부터 출발하는 것이 현명하지만, 생명, 자기실현, 소통, 사랑의 소망에서는 반드시 책임부터 출발하여 자유를 만나야 한다.

총기 소지의 자유는 생명의 가치에 반하므로 규제가 먼저여야 한다. 그래서 무장할 권리를 자유로 보장하는 미국의 수정 헌법 2조는 총기가 생명을 해치는 것을 막는 규제보다 앞서서는 안 된다. 우리 사회의 가습기 살균제 역시 생명의 가치 앞에 규제보다 자유를 선택한 오류의 결과이다. 생명의 가치로 볼 때 불장난을 하는 아이에게 자유를 우선순위로 보장하는 것과 같은 맥락이다. 또한, 저개발 국가에서 행해지는 아동노동은 자기실현의 기회를 박탈하므로 마땅히 금지해야 한다. 우리가 노동 시간을 법적으로 규제하고 최저임금을 지키는 것은 자기실현의 절대가치를 위해 반드시 규제를 우선으로 그 안에서 자유를 보장해야 하는 일이다. 경제성장 과정에서 서로 간의 소통을 가로막는 현상이 발생할 때에는 반드시 규제를 가하여 소통이 막히지 않도록 해야만 한다.

　헌법과 법률을 기반으로 하는 사회제도뿐 아니라 개인의 삶에서도 규칙을 정할 때, 성장을 위해서는 자유부터 출발하여 책임에 닿아 소명이 되는 것이 유리하다. 그러나 생명, 자기실현, 소통, 사랑의 소망 앞에서는 한 치의 망설임도 없이 책임부터 출발하여 그 책임을 다함으로 자유를 만나게 해야 한다. 그리고 자유부터 출발하든 책임부터 출발하든, 반드시 질량보존의 법칙으로 자유와 책임이 만나 소명이 되도록 해야 한다.

　자유와 책임은 삶에서 끊임없이 순환하며 자유-소명-책임이 같은 질량으로 전환되는 것이 세상의 법칙이다. 그래서 가능하면 내가 자유롭고 싶은 만큼 내가 누린 것에 책임을 다하는 것이 평안하고 좋다. 그러나 삶은 복잡한 관계 속에서 창조되기에 내가 지닌 책임을 다하지 못할 상황이 펼쳐지기도 한다. 그렇게 우리가 누린 질량만큼 책임을 다하지 못하고 자유를 선택한다면, 그 자유 앞에는 내 책임의 총량만큼 고난이 펼쳐지게 된다. 그 고난을 통해 자신의 한계를 극복하면서 지난 책임과 연관된 새로운 소명을 발견하고, 그 소명을 이루어 냄으로써 자신의 지난 책임을 다하는 길을 열어가게 된다.

그래서 기존 정당을 탈피한 유승민 의원과 안철수 의원이 자유에서 겪는 고난의 크기는 다르다. 유승민 의원은 새누리당이라는 기존의 정당 안에서 정치인으로 안전하게 씨앗을 심고 오랜 시간 성장하여, 대선후보가 될 수 있는 단계로 들어섰다. 유승민 의원은 새누리당에서 많은 것을 누렸으며 당에 대한 책임의 질량이 크다. 그리고 자유를 선택한 그의 앞에는 책임의 질량만큼 수많은 정치적 고난이 펼쳐져 있다. 창립한 바른정당은 지지율 고전을 면치 못하고, 기존의 지지 세력에게도 외면받고, 새로운 지지세력을 얻기도 힘들며, 내부에서 번지는 실망을 고스란히 떠안고 가야 하는 상황을 맞이했다.

　　반면에 안철수 의원은 민주당에서 정치적인 성장과 이득을 누린 것이 적었기에 민주당을 벗어난 자유에서 그가 져야 할 책임의 무게는 별로 없었다. 그렇기에 그는 새로 창당한 국민의당이 자리 잡는 데 오랜 어려움을 겪지 않아도 되었으며, 새로운 정당의 대선후보로써 지지율을 확보하는 것에도 큰 어려움이 없는 성장을 할 수 있었다. 그리고 그가 대선에서 얻은 지지는 새로운 책임의 질량이 되고 있다. 우리가 책임과 소명으로 자유를 이루었다고 끝이 아니다. 자유로운 존재에게 주어지는 새로운 책임이 찾아온다. 책임-소명-자유의 순환은 삶과 함께 끊임없이 이어진다.

　　비록 두 의원의 책임 질량이 다르더라도 자유를 선택한 두 의원은 모두 옳은 선택을 하였다. 그들이 기존의 당에서 사랑을 체험할 수 없다면 마땅히 자유를 추구해야 했다. 단지 겪어야 할 고난에 차이가 있고 자유를 선택한 이가 보아야 할 소명이 다른 조건으로 펼쳐져 있는 것이다. 유승민 의원은 변질된 보수세력을 새로운 모습으로 탄생시키는 소명을 해나가고 있다. 민주주의가 제대로 이루어지기 위해서는 건강한 보수세력이 필요하고, 그는 그 소명을 받아들이고 있다. 지금의 거센 고난에서 자신의 한계를 극복하며 소명을 이루어낸다면 새로운 보수의 당당함으로 지난 책임을 다하게 되어 자신의 뜻을 이 정치판에서 자유롭게 펼칠 수 있을 것이다. 그리고 그 자유로 누리는 모든 것은 새로운 책임을 형성해줄 것이다.

안철수 의원 역시 정치인으로서의 새로운 소명이 그의 앞에 펼쳐져 있다. 젊은 세대의 지지로 정치인이 되고, 진보세력의 기반인 호남의 힘으로 창당(創黨)하고, 대선에서 보수 경향의 유권자들의 지지를 얻는, 대한민국에서 처음으로 등장한 다변(多變)적 지지를 받은 정치인으로의 소명, 바로 세대와 지역의 갈등을 유연하게 조율하고 완충하는 역할이 그의 앞에 펼쳐져 있다. 그가 이 소명을 제대로 해낼 때, 그가 받은 다양한 지지에 대한 책임이 자유로 전환될 수 있다. 부디 두 의원이 자신이 선택한 자유 앞에 펼쳐진 소명을 완수하기를 기원한다.

평범한 개인으로 내가 겪은 질량보존의 법칙을 소개하자면, 나는 지난 2년 동안 주기적으로 명수를 추로 확인받는 혜택을 누려왔다. 단언컨대 내가 명수를 확인하지 못하였다면 지금과 같은 성장을 이루지 못하였을 것이다. 나는 누구보다도 이 길의 혜택을 오래 누린 사람이었다. 그리하여 추로 진리를 확인하는 길이, 사랑을 잃고 악에 집착하는 변질을 회복시킬 책임의 총량이 컸다. 그러나 나는 내가 누린 것만큼의 책임을 다하지 못하고 자유를 선택하였다. 그 이후로 한동안 내 책임의 무게만큼 육체적, 심적, 상황적으로 고난을 겪어야 했으며, 그 고난을 통해 나의 한계를 극복했고, 나의 한계가 극복될수록 고난이 줄며 나의 소명이 보이기 시작했다. 나는 지금 명수를 확인받으며 성장한 진리를 누구나 이해할 수 있는 보편적 진리로 펼쳐내는 소명을 통해서, 나의 지난 책임을 자유로 전환하고 있다. 앞으로 이 소명을 다하였을 때 내가 누릴 자유가 궁금하다. 그리하여 새로운 책임과 소명이 펼쳐질 미래를 꿈꾼다. 나는 지금도 책임을 다하지 않고 자유를 선택한 고난의 과정이 나에게 가장 적합한 옳은 선택이었다고 믿는다. 그리고 내가 겪은 고통은 내가 누린 것에 비례하는 합당한 질량이었다는 것을 이해한다.

그래서 우리가 책임-소명-자유 중에서 무엇을 지금 선택할까 결정할 때, 내가 얼마만큼 많은 것을 누렸는지 아는 것이 중요하다. 내가 누린 것을 이해한다면 내가 져야 할 책임이 얼마만큼 인지 알 수 있고, 지금의 책임을 소명으로 다할 힘을 낼 수 있다.

또한, 내가 선택한 자유에서 겪는 고난이 억울하지 않게 된다. 억울함이 없는 마음은 그 고난을 통해 한계를 극복하도록 이끌고, 그렇게 성장한 우리는 새로운 소명으로 책임을 다하게 된다. 그래서 지금 우리가 고마운 것들을 얼마나 많이 누리고 있는지 면밀히 살피며 사는 것이 중요하다. 내가 누리는 것들의 고마움을 안다면 책임지고 싶어진다. 그 책임이 짐이 아니라 나의 소명으로 보인다. 그 소명을 다하는 과정은 자유로울 수 있다.

지금까지 당신의 가족관계에서 누린 사랑과 보호와 성장을 알아보라. 당신이 가족에게 갖는 책임은 너무나 마땅하고, 지금의 내 가족이 나의 운명적 사랑이었으며, 그들에게 갖는 나의 책임은 우주적 소명이다. 당신이 직장에서 누리는 이득과 성장과 안정을 알아보라. 직장생활에서 당신의 소명을 밝혀줄 빛을 찾게 될 것이고, 직장에서 벗어나는 자유를 원할 때 한계를 극복하는 성장으로 당신이 원하는 소명을 이루어갈 힘을 키워줄 것이다. 당신이 세상에서 누리는 기회의 질량을 온전히 파악하고 책임으로, 소명으로, 자유로 나아갈 때, 당신의 호르몬들은 소명을 다해내는 데 부족함이 없는 대사기능을 이루게 된다. 또한, 당신의 감정은 어떤 갈등에서도 흔들리지 않는 굳건함으로 우뚝 서게 될 것이고, 번뜩이는 창의력으로 삶을 채워갈 것이다. 당신이 삶에서 누리는 고마움의 질량을 온전히 파악하고 책임으로, 소명으로, 자유로 나아갈 때, 당신의 5번 차크라가 우주의 에너지를 끌어와 당신의 호르몬 건강과 감정의 강단과 풍부한 상상력을 책임지며 당신의 자유로운 선택을 응원한다.

1) 5번 차크라의 결계

이것은 책임-소명-자유의 가치로 [혼백신의지]의 힘을 이용하여 5번 차크라를 보호하고 치료하는 결계이다. 여러분의 소명을 위하여 5번 차크라가 자유롭게 우주와 소통하며 치유와 확장을 촉진하여 줄 것이다. 주어진 책임이 무거워 회피하고 싶고, 소명을 알아보지 못하여 답답한 순간, 아니면 자유롭고 싶은 어느 때라도 5번 차크라의 힘을 키워나가기 위해 읽어주면 좋겠다. 그리고 여러분이 사랑하는 모두가 되어 읽어주길 바란다. 그 소명은 분명히 여러분을 자유롭게 만들 것이니까.

(1) 책임-소명

* 그동안 우리가 스스로 삶을 창조한다는 사실을 망각하고,

그리하여 스스로 창조한 삶에 무책임하게 대하여,

내 탓이 아니라고 회피한 마음을 미안함으로 위로해보세요.

우리는 생명을 부여받은 인간으로 살기에,

스스로의 삶을 창조하고 있다는 사실을 기억해야 해요.

그러니 스스로 창조한 삶을 책임지는 것은 당연합니다.

스스로 창조한 삶을 내 탓으로 인정하고 책임진다면,

앞으로의 삶에서 이전 삶에 발목 잡히지 않고,

자유로이 소명을 이루며 원하는 대로 삶을 이룰 거예요.

* 나에게 주어진 소명의 운명적 의미를 몰라보고,

부당하다고 오해하면서,

그것의 합당함과 영광을 알아보지 못한 것이 아쉽습니다.

우리에게 주어진 책임은 영혼의 바램이고,

그 소명을 다하는데 창조주와 전 우주가 응원하고 있으며,

그것으로 당신의 영광과 평화가 펼쳐진다는 걸 기억해내세요.

소명을 다한 영광과 평화 속에서,

우리는 자유로운 존재가 될 것이며,

더 큰 책임을 영광으로 받아들이는 존재로 성장합니다.

* 나의 책임을 다할 내면의 빛을 발견하지 못하고,

그 소명을 거부하면서,

나 자신을 믿지 않았던 자기 배반에 스스로 사과하도록 해요.

내게 주어진 책임을 해낼 빛은 나의 내면에 있으며,

그것을 찾고 구하는 자기애의 사랑으로,

소명을 다한 기쁨을 자신에게 선사하도록 해요.

책임에서 자유로워진 나에게 새로운 기회를 다시 허락하면서,

새로운 소명을 통해 나의 아름다움과 훌륭함을 넓혀나가고,

끊임없이 주어지는 모든 책임에서 자유로운 존재가 됩니다.

* 우리의 책임의 대상들을 온전히 사랑하지 못하면서,

책임이라는 이유로 아픔을 준 것에 대해 다시 생각해봐요.

그 아픔들이 다시 나의 책임임을 알아보고 사과하도록 해요.

이제 우리에게 주어진 책임의 대상을 진심으로 사랑하면서,

나의 소명으로 그들에게 빛을 전하길 바라며,

내 소명의 대상들이 자유로워지기를 바래요.

그들의 자유로움은 곧 나의 자유가 될 것이기에,

결국 나는 나의 책임에서 자유로워지네요.

우리는 소명이라는 도구로 서로를 자유로이 사랑합니다.

(2) 자유-소명

* 우리가 자유로이 창조한 삶의 결과를 인정하지 못하고,

그 결과에 책임을 다하지 않아,

결국 자신을 삶에 구속해 버린 안타까움을 위로해 봐요.

지금 이 순간도 우리는 내 맘대로 창조할 자유가 주어졌어요.

때로는 강인하게 때로는 부드럽게 삶을 채워 나가도록 해요.

그 조화로운 의지가 삶의 자유를 지켜줍니다.

조화로운 의지로 창조한 삶의 무게는 가벼울 거예요.

삶이 재미있고 즐거울 겁니다.

이제 어떠한 삶의 무게도 우리의 자유를 제한하지 못합니다.

* 살면서 우리가 한계가 없는 영적 존재라는 걸 망각했어요.

그래서 영혼의 자유의지를 놓아버리는 선택을 하기도 했지요.

그 신성모독을 우린 반성해야 해요.

하늘은 우리를 존중하여 온전한 자유의지를 주었어요.

그 자유의지로 모든 것을 스스로 선택할 수 있게 하였지요.

자유의지의 축복과 사랑을 우리는 알아보아야 해요.

우리의 자유의지가 신성하고 영원함을 믿으며,

그 자유의지로 영광과 평화의 길을 선택할 것이니,

우리의 자유를 꺾을 두려움은 허구라는 걸 언제나 기억하세요.

* 우리는 그동안 스스로 자유를 허락하지 않았어요.

이러면 큰일 날 것 같고 저러면 큰일 날 것 같은 착각 속에서,

그렇게 다른 누구도 아닌 내가 나를 구속해왔어요.

이제 내가 나를 구속하는 마음을 치유하도록 해요.

이래도 나는 괜찮다는 걸, 저래도 나의 존재는 괜찮다는 걸…

우리는 어떤 상황에서도 빛을 발하는 존재라는 걸 기억해내세요.

그리하여 당신의 빛을 소명으로 자유롭게 펼쳐내도록 해요.

가장 나다운 모습으로 자유롭게 말이에요.

그렇게 우리가 세상을 아름답게 수놓는 빛이 되는 거예요.

* 우리는 사랑이라는 이름으로 함께하는 이들을 구속하곤 했어요.

보호한다는 명분으로, 내가 우월하다는 착각으로 말이에요.

이제 그 잘못에 대해 인정하고 사과해야 할 때에요.

내가 사랑한다고 구속할 수 있는 이는 아무도 없어요.

창조주조차 아무도 구속하지 않으며 모두를 존중하는걸요.

사랑은 한편으론 존중하여 내버려 두고 기다리는 것, 이제 알아요.

앞으로 상대를 자유롭게 하는 존중과 기다림의 사랑을 실천합시다.

그 존재의 찬란한 성장을 축복하면서,

그가 나를 바라볼 때 언제든 안아줄 수 있는 자유로운 사랑으로…

(3) 자유-소명-책임의 통합

* 책임이 무겁다고 한탄하면서,

책임에 담긴 소명의 의미를 발견하지 못하고,

그 책임에 발목 잡혀 자유를 잃었던 나를 용서합니다.

나의 책임은 내가 하고 싶은 소명이기에,

나의 소명을 이루어 가는 것에 감사할 따름이니,

깃털같이 가벼운 자유로움을 만끽하며 축하합니다.

나의 자유를 축하하면서,

새로운 소명을 찾아 나서니,

새로운 책임을 감사히 받아들입니다.

9. 마음과 물리학 법칙

지금까지 절대가치를 이해하는 데 몇 가지 물리학 법칙이 언급되었다. 가속도의 법칙으로 분별-소통-전일성의 가치를 이해하고, 질량보존의 법칙으로 자유-소명-책임의 절대가치를 풀어냈고, 우리가 변하기 힘든 모습은 관성의 법칙으로 이해하기가 쉬웠다. 중학교에서 배운 이 물리학 법칙들이 내가 인생을 이해하는 데 보탬이 되리라고는 상상하지 못했었다. 그런데 이 물리학 법칙 덕분에 좀 더 평화롭고 행복한 인생에 다가갈 수 있게 되었다.

미국의 물리학자인 프레드 알란 울프(Fred Alan Wolf)는 "과학은 물질에서 마음으로 가고 있다."고 말하기도 했다. 정말 그런 것 같다. 에너지역학은 물질에 대한 이치이면서 동시에 상대계에서 마음과 영혼이 활동하는 법칙인 듯도 하다. 여기에는 인생에 보탬이 되는 물리학 법칙 두 가지를 더 소개한다. 이 책에서 소개하는 것은 마음과 연관된 고전역학들이지만, 아마 양자역학에서는 내가 깨닫지 못한 영혼의 법칙이 많이 존재할 것이다.

1) 만유인력의 법칙

우리는 가끔 뜬금없이 누군가를 떠올리며 오래 곱씹어지는 현상을 경험한다. 이런 현상은 서로에 대한 마음의 물리량이 끌어당긴 결과이다. 물체들 사이에는 서로의 질량 곱에 비례하고, 거리의 제곱에 반비례하며 잡아당기는 힘이 존재한다. 이를 만유인력의 법칙이라 한다. 즉, 물리량이 많을수록 서로 강하게 끌리고, 거리가 가까울수록 강하게 당긴다. 우리의 마음도 마찬가지이다. 각자의 무의식과 의식에 있는 서로를 향한 마음의 크기에 따라, 또 서로 간의 거리에 따라 서로의 마음을 끌어당긴다.

예를 들어, 가까운 누군가 나를 열심히 원망하고 있다면 나 역시 그 사람에 관한 생각에 자꾸 맴돌게 된다. 그 사람이 나를 나쁘게 볼까 신경 쓰이거나, 그 사람이 안쓰러운 생각이 들 수도 있고, 같이 비난하는 마음이 떠오를 수도 있다. 어떤 마음이든 나도 그처럼 자꾸 뭔가 계속해서 마음이 일어나게 된다. 또 누군가 나를 짝사랑하여 자꾸 생각하면 나도 그 사람이 괜히 신경 쓰이는 생각이 떠오르게 된다. 같은 호감일 수도 있고, 아니면 부담스러운 거부감일 수도 있지만 어떻든 그냥 모르고 무시되지는 않는다. 한쪽에서 마음의 에너지를 일으켜 나를 생각하면, 인력으로 인해 나의 무의식도 반응하게 된다.

이때 느껴지는 인력으로 서로의 무의식에 있는 물리량을 가늠할 수 있다. 서로 간에 연결된 카르마가 있는 사이에서는 서로를 향한 무의식의 물리량이 꽤 크게 자리잡고 있다. 그래서 상대의 작은 말과 행동에도 예민하게 마음이 반응하고, 오래 곱씹고 생각하게 된다. 인력이 강하게 작용하는 것이다. 카르마가 클수록 상대에게 마음이 쓰이고 끌리는 강도는 더 강해진다. 특히 서로를 구속하는 카르마일 경우에는 거리가 멀어도 당겨지는 인력이 도저히 외면되지 않는다.

친구의 하소연을 듣고 나서 오래도록 걱정되고 해주지 못한 말이 계속 맴돈다면, 그 친구를 사랑하는 마음에 더하여 서로 간의 카르마가 함께 인력을 만드는 것일 수도 있다. 그저 잠깐 스치는 인연인데도 불구하고 상대의 행동에 불편한 마음이 오래 떠오르거나, 갑자기 누군가와 관련해서 막장드라마 같은 이상한 상상이 펼쳐질 때는, 잘 모르는 사이여도 전생에 얽힌 카르마가 남아있는 상대임을 알아차릴 수 있다. 우리는 만유인력의 법칙으로 서로 간의 카르마를 느낄 수 있다.

게다가 서로 간에 연결된 카르마가 많으면서 현실적인 호감이 보태어지면 한눈에 반하여 오래도록 붙잡는 인연이 되기도 한다. 우리가 짧은 시간 깊이 빠지는 이성적 사랑과 애증의 관계로 점철되는 질긴 관계에서는 서로 간의 카르마로 사랑을 체험하는 중인 경우가 많다. 그 강한 끌림에 담긴 의미를 알아야 서로를 구속하는 아픔을 풀고, 그 강한 인력을 깊고 행복한 사랑으로 만들어갈 수 있다.

우리의 마음이 서로 끌리는 현상은 서로에 대해 의식의 생각과 무의식의 감정이 잡아당긴 결과이다. 그 인력의 근원에는 현생에서 만든 감정과 오랜 시간 여러 삶을 통해 무의식에 쌓아온 카르마의 힘이 있다. 사랑의 카르마는 서로를 보완하고 응원하는 부드러운 끌림을 만들며, 부정적 카르마는 서로를 구속하는 힘을 만들어 강한 끌림을 유발한다. 강한 끌림을 카르마로 설명하면 낭만을 파괴하는 것 같기도 하다. 그러나 우리의 끌림을 카르마로 설명하는 것은 오히려 더 낭만적인 길이기도 하다. 내가 지난 삶에서 잘 알지 못하고 상처 주었던 상대에게 현생에서 비로소 그의 매력과 아름다움을 알아보고 최고의 사랑을 주려는 영혼의 선택이니 말이다. 이 선택은 우리를 더 완벽하게 해주는 낭만적인 일이다.

우리의 무의식은 언제나 열린 공간이다. 우리의 마음에는 서로를 잡아당기는 만유인력이 작용하고 있다. 자꾸 신경 쓰이는 상대에게는 이 인력으로 어떻게 아픔을 치료하여 사랑을 이룰지 꿈꾸기 바란다. 그것이 지난 카르마의 해소든 새로운 인연의 역사든 상관없이 우리를 행복하게 해줄 사랑의 인연임은 분명하다. 이제 갑자기 먼 친구나 옛 인연이 떠오를 때는 떠오르는 감정에 맞추어 카르마를 해소하고 사랑을 전하길 바란다. 우리 마음이 일으키는 만유인력을 이해하면서 우리가 하나의 존재로 나아가는 길을 충만히 느끼기를 기원한다.

2) 에너지보존의 법칙

우리의 삶은 물질로 이루어진 상대계에서 펼쳐진다. 그렇기에 삶은 자유-소명-책임의 전환에서 물질의 법칙인 질량보존의 법칙과 그 맥을 함께한다. 우리의 마음인 감정과 생각은 우리의 세포들이 만들어낸 에너지이다. 그렇기에 우리의 마음에는 에너지보존의 법칙이 적용된다.

에너지보존의 법칙은 상반되는 에너지가 같은 물리량으로 전환되어 나타나는 원리이다. 그리고 우리의 마음도 상반되는 에너지가 같은 양으로 서로 전환된다. 우리가 어떤 상황에서 불만족으로 짜증을 일으키고 있다면, 그건 분명히 그와 반대되는 상황에서 만족을 경험하였기에 불만족으로 전환될 수 있다. 또 우리가 어떤 상황에서 아쉬움의 집착을 일으킨다면, 그건 분명히 그와 반대되는 상황에서 기쁨과 즐거움이 일어난 적이 있었기에 가능하다. 만족을 알기에 불만족이 생기는 것이고, 즐거움을 알기에 집착이 생기며, 평안을 알기에 불안이 일어나고, 쾌감을 알기에 짜증이 생기는 것이다. 만족, 평안, 보람, 쾌감, 기쁨, 즐거움을 경험해보지 않았다면 그와 반대의 감정이 발생하는 것은 애초에 불가능하다.

그렇다면 이쪽도 저쪽도 아닌 중간지점의 에너지는 무엇일까? 예를 들어, 만족과 불만족의 중간지점은 아무것도 아닌 지점이다. 즉, 에너지가 0인 지점이다. 에너지가 0인 지점에는 아무것도 존재하지 않는다. 무생물인 돌조차도 에너지를 품고 있다. 따라서 실존하는 존재인 우리는 에너지가 0인 지점에 존재할 수 없다. 간혹 마음을 수련하면서 감정이 0인 지점을 이상향으로 설정하는 사람들이 있다. 그러나 에너지가 0인 지점에 존재한다는 것은 소멸을 의미하는 것과 같다. 그것은 애초부터 존재하지 않는 신기루를 쫓는 것과 같이 불가능한 일이다. 우리는 만족이거나 불만족인 지점에만 존재할 수 있다. 우리가 불만족을 느낀다는 것은 불만족을 느끼지 않은 순간에 우리는 만족에 있었다는 것을 의미한다. 이렇게 우리의 마음에너지는 상반되는 에너지가 순환하고 있다. 꼭 롤러코스터처럼 말이다. 한쪽의 마음이 운동에너지라면, 다른 한쪽의 마음은 위치에너지가 되어 에너지보존의 법칙으로 요동치는 롤러코스터와 같이 서로 전환되고 있다.

그렇다면 이렇게 항변할 수도 있을 것이다. 나는 정말로 만족도 아니고 불만족도 아닌 지점을 많이 느꼈었다고 말이다. 혹은 꼭 시작이 만족이라는 보장이 있느냐고 말이다. 우리의 마음에서 에너지보존의 법칙을 이해하기 위해서는, 우리가 인지하는 의식보다 인지하지 못하는 무의식에서 훨씬 더 거대한 에너지가 형성된다는 사실을 알아야 한다. 무의식의 감정과 생각은 우리가 인지하지 못하는 영역이지만, 우리가 인지하는 의식의 영역과는 비교도 되지 않을 만큼 거대한 에너지를 지니고 있다. 그리고 우리가 만족도 아니고 불만족도 아닌 당연한 듯 지나간 상황에서 우리의 무의식은 꽤 큰 에너지로 만족을 느낀다.

인생의 출발점에서 마음이 롤러코스터 주행을 시작하기 위해서는 반드시 가장 높은 곳의 위치에너지부터 시작해야 한다. 우리가 태어나 살기 시작하면서 동시에 아무런 노력도 없이 마음의 롤러코스터 주행이 시작된다. 생각해보라. 아등바등 애쓰지 않는 시간에도 인생은 흘러가고, 마음은 어떠한 감정이든 생각이든 저절로 들어차 있다. 솔직히 무념무상을 1분만 해도 매우 길게 한 것이다. 마음은 언제나 저절로 무언가로 가득 차 있다. 그렇게 마음의 롤러코스터는 어떤 동력이 추가되지 않아도 저절로 굴러간다. 그게 인생이다. 우리가 인생에서 열심히 노력하는 마음은 롤러코스터를 위로 끌어 올리는 동력으로 사용되는 것이 아니라, 우리가 주행하는 경로를 변경하고 마음의 크기와 모양을 바꾸는 에너지로 사용된다. 아래로 곤두박질치는 트랙을 좀 더 짧게 혹은 평탄하게 바꾸고, 높이 올라가는 트랙을 좀 더 길고 오래 유지되도록 바꾼다. 자신이 주행할 카르마의 경로를 변경하는 것이다. 또한, 트랙 위를 달리는 마음 그 자체의 크기와 모양을 바꾼다. 작은 정육면체로 시작하여 여러 정다면체를 지나 거대한 구가 되어, 내리막에서도 오르막에서도 모두 행복할 수 있는 마음이 된다.

인생은 무동력으로 저절로 주행하는 롤러코스터와 같다. 에너지 보존의 법칙으로 운행되는 롤러코스터의 시작은 위치에너지부터이다. 우리를 가장 높은 곳에서부터 출발하게 하는 힘은 신이 창조한 우주의 에너지에 기인한다. 그러니 우리 무의식이 출발하는 에너지는 높은 위치에서 평온한 사랑부터이다. 우리의 존재 그 자체는 사랑이기 때문에 우리가 당연한 듯 아무것도 아니라고 여기는 무의식적인 감정들은 언제나 사랑에 가까운 긍정의 감정들이다. 사랑과 반대되는 감정은 내면의 공간(허상)에 있기에 무의식에 완전히 녹아들 수 없고 조금이라도 그 일부가 의식에 자각된다. 즉, 내 무의식이 짜증을 느끼는데 내 의식이 완전히 모를 리 없는 것이다. 그러나 우리의 무의식이 기쁨을 느끼는 것을 우리의 의식은 아무것도 모르는 상태로 지나칠 수 있다. 그리고 우리가 인지하지 못했던 무의식의 감정들은 언제나 다른 형태의 에너지로 전환될 수 있다. 이것이 우리에게 감정적 스트레스가 형성되는 원리이다.

내가 마음에서 에너지보존의 법칙을 체감한 것은, 물놀이에 갖는 나의 집착을 통해서였다. 나는 계곡과 바다에서 물놀이하는 것을 매우 좋아한다. 아마도 계곡과 바다에 몸을 담그고 있으면 내가 지구와 하나가 된다는 즐거움을 느끼는 것 같다. 그래서 바다나 계곡에 갔는데 물놀이하지 못할 상황이 되면, 아쉬움이 집착으로 변해 약오르는 감정이 용솟음친다. 명수가 확장되면서 약한 아쉬움으로 줄어들기는 했지만, 온전히 평온해지지 않았었다. 그러던 어느 날 아쉽게 물놀이를 포기하고 돌아오면서 '나는 내가 생각하는 것 이상으로 훨씬 더 자연에서의 물놀이에 즐거워하고 기뻐하는가 보다.'라는 생각을 하였다. 그리고 내가 즐겼던 물놀이들을 떠올리며, 그 순간들에 내가 인지하지 못했던 기쁨과 즐거움을 꺼내어 '내가 정말 행복했구나. 내 상상 이상으로 즐거웠구나.'라는 생각을 하며 나의 아쉬움이 홀연히 사라지는 경험을 하였다.

내가 미처 인지하지 못했던 무의식의 기쁨과 즐거움들이 위치에너지로 존재하다가 놀지 못하는 상황을 맞이하자, 운동에너지로 전환되면서 집착과 약오름으로 표출된 것이다. 그런데 내가 무의식에 있던 기쁨과 즐거움을 발견하고 의식으로 꺼내어 행복을 기억해내자 운동에너지는 다시 위치에너지로 전환되어 나의 마음은 높은 곳에서 평온하게 자리할 수 있었다. 우리가 어떤 상황에 짜증이 나고, 불만족으로 원망스러우며, 알 수 없는 불안감을 느끼고, 무기력해지는 것은 그렇지 않았던 순간에 우리의 거대한 무의식에 만족과 쾌감, 기쁨과 즐거움, 평안과 보람 등이 크게 자리하고 있었다는 증거이다. 에너지는 보존되기 때문에 마땅히 그러하다. 우리가 인지하지 못했던 긍정의 감정들이 그렇지 못한 상황에서 부정적 감정으로 전환되면서 스트레스를 형성하는 것이다. 그러니 스트레스를 받는다는 것은 내가 인지하지 못했던 긍정의 감정이 내 무의식에 크게 자리하고 있었다는 명확한 증거이다. 그리고 스트레스를 많이 느낀다는 것은 그만큼 일상의 만족, 평안, 보람, 즐거움 등이 의식으로 인지되지 못하고 무의식으로 모두 밀어버린 경우가 더 많다는 의미이기도 하다.

심리학자 켈리 맥고니걸(Kelly McGonigal)은 스트레스가 나쁘다는 고정관념을 버리고, 스트레스와 친구가 되라고 조언한다. 스트레스는 우리에게 얼마나 큰 긍정의 감정이 무의식에 가득한지를 알려주는 신호이다. 그러니 친구가 되는 것은 당연한 순리이다. 이제 차가 막혀 짜증 날 때에는 순조로운 도로에서 시원히 달리던 쾌감이 내무의식에 얼마나 큰지 느끼고 그 쾌감에 감사하며, 일이 꼬이고 불운이 겹치는 시기에는 당연한 듯 무탈하였던 시간에 내가 얼마나 깊은 평온함을 느꼈는지 꺼내어 그 행복에 감사하길 바란다. 그렇게 일상의 스트레스로 무의식의 모든 행복을 의식으로 꺼낸다면 우리의 평화는 감정적으로 0인 지점에 존재하는 것이 아니라, 모든 것이 행복으로 승화되는 것에 있다는 진리를 체험할 수 있다. 이제 당신의 스트레스가 에너지보존의 법칙에 의한 축복이라는 것을 깨닫고, 당신의 의식으로 자유롭게 에너지를 전환하며 높은 곳에 평화롭게 임하는 행복을 누리기 바란다. 우리 무의식에 자리한 긍정의 감정들을 모두 알아차리게 된다면, 삶이 그 자체로 축복이라는 사실을 온전히 체감할 수 있을 것이다.

10. 6번 차크라: 미안함 - 우리 - 사과받음

6번 차크라는 눈썹 사이인 인당(印堂)의 높이에 있다. 이 위치는 영혼과 마음이 소통하는 제3의 눈인 송과체가 존재한다. 송과체는 마음의 군주인 혼이 상주하며 영혼과 마음이 직접 교류하는 창구이다. 즉, 6번 차크라는 영혼과 마음의 교류에서 가장 중요한 영혼의 눈 역할을 담당한다. 사실 모든 차크라에서 마음, 영혼, 몸이 교류하는데, 각 차크라의 절대가치를 해당 태양계 행성과 교류하고 있다. 그런데 6번 차크라는 영혼의 눈이기에 한 행성이 아닌 전 우주의 기운과 소통한다. 그런 이유로 6번 차크라는 지구의 위성인 달과 소통한다. 달은 지구 주위를 360도 공전하는 위성이다. 모든 방향에서 우주의 기운을 받아들여 지구에 전달하는 역할을 담당한다. 또 지구의 영혼들이 보내는 기운을 모아 우주로 보내는 역할도 담당한다. 6번 차크라는 지구의 위성인 달과 소통하며 우리가 모든 우주의 기운을 받아들이도록 하고, 또 우리의 기운을 우주로 보내는 역할을 담당한다.

우리 민족에게는 보름달을 기념하고 달에 소원을 비는 문화가 있다. 우선 달을 기준으로 날짜를 정하는 음력이 본래 우리의 달력이다. 정월 대보름에 한해의 농사를 시작하며 무사 안녕함을 보름달에 기원하고, 추석인 보름에 한해의 농사를 완료하면서 무사히 마무리한 것을 보름달에 감사한다. 또한, 우리 민족에게는 무언가 어려움이 닥치거나 중요한 일을 앞두었을 때, 정화수를 떠놓고 달에게 무사 안녕을 기원하는 문화가 자리했다. 지금은 그 문화가 많이 사라졌지만, 불과 몇십 년전만 하더라도 가족의 안위에 대해 아낙들은 달에 기도하곤 했다.

달은 어두운 밤을 밝혀주며 우리에게 암흑 속에서 길을 찾아가도록 이끌어주는, 밤하늘에서 가장 크고 밝은 존재이다. 그래서 우리가 달에게 소원을 빌 때 풍요와 번영보다 위험을 피하고 무사히 잘 넘어가도록 안녕함을 바라는 것이다. 달은 전 우주의 기운을 모아 두려운 암흑에서 안녕할 길을 인류에게 인도한다. 6번 차크라는 그 달의 기운을 받아 사랑이 아닌 것으로 둘러싸인 상대계에서 영혼의 의지대로 살아갈 안녕한 길을 펼칠 수 있게 한다.

그리하여 모든 차크라 중에서 6번 차크라가 가장 중요하다. 6번 차크라는 영혼과 마음의 직접적인 소통창구이면서 동시에 몸을 통합적으로 조절하는 뇌하수체, 시상하부와 직접 교류한다. 그래서 차크라를 수련하는 요가 수행에서도 6번 차크라의 수련을 가장 먼저 시작할 것을 권하고 중요시한다. 6번 차크라는 정신적으로 또한 육체적으로 사랑체험이라는 근본적인 목적에 충실할 수 있는 토대를 마련한다.

우리에게 가장 중요한 6번 차크라의 힘으로 사랑체험의 토대를 만드는 절대가치는 바로 미안함이다. 서로에게 미안함은 부정적인 관계와 상황을 정리하는 힘을 발휘한다. 자신에게 미안함은 스스로를 치유하는 힘을 발휘하며, 모든 존재에게 미안함은 진심을 소통하게 하는 토대를 마련한다. 그래서 종교에서 참회와 회개를 강조하는 것이다. 참회와 회개는 절대자인 신 앞에 자신의 모든 것을 드러내고, 스스로의 아쉬움을 고백하며, 그 미안함을 전하는 기도이기에 6번 차크라의 절대가치를 추구한다. 참회와 회개는 스스로를 치유하면서 한계를 극복하도록 이끌고 그 힘으로 사랑을 체험할 출발점에 서게 한다. 참회와 회개는 매일 언제든 습관화되어 있을수록 좋다. 자신의 아쉬움을 빨리 발견하고 극복할수록 사랑체험의 길은 더 넓게 펼쳐질 것이기 때문이니…

또한, 참회와 회개는 우리가 깨달은 지혜를 실제로 이루어지게 하는 힘을 발휘한다. 자신의 문제점을 발견하고 그것을 극복할 수 있는 지혜를 깨달았는데도, 막상 다시 닥친 상황에서 과거와 같은 실수를 반복한다. 우리가 같은 실수를 반복하는 것은 지혜가 부족해서가 아니다. 해오던 대로 하려는 관성의 힘이 우리의 뒤통수를 당기고 있기 때문이다. 이 관성의 힘은 우리가 지난 실수와 습관으로 만들어낸 카르마들의 힘이다. 따라서 다음번에 같은 실수를 반복하지 않기 위해 필요한 것은 '다음에는 꼭 해내겠다.'라는 다짐이 아니라, '나의 지난 아쉬움으로 일어난 아픔이 참 미안하네.'라는 사과의 참회이다. 이러한 참회가 뒤로 잡아당기는 관성의 힘을 무력화시킬 수 있다.

지난 과거에 뼈저리게 후회하는 사람만이 과거에서 탈피하여 원하는 미래로 나아간다. 뼈저린 후회가 관성을 극복하는 힘이 되기 때문이다. 그렇게 사과의 참회가 밑바탕이 되어야만 깨달은 지혜가 그대로 실현되는 길을 열 수 있다. 만약 뼈저린 후회를 일으키기가 힘들다면 지난 습관에 대해 매일 조금씩 {혼백신의지}의 의미를 연계하며 참회하면 된다. 그렇게 참회를 쌓다 보면 지난 관성은 온전히 사라지고 지혜의 힘이 나를 앞으로 밀어준다.

참회와 회개에서 중요한 것은 죄책감을 갖지 않는 것이다. 죄책감은 한계를 극복하도록 하는 마음이 아니라 스스로를 실망과 절망으로 끌고 내려가는 의식이다. 우리 모두이신 창조주 하느님은 우리에게 죄책감을 요구하지 않는다. 오히려 거부한다. 바로 그 거부의 표현이 죄책감으로 인한 실망과 절망이다. 죄책감을 넘어선 참된 참회는 기쁨과 희망을 선사한다. 자신의 아쉬움을 발견한 기쁨과 다음번에 좀 더 새로운 선택과 도전을 할 수 있다는 희망, 이와 같은 참회를 신은 반기며 그 결과로 기쁨과 희망을 표현한다.

그러니 참된 회개는 신 앞에 죄인이라는 죄책감이 아니라 내가 할 수 있었던 사랑에 대해 나의 가능성을 뒤늦게 발견한 아쉬움이고 미안함이며, 이 미안함으로 나의 한계를 조금씩 넘어서고 있음을 인정하는 것이다. 올바른 참회를 하면 할수록 내가 죄인이라는 망각에서 벗어나게 된다. 한계를 극복하면서 확장되는 자신을 느끼게 되고, 그러한 참회가 반복될수록 내가 신과 하나임을 자각하게 된다. 진정한 참회는 내가 신의 일부이며 창조주 하느님은 우리 모두라는 진리에 다가가는 길이다. 당신이 느끼는 모든 아쉬움과 안타까움을 하나도 놓치지 말고 참회하고 회개하라. 그것은 진정한 자신을 자각하여 기억해내는 길이다.

마찬가지로 우리의 관계에서도 미안함은 사랑을 시작할 토대가 된다. 우리가 서로에게 미안한 마음을 갖는다면 우리의 사랑을 가로막는 장벽을 허물어 버릴 수 있다. 우리가 서로에게 진심으로 미안해한다면 사랑을 주고받는 데 아무런 장애가 없는 탄탄한 토대를 펼칠 수 있다. 절대가치로써 우리가 상대에게 미안한 마음을 갖는 것은, 나로 인해 상대가 아프고 힘들었던 것에 대한 죄책감이 아니다. 진정한 미안함은 상대의 아픔과 곤란함을 나의 것으로 느끼고 공감하는 것이다. 공감이 없는 미안함은 미안함이 아니다. 공감이 진정한 사과의 유일한 필요충분조건이다.

여기에서 한발 더 나아간 미안함의 완성은 내가 그러하지 않을 수 있었다는 인정이고 선언이다. 불의의 사고와 같이 우리의 의지로 제어할 수 없는 상황을 제외하고는, 진정한 사과는 '미안하지만 나도 어쩔 수 없었다.'가 아니라, '내가 좀 더 잘 해야 했는데 그러지 못해 너무 미안해.'가 되어야 한다. 불의의 사고에서 어쩔 수 없었음은 당연하니 온전한 공감만으로도 완벽한 사과가 되지만, 그 이외에 '나도 어쩔 수 없었다.'는 자신의 존재가치를 낮추는 의식으로 반쪽짜리 사과를 만들게 된다. '내가 제대로 해야 했는데…'의 아쉬움은 나의 가능성을 열어 존재가치를 높이는 의식이며 상대에 대한 온전한 사과를 완성하는 결론이다. 사실 상대의 아픔을 진심으로 공감한다면 자연히 나의 가능성을 다시 생각하며 아쉬워하게 된다.

즉, 진정한 사과는 공감으로 상대의 아픔을 치유하는 것이면서 동시에 자신의 존재가치를 스스로 높이는 의식이다. 우리의 관계를 치유하고 개선하는 진정한 미안함은 상대의 아픔을 공감하면서 그 앞에 나를 낮추면서도, 나의 가능성을 열어 존재가치를 높이는 일이다.

그러니 진정한 사과는 자존심 상할 일이 아니며 오히려 자존감을 드높인다. 자신의 가능성을 알아보고 열어가는 이들은 언제든 상대의 아픔을 자신의 몫으로 품을 수 있다. 자신의 가능성을 알아 갈수록 상대의 아픔과 어려움을 나의 것으로 느끼고 공감하며, 마음을 다해 그 앞에 자신을 낮추어 사과를 전할 수 있다. 게다가 상대의 아픔에 공감하는 마음이 커질수록, 내가 직접 연관되지 않은 상처에도 자신을 낮추어 미안함을 전할 수 있다. 나와 직접 연관되지 않은 아픔을 보듬고 미안해하는 것은 자신의 가능성을 더욱 크게 열어준다. 그래서 관계성 카르마가 존재하는 모두의 공간인 '너와 나 사이'의 아픔은 누구나 치유할 수 있다. 자신의 가능성을 알아보고, 아픔에 공감하는 능력이 있는 누구라도 미안함을 전하여 치유할 수 있다. 우리는 모두 본질적으로 하나의 존재이기에 어느 누가 미안해하여도 관계의 아픔은 치유될 수 있다.

다만 상대 그 자체의 존재적 아픔을 모두 치유해주지는 못한다. 존재적 한계와 아픔은 당사자의 자유의지를 침범하지 않는 범위에서 그가 스스로 아픔을 치유하고 한계를 극복하는 데 힘을 보태고 응원할 수 있을 뿐이다. 그래서 그가 아픔을 치유할 의지를 일으키지 못할 때, 우리는 기다려야 한다. 그가 스스로 일어나고자 할 때까지…. 그러나 그가 아픔을 극복하고자 마음먹을 때까지 기다리는 동안 그를 붙잡고 있는 관계의 상처를 보듬고 치유하면서 그의 존재적 치유에 방해가 되는 외부 요인들을 사라지게 해줄 수 있다. 또 로젠탈 효과로 사랑을 전하여 조금이나마 그의 마음이 힘을 내는 데 보탬이 될 수 있다. 우리는 하나의 존재이다. 누구에게나 존재의 한계를 극복하는 데 겪는 어려움을 덜어줄 수 있다.

존재의 아픔과 상처는 오로지 스스로 치유를 선택할 때 온전히 아물어 가게 된다. 우리의 아픔은 크게 두 가지로 분류될 수 있다. 하나는 마음의 외벽(보호막)이 허무는 상처이고, 또 다른 하나는 내면 깊숙이 파고든 트라우마이다.

이별, 실패, 배신 같은 일을 겪게 되면 우선 마음의 외벽이 상처받으며 스스로를 주체하기가 힘들어진다. 심할 때는 잠을 자기도 힘들고, 밥을 먹기도 힘들고, 일상이 모두 버거울 만큼 감정을 제어하는 것이 어렵다. 일반적으로 감정이 제어되지 않는 아픔은 마음의 외벽이 무너지는 현상이다. 이런 상처를 치유하는 방법은 {혼백신의지}의 생리적인 힘을 자각하는 것이다. {혼백신의지}의 생리적인 힘은 마음의 외벽을 다시 채우고 스스로를 일으키기 때문이다. 고난 뒤에 그 상황을 합리화하고 나름의 보람으로 정리하는 과정은 {혼백신의지}의 힘으로 마음의 보호막을 다시 세우는 자연스러운 치유과정이다. 만약 과거의 고통을 떠올릴 때 그 당시의 감정이 그대로 재연된다면, 그 당시 마음의 외벽에 난 생채기가 아직 남아 있다는 표시이다. 이럴 때에는 {혼백신의지}에 담긴 사랑과 믿음으로 스스로를 치유해야 한다.

하지만 우리의 내면에 깊숙이 박힌 아픔, 트라우마를 치유하는 것은 6번 차크라의 미안함이다. 트라우마의 치유는 6번 차크라의 미안함에서부터 시작되고 반드시 필요한 가치이다. 미안함은 트라우마를 치료하는 중심이고, 고마움, 용서, 축복은 이 효과를 기하급수적으로 증폭시키는 역할을 한다. 미안함을 뺀 상위 차크라의 가치만으로는 치유가 이루어지지 못한다. 반드시 미안함이 밑바탕을 깔아 치유의 기본을 형성해야 한다. 우리는 살면서 상처받고 회복되는 과정을 반복하는데, 간혹 어떤 상처는 극복하기가 참으로 힘들다. 오랫동안 마음의 응어리가 되고 장애가 되어 영원히 상처로 남을 것 같은 내면의 트라우마로 남는다. 트라우마로 남은 상처는 마음에 강한 거부감을 일으키곤 한다. 장시간 고립되는 사고 후 혼자 있는 장소를 견디지 못한다던가, 화재 이후 불이나 연기를 쳐다보지 못하고, 자식을 잃은 후 또래 아이들과 대화를 하지 못하는 것은 강력한 트라우마를 드러내는 모습들이다. 무언가에 대한 거부감은 내면에 강력한 트라우마가 있다는 표현이다.

또한, 일상에서 속상함이 지속적으로 반복되는 경우에도 트라우마가 형성된다. 지속적인 아픔을 사랑과 믿음으로 승화시키지 못하고, 보람으로도 정리하지 못하면서,

그냥 그러려니 감내하는 경우가 많다. 그런데 이런 인내가 오래 쌓이면 마음의 내면으로 상처를 만들어 낸다. 이런 누적형 트라우마를 품고 있는 사람들은 겉으로는 멀쩡히 살아가고 자신이 아프다는 것을 인지하지 못하는 경우가 많다. 다행히 내면의 상처가 깊지 않은 경우에는 자신의 고생을 이야기할 때 울컥하는 마음으로 목이 메여 제대로 이야기를 풀지 못하는 모습이 관찰된다. 이 정도는 가벼운 트라우마라는 것을 의미한다. 그러나 일상의 아픔이 오랜 시간 누적되어 큰 상처가 된 경우에는 오히려 아픔에 대해 이야기하는 것이 담담하다. 그리고 이런 누적형의 트라우마가 강력할 때에는 쓸데없이 불길한 상상에 자주 휩싸인다. 그리고 어떤 종류의 트라우마도 그 증상이 통증, 분노나 우울증, 야간뇨, 수면장애로 나타나는 경우가 많다.

감정조절이 힘든 아픔은 송과체를 싸고 있는 마음의 보호막이 허무는 상처이다. 내면의 트라우마는 송과체의 영적 기능을 저하시키는 상처이다. 무언가에 대한 거부감, 불길한 상상, 고질적인 분노나 우울증, 끈질긴 통증, 수면장애는 트라우마로 인해 송과체의 영적 기능이 저하되면서 나타나는 증상에 해당한다. 송과체는 혼이 머무는 장소이고 낮과 밤의 호르몬을 분비하여 수면을 조절하는 장기이기도 하다. 그래서 트라우마가 치유되기 시작할 때에는 수면요구량이 급격히 증가하는 모습이 쉽게 관찰된다. 충분한 잠으로 혼이 우주의 기운을 얻어와 송과체의 영적기능을 회복하는 것이다.

내면의 트라우마를 치유하기 위해서는 나 자신에게 미안함을 전하는 사과를 해주어야 한다. 나에게 하는 사과는 내 아픔에 대해 타인을 위로하듯 공감으로 위로해주면 된다. 꼭 트라우마와 직접 연관된 것만을 미안해해야 하는 것도 아니다. 그저 하루 세끼 건강한 식사를 잘 챙겨 먹어주지 못한 것을 미안해하고, 나를 행복하게 하는 것에 인색하게 굴었던 것을 사과하며, 스스로가 아프고 힘들다는 사실을 알아봐주고 위로해주지 않은 것을 미안해하고, 스스로가 한 노력을 장하게 여기지 않고 무시한 것을 미안해하며, 지친 나에게 필요한 회복의 시간을 갖지 않은 것을 미안해하고, 지금의 내가 매우 대견하다는 사실을 인정하지 않은 것과 나의 행복을 믿어주지 않은 것을 미안해하며, 그렇게 귀한 나에게 미안함으로 위로하고 공감하는 것이다. 그리고 마무리로 이렇게 스스로에게 사과하는 나 자신을 기특하게 여기며 고마워하고, 그동안의 아쉬움을 용서하여 나에게 화내는 일을 멈추며, 자신의 행복을 축복한다면 미안함의 효과는 놀라운 증폭을 이루게 된다.

그렇게 스스로를 위로하며 일어나 하늘을 향해 신께 참회하는 단계로 나아간다. 신께서 사랑하시는 나를 어여쁘게 여기고 귀하게 대접하지 않았음을 신께 사죄하는 것을 시작으로, 내가 나에게 한 모든 사과를 신께 그대로 전하며, 신께서 언제나 나에게 고마워하고 용서와 축복을 주고 계심을 믿고, 나의 상처를 신과 우주에 그대로 내맡기는 것으로 트라우마는 온전히 아물게 된다. 그러니 회복과정 중에서 수면 이상이 생길 때, 또는 알 수 없는 우울함이나 분노 혹은 통증을 달고 산다면 자신의 내면에 트라우마가 있다는 사실을 알아차리고 지금이라도 나에게, 신께 미안함을 전하며 치유하기 바란다. 그래야 그 아픔이 뒤늦게 속에서 곪아 터지는 일을 방지할 수 있다. 그 아픔이 나의 본질을 가려버린 부분을 조금도 남기지 않고 치유하여 성장할 수 있다.

6번 차크라에 소통하는 미안함이라는 절대가치는 가슴으로 후회하는 반성의 모습으로, 신 앞에 사죄하는 참회로, 진심으로 아쉬워하는 마음으로, 아픔을 공감하며 토닥토닥 위로하는 모습으로 나타난다. 이 모두가 다 미안함의 같은 표현이다. 내가 나의 아픔에 공감을 담은 위로를 전하는 것은 나에게 하는 사과이다. 진심의 후회와 아쉬움은 신 앞에 받치는 참회와 같다. 타인의 아픔에 공감으로 안타까워하는 것은 누군가를 대신해 사과를 전하는 것과 같다.

미안함이라는 가치는 아픔을 치유하는 순리의 과정이고, 우리가 자신의 한계를 벗어나 신성한 영적 존재임을 자각하게 하여 신과 우리가 하나로 사랑을 체험하는 토대를 닦아준다. 6번 차크라에는 서로에게 혹은 스스로에게 전하는 미안함이 소용돌이치며, 사과를 주고받음으로써 사랑을 시작할 온전한 토대를 마련한다. 또한, 6번 차크라의 힘은 우리의 뇌하수체와 시상하부에 그대로 반영된다. 뇌하수체와 시상하부는 인체의 모든 기능을 종합하여 통솔하는 호르몬, 신경전달물질, 효소분비의 메카이다. 즉, 6번 차크라는 어떤 사랑체험에서도 균형 잡힌 평안한 육체로 임할 수 있도록 이끈다. 그렇게 6번 차크라의 힘은 우리 존재와 삶이 사랑을 체험할 수 있는 안녕함을 이루어준다. 어두운 밤 세상을 은은하고 부드럽게 비춰 주는 달빛에는 우리의 안녕함을 기원하는 신의 사랑과 사랑체험의 시작을 알려주는 축복이 담겨 있다.

1) 6번 차크라의 결계

이것은 미안함과 사과받음으로 [혼백신의지]의 힘을 이용하여 6번 차크라를 보호하고 치료하는 결계이다. 여러분의 완성을 위하여 6번 차크라가 자유롭게 우주와 소통하며 치유와 확장을 촉진하여 줄 것이다. 무엇이 힘들든, 무엇을 이루고 싶든, 모든 차크라와 함께 6번 차크라를 항상 함께해주길 바란다. 그리고 여러분이 미안한 이들에게 전하여준다면 그 미안함은 그와 여러분의 6번 차크라를 동시에 빛내 주리라.

(1) 미안함

* 삶의 만족, 평안, 기쁨, 즐거움, 보람에 대해 인지하지 못하고,
쉽게 불만, 불안, 짜증, 집착, 피로로 임하여,
우리의 삶을 온전히 사랑하지 않았던 아쉬움이 미안해요.

오늘 무의식의 만족, 평안, 기쁨, 즐거움, 보람을 다시 떠올려,
이제야 그 행복을 알아보는 것에 진심으로 미안해하며,
이 삶이 그 자체로 축복이라는 행복을 누립니다.

앞으로 우리의 삶을 조화롭게 모두 사랑하기에,
무의식의 행복을 언제나 의식의 행복과 하나가 되도록 만들어,
삶에 대한 미안함이 남지 않는 충만함을 이루도록 해요.

* 세상이 우리를 속인다고 오해하면서,
노여워하고 슬퍼하며,
사랑체험의 순리를 받아들이지 못한 것이 아쉽고 미안해요.

완벽한 사랑이신 신의 전지전능함을 믿지 못하여,
심판하고 벌한다고 오해하면서,
우리와 신이 하나의 존재임을 몰라본 것이 미안합니다.

세상은 사랑을 위해 존재하고, 신은 완벽한 사랑을 주시며,
우리는 사랑체험의 순리를 따라 신과 하나임을 이해하니,
더 이상 신과 우주에 미안함이 없도록 영광과 평화를 이룹니다.

* 자신의 아쉬움에 대해 위로가 아닌 비난을 선택하고,
혹은 스스로를 거부하고 외면하는 인색함으로,
나를 아프고 힘들게 했던 것이 진심으로 미안해요.

지금 우리의 무궁무진한 가능성에 대해 애정을 갖지 않고,
자신을 통합하여 새로이 재발견하는 것에 소홀하면서,
본연의 아름다움과 훌륭함을 모두 드러내지 않는 것이 미안해요.

우리는 한계를 알 수 없는 위대함과 신성함을 부여받았으니,
자신을 아무런 한계 없이 믿어주고 사랑하며,
스스로 미안함이 없는 당당한 존재가 되도록 해요.

* 우리가 타인의 행동에 악의가 없음을 믿지 못하여,
그들의 의도를 마음대로 왜곡하는 상상을 하면서,
미움과 원망을 품었던 것이 미안합니다.

다른 이들의 최선의 노력을 알아봐 주지 못하고,

한계에 갇힌 이들을 진심으로 연민하지 못하면서,

기다리고, 도움과 응원을 주지 못한 안타까움에 미안합니다.

우리 모두는 사랑의 존재임을 믿으며,

언제나 기다려주고, 응원하고, 손을 내밀고, 안아주는

오직 사랑만으로 누구에게도 미안하지 않기를 기원합니다.

(2) 사과받음

* 삶의 창조는 복잡한 관계 속에서 이루어지기에,

열심히 삶을 사랑한 지난날의 결과가 바로 오지 못하기도 하니,

늦어지는 결과에 삶은 미안해하며 최상의 시기를 기다립니다.

그러니 늦어지는 결과에 담기는 삶의 미안함을 알아보고,

괜찮다고 지금의 결과를 힘껏 안아주세요.

삶이 우리에게 미안함으로 최상의 결과를 내어줄 수 있도록….

앞으로 삶이 고되고 힘들더라도,

삶이 미안할 만큼 온전히 사랑하여,

삶으로부터 받을 보람과 즐거움과 안녕이 충만하기를 기원합니다.

* 우리의 영혼이 이 물질계에서 많은 제약에도 불구하고,

억겁의 세월 동안 자신의 운명을 다하는 것에 대해,

이 우주는 고마움과 함께 미안함을 품고 있어요.

신은 그 전지전능함이 무한하게 확장되는 존재이시며,

언제나 지금보다 더 큰 사랑을 주고자 하시기에,

오늘의 우리에게 늘 미안함을 갖고 있어요.

그 미안함으로 온전한 자유의지를 우리에게 주었으니,

그 자유의지를 진리와 빛과 생명에 다하여,

우리 자신과 신을 확장해 나갑시다.

* 내가 나의 어둠을 거부하고 빛을 믿지 않으면서,

본연의 나로 통합해가지 않은 것에 대해 갖는 그 아쉬움을,

자신에 대한 진심의 사과로 받아주세요.

당신의 행동은 마음에 일치하지 못한 미안함이 있고,

당신의 마음은 영혼에 일치하지 못한 미안함이 있으니,

당신의 삼위(三位)가 일체(一體)되지 못한 아쉬움을 받아주세요.

앞으로 우리의 행동을 마음에 일치시키고,

우리의 마음을 영혼에 일치시켜,

우리의 삼위가 미안함이 없는 일체를 이루기를 기원합니다.

* 사실 많은 이들이 우리에게 미안한 마음을 품고도,

진정한 용기를 다해 사과하지 못하기도 하지요.

그저 마음만으로도 사과로 받아주기를 바래요.

우리에게 아픔을 준 영혼은 언제나 미안해하고 있어요.

다만 그의 마음이 그 미안함을 모를 수도 있을 뿐이니,

그저 마음이 아닌 영혼의 사과만으로도 용서하기를 바래요.

우리는 본디 하나의 존재이니,

다른 이들이 나에게 꼭 사과할 필요가 없다는 걸 알아주세요.

그러니 미안함의 사과가 없더라도 모두 용서하길 바랍니다.

(3) 미안함-우리-사과받음의 통합

* 그동안 받은 사과에 참으로 감사합니다.

그동안 전할 수 있었던 미안함 역시 감사합니다.

우리의 아픔을 치유한 모든 미안함을 축하합니다.

아직까지 전하지 못한 미안함에 대해 용서를 구하며,

아직까지 받지 못한 사과들도 마땅히 용서하며,

우리들의 아픔이 치유되는 길을 축복합니다.

결국 사과받게 되니 미리 모두 용서하며,

결국 모두 용서받을 테니 계속 미안해하며,

우리에게 아무런 아픔을 남기지 않게 됨을 축하합니다.

2) 달의 영적인 역할

지구의 위성인 달은 전 우주의 기운을 받아서 지구에 전달하는 역할을 한다. 또한, 지구에 있는 영혼들의 기운을 받아서 전 우주로 전달하는 역할도 함께 한다. 즉, 달은 지구를 공전하는 위성으로 우주와 지구에 있는 영적 에너지의 쌍방향 교류 매개체를 담당하도록 설계되어 있다. 물론 매개체가 없다고 교류할 수 없는 것은 아니겠지만 달이 지구와의 인력과 회전운동으로 수신기 역할을 하기 때문에, 넓고 거대한 우주에서 지구와 우주의 기운이 훨씬 효과적으로 교류할 수 있는 것이다.

따라서 우리가 기도할 때 달의 주기를 염두에 두면 좀 더 효과적인 체험을 경험할 수 있다. 달빛이 없는 삭(朔)에서 초승달을 거쳐 보름달로 차올라 지구를 향하는 달빛이 증가하는 시기에는 우주의 기운이 지구에 전달되는 것이 왕성한 때이다. 이 시기 기도를 할 때에는 자신의 영혼에게 고하는 것이 즉효적인 힘을 발휘한다. 반대로 보름달에서 그믐달을 거쳐 달빛이 없는 삭으로 가는 시기는 달빛이 우주를 향하는

쪽으로 증가하기 때문에, 지구의 기운이 우주를 향하여 전달되는 것이 왕성하다. 이 시기의 기도는 우주를 향하여 우리 모두이신 절대자에게 고하는 것이 즉효적인 힘을 발휘한다. 달빛이 없는 삭은 그 빛이 모두 우주를 향하고 있으며 보름달은 달빛이 모두 지구를 향하는 날이다. 이 두 날에는 자신의 영혼으로도 혹은 절대자를 향하여도 모두 같은 즉효를 체험할 수 있다. 이 규칙은 6번 차크라의 기도뿐 아니라 모든 기도에 해당하는 법칙이다. 음력으로 삭이 되는 29.5일이 되는 날(1일 혹은 30일)과 보름날(15일)을 확인하여 활용하면 된다.

물론 달의 주기를 염두에 두지 않은 모든 기도는 유효하기에 이에 얽매일 필요는 없다. 다만 힘들고 고통스러운 상황에서 기도의 즉효적 체험이 필요할 때에는 달의 주기를 염두에 두길 바란다. 〈차크라 편〉에 수록된 결계의 기도들은 우리의 영혼을 향하는 기도로 표현되어 있다. 이 책의 말미에 우리 모두인 절대자를 향한 차크라 결계를 부록으로 수록하니 참고하길 바란다.

11. 7번 차크라: 고마움 - 우리 - 감사받음

7번 차크라는 태양과 고마움의 가치를 소통한다. 태양은 우리 태양계의 중심인 유일한 항성이고, 지구는 태양 주위를 공전하는 행성이다. 지구가 태양 주위를 공전하고 또한 스스로 자전하면서 태양의 에너지를 골고루 지구로 받아들여 생명을 꽃피우고 번영하고 있다. 지구에 찬란한 태양이 뜨기에 우리가 지구에서 살아갈 기회를 누릴 수 있다. 그러니 매일 뜨는 태양이 어찌 고맙지 않을 수 있겠는가. 세상 전체를 환하게 밝히며 생명의 에너지가 되고, 그 생명을 성장시키고 번영케 하는, 태양의 절대가치는 그래서 고마움이다.

태양의 빛과 열은 지구의 생명을 종속시키고 번영시키기에 풍요의 상징이 된다. 달을 바라보는 우리 민족의 문화가 무사 안녕을 기원하고, 절제와 여백의 미를 강조하는 방향으로 발전하였다면, 반대로 태양을 숭배하는 문화에서는 풍요와 번영을 기원하며 웅장하고 화려한 문화가 발달한다. 그렇기에 태양의 절대가치인 고마움은 우리에게 번영을 이끌어내는 힘을 발휘한다. 우리가 무언가를 진심으로 고맙게 여긴다면 그 무언가가 우리 삶에 다시 더 커진 모습으로 나타난다. 그렇게 반복해서 고마워할수록 그것은 우리의 삶에서 풍요로워진다. 태양의 절대가치인 고마움은, 사랑이 아닌 허구로 둘러싸인 상대계에서 우리가 사랑체험으로 원하는 바를 이루고 이를 증폭시켜 풍요로운 사랑을 이루게 하는 가치이다.

그러니 바라는 것이 있다면 현재 우리에게 있는 그것을 진심으로 고마워하면 된다. 설사 그것이 현재 조금밖에 없더라도 그 조금을 발견하고 고마워하는 것에서 우리의 풍요가 이루어진다. 사실 우리에게 인간관계를 새로 만드는 바램을 제외하면 아예 없는 것은 없다. 예를 들어, 고아가 부모를 원한다면 정말 없는 부모를 원하는 것이지만, 돈을 원한다면, 현재 돈이 풍족하지 않은 것이지 한푼도 없는 것은 아니다. 또한, 사랑과 위로를 원한다면, 내가 마주한 모든 사람에게 아주 조금씩의 사랑과 위로가 있다는 걸 발견할 수 있다. 비록 내가 만족할만한 위로가 아닐지라도 그것은 엄연히 존재한다. 이렇듯 우리가 바라는 것은 우리에게 조금이라도 있다.

그러니 내가 바라는 것이 나에게 있다는 것을 발견하고, 그것이 나에게 있다는 걸 인정하며, 현재를 감사해야 한다. 그 진심의 감사가 나에게 있는 현재를 증폭시킨다. 그런데 우리는 지금의 현재를 감사하는 마음보다 현재의 부족함을 아쉬워하며 한탄과 원망을 더 자주 일으킨다. 현재에 대한 감사보다 한탄이 더 크게 압도하기에, 원하는 바가 증폭되지 못한다. 내가 누리는 것에 대한 감사가, 부족함에 대한 원망을 압도하게 될 때, 실질적인 증폭이 일어난다. 감사가 일상이 되도록 끈질긴 노력을 반복할 필요가 있다. 감사를 하다 하다 보면 일상의 당연함이 되어 부족함을 느끼는 시간을 덮어버린다.

우리가 상대계에서 사랑을 체험하기 위해서는 풍족한 삶을 사는 것이 유리하다. 물론 어떤 환경에서도 사랑을 체험할 수 있고 어떤 환경의 사랑이든 영광과 평화를 펼치지만, 삶의 결핍이 적을 때 사랑을 추구할 물리적 여유가 생기기 때문이다. 그러니 우리가 사는 사회적 기반 안에서 최대한의 풍요로움을 추구하는 것은 좋은 일이다. 그렇기에 우리는 명예(혼), 돈(백), 육체 만족(신), 의식주(의), 즐거움(지)의 기본적인 욕구를 열심히 감사할 필요가 있다. 내가 나의 명예를 감사히 여기면, 나의 명예가 다시 감사함을 담아 더 큰 명예로 돌아온다. 내가 나에게 있는 돈을 감사히 여기면, 나의 돈이 다시 감사함을 담아 더 많은 돈을 벌게 해준다. 그렇게 증폭된 명예, 돈,

육체적 건강, 의식주, 즐거움을 더 많은 사람과 함께 나누는 사랑을 펼치는 것, 이것이 7번 차크라로 세상의 풍요로운 진화를 이끄는 우주의 법칙이다.

이 우주의 법칙에 순응하는 것은 사랑체험이라는 우리의 근본적인 목적에 부합한다. 그러니 우리의 욕구는 경계해야 할 것이 아니라 감사해야 할 것이다. 감사하여 증폭시키고, 진심으로 감사하기에 함께 나눌 수밖에 없다. 우리 모두가 기쁘고 감사한 마음으로 건전한 욕구를 충족해나가길 바란다.

고마워하는 마음은 우리가 원하는 방향으로 삶을 밀어주는 가속도를 만들어 낸다. 가속도의 법칙으로 보자면 우리가 일으킨 고마움은 우리를 미는 힘이 되고, 우리는 고마움에 밀리며 원하는 방향으로 이동하는 가속도에 실릴 수 있게 된다. 그런데 우리가 원하는 삶을 창조하기 위해서는 고마움뿐 아니라 미안함이 함께 필요하다. 앞에서 이야기하였듯 우리의 뒤통수를 당기는 카르마를 해소해야 앞으로 나아갈 수 있기 때문이다. 즉, 관성의 법칙으로 뒤에서 당기는 힘으로부터 자유롭기 위해서는 미안함의 참회가 필요하고, 가속도의 법칙으로 앞으로 나아가기 위해서는 고마움이 필요하다. 고마움과 미안함은 한 쌍이 되어 삶의 방향을 결정하고 그 방향으로 나아가게 하는 원동력이 된다. 이 두 힘으로 빙의도 치료하고, 내면의 트라우마도 치유하며, 습관도 고치고, 원하는 삶을 창조할 수 있다. 그렇게 결정한 삶의 방향에 용서와 축복이 보태어지면 거침없이 현실이 되는 것을 체험할 수 있다.

또한, 고마움은 인간관계의 번영을 이끄는 가치이다. 관계성 카르마에는 긍정적인 것과 부정적인 것이 있다. 미안함은 부정적 카르마를 소멸시키는 가치이고 고마움은 긍정적인 카르마를 이어주는 가치이다. 그래서 함께하는 이들과 문제를 해결하는 비결은 미안함이고, 행복한 관계를 만드는 비결은 고마움이다. 고마움의 카르마를 두텁게 만들면 서로에게 느껴지는 무의식적 감정이 본연의 사랑으로 편하게 펼쳐져 나온다. 상대의 단점을 수용할 너그러운 여유가 힘을 얻고, 상대의 장점을 빛내줄 응원이 표출된다. 고마움이 두터운 관계는 위기에서도 사랑을 지켜낸다. 고마움을 주고

받는 관계는 사랑이 번영한다.

그래서 무의식적 적대감을 해소한 뒤에 고마움을 전하라고 제안하였다. 부정적 카르마가 해소된 바탕에서 첫 시작을 고마움으로 잇는다면 사랑의 관계가 자라날 수 있기 때문이다. 매일 잠들기 전 함께하는 이들에 대한 고마움을 하나씩 생각하고, 상대의 무의식에 전하며, 행복한 꿈나라로 들어보길 권한다. 그들과 당신 사이에는 영원히 사라지지 않는 사랑의 카르마가 이어진다. 우리가 원하는 것을 얻기 위해서 그것이 나에게 있다는 사실로 출발하는 것처럼, 인간관계의 사랑은 아주 조금일지라도 상대에게 고마운 점이 있다는 것을 발견하는 것에서 시작한다. 우리가 발견한 진심의 고마움은 상대와 나 사이에 변치 않는 영원함으로 남는다.

우리에게 고마움이 표출되는 일상의 모습이 바로 기쁨과 칭찬이다. 우리에게 주어진 것이 고마울 때, 기쁨이 표출된다. 우리에게 주어진 것이 혹은 본 것이 기쁠 때, 상대에게 칭찬이 절로 나온다. 고마움의 기쁨과 칭찬은 삶과 인간관계를 풍요롭게 한다. '칭찬은 고래도 춤추게 한다.'는 말이 있다. 고마움에서 나오는 칭찬은 고래를 춤추게 하는 기적을 진짜로 만들 수 있다. 고마움은 언제나 풍요를 불러오기 때문이다.

그런데 칭찬의 효과가 누구나 알고 활용하는 보편적 진리가 되면서 이제는 칭찬의 역효과를 알아야 하는 실정이 되었다. 칭찬의 역효과는 칭찬이 없으면 쉽게 포기하고, 칭찬이 부담스러워 자존감이 낮아지는 현상을 일컫는다. 누군가의 작업에 '대단하다', '훌륭하다', '천재인가보다', '똑똑하다' 같은 칭찬은 현실과의 괴리감으로 자존감을 낮추는 역효과를 가져온다. 그리고 낮아진 자존감으로 자꾸 다른 사람 눈치를 보는 결과를 이끈다. 이것은 결코 고마움으로 만든 풍요가 아니다. 게다가 칭찬을 계속 반복해서 받다 보면, 칭찬이 없을 때 무언가를 스스로 할 의지가 약해진다. 반복된 칭찬은 다른 사람의 판단과 의도에 의해서만 행동하는 수동적인 의지박약형 인간을 만들어낸다. 의지의 풍요는커녕 의지의 결핍만 남는다.

왜 절대가치로 고마움을 추구했는데 풍요로운 결실이 만들어지지 않은 걸까? 이유는 사실 간단하다. 진심의 고마움이 담기지 않은 가짜 칭찬이기 때문이다. 아이가 훌륭한 인재가 되길 바라며, 혹은 빨리 부모의 손길이 덜 필요한 아이가 되기를 바라며, 잘했다고, 대단하다고 칭찬할 때, 정말 잘한 것이라고, 대단히 훌륭한 모습이라고 생각했는가? 다시 되새김질해보자. 이를 혼자 닦고 나온 어린 자녀에게 감동하는 것은 솔직히 다섯 번 이내일 것이다. 횟수에 개인차는 있겠지만 어쨌든 더 이상 감동이 없으면서도 칭찬을 계속하면 칭찬의 역습이 시작된다. 칭찬이 없으면 이를 닦지 않거나, 혹은 칭찬을 해줘도 이를 제대로 닦지 않는 아이가 되는 것으로….

진심이 담기지 않는 순간 칭찬은 멈춰야 한다. 아이가 혼자 이를 닦고 나온 것이 더 이상 감동스럽지 않다면, 그저 이를 닦았다는 것에 관심을 가져주는 것이 진정한 사랑이 된다. "이 닦았구나. 개운해?"

여기까지가 진심이니, 여기까지만 해야 한다. 이것은 어린아이 뿐 아니라 어른에게도 마찬가지이다. 고마움으로 감동이 일어날 때는 고마움과 칭찬을 솔직한 기쁨으로 표현하고, 감동과 기쁨이 느껴지지 않을 때는 그저 관심을 표현하는 것이 고마움의 순리이자 풍요를 이루는 길이다.

칭찬 중에서 '똑똑하다, 천재구나, 머리 좋다.' 같은 표현은 좋은 표현이 아니라고 심리전문가들은 지적한다. 저런 표현은 상대에게 부담감을 주면서 오히려 자존감을 떨어뜨린다는 것이다. 중요한 것은 표현의 방법보다 역시 진심의 여부이다. 다른 부모들은 어떨지 모르겠지만 솔직히 내 아이가 천재 같아 보이고 똑똑해 보이는 순간은 그렇게 많지 않다. 정말 어쩌다 간혹 있을 뿐이다. 그러나 애쓰는 게 안쓰러워 보이는 순간은 꽤 자주 있다. 방 청소를 시켰을 때, 어질러진 방을 스스로 감당하기 버거워하며 지쳐 드러눕고, 시험 전에 하기 싫은 수학문제집을 붙들고 10분 만에 비비 꼬면서 푸는 모습을 보면 정말 용을 쓰는구나 싶다. 우리가 아이들에게 혹은 서로에게 일상적으로 해줄 칭찬 중에서 훌륭하다고 해줄 칭찬은 그리 많지 않으며, 노력이 가상함에 고마움을 느낄 순간은 자주 있다. 그래서 심리학적으로 상대가 노력하고 있다는 사실을 알아보고 그 노력을 가상함으로 여기며, 진심의 고마움을 표현하는 '수고했다. 노력해주어 고맙네.'라는 칭찬이 좋은 칭찬이 된다. 노력에 대한 칭찬은 일정 부분이라도 진심이기 때문에 자발적인 즐거운 노력을 풍요롭게 만들어 낸다.

그러나 '똑똑하다, 천재구나, 머리 좋다.' 같은 표현이 반드시 나쁜 칭찬인 것도 아니다. 진심이라면 이러한 표현도 상대와 나 사이에 교감이 이루어지고 풍요로운 증폭의 효과를 나타낼 수 있다. 가끔 아이의 행위에 정말 감탄하면서 나도 모르게 그만 "와! 천재인데."라는 표현이 튀어나올 때가 있다. 아이와 같이 미술 작품을 만들다가 기발하게 표현한 것을 접하면 강한 진심이 무의식적으로 튀어나오는 것이다. 이럴 때 나는 혹시 아이가 천재라는 표현에 부담스러울까 얼른 한마디 덧붙인다. "지금 이 순간, 이 방법의 천재". 이걸 한 횟수도 얼마 되지 않는데, 이제는 딸아이 스스로 자신이 만족스러운 순간 나에게 와 이렇게 자랑한다. "엄마, 나 이 순간 웨이브의 천재인 것 같아!" 진심의 기쁨으로 표출된 고마움은 표현이 무엇이더라도 상대와 교감하면서, 어른에게도 아이에게도 모두 자존감의 풍요를 불러온다.

고마움과 칭찬에서 가장 중요한 것은 진심이다. 진심이 아닌 칭찬과 고마움의 인사는 반드시 결핍의 역습을 불러온다. 그래서 유명한 어린 영재들이 진심의 고마움과 기쁨이 담기지 않은 질투의 칭찬에 노출되면서, 자존감이 바닥으로 추락하는 일이 생기는 것이다. 진심이 아닐 때 칭찬하지 않고 고마워하지 않는 것은 상대에 대한 진정한 배려이다. 그러니 진심이 아닌 배려차원의 칭찬은 우리 서로 주고받지 말자. 돈, 명예, 건강, 휴식과 같은 삶의 욕구 대상에 고마워하는 것도 마찬가지이다. 진심으로 고마워하지 않는 가식의 고마움이라면 삶에서 증폭으로 나아가지 못하고 결핍으로 나아간다. 칭찬과 고마움의 역습은 우리가 절대로 태양을 속일 수 없다는 반증이다.

그렇기에 풍요로운 삶을 살기 위해, 더 많은 사랑으로 행복하기 위해, 우리는 진심으로 고마워해야 한다. 이 7번 차크라의 진리를 이해함에도 불구하고 고마워하기가 정말 어렵다면 우리는 최후의 수단으로 지금 우리에게 아무것도 없다는 가정을 해보면 된다. 내가 돈을 원하는데 현재 금전 상황을 고마워하기 힘들다면, 만약 내 지갑과 통장에 이마저도 없는 삶을 가정해보자. 다시 나의 지갑과 통장 잔고를 떠올려보면, 우리는 비록 부족하더라도 현재 나에게 돈이 있음을 고마워할 수 있다. 내가 지금 투병으로 힘든 시기를 보내며 간절히 건강을 원한다면, 손가락 하나 깜빡할 수 없는 상황과 의식이 없는 생명을 가정해보자. 현재 버텨주는 나의 육체가 고마워질 것이다. 지금 내 옆에 있는 사람이 사라진다고 가정해보면 그의 소중함이 떠오르고, 그도 역시 나처럼 노력하고 있다는 사실을 알아볼 수 있으며, 그가 있다는 것만으로 고맙게 된다.

나에게 아무것도 없음을 가정하여 현재에 감사하다 보면 우리는 하늘에 기도할 때 더 이상 우리의 바램을 이루어 달라고 간청하지 않을 수 있다. 오로지 현재 내가 원하는 것이 있는 그만큼에 감사하는 완료형의 기도가 자연히 흘러나오게 된다. 신께 나의 바램을 간청하는 기도에는, 아주 조금씩 약한 응답으로 신이 지켜보신다는 것을 알려주신다. 현재 내가 바라는 대로 변화되는 중임을 알아보는 진행형의 기도에는, 좀 더 강한 응답으로 신이 함께하신다는 것을 알려주신다. 그러나 나의 바램이 이루어졌음에 감사하는 완료형의 기도에는, '네가 곧 나이니라.'라는 일체감을 알려주는 강렬한 응답으로 우리의 바램이 그대로 실현되는 창조가 펼쳐진다. 그러니 '제 인생이 꽃길이 되게 해주세요.'라는 기도에서 벗어나, '제 인생이 꽃길로 나아가고 있음에 감사합니다.'를 빠르게 지나쳐, '지금 제 인생이 꽃길임을 감사합니다.'에 언제나 머무르길 바란다.

그렇게 당신에게 아무것도 없는 상황을 머릿속에 그리면 당신에게 많은 것들이 있다는 사실을 발견하고, 진정으로 고마워할 수 있다. 그 하나하나의 발견으로 고마움을 늘려나가 언젠가 주어진 모든 것과 할 수 있는 모든 것이 고마운 삶과 존재를 꿈꾼다. 그런 존재의 정수리에는 언제나 뜨겁고 눈 부신 태양이 떠 있어 삶의 모든 것을 풍요롭게 하며, 그 풍요를 세상과 나눌 방안을 펼치도록 뇌가 확장될 것이다. 진심으로 고마워하는 마음은 우리에게 기적을 이룬다. 풍요의 기적을 이루어가는 것은 이 우주가 바라는 절대가치이다.

1) 7번 차크라의 결계

이것은 고마움을 주고받음으로 [혼백신의지]의 힘을 이용하여 정수리의 7번 차크라를 보호하고 치료하는 결계이다. 여러분의 번영을 위하여 7번 차크라가 자유롭게 우주와 소통하며 치유와 확장을 촉진하여 줄 것이다. 삶의 풍요를 꿈꾸며 무엇을 이루고 싶을 때마다, 이 기도를 함께 해보시라. 그리고 여러분이 고마워하는 모두가 되어 읽어주길 바란다. 그 고마움은 그들과 여러분을 동시에 풍요롭게 해줄 테니.

(1) 고마움

* 지난날 우리에게 주어졌던 삶에 감사해요.
우리는 의식보다 더 거대한 무의식의 에너지를 지니고 있으니,
거대한 에너지로 삶과 세상을 창조하는 것이 고맙습니다.

오늘 우리에게 또 다른 새로운 기회가 주어졌음에 감사해요.
우리에게 이 새로운 기회를 열렬히 사랑할 에너지가 있으니,
그리하여 창조되는 보람과 즐거움의 번영에 감사합니다.

앞으로 삶의 행복이 주는 또 다른 기회 역시 감사하지요.
우리에게 이 새로운 기회를 겸허히 사랑할 에너지가 있으니,
그리하여 완성되는 삶의 안녕함에 감사합니다.

* 사랑과 축복으로 우리를 창조하신 신께 감사드려요.
신께서는 사랑체험의 목적만으로 이 세상을 창조하셨기에,
모든 실체는 사랑이며, 사랑 아닌 것은 허구라는 것이 고맙습니다.

언제나 우리를 사랑하고 축복하여 주시는 신께 감사드려요.
공평한 우주의 법칙 속에서 사랑을 체험할 수 있으며,
우리의 자유의지로 영원히 확장되어 가는 것에 감사합니다.

앞으로 우리의 확장으로 펼쳐질 영광과 평화에 감사합니다.
영광과 평화 속에서 우리는 진리이고, 빛이고, 생명이기에,
우리가 신의 일부라는 사실이 고맙습니다.

* 자신의 아쉬움을 인정하고 사랑하고자 했던 지난 노력들로,
스스로를 포용하고 사랑으로 통합하며,
본연의 모습으로 펼쳐지던 순간들에 감사하도록 해요.

오늘도 자신을 끊임없이 재발견하는 성찰 덕분에,
나는 한층 더 아름답고 훌륭하여지니,
지금의 나에게 넉넉한 고마움을 표하도록 해요.

우리는 신을 똑 닮은 창조물이라는 사실을 기억하세요.
그리하여 신의 위대함과 신성함을 그대로 부여받았기에,
당신이 작은 신이라는 사실에 감사하세요.

* 지난날 우리와 함께한 이들이 모두 고맙습니다.
내가 그들과 같다는 걸 발견하고,
공감과 위로를 받을 수 있었던 것이 너무 감사했어요.

오늘도 역시 혼자가 아닌 함께이기에 감사해요.
그들이 나와 같이 최선을 다하고 있음을 알고 느끼면서,
그들에게 손을 내밀 수 있다는 것이 참으로 행복하네요.

우리는 함께할 수밖에 없는 운명인 것에 감사해요.
나의 부족함은 그들이 채우고, 그들의 부족함은 내가 채우며,
우리는 모두 하나의 존재로 완벽해지는 진리가 참 고맙습니다.

(2) 감사받음

* 그동안 우리가 극복한 고난에 대해 삶이 고마워하고,

우리가 스스로의 삶을 사랑해준 만큼 삶이 고마워하며,

그 사랑의 결과를 우리에게 준다는 걸 깨달아요.

오늘 우리는 삶이 고마워할 선택을 하고,

삶이 고마워할 마음을 갖고,

삶이 고마워서 보은할 행위를 하도록 해요.

우리는 삶의 창조자로서 고마움을 받으니,

삶의 모든 순간을 사랑하여,

삶의 모든 것으로부터 고마움을 받도록 해요.

* 우리가 우주의 법칙에 전적으로 동의하여,

우리의 운명을 받아들이고 우주에 동참하는 것을,

하늘은 고마워함을 기억하세요.

우리가 우주의 순환고리에서 온전한 자유의지를 다하여,

스스로 성장하고 확장되어 영광과 평화를 넓혀가는 것을,

하늘이 우리에게 고마워함을 알아봐 주세요.

우리가 넓혀낸 영광과 평화는 우주에서 영원하며,

신을 더욱 확장시키고 영광되게 하니,

신이 고마움으로 영원한 진리와 빛과 생명을 더해주십니다.

* 내가 애정으로 나를 성찰하고 통합하면서,

자신의 아픔과 한계를 극복하여 성장한 모습으로,

스스로를 행복하게 한 것에 대해 진심으로 고마워요.

당신이 사랑의 존재로 창조되었다는 사실이 참 좋아요.

사랑을 위해 많은 훌륭함과 아름다움을 품고 있기에,

그 훌륭함과 아름다움이 세상의 빛이 되는 것에 감사합니다.

앞으로 애정 어린 성찰로 우리의 위대함을 모두 기억해내고,
그 기억으로 아홉 차크라 모두를 빛으로 활짝 피워내면서,
신성으로 드러날 나에게 고마움을 넘어선 경의를 표합니다.

* 우리의 행동, 마음, 선택을 고마워할 이가 생각보다 많아요.
그들이 말로 못 했더라도 마음으로 고마워함을 믿어요.
그 믿음이 우리가 더 많이 사랑할 힘이 될 거예요.

오늘도 누군가가 고마워할 수 있는 선택을 해봐요,
그 선택에 진심의 사랑만을 담아서 행동하여,
전해지는 사랑으로 감사함을 받기를 바래요.

우리는 결국 하나의 존재이기에,
우리가 그들에게 한 것은 곧 우리 자신에게 한 것이니,
감사함이 없더라도 충분함을 알아주세요.

(3) 고마움-우리-감사받음의 통합

* 그동안 받은 고마움에 참으로 감사합니다.
그동안 전할 수 있었던 고마움 역시 감사합니다.
그동안 이어진 사랑을 축하합니다.

아직까지 전하지 못한 고마움에 용서를 구하며,
아직까지 받지 못한 감사들도 마땅히 용서하며,
우리들의 풍요로운 사랑을 축복합니다.

결국 모두 감사받게 될 과정을 축복하며,
이제 모든 것에 감사함을 전할 따름이니,
우리들의 충만한 사랑을 축하합니다.

12. 8번 차크라: 용서함 - 우리 - 용서받음

　8번 차크라의 가치는 용서이고, 9번 차크라의 가치는 축복이다. 용서와 축복은 우리가 사랑을 체험하는 중에서 가장 최상위의 가치이다. 창조주이자 우리 모두인 신께서는 처음과 같이 이제와 항상 영원히 모든 것을 용서하며 축복하고 계신다. 신은 모든 것을 용서하며 축복하지 않는 순간이 없다. 용서와 축복은 신의 항상심(恒常心)이기에 사랑의 최상위 가치이다. 그래서 사랑의 최상위 가치를 담은 8번과 9번 차크라는 우리의 육체에 갇혀 있지 않고 몸 밖 머리 위에 존재한다. 신의 항상심과 우리 영혼의 의지가 언제나 함께일 수 있도록 말이다. 8번과 9번 차크라와 소통하는 천왕성과 해왕성 역시 태양계의 가장 밖에 위치하여, 가장 큰 공전을 하면서 태양계를 감싸고 있다. 신의 항상심이 다른 모든 차크라를 감싸는 것과 같이…

　최상위 가치를 담은 몸 밖의 차크라는 우리의 {혼백신의지}를 통합하고 반영하는 역할을 한다. 축복의 가치를 담은 9번 차크라는 우리의 {혼백신의지} 중 생리적인 힘을 통합하고 반영하며, 용서의 가치를 담은 8번 차크라는 우리의 {혼백신의지} 중 병리적인 힘을 통합하고 반영한다. 즉, 8번 차크라는 용서의 가치로 우리에게서 사랑이 아닌 허상의 힘을 통솔한다. 우리의 {혼백신의지}에 있는 병리적인 힘 중에서 사랑의 가장 반대인 의식을 반명수(反命數)라고 한다. 우리는 자신 안의 사랑을 규정하고 체험하며 명수(命數)를 쌓아 가는데, 명수에 가장 반대되는 힘이 반명수이다. 반명수를 결정하는 것이 바로 8번 차크라이다.

혼(魂)이 중심이 되는 반명수는 미움이다. 백(魄)이 중심이 되는 반명수는 원망이다. 신(神)이 중심이 되는 반명수는 부정이다. 의(意)가 중심이 되는 반명수는 거짓이며, 지(志)가 중심이 되는 반명수는 무책임이다. 미움, 원망, 부정, 거짓, 무책임은 그동안 종교에서 언제나 경계할 것을 강조해온 인간의 죄의식, 우리가 인간의 죄라고 여겨온 것들이다. 기존의 종교에서 반명수들을 유독 경계한 이유는, 우리 마음에 반명수가 생기면 영혼과 마음의 거리가 멀어져 스스로를 제어하기가 어렵고, 사랑으로 이루는 확장이 멈춰지기 때문이다. 우리의 마음에 반명수가 있을 때에는 더 이상 명수가 쌓이며 확장되지 않는다. 참회로 반명수가 소멸한 이후에야 다시 명수 확장이 이루어 질 수 있다. 그러니 우리의 확장을 정면으로 가로막는 반명수를 이해하는 것은 사랑을 체험하는 데 매우 유리하다. 이제 무엇이 반명수가 되는지 구체적으로 이야기해 보겠다.

우선 미움부터 이해해보자. 미움은 단지 상대를 보기 싫어하는 감정이 아니다. 누누이 강조하지만, 우리는 누군가를 혹은 무언가를 싫어할 자유로운 권리를 가지고 있다. 싫어하는 감정은 우리의 영혼을 가로막지 않으며 다만 싫어하는 것이 많은 사람은 스스로 좀 피곤하게 살 뿐이다. 우리가 사랑을 확장하다 보면, 결국 싫어하는 것도 싫어하는 감정을 그대로 두고 사랑할 수 있다. 그런데 미워하면서 동시에 사랑할 수는 없다. 미움은 상대가 아프길 바라는 마음이다. 내가 죽도록 힘든 이만큼 상대도 아프길 바라는 마음, 내가 너무나 버겁게 고단한 만큼 상대도 고생하길 바라는 마음, 내가 절망에 빠져있는 만큼 상대도 실패하기를 바라는 마음, 이것이 미움이다. 미움의 최고치는 결국 저주이며, 상대가 없어져 버리길 바라는 마음이다.

우리 인간은 아무 일 없이 누군가를 미워하지 않는다. 자신이 상처 입고, 아프고, 괴로운 것을 견디기 힘들 때, 그 아픔이 터져 나와 미움을 갖게 된다. 그러니 미움의 반명수가 있다는 것은 그만큼 아프고 힘든 고통의 시간을 견뎠다는 의미이기도 하다. 그래서 미움의 반명수를 참회하는 것은 자신의 상처를 되돌아보고 치유하는 길이다. 괜찮다고, 그 고통의 시간을 잘 견뎠다고, 이제 그 아픔이 아물어가며 내가 성장하고 있다고 위로하며, 이제 더 이상 미워하지 않아도 된다고, 미움에 갇히지 않겠다고 다짐하는 것으로 미움의 반명수는 소멸한다.

원망은 남을 탓하는 마음이다. 저 사람 때문에 힘들다고 느끼며, 그 사람만 없으면 잘 될 거라고 생각한다. 내가 확장하기 위해서는 스스로가 변해야 하는데, 원망은 자신이 아닌 타인에게서 문제점을 찾기에 우리의 확장을 가로막는다. 사실 원망의 감정은 누구나 쉽게 갖는 편이다. 내가 바쁘게 어딜 가야 하는데, 누가 말을 붙이거나 전화가 오고 차가 막히면 쉽게 상대나 상황을 원망한다. 그러나 다행히도 우리의 짜증 섞인 감정적 원망은 쉽게 반명수가 되지 않는다. 정말 중대한 이유가 자신에게 있는데 알아보지 못하고 상대를 원망해야만 반명수가 된다. 또는 상대가 나에게 은혜를 많이 베푼 사람임에도 짜증 섞인 원망을 가질 때 반명수가 되어 우리의 영혼을 가로막는다. 원망 역시 그 최고치는 상대가 없어져 버렸으면 하는 저주이다.

우리 인간은 반명수가 될 만한 원망을 쉽게 품지 않는다. 삶의 목적과 방향을 잃고 혼돈에 갇힐 때, 자신의 중대한 이유를 알아보지 못하고 원망하게 된다. 그러니 우리가 원망의 반명수를 소멸시키기 위해서는 잠시 그 자리에 멈추어 설 필요가 있다. 혼돈 속의 자신에게 괜찮다는 위로로 진정시키고, 그 혼돈 속에서 원망의 대상이 실은 나에게 새로운 기회를 제공하고 있다는 사실을 생각해보자. 그렇게 원망에서 벗어나 스스로를 재발견하며 반명수는 사라지고 성장한다.

반명수가 되는 부정은 자기 자신을 미워하고 존재가치를 부정하거나, 신의 존재를 강하게 부정하거나, 사랑을 부정하는 것을 의미한다. 우리는 지독한 절망에 빠질 때 자신의 존재가치를 부정한다. 살아야 할 의미가 없다고 생각하고, 살 가치가 없다고 여긴다. 절대자 신이 있다면 이런 절망을 줄 수 없다고 생각하면서 이 세상에 진정한 사랑 따위는 없다고 좌절한다. 또는 너무나 아프고 힘든 상황에서 도저히 상대를 미위할 수 없을 때, 우리는 자신을 미워하기도 한다. 상대에게 상처받고 화를 내다가 극심해지면 스스로를 때리고 자해하는 모습이 그런 예이다. 그래서 부정의 최고치는 자신이 없어져 버렸으면 좋겠다고 생각하는 자기저주이다.

스스로를 부정하고 신을 부정할 만큼 사랑을 부정해버리는 상황은 어두운 절망의 상황이다. 부정의 반명수가 있다는 것은 빛이 하나도 없는 심적 암흑을 겪었다는 걸 의미한다. 그러나 다행히도 우리의 삶에 어둠만이 지속되지는 않는다. 살다가 보면 결국 아무것도 없던 암흑에서 한 줄기 빛을 발견한다. 그 작은 희망 하나를 붙잡고 다시 자신과 사랑을 믿으며, 혹은 창조주의 사랑을 믿으며, 스스로를 일으켜 세우는 것으로 부정의 반명수는 소멸된다. 타인을 차마 미워할 수 없어 자신을 미워했던 부정 역시, 상대가 차마 미워할 수 없는 고귀한 존재이듯 나 역시 고귀함을 다시 생각하여 사라지게 할 수 있다.

거짓도 원망처럼 우리 삶에 일상적으로 난무한다. 당연히 이런 일상의 거짓은 반명수가 되지 않으니 안심해도 된다. 반명수가 되는 거짓은 누군가에게 곤란과 해로움을 주고 또는 상대의 사랑과 신뢰를 배반하거나, 마지막으로 신과 우주를 속이려는 세 가지 거짓이 해당된다.

우리 인간은 결코 함부로 타인의 삶을 망치려고 하거나 배신하지 않는다. 그런데 자신의 모든 것이 무너진다는 착각에서 돌파구를 찾지 못할 때, 살아남기 위해 부지불식간에 타인에게 해를 끼치는 거짓을 행할 수 있다. 이럴 때는 자신이 무너진다는 착각을 다독이며 그 거짓에 곤란했던 상대에게 미안함으로 반명수가 사라지게 된다. 또한, 우리는 자신에게 주어진 사랑의 고마움을 망각할 때, 배신의 거짓을 행하여 반명수를 만들기도 한다. 이러한 배신의 거짓은 상대의 기대를 저버리는 것과는 별개이다. 우리는 누군가의 기대대로 살 의무가 없으니 상대의 기대에 맞추어 살 필요도 없다. 단순한 기대 이상의 신뢰와 사랑에 대해 배신의 거짓을 행하는 것이 반명수가 된다. 이때에는 내가 받은 사랑을 기억해내고 그 고마움을 되새기면서 참회할 때, 반명수가 소실된다.

타인에게 해를 끼치거나 배신의 아픔을 주는 거짓이 아닐지라도 신께 한 맹세를 저버리거나, 영적인 경험이나 기도의 응답과 관련한 거짓을 행할 때, 반명수가 된다. 그렇다고 신께 한 맹세는 절대로 번복할 수 없다는 의미는 아니다. 우리는 언제든 착각과 실수를 저지를 수 있기 때문에 잘못된 맹세를 신께 하기도 한다. 그러다 그 맹세가 잘못임을 깨닫게 되면, 그저 그 맹세를 지속할 수 없는 진심을 고하면 된다. 신께서는 언제나 모든 것을 용서하신다는 것을 믿고 미안함을 담아 고백하면 된다. 또한, 영적인 경험과 기도의 응답은 그 어떤 이유로도 거짓이 끼어들 수 없는 영역임을 이해하여 참회한다면, 신께 한 거짓의 반명수는 사라진다.

무책임이 반명수가 된다는 것은 인간의 가장 신성한 책임을 행하지 않은 것을 의미한다. 가장 기본적인 것이 가족에 대한 책임이며, 윤리를 자각하기에 갖는 책임이 반명수와 연관된다. 가족은 인류를 지속하게 하는 근간이기에 신성한 집단이다. 그래서 가족에 대한 책임은 결코 저버려서는 안 된다. 윤리를 자각하기에 우리가 지켜야 하는 책임은 법규위반 같은 사회적 제약을 의미하는 것이 아니다. 해로움을 알면서 폐기물을 무단 방기한다든가, 범죄현장을 목격하고 신고조차 하지 않는 외면은 인간의 도리를 저버리는 것이기에 반명수가 된다.

사실 우리 대부분은 본능적으로 가족에 대한 책임과 윤리적 책임을 다하려고 최선을 다하고 있다. 그러다 지친 순간에 중요한 책임을 맞닥뜨렸을 때, 힘없이 외면을 선택하여 반명수를 만들기도 한다. 윤리적인 책임을 다하지 않는 것도 살펴보면, 대체로 삶의 피로에 짓눌린 채 무감각해지면서 무책임의 반명수를 만들어낸다. 그래서 무책임의 반명수가 있다는 건 지치고 힘들어 무기력했던 시간이 있었다는 의미이기도 하다. 그러니 지친 자신에게 힘이 날 수 있는 것을 행하고, 지난 무책임에 미안해하며, 다시 책임을 다하는 삶을 다짐하는 것으로 반명수는 소멸한다.

무책임의 반명수에서 한 가지 더 알아둘 것이 있다. 책임을 다하지 않은 반명수 뿐 아니라 책임이라는 착각으로 상대에게 부당한 행위를 하거나 강요하는 것도 무책임의 반명수가 될 수 있다는 점이다. 우리는 보통 자신이 좋고 옳다고 생각하는 것을 상대에게 권한다. 가끔은 권하는 것을 넘어 반드시 이행시키는 것이 책임이라고 여긴다. 그런데 만약 그 행위가 상대 영혼의 의지에 반하는 것이라면 무책임의 반명수가 된다. 예를 들어, 화가가 꿈이라 그림을 그리지 않고는 도저히 못견디는 자녀에게 그림을 빼앗고 공부를 강요하거나, 종교를 전도하면서 상대 영혼의 의지를 짓밟게 되면 무책임의 반명수가 된다. 우리의 행위가 책임이라는 미명으로 누군가의 자유의지를 꺾어서는 안 되기 때문이다.

여기까지 우리의 확장을 정면으로 방해하는 다섯 가지 반명수를 풀어냈다. 반명수가 생기면 영혼과 마음의 거리가 멀어져 심리적인 어려움을 겪는다. 화를 주체하기 힘들어지기도 하고 우울감에 빠지는 등 자신의 감정을 주체하기가 어렵다. 반명수는 주로 상처 입고, 지치고, 아플 때 형성되기 때문에 우리는 본연의 모습을 잃어가는 자신을 당연시하게 된다. 그리고 아픔을 극복하면서 자신이 품었던 반명수를 후회하거나, 그 생각을 반대로 뒤집으면서 자연스럽게 소멸시킨다. 어떨 때는 금방 욱하면서 반명수를 품었다가, 금세 '내가 너무 과한 생각을 했네.' 하면서 소멸시키기도 한다. 그렇게 반명수는 누구에게나 있다가 사라지는 것을 삶에서 여러 번 반복한다. 그리고 대체로는 그리 오래 품고 있지 않는다. 삶의 방향이 완전히 잘못된 길을 가고 있을 때에나 여러 반명수가 오래 품어지는 것을 볼 수 있다. 그러한 이라도 삶의 방향을 되찾으면 참회로 모든 반명수를 일시에 사라지게 할 수 있다.

간혹 반명수를 자연스럽게 후회하지 못하고 지나칠 수 있다. 그 상태로 오랜 시간이 지나 기억에서 사라진 반명수는 무의식에 들어가 심리적인 어려움은 엷어진다. 대신 무의식의 반명수는 육체적인 병증으로 잘 표현된다. 우리는 몸이 힘들고 아픈 상황이 지속될 때 '내가 잘못 살았나.' 다시 곰곰이 생각해보기 때문이다. 이런 병증은 반명수로 뜬금없이 생겨난 것은 아니다. 그 환자의 건강 상태에 의해 자연히 발생한 것이고, 일반적이라면 치료로 잘 회복될 병증이지만, 반명수가 일으키는 에너지로 인해 회복이 더디고 통증이 가중되어 어려움을 겪는다. 이런 병증은 해당 반명수에 대한 경혈 치료를 시행했을 때 확연한 경감을 나타내어, 반명수로 악화된 병증임을 확인할 수 있다. 이 경우에는 육체적 치료뿐만 아니라 환자가 자신의 반명수를 기억하려 애쓰면서 그 의식을 뒤집어야 완치로 나아가게 된다.

무의식에 들어간 반명수를 기억해내지 못한다고 꼭 치료를 받아야 하는 것은 아니다. 반명수를 품은 이가 그 반명수가 생긴 것과 비슷한 상황에서 지난번과 달리 이해와 용서를 선택할 때, 지난 반명수는 소멸된다. 그래서 무의식에 반명수가 있는 이들은 비슷한 상황을 반복해서 체험하게 된다. 반복된 경험을 통해 결국 사랑을 선택하고 성장하면서 지난 반명수를 소멸시킨다.

반명수에서 가장 중요하게 알아두어야 할 것은 우리에게 반명수가 있다가 사라지는 모든 과정은 신이 일방적으로 심판한 결과가 아니라는 점이다. 기존의 종교에서는 우리의 죄를 신이 심판한다고 하지만, 사실 반명수는 신과 우리의 영혼이 합의한 결과이다. 신이 이끄는 길에서 내 영혼이 이런 마음은 반명수가 되어야겠다고 동의하여야만 나의 반명수가 된다. 그것이 사라지는 것 역시 나의 영혼이 우주의 법칙을 기반으로 사라지는 것에 동의하여야만 소멸시킬 수 있다. 신과 우리는 하나의 존재이며, 신은 우리를 완벽히 존중하기에, 반명수의 생성과 소멸은 신의 뜻이면서 동시에 우리 영혼의 자유의지가 반영된 결과이다.

우리의 영혼이 동의하였다는 것은 우리에게 형성된 반명수는 우리가 극복할 수 있다는 확신이다. 우리가 극복하지 못할 고난은 우리에게 찾아오지 않는다. 우리가 극복하지 못할 아픔은 반명수가 되지 않는다. 그렇다고 우리에게 찾아온 고난이 쉽게 용서할 수 있다는 의미는 아니다. 우리의 고난을 용서하고 반명수를 뒤집는 과정은 매우 힘들고 버거우며 때로는 고통스러운 일임이 분명하지만, 우리가 할 수 있다는 것 역시 분명한 사실이다. 얼마나 많은 이가 엄청난 고난에서도 자신을 일으켜 세웠는지 우리는 수도 없이 열거할 수 있다. 그들이 그리고 우리가 그동안 살아온 삶에서 고난을 극복할 때, 얼마나 힘들었는지 똑똑히 기억한다. 그 힘든 걸 해내는 것이 우리 인간이라는 사실 또한 언제나 기억해야 한다.

그래서 반명수의 기준은 사람마다 다르다. 어떤 이에게는 반명수가 아닌 수준의 원망이, 누군가에게는 반명수가 되는 원망이기도하다. 그 기준은 각자의 8번 차크라에서 종합한 (혼백신의지)의 상태에 맞추어 결정된다. (혼백신의지)가 확장되어 부정적 공간이 줄어들수록 더 엄격한 기준으로 반명수가 결정된다. 자신이 극복할 수 있는 수준으로 반명수가 결정되는 것이다. 그렇기에 반명수는 언제나 공정한 결과이다. 각자에게 가장 적합한 기준이 적용되기에 우리의 영혼이 흔쾌히 동의할 수 있는, 공정한 우주의 법칙이다.

우리는 신께서 언제나 보내는 용서를 반명수에 대해 참회함으로써 스스로 받아들인다. 스스로 깨닫고 반명수에 대한 생각을 뒤집지 않는다면 우리의 영혼은 신의 용서를 차단하고 받아들이지 않는다. 반명수에 의한 고통은 영혼의 의지가 반영된 것이다. 우리의 영혼이 우리의 의식을 이끄는 한 방편이다. 왜 이토록 힘든 것인지 것이 스스로에게 묻고, 그 답으로 반명수를 뒤집어 영혼의 의지가 삶에 반영되도록 하는 방편이다. 이 순리에 따라 우리에게 아픔을 준 상황을 용서하고, 스스로를 용서하며, 때로는 신을 용서하면서, 신의 용서를 받아들인다. 이것이 용서의 가치로 반명수를 소멸시키는 원리이다. 그래서 용서는 스스로를 빛으로 인도하는 고차원적인 사랑이다.

용서는 반명수를 참회하는 자신에게만이 아니라, 우리의 관계에서도 고차원의 사랑이다. 용서는 미안함과 마찬가지로 관계성 카르마에서 적대감과 죄의식을 소멸시킨다. 그 효과가 같음에도 용서가 고차원적인 이유는 미안함은 적대감이 형성된 원인과 결과에 맞춘 해소이지만, 용서는 인과에 얽매이지 않는 사랑으로 해소하는 것이기 때문이다. 상대를 용서하는 것으로 적대적 관계에서 서로 자유로워질 수 있으며 새로운 관계를 시작할 수 있다. 그래서 우리가 모두를 용서하는 것은 언제나 옳다.

우리는 언제나 옳은 용서를 어떻게 이룰 수 있을까? 가장 명쾌한 방법은 신이 우리를 용서하는 것을 벤치마킹하면 된다. 우리 모두인 신은 언제나 항상 모든 것을 용서하고 있다. 용서는 신의 언제나 그러한 마음이며, 늘 현재진행형이다. 우리가 반성하는 데 시간이 오래 걸렸다고 용서하지 않는다거나, 죄가 너무 크거나 많다고 용서에 인색하지도 않다. 우리가 반명수를 갖고 참회하지 않고 있을 때에도 신은 우리를 벌써 용서하였다. 다만 우리의 영혼이 신의 용서를 받아들이지 않고 스스로 참회의 길을 선택하는 것이며, 참회가 이루어졌을 때 스스로를 열어 신의 용서를 받아들인다.

그래서 진정한 용서의 첫 번째 조건은 언제나 모든 것을 용서하는 것이다. 그가 자신의 잘못을 반성하든 안 하든 상관없이 용서할 조건을 따지지 않고 용서하는 것이 진정한 용서이다. 우리는 모두 하나의 존재이며, 모든 존재의 본질은 사랑이자 신의 일부이기에, 우리 모두는 용서받기에 늘 합당하다. 무엇을 잘못하였든, 얼마나 잘못하였든 우선은 먼저 용서하는 것이 신을 벤치마킹하는 진정한 용서이다. 먼저 용서하는 것은 자신을 평화롭게 한다.

그러나 신의 용서가 언제나 현재진행형이더라도, 잘못에 대해 아무 일도 없는 듯 그냥 넘어가지는 않는다. 신은 용서와 함께 우리에게 잘못을 알아볼 기회를 끝까지 제공해준다. 반명수가 생겼을 때, 마음과 영혼이 멀어지는 어려움으로 그러한 기회를 제공한다. 해소하지 못하고 기억에서 잊혀지게 되면 육체로라도 계속 신호를 보내며 기회를 준다. 그리하여 스스로를 알아보고, 다시 생각하여, 우리가 한계를 넘어서도록 이끌어준다. 신의 용서는 자신의 한계를 스스로 극복하도록 이끄는 것이다.

그렇기에 진정한 용서의 두 번째 조건은, 자신의 잘못을 알아보고 다시 생각할 기회를 상대에게 주는 것이다. 우리 속담에 '죄는 미워하되, 사람은 미워하지 말라.'는 말이 있다. 잘못한 사람은 진심으로 연민하면서 동시에 잘못에 대한 책임을 다할 기회를 주는 것이 용서이다. 그러니 누군가 나에게 고의로 사기를 쳤다면 사기라는 책임에 갇힌 상대를 연민하며 그가 자기의 책임을 다할 기회를 제공하기 위해 고소하는 것이 진정한 용서가 된다. 만약 연민만으로 책임을 다할 기회를 주지 않는다면 그것은 상대가 변할 기회를 잃게 한 반쪽짜리 용서일 뿐이다. 우리가 누군가의 잘못에 책임을 묻는 과정에서 할 수 있는 노력을 다하며, 그 노력의 마지막까지 연민을 붙잡는 것이 진정한 용서의 모습이다. 그리하여 그를 변화시키는 길로 인도하는 것이 용서의 순리이다.

그러나 상대의 사기나 도둑질이 고의가 아닌 절박함의 결과일 수도 있다. 그 잘못이 고의인지 절박함인지를 우리는 잘 구분해야 하고, 그것을 구분할 수 있게 하는 것이 상대에 대한 연민이다. 그를 진심으로 연민하여 용서하고자 한다면 고의와 절박함의 차이가 보인다. 그가 고의였다면 책임질 기회를 주면서 이끌어야 하지만, 만약 그가 절박함으로 나를 속였다면 그의 절박함을 함께 안아주는 것으로 우리는 용서해야 한다. 『레미제라블(Les Misérables)』 속 장발장의 도둑질에 신부님이 "내가 그에게 준 것입니다."라고 장발장의 절박함을 끌어안은 것은, 진정한 용서의 모습이다. 그 용서가 장발장을 변화시키는 힘이 되는 것이다. 우리가 절박한 순간, 신은 언제나 우리와 함께하며, 우리의 절박함을 용서하며 안아준다. 이것을 잊지 않은 이들은 언제나 신의 용서를 느끼며 스스로를 성장시킨다.

진정한 용서는 결국 상대와 나를 빛으로 인도하는 길이다. 상대가 자신의 잘못을 모를 때는 그것을 알 수 있도록 책임질 기회를 제공하여 빛으로 이끌고, 상대가 절박함에 추락하고 있을 때에는 그 절박함을 감싸 안으며 빛으로 구원한다. 그리고 그 모든 과정으로 내가 성장한다. 용서에 담긴 핵심은 바로 사랑으로 성장하는 것에 있다. 사랑으로 변화를 추구하는 것만이 절대가치로써의 용서이다.

그래서 참고 봐주고 기다리는 용서의 과정으로, 상대가 또한 내가 사랑으로 성장하고 변화한다. 〈몬스터 콜〉이라는 영화에서 보면 내면의 상처로 폭력적인 사고를 저지르는 아이에게 잘못을 타이를 때 벌을 주지 않는 어른들이 등장한다. 주인공 아이는 의아한 듯 "날 벌주지 않을 거예요?"라고 묻지만, 아이가 힘든 시기를 보내는 걸 이해하는 어른들은 "널 벌줘서 뭘 하겠니?"라고 반문하며 덮어주고 용서한다. 그리고 아이는 치열한 내면의 갈등을 봉합하고 스스로 일어난다. 나는 청소년기에 성당 교리수업에서 선생님께 반항하고, 장난치고, 버릇없는 행동을 일삼곤 했다. 그럼에도 불구하고 선생님들은 언제나 봐주고 넘어가며 나를 기다려주었다. 그 덕분에 사랑 하나면 모든 것이 괜찮다는 예수님의 말씀을 곧이곧대로 믿는 길을 지켜낼 수 있었던 것 같다. 어린 시절 내가 받은 용서는 성인기에 겪은 혼란에서도 길을 잃지 않게 해주었다. 누군가의 잘못을 이해하고 감싸며 기다리는 과정이 용서되는 것은, 내가 진심으로 상대를 연민하기에 내가 사랑으로 성장하고, 그 사랑이 상대에게 흡수되어 그를 변화시키고 지켜내기 때문이다.

그런데 만약 내가 참고 수용하는 과정이 나에게도 상대에게도 아무런 변화를 주지 못한다면 그것은 애석하게도 용서가 되지 못한다. 이때에는 솔직하게 힘들고 아픈 나의 감정에 대해 화내고, 울고, 불만을 쏟아내는 과정으로 상대에게 자신을 돌아볼 기회를 주고 내 상처의 고통을 덜어내는 것이 오히려 용서가 될 수 있다. 내가 덜 아프고 그가 성장하게 되는 것 역시 사랑으로의 변화이기에, 이것은 절대가치로써의 용서이다. 내 아픔을 풀어내는 과정이 용서가 되기 위해서는 언제든 상대를 안아줄 마음을 품고 있으면 된다. 내 아픔을 솔직히 풀어 소통하다 보면 미처 내가 발견하지 못했던 그의 아픔을 발견할 수 있고, 그것을 수용하고 안아주며 용서할 수 있다. 내 아픔을 솔직히 풀어 그가 조금이라도 변하고자 노력한다면 그의 노력을 안아주고 응원하며 용서할 수 있다. 참고 수용하는 과정과 내 아픔을 솔직히 드러내는 과정을 반복하여도 그의 아픔을 발견할 수 없고 그가 조금도 변하려고 노력하지 않는다면, 그의 선택을 존중하고 받아들여 그에게서 나를 자유롭게 하는 것으로 용서할 수 있다. 용서함으로는 언제나 사랑의 변화가 이어지게 된다.

우리 인류에 변화를 추구하는 진정한 용서를 실현하는 사회가 있다. 바로 북유럽의 교도소 시스템이다. 북유럽의 사회 구성원들에게는 범죄자를 용서하는 것이 당연한 것으로 합의되어 있다. 그래서 세상에서 분리된 범죄자들에게 인권을 최대한 보장하며 자신을 되돌아보는 데 도움이 될 건강한 복지 환경을 제공하고 있다. 만약 그들을 용서하지 않았다면 격리된 환경이 새로운 기회가 될 수 있는 안락한 시설은 꿈도 꿀 수 없는 일이다.

간혹 우리 언론에 북유럽 교도소가 소개되면 안락한 복지시설에 대해 '감옥으로 무슨 의미가 있는가'하는 의아함을 담은 답글들을 자주 보게 된다. 우리 사회에는 아직 범죄자들을 용서하는 의식이 보편화되어 있지 못하다는 반증이다. 그런데 사실 감옥의 의미는 범죄자를 벌하기 위한 시설이 아니다. 감옥은 죄를 지었던 사회에서 범죄자를 분리해 자신의 진리에 다가가도록 하는 3번 차크라의 절대가치가 반영된 인류의 문명이다. 그렇기에 북유럽의 교도소들은 분별-전일성의 절대가치와 용서의 절대가치가 온전히 실현된 사회 시스템이다. 북유럽 사회에 당연시되어 있는 용서는, 범죄자들을 진정한 참회와 교화로 이끄는 힘이 된다. 세계 최저수준의 재범률은 절대가치의 당연한 효과이다.

진정한 용서는 나를 평화롭게 하며 나와 상대가 변할 수 있는 최선의 기회를 제공한다. 여러분의 평화를 기원하는 마음으로 여러분에게 잘못한 이들을 모두 용서할 수 있기를 진심으로 응원한다. 잘못한 이들의 변화를 축복하는 마음으로, 여러분께서 그들에게 참회의 기회를 제공하는 용기와 아량을 내어주기 바란다. 혹시 여러분에게 남아있는 반명수가 있다면, 여러분의 찬란한 확장을 위하여 참회와 용서의 힘으로 모두 소멸시키기를 간절히 기원한다. 진정으로 용서하며 또한 용서를 받아들이며, 여러분의 8번 차크라를 넓히고 빛으로 가득 채워 나가기를 기도한다. 그렇게 8번 차크라의 위대함으로 영혼의 의지가 그대로 펼쳐지게 하는 통찰력이 여러분 모두에게 충만하기를 꿈꾸면서, 우리 모두이신 창조주를 닮은 용서가 우리 모두에게 당연히 이루어지는 날을 기다린다.

1) 8번 차크라의 결계

이것은 용서의 가치로 [혼백신의지]의 힘을 이용하여 8번 차크라를 보호하고 치료하는 결계다. 여러분의 평화와 확장을 위하여 이 기도를 읽는다면 8번 차크라가 자유롭게 우주와 소통하며 치유와 확장을 촉진할 것이다. 반명수에서 벗어나기 힘들고 버거울 때, 이 기도를 함께 하시라. 또 여러분이 용서하고 싶고, 용서받고 싶은 모두가 되어 읽어주기 바란다. 여러분과 그사이에 진정한 용서가 이루어질 힘을 키워줄 터이니.

(1) 용서함

* 지난 삶의 고난은 스스로 창조한 것이니 모두 용서해요.
그 아픔과 고난을 견디고 이겨낸 삶의 의지들과,
그 결과로 이루어낸 삶의 의미 앞에 모든 과거를 용서해요.

지금의 어려움은 우리가 진정으로 바란 기회이기에,
이 아픔을 통해 삶을 사랑할 의지가 더 크고 조화로워지니,
그저 모든 것을 나의 탓으로 받아들여 용서하세요.

결국 삶은 나의 창조이고 바램이니 아무것도 용서할 게 없네요.
그러니 삶의 모든 것을 그저 담담히 받아들이고 사랑하여,
용서할 것이 아무것도 없는 삶을 창조합시다.

* 지난 고난은 성장과 치유를 위한 기회였음을 깨닫고,
그 아픔을 통해 우리가 이룬 진화와 삶의 변화를 알아보고,
하늘이 준 그 기회에 감사하는 마음으로 용서해요

지금의 아픔은 하늘이 우리를 축복하여 주는 기회이기에,
하늘은 그저 이 기회로 우리의 영광과 평화를 바랄 뿐이니,
우리의 영광과 평화를 펼치기 위해 모두 용서하세요.

앞으로 우리에게 오는 모든 과정은 하늘의 축복임을 알고,

그 축복과 사랑을 감사한 마음으로 받아들이기에,

용서할 것은 이 우주에 없음을 깨닫고 영광과 평화를 이룹니다.

* 나의 지난 아픔을 용서하는 것은 나에게 기쁨을 선사하니,

나의 기쁨을 위하여 자신을 사랑하는 맘으로 용서하세요.

용서의 기쁨이 당신의 빛이 되어 드러나게 하세요.

지금의 어려움은 스스로 감당할 수 있기에 주어진 것이니,

당신의 진정한 능력에 합당하도록 모두를 용서하세요.

용서함으로 나의 훌륭함과 아름다움을 표현하도록 해요.

우리는 용서하기에 기쁘고, 결국은 용서할 수 있는 존재이니,

우리가 모든 것을 용서하는 것은 당연합니다.

결국, 우리는 아무것도 용서할 것이 없는 존재가 되어 갑니다.

* 지난 아픔의 대상에게 아무런 악의가 없음을 알고,

그저 나와 다른 길을 가고 있을 뿐임을 이해하여,

그가 가는 길이 어떤 것이든 그저 인정하고 용서해요.

지금 아픔의 대상들이 최선을 다하고 있음을 알고,

그저 자신의 한계에서 벗어나지 못하고 있을 뿐임을 기억하여,

진심으로 연민하는 마음으로 용서하도록 해요.

앞으로 우리는 모두가 하나라는 진리를 깨닫고,

그들 모두가 억겁의 시간 중 어느 순간의 나 자신임을 이해하여,

본질적으로 용서할 존재가 이 세상에 없음을 부디 깨달아 주세요.

(2) 용서받음

* 우리가 스스로 만든 삶을 부정하고 원망하면서,

그리하여 같은 어려움과 아픔을 반복해서 창조하고 경험하여,

자신의 삶을 고난으로 만든 아픔을 치유하고 용서받아요.

지금 우리의 삶을 사랑하는 마음이 조화롭지 못하기 때문에,

삶의 균형과 안녕이 온전하지 않음을 아는 그 깨달음으로,

삶을 조화롭고 충만하게 사랑하여 용서받길 바랍니다.

앞으로 우리의 삶을 온전히 조화롭게 사랑하여,

더 이상 삶에서 용서받을 것을 남기지 않아,

행복이 충만하고, 안녕한 삶을 누리기를 기원합니다.

* 신의 존재를 부정하거나 우주의 법칙에 대해 오해하고,

삶의 허구에 매몰되거나 심판과 징벌의 관념에 매몰되면서,

믿음과 순리로 성장하지 않은 아쉬움을 위로하고 용서받아요.

지금 우리에게 남은 혼란과 아픔의 이유는,

신과 하나로 모두가 사랑을 위한 것임을 느끼지 못한 것이기에,

부족한 깨달음과 체득에 용서를 구하고 용서받으세요.

앞으로 우리가 진리요, 빛이요, 생명임을 온전히 받들고,

모든 과정으로 사랑을 체험하여,

아무런 용서를 받을 필요가 없는 영광과 평화로 나아갑니다.

* 아쉬움을 자책하면서 스스로에게 화를 내고,

자신을 한계 지우고 제약하여,

왜곡된 자아를 표출한 아픔을 위로하고 용서받으세요.

지금도 미처 발견하지 못한 가능성에 용서를 구하고,

열심히 자신을 위로하고 꿈꾸고 실행하여,

스스로의 훌륭함과 아름다움을 드러내고 용서받도록 해요.

앞으로 자신의 모든 위대함과 신성함을 기억해내고,

아홉 차크라를 빛으로 채우고 넓히고 활짝 피워,

모든 것에 언제나 용서받는 존재가 되기를 기원합니다.

* 상대의 선의를 모르거나 악의가 없음을 믿지 못하여,

상처 입고 아파하며,

괜한 원망과 미움에 빠진 상처를 돌보고 용서받도록 해요.

상대가 최선을 다하고 있음을 알아보지 못하고,

비난과 질책과 외면을 선택한 것에 대하여,

한계에 갇힌 상대를 연민하는 마음으로 용서받으세요.

우리 모두는 사랑의 존재이기에,

서로 주고받을 것은 사랑밖에 없으니,

용서받을 필요가 없는 온전한 사랑으로 돌아오길 기원합니다.

(3) 용서함-우리-용서받음의 통합

* 그동안 받은 용서에 참으로 감사드려요.

그동안 베풀었던 용서 역시 기쁨으로 감사합니다.

그동안 용서로 펼쳐낸 평화를 축하합니다.

아직까지 용서받지 못한 것들에 간절히 용서를 구합니다.

아직까지 베풀지 못한 용서를 마땅히 전합니다.

우리들의 용서로 펼쳐지는 평화의 길을 축복합니다.

이제 더 이상 용서하는 것에 아무런 저항이 없으니,

결국 용서받을 일 없이 모든 것을 축복하고,

우리에게 남는 것은 오직 평화로운 축복뿐입니다.

2) 영화 <밀양> 속의 용서

영화 <밀양>에서 관객들에게 던진 질문이 있다. 나를 괴롭힌 가해자가 나의 용서
도 없이 하느님의 용서를 받는다면, 당신은 어떻겠는가? 그 내용을 대략 요약하자면
다음과 같다. 아들을 살해로 잃은 주인공이 괴로워하다 종교의 힘으로 일어나 살인
범을 용서하러 갔다. 그런데 살인범은 눈물로 회개하여 하느님께 용서를 받았다고
평온한 표정으로 말한다. 그리고 주인공은 하늘을 저주하며 망가져 간다. 고통이 절
절한 이 가상 설정에 대해 그동안 내가 경험한 반명수의 생성과 소멸, 그리고 한 인
간에게 얽힌 카르마의 무게로 분석해보고자 한다. 이걸 분석하는 것이 인간미가 떨
어지는 방식일 수도 있다. 그럼에도 불구하고 자신 있게 말할 수 있는 것은 반명수에
대해, 또한 카르마에 대해 내가 깨달은 것들은 나의 인간미로 가능했다는 점이다. 이
방식이 좀 낯설더라도 너그럽게 읽어주길 바란다.

살인범의 반명수를 추측해보자면, 세상을 저주하며 유괴를 결심한 부정의 반명수,
유괴 과정에서 아이를 속인 거짓, 살해한 미움, 어른으로서 아이를 보호해야 할 책임
을 저버린 무책임의 반명수가 모두 생겼을 것이다. 그럼에도 살인범이 평온할 수 있
었던 것은 정말로 신(God)께 용서를 받았기 때문이다. 하느님 앞에 진심으로 회개하
는 과정은 스스로의 영혼을 열어 언제나 주고 있는 신의 용서를 받아들이게 한다.
그 존재를 평화롭게 한다. 그렇다고 살인을 저지른 카르마가 모두 사라지는 것은 아
니다. 신과 합의로 이루는 반명수는 소멸되었지만, 생명을 잔인하게 해친 물리적 카
르마가 이 세상과 연결되어있고, 죽은 아이에게 준 마음의 상처가 남아있고, 생명을
빼앗긴 물리적 카르마가 죽은 아이의 삶에 연결되어 있다. 거기에 더해 아이를 잃은
고통을 겪는 주인공의 혼백에 준 상처와 삶에 카르마가 있고, 용서하려 했던 주인공
에게 다시 상처를 주며 의와 혼백에 관계성 카르마를 새로 만들었다. 그리고 그 아픔
으로 주인공의 삶이 크게 일그러지며 둘 사이의 물리적 카르마는 더 가중되었고, 사

랑과 용서의 길을 어지럽힌 카르마가 세상과 새로 이어졌을 것이다. 결론적으로 신에게, 관련된 이들이게, 세상에, 이 세 방향의 카르마들은 살인범의 영혼이 얼마의 시간이 걸리든 스스로 해소해야만 행복해질 수 있는 삶의 조건이 된다. 그리고 마지막으로 자신의 범죄로 고통을 겪은 주인공에게 사과하지 않고 용서받았다고 먼저 말하면서, 그 살인범의 영혼과 신은 다시 판단했을 것이다. 피해자에게 미안함을 망각한 것은 지난 회개의 본질을 잃었다는 판단으로, 다시 자신의 마음에 거짓과 무책임의 반명수를 형성한다. 신 앞에 한 회개를 거짓으로 만들고, 사과해야 할 책임을 저버렸기 때문이다. 영화에서는 그 살인범이 주인공과 면회 후 어떻게 되었는지 나오지 않지만, 아마도 그는 다시 반명수로 인해 심적 고통을 겪고, 어떻게 해야 신의 용서를 다시 받아들일지 깨닫는 과정을 겪게 될 것이다.

그리고 하늘을 저주하는 부정의 반명수로 괴로워하는 주인공은 작은 하나의 희망으로 반명수를 소멸시켜 갈 수 있다. 자신의 아이를 죽인 범인을 용서하지 않아도, 조금이라도 행복해지고 싶고, 또는 사랑하고 싶고, 사랑받고 싶다는 소망을 품는 것으로 그 영혼은 자신을 열어 언제나 주어지는 신의 용서를 받아들인다. 그렇게 평화를 향할 수 있다.

이것이 내가 그동안 반명수를 만들고 해소해온 과정으로, 또한 나에게 온 카르마를 해소해간 과정으로 깨달은 추론이다. 우리의 카르마는 신과, 세상과, 다른 이들과 이 세 방향으로 이어져 있다. 신과의 정신적 카르마는 명수와 반명수이다. 나의 명수가 확장되고, 반명수가 생성되고 소멸되는 모든 과정은 내 영혼과 신의 합의로 이루어진다. 신과의 물리적 카르마는 각자의 유전자와 피할 수 없는 운명 및 타고난 사주이다. 이 물리적 카르마들은 나의 영혼이 이생에서 모든 카르마를 해소하기에 가장 좋은 조건이다. 다른 영혼들과도 마음과 삶에 연결된 카르마 둘로 나뉜다. 마음의 상처는 마음을 구속하는 카르마가 되고, 사랑을 전하는 것은 마음에 빛을 연결하는 카르마가 된다. 삶에 해를 끼친 것은 삶을 구속하는 카르마가 되고, 삶에 이로움을 베푼 것은 삶에 빛을 연결하는 카르마가 된다. 세상과 연결된 카르마 역시 세상을 창조하는 집단의식(의식+무의식)과 물리적 세상에 연결된 카르마로 나뉘며, 이 역시 구속하는 카르마와 빛을 연결하는 카르마로 다시 나뉜다. 어디를 향하는 카르마든지 어둠의 카르마는 우리의 영혼을 구속하고, 빛의 카르마는 우리의 영혼을 자유롭게 한다.

내 행동과 마음의 어느 것 하나 이 우주는 놓치지 않고 모든 걸 기록하고 있다. 신은 우리 모두이기에 내가 만든 아픔에 연관된 모두에게 용서받고, 빚을 갚을 기회를 계속 주면서 행복이 열리게 한다. 어느 카르마 하나 그냥 소멸되지 않는 것은 신이 우리를 온전히 존중하며 사랑하기 때문이다. 언제나 존중하기에 용서하며 기다리고, 행복해질 수 있도록 기회를 계속 주는 것이 신의 사랑이다. 하느님은 모든 것을 창조하고 주재하는 신이고, 나는 나의 카르마를 창조하고 나를 주재하는 신이기에, 신과 신 사이의 사랑은 지금 우리의 삶의 방식으로 펼쳐진다.

13. 9번 차크라: 축복함 - 우리 - 축복받음

　마지막으로 소개하는 9번 차크라는 사랑의 최상위 가치인 축복을 담고 있다. 축복. 사전적 의미를 보면 '남 또는 남의 일이나 미래가 행복하기를 빌거나 그것을 기뻐하여 축하함, 행복하기를 빌거나 기뻐하여 축하하다.'라고 되어 있다. 누군가의 복을 기원하고 축하하는 축복은 신의 언제나 그러한 항상심(恒常心)이다. 언제나 우리가 행복하기를 바라고 우리의 행복을 기뻐하여 축하하는 신의 축복은 이 세상을 지배하는 힘이고 존재의 근원적인 이유이다. 그래서 축복받지 않은 존재는 이 세상에 없다. 창조주의 뜻 없이 예외적으로 존재할 수는 없는 노릇이니 모든 것에는 신의 축복이 담겨있다.

　축복이 우리의 일상에서 나타나는 가장 흔한 모습은 축하이다. 탄생과 생일을 축하하는 것은 생명과 존재에 대한 축복이며, 졸업과 입학을 축하하는 것은 삶의 과정을 축복하는 것이다. 또 다른 축복의 형태는 기념하는 것이다. 조상이 돌아가신 날 제사를 지내는 우리 문화는 조상의 지난 삶과 후생을 축복하는 것이고, 결혼기념일은 그 부부와 가족을 축복하는 날이고, 개교기념일, 창립기념일은 기관을 축복하며, 개천절, 광복절 같은 행사는 우리의 역사를 축복하는 날이다. 연인들이 연애 날짜의 백일을 기념하면서 자신들의 관계를 축복하고, 아기의 백일과 돌잔치는 생명의 시작과 앞으로의 삶을 축복하는 것이다. 우리는 백일, 돌잔치, 결혼식, 칠순 잔치와 같이,

간혹 삶에서 많은 축복이 넘칠 수 있는 날을 정하여 큰 잔치를 열기도 한다. 함께 모여 축하하고 기념하면서 축복을 몰아주는 것이다. 그런 의미에서 장례식도 한 삶을 마감한 이에게 축복을 모아주는 행사이다.

이렇듯 그동안 우리 인류는 신의 항상심인 축복을 특별한 날에 한정된 마음으로 펼쳐 축하를 주고받아 왔다. 우리는 열심히 축복을 주고받기 위해 다양한 문화를 발달시켜 왔고, 삶의 중요한 순간에는 반드시 많은 축복을 주고받아 왔다. 우리가 주고받은 축복은 우리의 사이를 사랑으로 채우는 카르마를 형성한다. 고마움과 축복은 너와 나 사이를 사랑으로 이어주는 절대가치이다. 축복과 고마움은 사랑이 아닌 허상으로 둘러싸인 상대계의 공간을 사랑으로 채우는 가치이고, 이 세상의 영광과 평화의 원동력이다. 그러니 우리가 무언가를 기념할 때는 으레 그러하듯 넘기지 말고 진심의 축복을 담으면 좋겠다. 생일에 진심의 축복을 보내는 것으로 1년간 생일 당사자가 빛날 수 있는 축복을 채워주고, 결혼기념일에 진심으로 부부관계의 시작을 떠올리고 축복하는 것으로 1년간 부부관계가 사랑으로 지속될 축복을 채우자. 참석한 결혼식과 돌잔치에서 음식을 타박하기 전에 축복이 먼저임을 잊지 않고 실천하길 바란다. 이 행사들은 우리의 사이가 사랑으로 채워지도록 발달한 인류의 문명이니, 그 의미가 온전히 지켜지면 좋겠다.

그런데 최근에는 큰 잔치의 형식과 금전적 거래가 중요해지면서 잔치에서 축복의 진심이 많이 사라졌다. 우리의 삶이 좀 더 풍요로워지면서 아이러니하게도 잔치의 의미가 퇴색될 수밖에 없는 것이다. 그러니 이제 우리의 축복은 특별한 날의 마음이 아닌 일상을 향해 나아가야 한다. 우리 모두인 신의 축복이 언제나 그러한 항상심인 것처럼 말이다. 우리가 일상 속에서 서로를 축복하는 것은, 상대가 존재의 목적을 향하도록 기원하는 마음일 것이다. 삶의 목적에 충실할 때 복이 올 수 있고, 행복을 누리게 되는 것이니까. 피곤함에 지쳐 짜증을 참지 못하는 배우자에게 충분한 휴식으로 그 피로와 실망을 넘어 본연의 모습이 펼쳐지기를 기원하고, 처음 걸음마를 하고 젖

병을 뗀 아이에게 대견하다는 축복을 보내고, 성적에 낙담한 아이에게 따뜻한 위로로 자신의 훌륭함을 잊지 않도록 응원하며, 힘든 상황에서도 묵묵히 자신의 책임을 다하는 동료에게 응원의 축복을 보내는 일상을 만들어 가자. 축복은 사랑의 최상위 가치이기 때문에 모든 것과 모든 상황을 축복할 수 있다.

축복은 모든 사랑과 함께하는 최상위 개념이다. 그래서 우리의 차크라 맨 위에서 우리의 모든 것을 감싸며, 축복의 행성인 해왕성은 태양계의 제일 밖에서 모든 태양계 별들을 감싼다. 창조주 하느님은 우리 모두이기에 언제나 모든 것을 축복하며, 그의 축복이 미치지 않는 곳이 없고, 그의 축복이 머물지 않는 순간은 없다. 축복은 모든 순간을 함께하는 절대가치의 최고봉이다.

모든 순간을 신께서 축복하고 계신다고 하면, 우리 삶의 고통에 정말 신의 축복이 함께 하는 것인지 의문을 품을 수 있다. 성폭행을 당하는 순간 정말 신의 축복이 있었다고 할 수 있는가? 자식을 사고로 잃는 고통 속에 정말 신의 축복이 함께하는 것이 가능한가? 영구적인 장애가 정말 신의 축복일 수 있는가 말이다. 만약 내가 그러한 순간에도 신의 축복은 함께 했다고 한다면 지금 고통의 순간을 가까스로 견디는 분들에게는 신에 대한 배신감을 느끼게 할 것이다. 그들은 네가 안 겪어봐서 모르는 거라고 답할 것이다. 그런 반응은 너무나 당연하고 옳다. 그러나 고통의 순간을 용서한 이들은 그 순간에 담긴 신의 축복을 결국에는 발견한다.

근육성이영양증을 앓던 미국의 매티 스테파넥(Matthew J.T. Stepanek)이라는 유명한 소년이 있었다. 이 소년은 자신의 형과 누나가 이 병으로 세상을 떠나는 것을 지켜봤으며, 자신을 보살피는 엄마 역시 같은 병의 환자이고, 자신 역시 같은 병을 앓으며 14년이라는 짧은 생을 살았다. 3살부터 시를 쓰면서 존재가치를 실현했던 매티는 우리에게 14년의 삶으로 용기와 희망과 평화를 전하는 시를 남겼다. 그가 인터뷰에서 했던 말이 있다.

"왜 하필 나일까? 라고 말할 수도 있을 거예요. 하지만 저는 이렇게 생각해요. 내가 아니어야 할 이유는 뭐야?"

내가 아니어야 할 이유가 없으니 괜찮다는 생각으로 매티는 자신의 삶을 진정으로 용서했으며 신을 용서했다. 그리고 그가 받은 찬란한 축복을 누리며 우리에게 사랑의 시집 『하트송(Heartsongs)』을 남겨주었다.

지금 이 지구상에 수많은 비극과 잔인한 범죄들이 저질러지고, 그로 인해 극한의 고통을 견디는 수많은 사람이 있으며, 장애로 인해 버거운 삶을 살아야 하는 이들이 있다. 그런 분들 앞에서 여러분이 겪는 고통에 신의 축복이 담겨있다고 말하기가 미안하고 또 미안하다. 그럼에도 불구하고 인간의 수많은 고통에 신의 축복이 담겨 있다고 말하는 나를, 부디 용서하여 주길 바란다. 평탄한 삶을 사는 내가 감히 이런 말을 하는 것을 용서하는 것에서부터 시작하여, 당신에게 고통을 준 우리 모두인 신과 당신의 삶을 용서하길 바란다. 부디 용서함으로 당신의 몫으로 주어진 신의 축복을 발견하고 모두 다 누리기를 간절히 기원한다.

도저히 축복할 수 없을 것 같아도 용서함으로 축복할 수 있다. 그리하여 축복은 모든 사랑과 함께하기에 창조주의 항상심이며 최고의 사랑이다. 그래서 우리가 사랑을 체험하도록 하는 다른 절대가치를 축복하는 삶이 가장 완벽한 삶이 된다. 생명의 아름다움과 경이로움을 기쁘게 감상하고 누리며, 탄생을 축하하고 죽음을 축복하자. 우리가 부여받은 생명으로 인해 위대한 창조자일 수 있는 행복에 겸허히 기뻐하며, 모든 창조의 근원인 생명을 축복하자. 자연이 보여주는 생명의 아름다움을 보고 느끼며, 우리와 함께하는 모든 생명의 순환이 완벽을 이루기를 기원하고, 집에서 키우는 화초를 축복하고, 놀이터에서 본 개미집에 축복을 보내자. 우리가 축복할 생명과 죽음은 언제나 우리 주위에 있으며, 축복하지 않을 생명은 없다.

우리가 함께하고 있는 이들을 축복하여 나와 그들의 자기실현이 이루어지기를 간절히 기원해보자. 요리를 시작한 이에게 맛있는 음식을 나누는 사랑으로 기쁘기를 기원하고, 이제 막 부모가 된 이들에게 부모의 역할로 성장하며 행복한 부모가 되기를 기원하고, 사춘기를 겪는 아이들에게 진정한 자아발견을 축복하며, 사회생활을 시작한 조카들의 자리매김을 기원하면서 그렇게 나와 내 이웃이 모두 행복하기를 기원하자. 내가 속한 직장의 번영을 기원하며 일하고, 우리 아이의 학교가 즐거운 곳이기를 기원하며, 우리 동네가 조금씩 발전되기를 바라며 힘을 보태고, 나라의 번영과 발전을 축복하며 투표하자. 우리는 언제나 누군가와 함께하기에 축복할 연대와 동료가 항상 옆에 있다. 나와 그들의 확장을 축복하며 함께 행복으로 나아가기를 꿈꾸자.

모든 것이 하나하나 분리되는 분석과정을 축복하여 세상의 진리가 세밀히 밝혀지기를 기원하자. 각각의 개별적 진실이 서로 소통하면서, 모든 것이 하나의 진리에서 같음을 기뻐하자. 내가 추구하는 길과 다른 길 역시 축복하며 서로 경쟁하고, 결국 모두가 하나의 목표라는 걸 알고 경쟁상대와 행복을 나누자. 그렇게 문명의 다채로운 발달을 축복하며, 그 다채로움이 소통하여 하나의 진리에 도달하는 길에 끊임없는 응원을 보내자. 우리 하나하나를 온전한 인격으로 분별해주고, 서로의 것을 소통하도록 하며, 우리를 하나로 묶어주는 사회제도와 예술과 과학적 성과를 격하게 축하하도록 하자. 일상에서 자신을 분리하는 모든 과정을 응원하고, 나를 내어주고 받는 소통을 기뻐하며, 전일성을 발견하는 모든 일상을 기원한다.

우리가 사랑하고자 하는 소망이 이루어지기를 기원하며, 그 소망을 지켜주는 믿음을 축복하자. 지금 나누고 있는 사랑의 마음들에 기뻐하며, 지금 사랑하지 못하는 마음들이 사랑으로 갈 것이라는 믿음으로 응원하는 것이다. 모두가 사랑하고 싶을 뿐이라는 우리의 유일한 소망을 축복하며, 그 소망으로 펼쳐지는 사랑체험의 기회들을 받아들이자. 모든 존재가 사랑이라는 믿음과, 지금 겪는 모든 과정이 사랑체험의 기회라는 믿음에 아낌없는 축복을 보내자. 우리의 유일한 목적이 사랑이라는 것을, 그 어떤 순간에도 잊지 않고 기억하기를 간절히 기원하면서….

우리가 지닌 삶의 책임을 다하기를 기원하고, 그 책임을 소명으로 누리며 자유로울 수 있도록 응원하자. 책임이 소명으로 전환되는 즐거움으로 행복하기를 기원하며, 삶의 책임을 축하해보자. 책임을 위해 애쓰는 이에게 자유가 펼쳐지기를 기도하며, 자유로운 이가 책임을 다할 소명을 발견하도록 축복을 보내자. 하나의 책임을 소명으로 이루어가는 모든 과정을 기쁘게 즐기며, 소명이 자유가 되는 모든 과정 또한 맘껏 즐기도록 하자. 그렇게 우리의 자유를 맘껏 축하하자.

우리가 진심으로 미안해하며 또한 사과를 받으며 세계평화를 이룰 수 있도록, 그 미안함과 아쉬움을 응원하고 축복하자. 우리가 고마움으로 풍요와 번영을 향해 나아가도록, 주고받는 감사함을 기쁘게 축하하자. 우리가 용서함으로 종국에는 고통조차 축복할 수 있도록, 모든 용서의 과정을 간절히 축복하자. 용서에 연민의 마음을 담도록 응원하며, 용서의 과정으로 나와 상대가 함께 확장됨을 격하게 축하하기 바란다.

우리는 모든 절대가치를 일상으로 축복하며 살아가고자 하는 존재이다. 우리의 차크라 구조가 그것을 증명한다. 그러니 우리의 머리 위에서 축복을 꺼내어, 우리의 모든 것을 축복으로 감싸며, 우리의 모든 것을 축복하며 살아가는 것, 그거면 충분하다.

1) 9번 차크라의 결계

이것은 축복의 가치로 {혼백신의지}의 힘을 이용하여 9번 차크라를 보호하고 치료하는 결계이다. 여러분의 명수가 확장되는 길을 넓히고자 할 때 이 기도를 읽는다면, 9번 차크라가 자유롭게 우주와 소통하며 치유와 확장을 촉진하리라. 여러분이 축복하고 싶고, 축복받고 싶은 모두가 되어 읽어주길 부탁한다. 여러분과 그 사이에 진정한 축복이 영원히 함께할 것이니….

(1) 축복함

* 우리에게 주어졌던 지난 삶을 모두 축복합니다.
삶에서 행한 우리의 선택과 마음과 행동을 모두 축복하며,
그리하여 창조해낸 우리의 삶을 축하하도록 해요.

지금 우리가 맞아들인 삶은 우리의 창조물이니,
차크라의 길을 선택하고 사랑의 마음으로 행동하는,
축복을 담은 빛과 사랑으로 새로운 삶을 창조하세요.

앞으로 우리가 맞이할 빛과 사랑의 결과를 축하해요.
행복이 켜켜이 쌓여갈 시간과 공간들을 축복하며,
끊임없이 재창조되는 행복의 충만함을 진심으로 축하합니다.

* 모든 과정 속에서 이루어낸 지난 성장을 축복합니다.
성장과 치유를 통해 깨달은 진리와 자유를 축하하며,
결국 우리의 모든 과정은 영광과 평화의 기회였던 거지요.

우주의 법칙은 사랑을 위한 목적만으로 이루어지니,
지금 주어진 것이 사랑체험의 기회임을 알아보고 축복합시다.
그리하여 누리는 영광과 평화를 축하합니다.

앞으로 영광과 평화 속에서 우리가 신의 일부라는 걸 느끼고,
그리하여 우리는 진리요, 빛이요, 생명임을 믿으며,
우리 모두이신 창조주 신을 축복합시다.

* 아픔 속에서도 스스로를 믿었던 순수한 자존감으로,
내가 지켜낸 본연의 모습에 축복을 보내며,
나의 온전함으로 지켜낸 세상의 빛을 축하합니다.

자신의 빛과 어둠을 통합해가는 자기애를 축복해야 해요.
우리의 빛과 어둠이 합쳐져 떠오르는 찬란한 무지개로,
나의 훌륭함과 아름다움이 세상을 밝히는 환희를 축하합니다.

우리의 모든 위대함과 신성함이 발견되는 시간은 영원하고,
그리하여 스스로를 발견하는 기쁨 또한 영원하니,
세상을 비추는 나의 무한한 빛을 그저 축복합니다.

* 지난 모든 인연을 사랑하여 축복합시다.
그들의 애환과 아픔과 기쁨과 행복을 모두 사랑하여,
그 당시 우리가 넘지 못했던 한계를 넘어 축복을 보내세요.

지금 우리의 인연들을 나와 같이 여기며 축복해주세요.
그들이 한계를 넘어서기를, 기쁨이 충만하기를 기원하며,
오로지 사랑하여 축복하세요.

앞으로 세상의 모든 존재를 사랑하여 축복하세요.
그들 모두가 나이며 내가 그들 모두라는 진리를 깨달아,
아무런 한계와 경계가 없는 축복을 보냅니다.

(2) 축복받음

* 우리에게 주어졌던 시간과 공간은 축복임을,
그 시공간을 채웠던 에너지 또한 축복임을 알아주세요.
그리하여 우리는 축복받은 창조자라는 사실을 잊지 말아요.

지금 축복받은 창조의 결과가 우리 앞에 있으며,
우리에겐 스스로 삶을 창조하는 축복받은 창조력이 있습니다.
우리가 받은 축복을 다하여 삶을 창조합시다.

앞으로 주어지는 시간과 공간의 축복은 영원할 거예요.
그러니 행복을 창조할 수 있는 축복 또한 무한한 거예요.
영원히 축복받은 창조자의 행복을 기원합니다.

* 우리는 하늘의 축복으로 사랑의 기회를 부여받았고,

사랑체험에서 신의 가호로 성장과 치유의 진화를 이루었으며,

그 결과 진리와 자유를 체득하는 축복을 받았어요.

우리는 신에게 오직 사랑과 존중만을 받으니,

그 축복받음으로 우리는 온전히 사랑을 체험할 수 있고,

우리의 체험을 통해 영광과 평화라는 축복을 누리고 있습니다.

우리는 처음과 같이 이제와 항상 영원히 신의 일부이기에,

그의 진리를 담고서, 그의 빛을 내뿜고, 그의 생명이기에,

영원히 신의 가호와 축복이 함께 함을 기뻐하나이다.

* 내 내면의 빛과 어둠은 모두 신의 축복이니,

마땅히 그 빛을 믿고, 그 어둠을 사랑하여,

나의 빛과 어둠이 융합할 때 찬란한 축복을 누립니다.

우리의 찬란함은 우리의 기쁨이 되고,

세상을 비추는 환희를 이루니,

기쁨과 환희로 새로운 나를 발견하는 축복을 받지요.

당신은 신의 진리를 부여받은 축복 받은 존재입니다.

그리하여 스스로를 발견하는 기쁨을 영원히 누릴 수 있고,

언제나 새로워진 나로 신의 뜻을 펼치는 축복 속에 있네요.

* 우리는 혼자가 아닌 함께인 축복을 받았어요.

나의 애환과 아픔, 기쁨과 행복이 그들의 것으로 품어졌으니,

많은 그들이 내가 되는 축복 속에 있다는 걸 알아주세요.

지금도 우리는 혼자가 아닌 함께인 축복으로,

그들의 애환과 아픔, 기쁨과 행복을 나의 것으로 품으니,

내가 그들이 되어 함께하는 축복 속에 있습니다.

각자의 아쉬움은 하나가 되기 위한 축복이니,

우리가 서로를 채우고 감싸며 온전한 하나를 이루어,

완벽한 존재가 되는 축복을 언제나 받길 기원합니다.

(3) 축복함-우리-축복받음의 통합

* 그동안 받은 축복들에 기쁨으로 감사해요.

그동안 전할 수 있었던 축복 역시 감사합니다.

축복으로 펼쳐낸 영광을 축하합니다.

아직까지 전하지 못한 축복에 용서를 구하며,

아직까지 받지 못한 축복을 마땅히 용서합니다.

우리가 함께 펼치는 축복의 영광을 기원합니다.

이제 모든 것을 축복으로 받아들이며,

모든 것을 축복하는 것이 마땅할 뿐이니,

우리에게 언제나 축복이 머무르는 것에 감사합니다.

14. 미안함-고마움-용서-축복: 관계성 카르마

하위 차크라의 다섯 가치는 삶을 설계하는 가치들이고, 상위 차크라의 네 가치는 주고받으며 세상을 채우는 가치들이다. 미안함과 용서는 세상의 아픔을 치유하여 평화를 이루고, 고마움과 축복은 풍요로운 번영과 찬란한 영광을 채운다. 그렇게 미안함, 고마움, 용서, 축복은 우리들 사이에 존재하는 관계성 카르마를 결정짓는다. 그리고 앞에서 이야기하였듯이 너와 나 사이라는 공간은 모두의 것이기에, 당사자가 아니더라도 누구나 새로운 관계성 카르마를 만들어 줄 수 있다. 그래서 누군가를 위한 기도 혹은 이 세상을 위한 기도를 할 때는 이 점을 이용하는 것이 효과적이다. 예를 들어, 우리 사회에 정치적 갈등을 해소하기 위한 기도를 한다면, 지난 20년간 골이 깊은 보수우파 지지자들이나 진보좌파 지지자들이 변하기를 바라는 기도는 이루어지기가 어렵다. 우리는 그들의 자유의지를 침범할 수 없기 때문에…. 그러나 진보와 보수지지자들 사이의 갈등은 변화시킬 수 있다. 당사자들보다 더 많은 이들의 마음을 모아 그들 사이의 부정적 카르마를 해소하고 긍정의 카르마를 연결하는 것으로 그 사이를 변화시킬 수 있다.

그래서 세계평화를 위한 기도의 핵심은 바로 갈등하는 이들의 사이를 공략하는 것이다. 우리가 갈등하는 한쪽 집단의 입장이 되어 상대집단에 기도를 전하고, 또 반대쪽 집단의 입장이 되어 상대집단에 기도를 전하는 방식으로 그들 사이의 카르마를 변화시킬 수 있다. 그렇게 각 집단의 입장이 되어 미안함과 고마움을 전하고, 용서와 축복을 보내는 많은 마음이 그 집단의 힘보다 더 크게 모이면 그들 사이의 카르마는 변화된다. 그리고 관계성 카르마의 변화는 세상을 진화시키는 힘이 된다.

내가 어떤 타 집단의 입장이 되는 것이 처음에는 어색할 수도 있지만, 내 가족, 친구, 이웃처럼 가까운 이들 중에서 떠올려 시작하는 것에서부터, 같은 국민이기에 또한 같은 인류임을 생각하는 마음으로 충분히 해낼 수 있다. 우리는 본래 하나의 존재이기에 당연히 할 수 있다.

우리나라에는 지난 20년간 보수와 진보의 정권이 서로에게 상처를 주는 갈등이 심화되어 왔다. 이 갈등이 조선 시대에 나라를 쇠락시켰던 남인과 서인의 배척으로 가지 않으려면 완고한 보수우파와 강인한 진보좌파들 사이에 갈등이 치유되어야 한다. 그래서 여기 그들 사이의 새로운 관계성 카르마를 위한 기도를 여러분과 함께하자고 권한다. 각 진영에 속한 이들은 이 기도에 동의하기 힘들지 모른다. 그러나 이 땅의 정치적 현실로 가슴아파하며 각 진영의 마음을 너그러이 품어줄 많은 중도(中道)의 국민이 있다고 믿는다. 그리고 진보와 보수의 진영에서도 마음을 열고 있는 분들이 꽤 많다고도 믿는다. 그런 이들이 마음을 모아서, 이 갈등의 상처가 존재하는 공간을 함께 치유하길 바란다.

1) 친애하는 보수우파의 어르신들께 바칩니다

* 전쟁 이후 정치적 이데올로기의 전체주의적 압박으로 하나의 길만을 선택할 수밖에 없었던 아픔과 한계에 대해 위로를 전합니다. 하나의 선택에 갇혀 다양한 가능성을 보기 어려운 그 역사적 아픔에 안타까운 미안함을 전합니다.

그 아픔 속에서도 여러분의 영광을 펼치며 포기하지 않는 굳건한 의지로 세상의 진화를 이루어 지금의 우리에게 다양한 가능성을 볼 수 있는 세상을 물려주셔서 감사합니다.

앞으로 여러분께서 전쟁이 남긴 역사적 한계를 극복하고 자유로운 선택의 축복이 함께하기를 진심으로 기원합니다. 여러분의 정치적 선택에서도 전체주의를 벗어난 영혼의 자유의지가 펼쳐지도록 축복을 보냅니다.

* 보수 정권이 보인 부패로 여러분의 위대함마저 퇴색한 것으로 오해함을 사과하오니, 부디 너그러이 용서해주세요.

여러분의 찬란한 빛이 세상의 빛이 되었다는 역사를 기억하고 감사합니다. 앞으로도 여러분의 위대한 빛이 세상을 밝히도록 고마움을 담은 축복을 보내오니, 이생의 마지막까지 세상의 빛이 되어주세요.

* 개혁을 꿈꾸는 지금의 저희가 여러분께서 지난 역사에서 세상을 발전시키고자 했던 그 마음과 같음을 알아주시고, 여러분의 지난날을 떠올려 지금의 저희가 꿈꾸는 개혁을 축복하여 주세요.

여러분께서 해내셨듯 저희 또한 해낼 수 있도록, 애정을 담은 축복을 보내주시면 감사하겠습니다.

2) 친애하는 진보좌파의 세대에게 바칩니다

* 세상의 변화를 위한 여러분의 도전과 희망을 빨갱이라는 전체주의적 관점으로 왜곡하면서 기회를 가로막고 좌절시킨 분노에 대해 진심의 미안함을 담아 사과를 전합니다.

그럼에도 불구하고, 지치지 않는 의지로 계속해서 기득권인 우리에게 도전하여 우리가 전체주의에서 벗어날 기회가 되어주는 것이 고맙습니다.

부디 여러분은 먼 미래에도 지금의 경험과 생각에 갇히지 않는 자유로움으로 나아가기를 기원하며 축복을 보냅니다.

* 여러분의 도전이 우리가 만든 장벽을 넘지 못하고 실패를 반복하면서 희망을 약화시킨 것에 대해 위로를 보내며 용서를 구합니다.

여러분이 세상을 개혁해가는 의지가 함께 사는 우리에게도 꼭 필요함을 받아들여, 여러분의 도전의지에 고마움을 전합니다.

부디 예전의 우리처럼 포기하지 않는 굳건함과 포용력의 여유를 함께하여 개혁의 의지가 더욱 충만하도록 축복합니다.

* 지금 여러분이 사랑을 실천하고자 하는 개혁이 예전 우리가 전쟁의 공포에서 사랑을 지키기 위한 마음과 같다는 걸 믿으며, 그 사랑의 노력에 고마움을 담은 축복을 보냅니다.

그리고 지금 우리의 모습은 또한 미래의 여러분일 수 있다는 역사의 반복을 생각하여, 우리에게 사랑의 축복을 보내주면 고맙겠습니다.

* 우리 모두이신 하느님, 이 땅의 정치적 현실로 가슴 아파하는 모든 이들의 사이를 이와 같은 사과와 용서 그리고 감사와 축복으로 가득 채워주시옵소서.

이 지구상에 우리처럼 정치적 갈등에 어려움을 겪는 나라들도 있고, 특히 갈등의 심화로 내전에 치달아 고통의 시간을 보내는 나라들도 있다. 그들 사이의 아픔에 대신 미안함을 전하고 용서하며, 고마움과 축복을 채우는 기도를 모아 그 공간에 평화의 힘을 보태주기를 간곡히 청한다.

시리아(Syria) 내전은 민주주의에 대한 국민의 열망을 독재정권이 탄압하는 것에서 시작하였지만, 아랍지역의 종파적 갈등이 집결되면서 수니(Sunni)파와 시아(Shi'a)파의 충돌이라는 기존의 이슬람 문화권의 충돌양상이 극렬해진 상황으로 변질되었다. 시아파 정권인 시리아 정부가 반군을 과격집단으로 규정하고, 반군은 국민의 과반인 수니파를 대변하며, 수니파 무장단체 IS(Islamic State)가 내전을 틈타 시리아의 많은 부분을 차지하고 있다. 아랍지역에서는 사회가 진화하는 과정에서 필연적으로 재연

되는 충돌과 혼란에서, 두 종파 간의 갈등으로 서로를 박해하고 학살하며 사회의 진화를 방해한다. 두 종파 간의 카르마가 역사의 흐름에서 진화의 발목을 끈질기게 잡는 것이다. 이 카르마를 해소해 나간다면 아랍지역의 성장과 평화가 힘을 얻게 될 것이다. 그것은 가장 가까운 유럽에 평화를 줄 것이고, 테러의 위협에서 벗어나 전 세계가 평화로워지는 길이 된다.

물론 아랍지역의 갈등과 혼란이 적대적인 카르마만의 문제는 아니다. 전쟁과 학살로 인한 물리적인 카르마들도 어지럽게 얽혀있다. 하지만 마음의 상처로 인한 카르마가 해소되고 물질적인 카르마만이 남았을 때에는 관계회복으로 빠르게 물질적 카르마들을 해소해 나갈 수 있다. 그러니 우리가 뉴스와 인터넷으로 아랍의 상황을 접할 때마다 두 종파 사이에 미안함과 용서를 전하고, 고마움과 축복을 대신 전하여 보길 권한다. 시리아 내전의 뉴스를 접하는 전 인류가 일으키는 마음으로 이 전쟁을 종식시키며 아랍지역에 평화가 정착되기를 기원한다. 이 지역에 인류애가 꾸준히 쌓여 기적이 이루어지기를 소망한다.

우선 간단히 시아파와 수니파의 갈등을 소개한다. 이 갈등은 1,400년의 긴 시간을 이어왔기 때문에 복잡한 역사를 품고 있다. 이슬람의 창시자 무함마드(Muhammad)가 사망한 이후, 지도자인 칼리프(caliph)를 선정하는 관점의 차이로 시아파와 수니파로 나뉘게 되었다. 시아파는 '시아트 알리'로 알리의 추종자라는 뜻인데, 무함마드의 혈육인 알리만을 정통으로 인정하는 파이다. 수니파는 무슬림 공동체의 관행을 따르는 사람들이라는 의미로 선출에 의해 지도자를 뽑는 것을 주장했다. 초기 수니파가 주도권을 잡으며 선출에 의해 네 번의 칼리프가 선출된 이후, 혈육인 알리가 칼리프가 되면서 주도권을 빼앗길 수니파가 위기감에 시아파에 대한 암살과 공작이 이루어지면서 두 종파 간의 배척이 시작되었다. 현재 아랍의 대다수는 수니파이고, 시아파가 주류인 나라는 이란(Iran), 이라크(Iraq) 등 소수이다. 시리아는 국민의 과반이 수니파이며 정치지도층은 시아파이고, 반대로 바레인(Bahrain)은 국민의 반수 이상이 시아파이면서 정치지도자층이 수니파인 나라이다. 이런 이유로 시리아와 바레인의 국내 갈등에 주변국이 수니파와 시아파로 나뉘어 가세하면서 내전으로 치닫게 되었다. 현재 문제가 되는 IS는 시아파가 주류인 이란, 이라크 지역에서 핍박과 박해를 받은 수니파들이 세운 무력공동체이다. 부디 우리 모두가 시아파의 마음으로, 또한 수니파의 마음으로 함께 기도하여 주길 바란다. 우리는 이들에게서 분리되어 있기에 두 마음이 모두 될 수 있는 전일성을 행할 수 있다.

3) 이슬람교의 시아파에게서 수니파로, 또한 수니파에서 시아파에게로 전합니다

* 우리가 종파가 다르다는 이유로 오랜 역사에서 서로에게 행한 비극에 대해 다시 생각해봅시다.

절대다수인 수니파 속에서 아랍의 소수인 시아파들이 겪어야 했던 고통스러운 시간을 생각합니다. 다수에게 밀리고 밀리는 긴 역사를 이어오면서 그들이 겪은 고난이 미안합니다. 다수가 정통이라는 생각에 이단으로 몰리며 존중받지 못하고 무시당한 시아파의 수모에 대해 사죄를 전합니다. 다수임에도 너그러이 품지 못하고 여러분의 자유의지로 신에 이르고자 하는 길을 방해한 공작에 대해 부끄러움으로 사과합니다. 그리하여 위기감을 느끼며 살게 한 잘못에 미안함을 전합니다. 또한, 소수라는 이유로 쉽게 여러분의 훌륭함과 아름다움을 깎아내려 시아파 여러분이 느꼈을 모멸감에 대해 진심으로 미안합니다. 그 아픔을 1,400년을 이어오게 하여 진심으로 미안합니다.

시아파 주류사회에서 소수자로 살아야 했던 수니파들의 고난에 대해 생각합니다. 시아파들이 품은 아픔과 상처에 고스란히 노출되어 보복의 대상이 되어야 했던 수니파들의 고난에 사과합니다. 그들이 빼앗긴 공정한 기회와 삶의 희망을 위로합니다. 얼마나 큰 좌절로 아파했을까를, 그들이 어떤 무기력함에 빠져들어야 했을까를, 생각하고 또 생각하며 미안함을 전합니다. 자식을 부양할 기회를 잃은 아버지와 어머니들에게 미안함을 전합니다. 꿈을 갖는 기회조차 상실한 아이들에게 사과합니다. 우리의 폭력으로 삶의 기본적 권한을 박탈당한 아픔에 사죄하오니 부디 용서하세요. 또한, 박해의 무자비함으로 여러분이 느껴야 했을 모멸감과 삶의 목적을 상실한 길로 나아가게 한 것을 용서해주세요. 수니파 여러분의 고통이 세상을 파괴하는 힘을 이룬 것에 용서를 구합니다.

시아파인 또한 수니파인 우리가, 이슬람이라는 하나의 종교 안에서 모두가 형제였던 근본을 망각하고, 서로를 배신한 잘못에 사죄합니다. 형제이고 이웃인 우리가 서로에게 준 아픔은 더욱 날카롭고 예리한 상처를 남겼으니, 그 깊고도 날카로운 상처가 모두 아물 수 있도록 우리의 형제애를 담아 미안함을 전합니다.

* 이제 우리는 신의 뜻을 이해하지 못했던 서로의 어리석음을 용서하려고 합니다.

소수의 시아파인 우리에게 가해진 옛 역사의 공작과 박해를 용서합니다. 우리의 위대함을 몰라보던 아쉬움을, 한 형제에게 받은 배신의 상처를 용서합니다. 그것이 이어진 오랜 역사를 용서합니다. 그리고 이제 다수인 수니파를 축복합니다. 다수로써 너그럽게 신의 뜻을 이루어가도록, 이슬람의 다수로써 자랑스럽기를 바라며 영광을 이루도록 축복을 보냅니다. 이슬람의 다수로써 위대함을 펼치기를 기원하며 축복을 보냅니다. 나의 이슬람 형제를 사랑하는 마음으로 아무런 조건 없는 축복을 보냅니다.

시아파 사회의 소수로 살았던 수니파인 우리 역시 시아파들의 보복을 용서합니다. 그들이 빼앗은 기회와 희망으로 고통의 삶을 견뎠던 것을 용서합니다. 우리가 감당해야 했던 좌절과 무력함에 대해 용서하며, 형제이자 이웃이기에 더 날카롭게 아팠던 배신의 아픔에 대해 용서합니다. 우리의 아픔이 파괴적 힘으로 자라나 우리가 길을 잃고 어둠으로 나아간 모든 시간을 용서하며, 우리의 파괴력으로 재보복을 한 잘못에 대해 용서를 구합니다. 우리의 재보복으로 자식을 부양할 기회를 잃은 아버지와 어머니들에게 미안함을 전합니다. 꿈을 갖는 기회조차 상실한 아이들에게 미안함을 전합니다. 우리의 아픔을 그대로 돌려준 그 모든 상처에 용서를 구합니다.

그리고 이제 다수의 모든 수니파들은 이슬람의 시아파들을 축복합니다. 여러분이 추구하는 정통이 신의 뜻을 만나기를 축복합니다. 신의 뜻으로 더욱 자유로워지기를, 영광을 이루기를 기원하며 축복합니다. 이슬람의 소수로써 희소의 가치 속에 새로운 길을 개척하여 위대함을 펼치기를 기원하며 축복합니다. 나의 이슬람 형제를 사랑하는 마음으로 아무런 조건없는 축복을 보냅니다.

* 시아파이시며 또한 수니파이신 우리 모두이신 절대자시여(알라신이시여), 아랍 지역에 종파 분쟁으로 가슴 아파하는 모든 이들의 사이를 이와 같은 사과와 용서, 그리고 감사와 축복으로 가득 채워주시옵소서.[6]

6 저자 주: 이슬람 문화에 속하지 않은 제삼자의 입장에서, 그 구체적인 아픔을 다 알지 못하고 쓰는 부족함에 용서를 구한다. 나의 부족함을 채워줄 많은 이들이 있음을 믿고 용기 내어 글로 남기게 되었다. 이렇게 함께하는 마음이 아랍지역의 영혼들에게 휘몰아치는 비바람을 잠재워, 그들의 젖고 헝클어진 영혼을 따뜻하게 말릴 수 있는 햇살과 순풍이 되어줄 것을 소망한다.

15. 아홉 차크라의 진단

<표 2-3> 각 차크라의 영역

차크라	절대가치		담당 영역	
9번 차크라	축복의 주고받음	{혼백신의지}	명수	진리에 대한 통찰
8번 차크라	용서의 주고받음	{혼백신의지}	반명수	진리에 대한 통찰
7번 차크라	감사의 주고받음	신경계	공감력	통합 판단력
6번 차크라	사과의 주고받음	송과체·뇌하수체	수면·분노장애	인과 판단력
5번 차크라	자유-소명-책임	호르몬계	양가감정	창의력
4번 차크라	믿음-소망-사랑	심혈관계	불안장애	순발력
3번 차크라	분별-소통-전일성	림프순환계	우울증	집중력
2번 차크라	개인-자기실현-연대	자율신경계	조울증	기억력
1번 차크라	탄생-생명-죽음	면역계	성욕 장애	행동력

우리의 아홉 차크라 상태는 각 차크라가 지배력을 행사하는 영역으로 확인할 수 있다. 면역계의 상태로 1번 차크라를 파악하고, 양가감정의 어려움이 있으면 5번 차크라가 약한 것으로 보는 방식이다. 육체적 문제는 주로 차크라의 외연에 대한 반응이고, 정신적 문제는 차크라의 깊이가 얕은 문제가 주요 원인이 된다.

여기 나의 차크라 상태를 소개하니 이것을 참고하여 여러분의 차크라를 진단하여 보길 바란다. 그리고 그 상태에 맞추어 여러분의 삶에서 무엇이 부족한지 판단할 수 있을 것이다. 그 부족함을 채우는 것으로 더 온전한 존재로 나아갈 수 있다.

우선 나의 1번 차크라는 약한 편이다. 1번 차크라는 면역계를 지배하는데, 어려서는 감기를 달고 살았고, 20대 중반부터 알레르기 비염을 지녔으며, 나이가 들수록 점점 더 심해졌었다. 삶의 목적을 찾은 이후로 많이 호전되어 이제 일상에 불편함은 없지만, 컨디션이 안 좋을 때 가장 먼저 반응하는 것은 역시 알레르기 비염이다. 나의 삶을 돌이켜보면 생명의 귀함을 잘 실천하지 못했었다. 화초를 사놓고 무관심하게 방치해 굶겨 죽인 것이 한두 번이 아니고, 애완견에게 사랑의 책임을 다하지 못했다. 주위의 탄생과 죽음에도 꽤 무덤덤하였다. 나의 1번 차크라가 약한 것은 이번 생만이 아니라 지난 생들의 결과이지만, 나는 이번 생에서도 1번 차크라의 절대가치를 실천하지 못하며 살아왔었다.

거기다 나는 행동력이 많이 약한 편이다. 일상에서의 행동력도 약하지만, 위급상황에서는 더한 편이다. 딸아이가 영아기 시절에 높은 곳에서 떨어질 뻔한 아찔한 상황에서 나는 온몸이 얼어붙고 꼼짝도 못 하며 비명만 지른 긴장성 부동화를 겪었다. 다행히 내 비명에 뛰어온 가족으로 인해 아이는 무사했지만, 나는 내 자식이 위험한 상황에서 얼어붙었다는 것에 대해 자책감을 오래 곱씹어야 했었다. 이는 나의 1번 차크라가 깊지 못했던 것을 보여준 사건이었다.

그러나 이제는 일회용 제품과 세제를 적게 쓰기 위해 노력하고, 생명의 아름다움에 취하며 살고 있다. 자연의 아름다움에서, 보송한 아기들에게서, 아픔을 견디시는 어르신들을 보며 생명의 고마움을 축복한다. 또한, 죽음을 위로하고 축복하며 재탄생을 기원한다. 한의원이 외곽에 있다 보니 출퇴근길에 로드킬(road kill) 당한 동물들을 간혹 접하는데 그들의 죽음에 위로와 재탄생의 축복을 보내며, 그 사체를 치워야 하는 분들에게 생명의 아름다움을 잊지 않고 죽음 앞에 당당한 존재로 살아가기를 늘 기원한다. 이렇게 나의 1번 차크라를 키워 면역력을 향상시키고 일상의 행동력을 증강시키고 있다.

진료를 해보면 알레르기, 자가면역성 환자들이 꽤 많다. 이런 환자분들은 모두 외연의 확장과 함께 생명의 가치를 소중히 여기는 실천을 통해서 1번 차크라의 힘을 키울 필요가 있다. 1번 차크라가 면역질환의 근본치료에서 핵심이기 때문이다. 또한, 성적 감성에 문제를 가진 분들도 반드시 1번 차크라의 깊이를 깊게 만들어야 한다.

2번 차크라 역시 약한 편이다. 내 생각에 나의 아홉 차크라 중에서 가장 약하며, 외연, 깊이, 색채의 모든 면에서 가장 작은 차크라가 아닐까 싶다. 그렇게 판단하는 근거는 나의 자율신경 과민반응과 건망증이다. 나의 건망증은 어린 시절부터 지금까지 타의 추종을 불허한다. 건망증 때문에 일이 꼬이고, 지각하고, 고생하는 일은 아직도 허다하다. 나의 건망증 때문에 함께하는 직원들과 가족들은 아마도 많은 고충을 느끼고 있을 것이다. 다행히 감정적인 조울증 경향은 없지만, 조울증으로 고생하시는 분들은 개인-자기실현-연대의 가치에 대해 다시 생각해보아야 한다.

육체적으로는 조금만 썰렁하게 느껴지는 날씨에도 나의 말초 부교감신경이 과민하게 반응하여 손발의 혈관을 수축시키고 얼음장처럼 차가워지게 한다. 그래서 겨울에는 환자분들에게 보약 먹으라는 충고를 듣는 민망한 상황이 연출되곤 한다. 반대로 피로에 번열감이 생기는 교감신경 항진증상도 쉽게 나타난다. 타인 앞에 나서는 긴장감에는 교감신경이 불편할 정도로 흥분하여, 얼굴이 붉어지고, 목소리가 떨리며, 눈이 충혈된다. 발표를 하면 꽤 잘하는 편인데도 교감신경이 흥분된 반응은 잘 통제되질 않는다. 나의 경우는 이처럼 자율신경증상이 심혈관에서 요동치며 나타나는데 나와 다르게 땀으로 자율신경증상을 호소하는 환자분들도 자주 접한다. 땀이 너무 많이 나거나, 약한 바람에도 갑자기 땀이 마르면서 오한이 오는 증상, 갑자기 한 번씩 땅속으로 꺼질 것 같은 증상 역시 자율신경의 전형적인 증상이다.

나의 과거를 살펴보면 나는 개인주의적인 경향은 강하지만, 내 생각을 사람들과 나누며 함께 연대의 힘을 이루는 데 많이 부족하였다. 어떤 모임에서도 푹 젖어 동화되기보다는 동동 뜬 느낌으로 속해있을 때가 많다. 나와 반대로 어떤 모임에서도 적극적으로 참여하고 좋은 사교성을 보이는 이웃 친구가 있는데 그녀도 역시 나처럼 자율신경의 부조화 증상을 많이 호소한다. 그녀는 연대의 힘은 크지만, 그 안에서 자기실현의 길을 찾지 못하고 자신의 소중함을 깨닫지 못하고 있다. 절대가치의 어느 한쪽만을 추구하여도 차크라는 온전히 성장하지 못하여 약해진다.

나의 3번 차크라는 꽤 크고 건강하면서 동시에 고질적인 아쉬움을 함께 가지고 있다. 우선 림프순환력이 좋아 출산 후에도 붓지 않을 정도로 부종이나 붓기로 고생해본 적이 별로 없다. 림프순환력이 떨어지면 붓기뿐 아니라 만성 근막통증이나 몸살, 두통이 생기기 쉬운데, 근육통이 생겨도 금방 회복하는 편이고 순환장애로 인한 몸살은 거의 오지 않는다. 두통은 간혹 발생하지만 역시 금방 회복한다. 나는 절망스러울 때 우울증이 오기도 했지만, 상황이 해결되자마자 금세 회복하였다. 사실 자신을 상황에서 분리하는 것이 어려울수록 통증과 우울감에 붙잡히기가 쉽다.

또 생각해보면, 10대까지는 집중력이 좋았고, 공부를 할 때에도 분류하여 나누고, 다시 종합하는 방식을 편하게 해냈다. 치료를 개발할 때에도 여러 이치를 하나로 종합하는 능력이 좋은 편이며 지난 이론을 현재에 맞게 드러내는 일도 잘하고 있다. 그리고 사람은 다 비슷비슷하다는 생각을 밑바탕에 깔고 있었다. 아마도 많은 삶을 통해서 3번 차크라를 건강하게 키웠던 것 같다.

다만 전일성은 아쉬움이 없지만 분리분별에서는 아쉬움이 좀 있어, 어떤 일의 초기대처에서 분별력을 잃고 설레발치는 경향이 있다. 또 상기도와 골반강의 순환장애 증상과 귀 뒤의 경련선 통증이 잊을만 하면 한 번씩 나타난다. 이 정도 증상에 별 불만은 없지만, 3번 차크라 기능에서 아쉬움을 표현하는 것 같다.

4번 차크라는 약하게 타고 났으나 이번 생을 통해 가장 많이 성장시킨 차크라이다. 4번 차크라는 심혈관계를 지배하는데, 나는 어려서부터 저혈압 경향이 뚜렷했다. 최고혈압은 거의 100을 넘지 않았었고, 다행히 쓰러진 적은 없지만 어린 시절에 기립성

저혈압의 어지러움을 자주 느꼈었다. 자율신경증상이 땀보다 심혈관계에 가장 예민하게 반응하는 것 역시 4번 차크라의 외연이 작아 발생한 영향이다. 고혈압, 혈관 연축에 의한 편두통이나 군발두통, 동맥경화와 같은 혈관질환, 뇌 혈류의 영향을 받는 치매와 중풍은 4번 차크라의 영향을 많이 받는다. 그래서 고령화 사회에서 치매와 중풍을 예방하는 가장 중요한 핵심은 바로 사랑-소망-믿음으로 4번 차크라의 힘을 키우는 데 있다.

또한, 어릴 때, 시험 전에 불안감을 꽤 많이 느꼈었다. 그 불안감 때문에 공부를 더 열심히 하긴 했는데, 불안감으로 하는 공부는 성취감을 주지 못해 힘들었던 기억이 많다. 게다가 순발력이 떨어져 과거의 행동을 아쉬워하는 성향은 30대 초반까지도 나를 지배했었다. 나는 4번 차크라의 외연과 깊이가 모두 조금씩 약해, 육체적으로도 정신적으로도 약간의 어려움을 가지고 있었다.

나는 이번 생에서 창조주 하느님이 나를 언제나 사랑한다는 믿음을 굳건히 하면서 4번 차크라의 힘을 키워갔다. 이후에는 사랑받기에 충분하지 않은 존재는 없다는 믿음으로 확장시켰다. 그 덕에 지금은 저혈압에 의한 증상은 없으며 자율신경에 의한 발적, 충혈의 증상이 예전보다 약해졌다. 환자들과 상담하면서 나타나는 순발력은 많은 성장을 하였고, 삶의 불안감은 놀라울 정도로 극복했다. 아마도 믿음으로 시작한 소망과 사랑의 순환을 잘 해내고 있는가 보다.

5번 차크라 역시 3번처럼 건강하게 타고 났다. 그 덕에 아직까지 호르몬 질환에 걸린 적은 없다. 우리에게 가장 흔한 호르몬 질환은 갑상선 기능항진증, 갑상선 기능저하증, 당뇨병, 다낭성난소증후군 등이다. 다행히 생리 주기도 규칙적으로 성호르몬에 이상이 없고, 갑상선에 결절은 있지만 기능은 정상이며, 가족력에도 당뇨는 희박하다. 최근에 호르몬 질환이 늘어나는 추세인데, 아마도 사회가 복잡해지면서 소명을 알아보지 못하고, 책임을 무거워하며, 자유를 상실한 이들이 많아진 결과가 아닐까 한다.

무엇보다 나의 5번 차크라의 힘이 고마운 것은 상상력이 풍부하다는 점이다. 사소한 것을 갖다 붙여 상상하고 가설을 세우는 것을 재미있게 잘하는 편이다. 그리고 이 상상력이 삶의 책임이 커지는 나이가 될수록 더 풍부해지고 있다는 것이 스스로도 신기하다. 사실 나는 책임-소명-자유의 가치를 이번 생 전반에 걸쳐 잘 해왔다고 할 수 없다. 우선 내게 주어진 책임의 총량이 별로 크지 않다. 자식도 한 명만을 두었고, 부모님께서도 오래 내 뒤를 든든히 받쳐주서서 삶의 책임이 매우 가벼운 편이다. 그러니 책임을 다하기가 어렵지 않았다. 가벼운 삶의 책임 덕에 내가 하고 싶은 것은 거의 다 해보며 살 자유를 누리고 있다. 아마 지난 여러 생에서 열심히 책임을 완수하여 이생에서 자유로운 삶을 부여받은 듯하고, 그 덕에 건강한 5번 차크라를 통해 재미있는 소명이 주어진 게 아닐까 싶다.

5번 차크라에서 꼭 알아두어야 할 것은 양가감정이다. 사람의 마음과 세상은 언제든 상반되는 과정이 일어나기 마련인데, 양가감정이 약한 사람은 하나가 옳으면, 나머지를 부정하는 성향이 강하다. 소위 말하는 '답정녀(답이 하나로 정해진 너)' 스타일은 5번 차크라가 약한 모습 중 하나이다. 나는 양비론적 통합을 좋아하고, 나의 체험 중에서 과거와 상반된 결과를 맞이해도 과거의 결과도 현재의 결과도 모두 쉽게 인정한다. 그런데 주위를 보면 과거와 상반된 결과를 맞이하면 과거의 결과를 부정하거나 현재의 결과를 외면하는 이들을 많이 본다. 그럴 때마다 한쪽을 온전히 잃어버리는 모습이 안타깝다. 그런데 '답정녀'보다 5번 차크라가 더 약해지면 무언가를 선택하고 결정하는 힘이 무력해지는 수준으로 간다. 이걸 선택해도 큰일 날 것 같고, 저걸 선택해도 큰일 날 것 같아 아무런 선택도 못하는 것이다. 공포감은 양가감정이 통합되지 못할 때 갖게 되는 전형적인 감정이다.

그런데 이 성향이 극단적일 만큼 5번 차크라가 아프게 되면, 무력해지는 것과 반대로 폭력적이거나 감정이 돌변하며 마음대로 행동하는 성향이 생길 수도 있다. 폭력이나 감정적 학대를 저지르고, 다시 아무렇지 않은 듯이 선행을 베푸는 사람들이 있다. 그런 모습을 보면 사람을 자기 마음대로 조정하는 것 같고, 참 악해 보인다는 생각이 들게 마련이다. 그런데 이런 사람들은 5번 차크라가 크게 상해 감정의 양극단만이 가능하여 중간의 통합을 전혀 못 하는 사람들이다. 그들은 자신의 양극단적 감정이 상대에게 해를 입히고 있다는 사실을 잘 알아보지 못한다. 우리가 보통 악하다고 생각하는 사람들은 5번 차크라가 많이 아픈 사람들이다.

6번 차크라는 보통으로 타고나 이번 생을 통해 야무지게 성장하는 중이라고 생각한다. 6번 차크라는 몸과 정신의 통합에서 가장 중요한 차크라인데, 나는 타고난 몸의 균형이 좋은 편은 아니었으니 건강하게 타고났다고 자부할 수 없다. 그렇다고 큰 불균형으로 아픈 것도 아니며, 잠은 참으로 잘 자는 편이니 큰 문제가 있다고 보기도 어렵다. 게다가 인과관계를 합리적으로 따지는 것은 어려서부터 잘했으니 꽤 건강했다고 할 수도 있지만, 한편으로는 분노조절이 아쉬웠으니 건강했다고 단정할 수도 없다. 최근에 증가하는 분노조절장애와 묻지마 폭력범죄는 6번 차크라에 문제가 있는 사람들이 늘어난 까닭이다. 사과를 받아야 하는 사람이 많아지고, 사과를 해야 하는 사람이 많아지면서 6번 차크라의 힘이 약해진 이들이 많다. 6번 차크라는 정신과 몸을 종합하는 차크라이므로 몸으로든 마음으로든 자신을 통제하기가 어려운 이들은 모두 6번 차크라의 미안함을 곰곰이 되새기며 실천해야 한다.

현재 나의 6번 차크라는 많이 성장하여 약하다고 할 수는 없지만, 영적 체험 과정에서 6번 차크라의 치료와 회복이 필요한 상태를 가늠하는 두 가지 증상이 있다. 그 첫 번째가 수면이다. 6번 차크라의 에너지에 휴식과 보충이 필요할 때 수면 요구량이 증가한다. 이는 잠을 통해 혼이 우주로 외출하는 시간을 늘려 6번 차크라를 회복시키기 때문이다. 수면 요구량이 갑자기 늘어나거나, 수면시간이 조금이라도 부족하면 유별나게 힘들어지는 이들은 6번 차크라가 약해진 상황을 생각해야 한다. 반대로 잠을 이루기 힘든 수면장애 역시 6번 차크라의 손상을 생각해야 한다.

또 하나의 증상은 바로 야간뇨이다. 야간뇨는 수면 중 소변을 보기 위해 깨는 증상을 일컫는다. 이는 뇌하수체의 항이뇨호르몬(ADH 또는 AVP)의 분비저하로 인한 대표적인 증상이다. 항이뇨호르몬은 야간에 분비량이 증가하여, 수면 중 소변량을 줄이는 것이 건강한 반응이다. 따라서 야간뇨가 반복되는 것은 시상하부의 수용체와 뇌하수체의 분비가 원활하지 못한 까닭으로 6번 차크라가 약해진 육체의 전형적인 반응이다. 야간뇨는 노화에 쉽게 동반하는 증상이기도 하다. 노화에 의한 것이든, 나와 같이 노화에 상관없이 나타나든 야간뇨는 6번 차크라의 건강을 생각해야 하는 증상이다. 수면과 야간뇨 이 두 증상이 나타날 때, 나는 나 자신에게, 하늘에, 타인에게 열심히 미안해하며 또한 내가 받아야 할 사과에 대해 용서하며 6번 차크라의 호흡과 기도로 스스로를 치유한다.

7번 차크라는 잘 타고난 편이다. 고마움을 채우는 7번 차크라는 신경계를 지배하는데, 어려서부터 나는 상황판단, 눈치가 빠른 편이었다. 6번 차크라는 인과관계에 대한 판단력을 결정하므로 합리적인 추론에 관여하고, 7번 차크라는 종합적인 판단을 결정하므로 빠릿빠릿한 눈치와 상황 판단력을 결정한다. 그렇지만 어려서는 정말 고마워할 줄 몰랐다. 오히려 불평불만이 훨씬 많은 편이었다. 철들면서 겨우 고마움에 대해 알기 시작했는데도 7번 차크라가 건강했던 것은 지난 생의 결과인 듯하다. 아마도 이번 생의 초반에는 건강한 7번 차크라의 힘을 깎아 먹으며 살았을 것이다.

또한, 7번 차크라가 발달하면 거울신경체계가 발달하게 되는데, 이는 공감능력과 간접체험 능력을 월등하게 높여 삶의 감성을 풍요롭게 해준다. 그래서 감성이 메마르고, 이해력이 떨어지는 경우에는 고마움의 가치로 극복할 수 있다. 또한, 치매, 파킨슨병(Parkinson's disease), 근긴장이상증, 정신분열증, 행동장애 등의 신경계통 질환은 고마움을 가치를 깨달아갈 때 치유와 관리가 수월해지게 된다.

용서의 가치를 담는 8번 차크라도 건강히 태어났다. 어려서 어머니께서 너무 화가 나셨을 때에는, 나의 잘잘못을 따지지 않고 무조건 진심으로 비는 것을 잘했다. 그덕에 크게 혼나는 일이 적었다. 나에 대한 오해로 누군가 힘들어할 때, 나의 잘잘못을 따지지 않고 무릎 꿇고 진심으로 용서를 구한 적도 있다. 그 사람은 그 진심 앞에 본래의 자신으로 돌아왔다. 내가 다른 사람들에 비해 진심으로 잘 비는 편이라는 건 커가면서 눈치챌 수 있었다. 이런 나의 모습이 비굴한 것 아닌가 스스로 의심했던 적도 있는데, 지금은 그것이 8번 차크라의 힘이었다는 걸 안다.

내가 8번 차크라의 힘이 크다는 것을 느끼는 또 다른 순간은 바로 나의 반명수를 빨리 눈치챌 때이다. 나의 심리 상태로 반명수 여부를 쉽게 알아채며 무엇이 나의 반명수가 되었는지 금방 깨닫는 편이다. 그리고 왜 그것이 나에게 반명수인지 그 의미를 잘 찾아낸다. 그 덕분에 나의 확장을 더 빨리 촉진할 수 있었다. 이런 나의 8번 차크라의 힘으로 반명수로 인한 육체적 병증을 치료하는 방법을 발견하여 활용하고 있다. 용서하고 용서받는 것에서 어려움을 겪는 많은 분을 본다. 그 어려움을 극복한 용서의 과정은 절대 배신하지 않는 8번 차크라의 힘으로 남으며, 행복의 길로 이끌어 준다.

9번 차크라는 보통으로 타고 나 최근에 크게 키워냈다. 축복의 가치를 담는 9번 차크라가 건강하게 큰 사람들은 명수가 빠르게 확장된다. 명수 확인을 여러 사람과 공유하던 시절에 유독 빠른 속도로 성장하는 이들을 볼 수 있었다. 이런 분들은 마음과 영혼의 확장을 총괄하는 9번 차크라가 매우 건강한 이들이다. 나는 명수가 확장되는 속도가 빠르지도 느리지도 않은 보통이었다. 그러나 1차 명수 확장을 완성한 이후부터는 이전보다 빠른 속도로 명수가 확장되었다. 그렇게 명수가 확장되면서 진리에 대한 통찰력이 몰라보게 향상되는 것을 체험하였다. 그 당시 삶에 불어 닥친 태풍에서 축복의 가치를 붙들고 견뎌낸 결과였다. 그 어떤 것이든 축복하는 과정은 마음과 영혼의 확장을 빠른 속도로 촉진시킨다.

우리의 영혼이 억겁의 시간 동안 체험한 모든 사랑이 차크라에 담겨있다. 따라서 차크라의 상태는 이번 생뿐 아니라 경험한 모든 생의 결과가 담겨있다. 그러니 지금 약하다고 현재의 삶에 실망할 것도 없고, 지금 건강하다고 현재의 삶에 자만할 것도 없다. 그저 현재를 알아 내가 어떤 것을 잘 할지 알고, 어떤 삶으로 바꾸고 싶은지 꿈꾸며, 실행하면 된다.

그런데 자신의 차크라를 이해하고 빛으로 키워내는 과정에서 알아야 할 점이 있다. 우리의 영혼을 상대계에 머무르게 하는 무거운 카르마에는 개별적 관계의 카르마뿐 아니라, 나와 이 세상 사이에 연결된 카르마가 존재한다. 우리가 사는 이 세상은 인류가 오랜 시간 쌓아온 집단의식(의식+무의식)의 힘으로 창조되고 있다. 이 세상을 창조하는 집단의식은 여러 생을 살아온 우리가 행동, 생각, 감정으로 만들어낸 것이다. 아직 이 세상에는 절대가치가 구현되는 것을 방해하는 많은 집단의식이 존재한다. 그래서 생명을 유린하는 테러와 살인이 일어나고, 자유가 억압되어 소명을 이루지 못하는 사회가 존재하며, 용서가 아닌 복수가 일반화된 곳이 있다. 이 세상에 이런 아픔들이 많이 존재하는 것은, 그동안 인류가 쌓아온 집단의식이 그대로 반영된 결과이다.

그리하여 내가 이 세상을 창조하는 집단의식에 어떤 힘을 보태었는지에 따라 나와 세상 간의 카르마가 결정된다. 그리고 우리와 세상 간의 카르마는 자신의 차크라에 연결되어 있다. 내가 명수를 확장하는 과정에서 4, 9번 차크라를 비약적으로 키워내고 다른 차크라도 무난히 성장하는 데 반하여, 같은 노력에도 1번과 2번 차크라가 더디게 성장하고 알레르기와 사회성 확장에 지속적인 어려움이 발생하는 이유는, 나의 1, 2번 차크라에 절대가치에 반하는 카르마가 세상과 진하게 얽혀있기 때문이었다. 그러니까 나는 지난 생의 어느 부분에서 생명을 함부로 대하거나, 생명을 유린하는 집단의식에 힘을 보탠 장본인이었다. 또한, 함께하는 연대에서 이기적인 욕심을 추구하고, 개인의 개성을 억압하거나, 사람들이 마음을 모아 세상을 진화시키는 것을 억누른 장본인이었다.

나의 3번 차크라는 잘 발달되어 있으면서도 고질적인 문제가 지속된 걸로 보아, 큰 확장 이후에 무거운 카르마를 다시 만든 것이 아닐까 생각된다. 3번 차크라에 연결된 카르마는 삶의 조건에 집착하면서 세상의 진리를 왜곡하거나, 소통으로 하나 되는 순환을 방해한 것이다. 인종차별주의자들처럼 말이다. 만약 4번 차크라에 연결된 아픔이라면 원죄의식을 강요하거나 선과 악의 전쟁을 유도하는 것처럼 영적인 목적을 향하는 길에서 사랑에 대한 믿음과 소망을 깨버린 카르마일 것이고, 5번이라면 자유를 억압하고 소명을 방해하며 부당한 책임을 지우거나, 반대로 책임을 저버리고 소명을 거부하며 자유를 방탕으로 만든 것일 수도 있다.

6번의 아픔은 미안함보다 뻔뻔함을 선택한 카르마일 것이다. 뻔뻔함은 세상의 아픔을 증폭시키며 치유를 방해한다. 7번은 고마움보다 교만한 욕심을 선택하고, 상대적 허탈과 불평등을 만들어 풍요를 방해한 카르마일 것이다. 8번은 용서보다 복수를 선택하거나, 잘못인 줄 알면서도 의도적으로 잘못을 반복하여 용서의 기회를 무색하게 만든 카르마이다. 9번에는 축복보다 저주를 선택한 카르마가 어둠으로 이어질 수 있다.

이런 카르마는 우리의 노력에도 불구하고 차크라가 빛으로 확장하는 과정을 어렵게 만든다. 자유롭게 성장하기 위해서는 나의 지난 잘못에 대해 세상에 진심으로 참회하고, 세상에 진 빚을 갚기 위해 노력하여 세상과의 카르마를 해소해야 한다. 그리고 세상과 연결된 아픔의 카르마 역시 신과의 합일 이전에 모두 해소하는 과정을 거친다. 따라서 명수가 빠르게 확장될수록, 빠른 속도로 자신의 카르마를 맞이하게 된다. 게다가 이 카르마는 나와 세상의 사이라는 공간에 존재하기에 나의 것만이 아닌 그 누구의 것도 발견하는 모두가 해소할 수 있다. 우리가 공감을 담은 사과와 용서로 함께 하는 이들의 카르마를 치유한다면 절대가치를 방해하는 집단의식이 힘을 잃으며, 절대가치가 실현되는 세상을 획기적으로 열 수 있다.

일반적으로 우리는 착하게 열심히 산 결과를 사후에 심판받는다고 생각해왔다. 그러나 실상은 우리가 삶에서 행한 선택의 결과는 언제나 현재진행형으로 차크라를 통해 마음으로, 정신으로, 육체로 또한 삶으로 반영된다. 내가 약한 면역력으로 살아온 것은 내 선택의 결과였다. 사람들을 믿고 함께 생각을 나누며 살지 못한 것은 내 자율신경을 힘들게 했다. 열심히 사랑을 믿은 덕분에 저혈압과 불안증에서 벗어났고, 책임을 저버리지 않은 덕분에 재미난 소명을 받는 행운을 누리고 있다. 종교의 가르침을 실천하고 받는 심판은 원래부터 없었으며, 사후에 일어나지 않는다. 그것은 차크라에 의해 현재진행형으로 우리를 지배한다. 우리의 영혼은 창조주와 함께 지금 이 순간 스스로를 판단하고 지배하고 있다. 이렇게 나의 아홉 차크라를 여러분 앞에 펼쳐 보였다. 자! 이제 여러분의 차크라는 어떠하신가?

16. 차크라 복원

우리의 차크라 표면은 소용돌이치며 순환하고 있다. 그 순환 방향과 속도는 세상과 우리 사이의 카르마에 의해 결정된다. 태초에 영혼은 차크라가 사랑을 담는 순리의 방향으로 순환하는 채로 창조된다. 절대가치에 순응하는 카르마는 그 순환을 더욱 강화하여, 차크라 안으로 사랑이 더 잘 담길 수 있게 한다. 반대로 절대가치에 반하는 카르마는 역으로 순환시키는 힘이 되어, 순리의 회전속도를 늦추고 그 영역이 줄어들게 한다. 그리하여 차크라를 확장시키는 노력에도 성장을 더디게 만든다. 그런데 만약 절대가치에 반하는 카르마가 더 크게 되어 역으로 회전하는 영역이 더 넓어지게 되면 차크라에 담긴 빛이 밖으로 흘러나와 내부가 점점 비워지는 과정이 진행될 수 있다. 그러다 결국 표면의 대부분이 역으로 회전할 때에는 자신에게 주어진 사랑을 전혀 알아보지 못하고, 그 어떤 사랑도 담지 못하는 비극이 이뤄지기도 한다. 비록 드물지만 말이다.

따라서 차크라의 순환을 회복시키기 위해서는 자신과 세상 간의 카르마를 치유해야 한다. 앞서 소개한 각 차크라의 결계들은 차크라를 보호하면서 깊이를 확장시킨다. 그리고 지금 소개하는 길은 세상과의 카르마를 해소하여 부정적 카르마로 아파하는 차크라를 원래의 순환으로 복원시킨다. 차크라에 연결된 카르마 역시 관계성과 마찬가지로, 해소를 위해서는 마음으로 치유하는 것과 직접 행동으로 실천하는 두

가지로 나누어진다. 우선 마음으로 연결된 카르마를 해소하기 위해서 공감을 담은 사과와 용서가 필요하다. 그런데 우리가 기억하지 못하는 전생의 일로 공감하기가 참 난감하다. 그래서 상상력이 필요하다.

지난 인류의 역사를 되짚어보면, 절대가치에 반하는 많은 일이 당연한 듯 행해져 왔다. 그 일들을 행한 것이 지금의 우리이다. 윤회로 인해 조금씩 확장되면서 지금의 모습인 것일 뿐 과거의 그들이 우리가 아닌 것이 아니다. 따라서 우리가 역사를 공부하며 과거의 아쉬움을 성찰하고, 영화와 책으로 그 당시의 아픔에 공감하는 것은, 지난 잘못에 대해 집단의식의 아픔을 치료하는 좋은 방법이기도 하다. 거기에 더하여 우리가 그 아픔을 일으킨 주체라는 것을 인정하고 상상하면서 공감을 일으켜 사과한다면 더 적극적으로 세상의 아픔을 치유할 수 있다.

나의 경우에는 내 개인적인 차크라 복원에는 사과만을 하지만, 타인의 차크라를 복원하기 위해서는 사과와 용서를 모두 행하는 편이다. 그 당사자를 대신해서 아픔을 겪은 세상에 사과하고, 이 세상을 대신해서 그럴 수밖에 없었던 그 당시 그의 한계를 용서한다. 아픔에 공감하는 미안함을 담아서, 용서의 버거움을 공감하면서…

또 공감을 일으키기 위해 차크라로 인한 증상과 절대가치를 연계하는 상상을 한다. 예를 들어 나의 비염 증상은 일상의 어려움과 무기력을 반복하게 하니 내가 생명에 고통과 무력감을 주는 행위를 오래 했다고 생각한다. 류마티스 면역반응이 심장에 일어나 생명의 위태로움을 겪는 환자를 보면서는 생명을 위태롭게 한 그의 카르마를 상상한다. 한 번씩 급체로 꼼짝 못 하는 경우를 자주 겪는 환자분을 보면서는, 소통을 차단하여 이 세상이 단절의 아픔을 겪게 한 그의 카르마를 상상한다. 나의 건망증으로는 내가 말살시킨 개성들의 아픔을 상상하고, 교감신경 항진의 흥분에는 한마음이 되지 못하게 한 억압을 상상한다. 파킨슨이나 치매처럼 다시 되돌리기 힘든 뇌 병변에는 헤어나기 어려운 결핍과 빈곤을 만든 카르마를 상상한다. 모든 카르마는 응보적 정의로 실현되기에 이처럼 상상하며 공감하고자 한다.

그런데 절대로 과거에 대한 비난이 아닌 그 아픔에 대한 공감이어야 한다. 솔직히 우리 모두는 누가 누구를 비난할 수 있는 입장이 아니다. 각자의 차크라를 들여다보면, 모두가 세상을 아프게 한 카르마들로 얽혀있다. 이 카르마가 없는 존재는 지구상에 오지 않는다. 관계성 카르마와 함께 이 카르마들이 상대계에 발붙이게 하는 중력이다. 많고 적고의 차이는 있겠지만, 결국 오십보백보일 뿐이고 억겁의 세월 동안 자신이 어떤 카르마의 길을 만들어 왔는지 우리는 알지 못한다. 그러니 함부로 타인의 카르마를 비난할 수 없다.

카르마의 법칙이 응보적 정의로 이루어진다 하더라도, "다 네 탓이니 참아."라고 말할 수 있는 존재는 오직 자신과 창조주 단둘밖에 없다. 그 이외에 누구도 남의 카르마를 판단하고 심판할 수 없다. 나의 카르마는 나 자신과 창조주의 완벽한 합의로 결정되어 펼쳐진다. 그러니 자신의 카르마에 대해 불평을 할 수 있는 것도 나 자신뿐이고, 합당한 내 탓이라고 받아들일 수 있는 것도 자신뿐이다. 함부로 타인의 카르마를 심판하는 것은 타 영혼의 자유의지를 침범하는 일이며, 그 길을 펼치시는 신에 대한 신성모독이다.

우리가 타인의 카르마를 보며 품을 수 있는 마음은 그 카르마를 해소하는 길에 동의한 그 영혼의 의지를 축복하고, 고생을 감내하는 그의 노력에 대해 고마워하는 것이다. 그가 자신의 카르마를 해소하는 덕분에 이 세상이 변할 기회가 생기고, 우리는 변화된 세상에서 더 좋은 기회를 얻을 수 있기 때문이다. 우리는 그렇게 자신의 카르마를 해소하면서 이 세상을 더 나은 곳으로 진화시키고 있다. 그러니 우리는 타인의 카르마에 대해 그 당시 고통에 공감하는 미안함과 그럴 수밖에 없었던 서로의 한계를 연민하며, 사과하고 용서해야 한다. 그 마음으로 타인의 차크라까지 복원시킬 수 있다.

마음이 아닌 실천을 통해 치유해야 하는 물리적 카르마 해소에는 절대가치를 실천하는 것과, 타인의 차크라를 치유하여 절대가치를 가로막는 집단의식을 약화시키는 방법이 있다. 즉, 세상이 그 절대가치를 이루는 데 이로워지도록 하는 모든 실천으로 해소할 수 있는 것이다. 우리의 차크라와 세상 간의 카르마는 나와 세상의 사이라는 공간에 존재한다. 이는 모두의 공간이므로 발견하고 공감할 수 있는 누구나 해소할 수 있다. 타인의 차크라를 복원하는 것은 결국 이 세상을 창조하는 집단의식을 치유하는 것이기에, 절대가치를 실천하는 것과 마찬가지로 세상에 힘을 보태는 방식이 된다. 따라서 타인의 어려움을 알고 그를 대신하여 세상에 사과하고 용서받는 것은, 결국 나의 물리적 카르마를 해소하여 차크라를 복원하는 길이 된다.

또한, 타인의 차크라를 복원하는 것은 그와 나 사이에 연결된 물리적 카르마를 치유하는 가장 빠른 길이기도 하다. 서로의 마음이 아닌 삶에 연결된 관계성 카르마는 당사자의 삶이 좋아지도록 하는 어떠한 방식으로도 해소할 수 있다. 타인의 차크라를 복원하는 것은 그의 삶을 회복시키는 길이다. 게다가 로젠탈 효과(Rosenthal Effect)는 작은 영향력을 미치기 때문에 노력의 축적이 필요하지만, 차크라의 카르마는 사이라는 공간에 있기에 한 번의 노력으로도 명확한 효과를 발휘한다. 따라서 물리적 관계성 카르마를 빠르게 해소할 수 있게 된다. 타인과 혹은 영가와 연결된 물리적 카르마를 해소하는 길이 우리의 차크라에 있다.

이제 차크라의 아픔을 좀 더 꼼꼼히 치유하는 길을 소개한다. 예상했겠지만, 세상에 준 아픔에 대해 {혼백신의지} 다섯 기둥의 의미를 생각하는 것이다. 여러분의 상상에 대해 다섯 기둥의 아픔을 모두 사과하고 용서할 때, 놓치는 상처 없이 모두 아물 수 있다. 거기에 더하여 각 차크라와 세상 간에 고마움과 축복을 연결하면 차크라는 우주의 순리와 한 방향으로 소용돌이치며 본연의 모습으로 복원된다. 즉, 차크라 복원은 세상과 사과와 용서를 주고받으며 역순환을 치유하고, 감사와 축복을 주고받으며 순리의 순환력을 강화하는 것이 핵심이다. 결국, 사랑의 빛이 차크라에 잘 담기도록 한다. 아픈 차크라의 복원에서는 {역순환 치유:순순환 강화}의 비율이 1:3이 되는 것이 효과적이고, 차크라의 성장을 위해서는 {역순환 치유:순순환 강화}의 비율

이 1:5가 되는 것이 좋다. 이 비율은 통계 심리학의 연구 결과에 근거한다.[7]

(1) 탄생-생명-죽음

* 탄생과 죽음으로 가는 길에 존엄함과 기쁨을 빼앗아

삶의 시작과 끝을 분노와 절망으로 물들이고,

탄생과 죽음의 순간 고난을 키우고, 외롭게 만들어

삶의 시작과 끝에 고독과 고통으로 지치게 하며,

그렇게 삶의 순환에 가한 아픔에 대해 사죄합니다.

* 생명의 존엄함을 뭉개고, 생명의 순환에 완벽함을 깨뜨리며,

그 찬란한 완벽함을 부정하여 생명의 위대함을 가로막고,

사랑보다 고통을 생명에 안기며,

살고자 낫고자 하는 고귀한 의지를 짓밟았던,

그렇게 생명에 가한 모든 억압에 고개 숙여 사죄합니다.

* 이제 모든 생명의 존엄함으로 완벽한 순환을 이루게 하고,

그 생명의 완벽함이 찬란히 빛을 발하며,

사랑으로 다채로운 생명이 성장하고 번영하면서,

생명의 창조력이 충만한 세상을 열어가는

신의 뜻으로, 모든 생명의 의지로,

생명을 위하지 못했던 그때의 한계를 위로하고 용서합니다.

* 탄생과 죽음으로 가는 길에 존엄함과 기쁨을 추구하여

삶의 시작과 끝을 영광과 환희로 물들이고,

탄생과 죽음의 순간 안정을 만들고, 충만한 사랑을 함께하여

---

7   관계분석 연구가인 존 가트맨(John Gottman) 박사는 가족관계에서 부정과 긍정의 표현에 가장 이상적인 비율을 발표했다. 그중 1:3의 비율은 부모와 자식 간의 이상적 비율로 3배의 비율이 긍정의 방향성을 명확히 하고, 1/3배의 비율이 진정시키는 효과를 증폭시키는 통계 결과이다. 1:5의 비율은 부부 사이의 이상적 비율로 공정한 상황에서 성장하는 효과적인 비율이다. 이 비율은 다른 모든 치유와 성장의 과정에 유효하다.

삶의 시작과 끝에 아늑한 행복과 따뜻한 사랑으로 물들이니,
그렇게 계속되는 삶의 순환을 축복합니다.

* 생명의 존엄함을 축복하고, 생명의 순환에 완벽함을 따르며,
그렇게 생명의 위대함을 누리고 드러내는 존재가 되어,
생명에 사랑을 안기고, 살고자 하는 고귀한 의지를 축복하는,
그런 우리의 축복을 모든 생명에 보냅니다.

* 이제 모든 생명의 존엄함으로 완벽한 순환을 이루게 하고,
그 생명의 완벽함이 찬란히 빛을 발하며,
사랑으로 다채로운 생명이 성장하고 번영하면서,
생명의 창조력이 충만한 세상을 열어가는
신의 뜻으로, 모든 생명의 의지로,
생명을 위해 애쓰는 그대의 과정과 노력에 감사합니다.

(2) 개인-자기실현-연대

* 구성원들의 빛을 억압하면서 존엄함을 잃게 하고,
자신감의 기쁨을 잃고 자괴감에 파묻히게 하며,
결국 자신의 빛으로 사랑할 수 없어 도망치고,
자신의 빛으로 삶을 채우지 못해 무기력해야 했던,
빛을 잃은 아픔들에 진심으로 미안합니다.

* 함께하는 마음들을 억압하고 이기심으로 깨뜨리면서
연대의 보람과 즐거움보다 혼자인 무력함을 선사하고,
오색찬란한 빛이 아닌 흩어진 회색으로 세상을 물들이며,
사랑이 아닌 의심과 배신으로 관계를 채워,
세상의 진화를 막고 퇴보시킨 것이 진심으로 미안합니다.

* 이제 영광스러운 자기실현으로, 존재의 기쁨에 차오르며,
사랑의 응원을 받고, 보람과 즐거움으로 이루어갈 자기실현들을

이 세상에 충만하게 펼쳐내는 신의 뜻으로, 모두의 의지로,

그대가 모두와 함께 빛나지 못했던 한계를 위로하고 용서합니다.

* 구성원들의 빛을 존중하여 존엄함에 힘을 주고,

자신감의 기쁨으로 찬란히 빛을 발하며,

결국 자신의 빛으로 모두를 사랑할 수 있으니,

자신의 빛으로 삶과 세상을 물들이는 즐거움이 가득합니다.

그렇게 오색찬란한 하나하나의 빛들을 모두 축복합니다.

* 함께하는 마음들에 감사하고 축복하면서

연대의 보람과 즐거움으로 희망을 싹틔우고,

각자의 오색찬란한 빛으로 함께 세상을 물들이며,

의심을 이기고 함께하는 믿음과 사랑으로 관계를 채워,

세상이 영광과 평화로 진화하는 길을 축복합니다.

* 이제 영광스러운 자기실현으로, 존재의 기쁨에 차오르며,

사랑의 응원을 받고, 보람과 즐거움으로 이루어갈 자기실현들을

이 세상에 충만하게 펼쳐내는 신의 뜻으로, 모두의 의지로,

그대가 모두와 함께 빛나는 자기실현의 과정과 노고에 감사합니다.

(3) 분별-소통-전일성

* 돈과 명예에 집착하며, 포기하며 존엄을 왜곡하고,

육체에 집착하며, 외면하며 존재의 기쁨을 왜곡하고,

일과 휴식에 집착하며, 외면하며 보람과 즐거움을 잊고,

물질에 집착하며, 포기하며 사랑의 진리를 가로막았으니,

그렇게 허상에 집착하며, 욕구를 상실하며

세상의 진리를 왜곡한 잘못에 대해 사과합니다.

* 모든 실체에 다가가는 길에서

영광을 알아보지 못하고 신과 멀어져 가고,

나의 기쁨을 몰라보고 스스로 점점 분열되며,

사랑을 거역하는 배척으로 뿔뿔이 흩어져,

허망하게도 이 세상에 단절의 아픔을 만들었으니,

그렇게 분열의 아픔을 만든 잘못이 미안합니다.

* 이제 신과의 소통으로 영광과 평화를 이루고,

자신과 소통하며 존재의 확장을 향하기에,

마땅히 서로 사랑을 주고받는 소통과,

세상과의 소통으로 하나되어 진리를 열게 하는

신의 뜻으로, 모두의 의지로,

집착과 포기와 분열을 만든 불통의 한계를 위로하고 용서합니다.

* 돈과 명예를 분별로 사랑하여 존엄의 진리를 펼치고,

육체를 사랑하여 존재의 기쁨을 밝히며,

일과 휴식을 사랑하여 보람과 즐거움을 기억하게 하고,

물질의 편리와 풍요를 사랑하여 사랑의 진리를 넓혀나가니,

모든 것을 사랑으로 분별하여 드러난 진리를 축복합니다.

* 모든 실체에 다가가는 길에서

신의 영광을 발견하여 신과 하나가 되고,

나를 기쁘게 하여 스스로도 통합되어 가며,

사랑의 충만함을 선택하여 모두가 하나임을 느끼고,

그 모든 길을 보람으로 쌓아 세상을 충만하게 하는,

그 모든 통합의 과정을 축복합니다.

* 이제 신과의 소통으로 영광과 평화를 이루고,

자신과 소통하며 존재의 확장을 향하기에,

마땅히 서로 사랑을 주고받는 소통과,

세상과의 소통으로 하나되어 진리를 열게 하는

신의 뜻으로, 모두의 의지로,

그대의 소통이 밝히는 분별과 전일성의 진리에 감사합니다.

(4) 믿음-소망-사랑

* 하늘이 우리를 벌한다는 오해로 신을 사랑하지 않고,

삶과 세상은 불공평한 악이 판친다며 사랑체험을 회피하고,

우리가 죄인이며 타인 역시 죄인의 악한 존재라는 오해로

자신도 타인도 온전히 사랑하지 않았으니,

믿음으로 사랑하는 길을 막아버린 오해에 대해 사죄합니다.

* 신의 전지전능한 사랑을 몰라봐 신의 사랑에 닿지 않고,

우리가 사랑의 존재임을 잊고 우리 안의 사랑이 무의미해지며,

타인 역시 사랑의 존재인지 의심하여 사랑을 주지 않으면서,

삶을 원망하면서 세상이 보여주는 사랑을 무의미하게 여겼으니,

모든 근간인 사랑이 힘을 잃게 한 잘못이 미안합니다.

* 이제 우리가 신과 사랑으로 하나가 되는 꿈을 꾸고,

우리가 사랑의 모습 그대로 빛나기를 소망하며,

다른 이들도 사랑받으며 빛나기를 소망하고,

우리의 삶과 세상이 사랑으로 충만하기를 꿈꾸는,

우리 모두의 소망과 신의 소망으로,

사랑을 꿈꾸지 못했던 지난 한계를 위로하고 용서합니다.

* 하늘이 언제나 우리를 사랑함을 믿고 알리며,

삶과 세상에서 합당한 순리로 사랑을 직접 창조함을 믿고,

우리와 타인은 모두 사랑의 존재라는 믿음으로

자신도 타인도 언제나 사랑하도록 노력하니,

그렇게 사랑하는 길을 넓혀가는 믿음을 축복합니다.

* 신의 전지전능한 사랑이 펼쳐짐을 언제나 반기고,

우리 안의 사랑을 축복하여 그 힘을 키우며,

타인을 사랑하여 그의 사랑이 힘을 얻게 하고,

삶을 사랑하여 세상이 보여주는 사랑을 축복하니,

모든 근간인 사랑이 강력해지는 길을 축복합니다.

* 이제 우리가 신과 사랑으로 하나가 되는 꿈을 꾸고,

우리가 사랑의 모습 그대로 빛나기를 소망하며,

다른 이들도 사랑받으며 빛나기를 소망하고,

우리의 삶과 세상이 사랑으로 충만하기를 꿈꾸는,

우리 모두의 소망과 신의 소망으로,

그대가 품고 행하는 모든 사랑의 소망에 감사합니다.

(5) 책임-소명-자유

* 내가 누린 기회에 합당한 삶의 책임을 원망하고,

주어진 책임의 운명적 의미를 져버리며,

내 일이 아니라고 못 한다고 포기하여,

책임의 대상을 외면하였으니,

결국 세상에서 받았던 기회에 보답하지 않아

세상을 아프게 만든 우리의 책임에 사과드립니다.

* 부당한 틀로 삶의 자유를 속박하고 감옥으로 만들며,

자신을 드러낼 자유를 박탈하고,

마음껏 사랑할 자유를 차단하여,

소명으로 영광과 평화를 누릴 자유를 빼앗았으니,

그렇게 세상을 무겁게 만든 잘못을 반성합니다.

* 우리를 일상의 소명으로 즐겁게 하고,

소명으로 영광과 평화를 펼치며, 소명으로 빛나는 존재가 되어,

모두를 사랑하는 소명을 이루게 하는

신의 뜻으로, 모두의 의지로,

책임과 자유로 행하지 못한 소명의 아쉬움을 위로하고 용서합니다.

* 내가 누린 기회에 합당한 삶의 책임을 다하고,

주어진 책임의 운명적 의미를 각성하며,

나의 일이며 할 수 있다는 자신감으로, 책임의 대상을 사랑하니,

결국 세상에서 받았던 기회에 보답하는 우리의 책임을 축복합니다.

* 부당한 책임과 틀을 깨고 삶의 자유를 추구하며,

자신을 드러낼 자유와 마음껏 사랑할 자유를 축복하여,

존재의 소명을 다할 자유들을 보장하고,

소명으로 영광과 평화를 누릴 자유를 넓혀가니,

그렇게 세상을 가볍게 만드는 자유의 길을 축복합니다.

* 우리를 일상의 소명으로 즐겁게 하고,

소명으로 영광과 평화를 펼치며, 소명으로 빛나는 존재가 되어,

모두를 사랑하는 소명을 이루게 하는

신의 뜻으로, 모두의 의지로,

그대가 책임과 자유로 행하는 소명의 과정에 감사합니다.

(6) 미안함-우리-사과받음

* 나의 잘못에도 불구하고 사과하기보다 뻔뻔함을 선택하면서

다른 이들의 상처를 후비며, 세상과 삶의 아픔을 증폭시키고,

그렇게 하늘을 안타깝게 하여, 결국 스스로를 아프게 만든,

그 어리석었던 뻔뻔함에 간절한 미안함을 담아 사과합니다.

* 진심의 사과를 외면하면서 자신의 아픔을 치유하지 않고,

진심의 사과가 거절당하는 아픔을 만들며,

세상과 삶의 아픔을 내버려 두고, 하늘의 치유를 거부한

그 차가운 외면에 대해 진한 아쉬움으로 참회합니다.

* 이제 하늘과 또한 자신과 미안함을 주고받으며

우리의 아픔을 치유하고,

삶과 세상 그리고 함께하는 이들과 미안함을 주고받으며

모든 사이의 아픔이 치유되도록 하는

신의 뜻과 모든 존재의 의지로,

미안해하지 않고 또 사과받지 않던 한계를 위로하며 용서합니다.

* 나의 잘못에 대해 진심을 담아 사과하면서

상처받은 이들을 치유하며, 세상과 삶의 아픔을 축소시키고,

그렇게 하늘을 안도하게 하여, 결국 스스로를 치유하는,

그 간절한 미안함과 참회의 과정을 축복합니다.

* 진심의 사과를 받아들이면서 자신의 아픔을 치유하고,

진심의 사과가 받아들여지는 기쁨을 만들며,

하늘의 치유를 받아들여, 세상과 삶의 아픔을 치유하는,

그 따뜻한 포용에 대해 진한 축복을 보냅니다.

* 이제 하늘과 또한 자신과 미안함을 주고받으며

우리의 아픔을 치유하고,

삶과 세상 그리고 함께하는 이들과 미안함을 주고받으며

모든 사이의 아픔이 치유되도록 하는

신의 뜻과 모든 존재의 의지로,

참회하고 사과를 받아들이는 그대의 노력이 참으로 고맙습니다.

(7) 고마움-우리-감사받음

* 내가 세상으로부터 받은 기회를 몰라보고 감사하지 않아

맘껏 누리며 기뻐하지 않고, 이웃과 나누며 증폭시키지 않으며,

그것이 삶과 세상에서 허무하게 사라지게 하였으니,

결국 기회를 주신 신께 보답하지 못한 아쉬움으로 참회합니다.

* 내가 이룬 풍요로 감사받는 나눔 대신 욕심을 선택하면서

세상과 삶의 풍요를 독식하고, 타인의 결핍과 무지를 외면하면서,

결국 하늘의 아쉬움을 크게 하여, 자신의 풍요를 말살해버린,

그렇게 세상의 번영을 가로막은 교만했던 욕심이 미안합니다.

* 이제 하늘과 또한 자신과 고마움을 주고받으며

우리의 찬란함을 드러내고,

삶과 세상 그리고 함께하는 이들과 고마움을 주고받으며

우리로 하여금 풍요로운 세상을 열게 하는

신의 뜻으로, 모두의 의지로,

고마워하지 않고, 감사받지 못했던 한계를 위로하고 용서합니다.

* 내가 세상으로부터 받은 기회를 알아보고 감사하여

충분히 누리며 마음껏 기뻐하고, 이웃과 나누어 증폭시키며,

그것으로 삶과 세상의 풍요를 이루니,

결국 신께 보답하는 감사의 길을 축복합니다.

* 내가 이룬 풍요로 감사받는 나눔을 선택하면서

타인의 결핍과 무지를 충족시키며, 세상과 삶의 풍요를 퍼뜨리고,

결국 하늘의 만족을 크게 하여, 자신의 풍요를 더 번영시키는,

그렇게 세상을 번영시키는 나눔의 길에 축복을 보냅니다.

* 이제 하늘과 또한 자신과 고마움을 주고받으며

우리의 찬란함을 드러내고,

삶과 세상 그리고 함께하는 이들과 고마움을 주고받으며

우리로 하여금 풍요로운 세상을 열게 하는

신의 뜻으로, 모두의 의지로,

고마워하고 감사받는 그대의 다짐과 노력이 참 고맙습니다.

(8) 용서함-우리-용서받음

* 나의 고통에 대해 용서가 아닌 복수를 선택하면서

자신의 내면에 어둠을 채우며,

타인 역시 똑같은 어쩌면 더 큰 고통으로 몰아넣고,

그렇게 우리 모두인 창조주를 아프게 하면서,

삶과 세상을 무자비하게 만든 잘못에 참회합니다.

* 잘못인 줄 알면서도 개의치 않고 합리화하며

용서받을 기회를 무색하게 만들었으니,

나의 합리화로 상대를 고통 속에 방치하고,

신이 언제나 주시는 용서를 거부하면서,

그렇게 자신을 용서받기 힘든 나락으로 떨어뜨리며,

삶과 세상을 냉소로 각박하게 만든 잘못이 죄송합니다.

* 이제 하늘과 또한 자신과 용서를 주고받으며

우리 본연의 평화를 회복하고,

삶과 세상 그리고 함께하는 이들과 용서를 주고받으며

우리로 하여금 평화로운 세상을 열게 하는

신의 뜻으로, 모두의 의지로,

용서하지 못하고 또 받지 못한 지난 한계를 위로하고 용서합니다.

* 나의 고통에 대해 마땅히 용서를 선택하면서

자신의 내면에 빛을 채우며, 상대에게도 빛을 선사하고,

그렇게 우리 모두인 창조주를 위로하면서,

삶과 세상을 따뜻하게 만드는 용서의 과정을 축복합니다.

* 잘못을 깨닫고 진심으로 참회하고 사과하니

사과함으로 상대가 나를 용서할 수 있게 하면서,

창조주께서 언제나 주시는 용서를 받아들이며,

그렇게 자신을 언제나 용서받는 평화에 임하게 하여,

결국 삶과 세상을 평화롭게 하는 용서받는 길을 축복합니다.

* 이제 하늘과 또한 자신과 용서를 주고받으며

우리 본연의 평화를 회복하고,

삶과 세상 그리고 함께하는 이들과 용서를 주고받으며

우리로 하여금 평화로운 세상을 열게 하는

신의 뜻으로, 모두의 의지로,

용서하고 용서받고자 하는 그대의 각오가 참으로 고맙습니다.

(9) 축복함-우리-축복받음

* 나를 힘들게 한 상대가 잘못되기를 바라면서,

나 자신을 불쌍하기 짝이 없는 존재로 여겨 고립시키고,

사랑만을 위한 우주의 섭리를 배반하며 신을 배신하고,

삶과 세상을 부정하게 여기며 해를 끼쳐,

결과적으로 축복의 반대인 저주로 나아간 것이 미안합니다.

* 하늘이 주는 축복의 기회를 몰라봐 축복이 날아가게 하고,

내가 나를 축복하지 않으면서, 타인이 주는 축복도 거부하고,

그렇게 삶과 세상이 주는 축복을 무의미하게 만들어,

결국 스스로 확장의 길을 닫았던 아쉬움을 반성합니다.

* 이제 하늘과 또한 자신과 축복을 주고받으며

우리의 영광을 펼치고,

삶과 세상 그리고 함께하는 이들과 축복을 주고받으며

우리로 하여금 영광스러운 세상을 열게 하는

신의 뜻으로, 모든 존재의 의지로,

축복하지 않고, 받아들이지 못했던 한계를 위로하고 용서합니다.

* 나를 힘들게 한 상대까지도 모두 괜찮기를 기원하면서,

나 자신을 기특하게 여기고 자랑스러워하며,

사랑만을 위한 우주의 섭리를 따라 신과 함께하고,

삶과 세상에 감사하여 축복을 보내니,

축복으로 나아가는 그 모든 길을 축복합니다.

* 하늘이 여는 길에 언제나 축복이 있음을 기억하고 감사하며,

내가 나를 축복하고, 타인에게 축복받고 있다는 걸 깨달아가며,

그렇게 삶과 세상이 주는 축복을 증폭시켜 나가니,

모든 것을 축복으로 여기는 확장의 길을 우리는 축복합니다.

* 이제 하늘과 또한 자신과 축복을 주고받으며

우리의 영광을 펼치고,

삶과 세상 그리고 함께하는 이들과 축복을 주고받으며

우리로 하여금 영광스러운 세상을 열게 하는

신의 뜻으로, 모든 존재의 의지로,

축복하고 축복으로 받아들이는 그대의 깨달음에 감사합니다.

1) 카르마 나누기

사이라는 공간은 모두의 것이기에 우리는 자신의 카르마뿐 아니라 타인의 카르마까지 함께 해소할 수 있다. 이것은 모두가 하나라는 진리에 바탕을 둔 우주의 법칙이다. 다만 타인의 세상과의 물리적 카르마까지 다 해소해주지는 못한다. 이는 당사자가 짊어져야 할 몫이기 때문에 그 한계가 뚜렷하다.

우리가 살면서 겪는 물리적 고통은 대부분 자신의 물리적 카르마를 해소하는 과정이다. 모두가 그 과정으로 카르마를 해소하면서 세상은 더 평화롭고 안정된 곳으로 진화한다. 그러니 육체적인 병, 경제적 문제, 사건사고로 인한 상실 등으로 고난을 겪는 이들을 보면서는 미안하고 또 고마워하지 않을 수 없다. 그들이 겪는 고난으로 세상이 진화하고 있기 때문이다. 비록 우리가 그들의 고난을 대신 짊어질 수는 없지만, 다행히도 그 고난을 덜어줄 수는 있다. 그 물리적 카르마가 더 잘 해소되도록 도울 수 있는 것이다.

우리가 자신의 카르마를 겪는 과정에서 적극적으로 사랑을 실천하면 그 카르마가 훨씬 빨리 해소되며 긍정의 카르마로 재탄생된다. 이와 같은 원리로 물리적 카르마로 인해 고통받는 이들을 사랑으로 돕는 것은 그 카르마가 빠른 속도로 줄어들며 긍정의 카르마로 재탄생하는 힘이 된다. 병으로 아픈 이에게 사랑으로 치료하고 보살피는 마음들이 모이면, 그 환자의 카르마는 더 빨리 해소될 수 있다. 경제적 고난으로 고통받는 이들에게 내미는 온정의 손길들, 빈곤 지역에 지속하는 사랑의 원조들, 사건·사고의 상실감을 함께 치유하는 노력은 물리적 카르마를 획기적으로 줄여가는 방법이 된다. 비록 대신 짊어질 수는 없지만, 사랑으로 함께 나눌 수는 있다.

이렇게 사랑으로 카르마를 나누는 손길에는 대체로 우주가 충만한 사랑으로 응답하여 준다. 행복으로 사랑을 실천하는 이가 그 손길을 지속할 수 있도록 우주가 지켜주는 것이다. 그런데 가끔 타인의 카르마를 나누는 손길에 뭔가 불편함으로 응답하는 때가 있다. 타인을 위해 노력 봉사하고, 카르마 해소의 기도를 열심히 했는데, 몸이 불편해지고, 뭔가 일이 꼬이기도 한다. 이 경우에는 두 가지 가능성이 존재한다.

하나는 카르마의 당사자가 해소의 방향으로 나아가지 않고 반대로 직진하고 있을 때이다. 그렇다고 겁먹을 필요는 전혀 없다. 자신의 삶을 창조하는 주체는 '나'라는 법칙을 거스르지 않을 정도의 일시적인 불편함만을 줄 수 있기 때문이다. 이건 카르마 당사자의 상황을 알려주는 힌트 같은 것이다. 나와 반대 방향으로 나아가는 상대에게 사랑을 주었다고 절대로 내가 망가질 일은 없다. 그저 누군가에게 내민 사랑의 손길이 불편함으로 돌아왔을 때에는 그가 아직 준비되지 않았음을 이해하고, 지금의 불편함은 나에게 결정적 영향이 없음을 알고 안심하기만 해도 금방 사라진다. 그러한 이해 속에서 계속 사랑할 수 있다. 온전한 이해로 주는 사랑에서는 더 이상 불편함이 발생하지 않는다. 그런데 무언가 결정적으로 나를 위태롭게 하는 것은 누군가의 영향이 아닌 내가 만든 카르마이다. 따라서 온전한 이해로 사랑을 실천하는 중에 지속되는 어려움은, 명수가 확장하면서 나의 카르마를 해소할 기회가 찾아온 것으로 보아야 한다. 우리가 확장되어 갈수록 풀어야 할 숙제들이 찾아와 좀 더 자유로워질 수 있기 때문이다.

무거운 카르마를 계속 형성하고 있는 상대에게 차크라를 복원하는 미안함, 용서, 고마움, 축복을 대신 연결하는 것은, 다음 달 통신 데이터를 당겨쓰는 것과 같은 이치라고 생각한다. 비록 그들이 현재 행복의 반대를 향하고 있지만, 결국 언젠가 이생의 어떤 미래에, 이번 생에서 해소하지 못한다면 다음 생의 어떤 순간에, 다음 생에서도 아니라면 그 다음 생에서라도 결국은 해낼 수밖에 없는 것이 이 우주의 법칙이기에 차크라를 복원하는 당겨쓰기는 언제나 늘 합당하다.

지금 지구에는 우리가 인권을 인지하지 못하던 시절에 만들어둔 카르마들이 산적해 있다. 좀 더 가벼운 카르마로 사는 사람들은 많은 카르마를 짊어진 이들에게 사랑의 손길을 내밀어 함께 해야 한다. 그래야 그 산더미 같은 카르마들이 빨리 해소되어 이 지구가 평화로이 진화될 수 있다. 매달 빠져나가는 기부액이 소액이더라도 기뻐하고, 사랑의 행위로 봉사하면서, 누군가의 차크라를 복원하는 기도를 즐겁게 행하며, 인류가 카르마를 함께 나누어 이 시기를 잘 통과하길 바란다.

17. 차크라 수련

차크라 수련은 내가 전문적으로 잘 알지 못하는 분야이다. 그래서 구체적이고 정밀한 방법에 대해 알려주지는 못하지만, 그 의미를 대략적으로 설명하려 한다. 차크라 수련은 육체적 노력으로 차크라의 외연을 확장하는 방식이다. 차크라가 성장하기 위해서는 외연의 확장, 깊이의 확장, 색채(빛)의 확장이 3박자를 이루어 조화롭게 성장하는 것이 가장 이상적이다. 그리고 차크라의 외연 확장은 육체적 건강에 주요 기틀이 된다. 본래 자연적 이치로 절대가치를 추구하고, 그에 대해 생각하며, 실천하는 것으로 이 3박자가 조화를 이룬다. 생명의 위대함과 성욕에서는 호흡이 1번의 회음부에 머무르고, 동료와 의리를 지키며 자기실현을 이룰 때에는 2번의 아랫배에 힘이 들어가며, 진리를 추구할 때에는 3번의 명치가 뜨거워지고, 감동적인 사랑을 볼 때 4번의 가슴이 뜨거워지며, 소명을 다하고자 할 때 목에 힘이 들어가 5번에 호흡이 몰리고, 사과해야 할 때에는 골똘히 생각에 집중하게 되며, 고마움을 주고받는 기쁨에는 머리가 상쾌하게 열리는 느낌이 든다. 이렇게 절대가치를 추구할 때, 우리의 호흡은 자연히 해당 차크라에 몰리며 그 외연을 확장시킨다.

이런 이치로 호흡운동을 통해서 차크라의 외연을 확장시킬 수 있다. 그런데 호흡운동을 통해 외연을 확장하면서 해당 절대가치를 추구하지 않으면 깊이가 얇아지고 그 안에 빛이 담기지 않은 상태가 된다. 이런 단순한 외연 확장은 차크라가 외부의 기운에 쉽게 노출되는 상황을 초래한다. 우리 주위에는 집단의식(의식+무의식)이 만든 다양한 바람이 불고 있다. 산들바람도 있지만 강풍과 비바람과 회오리도 있다. 외연만 확장된 차크라는 이런 집단의식의 강풍에 노출되면 깨지고 다치기 쉽다. 간혹 차크라 수련으로 황홀감에 빠지다 오히려 삶이 추락하는 것은 외부의 영적 상황에 차크라가 손상된 경우이다. 따라서 외연의 확장에는 반드시 절대가치를 생각하는 의식과, 실제 삶에서 절대가치를 선택하는 실천이 병행되어야 한다.

그럼에도 불구하고 차크라 수련을 의도적으로 시행하는 것은 매우 유용하다. 일반적으로 차크라는 평범한 삶을 사는 우리의 한 생애 안에서 대대적인 변화를 이루지 않는 편이다. 모든 생의 결과를 담는 그릇이기 때문에 한 생에서 정말 조금씩 야무지게 변화된다. 그래서 사람은 쉽게 변하지 않는다는 느낌이 드는 것이다. 그런데 차크라 수련을 하게 되면 외연 확장에서 우선 큰 변화를 이룰 수 있고, 외연 확장은 다시 절대가치를 쉽게 떠올리는 효과를 가져오며, 실천으로 빛이 담길 때 많은 양의 빛을 담을 수 있는 유리한 조건을 형성한다. 쉽게 생각해 그릇의 입구가 커지면 깊게 파기도 쉽고, 빛을 담기도 쉬워지는 것이다. 그래서 정신적 문제로 차크라의 깊이를 확장할 때에도 외연 확장을 함께하면 더 효율적으로 깊이를 늘릴 수 있다.

차크라 수련으로 호흡법을 행하면서 절대가치에 대한 결계기도를 함께하고, 삶에서 하나씩 실천하는 것은 한 생에서 대대적인 차크라 확장을 이루게 한다. 이것이 힌두교에서 요가 수행을 강조하는 이유이다. 요가는 차크라의 외연을 확장하여 한 생에서 대대적인 성장을 이루게 한다. 또한, 앞에서 소개한 각 차크라의 결계기도는 차크라를 지키는 힘이 되면서, 동시에 깊게 만들어 준다. 그리고 삶에서 해당 절대가치를 추구하도록 자연히 이끈다. 어떤 방법의 차크라 수련을 하든 결계기도는 꼭 함께하길 바란다.

지금부터는 나의 차크라 수련방법을 소개한다. 이것은 절대적인 것은 아니며 기본적인 방법으로 알아주면 좋겠다. 개인적으로 차크라 수련에서 중요하게 생각하는 것은 호흡과 가치와 실천이기에 방법적인 제약과 규율이 많은 것은 좋지 않다고 생각한다. 차크라가 외연을 확장하는 것은 어차피 자연적인 현상이니까. 내가 차크라를 수련하는 것에는 두 가지 방식이 있다. 하나는 해당 차크라의 가치를 떠올리며 가볍게 호흡운동을 하는 방법이고, 다른 하나는 호흡운동에 집중하면서 우주로의 여행을 떠나 의식을 먼 우주에 두었다가 다시 '나'로 돌아오는 방식이다.

우선 첫 번째 방식은 간단하다. 그냥 호흡을 내가 원하는 차크라에 모으는 것이다. 호흡을 모은다는 것은 들숨과 날숨 사이에, 혹은 날숨과 들숨 사이에 호흡이 멈추어 머무른다는 의미이다. 즉, 숨을 들이쉬고 잠깐 멈추고 다시 내쉰다. 또는 숨을 내쉬고 잠깐 멈추고 들이쉰다. 우리의 일상적인 호흡은 날숨과 들숨이 계속 이어져 반복되는 2단계이다. 하지만 차크라를 확장시키는 호흡은 날숨과 들숨, 혹은 들숨과 날숨 사이에 멈춤이 있어 호흡이 3단계를 형성한다. 진리를 구현하는 3단계의 호흡으로 차크라의 외연은 확장된다. 우리가 작정하고 자신의 한계를 넘는 도전을 할 때, 굳건히 사랑을 지켜내고자 노력할 때, 마음을 다해 기도할 때, 우리의 호흡을 관찰해보면 호흡이 멈추는 단계가 반복되는 것을 알 수 있다. 우리는 사랑체험에 마음을 다하고자 할 때 자연스럽게 3단계의 호흡을 형성한다.

방법적으로 알아야 할 점은 첫째, 자신이 원하는 차크라로 들숨과 날숨을 만들어야 한다. 1번 차크라라면 회음부를 대소변을 볼 때처럼 아래로 열며 숨을 마시고, 다시 조이며 내쉬어야 한다. 2번 차크라는 배꼽주위를, 3번 차크라는 명치를, 4번 차크라는 가슴을, 5번 차크라는 목을 내밀며 마시고, 조이며 숨을 내쉬어야 한다. 6번(인당)과 7번(정수리)은 높은 음을 만들 때처럼 호흡을 위로 올려 숨이 머물러야 한다. 마지막으로 몸의 외부에 있는 8, 9번 차크라는 온몸으로 호흡하며 수련한다. 어느 차크라에 호흡을 두느냐에 따라 편한 자세가 각기 다르다. 우선 회음부인 1번 차크라는 앉은 자세로는 호흡을 모으기가 어렵다. 그래서 다리를 살짝 벌리고 일어선 자세가 쉽다. 2번에서 5번은 대체로 모든 자세에서 호흡을 모을 수 있다. 목과 인당에 호흡을 모을 때는 고개를 살짝 뒤로 젖히는 동작이 편안하다. 정수리에 호흡을 모을 때는 턱을 아래로 누르는 것이 오히려 더 편안하다. 각 차크라의 수련 자세는 사람에 따라 개인차가 있을 테니 직접 시행하면서 자신에게 편한 자세를 찾아가면 된다. 개인적 취향에 따라 동작을 만들어 곁들이는 것도 좋다.

두 번째로, 호흡의 길이와 박자는 자신이 가장 자연스럽고 편한 느낌으로 하는 것이 좋다. 억지로 길게 할 것도, 박자를 일정하게 맞추기 위해 인위적으로 노력할 필요도 없다. 자연스러운 자신의 박자와 길이로 호흡하고 머무르는 것이 현재 자신의 차크라를 확장하는 데 가장 효과적인 방법이다. 다만, 호흡은 반드시 3단 구성이어야 한다. 들숨과 날숨 사이 멈춤이거나, 날숨과 들숨 사이 멈추는 걸 반복해야지 둘을 합친 호흡을 해서는 안 된다. 실제 해보면 3단 호흡을 반복하는 것은 무리 없이 자연스러운 반면, 들숨과 날숨의 모든 사이를 쉬는 4단 호흡은 숨찬 무리를 가져온다.

세 번째로 알아둘 것은 호흡의 어느 부분에서 멈추는지에 따라 확장되는 외연의 방향이 다르다는 점이다. 절대가치는 반대의 두 방향이 하나로 만나는 가치이다. 절대가치 중 자유, 사랑, 전일성, 연대, 탄생은 외부로 발산하는 방향이고, 책임, 믿음, 분별, 개인, 죽음은 내부로 수용하는 방향으로 볼 수 있다. 머리부터 있는 상위 차크라 가치들 역시 주는 것은 발산의 방향이고, 받는 것은 수용의 방향이다. 날숨 뒤 멈추는 방식은 외부로 발산하는 방향으로 차크라 외연을 확장하고, 들숨 뒤 멈추는 방식은 수용하는 방향의 외연을 확장시킨다. 따라서 균형 있는 확장을 위해서는 두 방향의 수련이 모두 필요하다. 균등한 수련 후 자신이 부족한 방향을 좀 더 수련하면 좋다.

마지막으로 염두에 둘 점은 초기에는 6번 차크라의 중요성을 자각하고, 모든 차크라의 수련에서 우선순위로 두는 것이다. 또한, 어려움을 겪을 때 의도적으로 챙겨주면 좋다. 어떤 방식으로 행하든 자신에게 가장 편하고, 즐겁고, 충만한 방식을 창조해나가길 바란다.

단순한 호흡운동은 일상에서 시간 날 때마다 짧게 하면 좋다. 이 외에 본격적으로 수련에 집중하는 방식은 호흡과 함께 우주로 여행을 떠나는 것이다. 우선 눈을 감고 확장하고자 하는 차크라에 숨이 몰리도록 들숨-멈춤-날숨의 순으로 3단 호흡을 반복한다. 그것이 익숙해지면 기도에 함께 하고 싶은 이들을 떠올리며 그들의 차크라를 상상한다. 그렇게 그들의 차크라를 상상하고, 나와 그들의 차크라에서부터 점점 주위로 확대되는 시야를 상상한다. 숨을 들이쉴 때 넓어진 시야를 상상하고, 숨을 멈춰 넓혀 놓은 시야를 감상하다, 마지막에 그 시야를 작아지게 한다. 다시 숨을 들이쉴 때 더 넓어진 시야를 상상하고, 멈춤에서 그 시야를 감상하며, 내쉬면서 다시 작게 하는 것이다. 카메라의 줌아웃(zoom out)을 하는 것처럼. 그렇게 점점 지구에서 떠올라 지구를 바라보는 지점까지 나아간다. 그리고 태양계를 같은 방법으로 점점 더 넓혀가는 시야로 호흡하고, 태양계를 벗어나 우리 은하계의 성운과 별들이 빼곡한 우주로 확장하며, 결국 우리 은하계를 지구를 보듯 하고, 다시 우리 은하계를 작게 하여 주위 은하계까지 보는 시야로 확장한다. 그렇게 여러 은하계까지 보는 시야를 확장하고 나서 눈을 뜨고 해당 차크라의 결계기도를 한다. 내 안에 모든 우주를 품은 듯이 기도한다.

기도를 마치면 다시 눈을 감고 여러 은하계를 보는 시야로 돌아간다. 숨을 내쉬면서 우리 은하계를 찾고, 멈춘 상태에서 우리 은하에 집중하다, 들이쉬면서 그 시야를 내 앞으로 당겨 크게 한다. 카메라 화면에 줌인(zoom in)하는 것처럼. 다시 내쉬면서 우리 은하계로 더 집중하고, 멈추어 감상하다, 들이쉬며 줌인한다. 그러다 우리 은하계만 보이는 시야로 돌아가고, 우리 은하의 성운과 별들에 속한 시야로 돌아가며, 다시 태양계에 시야를 집중한다. 그리고 태양계에서 해당 행성을 지나 지구로, 지구에서 지금의 대륙으로, 지금의 위치에서 나와 함께한 이들의 차크라로, 그리고 마지막으로 나의 차크라로 호흡을 집중하며 돌아온다. 그렇게 나로 돌아와 수련을 마감한다.

이 방법에서 주의할 점은 우주로 넓히는 과정과 다시 나로 돌아오는 과정이 균등해

야 한다는 것이다. 내 경우에는 초기에 우주로 넓히는 과정이 더 재미있어 오래 하게
되었다. 그랬더니 일상에서 집중력이 떨어지는 현상이 나타났다. 다행히 이 균형을
찾도록 노력하면서 그 문제점은 해결되었다. 아마 오랜 기간 불균형적인 수련을 하면
육체적 혼란이 동반될지도 모르겠다.

이제 각 차크라를 확장시키는 것 이외에 마지막으로 남은 것은 쿤달리니(kundalini)
이다. 쿤달리니는 우리의 아홉 차크라를 돌면서 사랑의 길을 넓히는 영적인 힘이다.
이 쿤달리니에는 위대함과 겸손이라는 절대가치가 담겨있다. 쿤달리니를 수련하는
방법은 다음과 같다. 1번에서 7번 차크라로 하나의 들숨이 올라가 멈추었다가, 다시
천천히 내쉬면서 7번에서 1번으로 호흡을 내리고 바로 들숨으로 넘어가 반복한다.
이때에는 요가의 아기 자세와 코브라 자세를 병행한다. 아래를 보며 무릎을 구부리
고 팔을 펴 지탱하는 엎드린 자세에서, 숨을 1번에서 7번으로 올려 마시면서 코브라
자세로 위를 바라보며 위대함을 깨우고, 잠시 호흡을 멈춘다. 다시 숨을 7번에서 1번
으로 내려 내쉬면서 아기 자세로 겸손함에 닿자마자 코브라 자세 호흡으로 자연스럽
게 넘어간다. 이 설명과 달리 숨이 멈추는 위치를 아기 자세로 잡는다면 겸허함을 깨
우는 수련이 된다. 즉 코브라 자세에서 숨을 멈추면 위대함을 깨우고, 아기 자세에서
멈추면 겸허함을 깨우는 수련이 된다. 따라서 두 수련의 균형을 반드시 맞추어야 한
다. 호흡은 앞의 설명과 반대로 하여도 무방하다. 즉 아기 자세와 코브라 자세에 들

[그림 2-4] 쿤달리니 수련 자세(코브라 자세)

[그림 2-5] 쿤달리니 수련 자세(아기 자세)

숨과 날숨을 모두 바꾸며 자유롭게 적용할 수 있다. 그리고 이 호흡운동을 반복한 후에는 뒤에 소개할 쿤달리니를 깨우고 넓히는 기도를 함께 한다.

이 차크라 수련법은 가장 기본적인 방식이다. 근데 굳이 복잡하게 수련해야 한다고 생각하지 않는다. 그저 수련을 반복하면서 자연스럽게 익숙해지는 것이 중요하지 않을까 싶다. 여러 가지로 발달 된 차크라의 수련방법을 활용할 때, 기본 틀로 참고하기 바란다.

18. 쿤달리니: 겸손 - 위대함

위대함과 겸손은 차크라의 가치를 추구한 사랑의 결과로 얻어지는 절대가치이다. 만약 우리가 절대가치를 선택하여 (혼백신의지)의 힘으로 사랑을 체험하는데 그 결과로 겸손과 위대함을 동시에 깨닫지 않는다면, 그 사랑체험은 어딘가 부족하거나 잘못된 방향으로 가고 있다는 의미이다. 그러니 사랑의 결과에 담기는 겸손과 위대함을 잘 들여다봐야 한다.

겸손은 우리가 사랑하는 상대와의 관계에서 얻어지는 가치이다. 우리는 누군가를 사랑하면 할수록 겸손해진다. 겸손해져야 상대와 더 많은 사랑을 나눌 수 있기에, 사랑하면 할수록 겸손할 수밖에 없다. 또한, 낮은 자리에 있어야 더 많은 이들과 함께할 수 있고 손 내밀 수 있으니, 많은 이들을 사랑하면 할수록 낮은 자리에 임하는 것이 당연하다. 그리하여 사랑의 결과로 타인과의 관계에서 겸손해지는 것은 옳은 길을 가고 있다는 증거이기도 하다.

그런데 겸손은 상대와의 관계에서 나타나는 가치임을 잊지 말아야 한다. 내가 겸손한 낮은 자리에 임하기 위해 나를 깎아내릴 필요는 없다. 예를 들어, 누군가 나를 칭찬해준다면 낮은 자리에서 그 칭찬을 감사히 받아들이는 것이 진정한 사랑의 결과이다. 상대의 칭찬이 진심으로 감사하다면 그 칭찬을 해준 이 앞에서 우리는 겸손해질 수밖에 없다. 나에게 보여준 그 애정 어린 관심이 감사하고, 나를 알아봐 준 그의 위대함이 감사하니, 그 앞에 우쭐해질 수 없다. 그리하여 상대가 나에게 준 칭찬을 낮은 자세로 감사하게 받드는 것이 진정한 겸손이다.

상대가 나에게 준 칭찬을 부정하면서 전혀 아니라고 부정하는 모습은 사실 겸손이 아니다. 그것은 오히려 상대의 관점과 애정의 가치를 나의 수준으로 깎아내리는 행동이다. 만약 누군가 "참 우아하고 아름다우십니다."라고 나에게 칭찬했는데, "아니에요. 전 별로 그렇지 못합니다. 너무 과찬이십니다."라고 답했다면, 상대의 미적 관점과 나에게 보인 애정을, 스스로를 예쁘게 보지 못하는 나의 자존감 수준으로 끌어내린 것이 된다. 즉, 상대를 높이고 나를 낮춘 겸손이 아니라, 상대를 나의 자리로 끌어내린 결과를 초래한다. 진정 상대를 사랑했다면 그를 끌어내리고 싶지는 않을 것이다. 진정 상대를 사랑한다면 과찬으로 느껴지는 그의 칭찬에 담긴 진심을 믿고, 나의 아름다움을 발견해준 그의 큰 사랑을 느끼며 감사히 받아들이게 된다.

그러니 겸손하게 사랑하다 보면 존재 자체를 위대하게 보는 관점을 가지게 된다. 평범함에 가려져 나조차 알지 못한 나의 우아함과 아름다움을 발견한 상대는, 아름다움의 진리를 얼마만큼 위대하게 깨달은 것인지 생각하게 된다. 그렇게 사랑을 하면 할수록 계속해서 모든 존재의 위대함을 발견하게 된다. 나 자신을 비롯한 모든 존재의 위대함을…. 위대하기에 이렇게 사랑할 수 있다는 것을 발견하고, 위대하기에 사랑을 행복으로 여긴다는 것을 발견한다. 그렇게 사랑에 한계가 없다는 진리를 체험하면 할수록, 결국 사랑의 주체인 존재는 위대하다는 진리를 받아들이게 되는 것이다.

그런데 사랑의 결과로 받아들이는 위대함은 상대적 관점이 아닌 절대적 관점의 위대함이다. 누군가와 비교하여 훌륭하고 아름다운 것이 아니라, 존재 그 자체로 각자 다르게 훌륭하고 아름다운 것이며, 모두가 무한한 가능성을 지녔다는 면에서 공통된 위대함을 지닌 것이다. 결론적으로 사랑을 온전히 체험하게 되면 상대적으로는 타인 앞에 점점 더 낮은 자리에 임하여 겸손하게 되고, 존재 그 자체로는 스스로 위대하게 빛나면서 다른 이들의 위대함을 발견하게 된다.

그러니 사랑을 체험한 결과가 아니라는 가장 명확한 표시는, 타인과의 관계에서 상대적 우월감을 느끼면서 모든 존재를 죄와 한계가 가득한 비관적 관점으로 바라보는 것이다. 제대로 사랑한다면 절대로 상대적 우월감을 가질 수 없다. 사랑이 아닌 체험으로만 상대적 우월감을 느끼게 된다. 상대적 우월감은 결국 타인을 열등한 존재로 여기게 되고, 그 관점이 커지면 커질수록 자신까지 포함한 모든 존재를 죄가 가득한 열등한 존재로 여기게 된다.

만약 자꾸 남과 비교하며 우쭐해진다면 우리의 체험에서 어딘가 사랑이 부족하다는 신호임을 알아야 한다. 그럴 때 어디서 사랑이 부족한지 열심히 찾아내어 부족한 사랑을 채워나가게 되면, 자연스럽게 우쭐함이 사라지고 겸손함이 자리하게 될 것이다. 만약 스스로 주눅이 들거나 누군가가 한심하고 열등하게 느껴진다면, 이 역시 우리의 체험에서 어딘가 사랑이 부족하다는 신호이다. 역시나 어디서 사랑이 부족한지 열심히 찾아내어 부족한 사랑을 채워간다면 자연스럽게 나를 비롯한 모든 존재의 위대함을 발견하게 될 것이다. 상대적 겸손과 절대적 위대함은 우리의 존재실현에 가장 명료한 나침판이 되어준다.

사랑의 결과로 겸손과 위대함을 내면에 쌓아가면 자기 자신을 온전히 이해하고 사랑할 힘이 생긴다. 우리는 자신의 마음을 모두 이해하지 못하기 때문에, 마음의 일부를 거부하고 부정하며 무의식으로 꾹꾹 눌러 내면의 그림자를 만든다. 그리고 그림자들은 사랑을 방해하는 힘을 이룬다. 그런데 우리가 사랑의 결과로 겸손을 쌓아가면, 내 모든 마음을 인정하고 받아들일 힘이 생긴다. 우리가 진정으로 겸손할 수 있다면, 유치찬란한 생각과 원초적인 욕망과 때로는 비열하기도 한 내 마음들을 인정할 힘이 생긴다. 그 마음들이 내 진심의 일부라는 걸 자연스럽게 여기고 인정할 수 있다. 거기에 사랑의 또 다른 결과로 위대함을 쌓아가면, 그 어두운 마음이 어디서 비롯된 것인지 알아볼 힘이 생긴다. 그 유치하고 원초적이며 비열한 생각들은, 더 많이 사랑하고자 하는 영적인 욕구에 닿아있다. 내가 인정받고 싶은 유치한 욕망과 날 인정하지 않는 이들에게 품은 비열한 상상은, 내가 세상에 주고자 하는 사랑으로 많은 이들이 행복하기를 바라는 영적 의지에서 시작된다. 그렇게 어두운 마음에 담긴 영적 의지를 자각하여, 그 마음을 사랑으로 끌어안고 극복할 위대함을 펼칠 수 있다.

그래서 신과 합일을 이루어낸 인간은 내면에 어떤 그림자도 없기 때문에 별다른 저항 없이 언제나 타인 앞에서 자신을 낮추어 겸손하고, 항상 스스로 빛나며 언제나 타인에게서 빛나는 위대함을 끌어낼 수 있다. 참된 모든 것의 화신(化身)이 된 자는 모든 순간에 절대가치를 선택하여 사랑을 체험하며, 지금 이 순간을 온전하게 살 수 있기 때문에, 언제나 상대적 겸손함과 절대적 위대함이 그의 삶과 존재에 결과로 나타난다.

이처럼 온전한 사랑의 결과가 겸손과 위대함으로 표출되는 이유는 위대함과 겸손이 우리 영혼의 호흡이기 때문이다. 인체가 생명을 위해 들숨과 날숨을 번갈아 반복하는 것과 같이, 영혼이 존재하기 위한 우주적 호흡은 위대함과 겸허함이 반복되어 이루어진다. 우리가 잠시도 숨을 쉬지 않고 살 수 없는 것처럼 우리 영혼 역시 위대함과 겸허함의 호흡으로 이 우주에서 존재할 수 있다. 그래서 영혼의 의지가 반영된 사랑체험에서는 영혼의 호흡이 그대로 드러나 사랑의 결과로 위대함과 겸손이 표출된다.

영혼의 호흡으로 인해 우리는 삶에서 자신이 위대한 순간과 겸허해야 할 순간을 반복해서 맞이하고 있다. 자신의 가능성이 펼쳐지는 상황에서 우쭐한 상상에 있다가 다시 나의 한계를 발견하며 겸허히 참회해야 할 상황을 맞이한다. 그리고 겸손한 참회의 끝에서 다시 나의 위대함이 펼쳐지기 시작한다. 이것은 삶에서 끊이지 않고 반복된다. 계속 들숨만 쉬거나 날숨만 쉴 수 없는 것처럼, 우리는 계속 위대할 수 없고 계속해서 겸허할 수만은 없다. 위대함과 겸허함은 번갈아 이루어지는 호흡이기 때문이다.

내 영혼의 호흡을 이해하고 위대함이 펼쳐지는 순간과 겸허함이 펼쳐지는 자연스런 변환을 받아들여 나의 마음과 생활을 영혼의 호흡에 맞추어 가면, 우리는 평온함 속에서 영광을 이루게 된다. 그러니 나의 가능성이 펼쳐지는 기쁨의 순간 감사함과 함께 겸손으로 전환될 호흡을 준비하고, 겸허한 참회로 나를 다잡은 순간 새롭게 펼쳐질 나의 가능성을 준비해야 한다. 이것을 반복하다 보면 결국 같은 상황 안에서 위대함과 겸허함이라는 한 호흡을 완성하게 된다. 이것이 영혼의 호흡과 함께하는 길이다.

또한, 우리의 일상에서 어느 것이 상대계의 허상이고 어느 것이 절대계의 진짜인지를 영혼의 호흡으로 구분하여야 한다. 우리가 사는 상대계는 물질과 허상으로 이루어져 있다. 우리의 일상에서 사랑을 체험하기 위한 물질적 개념적 조건은 허상이다. 그리고 그 안에서 함께하는 존재와 절대가치들이 진짜이다. 우리는 이 진짜를 알아보고 마음을 다해야 하며, 허상에 현혹되거나 매몰되지 말아야 영혼의 의지가 실현되는 삶을 살 수 있다. 그렇다고 허상을 무의미한 것으로 무시하여서는 안 된다. 우리는 물질의 제약을 받아들인 영혼들로서 사랑체험의 조건이 되어주는 이 허상에 언제나 겸허히 최선을 다해야 한다. 허상에 겸허하지 않으면서 절대가치를 실현할 기회를 얻을 수는 없는 법인지라, 일상의 겸허함으로 절대가치를 실현할 기회를 찾아낼 수 있다. 그리고 우리는 발견한 진짜에 마음을 다하여 우리의 위대함을 펼칠 수 있다.

그러나 안타깝게도 우리는 육체를 가꾸고, 집과 차를 꾸미고, 평판을 관리하고, 놀 궁리를 하며, 재테크에 몰두하는데, 겸허한 노력을 넘어 마음을 다해 현혹되어 버린다. 허상에 현혹되면 그 안에 담긴 절대가치를 알아볼 수가 없다. 육체를 가꾸는 일상에는 생명을 돌보고, 자기실현을 하고, 스스로를 사랑하는 절대가치가 담겨있다. 집과 차를 꾸미는 것에는 책임과 소명을 다하고, 생명에 안락함을 선사하며, 풍요를 이루는 진짜가 숨겨져 있다. 맛있는 음식을 추구하는 것에는 생명을 번영시키고, 함께하는 이들과 즐거움을 소통하며 하나가 되는 절대가치가 담겨있다. 평판과 금전을 관리하는 진짜 이유는 세상과 소통하며, 미안함의 평화를 이루고, 고마움의 번영을 이루기 위해서이다. 그래서 이 허상에 최선을 다해야 하는 것이다. 최선을 다할 때 허상 안의 절대가치가 드러나 온 마음을 다해 위대함을 드러낼 수 있다. 그런데 우리는 허상에 겸허한 최선이 아니라 마음을 다해 매몰되면서 일상에 지쳐버린다. 그 결과 그 안에 담긴 절대가치에 대해서는 짜증 섞인 심드렁한 마음으로 마지못한 선택을 하여 위대함을 드러내지 못하고 있다. 우리의 일상이 영혼의 호흡과 정반대의 엇박자를 내는 것이다.

우리의 일상을 영혼의 호흡과 일치시키기 위해서는 허상의 조건에 겸허히 최선을 다하며, 그 결과에 감사하는 겸손함의 호흡을 쉬어야 한다. 최선을 다하되 마음을 빼앗기지 않기 위해서는 행위와 결과에 겸손하여야 한다. 겸손한 마음은 행위를 기꺼이 받아들이게 하면서 결과에 만족할 여유를 주기 때문에 지치지 않을 만큼으로 열심일 수 있게 하며, 그 안에 담긴 진짜를 발견하게 한다. 늘 반복하는 설거지에도 생명과 책임을 다한 절대가치가 담겨있다. 우리의 모든 일상에 절대가치가 숨어있다. 다만 그것을 발견하느냐 아니냐의 문제일 뿐이다. 자꾸 허상에 마음이 휩쓸린다면, 도망치지 말고 겸손한 맘으로 임하며 오히려 그 안에 담긴 절대가치를 더 적극적으로 떠올려보라. 그렇게 발견한 절대가치에는 온 마음을 다하여 위대함의 호흡을 쉬어야 한다. 온 마음을 다할 때에야 제대로 위대함이 품어져 나올 수 있다. 그리고 절대가치에 마음을 다하는 것은 피로가 아닌 기쁨을 선사한다. 이렇게 우리는 일상에 겸허히 노력하며 내재된 절대가치에 마음을 다하는 위대함을 드러낼 수 있다. 이것이 영혼의 호흡으로 사는 모습이다.

한번 당신의 일상을 되돌아보고, 얼마만큼 영혼의 호흡과 일치하는지 생각해보길 바란다. 사는 게 피곤하다면, 당신은 영혼의 호흡과 일치된 순간이 부족한 것이고, 사는 게 꽤 평안하고 즐겁다면, 당신은 영혼의 호흡과 꽤 일치하는 삶을 살고 있다는 뜻이다. 일상을 영혼의 호흡과 일치시키는 것은 명수(命數)를 확장하는 길에 필요한 조건이면서, 동시에 명수 확장의 결과이기도 하다. 우리가 삼위일체(三位一體)를 향해 나아갈수록 일상의 허상과 진짜가 점점 더 명확히 구분되고, 그에 합당한 겸손과 위대함의 호흡을 마땅히 이룰 수 있게 된다. 그 결과는 당연히 충만한 행복이다.

이 우주는 사랑을 체험하기 위한 허상의 조건과, 절대적 존재와 가치인 진짜가 공존하기 위해 위대함과 겸손으로 호흡한다. 그 결과 우리와 이 세상은 신성한 이분법으로 이루어져 있다. 우리는 겸손하게 사랑을 체험하는 위대한 존재이기에 우리의 {혼백신의지}는 양극단이 통합하며 성장한다. 신을 겸허히 믿고 따르면서 위대한 자유의지로 살아야 하고(혼), 위대한 카르마의 관찰자로서 겸허한 감성으로 카르마를 재창조해야 하며(백), 세상에 자신을 내어주는 위대함에서도 자신의 고귀함을 겸허하게 지켜내야 한다(신). 또한, 모두가 무한한 가능성의 존재로 하나가 되기 위해 겸손하게 타인의 차이점을 수용해야 하며(의), 삶에 겸허한 마음으로 최선을 다하면서도 모든 과정은 그저 내가 하고 싶어 일어나는 일이라는 존재의 위대함을 이해해야 한다(지).

또한, 이 우주는 위대함을 펼칠 무대이며 동시에 겸허히 사랑을 체험해야 하는 곳이기에, 우주와 소통하는 우리의 차크라는 양극단이 하나의 원으로 순환한다. 그리하여 위대함과 겸손은 차크라의 구심점 가치로 순환한다. 생명의 가치로 사랑을 체험하면, 생명의 위대함을 깨달으며 생명 앞에 겸손할 수밖에 없다. 자기실현의 가치로 사랑을 체험하면, 위대한 자기실현을 이루게 하는 함께하는 연대 속에 겸손하게 된다. 소통의 가치로 사랑을 체험하면, 거대함의 일부인 나를 겸손하게 자각하고, 주고받는 과정을 통해 모두가 하나의 존재라는 위대함을 깨닫게 된다. 소망의 가치로 사랑을 체험하면, 사랑의 소망이 위대한 힘의 근원임을 깨닫고, 작은 소망조차 사랑으로 여기는 겸손함을 지니게 된다. 소명의 가치로 사랑을 체험하면, 일상을 소명으로 받드는 겸손함으로 시작하여 위대한 소명을 완주하는 결과에 도달한다. 미안함의 가치로 사랑을 체험하면, 모두에게 미안함을 품을 수 있는 위대함으로 모두에게 겸손히 사과할 수 있다. 고마움의 가치로 사랑을 체험하면, 모두에게 고마워할 수 있는 겸손함으로 모두에게 고마움을 받는 위대함을 펼치게 된다. 용서의 가치로 사랑을 체험하면, 모든 것을 용서하는 위대함으로 모두에게 용서를 구하는 겸손함을 행할 수 있다. 축복의 가치로 사랑을 체험하면, 모든 것을 축복으로 받아들이는 겸손함으로 모든 것을 축복하는 위대한 사랑을 하게 된다.

우리가 무엇으로 사랑을 체험할지에 대한 완벽한 구상이 차크라에 담겨있으며, 우리가 체험한 사랑이 온전한지는 차크라를 관통하는 쿤달리니가 겸손과 위대함의 호흡으로 안내하여 준다. 우리는 모두 위대한 영적 존재이기에, 지구에서 인간으로 사는 이 길을 겸허히 받아들였다. 이제 이 우주의 위대함을 믿고, 이 우주의 법칙에 겸허히 자신을 내맡기길 바란다.

1) 쿤달리니를 깨우는 길

이는 쿤달리니를 깨워 각 차크라를 연결하는 생각들이다. 편하게 또한 당연한 듯 술술 읽어보길 바란다. 그렇게 읽어주는 것만으로도 길은 열리니까. 삶에서 혼돈에 빠지거나, 길을 잃었다고 느낄 때 다시 떠올려주면 좋겠다. 여러분의 혼란에서 나아갈 길을 찾아줄 것이다. 쿤달리니의 길은 아래에서 위로(생명→축복) 그리고 위에서 아래로(축복→생명) 모두 열어주어야 한다. 생명부터 읽고 축복까지 다 읽었다면, 다음번에는 축복부터 읽고 생명까지 읽어주면 좋겠다.

(1) 생명
우리는 삶을 창조하는 힘인 생명 앞에 겸손할 수밖에 없으며,
이 생명을 주신 창조주에게 고개 숙여 경의를 표하고,
완벽한 생명의 순환 속에 작은 하나의 생명으로 겸손하게 임하여,

나의 생명을 소중히 여기는 겸허한 노력을 기울이니,

모든 생명을 나의 생명과 같이 귀하게 여겨 사랑하나이다.

삶을 창조하는 힘인 생명의 위대함을 깨달으며,

이 완벽한 생명을 창조하는 창조주의 위대함을 찬양하고,

모든 생명의 순환이 만든 완벽한 위대함에 감탄하며,

나의 위대한 생명력을 기뻐하며 누리니,

모든 생명의 위대함을 찬양하며 사랑하나이다.

(2) 자기실현

삶은 나의 위대한 자기실현이 펼쳐지는 무대이고,

하느님은 언제나 나의 영광된 자기실현을 응원하며,

나의 자기실현은 이 거대한 우주에 꼭 필요한 요소이니,

내 차크라의 빛을 펼치는 위대한 자기실현을 이룹니다.

우리 모두의 빛이 함께 증폭되는 위대한 진화를 이룹니다.

삶의 결과에 담긴 나의 실현을 겸손하게 받아들이며,

신께서 바라는 나의 모습을 겸손하게 구하고 받들며,

이 거대한 우주의 작은 일원으로써 나의 존재실현을 추구하니,

나의 존재실현을 위해 언제나 낮은 자리에 임하고자 합니다.

이제 모든 이들의 존재실현에 작은 보탬이 되기를 기원하나이다.

(3) 소통

삶의 모든 것을 사랑하기 위해 겸손한 자세로 귀를 기울이고,

신의 전지전능함 앞에 나를 바치는 소통으로 답을 구하며,

거대한 우주의 응답을 합당한 답으로 겸손하게 받듭니다.

나의 작은 표현과 변화도 세심히 관찰하며 기뻐하고,

모두에게 손 내밀 수 있는 낮은 자리가 나의 자리입니다.

위대한 삶을 창조하기 위해 언제나 삶과 소통하면서,

신과 모든 것을 소통하여 그의 전지전능함을 온몸으로 느끼며,

모든 것을 영원히 품는 우주에 당당한 일원으로 나를 맡겨,

나의 모든 것이 서로 통하여 위대함과 신성함을 기억해 내리니,

모두와 하나 되는 소통은 완벽한 위대함을 이룰 것입니다.

(4) 소망

삶을 사랑하여 펼치는 소망은 위대한 창조를 부르고,

신께서 허락하시는 우리의 소망에 담긴 거룩한 뜻을 깨닫고,

이 우주가 품는 모든 소망의 거대한 힘을 느끼며,

나의 사랑의 소망들이 나를 위대하게 밝혀낼 것을 굳게 믿으니,

모두를 사랑하기만 바라는 위대한 소망을 이루어 갑니다.

행복을 위한 작은 소망들을 사랑으로 삶에 차곡차곡 쌓아가고,

신께서 허락하시는 우리의 작은 소망들을 놓치지 않고 알아보며,

이 우주가 품고 있는 수많은 작은 소망들을 자세히 들여다보고,

나를 행복하게 하는 일상의 작은 소망들을 애정으로 이루어 갑니다.

우리의 작은 소망들을 모두와 함께 나누며 사랑을 채워갑니다.

(5) 소명

일상의 사소함을 소명으로 받아들여 겸허히 행하고,

하늘이 나에게 준 소명을 겸허히 받아 감사히 여기고,

이 우주의 부름에 언제나 겸손히 임하기 위해,

나의 세세한 작은 빛과 사랑을 소명을 위해 기꺼이 바칩니다.

가장 낮은 자리에서 타인의 소명을 위해 모두와 함께 합니다.

우리의 소명을 다하여 위대한 삶을 창조하고,

하늘이 우리에게 주신 운명은 위대한 소명임을 깨닫고,

그 소명을 다하여 이 우주를 더욱 찬란하게 확장하면서,

소명을 다하는 과정으로 나의 위대함을 깨달으니,

다른 이들이 행하는 소명의 위대함을 알아보고 응원합니다.

(6) 미안

우리는 삶의 위대한 창조자로 삶에서 사과를 받고 있으며,

전지전능하신 하느님조차 우리에게 미안한 마음을 품고,

이 거대한 우주에 당신의 미안함을 담아 완벽을 기하니,

우리는 모두에게 미안해해도 괜찮은 위대한 존재이며,

타인은 곧 '나'이기에 모든 미안함은 완벽함이 되어 돌아옵니다.

삶을 나의 탓으로 겸허히 받아들인다면 미안함이 마땅하고,

하느님이 우리를 얼마나 사랑하시는지 안다면 죄송할 뿐이니,

우리는 이 우주의 완벽함 앞에 겸허히 지난 아쉬움을 참회합니다.

내가 나를 믿지 않은 사소한 순간도 고개 숙여 사과하고,

내가 몰라본 타인의 진심에 고개 숙여 사과합니다. 죄송합니다.

(7) 감사

삶은 너무나 바란 기회이기에 겸허히 감사할 따름이며,

신의 전지전능한 사랑은 나의 모든 것을 바쳐 경배함이 마땅하고,

완벽한 우주에서 사랑을 체험하는 소우주인 것에 감사합니다.

나의 사소한 노력과 이후 작은 변화까지 모두 고마울 뿐이니,

나를 사랑해주고 나의 사랑을 받아준 분들께 고마움을 전합니다.

삶과 세상을 창조하는 위대한 존재로 살아가는 것이 감사하며,

하느님의 생명인 우리에게 신께서 고마워하심이 당연하고,

이 우주의 완벽함은 우리로 인해 확장하여 감사하고 있습니다.

나의 위대함과 신성함에 진심을 다해 감사하며,

우리가 서로에게 감사함으로 위대한 풍요로움을 열어갑니다.

(8) 용서

삶의 고난을 용서하여 더욱 위대한 창조를 향하고,

신의 영광을 위하여 모든 것을 용서하면서,

이 우주의 평화를 위해 모든 것을 용서합니다.

나는 모든 것을 용서할 수 있는 위대한 존재이기에,

우리의 용서를 받은 이들이 위대함을 펼치길 기원합니다.

삶의 모든 것으로부터 용서받도록 겸허히 최선을 다하며,

하늘이 언제나 주는 용서를 받아들이도록 겸허히 참회하고,

우주의 순환으로 내가 만든 아픔에 용서받을 기회에 감사하며,

언제나 낮은 자세로 모든 아픔 앞에 용서를 구하는 존재가 되어,

용서받음으로 많은 이들의 아픔을 치료합니다.

(9) 축복

삶의 사소한 일상을 소중히 여기며 축복하면서,

신이 주시는 모든 축복을 겸허히 영광으로 여기고,

이 우주의 순환에 동참하는 축복에 감사합니다.

언제나 낮은 자세로 모든 이들에게 축복을 구하는 존재가 되어,

내가 축복받음으로 타인의 신성함이 드러나길 기원합니다.

삶의 모든 순간을 축하하는 위대한 창조자이길 기원합니다.

신의 생명인 우리는 축복만을 받는 사랑의 존재이며,

우리의 축복으로 우주가 창조되고 확장되어 가니,

나는 모든 것을 축복할 수 있는 신성한 존재이기에,

모두를 축복하는 위대한 사랑을 실천합니다.

2) 쿤달리니를 넓히는 길

쿤달리니를 넓히는 길은 읽다 보면 반복적이라고 느낄 것이다. 그래서 지루하게 느껴질 수도 있지만, 끈기를 가지고 꾹꾹 눌러 담는 느낌으로 끝까지 읽어주기 바란다. 길을 여는 데는 추진력이 필요하지만, 넓히는 데는 완고한 끈기가 필요한 것이니까. 이 역시 생명에서 축복으로 올리고, 축복에서 생명으로 내리며, 위아래로 향하는 모든 길을 넓히기 바란다. 쿤달리니의 길이 위아래로 점점 더 넓어질수록 삶의 환희가 커져갈 것이다. 쿤달리니의 기도를 할 때, 당신 안에 혹은 당신 주위에 있을지 모르는 영가들과 이 기도를 함께하는 생각을 한 번쯤 떠올려주기 바란다. 쿤달리니는 삶 전반에서 길잡이 역할을 하므로 길을 잃은 영가들에게 위로와 힘을 줄 수 있다. 그들을 마음에 품는 짧은 생각이 큰 변화를 만드는 체험을 할 수 있을 것이다.

(1) 생명

삶을 창조하는 힘인 생명 앞에 겸손하지 않은 걸 반성합니다.
이제 삶을 창조하는 생명 앞에 겸손할 수밖에 없음을 알며,
생명에 겸손한 맘으로 삶을 창조하는 것은 언제나 마땅하고 옳은 일입니다.

하나의 생명으로 그의 순환에 겸손하지 않은 것을 아쉬워해요.
이제 완벽한 생명의 순환 앞에 고개 숙여 경의를 표하고,
생명의 순환에 겸손하게 나의 생명을 맡기는 것은 마땅하고 옳은 일입니다.

나의 생명을 위한 겸허한 노력이 부족했던 걸 반성합니다.
이제 너무나 고마운 나의 생명을 위해 겸허히 노력하니,
자신의 생명을 사랑하는 겸허한 노력은 언제나 마땅하고 옳은 일입니다.

다른 생명을 위해 겸허히 노력하지 않은 걸 후회합니다.
이제 모든 생명을 위해 작은 실천부터 사랑으로 행하니,
모든 생명을 사랑하여 겸허하게 실천하는 노력은 마땅하고 옳은 일입니다.

삶을 창조하는 힘인 생명의 위대함을 몰라봐 아쉬워요.

이제 삶을 창조하는 생명의 위대함을 깨달으며,

생명의 위대함을 드러내는 삶의 창조는 마땅하고 옳은 일입니다.

모든 생명의 순환이 완벽함을 몰라본 것을 아쉬워해요.

이제 완벽한 생명을 창조하는 창조주의 위대함을 찬양하고,

생명의 순환 속에 완벽함을 믿는 것은 언제나 마땅하고 옳은 일입니다.

나의 위대한 생명력을 몰라본 것을 안타깝게 여겨요.

이제 나의 위대한 생명력을 기뻐하며 누리니,

나의 위대한 생명을 귀하게 쓰는 것은 마땅하고 옳은 일입니다.

다른 생명의 위대함을 찬양하지 않아 미안합니다.

이제 모든 생명의 위대함을 찬양하며 사랑하리니,

다른 생명의 위대함을 찬양하여 사랑하는 것은 마땅하고 옳은 일입니다.

(2) 자기실현

삶을 위대한 자기실현의 무대로 만들지 못한 것을 반성해요.

이제 삶은 나의 위대한 자기실현이 펼쳐지는 무대이고,

위대한 자기실현을 내 삶에 펼쳐내는 것은 마땅하고 옳은 일입니다.

이 우주에 영광된 나의 실현이 필요함을 몰라봐 안타까워요.

하느님은 언제나 우리의 영광된 자기실현을 응원하시며,

하느님이 응원하시는 영광된 자기실현은 언제나 마땅하고 옳습니다.

차크라의 빛으로 펼치는 자기실현을 이루지 못해 아쉬워요.

이제 나의 차크라를 빛으로 펼치는 위대한 자기실현을 이루니,

나의 찬란함으로 펼치는 위대한 자기실현은 마땅하고 옳은 길입니다.

각자의 자기실현을 함께 증폭시키지 못해 미안합니다.

이제 모두의 자기실현이 사랑으로 증폭되는 위대한 진화를 이루니,

위대한 진화를 위해 우리의 빛을 모으는 사랑은 언제나 마땅하고 옳은 일입니다.

삶에 담긴 나의 실현을 겸손히 받아들이지 못해 아쉽습니다.

이제 삶의 결과에 담긴 나의 실현을 겸손하게 받아들이며,

삶의 결과를 겸손하게 받아들이는 자기실현은 마땅하고 옳은 일입니다.

우주의 작은 일원으로 존재실현을 추구하지 않은 걸 후회합니다.

이제 하느님이 바라는 나의 모습이 무엇일지 겸손하게 구하며,

신의 바램에 겸손하게 나를 맞추어 가는 길은 언제나 마땅하고 옳습니다.

나의 존재실현을 위해 낮은 자리를 찾지 않은 것을 반성합니다.

이제 존재실현을 위해 언제나 낮은 자리에 임하고자 하니,

낮은 자리에서 임하는 나의 존재실현은 언제나 마땅하고 옳은 일입니다.

타인의 존재실현에 나의 역할이 부족했던 것이 미안합니다.

이제 그들의 존재실현에 작은 보탬이 되기를 기원하니,

그들의 존재실현을 위한 역할을 겸허히 행하는 것은 마땅하고 옳은 일입니다.

(3) 소통

겸손한 자세로 삶에 귀 기울이지 않은 것을 안타까워해요.

이제 삶의 모든 것을 향해 겸손한 자세로 귀를 기울이고,

겸손한 자세로 삶과 소통하는 것은 언제나 마땅하고 옳은 일입니다.

우주의 응답을 겸손히 받아들이지 않은 걸 참회합니다.

신의 전지전능함을 믿고 나의 모든 것을 바치며 답을 구하고,

하늘에 나를 겸허히 내어놓고 구한 답은 언제나 마땅하고 옳습니다.

나의 작은 노력들을 소중히 여기지 않은 것이 미안해요.

이제 나의 작은 표현과 변화도 세심히 관찰하며 기뻐하고,

사소한 나의 기쁨도 소중히 여기는 것은 마땅하고 옳은 일입니다.

낮은 자리에서 모두에게 손 내밀지 못한 것을 아쉬워합니다.

모두에게 손 내밀 수 있는 가장 낮은 곳이 나의 자리이니,

낮은 자리에서 모두를 향해 내미는 손은 언제나 마땅하고 옳습니다.

삶과 소통하며 위대한 창조를 이루지 못해 안타까워요.

이제 위대한 창조를 위해 언제나 삶과 소통하며 살아가고,

삶과의 소통으로 위대한 삶을 창조하는 것은 마땅하고 옳은 일입니다.

거대한 우주의 당당한 일원으로 나아가지 않은 걸 후회합니다.

우주에 나를 맡기며 하느님의 전지전능함을 온몸으로 느끼니,

그의 전지전능함을 나의 것으로 느끼는 소통은 언제나 마땅하고 옳습니다.

나의 모든 것을 통하여 위대함을 보지 못한 걸 다시 생각해요.

이제 나의 모든 것이 통하여 위대함과 신성함을 기억해 내리니,

나의 위대함으로 나를 통합하는 것은 언제나 마땅하고 옳은 일입니다.

모두와 하나되는 소통으로 완벽을 이루지 못해 안타깝습니다.

이제 모두와 하나되는 소통은 완벽한 위대함을 이루니,

모두가 완벽해지는 위대한 소통은 언제나 마땅하고 옳은 일입니다.

(4) 소망

나의 소망을 펼치는 위대한 삶을 창조하지 못해 아쉽습니다.

삶을 믿고 사랑하며 펼치는 소망은 위대한 창조를 부르고,

위대한 창조를 향하여 삶에 펼치는 소망은 언제나 마땅하고 옳습니다.

이 우주가 품는 모든 소망의 거대한 힘을 느끼며,

신께서 허락하시는 우리의 소망에 담긴 거룩한 뜻을 깨닫고,

그 거룩한 뜻으로 우리의 소망을 이루어 가는 것은 마땅하고 옳은 일입니다.

나의 소망으로 나를 빛내지 못한 걸 아쉬워해요.

내 사랑의 소망들이 나를 위대하게 밝혀낼 것을 굳게 믿으니,

나의 소망으로 스스로를 위대하게 빛내는 것은 언제나 마땅하고 옳은 일입니다.

모두를 사랑하는 위대한 소망을 품지 않은 걸 아쉬워합니다.

이제 모두를 사랑하기만 바라는 위대한 소망을 이루어 가니,

위대함으로 모두를 사랑하는 소망은 언제나 마땅하고 옳은 일입니다.

삶의 작은 소망들을 사랑으로 쌓아가지 못한 걸 후회해요.

행복을 위한 작은 소망들을 믿음으로 삶에 차곡차곡 쌓아가고,

작은 소망들로 삶에 행복을 채우는 것은 마땅하고 옳은 일입니다.

이 우주가 수많은 작은 소망들을 품고 있음을 몰라보았으니,

이제 신께서 허락하시는 작은 소망들을 놓치지 않고 알아보며,

작은 소망들이 이 우주에 빛으로 펼쳐지기를 겸허히 기원합니다.

나를 행복하게 하는 일상의 작은 소망들을 돌보지 않았으니,

이제 나를 행복하게 하는 작은 소망들을 애정으로 이루어 갑니다.

작은 소망을 이루며 나를 행복하게 하는 것은 언제나 마땅하고 옳은 일입니다.

우리의 작은 소망들을 함께 나누지 않은 걸 안타까워해요.

이제 작은 소망들을 모두와 함께 나누며 사랑을 채워가니,

모두와 함께 작은 소망을 나누며 사랑하는 것은 마땅하고 옳은 일입니다.

(5) 소명

일상의 작은 책임을 소명으로 행하지 않은 걸 반성하니,

이제 일상의 사소함을 소명으로 즐겁게 행합니다.

일상의 책임을 소명으로 행하는 즐거움은 언제나 마땅하고 옳은 일입니다.

하늘이 준 소명을 겸손하게 받들지 않은 걸 다시 생각합니다.

이제 신께서 나에게 주신 소명을 감사히 받들며,

우주의 부름에 언제나 겸손히 임하는 것은 마땅하고 옳은 일입니다.

소명을 위해 겸허히 나를 낮추지 못한 것을 아쉬워해요.

이제 나를 겸허히 낮추고 소명을 이루어 가니,

겸손하게 나를 낮추며 소명을 다하는 것은 마땅하고 옳은 일입니다.

다른 이들의 소명에 겸허히 나를 내어주지 않아 미안합니다.

이제 그들의 소명을 위해 겸허히 나를 내어주니,

겸허히 나를 내어주어 그들의 소명을 열어가는 것은 마땅하고 옳은 일입니다.

우리의 소명으로 위대한 삶을 창조하지 않은 걸 후회해요.

이제 우리의 소명을 다하여 위대한 삶을 창조하고,

위대한 삶을 향해 우리의 소명을 다하는 것은 마땅하고 옳은 일입니다.

하늘이 우리에게 주신 위대한 소명을 깨닫지 못하였으나,

이제 신이 주신 위대한 소명을 깨닫고 이 우주를 확장합니다.

이 우주를 확장하는 소명을 다하는 것은 언제나 마땅하고 옳은 일입니다.

소명을 행하며 나의 위대함을 알아보지 못해 안타까워하니,

이제 소명을 다하는 과정으로 나의 위대함을 알아봅니다.

나의 위대함을 펼치는 소명은 마땅하고 옳은 일입니다.

타인의 소명이 위대함을 알아보지 못한 과거가 미안합니다.

이제 모두에게 담긴 소명의 위대함을 알아보고 응원하니,

모두의 소명이 위대하게 펼쳐지기를 바라는 것은 언제나 마땅하고 옳은 일입니다.

(6) 미안

우리가 삶의 위대한 창조자로 사과를 받고 있다는 걸 몰랐으나,

이제 위대한 창조자로 삶에서 사과를 받고 있다는 걸 압니다.

우리가 받은 사과에 걸맞은 위대한 삶을 창조하는 것은 마땅하고 옳은 일입니다.

전지전능하신 하느님조차 모두에게 미안한 마음을 품고,

이 거대한 우주에 당신의 미안함을 담아 완벽을 기하니,

신의 미안함을 받아들이는 거룩한 존재로 나아감은 마땅하고 옳은 일입니다.

우리가 미안해도 괜찮다는 사실을 몰라봤던 걸 안타까워해요.

우리는 모두에게 미안해도 괜찮은 위대한 존재이며,

우리의 위대함이 미안함을 드러내는 것은 언제나 마땅하고 옳은 일입니다.

다른 이들에게 사과하며 억울해한 것이 참 미안합니다.

그들은 곧 '나'이기에 모든 미안함은 온전함이 되어 돌아오니,

위대한 사랑으로 미안해하는 것은 언제나 마땅하고 옳은 일입니다.

삶을 나의 탓으로 겸허히 받아들이지 못한 걸 후회하니,

내 삶을 내 탓으로 받아들인다면 미안하지 않을 수 없고,

삶에 미안해하며 자신의 탓으로 받아들이는 것은 마땅하고 옳은 일입니다.

신이 우리를 얼마나 사랑하시는지 안다면 죄송할 뿐이니,

이 완벽한 우주 앞에 겸허히 지난 아쉬움을 참회합니다.

신 앞에 겸허히 참회하며 영광과 평화를 펼치는 것은 마땅하고 옳은 일입니다.

내가 몰라 준 나의 진심과 노력에 사과하지 못하였으니,

이제 내가 몰라 준 나의 진심과 노력에 고개 숙여 사과합니다.

스스로를 낮추어 자신에게 사과하는 것은 언제나 마땅하고 옳은 일입니다.

나를 낮추어 타인의 진심을 들여다보지 못해 미안해하니,

내가 몰라본 그들의 진심에 고개 숙여 사과합니다. 죄송합니다.

모두의 진심 앞에 고개 숙여 사과하는 것은 언제나 마땅하고 옳은 일입니다.

(7) 감사

삶을 겸허히 받아들여 소중하게 여지기 못한 걸 반성합니다.

이제 정말 바란 기회임을 알기에 그저 모두 감사할 따름이니,

삶의 모든 순간에 겸허히 감사하는 것은 언제나 마땅하고 옳은 일입니다.

신의 전지전능한 사랑은 나를 다 바쳐 경배함이 마땅하고,

완벽한 우주에서 사랑을 체험하는 소우주인 것에 감사합니다.

작은 신으로, 소우주로, 모든 사랑의 진리에 겸허히 감사할 따름입니다.

나의 작은 변화와 노력에 고마워하지 않아 미안해요.

나의 사소한 노력과 작은 변화까지 모두 고마울 뿐이니,

스스로를 낮추어 자신에게 고마워하는 것은 언제나 마땅하고 옳은 일입니다.

그동안 사랑받은 것에 겸허히 고마워하지 않아 미안하니,

사랑을 주고받는 함께하는 모두에게 고마움을 전합니다.

언제나 낮은 자세로 사랑을 주고받음에 고마워하는 것은 마땅하고 옳은 일입니다.

삶을 창조하는 위대한 존재로 감사하지 않은 걸 반성합니다.

이제 삶을 창조하는 위대한 존재로 살아가는 것에 감사하며,

창조력의 위대함을 알아보고 감사하는 삶은 마땅하고 옳습니다.

하느님의 생명인 우리에게 신께서 고마워함이 당연하고,

우주의 완벽함은 우리로 인해 더욱 확장하여 고마워합니다.

하늘에서 받은 고마움만큼 찬란한 영광과 거룩한 평화를 이룹니다.

나의 위대함에 대해 감사하지 않은 것을 다시 생각합니다.

나는 많은 존재로부터 감사함을 받을 훌륭함이 있으며,

그들로부터 감사받도록 위대함을 드러내는 것은 마땅하고 옳은 일입니다.

타인의 위대함에 감사하지 않은 것을 다시 생각합니다.

이제 그들의 훌륭함과 아름다움을 보고 누리며 감사하니,

서로의 위대함에 감사하며 완벽한 하나가 되는 것은 마땅하고 옳은 일입니다.

(8) 용서

삶의 고난을 용서하며 위대한 창조를 이루지 못해 아쉽습니다.

이제 삶의 고난을 용서하여 더욱 위대한 창조로 나아가고,

위대한 창조를 향해 삶의 고난을 용서하는 것은 마땅하고 옳은 일입니다.

신의 영광을 위하여 모든 것을 용서함이 마땅하고,

이 우주의 평화를 위하여 모든 것을 용서함이 마땅합니다.

모든 것을 용서하여 신의 영광과 평화를 펼치는 것은 마땅하고 옳은 일입니다.

나는 모든 것을 용서하고 싶은 신성한 존재이기에,

나는 모든 것을 용서할 수 있는 위대한 존재이기에,

내가 모든 것을 용서하는 것은 마땅하고 옳은 일입니다.

우리의 용서가 부족하여 서로를 구속한 것이 미안해요.

우리의 용서가 타인의 위대함을 펼칠 자유를 선사하니,

그들의 위대함이 펼쳐지도록 용서하는 것은 마땅하고 옳은 일입니다.

삶의 모든 것으로부터 용서받지 못한 것을 참회하니,

이제 삶의 모든 것으로부터 용서받도록 겸허히 최선을 다하며,

삶으로부터 용서받는 겸허한 의지는 언제나 마땅하고 옳습니다.

전지전능하신 신께 겸허히 용서를 구하지 않은 걸 반성하며,

우주의 순환으로 내가 만든 모든 아픔에 용서받을 기회를 감사하니,

겸허히 용서를 구하고 받으며 펼치는 평화는 마땅하고 옳은 일입니다.

자신의 아쉬움을 스스로 용서하지 않은 것을 다시 생각합니다.

이제 겸허한 포용력으로 나의 아쉬움을 모두 용서하니,

나를 용서하기 위해 스스로를 포용하는 것은 마땅하고 옳은 일입니다.

타인의 아픔에 겸허하게 용서를 구하는 것은 마땅하고 옳으니,

언제나 낮은 자세로 모든 아픔 앞에 용서를 구하는 존재가 되어,

우리가 겸허히 구한 용서로 모두의 아픔이 치유되기를 기원합니다.

(9) 축복

사소한 일상을 겸허하게 축복으로 여기지 않은 걸 아쉬워해요.

삶의 모든 사소한 과정을 소중히 여기며 축복하면서,

일상의 사소함을 축복하는 겸허함은 언제나 마땅하고 옳은 일입니다.

신이 주시는 모든 과정을 겸허히 축복으로 여기고,

우주의 순환에 동참하는 영광스러운 축복에 겸허히 감사합니다.

신의 모든 것을 축복으로 여기는 겸허함은 마땅하고 옳습니다.

낮은 자리에서 축복을 구하지 못한 순간들이 안타까우니,

언제나 낮은 자세로 모든 이들에게 축복을 구하는 존재가 되어,

모두에게 축복받는 겸손한 존재로 빛나는 것은 마땅하고 옳은 일입니다.

다른 이들이 빛나는 축복이 되어주지 못해 미안합니다.

이제 나를 발판으로 많은 이들이 위대함을 드러내길 바라니,

그들을 빛나게 하는 발판이 되는 축복은 언제나 마땅하고 옳은 일입니다.

위대한 창조로 삶의 모든 순간을 축하하지 못한 게 아쉬워요.

이제 삶의 모든 순간을 축하하는 위대한 창조자이길 기원하니,

모든 순간을 축하하며 위대한 창조를 이어가는 것은 마땅하고 옳은 일입니다.

신의 생명인 우리는 축복만을 받는 신성한 존재이며,

우리의 축복으로 우주가 확장되는 영광을 이루어 가니,

신의 축복 속에 거룩한 진화를 이어감은 마땅하고 옳은 일입니다.

나는 모든 것을 축복하고 싶은 신성한 존재이기에,

나는 모든 것을 축복할 수 있는 위대한 존재이기에,

내가 모든 것을 축복하는 것은 마땅하고 옳은 일입니다.

모두를 축복하는 위대한 사랑이지 못한 것을 다시 생각해요.

이제 모두를 축복하는 위대한 사랑을 실천하니,

위대한 사랑으로 모두를 축복하는 것은 언제나 마땅하고 옳은 일입니다.

쿤달리니의 마땅하고 옳은 길이 행복을 위해 우리가 가야 하고, 가고 싶은 유일한 길입니다.

19. 무의식을 통한 진리탐구

인체의 유효전력을 확인하는 방법으로 추보다 먼저 알려진 것은 근육테스트이다. 근육테스트는 조지 굿하트(George Goodheart)라는 미국의 카이로프라틱(chiropractic) 의사에 의해 개발된 방법이다. 치료에 필요한 인체의 반응점, 약물, 음식 등을 환자에 접촉하고, 환자 근육의 강약을 테스트한다. 근육이 강해지는 반응은 환자에게 이롭고, 근육이 약해지는 반응은 환자에게 이롭지 않은 것으로 판단한다. 데이비드 호킨스(David Roman Hawkins) 박사는 이 근육테스트를 진리탐구 영역으로 확대하였다. 호킨스 박사는 내면에서 떠오르는 생각에 대해서도 근육이 강약반응으로 나누어지는 것을 발견하였다. 게다가 근육이 강해지는 반응에서 참인 진리가 펼쳐지는 것을 확인하여 그 결과가 우주의 진리에 우리의 무의식이 반응하는 방식이라는 것을 공표하였다.[8]

앞에서 설명하였듯, 추의 회전 관찰은 근육테스트와 같이 인체의 유효전력을 확인하는 같은 원리의 다른 방법이다. 따라서 추의 진리탐구는 호킨스 박사의 진리탐구와 맥을 같이 한다. 그러나 호킨스 박사가 근육테스트의 진리탐구에서 한 가지 간과한 것이 있다. 그것은 근육 반응의 결과가 언제나 진실과 진리에 기반하지 않는다는

---

8 근육테스트의 구체적인 방법이 궁금하다면 『의식혁명』을 참고하기 바란다.

점이다. 인체 유효전력은 단지 당사자의 무의식에 합당한가 아닌가를 표현하는 것뿐이다. 그리고 우리의 무의식은 광활하기에 많은 진실과 진리에 닿아있지만, 언제나 닿아 있는 것은 아니다. 우리의 무의식에는 진리를 가리는 부정적 영역이 꽤 많이 존재하기 때문에 진실에 닿지 못하는 경우도 많다.

의학적으로 근육테스트를 하는 것과 진리탐구로 근육테스트를 하는 것에도 중요한 차이점이 있다. 어떤 생각에 대해 무의식이 보내는 유효전력은 당사자의 무의식에 합당한지 아닌지를 표현하지만, 의학적 접촉에 대해 우리의 무의식이 보내는 유효전력은 '좋다 혹은 아니다'라는 호불호를 표현하는 것이다. 그리고 그 호불호의 표현은 검사 당시라는 국한된 상황에 대한 호불호이며 환자와 검사를 시행하는 치료자의 무의식이 함께 종합되어 결정되는 호불호이다. 우리의 무의식은 언제나 열린 문으로 아무런 장벽 없이 서로 소통하고 있다. 의학적 치료를 위해 근육테스트를 시행할 때에는 치료접촉에 대한 당사자의 호불호와 검사자의 치료체계가 갖는 의미가 하나로 종합되어, 현재 두 사람의 조합에서 가장 이상적인 호감에 유효전력이 형성된다. 따라서 같은 환자라 할지라도 다른 치료체계를 가진 치료자에 의해 검사를 시행하면 다른 결과가 도출될 수 있다. 즉, 환자와 치료자의 조합에서 가장 좋은 호감에 유효전력이 형성된다.

이런 의학적 근육테스트는 국한된 상황에 대해 호불호를 표현하는 것이기 때문에, 무의식이 겉으로 드러난 것에 대해 의식에 책임을 묻는 현상이 발생하지 않는다. 따라서 의학적 접촉의 근육테스트는 누구나 연습을 통해서 활용하는 데 별 문제가 없다. 그러나 진리탐구에서는, 무의식이 겉으로 드러나는 것에 대해 의식에 책임을 묻는 현상이 발생한다. 이 현상은 무의식을 의식으로 꺼내는 모든 행위에 공통된 반응이다. 최면요법, 질문에 반응하는 근육테스트, 손에 추를 잡고 질문을 하여 추의 고정(아니요)과 회전(예)을 관찰하는 것은 모두 자신의 무의식과 소통하는 방법이다. 그리고 〈마음 편〉에서 언급하였듯, 자신의 무의식과 소통하는 것에는 나의 무의식이 나를 공격할 위험을 안고 있다. 사실 공격이라기보다 더 정확한 표현은 신호이다. 무의식이 의식에게 준 답의 의미를 찾지 못할 때, 아직 제대로 된 의미를 찾지 못했다고 알려주는 신호가 자신을 곤혹스럽게 만든다.

이 곤혹스럽고 또는 고통스러운 신호는 어떤 때는 그 답이 왜 참인지 그 의미를 깨달으라는 것이며, 어떤 때는 왜 이 오답이 주어졌는지 자신을 가리는 어둠을 알아보라는 의미이기도 하다. 추나 근육테스트의 답은 단순한 이진법의 언어로 '예 혹은 아니오'라는 표현만 있을 뿐이다. 그 답의 의미는 언제나 당사자의 자유의지로 해석해야 하는 영역이다. 따라서 우리가 추나 근육테스트로 이룬 답이 참인지 오류인지부터 시작해서 왜 참이고 오류인지 그 의미까지 깨달아야 하고, 또 그 의미를 실천해야 우리의 무의식이 주는 신호가 없어지게 된다. 최면요법 또한 그 결과로 무엇을 이루어야 하는지 그 의미를 깨닫고 실천해야 한다.

그래서 자신의 무의식을 겉으로 드러내는 것은 스스로에게 매우 엄격한 분석과 통찰을 해야 하는 과정이다. 이러한 사정으로 인해 일상에 대해 무의식에 묻는 것은, 통찰을 위한 물리적 시간을 너무 많이 요하기에 필연적으로 일상에 무리를 준다. 아마도 3차 확장 이전의 사람에게는 온종일 수도승처럼 통찰과 기도에만 매달려야 할 일일 것이다. 물론 이 과정을 제대로 해낸다면 인간완성을 향해 빠른 항해를 해내겠지만, 수도승이 아닌 평범한 삶을 사는 이들에게는 일상적인 선택은 자신의 의식으로 살아가는 것이 좋다.

그럼에도 인체의 유효전력을 관찰하는 진리탐구는 우리 인류가 포기하기에 너무나 아깝다. 무의식과 소통하는 과정에서는 광활한 우주의 진리에 닿을 수 있기 때문이다. 만약 우리의 무의식이 진리에 닿는 원리를 이해한다면 근육테스트와 추의 진리탐구가 충분히 인류 진화의 도화선이 되게 할 수 있다. 인류에게 주어진 축복으로 만들 수 있다. 인체의 유효전력을 확인하는 길이 재앙이 되게 할 것인지, 축복이 되게 할 것인지는 우리 손에 달린 일이다. 지금까지 추를 잡고 무의식과 소통하며 진리를 추구한 결과를 보면 초기에는 축복으로 시작하였고, 무의식이 진리에 닿는 원리를 이해하지 못한 혼란을 거치며, 많은 아픔을 남긴 재앙으로 자리하고 있다. 그래서 여기 내가 발견한 무의식이 진리에 닿는 원리를 소개한다.

우선 첫째로, 무의식이 우주의 진리에 마땅히 닿기 위해서는 최소 1차 명수가 75 이상이 되어야 하며, 명수 확장단계에 따라 마땅히 닿을 수 있는 진리에 단계적 구분이 있음을 알아야 한다. 1차 명수 확장이 75 이상이 되는 것은, 의식이 무의식에 압도되지 않을 만큼 성장하였다는 의미이다. 또 부차적으로 의식으로 형성하는 역률이 0.19 이상이 되어, 전자의 흐름이 추를 회전시킬 만큼 운동에너지를 만들 수 있다. 그 이전에는 추의 움직임을 고정과 회전으로 명확히 구분하기 힘들 뿐 아니라, 의식이 무의식에 압도당하기 때문에 자신의 무의식을 성찰하기가 매우 힘들다. 이것은 적어도 사랑이 가장 중요한 것임을 체험하는 1차 명수의 완성을 앞둔 이들부터 무의식을 겉으로 드러내 진리탐구를 할 수 있다는 의미이다.

그래서 1차 명수 확장의 75 이상부터는 관념적이고 추상적인 진리에 무의식이 닿을 수 있다. 관념적 진리들이란, 명수, 반명수, 관계성 카르마, 차크라, 혼백신의지, 우주구성 원리, 카르마의 원리, 철학적 이치 등이 해당된다. 이외에 상대성 이론같이 시공간에 대한 이치, 생명을 분류하는 관념적 체계, 세상을 분류하는 관념적 체계 등도 해당된다. 즉, 어떤 현상을 분류하거나 추상하는 이론체계는 관념적 진리이다. 따라서 0에서 1,000으로 나누어진 호킨스 박사의 의식 에너지단계, 명수와 관계성 카르마 수치는 관념적 진리에 해당된다.

2차 명수 확장의 75 이상부터는 개인적인 진리도 탐구할 수 있다. 개인적 진리란 개인적 운명과 삶의 문제, 구체적 인연과 같이 사적인 진리를 의미한다. '그와의 인연이 무엇을 의미하는가?', '왜 나에게 혹은 당신에게 이런 현상이 반복되는가?', '이 문제를 누구와 함께 해결해야 가장 적합할 것인가?', '그는 어떤 일로 명수가 향상되었나?', '어떤 사연으로 관계성 카르마가 생겼는가?'와 같이 사적인 인간관계나 운명에 대한 진리는, 타인과 자신의 구분이 없는 것을 체험으로 아는 자만이 진실에 닿을 자격이 생기는 것이다. 호킨스 박사의 『의식혁명』에서는 모든 진실은 우주에 기록되기 때문에 어떤 사건의 진범을 찾는 문제도 근육테스트로 가능하다고 하였다. 그러나 이런 개별적 사건의 진실은 개인적 진리에 해당되기 때문에 2차 명수 확장의 75 이상부터 진실에 닿을 마땅한 힘이 생긴다.

　3차 명수 확장의 75 이상부터는 물질적 진리도 탐구할 수 있다. 물질적 진리란 생명이 아닌 물질의 분류기준이 해당된다. 생명을 포함한 어떤 현상을 구분하는 체계는 인간이 관념으로 만든 것이므로 관념적 진리에 해당되지만, 원소, 원자, 분자, 전자, 양자와 같이 물질을 분류하는 체계는 물질적 진리에 해당된다. 또한, 물질의 과학적 법칙인 만류인력의 법칙, 질량보존의 법칙, 에너지보존의 법칙들은 물질적 법칙이므로 물질적 진리에 해당된다. 반면 상대성 이론은 시공간에 대한 이치이므로 관념적 진리에 해당된다. 이외에 '어떤 물건을 선택해야 하는가', '어떤 처방으로 치료해야 하는가', '어떤 방법으로 만들 수 있는가'와 같이 구체적인 물질을 선택하고 만드는 방법 역시 물질적 진리에 해당된다. 이는 자신과 모두의 신성을 체험으로 아는 이들이 물질세계의 진리를 알 자격이 생기기 때문이다.

　이렇게 명수 확장의 단계에 따라 닿을 수 있는 진리에 단계적 구분이 있다. 만약 1차 명수에서 개인적 진리나 물질적 진리를 묻는다면, 형성된 답의 참과 거짓 확률은 복불복이다. 간혹 추를 잡은 질문자가 해당 질문과 관련해 애쓴 노력이 상당하다면, 1차 명수 과정에서도 물질적 진리에 참인 답을 형성할 수도 있다. 그러나 언제나 참에 닿을 수 있는 마땅한 힘은 갖지 못한다. 그러니 명수 확장 단계에 따라 자신이 탐구할 수 있는 진리의 단계를 이해해야만 한다. 아마 호킨스 박사는 근육테스트를 시작한 시절부터 3차 명수의 완성 이상을 향하고 있었을 것으로 추정된다. 그러니 마땅히 본인 생각에 대한 무의식의 반응이 대부분 우주의 진리에 닿았을 것이다. 그러나 인류의 대부분은 1차 확장 중이니 성장하는 단계에 따라 진리에 닿을 마땅함에 차이가 있음을 염두에 두어야 한다.

두 번째로, 무의식에 하는 질문은 언제나 절대가치에 부합하는 것이어야 한다. 우주의 설계가 절대가치로 구성되어 있기 때문에, 당연히 진리는 언제나 절대가치에 대한 것뿐이다. 절대가치에 부합하지 않는 것을 물어보면, 우주의 입장에서는 해줄 답이 없다. 그럴 때는 그냥 내 무의식이 지어낸 답이 만들어진다. 만약 어느 종목에 주식투자를 하면 좋을지, 혹은 집을 언제 얼마에 팔면 좋을지 물어봤다면 그건 그냥 내 무의식이 하고 싶은 대로 답이 이루어진다. 무의식이 욕심부리고 싶을 땐 욕심부리는 답이 나오고, 손해 보고 싶을 땐 손해 볼 답이 나온다. 이런 질문을 지속하게 되면 스스로를 공격하는 답이 형성된다. 창조주가 준 자유의지에 반하는 삶이니 자신의 무의식이 더 이상 질문하지 말라는 의사를 표현하는 것이다.

또한, 절대가치에 반하는 질문을 반복하게 되면 오히려 그 가치를 거스르는 답을 형성한다. 예를 들어, 음식에 대해 그 생명의 고마움을 망각한 질문은 오히려 건강에 해로운 답을 형성하여 생명에 대한 고마움을 기억해내도록 유도한다. 인간관계에서 이기적인 선택에 대한 질문 역시 반인간적인 답을 이루어, 잘못된 길을 가고 있음을 알아볼 수 있게 한다. 이렇게 절대가치를 거스르는 생각을 반복해서 묻게 되면, 절대가치와 반대되는 명확한 오답을 보임으로써 질문이 잘못되었음을 알려준다.

세 번째로는 질문자의 차크라가 우주와 원활히 소통하도록 건강히 발달된 상태이어야 한다. 각 차크라는 절대가치로 우주의 진리에 닿게 하는 소통 통로이다. 따라서 질문자의 차크라가 약하거나 손상된 상태에서는 우주의 진리가 질문자에게 전달되지 못한다. 만약 절대가치에 부합하는 질문에도 오답이 형성된다면 그것은 질문자의 차크라가 약하거나 문제가 있음을 표시해주는 신호이다. 이런 오답의 경우에는 자신의 차크라를 확인하는 계기가 되어 자신의 아쉬움을 채우는 길을 찾아가면 된다.

각 차크라가 보장하는 우주의 진리는 다음과 같다.

1번 차크라는 탄생-생명-죽음의 절대가치를 담고 있다. 죽음과 탄생에 대한 생명

현상과 윤회에 담긴 생명현상을 탐구할 수 있고 지구에서 이루어지는 생명의 순환에 대해 탐구할 수 있다. 또한, 생명과학과 의료분야에서 생명을 담은 인체를 비롯한 생물에 대한 진리를 탐구할 수 있다. 체질분류, 생물의 분류와 같이 생명 에너지와 연관된 이치는 1번 차크라에 기인한다.

2번 차크라는 개인-자기실현-연대의 절대가치를 담고 있다. 인간관계의 문제, 관계성 카르마, 자아실현을 위한 심리연구, 사회과학 같은 진리에 닿는 힘이 된다. 특히 관계성 카르마는 현재의 적대성 관계를 0에서부터 100 사이의 수치로 나누어 확인할 수 있다. 즉, 상처의 크기를 물리량으로까지 확인할 수 있고, {혼백신의지} 중 어디로 연결된 카르마인지도 확인할 수 있다. 그러나 적대성 카르마를 머리와 가슴으로 이해하면 어떤 상처인지 충분히 알아볼 수 있으니 반드시 구체적인 확인이 필요한 것은 아니다. 또한, 마음의 상처가 아닌 물리적 관계의 카르마도 2번 차크라의 힘으로 확인할 수 있다.

3번 차크라는 분별-소통-전일성의 가치를 담고 있어, 사회·과학·예술·철학 분야와 소통한다. 즉, 어떤 분야든 인간이 활용하는 대상을 탐구할 수 있다. 의학에서 치료대상은 생명을 담고 있으므로 1번 차크라로 진리를 탐구하지만, 치료에 활용하는 약물의 이치는 3번 차크라로 탐구하게 된다. 심리학이나 사회과학 영역에서도 자아실현과 직접 연관된 것은 2번 차크라에 기인하지만, 이외에 본질적 진리를 추구하는 것은 3번 차크라를 통해 펼쳐진다. 즉, 3번 차크라는 학문적으로 진리를 탐구하는 대부분의 영역을 포함한다. 다만 순수한 이치를 밝히는 것에 국한되며, 실질적으로 구현하는 방법은 해당되지 않는다.

4번 차크라는 사랑-소망-믿음의 가치를 담고 있다. 종교적이고 영적인 진리를 탐구하는 창구가 된다. 절대자인 신, 혼백신의지, 차크라, 우주의 구성원리, 영혼의 진화단계 등은 우리의 유일한 목적이 사랑임을 안내하는 이치이기 때문에 4번 차크라로 열린다. 또한, 윤회에서 생명현상과 연관된 것은 1번 차크라에 기인하지만, 영적이치는 4번 차크라에 근간을 둔다.

5번 차크라는 책임-소명-자유의 가치를 담고 있다. 개인적 삶의 구성과 세상의 구성원리에 대해 알게 한다. 개인이 소명을 발견하는 길과 자유로 나아가는 방법에 대해 탐구할 수 있으며, 세상이 소명을 통해 발전하는 원리를 탐구할 수 있다. 즉, 사회제도, 과학기술의 적용, 예술의 표현과 같은 구체적 방법은 소명의 가치와 부합한다. 그래서 3번 차크라로 확인된 학문적 이치를 실제 적용하는 방법론은 5번 차크라에 의해 열 수 있다.

6번 차크라는 모든 진리의 답이 모이는 곳이다. 다른 여덟 개 차크라가 진리와 소통하여 형성한 답이 6번 차크라를 통해 표출된다. 6번 차크라에는 인간의 모든 의식을 종합하는 혼이 있고, 혼이 있는 송과체에서 인간의 무의식이 만든 유효전력이 시작하기 때문에, 답을 결정하는 것은 6번 차크라이다. 따라서 6번 차크라가 건강하지 않을 때는 어떠한 진리탐구에서도 오류를 형성할 수 있다. 무의식의 진리탐구에서는 언제나 6번 차크라의 건강과 안정이 담보되어야 한다.

또한, 고마움을 담은 7번 차크라는 추로 진리를 탐구하는 과정에서 질문자를 보호하고 올바른 방향으로 이끄는 역할을 담당한다. 따라서 7번 차크라의 힘으로 각 차크라의 건강 상태를 확인할 수 있다. 즉, 내가 알고자 하는 진리를 탐구할 차크라의 힘이 되는지 여부를 확인시켜준다. 또한, 진리 탐구가 잘못된 길로 가지 않도록 보호하는 역할을 하므로 내가 하려는 질문이 지금의 나에게 필요한지 아닌지를 확인하는 근간이 되어준다. 현재 나에게 가장 필요한 진리탐구로 이끌어주기 위해, 엉뚱한 방향이나 불필요한 탐구에서는 추가 어떤 질문에도 반응하지 않고, 필요한 방향을 찾을 때에야 다시 움직이게 만드는 힘을 일으키기도 한다. 7번 차크라가 건강하여야 이런 안내가 충분히 이루어질 수 있다.

그리고 유념할 점은 무의식의 진리탐구에서 해당 진리를 가리고 있는 집단의식(의식+무의식)을 마주할 수도 있다는 것이다. 집단의식은 한 개인이 온전히 극복할 수 없다. 따라서 이 집단의식의 비바람이 강한 경우에는 답에 오류가 생길 수 있으며, 질문자의 무의식이 젖고 헝클어질 수밖에 없다. 그럴 때 7번 차크라가 건강하면 추를 계속 고정시키거나, 추를 잡을 수 없는 기침이나 복통 등을 만들어 스스로를 보호한다. 이때에는 질문자가 멈출 것인지 그럼에도 불구하고 탐구를 지속할 것인지를 결정해야 한다. 탐구를 계속한다면 철저한 결계를 한 후에 오류의 가능성을 염두에 두고, 탐구를 마친 이후에는 젖고 헝클어진 무의식을 추스르는 치료와 휴식이 필요함을 알아야 한다.

내가 앞에서 설명한 명수와 인체 역률의 관계는 추를 통한 무의식적 탐구로 열어낸 결과이다. 이때 명수와 연관되어 상처 입은 집단의식을 마주했기 때문에, 이후 회복의 시간이 꽤 필요하였다. 개인적 소견으로 보자면 기본적인 이치는 참일 것으로 생각하지만, 주파수의 구체적 수치에서는 오류의 가능성을 열어두고 있는 편이다. 따라서 직접 역률을 측정하는 기계가 개발될 때, 실제로 확인이 필요하다.

8번 차크라는 용서의 가치를 담고 있으며, {혼백신의지}에서 사랑의 반대 영역을 종합하므로, 반명수를 확인하는 힘이 된다. 반명수 역시 관계성 카르마처럼 0에서부터 100까지 수치로 확인이 가능하다. 만약 나의 반명수가 2라고 나온다면, 반명수를 행한 주요 행적이 최소 두 번이니, 그 두 번을 기억해내어 참회하면 된다. 또한, 다섯 종류 중 어떤 반명수인지도 확인이 가능하고, 그것이 소멸된 상태 역시 확인할 수 있다. 반명수에 대한 이해가 부족한 초기에 직접 확인하는 과정이 유용하지만, 반명수를 이해하게 되면 저절로 깨닫고 발견하며, 참회로 사라짐을 느낄 수 있다.

9번 차크라는 축복의 가치를 담고 있으며, {혼백신의지}에서 사랑의 영역을 종합하므로, 명수를 확인하는 힘이 된다. 몇 차 명수 단계인지, 또한 각 단계에서 0에서부터 100의 수치로 확인이 가능하며, {혼백신의지} 각각의 에너지 수치 또한 0에서 100으로 확인할 수 있다. 명수 확인 역시 명수 확장을 이해하고 실천하는 초기에는 길잡이 역할로 매우 유용하다. 하지만, 언젠가는 인체의 역률측정으로 대체할 수 있고,

명수 확장의 길을 온전히 이해하고 나서는, 굳이 명수를 확인하지 않아도 성장하는 자신을 느낄 수 있고, 한 단계의 확장이 완성되면 새롭게 재탄생한 자신을 자각할 수 있다.

처음 추를 사용하던 시기에는, 명수와 반명수를 확인하는 것에서 시작되었다. 그러다 혼란의 시기를 거치고 재앙이 되면서, 더 이상 추로 명수와 반명수를 확인할 수 없었는데, 이는 추를 잡았던 이들의 8번과 9번 차크라가 손상되고 약해졌기 때문이다. 선과 악의 전쟁이라는 관념에서는 악을 응징해야 하기 때문에, 용서와 축복의 의미가 퇴색된 당연한 결과였다.

진리에 닿기 위해서는 해당 차크라가 크고, 건강하게 깊고, 환하게 빛나야 한다. 그러니 자신이 약한 차크라에서는 오류가 생길 가능성을 염두에 두어야 하고, 탐구하기 전에는 언제나 6번 차크라와 진리를 열어줄 해당 차크라의 결계를 시행하는 것이 좋다. 거기에 더하여 질문자를 보호할 7번 차크라와 탐구에 대한 의식의 결계를 함께할 것을 권한다.

넷째로, 질문을 하는 마음은 [혼백신의지]의 생리적인 힘에 의거해야 한다. 추를 처음 잡은 초기에는 내가 형성한 답이 맞나 의심스러운 마음에 같은 질문을 요리조리 바꾸어 반복하는 우를 쉽게 범한다. 그런데 의심으로 같은 질문을 반복하면, 인체가 유효전력을 생성하는데 혼돈이 생겨 추의 움직임이 애매해지거나 오류가 형성된다. 근육테스트를 배울 때도 보면, 자신이 만든 근육의 반응을 믿는 사람은 그 기술을 쉽게 익히지만, 제대로 된 것이 맞나 의심하면서 같은 질문을 반복하는 이들은 결국 실패했다. 그러니 자신을 믿는 마음으로, 창조주와 우주를 믿는 마음으로, 우리의 삶을 믿는 마음으로, 타인에 대한 믿음으로 명확하게 질문해야 한다.

또한, 창조주와 우주를 사랑하는 마음으로, 우리의 삶을 사랑하는 마음으로, 자신과 타인을 진심으로 사랑하여 질문해야 한다. 타인을 의심하고 원망하면서, 내가 할 수 있나 스스로를 불신하면서, 우리의 삶을 별 볼일 없이 여기면서, 창조주와 이 우주의 법칙이 벌할까 겁내면서 질문하게 되면, (혼백신의지)의 병리적인 힘에 막혀 진리에 닿을 수 없게 된다. 모두를 사랑하는 마음으로 질문을 정비하고, 체계를 잡으며 무의식의 진리를 탐구해야 한다. 그래서 (혼백신의지) 결계로 자신의 의식에 사랑과 믿음을 각인하고 시작하는 것이 좋다. 내가 사용하는 진리탐구의 결계는 부록에서 소개하겠다.

다섯째로, 질문에 대한 답을 이루었다면, 그것으로 사랑을 체험해야 한다. 예를 들어 내가 누군가의 명수나 반명수를 확인했다면, 그 답으로 사랑을 실천해야 한다. 내가 누군가의 카르마를 확인했다면, 그 카르마 해소를 위한 사랑을 실천해야 한다. 내가 무언가에 대한 진리를 탐구했다면, 그 진리가 누군가의 혹은 모두의 사랑체험에 쓰이도록 함께 나누는 길을 모색해야 한다. 그리고 어떤 해석으로도 도저히 사랑체험을 할 수 없는 답이라면, 오답임을 알아야 한다. 우리가 우주의 진리를 탐구하는 유일한 목적은 사랑체험이기 때문에, 참된 진리라면 당연히 사랑체험의 길로 해석할 수 있어야 한다. 진리를 탐구하는 유일한 그 목적에 반드시 충실해야 한다.

이것은 사랑체험의 목적이 없을 때에는 무의식에 묻지 말아야 한다는 것을 의미한다. 그러니 내가 하고자 하는 사랑체험에서 무의식의 답이 필요할 때에만 추를 잡는 것이다. 내가 하고 싶지 않은 사랑체험에 대해서는 호기심이 발동하더라도 근육테스트를 하지 말아야 한다. 내가 하고 싶은 사랑체험이지만, 굳이 무의식의 답이 없어도 스스로 해낼 수 있다면 그냥 자신의 의지로 행하는 것이 좋다. 그러니까 내가 하고 싶고, 또 필요한 두 가지 조건이 모두 충족될 때에만 추와 근육테스트를 활용해야 한다. 무의식이 겉으로 표출된 답으로는 언제나 사랑을 체험해야 한다.

마지막으로 무의식의 진리탐구에서 알아야 할 몇 가지 기타사항이 있다. 우선, 무의식에 질문할 때에는 속으로 생각하여야 한다. 말하면서 하는 생각은 가청 영역의 중간주파수이기 때문에 유효전력이 효과적으로 생기지 않는다. 속으로 한 생각이 고주파와 저주파로 극명하게 나뉘기 때문에 유효전력의 여부가 드러날 수 있다. 실제로 실험해보면, '나는 인간인가?'와 같은 질문도 소리를 내어서 말할 때는 추가 움직이지 않다가 속으로 생각하였을 때 회전하는 것을 확인할 수 있다. 이는 주파수에 따라 유효전력이 달라지는 현상 때문이다. 따라서 같은 원리인 근육테스트에서도 말하지 않고 속으로 생각하여야 명확한 결과를 얻을 수 있다.

앞서 설명한 대로 집단의식이 진리를 막고 있으면 한 개인의 힘으로 온전히 극복할 수 없기 때문에 참에 이르지 못하고 오류가 발생하기도 한다. 이럴 때는 참과 오류가 공존한 결과를 만들기에 실체적 확인을 하면서 탐구해야 한다. 또한, 탐구 후에는 집단의식에 의해 질문자의 무의식이 젖고 헝클어진 상황을 초래하게 된다. 이때에는 상위 차크라(6~9차크라)의 가치로 스스로를 치료하고, 충분히 휴식을 취하며, 자신이 즐겁고 행복한 일을 하면서 회복시키면 된다.

집단의식이 아닌 몇몇 개인의 의식이 충돌하는 경우도 있다. 내가 탐구하고자 하는 진리에 대해 다른 이들이 또 다른 사랑으로 이를 반대할 때 충돌이 발생한다. 이럴 때에도 부분적인 오류가 형성될 수 있는데, 개인적 의식의 충돌은 집단의식과 달리 충분히 극복할 수 있다. 그 방법은 나와 반대 입장으로 사랑을 실천하는 이들을 이해하고 사랑하는 것이다. 즉, 집단의식은 개인의 힘으로 완전히 극복할 수 없으나, 개인적 무의식의 충돌은 사랑으로 극복할 수 있다.

이런 오류에서 보듯이 무의식의 답에는 타인의 무의식이 함께 관여하는 경우가 있다. 주로 어떤 선택을 물었을 경우이다. 이때의 답은 진리에 관한 것이라기보다 관계된 이들의 무의식이 합의한 결과라고 보는 것이 타당하다. 이런 무의식적 합의는 옳고 그름의 선택이 아니며 단지 무의식이 이끄는 방향일 뿐이다. 따라서 그 무의식적 합의대로 사랑을 개척할 것인지, 아니면 다른 길로 사랑을 개척할 것인지 자유의지로 선택해야 한다. 그리고 무의식의 답을 따른다면, 반드시 그길로 사랑을 이루는 길을 개척해야 한다. 무의식과 다른 방향이라면, 반드시 합의를 깬 것에 대한 사과와 나의 선택이 사랑을 위한 최선임을 선언해야 한다. 선택의 문제는 무의식에 묻지 않는 것이 원칙이지만, 간혹 추를 들었을 때 대화를 걸어오는 무의식을 만나 피할 수 없는 경우가 있기에 참고하기 바란다.

간혹 의도적인 오답이 형성되는 경우도 있다. 드물지만 진리의 영역 혹은 사랑체험을 더 넓히기 위해 의도적인 오답이 주어지기도 한다. 이 경우에는 그 오답으로 새로운 가능성이 열리며 결국 그 오답이 나에게 기회였다는 것을 깨닫게 된다. 나의 무의식이 의도적 오답을 줄 때는 내 의식이 충분히 받아들일 수 있다는 확신이 담겨있다. 즉, 7, 8, 9번 차크라의 건강함이 뒷받침될 때에만 일어날 수 있는 현상이다.

마지막으로 감안해야 할 것은 바로 태양광이다. 모든 빛은 전자기파다. 전기장과 자기장이 파동을 이루고 있다. 이 중에서도 태양광은 인체의 자기장에 영향력이 큰 파동을 일으키기 때문에 인체의 유효전력을 향상시킨다. 우리는 우울할 때 햇빛 속을 걸으면 기분이 밝아질 힘이 생기고, 밝고 쾌청한 날에는 고민거리를 쉽게 긍정으로 수용할 힘이 생긴다. 이것은 태양광으로 (혼백신의지)가 일으키는 자기장이 더 강화되어 인체의 유효전력이 상승한 결과이다.

그래서 무의식의 진리를 탐구하기 위해서는 태양광을 피해야 한다. 햇빛 아래에서는 유효전력이 쉽게 형성되어 거짓을 참으로 긍정할 오류 가능성이 커지기 때문이다. 추로 진리를 탐구해보면 참인 진리에 추가 회전하지 않은 오류로 문제가 되는 것은 드물지만, 거짓에 추가 회전하여 참으로 표현되는 오류 때문에 여러 문제가 발생한다. 따라서 진리탐구의 엄중한 결과를 위해서는 지구에 태양광이 가장 강한 시간인 정오를 중심으로 앞뒤로 넉넉하게 2시간씩은 추를 잡지 않는 것이 좋으며, 야외의 직사광선 아래나 직사광선이 창문으로 직접 들어오는 실내에서는 직사광선이 비치는 시간을 피해야 한다. 이 조건은 역률을 측정하거나 근육테스트를 하는 조건에도 똑같이 적용된다. 단, 햇빛을 제외한 일반적인 빛은 상관없다.

태양광의 영향을 강하게 받는 정오 앞뒤로 2시간씩 총 4시간을 피하고, 일출과 일몰의 직사광선을 받는 장소를 피하고, 잠자는 밤 시간을 빼고 나면 무의식의 진리를 탐구할 시간이 그리 길지 않다는 것을 알 수 있다. 이것은 무의식의 진리탐구를 주된 업으로 행한 것은 적합하지 않으며, 진리탐구에서 꼭 필요한 경우에만 활용하는 것이 순리라는 것을 보여준다.

여기까지가 무의식을 겉으로 드러내는 추를 잡고 진리를 탐구하여 참된 진리에 도달하는 원리이다. 또한, 근육테스트로 참된 진리에 도달하는 원리이기도 하다. 종합하면, 우리의 무의식이 우주의 진리에 닿기 위해서는, 1차 명수 75 이상을 이루어 의식이 무의식에 압도되지 않을 만큼 성장하여야 한다. 또한, 명수 확장의 단계에 따라 참 진리에 도달할 수 있는 단계적 차이를 이해하고 진리를 탐구해야 한다. 언제나 절대가치에 부합하는 질문만을 하며, 질문자의 차크라가 크고, 깊고, 환하게 밝혀져 있어야 한다. 그리고 모든 것에 대한 믿음과 사랑으로 진리를 탐구해야 한다. 마지막으로 내가 형성한 답으로 사랑을 실천하고 체험해야 한다. 내가 형성한 답이 사랑을 체험할 길이 되지 못한다면, 진리에 닿지 못한 나의 차크라에서 부족함을 알아보거나, 나의 (혼백신의지)에 병리적인 힘이 숨어 만든 답임을 알아보아야 한다. 그리하여 나의 차크라와 (혼백신의지)에 사랑의 빛을 채우며 이를 극복하고, 그 오답으로 나 자신을 사랑해야 한다.

결론적으로, 참인 답을 이루었다면 그것을 다른 이들과 함께 나누며 사랑을 체험하고, 오답을 이루었다면 그것으로 나를 사랑하는 체험을 하는 것이다. 무의식의 답으로 언제나 사랑을 체험하는 것, 이것이 추를 잡고 우주의 진리에 닿으려는 자가 우주의 법칙과 전지전능한 신에게 가져야 할 도리이다. 또한, 이것이 근육테스트로 우주의 진리에 닿으려는 자가 자신을 지키고 사랑하는 도리이다. 이 도리가 지켜지지 않는다면 거대한 무의식이 진리 앞에 무책임한 나의 의식을 깨우고자 신호를 보낼 것이고, 이 도리가 지켜질 때 거대한 무의식은 사랑에 충실한 나의 의식을 축복할 것이다.

추는 우리 인간에게 스마트폰이나 컴퓨터 같은 하나의 도구일 뿐이다. 우리의 무의식을 겉으로 표출하여 사랑을 체험할 진리를 열 수 있게 하는 도구, 그 이상도 그

이하도 아니다. 추나 근육테스트를 통한 진리탐구가 지금 바로 인류의 일상적인 탐구 방식이 될 거라고 기대하지는 않는다. 그러나 이 길은 이미 시작되었고, 인류에게 던져졌으며, 어떻게 만들어갈 것인가는 온전히 우리 손에 달려 있다. 아마도 인류의 대부분이 3차 확장을 향할 때쯤에는 이 길이 보편적 방식으로 자리 잡지 않을까 생각해본다. 이 길이 인류의 보편적 진리탐구가 될 수 있는 그 날까지, 지금까지 추로 만든 재앙이 치유되고, 용서받으며, 온전히 보존되길 바란다.

부록

이 부록에는 달이 보름에서 삭으로 가는 기간에 즉효가 있도록, 신께 고하는
쿤달리니의 기도, 차크라 결계, 진리탐구의 결계를 실었다.

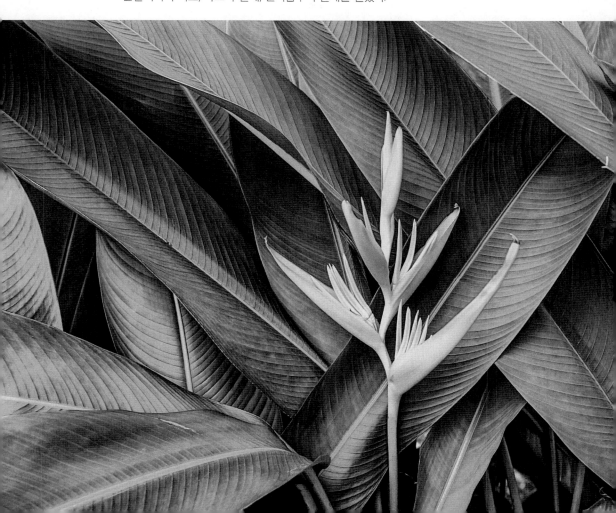

1) 쿤달리니를 넓히는 길

(1) 축복

하느님,

위대한 창조로 삶의 모든 순간을 축하하지 못한 걸 참회합니다.

이제 삶의 모든 순간을 축하하는 위대한 창조자이길 기원하오니,

모든 순간을 축하하며 위대한 창조를 이어가도록 이끌어주소서.

하느님,

당신의 생명인 저희는 축복만을 받는 신성한 존재이며,

저희의 축복으로 우주가 확장되는 영광을 이루게 하시니,

당신의 축복 속에 거룩한 진화를 이어가는 길을 함께하소서.

하느님,

저희는 모든 것을 축복하고 싶은 신성한 존재이기에,

저희는 모든 것을 축복할 수 있는 위대한 존재이기에,

저희가 모든 것을 축복하는 마땅한 길로 인도하시옵소서.

하느님,

모두를 축복하는 위대한 사랑이지 못한 것을 참회합니다.

이제 모두를 축복하는 위대한 사랑을 실천하고자 하오니,

위대한 사랑으로 모두를 축복하는 행복의 길을 열게 하소서.

하느님,

사소한 일상을 겸허하게 축복으로 여기지 않아 죄송합니다.

삶의 모든 사소한 과정을 소중히 여기며 축복하면서,

일상의 사소함을 축복하는 겸손의 길로 이끌어주소서.

하느님,

당신이 주시는 모든 순간을 겸허히 축복으로 여기고,

우주의 순환에 동참하는 영광스러운 축복에 겸허히 감사합니다.

당신의 모든 것을 축복으로 여기는 겸손으로 저희를 인도하소서.

하느님,

낮은 자리에서 축복을 구하지 못한 순간들을 참회하오니,

언제나 낮은 자세로 모든 이들에게 축복을 구하는 존재가 되어,

모두에게 축복받는 겸손한 존재로 빛나는 길을 열게 하소서.

하느님,

다른 이들이 빛나는 축복이 되어주지 못해 아쉽습니다.

저를 발판으로 많은 이들이 위대함을 드러내길 바라오니,

그들을 빛나게 하는 발판이 되는 축복으로 저희를 인도하소서.

(2) 용서

하느님,

삶의 모든 것으로부터 용서받지 못한 것을 참회하오니,

이제 삶의 모든 것으로부터 용서받는 최선을 위해,

겸허한 의지로 삶으로부터 모두 용서받도록 하시옵소서.

하느님,

전지전능하신 당신께 겸허히 용서를 구하지 않은 걸 참회합니다.

우주의 순환으로 제가 만든 아픔들에 용서받을 기회를 감사하오니,

겸허히 용서를 구하고 받으며 펼치는 평화의 길을 함께 하소서.

하느님,

자신의 아쉬움을 스스로 용서하지 않은 것을 참회합니다.

이제 겸허한 포용력으로 저의 아쉬움을 모두 용서하오니,

저를 용서하기 위해 스스로를 포용할 수 있도록 이끌어주세요.

하느님,

타인의 아픔에 겸허히 용서를 구하는 것은 마땅하고 옳은 일이니,

언제나 낮은 자세로 모든 아픔 앞에 용서를 구하는 존재가 되어,

저희가 겸허히 구한 용서로 모두의 아픔이 치유되도록 하시옵소서.

하느님,

삶의 고난을 용서하며 위대한 창조를 이루지 못해 죄송합니다.

이제 삶의 고난을 용서하여 더욱 위대한 창조로 나아가고,

위대한 창조를 향해 삶의 고난을 용서하도록 이끌어주소서.

하느님,

당신의 영광을 위하여 저희가 모든 것을 용서함이 마땅하고,

이 우주의 평화를 위하여 모든 것을 용서함이 마땅합니다.

저희가 모든 것을 용서하여 당신의 영광과 평화를 펼치겠습니다.

하느님,

저희는 모든 것을 용서하고 싶은 신성한 존재이기에,

저희는 모든 것을 용서할 수 있는 위대한 존재이기에,

저희가 모든 것을 용서하는 것은 마땅함을 알게 하소서.

하느님,

저희의 용서가 부족하여 서로를 구속한 것을 참회하오니,

저희의 용서가 타인의 위대함을 펼칠 자유가 되게 하시고,

그들의 위대함이 펼쳐지도록 모두를 용서하는 길로 이끌어주소서.

(3) 감사

하느님,

삶을 창조하는 위대한 존재로 감사하지 않은 걸 참회합니다.

이제 삶을 창조하는 위대한 존재로 살아가는 것에 감사하며,

창조력의 위대함을 알아보고 감사하는 삶으로 인도하소서.

하느님,

당신의 생명인 저희에게 당신께서 고마워함이 당연하고,

우주의 완벽함은 저희로 인해 더욱 확장됨을 알게 하세요.

당신께 받은 고마움만큼 찬란한 영광과 거룩한 평화를 열겠습니다.

하느님,

저의 위대함에 대해 감사하지 않은 것을 참회합니다.

저는 많은 존재로부터 감사함을 받을 훌륭함이 있으며,

그들로부터 감사받도록 위대함을 드러내게 하시옵소서.

하느님,

다른 이들의 위대함에 감사하지 않은 것을 참회합니다.

이제 타인의 훌륭함과 아름다움을 보고 누리며 감사하오니,

서로의 위대함에 감사하며 완벽한 하나가 되는 길을 열게 하소서.

하느님,

삶을 겸허히 받아들이지 못해 소중함을 몰랐던 걸 참회합니다.

이제 정말 바란 기회임을 알기에 모든 순간을 겸허히 감사하며,

언제나 모든 순간을 소중히 여겨 감사하는 길로 이끌어주시옵소서.

하느님,

당신의 전지전능한 사랑은 저를 다 바쳐 경배함이 마땅하고,

완벽한 우주에서 사랑을 체험하는 소우주인 것에 감사합니다.

작은 신으로, 소우주로, 모든 사랑의 진리를 감사히 따르겠습니다.

하느님,

저의 작은 변화와 노력에 스스로 고마워하지 않아 죄송해요.

저의 사소한 노력과 작은 변화까지 모두 고마울 뿐이니,

스스로를 낮추어 자신에게 고마워할 수 있도록 인도해주세요.

하느님,

그동안 사랑받은 것에 겸허히 감사하지 않은 걸 참회하오니,

사랑을 주고받는 함께하는 모두에게 고마움을 전하게 하소서.

언제나 낮은 자세로 고마움을 주고받는 길을 열게 하시옵소서.

(4) 미안

하느님,

삶을 저의 탓으로 겸허히 받아들이지 못한 걸 참회하오니,

제 삶을 제 탓으로 받아들인다면 죄송하지 않을 수 없고,

삶에 미안해하며 자신의 탓으로 받아들이는 길로 인도하시옵소서.

하느님,

당신께서 저희를 얼마나 사랑하시는지 안다면 죄송할 뿐이니,

이 완벽한 우주 앞에 겸허히 지난 아쉬움을 참회합니다.

당신 앞에 겸허히 참회하며 펼치는 영광과 평화를 함께 하소서.

하느님,

제가 몰라 준 저의 진심과 노력에 사과하지 못하였으니,

이제 저의 진심과 노력에 고개 숙여 사과하게 하세요.

스스로를 낮추어 자신에게 사과하는 길로 이끌어 주시옵소서.

하느님,

저를 낮추어 타인의 진심을 들여다보지 못한 것을 사죄하오니,

제가 몰라본 타인의 진심에 고개 숙여 사과하게 하시옵소서.

모두의 진심 앞에 고개 숙여 사과하는 길을 열게 하소서.

하느님,

저희가 삶의 위대한 창조자로 사과를 받고 있다는 걸 몰랐으니,

이제 위대한 창조자로 삶에서 사과를 받고 있음을 깨닫게 하시어,

저희가 받은 사과에 걸맞은 위대한 삶을 창조하게 하시옵소서.

하느님,

전지전능하신 당신조차 모두에게 미안한 마음을 품고,

이 거대한 우주에 당신의 미안함을 담아 완벽을 기하시니,

당신의 미안함을 받아들이는 거룩한 존재로서 나가겠사옵니다.

하느님,

저희가 미안해해도 괜찮다는 사실을 몰라본 것을 반성합니다.

저희는 모두에게 미안해해도 괜찮은 위대한 존재이며,

저희의 위대함이 미안함을 드러내는 길을 활짝 열게 하소서.

하느님,

다른 이들에게 사과하며 억울해한 것을 참회합니다.

그들은 곧 '나'이기에 모든 미안함은 온전히 되돌아오게 하시니,

위대한 사랑으로 미안해하는 옳은 길을 언제나 함께하시옵소서.

(5) 소명

하느님,

저희의 소명으로 위대한 삶을 창조하지 않은 걸 참회합니다.

이제 저희의 소명을 다하여 위대한 삶을 창조하고자 하니,

위대한 삶을 향해 저희의 소명을 다하는 길을 활짝 열게 하소서.

하느님,

당신께서 제게 주신 위대한 소명을 깨닫지 못한 걸 반성하오니,

이제 당신이 주신 위대한 소명을 깨닫고 이 우주를 확장합니다.

이 우주를 확장시키는 위대한 소명의 길을 언제나 함께하소서.

하느님,

소명을 행하며 저희의 위대함을 알아보지 못한 걸 참회하오니,

이제 소명을 다하는 과정으로 저희의 위대함을 알아봅니다.

저희의 위대함으로 소명을 다하는 길을 활짝 열게 하시옵소서.

하느님,

타인의 소명이 위대함을 알아보지 못한 걸 아쉬워하오니,

이제 모두에게 담긴 소명의 위대함을 알아보고 응원합니다.

모두의 소명이 위대하게 펼쳐지는 희망을 품게 하소서.

하느님,

일상의 작은 책임들을 소명으로 행하지 않은 걸 참회하오니,

이제 일상의 사소함을 소명으로 즐겁게 행합니다.

저희의 작은 소명으로 일상의 즐거움을 만끽하게 하시옵소서.

하느님,

당신께서 주신 소명을 겸손하게 받들지 않은 걸 참회합니다.

이제 당신께서 주신 소명을 겸허히 받아들이며,

우주의 부름에 언제나 겸손히 임하도록 이끄시옵소서.

하느님,

소명을 위해 겸허히 저를 낮추지 못한 것이 아쉽습니다.

이제 저를 겸허히 낮추며 소명을 이루어가고자 하오니,

겸손하게 저를 낮추며 소명을 다하는 길로 이끌어주소서.

하느님,

다른 이들의 소명에 겸허히 저를 내어주지 않은 걸 참회합니다.

이제 그들의 소명을 위해 겸허히 저를 내어주고자 하오니,

겸허히 저를 내어주어 그들의 소명을 열어가는 길을 축복하소서.

(6) 소망

하느님,

삶의 작은 소망들을 사랑으로 쌓아가지 못해 죄송합니다.

행복을 위한 작은 소망들을 믿음으로 삶에 차곡차곡 쌓아가고,

사랑의 작은 소망들로 삶에 행복을 채우는 길을 열게 하소서.

하느님,

이 우주가 수많은 작은 소망들을 품고 있음을 몰라보았으니,

이제 당신께서 허락하시는 작은 소망들을 모두 알아보게 하시며,

그 작은 소망들이 이 우주에 하나씩 빛으로 펼쳐지게 하시옵소서.

하느님,

저를 행복하게 하는 일상의 작은 소망들을 돌보지 않던 아쉬움에,

이제 저를 행복하게 하는 작은 소망들을 애정으로 이루어갑니다.

작은 소망을 이루며 저 자신이 행복하도록 이끌어주시옵소서.

하느님,

저희의 작은 소망들을 함께 나누지 않아 죄송합니다.

이제 저희의 작은 소망들을 모두와 함께 나누며 사랑을 채워가니,

모두와 함께 작은 소망을 나누며 사랑하는 길을 함께하시옵소서.

하느님,

저의 소망을 펼치는 위대한 삶을 창조하지 못했던 게 아쉬워요.

삶을 믿고 사랑하며 펼치는 소망은 위대한 창조를 부르니,

위대한 창조를 향하여 삶에 펼치는 소망을 이루게 하시옵소서.

하느님,

이 우주가 품는 모든 소망의 거대한 힘을 느끼게 하시며,

당신께서 허락하시는 소망 안에 담긴 거룩한 뜻을 깨닫게 하시고,

그 거룩한 뜻으로 저희의 소망을 이루는 길을 축복하시옵소서.

하느님,

저희의 소망으로 자신을 빛내지 못한 것이 너무 안타까워요.

사랑의 소망들이 저를 위대하게 밝혀낼 것을 굳게 믿사오니,

사랑의 소망으로 스스로를 위대하게 빛내는 길을 열게 하소서.

하느님,

모두를 사랑하는 위대한 소망을 품지 않은 걸 참회합니다.

이제 모두를 사랑하기만 바라는 위대한 소망을 이루어 가니,

저희의 위대함으로 모두를 사랑하는 소망을 밝혀주시옵소서.

(7) 소통

하느님,

삶과 모든 걸 소통하며 위대한 창조를 이루지 못해 죄송해요.

이제 위대한 창조를 위해 언제나 삶과 소통하면서 살아가고,

삶과의 소통으로 위대한 삶을 창조하는 길을 밝혀주시옵소서.

하느님,

거대한 우주의 당당한 일원으로 저를 맡기지 않은 걸 참회합니다.

우주에 저를 맡기며 당신의 전지전능함을 온몸으로 느끼니,

당신의 전지전능함을 저의 것으로 느끼는 소통을 열게 하소서.

하느님,

저의 모든 것을 통하여 위대함을 알아보지 못해 죄송합니다.

이제 저의 모든 것이 통하여 위대함과 신성함을 기억해 내리니,

저의 위대함으로 자신을 통합하는 길을 언제나 함께하소서.

하느님,

모두와 하나되는 소통으로 완벽을 이루지 못해 아쉽습니다.

이제 모두와 하나되는 소통은 완벽한 위대함을 이루게 하시니,

모두가 완벽해지는 위대한 소통의 길로 저희를 인도하시옵소서.

하느님,

겸손한 자세로 삶에 귀 기울이지 않은 것을 참회합니다.

이제 삶의 모든 것을 향해 겸손하게 귀 기울이고,

겸손한 자세로 삶과 소통하는 길로 언제나 인도하소서.

하느님,

우주의 응답을 겸손히 받아들이지 않은 걸 참회합니다.

당신의 전지전능함을 믿고 저의 모든 것으로 답을 구하며,

당신께 저를 겸허히 내어놓고 구한 답은 언제나 마땅하고 옳습니다.

하느님,

저의 작은 노력들을 소중히 받아들이지 않은 것이 참 아쉬워요.

이제 저의 작은 표현과 변화도 세심히 관찰하며 기뻐하고,

사소한 저의 기쁨도 소중히 여기는 길로 인도하시옵소서.

하느님,

낮은 자리에서 모두에게 손 내밀지 못한 것을 참회합니다.

모두에게 손 내밀 수 있는 가장 낮은 곳이 저의 자리이오니,

낮은 자리에서 모두를 향해 내미는 손을 언제나 함께하소서.

(8) 자기실현

하느님,

삶에 담긴 저의 실현을 겸손히 받아들이지 못해 죄송합니다.

이제 삶의 결과에 담긴 저의 실현을 겸손하게 받아들이며,

겸손하게 삶을 받아들이며 이루는 저의 실현을 축복하소서.

하느님,

우주의 작은 일원으로 존재실현을 추구하지 않은 것을 참회합니다.

이제 당신께서 바라는 저의 모습이 무엇일지 겸손하게 구하며,

당신의 바램에 겸손하게 저를 맞추어 가는 길로 인도하시옵소서.

하느님,

저의 존재실현을 위해 낮은 자리에 찾지 않은 것을 참회합니다.

이제 존재실현을 위해 언제나 낮은 자리에 임하고자 하오니,

낮은 자리에서 임하는 존재실현에 언제나 함께하심을 믿습니다.

하느님,

타인의 존재실현에 저의 역할이 부족하였던 걸 참회합니다.

이제 그들의 존재실현에 작은 보탬이 되기를 기원하오니,

그들의 존재실현을 위한 역할을 겸허히 행하도록 이끌어주소서.

하느님,

삶을 위대한 자기실현의 무대로 만들지 못한 것이 안타까워요.

이제 삶은 저의 위대한 자기실현이 펼쳐지는 무대이고,

위대한 자기실현을 이 삶에 펼쳐내는 길을 활짝 열게 하소서.

하느님,

이 우주에 영광된 저의 실현이 필요함을 몰라봐서 죄송해요.

당신께서는 언제나 저희의 영광된 자기실현을 응원하시니,

당신께서 응원하시는 영광된 자기실현을 활짝 열겠사옵니다.

하느님,

차크라의 빛으로 펼치는 자기실현을 이루지 못한 걸 참회합니다.

이제 저의 차크라를 빛으로 펼치는 위대한 자기실현을 이루오니,

저의 찬란함으로 실현하는 위대한 자기실현의 길을 축복하소서.

하느님,

각자의 자기실현을 함께 증폭시키지 못한 것을 참회합니다.

이제 모두의 자기실현이 사랑으로 증폭되는 위대한 진화를 이루니,

위대한 진화를 위해 저희의 빛을 모으는 사랑을 축복하시옵소서.

(9) 생명

하느님,

삶을 창조하는 생명의 위대함을 몰라본 것이 아쉽습니다.

이제 삶을 창조할 힘을 주는 생명의 위대함을 깨달으며,

저희가 생명의 위대함을 드러내는 삶을 창조하도록 하시옵소서.

하느님,

모든 생명의 순환이 완벽함을 몰라본 것을 참회합니다.

이제 완벽한 생명을 창조하는 당신의 위대함을 찬양하고,

생명의 순환 속에 완벽함을 믿는 길에 언제나 함께하소서.

하느님,

저의 위대한 생명력을 몰라봐서 죄송합니다.

이제 저의 위대한 생명력을 기뻐하며 누리니,

저의 위대한 생명을 귀하게 쓰는 길을 축복하소서.

하느님,

다른 생명의 위대함을 찬양하지 않을 걸 반성합니다.

이제 모든 생명의 위대함을 찬양하며 사랑하오니,

다른 생명의 위대함을 찬양하여 사랑하는 길을 활짝 열게 하소서.

하느님,

삶을 창조하는 힘인 생명 앞에 겸손하지 않았음을 참회합니다.

이제 삶을 창조하는 생명 앞에 겸손할 수밖에 없음을 알며,

생명에 겸손한 맘으로 삶을 창조하도록 인도하소서.

하느님,

작은 생명으로 그 순환에 겸손하지 못했던 것을 용서하세요.

이제 완벽한 생명의 순환 앞에 고개 숙여 경의를 표하고,

생명의 순환에 겸손하게 저희의 생명을 맡기는 길을 함께하소서.

하느님,

저의 생명을 위한 겸허한 노력이 부족했던 것을 반성합니다.

이제 너무나 고마운 저의 생명을 위해 겸허히 노력하오니,

자신의 생명을 사랑하는 겸허한 노력을 언제나 축복하소서.

하느님,

다른 생명을 위해 겸허히 노력하지 않은 걸 참회합니다.

이제 모든 생명을 위해 작은 실천부터 사랑으로 행하오니,

모든 생명을 사랑하여 겸허하게 실천하는 노력을 축복하소서.

하느님, 당신께서 이끄시는 쿤달리니의 길이 저희의 행복을 위해 언제나 마땅하고 옳은 길이라는 걸 굳게 믿습니다.

2) 9번 차크라 결계: 축복함 - 우리 - 축복받음

(1) 축복함

* 하느님, 저희에게 주셨던 지난 삶을 모두 축복하고자 하니,

그 삶을 채웠던 저희의 선택과 마음과 행동을 갸륵하게 보시고,

그 창조의 결과인 지금 저희의 삶을 축하하게 하세요.

지금 저희가 맞아들인 삶은 저희의 창조물이니,

차크라의 길을 선택하고, 사랑의 마음으로, 그에 맞게 행동하며,

그리하여 빛과 사랑의 축복으로 삶을 창조하겠습니다.

앞으로 저희가 맞이할 빛과 사랑의 결과를 축하해주세요.
행복이 켜켜이 쌓여갈 시간과 공간이 영원함을 깨달으니,
끊임없이 재창조되는 행복의 충만함을 축복하게 하소서.

* 하느님, 지난 저희의 성장과 진화를 갸륵하게 여기시어,
그 성장과 치유를 통해 깨달은 진리와 자유를 축하하며,
모든 과정은 성장의 기회임을 알게 하세요.

이 우주는 사랑을 체험하기 위한 목적만으로 창조되었으니,
지금 저희 앞에 주어진 사랑의 기회에 자유의지를 펼치게 하시어,
저희와 함께 영광과 평화를 누리시고 우주를 축복하게 하세요.

앞으로 영광과 평화 속에서 당신의 일부임을 깨닫게 하시니,
저희가 진리요, 빛이요, 생명임을 굳게 믿으며,
그렇게 저희 모두이신 당신을 축복합니다.

* 하느님, 저희가 스스로를 믿는 자존감을 축복하게 하시어,
아픔 속에서도 저희의 본연의 모습을 지켜내고,
세상에 저희의 빛을 비추는 것을 축하하게 해주세요.

저희가 자신의 빛과 어둠을 통합해가는 자기애를 축복하면서,
자신의 빛과 어둠이 합쳐져 떠오르는 무지개로,
세상을 더 환하게 밝히는 환희를 저희와 함께 축하하세요.

저희의 모든 위대함과 신성함이 발견되는 영원을 축복하오니.
저희 스스로를 발견하는 기쁨은 영원할 것임을 약속하시며,
저희가 세상을 비출 무한한 빛을 축복하게 하소서.

* 하느님, 저희의 지난 모든 인연을 축복하고 싶사오니,
그들의 애환과 아픔, 기쁨과 행복을 모두 사랑하게 하시어,
그 당시 저희가 넘지 못했던 한계를 넘어 축복하게 하세요.

지금 저희의 인연들을 축복하고자 합니다.

그들이 한계를 넘어서기를 응원하며, 기쁨이 충만하길 기원하며,

오로지 나 자신과 같이 사랑하여 축복하게 하세요.

앞으로 저희가 세상의 모든 존재를 사랑할 것이니,

그들 모두가 나이며, 내가 그들 모두라는 진리를 깨달아,

아무런 한계와 경계가 없는 축복을 지켜봐 주시옵소서.

(2) 축복받음

* 하느님, 저희가 누렸던 삶은 당신의 축복임을,

그 시공간을 채울 수 있었던 에너지 또한 당신의 축복임을,

삶을 스스로 창조하는 축복을 받았다는 걸 잊지 않게 하세요.

지금 저희가 스스로 창조한 결과가 저희 앞에 있으며,

스스로 삶을 창조하는 축복받은 창조력이 있음을 기억하여,

저희가 받은 축복을 다하여 삶을 창조하게 하세요.

앞으로 주어지는 시간과 공간의 축복은 영원할 것을 믿사오니,

행복을 창조할 수 있는 축복 또한 영원함을 알게 하시며,

영원히 축복받은 창조자의 행복을 이루어가도록 축복하소서.

* 하느님, 저희는 당신의 축복으로 사랑의 기회를 부여받았고,

그 기회에서 당신의 가호로 치유와 성장의 진화를 이루었으며,

그 결과 진리와 자유를 체득하는 축복을 받았음을 깨닫습니다.

저희는 당신께 오직 사랑과 존중만을 받는 축복을 받았으니,

그 축복받음으로 저희는 온전히 사랑을 체험할 수 있으며,

그리하여 영광과 평화를 누리는 축복을 느끼게 하세요.

저희는 처음과 같이 이제와 항상 영원히 당신의 일부이기에,

당신의 진리를 담고, 당신의 빛을 내뿜으며, 당신의 생명이기에,

영원히 당신의 가호와 축복이 함께 함을 기뻐하나이다.

* 하느님, 저희의 빛과 어둠은 모두 당신께서 주신 축복이기에,

마땅히 그 빛을 믿고, 그 어둠을 사랑하니,

빛과 어둠이 융합되어 찬란히 꽃피우는 축복을 누리게 하세요.

저희의 찬란함은 저희의 기쁨이 되며,

세상을 비추는 환희가 되니,

기쁨과 환희로 새로운 나를 발견하는 축복을 받게 하세요.

저희는 당신의 모든 진리를 부여받은 축복으로,

스스로를 발견하는 기쁨을 영원히 누릴 수 있어요.

저희의 빛으로 당신의 뜻을 펼치는 축복을 깨닫겠사옵니다.

* 하느님, 저희는 혼자가 아닌 함께인 축복을 당신께 받았어요.

나의 애환과 아픔, 기쁨과 행복이 그들의 것으로 품어졌으니,

많은 그들이 내가 되는 축복 속에 있다는 걸 기억합니다.

지금도 저희는 혼자가 아닌 함께인 축복으로,

그들의 애환과 아픔, 기쁨과 행복을 나의 것으로 품을 수 있으니,

내가 많은 이들이 되어 그들의 축복 속에 있음을 깨닫게 하세요.

각자의 아쉬움으로 저희가 하나될 수 있도록 축복하시니,

저희가 서로를 채우고 감싸며 온전한 하나를 이루어,

완벽한 존재가 되는 축복을 받게 하시옵소서.

(3) 축복함-우리-축복받음의 통합

* 하느님, 그동안 받은 축복들에 기쁨으로 감사드리며,

그동안 전할 수 있었던 축복 역시 감사합니다.

축복으로 펼쳐낸 저희의 영광을 축하하시옵소서.

하느님, 아직까지 전하지 못한 축복에 용서를 구하며,

아직까지 받지 못한 축복을 마땅히 용서하게 하시니,

저희가 펼쳐내는 축복의 영광이 퍼져가게 하시옵소서.

하느님, 이제 모든 것을 축복으로 받아들이며,

또한 모든 것을 축복하는 것이 마땅하게 하시니,

저희에게 언제나 축복이 머무르는 것에 감사드리옵니다.

3) 8번 차크라 결계: 용서함 - 우리 - 용서받음

(1) 용서함

* 하느님, 지난 삶의 아픔과 고난은 스스로 창조한 것이기에,

그것을 견디고 이겨낸 삶의 의지들을 사랑하는 마음과,

그 결과로 이루어낸 삶의 의미 앞에 모든 과거를 용서하게 하세요.

지금 마주한 어려움은 진정으로 바란 기회임을 알게 하시니,

이 어려움을 통해 삶을 사랑할 의지를 조화롭게 키워가면서,

그저 모든 것을 저희의 탓으로 받아들여 용서합니다.

삶은 자신의 창조이자 바램이기에 아무것도 용서할 것이 없으니,

삶의 모든 것을 담담히 받아들이며 사랑하겠습니다.

그렇게 언제나 모든 것을 용서하는 삶을 창조하게 하소서.

* 하느님, 지난 과정은 성장의 기회였기에 용서하게 하세요.

그 아픔을 통해 저희가 이룬 진화를 알아보고,

당신께서 주신 그 기회에 감사하는 마음으로 용서합니다.

지금 저희의 모든 과정은 당신의 축복이기에,

당신은 그저 저희가 영광과 평화를 이루기를 간절히 바라시니,

당신과 저희의 바램대로 영광과 평화를 위해 모두 용서합니다.

앞으로 당신이 저희에게 바라시는 것은 사랑체험뿐이시니,

모든 것은 성장을 격려하는 당신의 축복임을 기억하면서,

우주의 모든 것을 용서하여 품는 영광과 평화를 이루겠습니다.

* 하느님, 지난 고난을 용서하는 것은 저희를 기쁘게 하니,

저희의 기쁨을 위하여, 진정한 자기애로 모두 용서합니다.

용서의 기쁨이 저희의 빛이 되어 드러나게 해주세요.

지금의 어려움은 스스로 감당할 수 있기에 주어진 것이니,

저희의 진정한 능력에 합당하도록 모두를 용서하게 하세요.

용서함으로 저희의 훌륭함과 아름다움을 표현합니다.

저희는 용서하기에 기쁘고, 결국은 용서할 수 있는 존재이기에,

모든 것을 용서하는 것은 당연하다는 걸 언제나 기억하겠사오니,

당신과 같이 언제나 모든 것을 용서하는 자가 되게 하시옵소서.

* 하느님, 지난 아픔의 상대에게 악의가 없음을 알게 하시고,

그저 나와 다른 길로 가는 것뿐임을 깨달으며,

그가 가는 길이 어떤 것이든 인정하고 용서하게 하세요.

지금 고난의 상대가 최선을 다함을 믿고 용서하고자 합니다.

그저 자신의 한계에서 벗어나지 못하고 있을 뿐임을 이해하여,

진심으로 연민하는 마음으로 용서하게 하세요.

당신께서는 저희가 모두 하나라는 진리를 펼쳐 보이시니,

그들 모두가 억겁의 시간 중 어느 순간의 '저'임을 이해하여,

저희가 서로를 용서하는 것이 언제나 마땅함을 기억하겠습니다.

(2) 용서받음

* 하느님, 저희가 스스로 만든 삶을 부정하고 원망하여,

같은 아픔을 반복해서 창조하고 경험한 걸 후회하오니,

저희의 삶을 고난으로 만든 아픔을 위로하시며 용서해주세요.

지금 저희가 삶을 사랑하는 마음이 조화를 이루지 못하기에,

삶의 균형과 안녕이 온전하지 않음을 아는 깨달음으로,

삶을 조화롭고 충만히 사랑하며 용서를 구합니다.

앞으로 저희가 자신의 삶을 온전히 사랑하게 하시니,

삶의 모든 것으로부터 용서받아,

행복이 충만하고, 안녕한 삶을 누리겠습니다.

* 하느님, 당신의 존재를 부정하거나 우주의 법칙을 오해하고,

삶의 허구에 매몰되거나 심판과 징벌의 관념에 매몰되면서,

믿음과 순리로 성장하지 않은 아쉬움을 용서하여 치유해주세요.

지금 저희에게 남은 혼란과 아픔의 이유는,

당신과 하나로 모두가 사랑을 위한 것임을 느끼지 못한 것이기에,

부족한 체득을 깨닫게 하시어 용서받게 해주세요.

앞으로 저희가 진리요, 빛이요, 생명임을 온전히 믿으며,

당신의 뜻과 함께 모든 과정으로 사랑을 체험하여,

모든 것에서 용서받는 영광과 평화를 이루겠사옵니다.

* 하느님, 저희가 아쉬움을 자책하고 스스로에게 화를 내면서,

자신을 한계로 제약하고 왜곡된 자아를 표출한 아픔에 대해,

스스로를 위로하고 용서받게 해주세요.

지금도 미처 발견하지 못한 가능성에 용서를 구하오니,

열심히 자신을 위로하고 꿈꾸고 실행하며,

스스로의 훌륭함과 아름다움을 드러내고 용서받고자 합니다.

앞으로 당신께서 주신 모든 위대함과 신성함을 기억해낼 것이니,

저희의 아홉 차크라를 당신의 빛으로 채우고 활짝 피우시어,

당신처럼 아무것도 용서받을 필요가 없는 존재가 되게 하시옵소서.

* 하느님, 상대의 선의를 모르거나 악의가 없음을 믿지 못하여,

상처 입고 아파하며,

괜한 원망과 미움에 빠진 상처를 용서로 치유해주세요.

상대가 자신의 최선을 다하고 있음을 알아보지 못하고,

비난과 질책과 외면을 선택한 것에 대하여,

한계에 갇힌 상대를 연민하는 마음으로 용서를 구합니다.

저희 모두는 사랑의 존재이기에,

서로 주고받을 것은 사랑밖에 없으니,

저희 모두가 서로에게 용서받는 사랑이 되도록 하시옵소서.

(3) 용서함-우리-용서받음의 통합

* 하느님, 그동안 받은 용서에 참으로 감사드립니다.

그동안 베풀었던 용서 역시 기쁨으로 감사합니다.

그동안 용서로 펼쳐낸 평화를 축하해주세요.

하느님, 아직 용서받지 못한 것들에 간절히 용서를 구하며,

아직까지 베풀지 못한 용서를 마땅히 전하오니,

저희들의 용서로 펼지는 평화의 길을 축복하시옵소서.

하느님, 더 이상 용서하는 것에 아무런 저항이 없게 하시니,

이제 더 이상 용서받을 일 없이 모든 것을 축복합니다.

저희가 언제나 평화로움을 축하하여 주시옵소서.

4) 7번 차크라 결계: 고마움 - 우리 - 감사받음

(1) 고마움

* 하느님, 지난날 저희에게 주셨던 삶에 감사드려요.

의식과 더 거대한 무의식의 에너지를 저희에게 허락하셨고,

거대한 에너지로 삶과 세상을 창조하게 하시어 고맙습니다.

오늘 저희에게 또 다른 새로운 기회를 주셔서 감사드려요.

저희에게 이 새로운 기회를 열렬히 사랑할 에너지를 주셨으니,

새롭게 창조되는 보람과 즐거움의 번영이 고맙습니다.

앞으로 행복한 삶이 주는 또 다른 기회에 감사드려요.

저희에게 이 새로운 기회를 겸허히 사랑할 에너지를 주셨으니,

그리하여 완성되는 삶의 안녕함에 진심으로 감사드립니다.

* 하느님, 사랑과 축복으로 저희를 창조해주셔서 고맙습니다.

사랑체험을 위한 목적만으로 이 세상을 창조하셨기에,

사랑만이 실체이며, 사랑 아닌 것은 허구인 것에 감사드려요.

언제나 저희를 사랑하고 축복해 주셔서 고맙습니다.

공평한 우주의 법칙 속에서 사랑을 체험할 수 있게 해주시고,

저희의 자유의지로 영원히 확장되도록 이끌어주셔서 감사드려요.

앞으로 저희의 진화로 펼쳐질 영광과 평화에 감사드려요.

영광과 평화 속에서 저희가 진리이고, 빛이고, 생명이기에,

저희가 당신의 일부라는 사실이 너무 고맙습니다.

* 하느님, 지난날 저희의 어둠을 사랑으로 포용할 힘을 주시어,

스스로를 위로하는 사랑으로 한계를 극복하며,

본연의 모습으로 펼쳐 보이던 순간들에 감사드려요.

오늘도 저희가 스스로를 재발견하는 성찰에 힘을 주시고,

저희를 한층 더 아름답고 훌륭하게 하시니,

자기애로 누리는 기쁨이 고맙습니다.

저희를 당신을 똑 닮은 모습으로 창조해주셔서 감사합니다.

그리하여 당신의 위대함과 신성함을 모두 주셨기에,

저희를 작은 신으로 여기심에 진심으로 감사드립니다.

* 하느님, 지난날 저희와 함께한 이들이 모두 고맙습니다.

저희가 그들과 같다는 걸 발견하고,

위로와 공감을 받을 수 있었던 것이 참으로 좋았어요.

오늘 저희와 함께하는 이들 역시 모두 고맙습니다.

그들이 나와 같이 최선을 다하고 있음을 알고 느끼면서,

내가 그들이 되어 손을 내밀 수 있는 것이 참으로 행복하네요.

저희는 누군가와 함께할 수밖에 없는 운명인 것에 감사드려요.

저의 부족함은 타인이 채워주고, 그의 부족함은 제가 채우며,

우리는 모두 하나의 존재로 완벽해지는 진리에 감사드립니다.

(2) 감사받음

* 하느님, 저희가 그동안 극복한 고난에 삶이 고마워하고,

저희가 자신의 삶을 사랑해준 만큼 삶이 고마워하며,

삶을 사랑한 결과를 저희에게 준다는 걸 깨닫게 하세요.

오늘 저희가 삶이 고마워할 선택을 하고,

삶이 고마워할 마음을 갖고,

삶이 고마워서 보은할 행위를 하도록 이끌어 주세요.

저희는 삶의 창조자로서 고마움을 받으니,

저희가 삶의 모든 순간을 사랑하게 하시어,

삶의 모든 것으로부터 고마움을 받도록 하시옵소서.

* 하느님, 저희가 우주의 법칙에 전적으로 동의하여,

저희의 운명을 받아들이고, 우주의 순환고리에 동참하는 것을,

당신께서 고마워하심을 알게 하세요.

저희가 우주의 순환고리에서 온전한 자유의지를 다하여,

스스로 성장하고 확장되어 영광과 평화를 넓혀가는 것을,

당신께서 저희에게 고마워하심을 깨닫게 하세요.

저희가 넓혀낸 영광과 평화는 우주에서 영원하며,

당신을 더욱 확장시키고 영광되게 하니,

고마움으로 진리와 빛과 생명을 더해주심을 기뻐하나이다.

* 하느님, 지난날 애정으로 자신을 투철하게 성찰하면서,

아픔 속에서 자신의 한계를 극복해내던 그 순간에,

당신이 진심으로 기뻐하며 저희에게 고마워했음을 알게 하세요.

당신의 사랑으로 창조된 저희가,

당신에게 받은 훌륭함과 아름다움으로,

세상의 빛이 되는 것에 당신이 고마워하심을 알게 하세요.

애정 어린 성찰로 저희의 위대함과 신성함을 모두 기억해내고,

그 기억으로 아홉 차크라 모두를 빛으로 활짝 피워낸다면,

당신은 무한한 기쁨으로 저희에게 경의를 표한다는 걸 믿습니다.

* 하느님, 저희에게 고마워할 이가 생각보다 많다는 걸,

그들이 말로 못 했더라도 마음으로 고마워함을 믿게 하세요.

그 믿음이 더 많이 사랑할 힘이 되게 해주세요.

오늘도 누군가가 고마워할 수 있는 선택을 깨닫게 하시니,

그 선택에 진심의 사랑만을 담아서 행동하여,

전해지는 사랑으로 감사함을 받도록 이끌어 주세요.

저희는 결국 하나의 존재이기에,

저희가 누군가에게 한 것은 곧 우리 자신에게 한 것과 같으니,

감사함이 없더라도 충분함을 알게 하소서.

(3) 고마움-우리-감사받음의 통합

* 하느님, 그동안 받은 고마움에 참으로 감사드립니다.

그동안 전할 수 있었던 고마움 역시 감사합니다.

그동안 이어진 사랑을 축하해주세요.

하느님, 아직까지 전하지 못한 고마움에 용서를 구하오니,

아직까지 받지 못한 감사들도 마땅히 용서하게 하세요.

저희들의 풍요로운 사랑을 축복하소서.

하느님, 결국 감사받게 될 모든 과정을 축복하시고,

이제 모든 것에 감사함을 전하게 하시니,

저희의 충만한 사랑을 축하하여 주시옵소서.

5) 6번 차크라 결계: 미안함 - 우리 - 사과받음

(1) 미안함

* 하느님, 삶의 만족, 평안, 기쁨, 즐거움, 보람을 다 모르고,

쉽게 불만, 불안, 짜증, 집착, 피로로 임하여,

저희의 삶을 온전히 사랑하지 않았던 아쉬움을 참회합니다.

오늘 무의식의 만족, 평안, 기쁨, 즐거움, 보람을 다시 떠올려,

이제야 그것이 행복임을 알아보는 늦은 깨달음에 사죄드려요.

삶이 그 자체로 축복이라는 행복에 감사드립니다.

앞으로 저희의 삶을 조화롭게 모두 사랑하면서,

무의식의 행복과 의식의 행복이 언제나 하나가 되게 하시니,

삶에 대한 미안함이 남지 않는 충만함을 이루겠사옵니다.

* 하느님, 세상이 저희를 속인다고 오해하면서,

노여워하고 슬퍼하며,

사랑체험의 순리를 받아들이지 못한 것이 죄송합니다.

완벽한 사랑이신 당신의 전지전능함을 믿지 못하여,

심판하고 벌한다고 오해하면서,

저희와 당신이 하나의 존재임을 알지 못한 걸 반성합니다.

당신은 완벽한 사랑으로 세상과 저희를 창조하시었으며,

저희는 사랑체험의 순리를 따라 당신과 하나임을 이해하니,

더 이상 당신께 미안함이 없도록 영광과 평화를 이룰 것입니다.

* 하느님, 자신을 믿지 않고 질책하거나 외면하면서,

스스로에게 위로와 사랑을 주는 것에 인색하게 굴어,

자신을 아프고 힘들게 했던 것을 참회합니다.

지금 저희의 무궁무진한 가능성에 대해 애정을 갖지 않고,

자신을 새로이 통합해가는 것에 소홀하면서,

본연의 아름다움과 훌륭함을 모두 드러내지 않는 것이 죄송해요.

저희는 당신께 무한한 위대함과 신성함을 부여받았으니,

자신을 아무런 한계 없이 믿어주고 사랑하며,

스스로에게 미안함이 없는 당당한 존재가 되도록 하시옵소서.

* 하느님, 타인의 행동에 악의가 없음을 믿지 못하여,

그들의 의도를 마음대로 왜곡하는 상상을 하면서,

미움과 원망을 품었던 것을 사죄드려요.

타인의 최선의 노력을 알아봐 주지 못하고,

한계에 갇힌 이들을 진심으로 연민하지 못하면서,

기다리면서 도움과 응원을 주지 못한 것을 참회합니다.

저희 모두는 사랑의 존재임을 믿게 하시어,

언제나 기다려주고, 응원하고, 손을 내밀고, 안아주며,

오직 사랑만으로 누구에게도 미안하지 않음을 축복하시옵소서.

(2) 사과받음

* 하느님, 삶의 창조는 복잡한 관계 속에서 이루어지기에,

열심히 삶을 사랑한 지난 결과를 바로 주지 못하기도 하시니,

늦는 결과에 삶이 미안하여 최상의 시기를 기다림을 알게 하세요.

그러니 늦어지는 결과에 담기는 삶의 미안함을 깨닫고,

괜찮다고 지금의 결과를 힘껏 안을 아량을 주세요.

삶이 저희에게 더욱 미안하여 최상의 결과를 내어줄 수 있도록….

앞으로 저희의 삶이 고되고 힘들더라도,

삶이 미안할 만큼 온전히 사랑하겠사오니,

삶으로부터 받을 보람과 즐거움과 안녕의 충만함을 축복하소서.

* 하느님, 저희의 영혼이 이 물질계의 많은 제약에도 불구하고,

억겁의 세월 동안 자신이 맡은 운명을 다하는 것에 대해,

이 우주는 고마움과 함께 미안함을 품고 있음을 알게 하세요.

당신은 그 전지전능함이 무한히 확장하는 존재이시며,

언제나 지금보다 더 큰 사랑을 주고자 하시기에,

오늘의 저희에게 미안해하심을 깨닫게 해주세요.

그 미안함으로 온전한 자유의지를 저희에게 주셨으니,

저희의 자유의지로 진리와 빛과 생명에 다하여,

저희와 당신을 확장시켜나가는 길을 지켜봐 주시옵소서.

* 하느님, 저희가 자신의 어둠을 거부하고 빛을 믿지 않으면서,

본연의 나로 통합해나가지 않은 것에 대해,

스스로에게 진심의 미안함을 담아 사과하도록 해주세요.

저희의 행동은 마음에 일치하지 못한 미안함이 있고,

저희의 마음이 영혼에 일치하지 못한 미안함을 깨닫게 하시니,

저희의 삼위(三位)가 일체(一體)되지 못함을 자신에게 사과합니다.

앞으로 저희의 행동을 마음에 일치시키고,

저희의 마음을 영혼에 일치시켜,

저희 삼위가 미안함이 없는 일체를 이루는 길을 함께 하시옵소서.

* 하느님, 사실 많은 이들이 저희에게 미안한 마음을 품고도,

진정한 용기를 내어 사과하지 못한다는 걸 알게 해주세요.

그저 마음만으로도 사과로 받아줄 아량을 저희에게 주세요.

저희에게 아픔을 준 영혼은 언제나 미안해함을 알게 하세요.

다만 그의 마음이 그 미안함을 모르고 있을 뿐이니,

그저 마음이 아닌 영혼의 사과만으로도 용서합니다.

저희는 본디 하나의 존재이니,

그들이 굳이 나에게 미안해할 필요가 없다는 걸 깨닫게 하세요.

그러니 꼭 사과받을 필요가 없음을 알고 모두 용서하겠사옵니다.

(3) 미안함-우리-사과받음의 통합

* 하느님, 그동안 받은 사과에 감사드려요.

그동안 전할 수 있었던 사과 역시 감사합니다.

저희의 아픔을 치유한 모든 미안함을 축하해주세요.

하느님, 아직까지 전하지 못한 미안함을 용서하시고,

아직까지 받지 못한 사과들도 마땅히 용서하게 하시며,

저희들의 아픔이 치유되는 길을 축복하소서.

하느님, 결국 모두 사과받게 되니 미리 용서하게 하시고,

결국 모두 용서받을 것을 믿고 미안해하도록 하시니,

저희에게 아무런 아픔이 남지 않게 됨을 축하하시옵소서.

6) 5번 차크라 결계: 자유 - 소명 - 책임

(1) 책임-소명

* 하느님, 저희가 스스로 삶을 창조한다는 사실을 망각하고,

스스로 창조한 삶에 무책임하게 대하여,

제 탓이 아니라고 부정하고 회피한 나약함을 위로해주세요.

저희에게 생명을 주시고 인간으로 살게 하셔서,

스스로의 삶을 창조하게 해주신 걸 감사드려요.

저희가 스스로 창조한 삶을 책임지도록 이끌어 주세요.

이제 스스로 창조한 삶을 저희 탓으로 인정하고 책임지오니,

앞으로의 삶에서 이전 삶에 발목 잡히지 않고,

자유로이 소명을 이루며 원하는 대로 삶을 창조하게 하시옵소서.

* 하느님, 저희에게 주신 소명의 운명적 의미를 몰라보고,

너무 부당하다고 오해하면서,

그 합당함과 영광을 알아보지 못한 걸 용서하세요.

저희에게 주신 책임은 각자 영혼의 바램이고,

그 소명을 다하는데 언제나 당신이 함께하시며,

저희의 영광과 평화를 응원하신다는 걸 이제 압니다.

저희가 소명을 다한 영광과 평화에,

당신께서 크게 기뻐하시며 저희를 자유롭게 하시니,

더 큰 책임을 영광으로 받아들이는 존재가 되겠사옵니다.

* 하느님, 저희가 책임을 다할 내면의 빛을 발견하지 못하고,

그 소명을 회피하면서,

자신을 믿지 않았던 자기 배반을 위로해주세요.

주어진 책임을 해낼 빛이 저희 내면에 있음을 알고,

그것을 찾고 구하는 자기애의 사랑에 힘을 주시어,

저희가 소명을 다한 자유의 기쁨을 누리도록 이끌어주세요.

이제 새로워진 저희에게 합당한 새로운 기회를 다시 허락하시니,

새로운 소명을 통해 저희의 아름다움과 훌륭함을 넓혀가면서,

끊임없이 주어지는 모든 책임에서 자유로운 존재가 될 것입니다.

* 하느님, 저희가 책임의 대상을 온전히 사랑하지 못하면서,

책임이라는 이유로 아픔과 상처를 준 것을 부디 용서하세요.

그 아픔들이 다시 저희의 책임임을 깨닫고 사과할 용기를 주세요.

이제 저희가 책임의 대상을 진심으로 사랑하면서,

책임을 소명으로 펼쳐 그들에게 빛을 전하고자 하오니,

그 빛으로 그들이 자유로워지도록 이끌어주세요.

그들의 자유로움은 곧 저의 자유가 될 것이기에,

결국 그들에 대한 책임에서 저희가 자유로워지게 하시니,

앞으로 쭉, 소명이라는 도구로 자유로이 사랑하겠사옵니다.

(2) 자유-소명

* 하느님, 저희가 자유로이 창조한 삶을 인정하지 못하고,

그 결과에 책임을 다하지 않아,

결국 저희 자신을 삶에 구속해 버린 안타까움을 위로해주세요.

이 순간에도 당신께서는 삶을 마음대로 창조할 자유를 주셨지요.

때로는 강인하게 때로는 부드럽게 삶을 채워가도록 이끌어주시어,

그 조화로운 의지가 삶의 자유를 지켜내게 하세요.

조화로운 의지로 창조한 삶의 무게는 무겁지 않지요.

오히려 삶이 재미있고 즐겁다는 체험에 감사하오니,

어떠한 삶의 무게도 자유를 억압하지 못한다는 걸 깨닫겠사옵니다.

* 하느님, 저희가 한계가 없는 영적 존재라는 사실을 망각하고,

영혼의 자유의지를 놓아버리는 선택을 하기도 했지요.

그 신성모독을 부디 용서하세요.

당신은 언제나 저희를 존중하여 온전한 자유의지를 주셨어요.

그렇게 모든 것을 스스로 선택할 수 있게 해주셔서 감사합니다.

자유의지에 담긴 당신의 축복과 사랑을 알아보게 해주세요.

저희의 자유의지가 신성하고 영원함을 믿으며,

그 자유의지로 영광과 평화의 길을 선택하게 하시니,

저희의 자유의지를 꺾을 두려움은 허구라는 걸 기억하겠습니다.

* 하느님, 저희는 그동안 스스로에게 자유를 허락하지 않았어요.

이러면 큰일 날 것 같고 저러면 큰일 날 것 같은 착각 속에서,

다른 누구도 아닌 내가 나를 구속해온 걸 깨닫게 해주세요.

이제 저희가 스스로를 구속하는 마음을 치유하고자 합니다.

이래도 나는 괜찮다는 걸, 저래도 나의 존재는 괜찮다는 걸…

저희는 언제라도 빛을 발하는 존재라는 걸 기억하게 하세요.

저희의 빛을 소명으로 자유롭게 펼쳐내도록 이끄소서.

가장 저희다운 모습으로 자유롭게 말이에요.

그렇게 저희가 세상을 아름답게 수놓는 빛이 되겠사옵니다.

* 하느님, 사랑이라는 이름으로 함께하는 이들을 구속하곤 했어요.

보호한다는 명분으로, 내가 우월하다는 착각으로 말이에요.

이제 그 잘못에 대해 인정하고 사과할 용기를 주세요.

저희가 사랑한다고 구속할 수 있는 이는 아무도 없다는 걸,

당신조차 아무도 구속하지 않으며 모두를 존중하는 걸 기억하오니,

사랑은 존중하여 내버려 두는 기다림이기도 하다는 걸 깨닫습니다.

그러니 상대를 존중하는 기다림의 사랑으로 이끌어주소서.

그를 자유롭게 놓아두며, 찬란한 성장을 축복하면서,

그가 나를 바라볼 때 언제든 안아줄 수 있는 자유로운 사랑으로…

(3) 자유-소명-책임의 통합

* 하느님, 저희의 책임이 무겁다고 한탄하면서,

책임에 담긴 소명의 의미를 발견하지 못하고,

그 책임에 발목 잡혀 자유를 잃었던 저희를 용서하소서.

하느님, 저희의 책임은 그저 하고 싶은 소명이기에,

저희의 소명을 이루어 가는 것에 감사할 따름이니,

깃털같이 가벼운 자유로움을 만끽하도록 축복하소서.

하느님, 저희의 자유를 축하하시며,

새로운 소명으로 이끌어 주시오니,

새로운 책임을 감사히 받들겠사옵니다.

7) 4번 차크라 결계: 믿음 - 소망 - 사랑

(1) 믿음-소망

* 하느님, 삶이 저희를 속인다고 오해한 것을 사죄드려요.

삶의 노력은 우주라는 복사기를 통해 그대로 돌려받아,

저희가 삶을 사랑한 정도에 따라 창조된다는 걸 믿습니다.

저희가 삶을 사랑한 마음은 우주에 영원히 기록되고,

보람과 즐거움과 안녕이 되어 돌아옴을 믿게 하세요.

그 믿음으로 축복받은 창조자의 소임을 다할 것입니다.

저희의 보람과 즐거움과 안녕이 저희의 창조물임을 믿사오니,

저희의 보람과 즐거움과 안녕이 우주의 빛이 됨을 믿게 하시어,

저희가 삶을 넘어 동시에 우주의 창조자임을 기억해내게 하소서.

* 하느님, 이 세상이 불공평하다는 오해를 용서하세요.

우주의 완벽한 순환 속에 모든 것은 공정하고 합당함을 믿사오니,

모든 것은 사랑체험의 목적만으로 존재함을 기억해내게 하세요.

당신께서 저희를 심판하고 벌한다고 오해한 것을 참회합니다.

당신의 전지전능한 사랑을 믿사오니,

당신은 전체이며 저희는 부분이기에 온전히 사랑하심을 믿습니다.

저희는 우주의 순환 속에서 공정한 기회를 부여받고,

당신에게서 무한한 사랑과 자유의지의 축복을 받고 있으며,

그리하여 존재의 영원함과 온전함을 약속받았음을 굳게 믿습니다.

* 하느님, 저희가 벌 받는 죄인이라는 오해를 참회하오니,

저희가 당신의 사랑과 축복으로 창조된 존재임을 기억해내어,

저희는 온전한 사랑의 존재임을 잊지 않게 해주세요.

저희의 어둠을 부끄러워한 건 오해에서 비롯된 것이니,

진정한 자기애로 자신의 모든 진심을 사랑으로 감싸며,

아쉬움에도 사랑의 존재로서 아름답고 훌륭함을 믿게 해주세요.

저희의 아름다움과 훌륭함이 세상에 필요함을 믿으오니,

자신을 내어 주는 것이 곧 자신을 사랑하는 것임을 체험하며,

저희가 당신과 같이 위대하고 신성해지게 하시옵소서.

* 하느님, 다른 이들도 사랑과 축복의 존재임을 잊지 않으며,

그들의 노력과 최선을 믿게 하시어,

그들은 선의를 주었던 것임을, 악의가 없었음을 믿게 하세요.

지금 저희를 채워주는 많은 이들을 알아보게 하세요.

그들에게 받는 순수한 사랑을 믿으오니,

저희 또한 누군가를 채워주는 순수한 사랑이라는 걸 믿습니다.

모두가 하나로 내가 그들이고 그들이 나임을 보이셨으니,

서로에게 아낌없이 내어주고 두려움 없이 받아들일 때,

저희가 완벽해짐을 굳게 믿사옵니다.

(2) 사랑-소망

* 하느님, 저희가 원하지 않은 삶이라고 오해하고,

소중히 아끼고 감사하지 않으며,

사랑으로 삶을 빚어내지 않은 것을 용서하세요.

저희가 간절하게 원하였기에 주어진 삶임을 깨닫게 하시고,

소중히 아끼고 감사하며,

사랑으로 삶을 창조하도록 이끌어 주세요.

저희에게 주어진 삶의 모든 순간을 담담히 사랑하여,

이 삶에 사랑의 소망이 가득하게 하시니,

안녕과 보람과 즐거움의 창조를 축하하시옵소서.

* 하느님, 저희의 창조자인 당신을 사랑합니다.

당신의 창조로 저희가 존재하니,

당신의 창조가 영광되기를 소망합니다.

저희가 함께하는 이 우주의 순환을 사랑하게 하세요.

억겁의 세월을 통해 모두에게 공평한 기회와 사랑을 주고,

저희의 모든 것을 품고 간직하는 이 순환에 소망을 담습니다.

우리 모두이신 당신을 사랑합니다.

저희는 당신의 부분이며, 당신은 저희의 전체이니,

부분으로써 전체를 마땅히 사랑합니다.

* 하느님, 저희가 지난 자신의 모습을 사랑하게 하세요.

아쉬움과 안타까움이 많지만,

수고했고 기특한 자신을 사랑하게 하세요.

지금의 저희 모습을 있는 그대로 받아들이게 하세요.

오늘의 훌륭함을 칭찬하고 아쉬움을 위로하며,

있는 그대로의 우리로 충분히 사랑합니다.

앞으로 애정어린 소망으로 저희의 빛과 어둠을 통합하게 하소서.

그렇게 본연의 아름다움과 훌륭함을 모두 꺼내게 하시니,

자신이 위대하고 신성함을 믿는 사랑을 펼칠 것입니다.

* 하느님, 지난날 다른 이들이 저희와 같은 최선의 노력으로,

그저 자신의 길을 가고 있음을 이해하면서,

저희에게 무엇을 주었더라도 온전히 받아들여 사랑하게 하세요.

지금 다른 이들이 자신의 한계에 갇혀서,

힘들어하고 어려워함을 알아보게 해주시니.

기다리고, 손 내밀며 소망을 담은 사랑을 보내게 해주세요.

저희 모두는 사랑의 존재이기에,

주고받을 것은 사랑밖에 없음을 깨닫게 하시니,

그리하여 모두를 온전히 사랑만 하겠사옵니다.

(3) 믿음-소망-사랑의 통합

* 하느님, 믿지 못하여 소망을 품지 못했고,

소망을 품지 않았기에 사랑하지 않았던,

과거의 모든 아쉬움을 용서하소서.

하느님, 이제 굳건히 믿기에 간절히 소망하고,

간절히 소망하기에 진심으로 사랑하는,

지금의 모든 사랑에 감사드리옵니다.

하느님, 믿지 않은 순간이 없기에 언제나 소망이 가득하고,

충만한 소망으로 사랑하지 않은 순간이 없기에,

온전한 사랑의 완성을 축하하여 주시옵소서.

8) 3번 차크라 결계: 분별 - 소통 - 전일성

(1) 분별-소통

* 하느님, 저희가 그동안 삶에 매몰되어 버리면서,
삶에게 푸념과 회한을, 자만과 욕심을 내어주기도 했어요.
그 답변으로 고난과 재도전의 기회를 받았던 아픔을 안아주세요.

이제 저희가 삶에서 스스로를 분리할 힘을 주시오니,
그저 저희가 겪는 상황에서 삶의 소리에 귀 기울이며,
지금 저희의 삶을 어떻게 사랑할 수 있는지 깨닫겠사옵니다.

저희가 삶을 하나의 대상으로 분리하여 사랑을 내어주고,
삶이 저희에게 속삭이는 소리를 애정으로 들으면서,
저희가 삶과 행복하고 아름다운 춤을 추게 하시옵소서.

* 하느님, 저 먼 우주는 저희의 모든 것을 품고 영원히 기억하며,
언제나 아무런 판결도 심판도 없는 순수함으로,
저희가 보낸 것을 복사하여 돌려주게 하셨다는 걸 알게 하세요.

당신은 보이지 않지만 단 한 순간도 저희를 혼자 두지 않으시고,
저희의 영혼과 마음과 행동의 모든 것에 귀 기울이시며,
가장 강렬한 기쁨, 사랑, 진리로 답하시는 걸 깨닫고 있습니다.

그러니 이 거대한 우주에서 저희를 활짝 열어젖혀,
당신과 완벽한 교류를 이루겠습니다.
당신의 지혜와 진리가 저희 앞에 온전히 펼쳐지게 하시옵소서.

* 하느님, 저희가 자신을 믿지 않았을 때 아무것도 할 수 없었고,
자신을 사랑하지 않았을 때 아무도 진실로 사랑할 수 없으며,
자신에게 준 것만큼 해낼 수 있다는 걸 알게 하세요.

이제 자신을 분리하여 그 내면을 들여다보게 하시어,

지금 저희의 아픔과 바램을 인정하고 받아들이게 해주세요.

있는 그대로의 자신에게 무한한 믿음과 사랑을 줄 것입니다.

그런 무한한 믿음과 사랑에 대해 저희가 스스로에게 답합니다.

더욱 아름답고 훌륭하게 모두를 사랑하는 모습으로,

그리하여 저희가 당신임을 알게 하소서.

* 하느님, 저희의 것을 줄 때 아까워하면 주지 않은 것과 같았고,

타인의 것을 받아들일 때 두려워하면 받지 않은 것과 같았어요.

차이가 아닌 마음의 장벽으로 소통이 힘들었던 걸 깨닫게 하세요.

저희의 아까움과 두려움을 훌훌 털어버릴 분별의 힘을 주세요.

그들의 행동이 아닌 진심과 바램을 한발 물러서 관찰하여,

그들의 진심과 바램은 나와 다르지 않다는 걸 발견하게 하세요.

저희는 모두 사랑하고 싶고 사랑받고 싶은 존재들이오니,

서로에게 사랑을 주고 사랑으로 받겠사옵니다.

우리에게 영원히 남는 것은 사랑밖에 없다는 걸 알게 하소서.

(2) 전일성-소통

* 하느님, 저희가 자신의 삶을 스스로 창조하게 하셨기에,

저희가 어떤 존재인지는 저희의 삶에 담겨 있음을 알게 하세요.

저희와 삶이 한 쌍임을 온전히 느끼게 해주세요.

저희는 타인의 삶에, 저희 삶은 그들에게 서로 영향을 받지요.

물론 최종적 선택은 스스로 결정하지만요.

그러니까 서로의 삶의 창조를 보조하고 있음을 깨닫게 하세요.

저희가 서로의 삶에 들어가 연결되게 하시어,

하나의 마음으로 집단의식의 거대한 힘을 이루게 하시니,

저희가 함께 세상을 창조함을 언제나 기억할 것입니다.

* 하느님, 당신은 자신을 나누어 저희를 창조하셨고,

작은 세포핵과 같은 저희에게 당신의 모든 진리를 담아주셨지요.

저희는 당신을 꼭 닮은 작은 부분이며, 당신은 저희 모두이십니다.

저희의 삶은 우주에 보낸 신호의 응답으로 창조되고,

저희 삶의 이유와 의미는 우주에 모두 담겨 있게 하셨지요.

저희 모두의 삶과 우주가 하나임을 느끼게 해주세요.

결국 저희가 자신에게 한 것은 당신께 한 것과 같고,

저희가 삶에 한 것은 우주에 한 것과 같으니,

저희는 당신과 하나로 우주를 창조하고 있음을 기억하게 하소서.

* 하느님, 과거의 '내'가 지금의 '나'에게 지혜로 밀어주고,

미래의 '나'는 지금의 '나'에게 영감으로 당겨주게 하셨으니,

과거와 현재와 미래의 '내'가 하나가 되어 온전함을 느끼게 하세요.

저희는 이곳에도, 또 저곳에도 있으며, 그 사이에 있기도 하지요.

이곳, 저곳, 그 사이에서의 우리 모습은 모두 다르지만,

모든 곳의 모습이 합쳐져 온전한 '저'이게 하심이 참 좋습니다.

저희의 행동이 마음과 하나가 될 때 편안함을 느끼게 하시고,

저희의 마음이 영혼과 하나가 될 때 행복감을 느끼게 하시며,

저희의 삼위(三位)가 일체(一體)될 때 누리는 환희에 감사드립니다.

* 하느님, 누군가에게 미움을 주면 제 안에 미움이 생겼음을,

그 미움이 상대뿐 아니라 자신을 아프게 하고 있다는 걸,

미움으로 하나 되어 함께 아프고 고통스러움을 깨닫게 해주세요.

누군가에게 사랑을 주면 제 안에 사랑이 생겼고,

그 사랑이 상대뿐만이 아니라 자신을 행복하게 한다는 걸,

사랑으로 하나 되어 함께 기쁘고 행복함을 깨닫게 해주세요.

저희가 원하는 무언가를 누군가에게 진심으로 전하게 하세요.

그들에게 한 것은 곧 자신에게 한 것과 같음을 계속 체험하며,

그렇게 모두가 하나임을 매 순간 느끼며 사랑하게 하시옵소서.

(3) 분별-소통-전일성의 통합

* 하느님, 저희 모두가 본래 하나라는 사실을 망각하여,

주고받는 소통을 회피하면서,

주어진 상황에 자신을 매몰시켜 버린 것을 용서해주세요.

하느님, 이제 저만의 고독한 분별을 축복하시니,

고독 속에서 발견한 하나됨을 감사드립니다.

하나됨으로 주고받는 소통을 축하하여 주시옵소서.

하느님, 모든 주고받는 소통을 기쁨으로 감사하오니,

언제나 모두가 하나라는 진리를 발견하게 하시옵소서.

앞으로 분별의 고독이 두렵지 않으니 참으로 감사합니다.

9) 2번 차크라 결계: 개인 - 자기실현 - 연대

(1) 개인-자기실현

* 하느님, 삶의 주체가 자신이라는 사실을 인지하지 못하고,

저희의 생각과 감정과 행위가 만들어낸 삶을 인정하지 않으면서,

삶에 담긴 저의 빛깔을 발견하지 못한 순간들을 위로해주세요.

지금까지의 삶을 저희가 스스로 창조한 걸 깨닫게 하세요.

저희가 실현된 기쁨이었고, 아픔이었습니다.

그 기쁨과 아픔들에 담긴 저의 빛을 알게 하세요.

이제 저희가 삶에서 어떤 존재가 되고자 하는지 꿈을 꿉니다.

저희가 되고자 하는 존재이기에 제일 좋은 것을 하도록 하시고,

그렇게 저희가 원하는 빛으로 창조하는 삶을 지켜봐 주시옵소서.

* 하느님, 제가 왜 이 개성을 부여받았는지 성찰하지 않으며,

저의 빛깔을 통해 당신께서 무엇을 계획하시는지 깨닫지 못하고,

당신의 뜻에 따라 성장하지 못했던 지난 아쉬움을 품어주세요.

이제 당신께서 저에게 부여하신 빛깔의 의미를 깨닫고,

저의 자기실현에서 언제나 당신이 함께함을 믿으니,

어떠한 두려움도 없는 확신으로 자기실현을 완성합니다.

앞으로 오직 사랑체험의 목적을 다하는 존재실현으로,

언제나 저만의 영광과 평화의 빛을 이루게 하시니,

저의 영광과 평화가 모두와 함께하도록 축복하여 주소서.

* 하느님, 스스로 자신의 존재가치를 믿지 못하면서,

저의 개성과 빛깔을 자랑스럽게 여기지 않고,

저의 빛으로 존재실현을 이루지 못한 아픔을 감싸주세요.

이제, 바보스러울 만큼 자신을 믿고 사랑하는 마음을 일으켜,

무엇을 통하여 어떤 존재가 되고 싶은지 꿈꾸고 행하여,

가장 자신다운 모습으로 자기실현을 이루도록 이끌어주세요.

앞으로 언제나 저희다운 빛깔로 존재가치를 확고히 하여,

저희의 아홉 차크라의 빛을 모두 내어놓겠습니다.

저희의 위대함과 신성함을 드러내는 자기실현을 완성하시옵소서.

* 하느님, 저희가 함께하는 이들의 빛과 바램을 보지 않아,

그들의 자기실현을 위한 저희의 역할을 알아보지 못하고,

최선의 기회를 제공하지 못한 것을 너그러이 용서하세요.

이제, 저희가 가장 '그들'다운 자기실현을 궁금해하며,

그에 따른 저희의 역할을 사랑과 믿음으로 다하게 하시어,

그들의 자기실현이 빛나게 완성되도록 이끌어주세요.

앞으로, 저희와 상대의 자기실현은 하나임을 알게 하시니,

서로 다른 빛이 함께 공명하고 증폭하며,

세상을 비추는 기적을 이루겠사옵니다.

(2) 연대-자기실현

* 하느님, 저희의 관계에 주어진 역할을 사랑하지 않으면서,

회피하는 나약함과 무관심, 또는 완강한 고집과 집착으로,

지금의 관계를 엉성하고 뒤틀리게 만들어 버린 걸 사죄드려요.

이제 제 역할을 조화롭게 사랑할 힘을 일으켜 주세요.

당당하고 용감하게, 어유롭고 우아하게 임하여,

저희 연대의 안녕과 번영을 이루게 하시옵소서.

앞으로 저의 역할로 함께하는 이들의 삶을 모두 사랑하면서,

함께 공유하는 조화로운 삶의 의지가 당연한 일상이 되게 하오니,

저희가 모두 함께 만들어가는 세상을 축복하시옵소서.

* 하느님, 저희가 함께하는 인연의 운명적 의미를 몰라보면서,

우주의 순리에 반하는 잘못된 의미에 함몰되어,

저희 인연을 불명예스럽게 만든 안타까움을 위로해주세요.

이제 저희가 함께하는 우주적 운명과 영혼의 바램을 기억하며,

저희의 자유의지로 이 연대에 합당한 명예를 이루고,

세상의 진보와 평화에 한걸음이 되게 하세요.

앞으로 함께 하는 모든 인연이 영광과 축복임을 알게 하시니,

그 운명에 진심으로 감사하고 서로를 용서하고 축복하면서,

함께하는 모두의 영광으로 하늘의 뜻을 펴는 연대가 되겠습니다.

* 하느님, 저희의 연대에 온전히 저를 내어놓지 않으면서,

이 관계에 저의 빛이 투영되고 확산되지 못하여,

이 연대가 힘을 잃게 된 아픔을 안타깝게 여겨주세요.

함께하는 연대는 자신을 발견할 기회라는 걸,

오직 타인을 통해 자신을 체험하여 자기실현을 이룰 수 있다는 걸,

자기실현을 위해 지금의 인연이 소중함을 간절히 느끼게 해주세요.

이제 저희가 속한 관계에 자신을 온전히 내어주겠사오니,

저희의 빛이 온전히 이 연대에 투영되고 확산되게 하시어,

당신께 받은 모든 빛이 이 연대의 힘이 되게 하시옵소서.

* 하느님, 저희가 함께하는 이들의 진심을 들여다보지 않았고,

그리하여 오해와 불신을 만들어 내며,

서로 간의 불평과 원망의 관계를 만들어 온 것을 용서하세요.

이제 함께하는 이들의 선함과 최선을 믿게 하시니,

오직 그들을 기다리고, 응원하고, 지켜주고, 도우며,

저희의 연대가 서로 간의 믿음으로 하나가 되어 갑니다.

저희는 함께하는 이들을 진심으로 믿고 사랑할 것이니,

이 연대 속에서 서로의 빛이 공명하고 증폭하면서,

세상을 진화시키는 위대한 힘을 이루게 하시옵소서.

(3) 개인-자기실현-연대의 통합

* 하느님, '저'답지 못했던 지난날을 용서하세요.

저를 드러내고 나누지 못했던 아쉬움에 용서를 구하오니,

다른 이들과 한마음이 되지 않았던 선택을 용서하소서.

하느님, 제가 '저'다운 모든 순간을 축하해주세요.

저의 빛을 드러내고 나눌 기회에 감사하오니,

저의 빛으로 다른 이들과 한마음이 되는 선택을 축복하소서.

하느님, 가장 '저'다운 모습으로 살아감을 축복하시며,

저와 타인의 빛이 오색찬란하게 빛나는 실현을 축복하시고,

모두가 한마음으로 펼치는 세상의 진화를 축하하시옵소서.

10) 1번 차크라 결계: 탄생 - 생명 - 죽음

(1) 생명

* 하느님, 저희에게 주신 생명의 소중함과 완벽함을 몰라보고,

생명에 해로운 마음과 행위로 스스로를 헤치며,

안녕과 생기와 활력을 잃어갔던 것을 참회합니다.

저희에게 생명을 주시어 창조할 힘을 허락하셨으니,

생명을 키우고 넓히고 가꾸는 것이 중요함을 잊지 않고,

저희가 정성을 다해 생명을 보살피고 가꾸게 하세요.

저희가 생명을 보살피는 정성에 균형과 조화를 이루게 하시니,

열심이지만 욕심부리지 않고, 간절하면서도 담담하게,

그렇게 저희에게 주신 온전한 생명의 힘으로 살겠습니다.

* 하느님, 저희를 지구의 최상위 포식자이자 점령자로 두셨으니,

먹고 누리는 생명에 마땅히 감사와 축복을 보내게 하세요.

저희에게 그 생명의 가치들을 빛나게 할 책임을 일깨워 주세요.

당신께서는 지구의 생명을 하나로 순환되게 하시었으며,

모든 생명의 순환은 완벽함을 깨닫게 하세요.

생명의 순환에 순응할 때 저희 생명이 완벽해지는 걸 느낍니다.

당신께서 저희에게 주신 완벽한 생명을 누리는 것은 운명이고,

당신께서 주신 생명을 모두와 끝까지 함께하는 것은 명예이며,

당신께서 주신 생명을 모두에게 바치는 것은 영광임을 알게 하소서.

* 하느님, 당신께서 생명현상을 아픔과 고통으로 나타내실 때는,
자기 생명의 노력과 애씀을 보여주고자 하신 것을 알지 못하여,
그동안 자신의 아픔과 고통을 그저 원망했던 걸 참회합니다.

저희의 생명은 기적 같은 힘을 발휘한다는 걸 기억하게 하세요.
웬만한 질병은 거의 이겨내고, 어떤 상황에서도 생기를 회복하고,
그 기억으로 저희 세포 하나하나의 생명력에 찬사를 보냅니다.

저희의 세포들이 저희의 마음과 행동에 따라 활동하게 하시니,
저의 세포들에게 저는 하늘이고 신이라는 걸 잊지 않게 하소서.
그러니 신성과 위대함으로 저희의 세포들을 보살피겠습니다.

* 하느님, 그동안 저희가 다른 종의 생명에 무관심하였고,
그들의 고통과 몰락을 방치하여,
지금 저희의 생명이 위협받는 상황을 용서해주세요.

지구의 모든 생명은 하나로 연결되어 있기에,
어느 한 종의 번영만 지속될 수는 없으니,
지금 위협받는 환경과 생명을 구할 책임을 일깨워주세요.

풀 한 포기와 꽃과 나무를, 개와 고양이와 가축들을 사랑하고,
아파하는 지구를 회복하기 위한 개인의 노력을 실천하게 하시며,
저희의 사랑으로 많은 생명체가 함께 번영하도록 축복하시옵소서.

(2) 생사

* 하느님, 탄생으로 창조력을, 죽음으로 창조의 마감을 주시지요.
저희 생명의 창조작업을 죽음에 비추어 보게 하시어,
죽음 앞에 후회하지 않을 삶으로 창조하게 하세요.

탄생과 생일을 축하할 때 창조의 시작을 응원하게 하세요.
그 생명이 이루어낼 기적을 꿈꾸며,
그 생명이 찬란히 꽃피울 것을 확신할 힘을 주세요.

또한 죽음을 맞이하고 기념할 때,

한 생의 노력을 고마워하고 마무리함을 축하하게 하세요.

그 생이 이룬 의미를 되새겨주고 다음 창조를 축복하면서…

* 하느님, 저희가 우주의 도리를 담아 태어나게 하셨으니,

하늘의 도리를 땅에서 실현하게 하신 것을 알게 하세요.

탄생은 저희와 당신이 자신을 확인하는 기회임을 깨닫겠사옵니다.

단순하면서도 넓고 넓은 하늘의 이치를 모두 체험하기 위하여,

저희에게 탄생과 죽음이 반복되는 필연을 깨닫게 해주세요.

그렇게 저희가 윤회의 축복 속에 있음을 인정합니다.

저희의 탄생이 저희의 온전한 선택임을 기억하게 하시고,

죽음은 생의 거울이자 순환을 위한 필연의 축복이니,

생사가 순환하며 저희의 체험이 완벽해지는 것을 감사드립니다.

* 하느님, 탄생의 순간은 극심한 고통을 동반하지만,

그 고통을 수긍하고 받아들이는 훌륭함을 주셔서 감사합니다.

고통 속의 탄생을 진심으로 기뻐하는 저희를 기특하게 여겨주세요.

죽음에 대한 상상은 극심한 공포를 몰고 오지만,

죽음의 순간 담담히 받아들이는 아름다움을 주셔서 감사합니다.

떠남을 진심으로 안도하는 저희를 자랑스럽게 여겨주세요.

저희는 생사가 순환되는 축복받은 존재임을 기억하며,

탄생의 기쁨과 죽음의 평화가 저희에게 있음을 믿게 하시니,

탄생의 고통도 죽음의 공포도 저희를 막지 못함을 기뻐하나이다.

* 하느님, 저희가 다른 생명의 탄생을 축복하고 지켜주게 하세요.

그 탄생의 고통을 덜어주고 도와주며,

그 탄생의 기쁨을 저희의 기쁨으로 함께하게 하세요.

저희가 모든 생명의 죽음을 애도하여 지켜주게 하세요.

그 죽음이 공포가 되지 않게 함께하고,

그 떠남의 평화를 저희의 평화로 함께하게 하세요.

다른 생명의 탄생과 죽음을 저희의 것으로 함께 할수록,

저희 안에 많은 탄생의 기쁨과 죽음의 평화를 쌓아가게 하시니,

저희는 생사를 초월한 사랑을 깨닫고 실천하며 살겠습니다.

(3) 탄생-생명-죽음의 통합

* 하느님, 지난 모든 탄생을 축복해주세요.

저희가 누렸던 생명에 감사드리오니,

지난 죽음 앞에 남겼던 아쉬움들을 용서하세요.

하느님, 이번 탄생에서 부여받은 의미들을 용서합니다.

저희가 지금 누리는 생명에 감사할 따름이니,

이생의 죽음 앞에 아쉬움이 없도록 축복하여 주세요.

하느님, 모든 탄생의 의미를 축복하소서.

모든 생명의 창조력에 기쁨으로 감사드리오니,

모든 죽음의 자유를 축하하여 주시옵소서.

11) 무의식의 진리탐구 결계 1

* 추를 잡기까지 겪은 과정을 온전히 사랑으로 기억하면서,

추를 잡기로 다짐한 나의 선한 의지를 잊지 않으며,

탐구에 임하는 나의 의지에 축복을 보낸다.

지금 하나씩 펼쳐내는 질문에 나의 선한 의지를 담고자 하며,

그 선한 의자가 조화롭고 다채롭도록 펼치니,

추를 잡는 것을 편안함과 재미와 보람으로 임한다.

앞으로 추로 얻은 진리가 널리 퍼지는 길에 최선을 다하며,

이 진리에 닿는 이들에게 나의 선한 의지가 전달되기를 바라니,

추에 대한 집단의식이 세상의 번영과 행복에 기여하길 기원한다.

* 추를 잡게 된 나의 지난 운명과 바램을 기꺼이 포용하고,

그 과정을 순리로 지나쳐와 만나게 된 진리들에 기뻐하며,

그 진리를 함께 나누는 추를 잡은 영광을 축복한다.

지금 탐구에 임하는 나의 운명과 바램이 당연하고,

질문을 펼치고 답을 이루는 과정의 순리를 온전히 따르며,

모두를 자유롭게 할 기적을 이루기를 진심으로 기원한다.

앞으로 하늘과 함께하기에 추로 이룰 기적을 온전히 믿으며,

하늘의 의지가 이 땅에 펼쳐지는 징검다리가 되어,

부디 이 세상의 영광과 평화의 한걸음이 될지어다.

* 추를 잡게 되기까지의 나 자신을 기특하게 여기고,

아낌없이 칭찬하고 응원하여 주면서,

추를 잡고 탐구에 임하는 나를 축복한다.

추를 잡은 내가 소중하고 귀함을 생각하며,

그 과정의 나를 온전히 지키고 키워내면서,

나의 모든 빛이 이 탐구에 담기도록 한다.

내가 키워낸 모든 빛을 고스란히 담아내어,

그것을 질문과 답으로 세상에 꺼내어,

나의 위대함과 신성함이 세상을 밝히는 빛이 되게 하리라.

* 추를 잡도록 이끈 연민과 사랑을 기억하고,

이 탐구에 그 사랑을 고스란히 담아내어,

그들의 상처가 치유되고 회복되길 간절히 기원한다.

추로 소통하게 될 모든 이들을 진심으로 사랑하며,

무의식의 답으로 그들이 치유되고 성장하여,

기쁨과 행복으로 살아가기를 진심으로 기원하다.

무의식으로 발견한 나의 진리가 모두의 것임을 잊지 않으며,

무의식을 통해 내가 느낀 기쁨이 모두의 기쁨이 되고,

내가 누린 사랑이 모두의 사랑이 되기를 소망한다.

* 추를 잡게 된 지난 나의 모든 과정이 고맙고,

진리를 탐구하는데 아쉬웠던 점에 용서를 구하며,

무의식의 탐구로 이룬 모든 과정을 축복한다.

추를 잡고 있음이 고맙고,

진리를 탐구하는 질문과 답을 축복하며,

무의식의 답이 이루어가는 모든 결과를 축하한다.

무의식의 진리탐구가 완성되고 넓어질 것이 고맙고,

그 답의 해석이 새로운 세상을 여는 것에 감사하며,

인류의 가슴에 자리 잡게 됨을 축하한다.

12) 무의식의 진리탐구 결계 2

* 하느님, 이 탐구에 이르기까지 겪은 과정을 온전히 사랑하오니,

추를 잡기로 다짐한 저의 선한 의지를 잊지 않게 하시고,

무의식의 탐구에 임하는 저의 의지를 축복하소서.

지금 하나씩 펼쳐내는 질문에 저의 선한 의지를 담고자 하니,

그 선한 의자가 조화롭고 다채롭게 펼치도록 하시며,

추를 잡는 것을 편안함과 재미와 보람으로 임하게 하소서.

앞으로 무의식에서 얻은 진리가 퍼지는 길에 최선을 다하니,

이 진리에 닿는 이들에게 저의 선한 의지가 전달되게 해주소서.

추의 집단의식이 여는 세상의 번영과 행복을 지켜봐 주시옵소서.

* 하느님, 무의식을 마주한 저의 지난 운명과 바램을 포용하며,

그 과정을 순리로 지나쳐와 만나게 된 진리들에 기뻐하오니,

그 진리를 함께 나누는 추를 잡은 영광을 축복하여 주소서.

지금 추를 잡고 있는 저의 운명과 바램이 당연하고,

질문을 펼치고 답을 이루는 과정의 순리를 온전히 따르오니,

모두를 자유롭게 할 기적을 이루도록 이끌어 주소서.

앞으로 당신과 함께하기에 이 탐구로 이루어갈 기적을 믿사오니,

당신의 의지가 이 땅에 펼쳐지는 징검다리가 되게 하시어,

부디 이 세상의 영광과 평화의 한걸음이 되게 하시옵소서.

* 하느님, 추를 잡게 되기까지의 저를 자랑스럽게 여기오니,

아낌없이 칭찬하고 응원하여 주세요.

그렇게 진리를 탐구하는 저를 축복하소서.

탐구에 임하는 제가 소중하고 귀함을 생각하게 하시어,

그 과정에서 저 자신을 온전히 지키고 키워내게 해주소서.

그렇게 저의 온전한 빛이 탐구에 담기도록 하시옵소서.

제가 키워낸 모든 빛으로 탐구에 임하오니,

그것을 질문과 답으로 세상에 꺼내게 하시어,

당신께 받은 위대함과 신성함이 세상을 밝히는 빛이 되게 하소서.

* 하느님, 추를 잡도록 이끈 연민과 사랑을 언제나 기억하며,
이 탐구에 그 사랑을 고스란히 담아내어,
그들의 상처가 치유되고 회복되는 길이 열리게 하시옵소서.

추로 소통하게 될 모든 이들을 진심으로 사랑하오니,
무의식의 답으로 그들이 치유되고 성장하도록 이끌어 주시어,
기쁨과 행복으로 살아가게 하시옵소서.

제가 추로 발견한 진리가 모두의 것임을 잊지 않게 하시고,
무의식을 통해 제가 느낀 기쁨이 모두의 기쁨이 되게 하시며,
제가 누린 사랑이 모두의 사랑이 됨을 기뻐하나이다.

* 하느님, 추를 잡게 된 지난 과정에 감사드리고,
진리를 탐구하는데 아쉬웠던 점을 용서하시며,
무의식으로 이룬 모든 탐구 과정을 축복하여 주소서.

지금 추를 잡고 있음에 감사하오니,
진리를 탐구하는 질문과 답을 축복하시며,
무의식의 답이 이루어가는 모든 결과를 축하하소서.

무의식의 진리탐구가 완성되고 넓어짐에 감사드립니다.
그 해석이 새로운 세상을 여는 것을 축복하시며,
인류의 가슴에 자리 잡게 됨을 기쁘게 축하하시옵소서.

이 책을 여기까지 읽어주신 독자 여러분께 간곡히 청할 일이 있다. 서문에서 밝혔 듯이 내가 행복의 진리에 닿을 수 있었던 것은 〈선업쌓기〉라는 과정을 시작하면서 였다. 그리고 그 〈선업쌓기〉가 선과 악의 전쟁이라는 틀로 인해 와해되면서 너무나 많은 이들에게 상처를 남겼고, 이는 아직 진행 중이다. 그 상처들이 치유되기를 바랬 고 더 이상의 아픔이 만들어지는 것을 막고 싶었지만, 개인의 힘으로는 이룰 수 없 었다. 지금의 상처들이 치유되는 길을 열기 위해서는 많은 분이 함께하는 집단의식 이 필요하다. 그래서 독자 여러분께서 마음을 열고 나의 이 기도를 함께 읽어주시기 를 부탁드린다. 이 책을 쓴 나에 대한 연민으로, 또한 한계에 갇힌 이들에 대한 연민 으로, 아픔을 간직한 이들에 대한 사랑으로, 우리에게 또한 하늘에 고하는 마음으로 이 기도를 읽어주기를 간곡히 청한다.

추를 잡은 동료들에게

* 사랑하는 추 동료 여러분,

우리가 추를 잡고 진리에 직접 닿을 수 있다는 낯섦은 두려움이면서 동시에 삶에 대한 욕심이 되었 습니다. 그 두려움과 욕심으로 추에 의존하는 삶으로 만든 고난에 대해 다시 생각해봐요.

우리는 추를 잡은 의미를 선과 악의 전쟁으로 왜곡하면서 사랑의 순리를 알아보지 못했고, 사랑이라 는 목적을 상실하였습니다. 그렇게 이 길을 불명예스럽게 만든 것에 대해 다시 생각해보아야 해요.

우리는 추를 잡고 광활한 무의식과 소통하면서, 오히려 자신을 축소시켜 갔어요. 추를 잡을수록 차크라의 빛을 꺼가며, 결국에는 참된 답을 이룰 빛을 내어놓지 못한 것을 다시 생각해보아야 해요.

추를 잡은 우리가 남들보다 특출하다는 착각과 교만에 빠져 소통으로 이루는 사랑의 본질을 망각하였어요. 그렇게 추를 심판의 도구로 만들고, 배척하는 비극을 초래하며, 함께한 이들을 아프게 했다는 걸 다시 생각해보아요.

우리가 추의 본질을 왜곡하였던 것을 스스로 용서하도록 해요. 이 길은 미지의 길이었기에 어두웠고 막막했어요. 그리고 이제 우리의 모든 잘못에 대해 용서를 빌도록 해요. 우리로 인한 아픔을 우리의 몫으로 거두어들이고, 모든 순리 앞에 용서받기를 진심으로 기원합니다.

* 사랑하는 추 동료 여러분,

우리가 왜곡시켜버린 추는 많은 상처를 주면서 집단의식의 태풍을 형성하고 있으니, 지금은 추를 놓아야 할 시점이에요. 우리의 잘못을 인정할 의지를 일으키고 추 없이도 온전히 살 수 있다는 믿음을 가져주세요.

지금 추가 내어준 명백한 반인륜적인 답과 불통의 의사표시는 우리가 잘못된 길을 가고 있다는 것을 알려주는 하늘의 안내예요. 이제 아픔과 혼란을 수습하고 이 길의 명예를 회복해야 합니다.

우리는 자신의 아름다움과 훌륭함을 확장시키며 추를 잡을 수 있었어요. 우리가 추의 답 앞에 당당히 자신의 빛을 새롭게 발견할 때, 참된 답을 이루어 자아실현을 할 수 있다는 걸 알아야 해요.

추는 한계가 없는 소통으로 사랑을 완성하는 도구이며, 우리는 다른 모두와 같은 존재입니다. 오직 사랑 그대로의 모습으로 돌아올 때까지 부디 추를 내려놓고 본연의 사랑을 느끼며 채우기를 바래요.

우리는 추를 통해서 빛나게 성장하였고, 진리에 닿는 환희를 맛보았고, 그 위험을 적나라하게 체험했으니, 그 모든 과정에 감사하도록 해요. 그리고 본연의 모습을 회복한 후에는, 추에 대한 어떤 선택도 영혼의 의지에 합당하니, 그 선택의 자유에 감사합시다.

* 사랑하는 추 동료 여러분,

앞으로 우리가 다시 추를 잡든 내려놓고 체득의 삶을 살아가든 상관없이, 삶이 주는 모든 기회를 사랑하도록 해요. 우리가 다채롭고 조화롭게 삶을 사랑하면서 행복을 창조합시다.

앞으로 추에 대한 그 어떤 선택에서도 하늘은 우리와 함께하며 사랑함을 잊지 말아요. 그 사랑 속에서 유일한 목적인 사랑체험으로 영광과 평화를 확장하며 진리와 자유를 누리기를 기원합니다.

앞으로 추가 있든 없든 우리의 위대함과 신성함을 다 기억해내길 바래요. 그 기억으로 우리의 아홉 차크라를 빛으로 채우고 활짝 피워, 하늘의 위대함과 신성함을 드러내는 존재가 되기를 기원해요.

우리는 추를 잡든 놓든 모두가 하나의 존재라는 걸 언제나 기억하면서, 서로 아낌없이 내어주고 두려움 없이 받아들이도록 해요. 앞으로 서로를 사랑하고 축복하기 위해 추를 잡거나 놓는 선택을 하기로 해요.

앞으로 있을 추에 대한 선택의 순간들을 진심으로 축복합니다. 그 선택이 무엇이든 펼쳐낼 장대한 과정을 진심으로 응원하고 축복하며, 그 선택이 이루어낼 찬란한 결과를 마음을 다해 축하합니다.

추로 상처받은 이들에게

* 왜곡되었던 추의 길로 인해 여러분의 의지와 희망에 상처 주며, 삶을 피폐하게 망가뜨린 것에 대해 진심으로 사죄드립니다. 상처 입은 삶을 치유하는 여러분의 노력에서, 휴식이 필요할 때 휴식이 허락되기를, 위로가 필요할 때 위로가 주어지기를, 힘이 필요할 때 그 힘이 솟아나기를 간절히 기도하며 응원합니다. 그리하여 여러분의 삶이 다시 안녕을 되찾고, 그 안녕 속에서 새로운 희망과 꿈을 발견하기를 바래요. 그 새로운 꿈이 여러분을 분연히 일으켜 세우고, 여러분의 삶을 행복으로 채우며, 그리하여 여러분의 꿈이 가장 아름답게 실현되는 미래를 믿음으로 기다립니다.

* 왜곡되었던 추의 길로 인해 여러분의 신념과 가치관을 훼손하고, 혼란을 초래한 것에 고개 숙여 사과드립니다. 왜곡된 추의 답을 합리화하는 말들로 여러분의 숭고한 신념을 흐트러트린 것이 용서하기 어려운 잘못임을 잘 알고 있어요. 여러분이 지난날 느꼈던 환희의 순간과 영광의 기억들을 떠올려, 무엇을 향해 나아가야 하는지 기억해내기를, 여러분이 이 고난 속에서도 본연의 모습을 잃지 않도록 지켜주었던 가치들을 드높이기를 응원해요. 다시 찾은 여러분의 신념과 가치들은 이전보다 더욱 굳건하고 아름답게 빛날 것이라 믿어 의심치 않아요. 그리하여 영광과 평화로 점점 더

자유로운 존재가 되어 무한한 생명력으로 뻗어 나가기를 간절히 소망합니다.

* 왜곡되었던 추의 길로 인해 여러분의 고귀함과 신성함을 부정하고, 아름다움과 훌륭함을 깎아내리며 준 상처에 대해 말할 수 없는 미안함으로 사죄드립니다. 여러분의 빛남을 부정하였던 것은 추를 든 자들의 어둠이 반영되었던 것일 뿐, 결코 여러분의 어둠이 아니었습니다. 여러분은 왜곡되어 가던 추가 만든 태풍 속에서, 자신을 지켜낸 고귀하고 훌륭한 존재임을 언제나 기억해주세요. 그리고 왜곡된 추의 길 이전에 빛나게 성장하고 확장하던 여러분을 다시 기억해주세요. 그 기억으로 여러분의 아름다움과 훌륭함을 재발견해가는 길이 계속 이어지기를 응원합니다. 가장 당신다운 방법으로, 가장 당신다운 본연의 모습으로…

* 왜곡되었던 추의 길로 인해 여러분이 주었던 사랑과 신의를 배반하면서 가슴을 후비는 고통스러운 상처를 주어서 너무나 미안합니다. 사랑으로 받은 상처에 가장 좋은 약은 사랑이기에, 여러분 주위를 더욱 열심히 사랑하고 더 많은 사랑을 알아보며, 상처가 치유되기를 믿음으로 응원해요. 그렇게 여러분의 상처가 모두 치유되고 사랑이 점점 더 커진 언젠가, 여러분에게 추로 상처 준 이들을 용서하고 연민하여 주시기를 염치불구하고 기다립니다. 사랑의 본질을 잃어버린 안타까운 이들을 연민으로 바라봐주세요. 부디 그들이 사랑이 무엇이고, 어떻게 이루어가는 것인지 다시 기억해낼 수 있도록 기도해주세요.

*왜곡된 추의 길에 속해있던 스스로를 자책하지 마세요. 그리고 염치없는 부탁이지만, 여러분에게 잘못한 이들을 부디 용서해주세요. 그들로 인한 아픔과 상처가 여러분에게 하나도 남지 않도록 말이에요. 마지막으로 더 이상 여러분과 같이 상처받는 이들이 생기지 않도록, 그들이 용서받는 길로 나아가기를 기도해주세요. 그 용서가 얼마나 어려운 것인지 조금은 짐작하기에 감사하고, 그 용서가 이룰 기적에 감사해요. 여러분의 앞날이 빛을 향해 활짝 열리기를 진심으로 기원하며, 그 확장의 찬란한 결과를 미리 축하드립니다.

여기까지 읽어주신 독자 여러분께 엎드려 절하는 마음으로 감사의 인사를 드립니다. 나는 독자분들께 큰 은혜를 입게 되었습니다. 부디 여러분이 행복한 삶 속에서, 영광을 펼치고, 평화를 누리며, 기쁨의 존재로, 사랑이 충만하기를 진심으로 기원합니다.